中国公益诉讼案例发展报告

练育强/主　编
林仪明　崔胜东/副主编

Report on the Development of Public Interest Litigation Cases in China

法律出版社
LAW PRESS·CHINA

序　言

检察公益诉讼制度自2015年7月试点、2017年7月正式实施以来，经过5年多的司法实践，已经取得了不小的成绩，以2018年、2019年两年为例：2018年共立案办理民事公益诉讼4393件、行政公益诉讼108,767件；[1]2019年办理民事公益诉讼7125件、行政公益诉讼119,787件，同比分别上升62.2%和10.1%。[2]

当然，存在的问题也不容忽视。2019年10月23日，最高人民检察院检察长张军在第十三届全国人民代表大会常务委员会第十四次会议上所作《最高人民检察院关于开展公益诉讼检察工作情况的报告》中指出，目前检察公益诉讼工作中存在四个方面的突出问题：一是工作发展不平衡；二是案件结构不合理；三是办案质效待提升；四是素质能力不适应。其中，工作发展不平衡是指“各省区市检察机关以及省区市内检察机关之间，公益诉讼职能发挥作用不平衡，不少基层检察院办案类型单一，工作还未完全打开局面”。案件结构不合理是指“起诉案件中，刑事附带民事公益诉讼占77.82%，民事公益诉讼占6.52%，行政公益诉讼占15.66%，行政公益诉讼起诉案件偏少”。

本书主要立足于公益诉讼起诉案件，对进入诉讼阶段的公益诉讼案件，从案件数量、案件类型、案件结构、裁判形式四个方面进行分析研究、比较考察，进而从另一个侧面对公益诉讼在我国的发展进行解读。

关于公益诉讼案件的数量。笔者从时间与空间两个维度进行趋势性的考察，具体观察、分析行政公益诉讼、民事公益诉讼、刑事附带民事公益诉讼在实践中的发展状况。就时间分布而言，1343件行政公益诉讼案件中，2015年有1件、2016年有22件、2017年有736件、2018年有358件、2019年有223件，还有3

---

〔1〕 数据摘自2019年3月12日最高人民检察院检察长张军在第十三届全国人民代表大会第二次会议上的《最高人民检察院工作报告》。

〔2〕 数据摘自2020年5月25日最高人民检察院检察长张军在第十三届全国人民代表大会第三次会议上的《最高人民检察院工作报告》。

件时间不明；在 399 件民事公益诉讼案件中，检察机关提起的案件有 277 件、行政机关提起的案件有 13 件、公益组织提起的案件有 108 件，涉及管辖裁定原告不明的有 1 件，2012 年有 5 件、2013 年有 3 件、2014 年有 7 件、2015 年有 13 件、2016 年有 18 件、2017 年有 70 件、2018 年有 120 件、2019 年有 163 件；在 3489 件刑事附带民事公益诉讼案件中，2012 年有 1 件、2014 年有 2 件、2017 年有 51 件、2018 年有 1318 件、2019 年有 2117 件。从时间的维度来看，行政公益诉讼案件的数量在 2017 年达到 736 件后，2018 年、2019 年的数量持续下降，而刑事附带民事公益诉讼的数量则稳步上升，并占据了公益诉讼案件数量的绝对主力。就空间分布而言，首先，区分了试点与非试点地区，目的是观察试点与非试点地区在不同公益诉讼案件数量上的差异；其次，分析每一个省级单位、设区的市以及设区的市所辖区、县（县级市）已办理公益诉讼案件的数量，目的是观察还有哪些地区的公益诉讼工作，尤其是行政公益诉讼工作还未打开局面。此外，还具体分析了不同地区公益诉讼案件审理的期限。

关于公益诉讼案件的类型。首先，从时间与空间两个维度进一步分析行政公益诉讼、民事公益诉讼、刑事附带民事公益诉讼中法定类型的分布，即行政公益诉讼中的生态环境与资源保护类案件、食品药品安全类案件、国有财产保护类案件、国有土地使用权出让类案件、烈士名誉权保护案件，民事公益诉讼中的生态环境与资源保护类案件、食品药品安全类案件、烈士名誉权保护案件，刑事附带民事公益诉讼中的生态环境与资源保护类案件、食品药品安全类案件。从不同时间、不同地区间数量差异的角度分析，其目的在于探索不同地区间国家利益和社会公共利益是否存在差异。其次，公益诉讼案件其他类型案件究竟包括哪些？在行政公益诉讼中，有针对被告怠于履行收缴罚款以及没收违法所得的法定职责而提起的诉讼，也有被告未履行收缴赌资的法定职责而提起的诉讼，还有因行政机关未就下属事业单位出租宾馆楼房价格明显低于市场价格的行为进行监管而被提起的诉讼；民事公益诉讼中，检察机关针对人民币图样的冥币在市场上售卖等行为提起的诉讼，公益组织针对非法收集用户个人信息以及其他侵害不特定消费者合法权益的行为而提起的诉讼；刑事附带民事公益诉讼中涉及侵犯个人信息罪、交通肇事罪、故意毁害财物罪、妨害文物管理罪、非法行医罪等提起的附带民事公益诉讼。

关于公益诉讼案件的结构。笔者客观分析了公益诉讼中各方主体的状况，如检察机关在诉讼中的地位、作为行政公益诉讼被告的行政机关的具体类型、审判人员的构成、诉讼中是否有第三人、被告和第三人是否聘请了律师等，目的是观察公益诉讼中各方当事人是否如同私益诉讼一样，享有相应的诉讼权利、履行相应的诉讼义务。以检察机关在诉讼中的地位为例，在行政公益诉讼判决书的首部，检察机关先后被称为"公益诉讼人""公益诉讼起诉人""行政公益诉讼人""行政公益诉讼起诉人""原告""公益诉讼机关""公益诉讼原告""检察机关"等，不同的称呼是否意味着享有不同的权利、履行着不同的义务呢？作为被告的行政机关的类型的分析，是为了客观把握诉讼中究竟哪一类行政机关更多地作为被告，尤其是多个行政机关都有相应职责时，被告是如何确定的？此外，审判人员的构成，也就是说，在诉讼中法官人数和陪审员人数分别是多少，尤其是 2018 年 4 月 27 日《人民陪审员法》通过后，审判人员的构成是怎样的？《人民陪审员法》规定，公益诉讼案件由人民陪审员和法官组成 7 人合议庭。另外，不可忽视的一个问题是公益诉讼案件中法官是客观公正的裁判者，还是国家和社会公共利益的维护者，这也是为完善检察公益诉讼制度必须认真思考的一个问题。而公益诉讼中是否存在第三人，一直是理论上争论的问题之一，诉讼实践中如何取舍呢？被告和第三人是否聘请了律师也能从另一个侧面反映这些主体对公益诉讼案件的态度。

关于公益诉讼案件裁判形式。在区分行政公益诉讼裁判形式、民事公益诉讼裁判形式以及刑事附带民事公益诉讼裁判形式的基础上，又具体区分了一审判决、一审裁定、二审判决、二审裁定以及再审案件的裁判形式，并具体分析了各地区案件的败诉率以及撤诉率。针对行政公益诉讼，具体分析了检察机关的诉讼请求与人民法院判决之间的对应关系，其中检察机关的诉讼请求达 19 种，而人民法院的具体判决方式达 36 种，最多的判决内容为"确认违法 + 判令履行职责"。针对民事公益诉讼的裁判形式，将一审判式区分为以下 6 种类型。(1)预防类：停止侵害、消除危险、排除妨碍及其具体措施；(2)修复类；(3)损失类：服务功能损失、经济损失、事务性费用；(4)惩罚性赔偿金；(5)赔礼道歉；(6)公益服务类。就这6种方式的采用与不同类型的民事公益诉讼之间的关系进行分析。针对刑事附带民事公益诉讼的裁判形式，进一步分析了一审刑事附带民事公益诉讼案件所涉及的罪名，并就罪名与判决内容之间的对应关系进行分析。

在报告撰写的过程中，笔者力求始终保持客观的立场，避免主观因素的介入，但是从检察公益诉讼发展的实践来看，确实存在一些需要从法理角度进行深入分析的问题。

首先，针对公益诉讼案件的数量，近两年行政公益诉讼案件诉前程序发布检察建议的数量已达10多万件，但起诉到法院的案件只有300件左右，而刑事附带民事公益诉讼案件起诉到法院的案件则有2000多件，数量是行政公益诉讼案件的10倍左右。显然，刑事附带民事公益诉讼已成为公益诉讼起诉案件的“绝对主力”，这与党的十八届四中全会所确立的检察公益诉讼制度设计的目的是否一致？党的十八届四中全会决定中提出，“检察机关在履行职责中发现行政机关违法行使职权或者不行使职权的行为，应该督促其纠正。探索建立检察机关提起公益诉讼制度”，从该句文义的表达来看，探索建立的检察公益诉讼制度针对的应是行政机关违法行使职权或不行使职权的行为。因此，从起诉案件的数量来看，是否与该制度的目的、结果相背离呢？此外，必须要思考的是，2017年修订的《行政诉讼法》《民事诉讼法》中只是确立了行政公益诉讼和民事公益诉讼，2018年2月，《最高人民法院、最高人民检察院关于检察公益诉讼案件适用法律若干问题的解释》[1](以下简称《若干问题的解释》)中能否增设刑事附带民事公益诉讼这一新的公益诉讼类型呢？从现实的角度来看，有无必要在刑事诉讼过程中附带民事公益诉讼呢？

其次，针对公益诉讼的受案范围，实践与理论界多有争论，争议焦点在于《行政诉讼法》第25条第4款、《民事诉讼法》第55条第2款中的“等”是“等

---

〔1〕 该司法解释于2018年2月23日通过，于2020年12月23日修正。

内”还是“等外”的解释问题。党的十九届四中全会决定中提出“拓展公益诉讼案件范围”，从检察公益诉讼的实践可以看出，无论是行政公益诉讼还是民事公益诉讼以及刑事附带民事公益诉讼，检察机关都在积极拓展公益诉讼的受案范围。但是，笔者认为，目前理论与实务界关于“等内”与“等外”的讨论没有实质性的意义。就行政公益诉讼而言，只要行政机关违法行使职权或不作为，就是对国家利益和社会公共利益的侵害，从理论上讲，检察机关就具有提起公益诉讼的主体资格。但检察机关提起行政公益诉讼是不是就完全不受限制了？显然不能，从本书第二章“公益诉讼案件类型”的分析中可以看出，不同地区的公益诉讼案件类型是不同的，不同时间、不同地域对国家利益和社会公共利益的判断也是不同的，因此，应赋予各地对公益诉讼案件范围的自主设定权。根据现有的实践状况以及《立法法》的要求，最可行的方式应是由地方性法规确定本地区检察机关提起公益诉讼的范围。目前，全国已有十几个省级人大常委会的决定都有类似的规定，如 2020 年 6 月 18 日，《上海市人民代表大会常务委员会关于加强检察公益诉讼工作的决定》予以公布，该决定将检察公益诉讼的案件范围拓展至“城市公共安全、金融秩序、知识产权、个人信息安全、历史风貌区和优秀历史建筑保护”等领域。

再次，关于检察机关在公益诉讼中的地位，本书第三章“公益诉讼案件结构”中重点分析检察机关在诉讼中的地位。笔者认为，检察机关在诉讼中处于什么地位并不重要，关键在于诉讼中举证责任的设置，如果要求检察机关在诉讼中承担全部诉求的举证责任，并在证明标准上采用刑事诉讼中排除一切合理怀疑的要求——这也是目前检察机关提起公益诉讼实践中所采用的标准——那么就应该赋予其享有刑事诉讼中强制调查取证权，而不是含蓄地在《若干问题的解释》第 6 条中表述为“人民检察院办理公益诉讼案件，可以向有关行政机关以及其他组织、公民调查收集证据材料；有关行政机关以及其他组织、公民应当配合；需要采取证据保全措施的，依照民事诉讼法、行政诉讼法相关规定办理”。如只是确定检察机关在公益诉讼中普通原告的地位，那么在举证责任与证明标准上直接采用行政诉讼法与民事诉讼法中关于原告的规定。对于检察机关在诉前程序中规定的检察建议，虽然本书没有涉及，但从裁判案例可以看出，目前检察建议并不具有强制性的法律效力，但检察机关先后发给行政机关的检察建议达 4 份之多，对此，应根据具体检察机关在诉讼中举证责任的设置来确立检察建议的效力，尤其是检察建议能否成为《行政诉讼法》第 25 条第 4 款第 2 句话中“行政机关不依法履行职责”中“法”的义务来源，这也是值得思考的。

最后，检察公益诉讼在实践与理论中面临多方面的问题，这些问题产生的原因究竟是什么？以行政公益诉讼为例，检察机关与行政机关之间的争议是传统诉讼法上的争议吗？能通过保护私益诉讼的主观诉讼的相关程序来处理公益诉讼中的纠纷吗？甚至，在我国现有的体制中，人民法院是最合适的纠纷裁决主体吗？针对以上问题，制定专门的公益诉讼法应当尽快提上议事日程。

目 录
Contents

第一章
公益诉讼案件数量

第一节 行政公益诉讼 / 003
一、全国 / 003
二、试点地区 / 005
三、非试点地区 / 045

第二节 民事公益诉讼 / 055
一、全国 / 055
二、试点地区 / 057
三、非试点地区 / 079

第三节 刑事附带民事公益诉讼 / 090
一、全国 / 090
二、试点地区 / 093
三、非试点地区 / 131

第二章
公益诉讼案件类型

第一节 行政公益诉讼 / 175
一、生态环境与资源保护类案件 / 176
二、国有土地使用权出让类案件 / 192
三、国有财产保护类案件 / 198
四、食品药品安全类案件 / 209

五、烈士名誉权保护类案件 / 210
六、其他类案件 / 210

第二节　民事公益诉讼 / 212
一、生态环境与资源保护类案件 / 212
二、食品药品安全类案件 / 225
三、烈士名誉权保护类案件 / 229
四、其他类 / 230

第三节　刑事附带民事公益诉讼 / 231
一、生态环境与资源保护类案件 / 232
二、食品药品安全类案件 / 267
三、其他类案件 / 289

第三章

公益诉讼案件结构

第一节　行政公益诉讼 / 295
一、检察机关地位之判断 / 295
二、被告之类型 / 301
三、审判人员之构成 / 307
四、第三人 / 316
五、律师 / 321

第二节　民事公益诉讼 / 324
一、原告地位之判断 / 324
二、审判人员之构成 / 331
三、第三人 / 339
四、律师 / 341

第三节　刑事附带民事公益诉讼 / 350
一、检察机关地位之判断 / 350

二、审判人员之构成 / 364
三、第三人 / 373
四、律师 / 373

第四章 公益诉讼案件裁判形式

第一节 行政公益诉讼裁判形式分析 / 381
一、全国 / 381
二、试点地区 / 388
三、非试点地区 / 421

第二节 民事公益诉讼裁判形式 / 428
一、全国民事公益诉讼裁判形式的整体分析 / 428
二、试点地区民事公益诉讼裁判形式分析 / 441
三、非试点地区民事公益诉讼裁判形式分析 / 452

第三节 刑事附带民事公益诉讼裁判形式 / 459
一、刑事附带民事公益诉讼案件一审裁判形式分析 / 460
二、刑事附带民事公益诉讼二审的裁判形式分析 / 536
三、重点罪名裁判形式分析 / 540

后 记 / 555

第一章　公益诉讼案件数量

2013年，最高人民法院发布了《最高人民法院裁判文书上网公布暂行办法》，其中规定除法律特别规定外，所有裁判文书都将在中国裁判文书网公开。同时，市面上还出现了一些商业或学术性质的公开裁判文书检索网站，其基于中国裁判文书网的数据库，为用户提供更为自由和便利的检索方式，既保证权威性也兼顾便捷性。本书结合权威性和检索简便性，选取中国裁判文书网、北大法宝和无讼案例作为裁判文书的检索网站，最后检索时间为2019年12月31日。

本书首先以“公益诉讼”作为关键词，以“标题”和“全文”为范围在上述网站上检索，再将收集到的全部文书进行人工二次筛选，剔除非公益诉讼的裁判文书后，总共收集公益诉讼裁判文书5231份。按照“行政”“民事”“刑事附带民事”区分不同诉讼类型，分别收集行政公益诉讼1343份，民事公益诉讼399份，刑事附带民事公益诉讼3489份。

本章对包括行政公益诉讼、民事公益诉讼和刑事附带民事公益诉讼的数量进行统计整理。

第一节　行政公益诉讼

一、全国

在裁判文书数据库共检索行政公益诉讼案件 1343 件，其中 2 件不适宜在网上公布，分别位于辽宁省、吉林省。

在各省行政公益诉讼案件数量的分布中，以 2015 年 7 月出台的《全国人民代表大会常务委员会关于授权最高人民检察院在部分地区开展公益诉讼试点工作的决定》为标准，被列为试点地区的省份案件数量明显多于非试点地区案件数量。目前天津市、上海市、广西壮族自治区、西藏自治区、新疆维吾尔自治区、宁夏回族自治区未检索到案件（见表 1-1-1）。

表 1-1-1　各省行政公益诉讼案件数量统计

单位：件

地区	2015 年	2016 年	2017 年	2018 年	2019 年	不详	总计
山西				13	3	1	17
河北				3	3		6
湖北		1	67	29	40		137
贵州	1	8	102	22	9		142
云南		1	105	15	1		122
吉林		1	74	72	27	1	175
辽宁				2	1	1	4
黑龙江					1		1
内蒙古		3	51	9	3		66
江西				6	3		9
陕西		1	52	28	12		93
浙江				1			1
甘肃		1	61	29	14		105

续表

地区	2015 年	2016 年	2017 年	2018 年	2019 年	不详	总计
广东			62	10	4		76
海南					1		1
河南				3	3		6
湖南				1	6		7
四川				2	8		10
安徽		2	41	31	30		104
重庆				1	6		7
山东		1	41	39	36		117
青海				5			5
江苏			22	20	9		51
福建		3	56	15	3		77
北京			2	2			4
总计	1	22	736	358	223	3	1343

（一）试点地区

目前试点地区多数行政公益诉讼案件都可以通过一审解决纠纷，做到案结事了。从一审案件来看，多数案件都是以判决方式结案，以裁定方式结案的数量比较少（见图 1-1-1）。

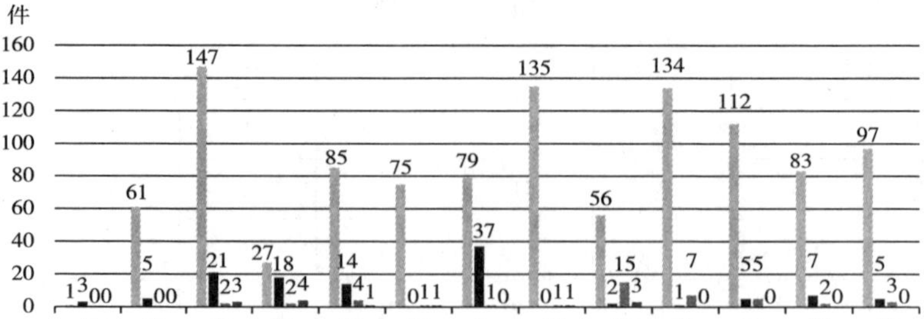

图 1-1-1　试点地区判决、裁定数量统计

（二）非试点地区

从图 1-1-2 可以更明显地看出，非试点地区大多数行政公益诉讼案件都可以做到一审案结事了。

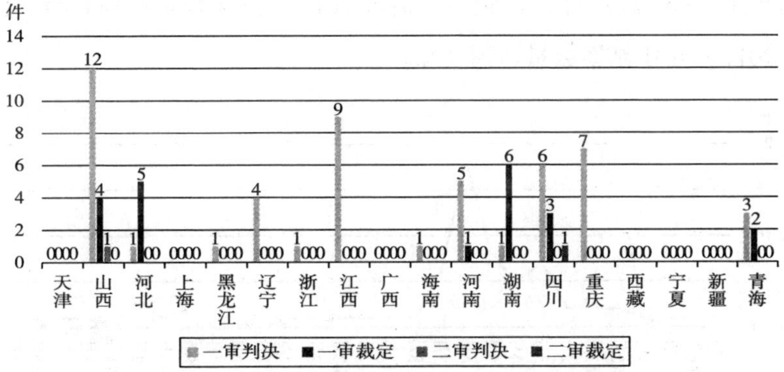

图 1-1-2　非试点地区判决、裁定数量统计

二、试点地区

北京市

北京市共有行政公益诉讼案件 4 件，其中一审行政公益诉讼案件有 4 件。一审案件中，以判决方式结案的有 1 件，以裁定方式结案的有 3 件。

北京市的行政公益诉讼案件中，有 3 起案件立案时间不详，1 起案件立案时间为 2017 年 6 月。结案时间分别为 2017 年 8 月、2017 年 12 月、2018 年 6 月和 2018 年 8 月（见表 1-1-2）。

表 1-1-2　北京市行政公益诉讼案件时间统计

立案时间	判决时间	审理期限	提起主体
不详	2017 年 8 月 31 日	不详	石景山区人民检察院
不详	2017 年 12 月 27 日	不详	昌平区人民检察院
不详	2018 年 6 月 26 日	不详	海淀区人民检察院
2017 年 6 月 7 日	2018 年 8 月 10 日	14 个月	密云区人民检察院

内蒙古自治区

内蒙古共有行政公益诉讼案件 66 件，其中一审行政公益诉讼案件有 66 件，二审案件有 0 件。一审案件中，以判决方式结案的有 61 件，以裁定方式结案的有 5 件。

1. 一审时间统计

从图 1-1-3 可以看出，内蒙古自治区 2016 年立案数量达到高峰，此后快速减少。2017 年年中结案数量达到高峰。

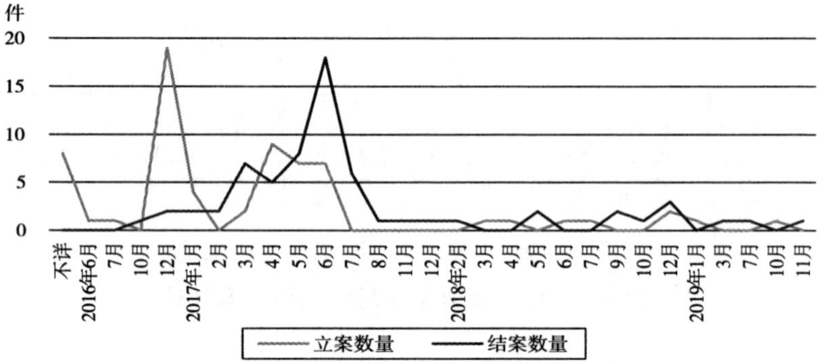

图 1-1-3　内蒙古自治区行政公益诉讼案件一审时间分布

2. 一审空间统计

内蒙古自治区共有 12 个地级市，行政公益诉讼主要集中在赤峰市、呼伦贝尔市、包头市和锡林郭勒盟等地区。

呼和浩特市下辖 4 个区和 5 个县级市，共有一审行政公益诉讼案件 9 件，占内蒙古自治区案件总数的 14%。其中呼和浩特市检察院有 1 件，新城区有 1 件，回民区有 1 件，赛罕区有 1 件，土默特左旗有 1 件，托克托县有 1 件，和林格尔县有 1 件，清水河县有 1 件，武川县有 1 件。玉泉区暂未检索到相关案件。

包头市下辖 6 个区和 3 个县级市，共有一审行政公益诉讼案件 10 件，占内蒙古自治区案件总数的 15%。其中九原区有 3 件，达尔罕茂明安联合旗有 7 件。东河区、昆都仑区、青山区、石拐区、土默特右旗、固阳县和白云鄂博矿区暂未检索到相关案件。

乌海市下辖 3 个区，暂未检索到相关案件。

赤峰市下辖 3 个区和 9 个县级市，共有一审行政公益诉讼案件 13 件，占内蒙古自治区案件总数的 20%。其中红山区有 1 件，元宝山区有 1 件，松山区有 1 件，巴林左旗有 4 件，林西县有 1 件，克什克腾旗有 1 件，翁牛特旗有 1 件，宁城县有 2 件，敖汉旗有 1 件。阿鲁科尔沁旗、巴林右旗和喀喇沁旗暂未检索到相关案件。

呼伦贝尔市下辖 2 个区和 12 个县级市，共有一审行政公益诉讼案件 12 件，占内蒙古自治区案件总数的 18%。其中海拉尔区有 1 件，满洲里市有 1 件，扎兰屯市有 1 件，牙克石市有 1 件，阿荣旗有 1 件，莫力达瓦达斡尔族自治旗有 1 件，鄂伦春自治旗有 1 件，鄂温克族自治旗有 1 件，新巴尔虎右旗有 3 件，陈巴尔虎旗有 1 件。扎赉诺尔区、根河市、额尔古纳市和新巴尔虎左旗暂未检索到相关案件。

兴安盟下辖 6 个县级市，暂未检索到相关案件。

通辽市下辖 1 个区和 7 个县级市，共有一审行政公益诉讼案件 1 件，在库伦旗，占内蒙古自治区案件总数的 2%。

锡林郭勒盟下辖 12 个县级市，共有一审行政公益诉讼案件 10 件，占内蒙古自治区案件总数的 15%。其中二连浩特市有 1 件，锡林浩特市有 1 件，苏尼特左旗有 1 件，东乌珠穆沁旗有 1 件，西乌珠穆沁旗有 1 件，太仆寺旗有 1 件，镶黄旗有 1 件，正镶白旗有 1 件，正蓝旗有 1 件，多伦县有 1 件。阿巴嘎旗、苏尼特右旗暂未检索到相关案件。

乌兰察布市下辖 1 个区和 10 个县级市，暂未检索到相关案件。

鄂尔多斯市下辖 2 个区和 7 个县级市，共有一审行政公益诉讼案件 7 件，占内蒙古自治区案件总数的 11%。其中乌审旗有 2 件，鄂托克前旗有 2 件，鄂托克旗有 1 件，杭锦旗有 1 件，伊金霍洛旗有 1 件。东胜区、康巴什区、达拉特旗和准格尔旗暂未检索到相关案件。

巴彦淖尔市下辖 1 个区和 6 个县级市，暂未检索到相关案件。

阿拉善盟下辖 3 个县级市，共有一审行政公益诉讼案件 4 件，占内蒙古自治区案件总数的 6%。其中阿拉善左旗有 3 件，阿拉善右旗有 1 件。额济纳旗暂未检索到相关案件。

3. 一审审理期限统计

从表 1-1-3 可以看出，内蒙古自治区行政公益诉讼一审审理期限为 1 至 2 个月的数量最多，3 个月以下审结的数量占到大多数。

表 1-1-3　内蒙古自治区行政公益诉讼案件一审审理期限统计

审限 M	案件数量 / 件	占案件总数百分比 /%
0 个月≤ M < 1 个月	11	16.67
1 个月≤ M < 2 个月	17	25.76
2 个月≤ M < 3 个月	10	15.15
3 个月≤ M < 4 个月	6	9.09
4 个月≤ M < 5 个月	3	4.55
5 个月≤ M < 6 个月	7	10.61
6 个月≤ M < 7 个月	2	3.03
10 个月≤ M < 11 个月	1	1.52
12 个月≤ M < 13 个月	1	1.52
不详	8	12.10
总计	66	100.00

吉林省

吉林省共有行政公益诉讼案件 175 件，其中一审行政公益诉讼案件有 168 件，二审有 5 件，再审有 2 件。一审案件中，以判决方式结案的有 147 件，以裁定方式结案的有 21 件。二审案件中，以判决方式结案的有 2 件，以裁定方式结案的有 3 件。再审案件中，以裁定方式结案的有 2 件。

1. 一审时间统计

从图 1-1-4 可以看出，吉林省 2017 年年初、2018 年年初和 2018 年年末为立案数量高峰期，但是数量逐渐降低。2017 年年初、2018 年年中和年末为结案数量高峰。

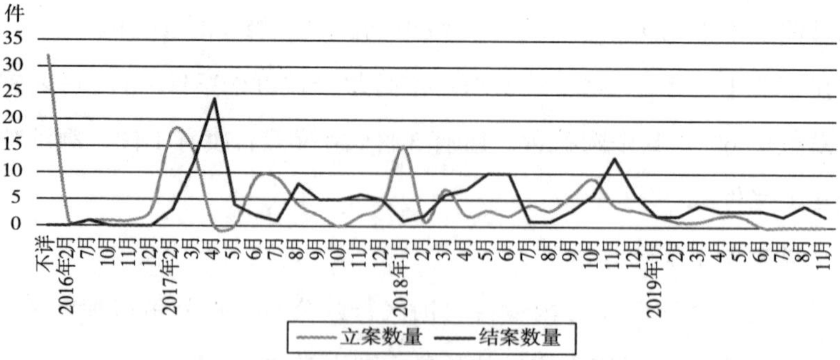

图 1-1-4　吉林省行政公益诉讼案件一审时间分布

2. 一审空间统计

吉林省共有 8 个地级市和 1 个自治州，行政公益诉讼主要集中在延边朝鲜族自治州、吉林市和白城市。

长春市下辖 10 个区，其中包括新区、经济技术开发区和净月高新技术产业开发区和 3 个县级市，共有一审行政公益诉讼案件 19 件，占吉林省案件总数的 11%。其中，宽城区有 2 件，朝阳区有 4 件，二道区有 1 件，双阳区有 2 件，九台区有 1 件，经济技术开发区有 1 件，新区有 1 件，净月高新技术产业开发区有 1 件，农安县有 2 件，榆树市有 2 件，德惠市有 2 件。南关区和绿园区暂未检索到相关案件。

吉林市下辖 5 个区，其中包括高新技术产业开发区和 5 个县级市，共有一审行政公益诉讼案件 24 件，占吉林省案件总数的 14%。其中昌邑区有 1 件，龙潭区有 3 件，船营区有 4 件，丰满区有 1 件，高新技术产业开发区有 1 件，永吉县有 3 件，蛟河市有 3 件，桦甸市有 5 件，磐石市有 3 件。舒兰市暂未检索到相关案件。

四平市下辖 2 个区和 4 个县级市，包括 1 个自治县，共有一审行政公益诉讼案件 17 件，占吉林省案件总数的 10%。其中铁西区有 3 件，铁东区有 2 件，梨树县有 2 件，伊通满族自治县有 4 件，公主岭市有 1 件，双辽市有 5 件。

辽源市下辖 2 个区和 2 个县级市，共有一审行政公益诉讼案件 5 件，占吉林省案件总数的 3%。其中辽源市检察院有 1 件，西安区有 1 件，东丰县有 2 件，东辽县有 1 件。龙山区暂未检索到相关案件。

通化市下辖 2 个区和 5 个县级市，共有一审行政公益诉讼案件 22 件，占吉林省案件总数的 13%。其中东昌区有 2 件，二道江区有 2 件，通化县有 3 件，辉南县有 6 件，柳河县有 3 件，梅河口市有 4 件，集安市有 2 件。

白山市下辖 2 个区和 4 个县级市，包括 1 个自治县，共有一审行政公益诉讼案件 13 件，占吉林省案件总数的 8%。其中浑江区有 2 件，江源区有 4 件，抚松县有 1 件，靖宇县有 2 件，长白朝鲜族自治县有 1 件，临江市有 3 件。

白城市下辖 1 个区和 4 个县级市，共有一审行政公益诉讼案件 21 件，占吉林省案件总数的12%。其中洮北区有8件，镇赉县有2件，通榆县有3件，洮南市有3件，大安市有5件。

松原市下辖1个区和4个县级市，包括1个自治县，共有一审行政公益诉讼案件7件，占吉林省案件总数的4%。其中宁江区有1件，前郭尔罗斯蒙古族自治县有2件，长岭县有1件，乾安县有1件，扶余市有2件。

延边朝鲜族自治州下辖9个县级市，共有一审行政公益诉讼案件41件，占吉林省案件总数的24%。其中延吉市有5件，图们市有1件，敦化市有8件，珲春市有7件，龙井市有3件，和龙市有6件，汪清县有6件，安图县有2件，白河林区有3件。

3. 一审审理期限统计

从表1-1-4可以看出，吉林省行政公益诉讼一审审理期限1至2个月的数量最多，大多数案件可以在5个月之内审理结束。

表1-1-4　吉林省行政公益诉讼案件一审审理期限统计

审限M	案件数量/件	占案件总数百分比/%
0个月≤M＜1个月	23	13.69
1个月≤M＜2个月	36	21.43
2个月≤M＜3个月	27	16.07
3个月≤M＜4个月	14	8.33
4个月≤M＜5个月	17	10.12
5个月≤M＜6个月	10	5.95
6个月≤M＜7个月	3	1.79
8个月≤M＜9个月	2	1.19
11个月≤M＜12个月	2	1.19
13个月≤M＜14个月	1	0.60
14个月≤M	1	0.60
不详	32	19.04
总计	168	100.00

4. 二审时间统计（见表 1-1-5）

表 1-1-5　吉林省行政公益诉讼案件二审审理时间统计

时间	立案数量 / 件	占一审案件百分比 /%	结案数量 / 件	占一审案件百分比 /%
2018 年	1	20	4	80
2019 年	0	0	1	20
不详	4	80	0	0

5. 二审空间统计（见表 1-1-6）

表 1-1-6　吉林省行政公益诉讼案件二审空间分布统计

单位：件

地区			案件数量
吉林省	长春市	德惠市	1
	白城市	大安市	1
	通化市	东昌区	1
		辉南县	1
	延边朝鲜族自治州	延吉市	1

6. 二审审理期限统计（见表 1-1-7）

表 1-1-7　吉林省行政公益诉讼案件二审审理期限统计

审限 M	案件数量 / 件	占吉林省案件总数百分比 /%
1 个月≤ M ＜ 2 个月	1	20.00
不详	4	80.00
总计	5	100.00

7. 再审相关统计

再审案件中，其中有 1 件由德惠市朝阳乡人民政府作为被告，人民法院认为不宜在互联网公布，另有 1 件立案时间不详，结案时间为 2019 年 8 月 15 日。再审申请人为德惠市人民检察院。

江苏省

江苏省共有行政公益诉讼案件 51 件，其中一审案件有 45 件，二审案件 6

件。一审案件中，以判决方式结案的有 27 件，以裁定方式结案的有 18 件。二审案件中，以判决方式结案的有 2 件，以裁定方式结案的有 4 件。

1. 一审时间统计

从图 1-1-5 可以看出，江苏省 2017 年年初、2017 年年末立案数量达到高峰，之后立案数量持续降低。结案时间在 2017 年年中、2018 年年中达到高峰。

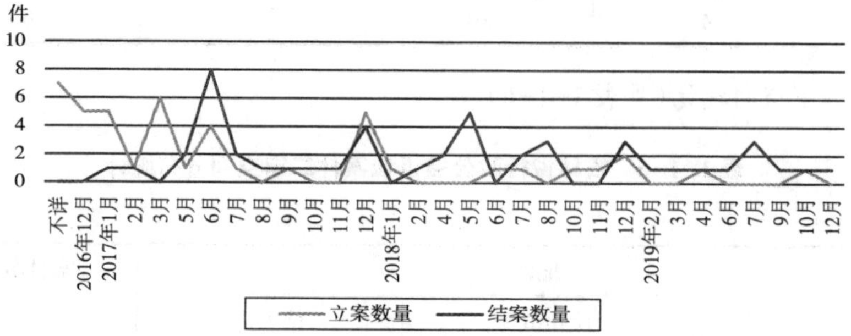

图 1-1-5 江苏省行政公益诉讼案件一审时间分布

2. 一审空间统计

江苏省共有 13 个地级市，行政公益诉讼主要集中在泰州市、盐城市和常州市。

南京市下辖 11 个区，共有一审行政公益诉讼案件 5 件，占江苏省案件总数的 11%。其中栖霞区有 3 件，雨花台区有 1 件，高淳区有 1 件。秦淮区、建邺区、鼓楼区、浦口区、江宁区、六合区、溧水区、玄武区暂未检索到相关案件。

无锡市下辖 5 个区和 2 个县级市，共有一审行政公益诉讼案件 2 件，占江苏省案件总数的 4%。其中惠山区有 1 件，宜兴市有 1 件。滨湖区、梁溪区、锡山区、新吴区、江阴市暂未检索到相关案件。

徐州市下辖 5 个区和 5 个县级市，共有一审行政公益诉讼案件 4 件，占江苏省案件总数的 9%。其中睢宁县有 1 件，新沂市有 2 件，邳州市有 1 件。鼓楼区、云龙区、贾汪区、泉山区、铜山区和丰县暂未检索到相关案件。

常州市下辖 5 个区和 1 个县级市，共有一审行政公益诉讼案件 6 件，占江苏省案件总数的 13%。其中钟楼区有 1 件，新北区有 1 件，武进区有 1 件，金坛区有 1 件，溧阳市有 2 件。天宁区暂未检索到相关案件。

苏州市下辖6个区，包括1个工业园区和4个县级市，共有一审行政公益诉讼案件4件，占江苏省案件总数的9%。其中工业园区有1件，虎丘区有1件，相城区有1件，吴江区有1件。姑苏区、吴中区、常熟市、张家港市、昆山市和太仓市暂未检索到相关案件。

淮安市下辖4个区和3个县级市，共有一审行政公益诉讼案件1件，在盱眙县，占江苏省案件总数的2%。

盐城市下辖3个区和6个县级市，共有一审行政公益诉讼案件6件，占江苏省案件总数的13%。其中盐都区有1件，响水县有1件，滨海县有1件，阜宁县有2件，东台市有1件。亭湖区、大丰区、射阳县和建湖县暂未检索到相关案件。

镇江市下辖3个区和3个县级市，共有一审行政公益诉讼案件2件，占江苏省案件总数的4%。其中丹徒区有1件，句容市有1件。京口区、润州区、丹阳市和扬中市暂未检索到相关案件。

泰州市下辖3个区和3个县级市，共有一审行政公益诉讼案件14件，占江苏省案件总数的31%。其中高港区有3件，姜堰区有2件，兴化市有1件，靖江市有2件，泰兴市有6件。海陵区暂未检索到相关案件。

宿迁市下辖2个区和3个县级市，共有一审行政公益诉讼案件1件，在沭阳县，占江苏省案件总数的2%。

扬州市、南通市、连云港市暂未检索到相关案件。

3. 一审审理期限统计

从表1-1-8可以看出，江苏省行政公益诉讼一审审理期限集中在5至6个月。

表1-1-8 江苏省行政公益诉讼案件一审审理期限统计

审限M	案件数量/件	占案件总数百分比/%
1个月≤M＜2个月	2	4.44
2个月≤M＜3个月	2	4.44
3个月≤M＜4个月	3	6.67
4个月≤M＜5个月	3	6.67
5个月≤M＜6个月	18	40.00

续表

审限 M	案件数量 / 件	占案件总数百分比 /%
6 个月≤ M < 7 个月	4	8.89
7 个月≤ M < 8 个月	1	2.22
8 个月≤ M < 9 个月	2	4.44
11 个月≤ M < 12 个月	1	2.22
14 个月≤ M	2	4.44
不详	7	15.56
总计	45	100.00

4. 二审时间统计（见表 1-1-9）

表 1-1-9　江苏省行政公益诉讼案件二审时间统计

时间	立案数量 / 件	占一审案件百分比 /%	结案数量 / 件	占一审案件百分比 /%
2018 年	2	33	4	66
2019 年	2	33	2	33
不详	2	33	0	0

5. 二审空间统计（见表 1-1-10）

表 1-1-10　江苏省行政公益诉讼案件二审空间分布统计

地区			案件数量 / 件
江苏省	盐城市	盐都区	1
		响水县	1
	淮安市	盱眙县	1
	泰州市	兴化市	1
	徐州市	贾汪区	2

6. 二审审理期限统计（见表 1-1-11）

表 1-1-11　江苏省行政公益诉讼案件二审审理期限统计

审限 M	案件数量 / 件	占案件总数百分比 /%
1 个月≤ M < 2 个月	3	50.00
2 个月≤ M < 3 个月	1	16.67

续表

审限 M	案件数量 / 件	占案件总数百分比 /%
不详	2	33.33
总计	6	100.00

安徽省

安徽省共有行政公益诉讼 104 件，其中一审行政公益诉讼案件有 99 件，二审有 5 件。一审案件中，以判决方式结案的有 85 件，以裁定方式结案的有 14 件。二审案件中，以判决方式结案的有 4 件，以裁定方式结案的有 1 件。

1. 一审时间统计

从图 1–1–6 可以看出，安徽省 2017 年年初、2018 年年初和 2019 年年初立案数量达到高峰，2017 年年中、2018 年年末结案数量达到高峰。

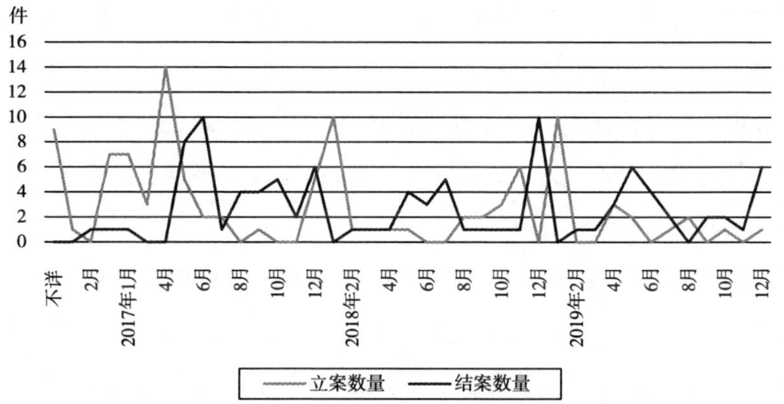

图 1–1–6　安徽省行政公益诉讼案件一审时间分布

2. 一审空间统计

安徽省共有 16 个地级市，行政公益诉讼主要集中在滁州市、宿州市和合肥市。

合肥市下辖 4 个区和 5 个县级市，共有一审行政公益诉讼案件 11 件，占安徽省案件总数的 11%。其中蜀山区有 1 件，庐阳区有 2 件，瑶海区有 1 件，庐江县有 2 件，长丰县有 1 件，肥西县有 1 件，巢湖市有 3 件。包河区、肥东县暂未检索到相关案件。

芜湖市下辖5个区，包括1个经济技术开发区和4个县级市，共有一审行政公益诉讼案件8件，占安徽省案件总数的8%。其中经济技术开发区有1件，镜湖区有1件，弋江区有1件，三山区有1件，鸠江区有1件，芜湖县有1件，繁昌县有1件，无为县有1件。南陵县暂未检索到相关案件。

蚌埠市下辖4个区和3个县级市，共有一审行政公益诉讼案件4件，占安徽省案件总数的4%。其中淮上区有1件，怀远县有1件，固镇县有2件。龙子湖区、蚌山区、禹会区和五河县暂未检索到相关案件。

淮南市下辖5个区和2个县或县级市，共有一审行政公益诉讼案件3件，占安徽省案件总数的3%。其中大通区有1件，田家庵有区1件，寿县有1件。谢家集区、八公山区、潘集区和凤台县暂未检索到相关案件。

马鞍山市下辖3个区和3个县或县级市，共有一审行政公益诉讼案件3件，占安徽省案件总数的3%。其中博望区有1件，和县有1件，当涂县有1件。花山区、雨山区和含山县暂未检索到相关案件。

铜陵市下辖3个区和1个县或县级市，共有一审行政公益诉讼案件2件，占安徽省案件总数的2%。其中义安区有1件，枞阳县有1件。铜官区、郊区暂未检索到相关案件。

安庆市下辖3个区和7个县或县级市，共有一审行政公益诉讼案件7件，占安徽省案件总数的7%。其中大观区有1件，宿松县有5件，望江县有1件。迎江区、宜秀区、怀宁县、潜山县、太湖县、岳西县和桐城市暂未检索到相关案件。

黄山市下辖3个区和4个县或县级市，共有一审行政公益诉讼案件1件，在祁门县，占安徽省案件总数的1%。

滁州市下辖2个区和6个县或县级市，共有一审行政公益诉讼案件19件，占安徽省案件总数的19%。其中琅琊区有1件，南谯区有1件，来安县有4件，全椒县有2件，定远县有2件，凤阳县有3件，天长市有3件，明光市有3件。

阜阳市下辖3个区和5个县或县级市，共有一审行政公益诉讼案件5件，占安徽省案件总数的5%。其中临泉县有2件，太和县有2件，界首市有1件。颍州区、颍东区、颍泉区、阜南县和颍上县暂未检索到相关案件。

宿州市下辖1个区和4个县或县级市，共有一审行政公益诉讼案件15件，占安徽省案件总数的15%。其中埇桥区有6件，砀山县有3件，萧县有1件，灵璧县有1件，泗县有4件。

六安市下辖3个区和4个县或县级市，共有一审行政公益诉讼案件7件，占安徽省案件总数的7%。其中金安区有1件，裕安区有2件，叶集区有1件，霍邱县有2件，舒城县有1件。金寨县、霍山县暂未检索到相关案件。

宣城市下辖1个区和6个县或县级市，共有一审行政公益诉讼案件10件，占安徽省案件总数的10%。其中宣州区有3件，宁国市有1件，郎溪县有2件，广德县有1件，泾县有1件，旌德县有1件，绩溪县有1件。

亳州市下辖1个区和3个县或县级市，共有一审行政公益诉讼案件3件，占安徽省案件总数的3%。其中涡阳县有1件，蒙城县有1件，利辛县有1件。谯城区暂未检索到相关案件。

池州市下辖1个区和3个县或县级市，共有一审行政公益诉讼案件1件，在东至县。

淮北市暂未检索到相关案件。

3. 一审审理期限统计

从表1-1-12可以看出，安徽省行政公益诉讼案件一审审理期限在5至6个月的数量最多，大多数案件的审理期限集中在1至6个月。

表1-1-12　安徽省行政公益诉讼案件一审审理期限统计

审限M	案件数量/件	占案件总数百分比/%
0个月≤M＜1个月	4	4.04
1个月≤M＜2个月	13	13.13
2个月≤M＜3个月	7	7.07
3个月≤M＜4个月	10	10.10
4个月≤M＜5个月	19	19.19

续表

审限 M	案件数量 / 件	占案件总数百分比 /%
5 个月≤ M ＜ 6 个月	23	23.23
6 个月≤ M ＜ 7 个月	2	2.02
7 个月≤ M ＜ 8 个月	5	5.05
8 个月≤ M ＜ 9 个月	1	1.01
9 个月≤ M ＜ 10 个月	1	1.01
10 个月≤ M ＜ 11 个月	1	1.01
11 个月≤ M ＜ 12 个月	2	2.02
12 个月≤ M ＜ 13 个月	1	1.01
14 个月≤ M	1	1.01
不详	9	9.10
总计	99	100.00

4. 二审时间统计（见表 1-1-13）

表 1-1-13　安徽省行政公益诉讼案件二审时间统计

时间	立案数量 / 件	占一审案件百分比 /%	结案数量 / 件	占一审案件百分比 /%
2017 年	1	20	1	20
2018 年	0	0	2	40
2019 年	0	0	2	40
不详	4	80	0	0

5. 二审空间统计（见表 1-1-14）

表 1-1-14　安徽省行政公益诉讼案件二审空间分布统计

地区			案件数量 / 件
安徽省	宣城市	宁国市	1
	合肥市	庐阳区	2
	铜陵市	枞阳县	1
	淮南市	寿县	1

6. 二审审理期限统计（见表 1-1-15）

表 1-1-15　安徽省行政公益诉讼案件二审审理期限统计

审限 M	案件数量 / 件	占案件总数百分比 /%
1 个月≤ M ＜ 2 个月	1	20.00
不详	4	80.00
总计	5	100.00

福建省

福建省共有行政公益诉讼案件 77 件，其中一审行政公益诉讼案件有 75 件，二审案件有 2 件。其中一审案件中，以判决方式结案的有 75 件。二审案件中，以判决方式结案的有 1 件，以裁定方式结案的有 1 件。

1. 一审时间统计

从图 1-1-7 可以看出，福建省 2017 年年中立案时间达到最高峰，立案时间主要集中在 2016 年年末、2017 年年中和 2018 年年初。2017 年年中结案数量达到最高峰，结案时间主要集中在 2017 年年中、2018 年年中。

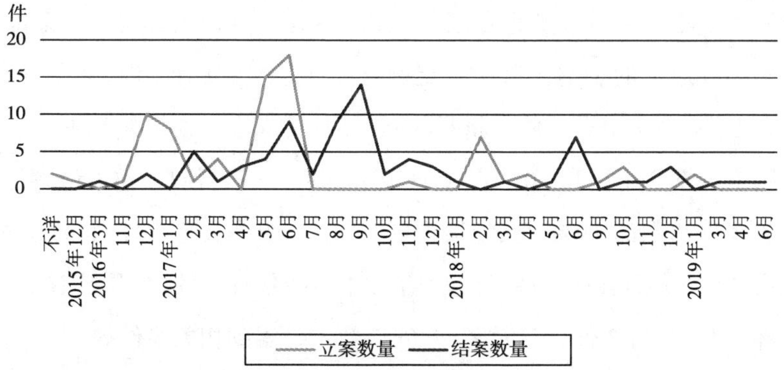

图 1-1-7　福建省行政公益诉讼案件一审时间分布

2. 一审空间统计

福建省共有 9 个地级市，行政公益诉讼主要集中在福州市、三明市、南平市、龙岩市和泉州市。

福州市下辖 5 个区和 8 个县或县级市，共有一审行政公益诉讼案件 14 件，占福建省案件总数的 19%。其中台江区有 1 件，仓山区有 1 件，马尾区有 1 件，晋安区有 2 件，闽侯县有 3 件，闽清县有 4 件，福清市有 1 件，长乐区有 1 件。连江县、罗源县、永泰县和平潭县暂未检索到相关案件。

厦门市下辖 6 个区，暂未检索到相关案件。

宁德市下辖 1 个区和 8 个县或县级市，共有一审行政公益诉讼案件 1 件，在福安市，占福建省案件总数的 1%。

莆田市下辖 4 个区和 1 个县或县级市，共有一审行政公益诉讼案件 8 件，占福建省案件总数的 11%。其中城厢区有 7 件，荔城区有 1 件。涵江区、秀屿区和仙游县暂未检索到相关案件。

泉州市下辖 4 个区和 8 个县或县级市，共有一审行政公益诉讼案件 12 件，占福建省案件总数的 16%。其中鲤城区有 1 件，丰泽区有 2 件，洛江区有 1 件，泉港区有 1 件，惠安县有 2 件，德化县有 2 件，石狮市有 1 件，晋江市有 1 件，南安市有 1 件。安溪县、永春县和金门县暂未检索到相关案件。

漳州市下辖 2 个区和 9 个县或县级市，共有一审行政公益诉讼案件 1 件，在龙海市，占福建省案件总数的 1%。

龙岩市下辖 2 个区和 5 个县或县级市，共有一审行政公益诉讼案件 12 件，占福建省案件总数的 16%。其中永定区有 4 件，上杭县有 1 件，武平县有 3 件，连城县有 1 件，漳平市有 3 件。新罗区、长汀县暂未检索到相关案件。

三明市下辖 2 个区和 10 个县或县级市，共有一审行政公益诉讼案件 14 件，占福建省案件总数的 19%。其中梅列区有 1 件，明溪县有 1 件，清流县有 1 件，宁化县有 2 件，大田县有 1 件，尤溪县有 2 件，沙县有 1 件，将乐县有 1 件，泰宁县有 1 件，建宁县有 3 件。三元区、永安市暂未检索到相关案件。

南平市下辖 2 个区和 8 个县或县级市，共有一审行政公益诉讼案件 13 件，占福建省案件总数的 17%。其中延平区有 2 件，建阳区有 2 件，顺昌县有 1 件，浦城县有 1 件，松溪县有 2 件，政和县有 1 件，建瓯市有 4 件。光泽县、邵武市和武夷山市暂未检索到相关案件。

3. 一审审理期限统计

从表 1-1-16 可以看出，福建省行政公益诉讼案件一审审理期限主要集中在 2 至 3 个月，大多数案件在 6 个月之内可以审理完结。

表 1-1-16 福建省行政公益诉讼案件一审审理期限统计

审限 M	案件数量 / 件	占案件总数百分比 /%
0 个月≤M＜1 个月	2	2.67
1 个月≤M＜2 个月	10	13.33
2 个月≤M＜3 个月	19	25.33
3 个月≤M＜4 个月	17	22.67
4 个月≤M＜5 个月	9	12.00
5 个月≤M＜6 个月	13	17.33
6 个月≤M＜7 个月	2	2.67
7 个月≤M＜8 个月	2	2.67
8 个月≤M＜9 个月	1	1.33
总计	75	100.00

4. 二审相关统计

福建省共有二审行政公益诉讼案件 2 件，立案时间不详，结案时间分别为 2018 年 1 月 29 日、2018 年 3 月 2 日，提起诉讼的检察机关分别为三明市梅列区人民检察院、龙岩市新罗区人民检察院。

山东省

山东省共有行政公益诉讼案件 117 件，其中一审行政公益诉讼案件有 116 件，二审案件有 1 件。一审案件中，以判决方式结案的有 79 件，以裁定方式结案的有 37 件。二审案件中，以判决方式结案的有 1 件。

1. 一审时间统计

从图 1-1-8 可以看出，山东省行政公益诉讼判决书中，存在大量未明确立案时间的判决。从明确记录立案时间的判决书来看，2017 年年中立案时间达到最高峰。2017 年年中、2019 年年初结案时间达到高峰。

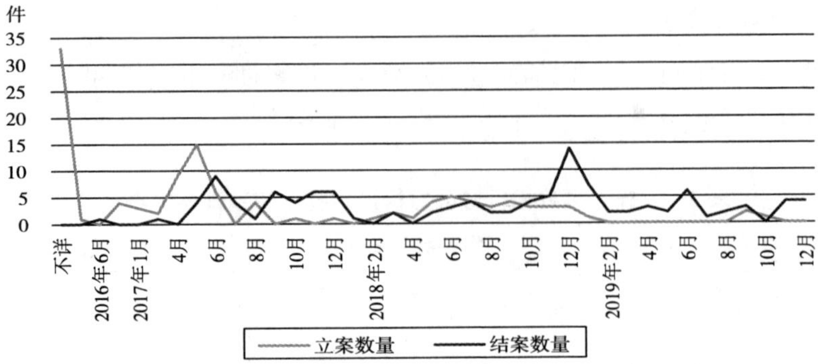

图 1-1-8 山东省行政公益诉讼案件一审时间分布

2. 一审空间统计

山东省共有 17 个地级市，行政公益诉讼案件主要集中在烟台市、青岛市和淄博市。

济南市下辖 7 个区和 3 个县或县级市，共有一审行政公益诉讼案件 8 件，占山东省案件总数的 7%。其中市中区有 1 件，槐荫区有 1 件，章丘区有 2 件，济阳县有 4 件。历下区、天桥区、历城区、长清区、商河县和平阴县暂未检索到相关案件。

青岛市下辖 6 个区和 4 个县或县级市，共有一审行政公益诉讼案件 13 件，占山东省案件总数的 11%。其中青岛市铁路检察院有 1 件，市南区有 1 件，市北区有 1 件，李沧区有 2 件，城阳区有 1 件，胶州市有 1 件，即墨区有 4 件，平度市有 2 件。黄岛区、崂山区和莱西市暂未检索到相关案件。

淄博市下辖 5 个区和 3 个县或县级市，共有一审行政公益诉讼案件 11 件，占山东省案件总数的 9%。其中淄川区有 1 件，张店区有 1 件，博山区有 2 件，临淄区有 2 件，周村区有 2 件，高青县有 2 件，沂源县有 1 件。桓台县暂未检索到相关案件。

枣庄市下辖 5 个区和 1 个县或县级市，共有一审行政公益诉讼案件 1 件，在山亭区，占山东省案件总数的 1%。

东营市下辖 4 个区，包括 1 个经济技术开发区和 2 个县或县级市，共有一审行政公益诉讼案件 5 件，占山东省案件总数的 4%。其中经济技术开发区有 1 件，东营区有 1 件，垦利区有 1 件，利津县有 1 件，广饶县有 1 件。河口区暂未检索到相关案件。

烟台市下辖7个区，包括1个经济技术开发区，1个高新区和8个县或县级市，共有一审行政公益诉讼案件20件，占山东省案件总数的17%。其中经济技术开发区有1件，烟台高新区有1件，芝罘区有1件，福山区有1件，牟平区有2件，莱山高新区有1件，莱山区有2件，长岛县有1件，龙口市有1件，莱阳市有2件，莱州市有2件，招远市有2件，栖霞市有1件，海阳市有2件。蓬莱市暂未检索到相关案件。

潍坊市下辖4个区和8个县或县级市，共有一审行政公益诉讼案件6件，占山东省案件总数的5%。其中潍城区有1件，奎文区有1件，诸城市有1件，高密市有2件，昌邑市有1件。寒亭区、坊子区、临朐县、昌乐县、青州市、寿光市和安丘市暂未检索到相关案件。

济宁市下辖2个区和9个县或县级市，共有一审行政公益诉讼案件3件，占山东省案件总数的3%。其中任城区有1件，金乡县有1件，嘉祥县有1件。兖州区、微山县、鱼台县、汶上县、泗水县、梁山县、曲阜市和邹城市暂未检索到相关案件。

泰安市下辖2个区和4个县或县级市，共有一审行政公益诉讼案件4件，占山东省案件总数的3%。其中宁阳县有1件，东平县有2件，肥城市有1件。泰山区、岱岳区和新泰市暂未检索到相关案件。

威海市下辖2个区和2个县或县级市，共有一审行政公益诉讼案件2件，占山东省案件总数的2%。其中荣成市有1件，乳山市有1件。环翠区、文登区暂未检索到相关案件。

日照市下辖2个区和2个县或县级市，共有一审行政公益诉讼案件2件，占山东省案件总数的2%。其中岚山区有1件，五莲县有1件。东港区、莒县暂未检索到相关案件。

莱芜市下辖2个区，共有一审行政公益诉讼案件1件，在莱城区，占山东省案件总数的1%。

临沂市下辖3个区和8个县或县级市，共有一审行政公益诉讼案件10件，占山东省案件总数的9%。其中兰山区有1件，罗庄区有1件，沂南县有3件，平邑县有1件，莒南县有2件，蒙阴县有1件，临沭县有1件。河东区、郯城县、沂水县、兰陵县和费县暂未检索到相关案件。

德州市下辖3个区，包括1个经济开发区和9个县或县级市，共有一审行政公益诉讼案件10件，占山东省案件总数的9%。其中经济开发区有1件，宁津县有1件，庆云县有1件，齐河县有1件，平原县有4件，夏津县有1件，禹城市有1件。德城区、陵城区、临邑县、武城县和乐陵市暂未检索到相关案件。

聊城市下辖1个区和7个县或县级市，共有一审行政公益诉讼案件10件，占山东省案件总数的9%。其中东昌府区有1件，阳谷县有1件，莘县有2件，茌平县有2件，东阿县有1件，高唐县有1件，临清市有2件。冠县暂未检索到相关案件。

滨州市下辖2个区和5个县或县级市，共有一审行政公益诉讼案件3件，占山东省案件总数的3%。其中沾化区有1件，博兴县有2件。滨城区、惠民县、阳信县、无棣县和邹平市暂未检索到相关案件。

菏泽市下辖1个区和8个县或县级市，共有一审行政公益诉讼案件7件，占山东省案件总数的6%。其中牡丹区有1件，成武县有1件，单县有2件，巨野县有1件，鄄城县有1件，东明县有1件。曹县、定陶区和郓城县暂未检索到相关案件。

3. 一审审理期限统计

从表1-1-17可以看出，山东省行政公益诉讼案件一审审理期限主要集中在5至6个月，大多数案件的审理期限在7个月以下。

表1-1-17 山东省行政公益诉讼案件一审审理期限统计

审限M	案件数量/件	占案件总数百分比/%
0个月≤M＜1个月	8	6.90
1个月≤M＜2个月	4	3.45
2个月≤M＜3个月	12	10.34
3个月≤M＜4个月	2	1.72
4个月≤M＜5个月	14	12.07
5个月≤M＜6个月	18	15.52
6个月≤M＜7个月	12	10.34
7个月≤M＜8个月	2	1.72
8个月≤M＜9个月	3	2.59

续表

审限 M	案件数量 / 件	占案件总数百分比 /%
11 个月≤ M ＜ 12 个月	6	5.17
12 个月≤ M ＜ 13 个月	1	0.86
14 个月≤ M	1	0.86
不详	33	28.45
总计	116	100.00

4. 二审相关统计

山东省共有二审案件 1 件，立案时间不详，结案时间为 2019 年 11 月 7 日，提起诉讼的检察机关为威海市火炬高新技术产业开发区人民检察院。

湖北省

湖北省共有行政公益诉讼案件 137 件，其中一审行政公益诉讼案件有 135 件，二审案件有 2 件。一审案件中，以判决方式结案的有 135 件。二审案件中，以判决方式结案的有 1 件，以裁定方式结案的有 1 件。

1. 一审时间统计

从图 1–1–9 可以看出，湖北省 2017 年年初、年中和 2018 年年末、2019 年年中的立案数量达到高峰，总体来看，从 2017 年至 2019 年每年都有立案高峰。2017 年年中至年末、2018 年年末和 2019 年年末结案数量达到高峰。

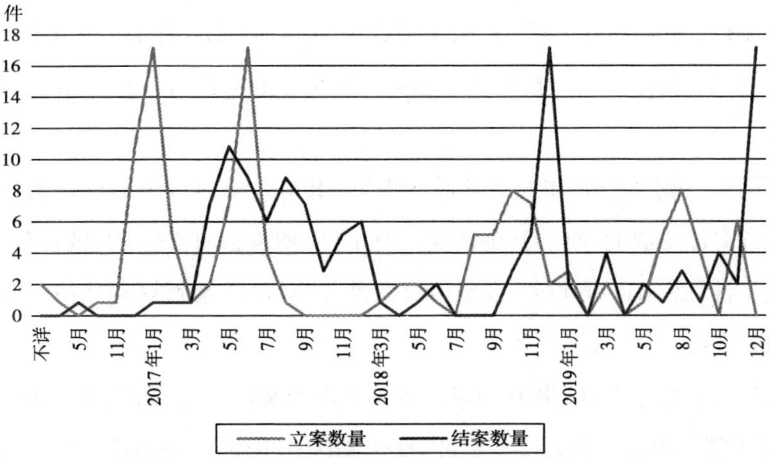

图 1–1–9　湖北省行政公益诉讼案件一审时间分布

2. 一审空间统计

湖北省共有 12 个地级市，1 个自治州和四个省级直辖单位。行政公益诉讼主要集中在武汉市、黄石市、十堰市和宜昌市。

武汉市下辖 13 个区，共有一审行政公益诉讼案件 19 件，占湖北省案件总数的 14%。其中江岸区有 1 件，硚口区有 1 件，汉阳区有 1 件，武昌区有 1 件，青山区有 3 件，洪山区有 1 件，东西湖区有 3 件，汉南区有 3 件，蔡甸区有 2 件，黄陂区有 1 件，新洲区有 2 件。江汉区、江夏区暂未检索到相关案件。

黄石市下辖 5 个区，包括 1 个经济技术开发区和 2 个县或县级市，共有一审行政公益诉讼案件 15 件，占湖北省案件总数的 11%。其中黄石港区有 2 件，经济技术开发区有 1 件，西塞山区有 1 件，下陆区有 4 件，铁山区有 1 件，阳新县有 5 件，大冶市有 1 件。

十堰市下辖 3 个区和 5 个县或县级市，共有一审行政公益诉讼案件 14 件，占湖北省案件总数的 11%。其中茅箭区有 1 件，张湾区有 1 件，郧阳区有 1 件，郧西县有 2 件，竹山县有 2 件，竹溪县有 3 件，房县有 2 件，丹江口市有 2 件。

宜昌市下辖 6 个区，包括 1 个高新区和 8 个县或县级市，包括 2 个自治县，共有一审行政公益诉讼案件 13 件，占湖北省案件总数的 10%。其中西陵区有 2 件，高新区有 1 件，伍家岗区有 1 件，点军区有 1 件，远安县有 1 件，兴山县有 1 件，秭归县有 2 件，长阳土家族自治县有 1 件，宜都市有 1 件，当阳市有 1 件，枝江市有 1 件。猇亭区、夷陵区和五峰土家族自治县暂未检索到相关案件。

襄阳市下辖 3 个区和 6 个县或县级市，共有一审行政公益诉讼案件 11 件，占湖北省案件总数的 8%。其中襄州区有 1 件，南漳县有 2 件，谷城县有 1 件，保康县有 1 件，枣阳市有 4 件，宜城市有 2 件。襄城区、樊城区和老河口市暂未检索到相关案件。

鄂州市下辖 3 个区，共有一审行政公益诉讼案件 3 件，占湖北省案件总数的 2%。其中鄂州市铁路检察院有 1 件，梁子湖区有 1 件，华容区有 1 件。鄂城区暂未检索到相关案件。

荆门市下辖2个区和3个县或县级市，共有一审行政公益诉讼案件7件，占湖北省案件总数的5%。其中东宝区有2件，沙洋县有1件，钟祥市有4件。掇刀区、京山县暂未检索到相关案件。

孝感市下辖1个区和6个县或县级市，共有一审行政公益诉讼案件1件，在安陆市，占湖北省案件总数的1%。

荆州市下辖2个区和6个县或县级市，共有一审行政公益诉讼案件10件，占湖北省案件总数的8%。其中沙市区有1件，公安县有2件，监利县有2件，石首市有2件，松滋市有3件，荆州区、江陵县和洪湖市暂未检索到相关案件。

黄冈市下辖1个区和9个县或县级市，共有一审行政公益诉讼案件10件，占湖北省案件总数的8%。其中团风县有2件，红安县有1件，浠水县有2件，蕲春县有1件，黄梅县有1件，麻城市有1件，武穴市有2件。黄州区、罗田县和英山县暂未检索到相关案件。

咸宁市下辖1个区和5个县或县级市，共有一审行政公益诉讼案件8件，占湖北省案件总数的6%。其中嘉鱼县有2件，崇阳县有2件，通山县有2件，赤壁市有2件。咸安区、通城县暂未检索到相关案件。

恩施土家族苗族自治州下辖8个县或县级市，共有一审行政公益诉讼案件9件，占湖北省案件总数的7%。其中恩施市有2件，利川市有3件，巴东县有2件，咸丰县有1件，来凤县有1件。建始县、宣恩县和鹤峰县暂未检索到相关案件。

随州市下辖1个区和2个县或县级市，共有一审行政公益诉讼案件8件，占湖北省案件总数的6%。其中曾都区有1件，广水市有4件，随县有3件。

3. 一审审理期限统计

从表1-1-18可以看出，湖北省行政公益诉讼案件一审审理期限最多为4至5个月，主要集中在1至6个月。

表 1-1-18　湖北省行政公益诉讼案件一审审理期限统计

审限 M	案件数量 / 件	占案件总数百分比 /%
0 个月≤ M ＜ 1 个月	7	5.19
1 个月≤ M ＜ 2 个月	21	15.56
2 个月≤ M ＜ 3 个月	20	14.81
3 个月≤ M ＜ 4 个月	26	19.26
4 个月≤ M ＜ 5 个月	33	24.44
5 个月≤ M ＜ 6 个月	17	12.59
6 个月≤ M ＜ 7 个月	3	2.22
7 个月≤ M ＜ 8 个月	4	2.96
8 个月≤ M ＜ 9 个月	1	0.74
11 个月≤ M ＜ 12 个月	1	0.74
不详	2	1.48
总计	135	100.00

4. 二审相关统计

湖北省共有二审行政公益诉讼案件 2 件，立案时间分别为 2017 年 6 月 5 日、2019 年 2 月 27 日，结案时间为 2017 年 12 月 5 日、2019 年 5 月 10 日，提起诉讼的检察机关分别为宜昌市猇亭区人民检察院、随州市曾都区人民检察院。

广东省

广东省共有行政公益诉讼案件 76 件，其中一审行政公益诉讼案件有 58 件，二审案件有 15 件。一审案件中，以判决方式结案的有 56 件，以裁定方式结案的有 2 件。二审案件中，以判决方式结案的有 15 件，以裁定方式结案的有 3 件。

1. 一审时间统计

从图 1-1-10 可以看出，广东省 2016 年年末至 2017 年年初是立案数量的最高峰，之后立案数量迅速下滑。2017 年年中是结案数量的最高峰。

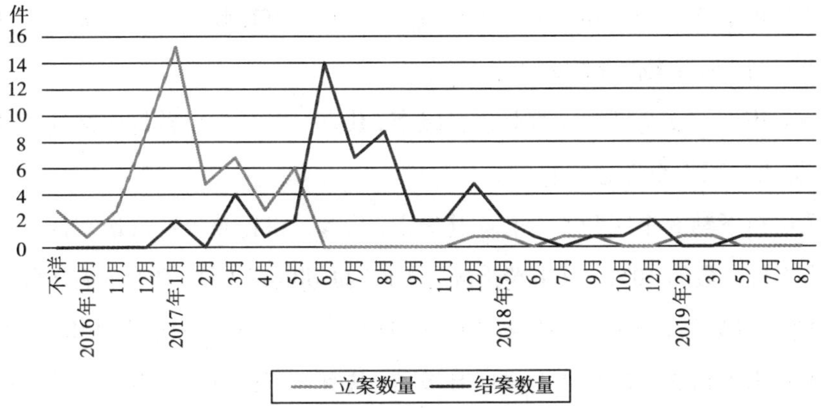

图 1-1-10 广东省行政公益诉讼案件一审时间分布

2. 一审空间统计

广东省共有 21 个地级市，行政公益诉讼主要分布在韶关市、清远市、广州市和肇庆市。

广州市下辖 11 个区，共有一审行政公益诉讼案件 6 件，占广东省案件总数的 10%。其中海珠区有 1 件，白云区有 3 件，从化区有 2 件。荔湾区、越秀区、天河区、黄埔区、番禺区、花都区、南沙区、增城区暂未检索到相关案件。

韶关市下辖 3 个区和 7 个县或县级市，共有一审行政公益诉讼案件 22 件，占广东省案件总数的 38%。其中武江区有 3 件，浈江区有 1 件，曲江区有 2 件，始兴县有 2 件，仁化县有 1 件，翁源县有 1 件，乳源瑶族自治县有 7 件，新丰县有 2 件，南雄市有 3 件。乐昌市暂未检索到相关案件。

深圳市下辖 8 个区，共有一审行政公益诉讼案件 5 件，占广东省案件总数的 9%。其中罗湖区有 1 件，福田区有 1 件，宝安区有 1 件，龙岗区有 1 件，盐田区有 1 件。南山区、龙华区和坪山区暂未检索到相关案件。

汕头市下辖 6 个区和 1 个县或县级市，共有一审行政公益诉讼案件 5 件，占广东省案件总数的 9%。其中濠江区有 1 件，龙湖区有 1 件，潮南区有 1 件，澄海区有 1 件，潮阳区有 1 件。南澳县、金平区暂未检索到相关案件。

佛山市下辖 5 个区，共有一审行政公益诉讼案件 1 件，在顺德区，占广东省案件总数的 2%。

江门市下辖3个区和4个县或县级市，共有一审行政公益诉讼案件1件，在开平市，占广东省案件总数的2%。

茂名市下辖2个区和3个县或县级市，共有一审行政公益诉讼案件1件，在茂南区，占广东省案件总数的2%。

肇庆市下辖3个区和5个县或县级市，共有一审行政公益诉讼案件6件，占广东省案件总数的10%。其中端州区有1件，鼎湖区有1件，高要区有1件，广宁县有1件，怀集县有1件，德庆县有1件。四会市、封开县暂未检索到相关案件。

惠州市下辖2个区和3个县或县级市，共有一审行政公益诉讼案件1件，在惠阳区，占广东省案件总数的2%。

梅州市下辖2个区和6个县或县级市，共有一审行政公益诉讼案件1件，占广东省案件总数的2%。

清远市下辖2个区和6个县或县级市，共有一审行政公益诉讼案件9件，占广东省案件总数的16%。其中清城区有1件，清新区有1件，阳山县有1件，连山壮族瑶族自治县有2件，连南瑶族自治县有2件，英德市有1件，连州市有1件。佛冈县暂未检索到相关案件。

东莞市、中山市、潮州市、揭阳市、云浮市、湛江市、汕尾市、河源市、阳江市、清远市、珠海市暂未检索到相关案件。

3. 一审审理期限统计

从表1-1-19可以看出，广东省行政公益诉讼案件一审审理期限主要集中在4至6个月，大多数案件能够在6个月以内审理完结。

表1-1-19　广东省行政公益诉讼案件一审审理期限统计

审限M	案件数量/件	占案件总数百分比/%
0个月≤M＜1个月	5	8.62
1个月≤M＜2个月	1	1.72
2个月≤M＜3个月	3	5.17
3个月≤M＜4个月	9	15.52
4个月≤M＜5个月	13	22.41
5个月≤M＜6个月	13	22.41

续表

审限M	案件数量/件	占案件总数百分比/%
7个月≤M＜8个月	1	1.72
9个月≤M＜10个月	1	1.72
10个月≤M＜11个月	1	1.72
11个月≤M＜12个月	6	10.34
14个月≤M	2	3.45
不详	3	5.17
总计	58	100.00

4. 二审时间统计(见表1-1-20)

表1-1-20　广东省行政公益诉讼案件二审时间统计

时间	立案数量/件	占一审案件百分比/%	结案数量/件	占一审案件百分比/%
2017年	1	6	14	78
2018年	0	0	3	17
2019年	0	0	1	6
不详	17	94	0	0

5. 二审空间统计(见表1-1-21)

表1-1-21　广东省行政公益诉讼案件二审空间分布统计

地区			案件数量/件
广东省	广州市	越秀区	1
		荔湾区	1
	深圳市	南山区	1
	江门市	台山市	1
	梅州市	蕉岭县	1
	韶关市	武江区	2
		南雄市	1
		乳源瑶族自治县	9
		连南瑶族自治县	1

6. 二审审理期限统计（见表 1-1-22）

表 1-1-22　广东省行政公益案件二审审理期限统计

审限 M	案件数量 / 件	占案件总数百分比 /%
2 个月≤ M ＜ 3 个月	1	5.56
不详	17	94.44
总计	18	100.00

贵州省

贵州省行政公益诉讼案件共有 142 件，其中一审案件有 135 件，二审案件有 7 件。一审案件中，以判决方式结案的有 134 件，以裁定方式结案的有 1 件。二审案件中，以判决方式结案的有 7 件。

1. 一审时间统计

从图 1-1-11 可以看出，贵州省 2016 年年末至 2017 年年中是立案数量的最高峰，之后立案数量迅速降低。2017 年年中结案数量达到最高峰，之后立案数量迅速降低。

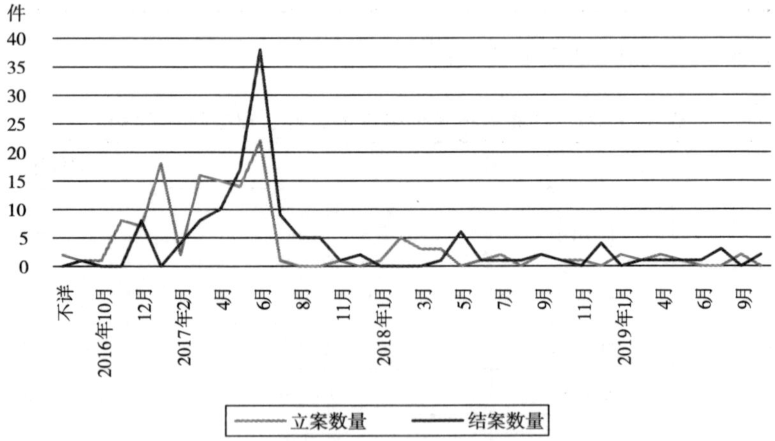

图 1-1-11　贵州省行政公益诉讼案件一审时间分布

2. 一审空间统计

贵州省共有 6 个地级市和 3 个自治州，行政公益诉讼主要集中在黔东南苗族侗族自治州、黔西南布依族苗族自治州和毕节市。

贵阳市下辖6个区和4个县或县级市，共有一审行政公益诉讼案件16件，占贵州省案件总数的12%。其中南明区有1件，云岩区有2件，花溪区有1件，乌当区有3件，白云区有1件，观山湖区有2件，清镇市有6件。开阳县、息烽县和修文县暂未检索到相关案件。

六盘水市下辖2个区和2个县或县级市，共有一审行政公益诉讼案件12件，占贵州省案件总数的9%。其中钟山区有3件，六枝特区有2件，盘州市有4件，水城县有3件。

遵义市下辖2个区和12个县或县级市，包括2个自治县，共有一审行政公益诉讼案件1件，在赤水市，占贵州省案件总数的1%。

铜仁市下辖2个区和8个县或县级市，包括3个自治县，共有一审行政公益诉讼案件15件，占贵州省案件总数的11%。其中碧江区有1件，万山区有1件，江口县有1件，玉屏侗族自治县有1件，石阡县有4件，思南县有1件，印江土家族苗族自治县有2件，德江县有2件，沿河土家族自治县有1件，松桃苗族自治县有1件。

黔西南布依族苗族自治州下辖8个县或县级市，共有一审行政公益诉讼案件29件，占贵州省案件总数的21%。其中兴义市有3件，兴仁县有2件，普安县有3件，晴隆县有6件，贞丰县有3件，望谟县有5件，册亨县有4件，安龙县有3件。

毕节市下辖1个区和6个县或县级市，包括1个自治县，共有一审行政公益诉讼案件23件，占贵州省案件总数的17%。其中七星关区有3件，大方县有3件，黔西县有3件，金沙县有2件，织金县有3件，纳雍县有3件，威宁彝族回族苗族自治县有4件，赫章县有2件。

安顺市下辖2个区和4个县或县级市，包括2个自治县，共有一审行政公益诉讼案件2件，占贵州省案件总数的1%。其中镇宁布依族苗族自治县有1件，紫云苗族布依族自治县有1件。西秀区、平坝区、普定县、关岭布依族苗族自治县暂未检索到相关案件。

黔东南苗族侗族自治州下辖16个县或县级市，共有一审行政公益诉讼案件

37 件，占贵州省案件总数的 27%。其中凯里市有 3 件，黄平县有 2 件，施秉县有 3 件，三穗县有 2 件，镇远县有 2 件，岑巩县有 3 件，天柱县有 1 件，锦屏县有 1 件，剑河县有 2 件，台江县有 2 件，黎平县有 2 件，榕江县有 3 件，从江县有 2 件，雷山县有 3 件，麻江县有 4 件，丹寨县有 2 件。

黔南布依族苗族自治州暂未检索到相关案件。

3. 一审审理期限统计

从表 1-1-23 可以看出，1 至 2 个月是贵州省行政公益诉讼案件一审审理期限数量最多的期间。大多数案件的审理期限都集中在 4 个月以下。

表 1-1-23 贵州省行政公益诉讼案件一审审理期限统计

审限 M	案件数量 / 件	占案件总数百分比 /%
0 个月≤ M ＜ 1 个月	19	14.07
1 个月≤ M ＜ 2 个月	43	31.85
2 个月≤ M ＜ 3 个月	33	24.44
3 个月≤ M ＜ 4 个月	21	15.56
4 个月≤ M ＜ 5 个月	6	4.44
5 个月≤ M ＜ 6 个月	9	6.67
6 个月≤ M ＜ 7 个月	1	0.74
7 个月≤ M ＜ 8 个月	1	0.74
不详	2	1.48
总计	135	100.00

4. 二审时间统计（见表 1-1-24）

表 1-1-24 贵州省行政公益诉讼案件二审时间统计

时间	立案数量 / 件	占一审案件百分比 /%	结案数量 / 件	占一审案件百分比 /%
2017 年	1	14	3	43
2018 年	0	0	4	57
不详	6	86	0	0

5. 二审空间统计（见表 1-1-25）

表 1-1-25　贵州省行政公益诉讼案件二审空间分布统计

地区			案件数量 / 件
贵州省	铜仁市	思南县	1
		玉屏侗族自治县	1
		江口县	1
		德江县	1
		石阡县	1
	安顺市	紫云苗族布依族自治县	1
		镇宁布依族苗族自治县	1

6. 二审审理期限统计（见表 1-1-26）

表 1-1-26　贵州省行政公益诉讼案件二审审理期限统计

审限 M	案件数量 / 件	占案件总数百分比 /%
1 个月≤ M ＜ 2 个月	1	14.29
不详	6	85.71
总计	7	100.00

云南省

云南省共有行政公益诉讼案件 122 件，其中一审有 117 件，二审有 5 件。在一审行政公益诉讼中，以判决方式结案的有 112 件，以裁定方式结案的有 5 件。在二审行政公益诉讼中，以判决方式结案的有 5 件。

1. 一审时间统计

从图 1-1-12 可以看出，云南省 2017 年年初至年中是立案数量的最高峰，之后立案数量迅速降低，2017 年年中至年末是结案数量的最高峰。

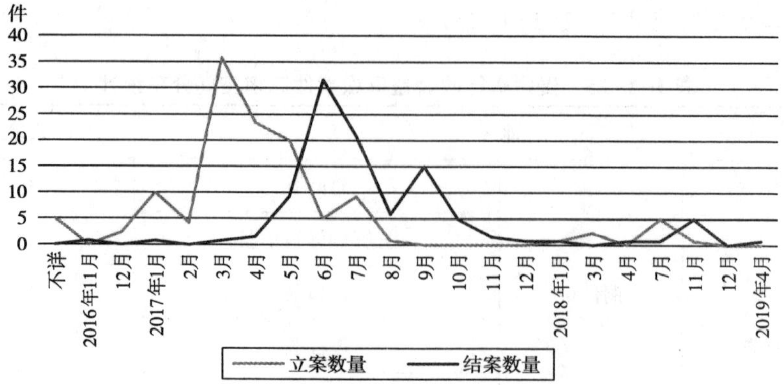

图 1-1-12 云南省行政公益诉讼案件一审时间分布

2. 一审空间统计

云南省共有 8 个地级市和 8 个自治州，行政公益诉讼主要集中在普洱市、楚雄彝族自治州、昆明市和红河哈尼族彝族自治州。

昆明市下辖 7 个区和 7 个县或县级市，包括 3 个自治县，共有一审行政公益诉讼案件 14 件，占云南省案件总数的 12%。其中五华区有 1 件，盘龙区有 1 件，西山区有 1 件，东川区有 1 件，呈贡区有 2 件，晋宁区有 1 件，富民县有 1 件，宜良县有 1 件，石林彝族自治县有 1 件，嵩明县有 1 件，禄劝彝族苗族自治县有 1 件，寻甸回族自治县有 1 件，安宁市有 1 件。官渡区暂未检索到相关案件。

曲靖市下辖 1 个区和 8 个县或县级市，共有一审行政公益诉讼案件 13 件，占云南省案件总数的 11%。其中麒麟区有 1 件，马龙县有 1 件，师宗县有 2 件，罗平县有 2 件，富源县有 1 件，会泽县有 3 件，沾益区有 2 件，宣威市有 1 件。陆良县暂未检索到相关案件。

玉溪市下辖 2 个区和 7 个县或县级市，包括 3 个自治县，共有一审行政公益诉讼案件 1 件，在通海县，占云南省案件总数的 1%。

楚雄彝族自治州下辖 10 个县或县级市，共有一审行政公益诉讼案件 23 件，占云南省案件总数的 20%。其中楚雄市有 1 件，双柏县有 2 件，牟定县有 6 件，南华县有 1 件，姚安县有 1 件，大姚县有 1 件，永仁县有 4 件，元谋县有 1 件，禄丰县有 6 件。武定县暂未检索到相关案件。

红河哈尼族彝族自治州下辖13个县或县级市，包括3个自治县，共有一审行政公益诉讼案件14件，占云南省案件总数的12%。其中个旧市有2件，蒙自市有1件，屏边苗族自治县有1件，弥勒市有1件，红河县有5件，金平苗族瑶族傣族自治县有1件，绿春县有1件，河口瑶族自治县有2件。建水县、石屏县、泸西县、开远市和元阳县暂未检索到相关案件。

普洱市下辖1个区和9个自治县，共有一审行政公益诉讼案件34件，占云南省案件总数的29%。其中思茅区有8件，墨江哈尼族自治县有3件，景东彝族自治县有3件，景谷傣族彝族自治县有2件，江城哈尼族彝族自治县有2件，孟连傣族拉祜族佤族自治县有1件，澜沧拉祜族自治县有15件。宁洱哈尼族彝族自治县、镇沅彝族哈尼族拉祜族自治县和西盟佤族自治县暂未检索到相关案件。

大理白族自治州下辖12个县或县级市，包括3个自治县，共有一审行政公益诉讼案件5件，占云南省案件总数的4%。其中宾川县有1件，南涧彝族自治县有1件，洱源县有1件，剑川县有1件，鹤庆县有1件。大理市、漾濞彝族自治县、祥云县、弥渡县、巍山彝族回族自治县、永平县和云龙县暂未检索到相关案件。

保山市下辖1个区和4个县或县级市，共有一审行政公益诉讼案件1件，在昌宁县，占云南省案件总数的1%。

德宏傣族景颇族自治州下辖5个县或县级市，共有一审行政公益诉讼案件5件，占云南省案件总数的4%。其中瑞丽市有1件，芒市有1件，梁河县有1件，盈江县有1件，陇川县有1件。

临沧市下辖1个区和7个县或县级市，包括3个自治县，共有一审行政公益诉讼案件7件，占云南省案件总数的6%。其中凤庆县有1件，云县有1件，永德县有1件，镇康县有1件，双江拉祜族佤族布朗族傣族自治县有1件，耿马傣族佤族自治县有1件，沧源佤族自治县有1件。临翔区暂未检索到相关案件。

丽江市、昭通市、怒江傈僳族自治州、迪庆藏族自治州、西双版纳傣族自治州、文山壮族苗族自治州暂未检索到相关案件。

3. 一审审理期限统计

从表 1-1-27 可以看出，云南省案件数量最多的一审审理期限是 2 至 3 个月，其次是 4 至 5 个月和 5 至 6 个月。大多数案件能够在 6 个月以内审理完结。

表 1-1-27　云南省行政公益诉讼案件一审审理期限统计

审限 M	案件数量 / 件	占案件总数百分比 /%
0 个月≤ M ＜ 1 个月	3	2.56
1 个月≤ M ＜ 2 个月	11	9.40
2 个月≤ M ＜ 3 个月	31	26.50
3 个月≤ M ＜ 4 个月	17	14.53
4 个月≤ M ＜ 5 个月	21	17.95
5 个月≤ M ＜ 6 个月	19	16.24
6 个月≤ M ＜ 7 个月	2	1.71
7 个月≤ M ＜ 8 个月	2	1.71
8 个月≤ M ＜ 9 个月	6	5.13
不详	5	4.27
总计	117	100.00

4. 二审时间统计（见表 1-1-28）

表 1-1-28　云南省行政公益诉讼案件二审时间统计

时间	立案数量 / 件	占一审案件百分比 /%	结案数量 / 件	占一审案件百分比 /%
2017 年	1	20	1	20
2018 年	0	0	4	80
不详	4	80	0	0

5. 二审空间统计（见表 1-1-29）

表 1-1-29　云南省行政公益诉讼案件二审空间分布统计

<table>
<tr><th colspan="3">地区</th><th>案件数量 / 件</th></tr>
<tr><td rowspan="2">云南省</td><td rowspan="2">曲靖市</td><td>麒麟区</td><td>1</td></tr>
<tr><td>陆良县</td><td>4</td></tr>
</table>

6. 二审审理期限统计（见表 1-1-30）

表 1-1-30 云南省行政公益诉讼案件二审审理期限统计

审限 M	案件数量 / 件	占案件总数百分比 /%
1 个月≤M＜2 个月	1	20.00
不详	4	80.00
总计	5	100.00

陕西省

陕西省共有行政公益诉讼 93 件，其中一审行政公益诉讼案件有 90 件，二审案件有 2 件，再审案件有 1 件。一审行政公益诉讼案件中，以判决方式结案的有 83 件，以裁定方式结案的有 7 件。二审案件中，以判决方式结案的有 2 件。再审案件中，以判决方式结案的有 1 件。

1. 一审时间统计

从图 1-1-13 可以看出，陕西省行政公益诉讼判决书中未明确立案时间的判决书数量较多。从明确记录立案时间的判决书来看，2017 年年初和年中立案时间达到最高峰，之后立案数量迅速下降。2017 年年中和年末结案时间达到高峰。

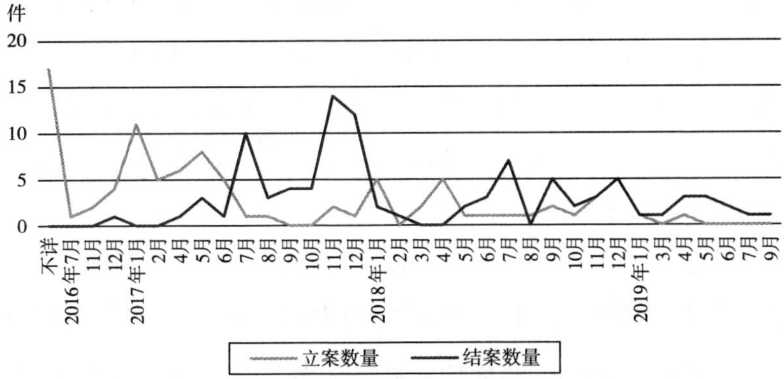

图 1-1-13 陕西省行政公益诉讼案件一审时间分布

2. 一审空间统计

陕西省共有 10 个地级市，行政公益诉讼主要集中在西安市、汉中市和宝鸡市。

西安市下辖11个区和2个县或县级市，共有一审行政公益诉讼案件25件，占陕西省案件总数的27%。其中西安市铁路检察院有10件，新城区有1件，碑林区有1件，莲湖区有1件，灞桥区有1件，雁塔区有2件，阎良区有1件，临潼区有2件，长安区有1件，高陵区有1件，鄠邑区有2件，周至县有1件，蓝田县有1件。未央区暂未检索到相关案件。

宝鸡市下辖3个区和9个县或县级市，共有一审行政公益诉讼案件13件，占陕西省案件总数的14%。其中渭滨区有4件，金台区有2件，扶风县有2件，眉县有2件，陇县有1件，麟游县有1件，太白县有1件。陈仓区、凤翔县、岐山县、千阳县和凤县暂未检索到相关案件。

咸阳市下辖3个区和11个县或县级市，共有一审行政公益诉讼案件12件，占陕西省案件总数的13%。其中杨陵区有1件，渭城区有1件，泾阳县有1件，乾县有2件，礼泉县有2件，永寿县有1件，彬县有1件，旬邑县有1件，武功县有2件。秦都区、三原县、长武县、淳化县和兴平市暂未检索到相关案件。

渭南市下辖2个区和9个县或县级市，共有一审行政公益诉讼案件2件，占陕西省案件总数的2%。其中华州区有1件，白水县有1件。临渭区、潼关县、大荔县、合阳县、澄城县、蒲城县、富平县、韩城市和华阴市暂未检索到相关案件。

延安市下辖2个区和11个县或县级市，共有一审行政公益诉讼案件5件，占陕西省案件总数的5%。其中宝塔区有1件，延川县有3件，富县有1件。安塞区、延长县、子长县、志丹县、吴起县、甘泉县、洛川县、宜川县、黄龙县和黄陵县暂未检索到相关案件。

汉中市下辖1个区和10个县或县级市，共有一审行政公益诉讼案件16件，占陕西省案件总数的17%。其中汉台区有1件，南郑区有2件，城固县有2件，洋县有2件，西乡县有2件，勉县有1件，宁强县有1件，略阳县有1件，镇巴县有1件，留坝县有1件，佛坪县有2件。

安康市下辖1个区和9个县或县级市，共有一审行政公益诉讼案件6件，原告全部为安康市铁路检察院，占陕西省案件总数的6%。

商洛市下辖1个区和6个县或县级市，共有一审行政公益诉讼案件2件，全部在洛南县，占陕西省案件总数的 2%。

榆林市下辖 2 个区和 10 个县或县级市，共有一审行政公益诉讼案件 12 件，占陕西省案件总数的 13%。其中府谷县有 1 件，靖边县有 1 件，定边县有 2 件，绥德县有 2 件，米脂县有 1 件，佳县有 1 件，吴堡县有 1 件，清涧县有 1 件，子洲县有 2 件。榆阳区、横山区和神木市暂未检索到相关案件。

铜川市暂未检索到相关案件。

3. 一审审理期限统计

从表 1-1-31 可以看出，陕西省行政公益诉讼案件一审审理期限数量最多的期间是 5 至 6 个月，案件数量较多的审理期限是 6 至 7 个月和 8 至 9 个月，大多数案件能够在 9 个月以内审理完结。

表 1-1-31　陕西省行政公益诉讼案件一审审理期限统计

审限 M	案件数量 / 件	占案件总数百分比 /%
0 个月≤ M ＜ 1 个月	7	7.53
1 个月≤ M ＜ 2 个月	4	4.30
2 个月≤ M ＜ 3 个月	6	6.45
3 个月≤ M ＜ 4 个月	6	6.45
4 个月≤ M ＜ 5 个月	8	8.60
5 个月≤ M ＜ 6 个月	18	19.35
6 个月≤ M ＜ 7 个月	8	8.60
8 个月≤ M ＜ 9 个月	6	6.45
9 个月≤ M ＜ 10 个月	3	3.23
10 个月≤ M ＜ 11 个月	4	4.30
11 个月≤ M ＜ 12 个月	5	5.38
13 个月≤ M ＜ 14 个月	1	1.08
不详	17	18.28
总计	93	100.00

4. 二审相关统计

陕西省共有二审行政公益诉讼案件 2 件，立案时间分别为 2018 年 1 月 17

日和不详，结案时间分别为 2018 年 11 月 28 日和 2019 年 6 月 27 日，提起诉讼的检察机关分别为榆林市绥德县人民检察院和西安市铁路人民检察院。

5. 再审相关统计

陕西省共有再审行政公益诉讼案件 1 件，立案时间为 2017 年 12 月 6 日，结案时间为 2017 年 12 月 28 日，提起诉讼的检察机关为咸阳市礼泉县人民检察院。

甘肃省

甘肃省共有行政公益诉讼案件 105 件，其中一审行政公益诉讼案件有 102 件，二审案件有 3 件。一审案件中，以判决方式结案的有 97 件，以裁定方式结案的有 5 件。二审案件中，以判决方式结案的有 3 件。

1. 一审时间统计

从图 1-1-14 可以看出，甘肃省 2016 年年末至 2017 年年初立案数量达到高峰，之后迅速下降，2018 年年初和年末又达到立案数量的小高峰，之后数量又迅速降低。2017 年年中结案数量达到高峰，在 2018 年年中结案数量又有所起伏。

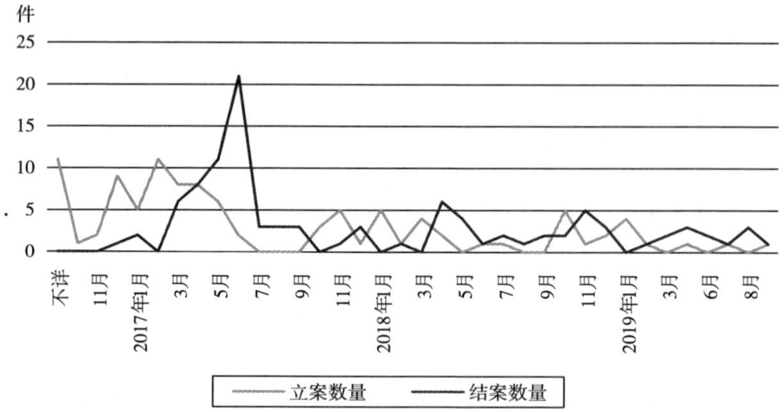

图 1-1-14　甘肃省行政公益诉讼案件一审时间分布

2. 一审空间统计

甘肃省共有 11 个地级市和 2 个自治州，行政公益诉讼主要集中在天水市、陇南市和兰州市。

兰州市下辖 5 个区和 3 个县或县级市，共有一审行政公益诉讼案 16 件，占甘肃省案件总数的16%。其中城关区有4件，七里河区有1件，西固区有2件，安宁区有1件，红古区有2件，永登县有1件，皋兰县有3件，榆中县有2件。

嘉峪关市无下辖区和县或县级市，共有一审行政公益诉讼案件1件，占甘肃省案件总数的1%。

白银市下辖2个区和3个县或县级市，共有一审行政公益诉讼案件8件，占甘肃省案件总数的8%。其中平川区有2件，靖远县有1件，会宁县有3件，景泰县有2件。白银区暂未检索到相关案件。

天水市下辖2个区和5个县或县级市，包括1个自治县，共有一审行政公益诉讼案件23件，占甘肃省案件总数的23%。其中秦州区有1件，麦积区有7件，清水县有4件，秦安县有4件，甘谷县有3件，武山县有2件，张家川回族自治县有2件。

酒泉市下辖1个区和6个县或县级市，包括2个自治县，共有一审行政公益诉讼案件6件，占甘肃省案件总数的6%。其中肃州区有1件，玉门市有2件，敦煌市有1件，金塔县有2件。肃北蒙古族自治县、阿克塞哈萨克族自治县和瓜州县暂未检索到相关案件。

张掖市下辖1个区和5个县或县级市，包括1个自治县，共有一审行政公益诉讼案件8件，占甘肃省案件总数的8%。其中肃南裕固族自治县有2件，民乐县有2件，高台县有2件，山丹县有2件。甘州区、临泽县暂未检索到相关案件。

武威市下辖1个区和3个县或县级市，包括1个自治县，共有一审行政公益诉讼案件2件，占甘肃省案件总数的2%。其中凉州区有1件，民勤县有1件。古浪县、天祝藏族自治县暂未检索到相关案件。

定西市下辖1个区和6个县或县级市，共有一审行政公益诉讼案件6件，占甘肃省案件总数的6%。其中安定区有1件，通渭县有1件，陇西县有2件，漳县有1件，岷县有1件。渭源县、临洮县暂未检索到相关案件。

陇南市下辖1个区和8个县或县级市，共有一审行政公益诉讼案件18件，占甘肃省案件总数的18%。其中武都区有3件，成县有2件，康县有3件，文县有2件，西和县有1件，礼县有2件，两当县有1件，徽县有4件。宕昌县暂未检索到相关案件。

平凉市下辖 1 个区和 6 个县或县级市，共有一审行政公益诉讼案件 2 件，在泾川县，占甘肃省案件总数的 2%

庆阳市下辖 2 个区，包括 1 个子午岭林区和 7 个县或县级市，共有一审行政公益诉讼案件 9 件，占甘肃省案件总数的 9%。其中西峰区有 2 件，子午岭林区有 2 件，环县有 1 件，合水县有 1 件，正宁县有 1 件，宁县有 1 件，镇原县有 1 件。庆城县、华池县暂未检索到相关案件。

临夏回族自治州下辖 8 个县或县级市，包括 1 个自治县，共有一审行政公益诉讼案件 1 件，在临夏市，占甘肃省案件总数的 1%。

甘南藏族自治州下辖 8 个县或县级市，共有一审行政公益诉讼案件 2 件，占甘肃省案件总数的 2%。其中舟曲县有 1 件，碌曲县有 1 件。合作市、临潭县、卓尼县、迭部县、玛曲县和夏河县暂未检索到相关案件。

金昌市暂未检索到相关案件。

3. 一审审理期限统计

从表 1-1-32 可以看出，甘肃省审理期限主要集中在 2 至 6 个月，大多数案件能够在 6 个月以内审理完结。

表 1-1-32　甘肃省行政公益诉讼案件一审审理期限统计

审限 M	案件数量 / 件	占案件总数百分比 /%
0 个月≤ M ＜ 1 个月	9	8.82
1 个月≤ M ＜ 2 个月	20	19.61
2 个月≤ M ＜ 3 个月	16	15.69
3 个月≤ M ＜ 4 个月	11	10.78
4 个月≤ M ＜ 5 个月	17	16.67
5 个月≤ M ＜ 6 个月	16	15.69
10 个月≤ M ＜ 11 个月	1	0.98
14 个月≤ M	1	0.98
不详	11	10.78
总计	102	100.00

4. 二审相关统计

甘肃省共有二审行政公益诉讼案件 3 件，有 1 件立案时间为 2018 年 5 月 25 日，另外两件不详，结案时间分别为 2018 年 9 月 28 日、2018 年 12 月 7 日、2019 年 9 月 29 日，提起诉讼的检察机关分别为嘉峪关市人民检察院、酒泉市玉门市人民检察院、白银市平川区人民检察院。

三、非试点地区

除去 13 个试点地区后，其余的非试点地区并非所有的省、自治区、直辖市都有行政公益诉讼案件。笔者通过检索裁判文书数据库发现，上海市、宁夏回族自治区、新疆维吾尔自治区、广西壮族自治区和西藏自治区未检索到相关案件。

河北省

河北省共有行政公益诉讼案件 6 件，其中一审行政公益诉讼案件有 6 件。一审案件中，以判决方式结案的有 1 件，以裁定方式结案的有 5 件。

1. 一审时间统计（见表 1-1-33）

表 1-1-33　河北省行政公益诉讼案件一审时间统计

时间	立案数量 / 件	占一审案件百分比 /%	结案数量 / 件	占一审案件百分比 /%
2018 年	3	50	3	50
2019 年	1	17	3	50
不详	2	33	0	0

2. 一审空间统计（见表 1-1-34）

表 1-1-34　河北省行政公益诉讼案件一审空间分布统计

地区			案件数量 / 件
河北省	承德市	围场满族蒙古族自治县	1
	邯郸市	峰峰矿区	2
	石家庄市	长安区	1
	张家口市	涿鹿县	2

3. 一审审理期限统计（见表 1–1–35）

表 1–1–35　河北省行政公益诉讼案件一审审理期限统计

审限 M	案件数量 / 件	占案件总数百分比 /%
1 个月≤M＜2 个月	1	16.67
3 个月≤M＜4 个月	2	33.33
7 个月≤M＜8 个月	1	16.67
不详	2	33.33
总计	6	100.00

山西省

山西省共有行政公益诉讼案件 17 件，其中一审行政公益诉讼案件有 16 件，二审案件有 1 件。一审案件中，以判决方式结案的有 12 件，以裁定方式结案的有 4 件。二审案件中，以判决方式结案的有 1 件。

1. 一审时间统计（见表 1–1–36）

表 1–1–36　山西省行政公益诉讼案件一审时间统计

时间	立案数量 / 件	占一审案件百分比 /%	结案数量 / 件	占一审案件百分比 /%
2018 年	12	75	13	81
2019 年 6 月	1	6	2	13
不详	3	19	1	6

2. 一审空间统计（见表 1–1–37）

表 1–1–37　山西省行政公益诉讼案件一审空间分布统计

地区			案件数量 / 件
山西省	临汾市	曲沃县	1
	晋中市	介休市	3
		平遥县	1
	晋城市	阳城县	2
		高平市	4
	大同市	云岗区	2
	吕梁市	离石区	2
	阳泉市	城区	1

3. 一审审理期限统计(见表 1-1-38)

表 1-1-38 山西省行政公益诉讼案件一审审理期限统计

审限 M	案件数量 / 件	占案件总数百分比 /%
0 个月≤ M < 1 个月	1	6.25
1 个月≤ M < 2 个月	8	50.00
5 个月≤ M < 6 个月	3	18.75
9 个月≤ M < 10 个月	1	6.25
不详	3	18.75
总计	16	100.00

4. 二审相关统计

山西省共有二审案件 1 件,立案时间不详,结案时间为 2019 年 4 月 25 日,提起诉讼的检察机关为太原市小店区人民检察院。

辽宁省

辽宁省共有行政公益诉讼案件 4 件,其中一审行政公益诉讼案件有 3 件。一审案件中,以判决方式结案的有 3 件,另有 1 份判决铁岭市昌图县人民法院认为不宜在互联网公布。

1. 一审时间统计(见表 1-1-39)

表 1-1-39 辽宁省行政公益诉讼案件一审时间统计

时间	立案数量 / 件	占一审案件百分比 /%	结案数量 / 件	占一审案件百分比 /%
2018 年 11 月	2	67	0	0
2018 年 12 月	0	0	2	67
2019 年 6 月	1	33	0	0
2019 年 7 月	0	0	1	33
不详	0	0	0	0

2. 一审空间统计(见表 1-1-40)

表 1-1-40 辽宁省行政公益诉讼案件一审空间分布统计

地区			案件数量 / 件
辽宁省	丹东市	振兴区	1
	锦州市	凌海市	1
		北镇市	1

3. 一审审理期限统计(见表 1-1-41)

表 1-1-41 辽宁省行政公益诉讼案件一审审理期限统计

审限 M	案件数量 / 件	占案件总数百分比 /%
1 个月≤ M < 2 个月	3	100.00
总计	3	100.00

江西省

江西省共有行政公益诉讼案件 9 件,其中一审行政公益诉讼案件有 9 件。一审案件中,以判决方式结案的有 9 件。

1. 一审时间统计(见表 1-1-42)

表 1-1-42 江西省行政公益诉讼案件一审时间统计

时间	立案数量 / 件	占一审案件百分比 /%	结案数量 / 件	占一审案件百分比 /%
2018 年	6	67	6	67
2019 年	2	22	3	33
不详	1	11	0	0

2. 一审空间统计(见表 1-1-43)

表 1-1-43 江西省行政公益诉讼案件一审空间分布统计

地区			案件数量 / 件
江西省	抚州市	南丰县	1
	吉安市	吉州区	1
	景德镇市	乐平市	1

续表

地区			案件数量 / 件
江西省	九江市	瑞昌市	1
	南昌市	安义县	1
	萍乡市	芦溪县	1
	上饶市	鄱阳县	1
		万年县	1
	新余市	渝水区	1

3. 一审审理期限统计（见表 1-1-44）

表 1-1-44 江西省行政公益诉讼案件一审审理期限统计

审限 M	案件数量 / 件	占案件总数百分比 /%
1 个月≤ M ＜ 2 个月	2	22.22
2 个月≤ M ＜ 3 个月	2	22.22
4 个月≤ M ＜ 5 个月	2	22.22
5 个月≤ M ＜ 6 个月	1	11.11
8 个月≤ M ＜ 9 个月	1	11.11
不详	1	11.11
总计	9	100.00

河南省

河南省共有行政公益诉讼案件 6 件，其中一审行政公益诉讼案件有 6 件。一审案件中，以判决方式结案的有 5 件，以裁定方式结案的有 1 件。

1. 一审时间统计（见表 1-1-45）

表 1-1-45 河南省行政公益诉讼案件一审时间统计

时间	立案数量 / 件	占一审案件百分比 /%	结案数量 / 件	占一审案件百分比 /%
2018 年	3	50	4	67
2019 年	2	33	3	50
不详	1	17	0	0

2. 一审空间统计(见表 1–1–46)

表 1–1–46　河南省行政公益诉讼案件一审空间分布统计

地区			案件数量 / 件
河南省	漯河市	临颍县	1
	南阳市	淅川县	1
	信阳市	固始县	2
		潢川县	1
	许昌市	鄢陵县	1

3. 一审审理期限统计(见表 1–1–47)

表 1–1–47　河南省行政公益诉讼案件一审审理期限统计

审限 M	案件数量 / 件	占案件总数百分比 /%
1 个月≤ M ＜ 2 个月	4	66.67
2 个月≤ M ＜ 3 个月	1	16.67
不详	1	16.67
总计	6	100.00

湖南省

湖南省共有行政公益诉讼案件 7 件，其中一审行政公益诉讼案件有 7 件。一审案件中，以判决方式结案的有 1 件，以裁定方式结案的有 6 件。

1. 一审时间统计(见表 1–1–48)

表 1–1–48　湖南省行政公益诉讼案件一审时间统计

时间	立案数量 / 件	占一审案件百分比 /%	结案数量 / 件	占一审案件百分比 /%
2018 年	3	43	1	14
2019 年	0	0	6	86
不详	4	57	0	0

2. 一审空间统计（见表 1-1-49）

表 1-1-49　湖南省行政公益诉讼案件一审空间分布统计

地区			案件数量 / 件
湖南省	郴州市	苏仙区	1
	怀化市	通道侗族自治县	1
	娄底市	涟源市	1
	长沙市	宁乡市	1
	岳阳市	华容县	1
	张家界市	慈利县	2

3. 一审审理期限统计（见表 1-1-50）

表 1-1-50　湖南省行政公益诉讼案件一审审理期限统计

审限 M	案件数量 / 件	占案件总数百分比 /%
2 个月≤ M ＜ 3 个月	2	28.57
3 个月≤ M ＜ 4 个月	1	14.29
不详	4	57.14
总计	7	100.00

四川省

四川省共有行政公益诉讼案件 10 件，其中一审行政公益诉讼案件有 9 件，二审案件有 1 件。一审案件中，以判决方式结案的有 5 件，以裁定方式结案的有 4 件。二审案件中，以裁定方式结案的有 1 件。

1. 一审时间统计（见表 1-1-51）

表 1-1-51　四川省行政公益诉讼案件一审时间统计

时间	立案数量 / 件	占一审案件百分比 /%	结案数量 / 件	占一审案件百分比 /%
2017 年	1	11	0	0
2018 年	2	22	2	22
2019 年	5	56	7	78
不详	1	11	0	0

2. 一审空间统计（见表 1-1-52）

表 1-1-52 四川省行政公益诉讼案件一审空间分布统计

地区			案件数量 / 件
四川省	达州市	大竹县	1
	广安市	邻水县	1
	绵阳市	平武县	1
		三台县	1
	南充市	南部县	1
	资阳市	乐至县	1
	自贡市	贡井区	1
		荣县	1
	巴中市	通江县	1

3. 一审审理期限统计（见表 1-1-53）

表 1-1-53 四川省行政公益诉讼案件一审审理期限统计

审限 M	案件数量 / 件	占案件总数百分比 /%
1 个月≤ M ＜ 2 个月	2	22.22
3 个月≤ M ＜ 4 个月	1	11.11
4 个月≤ M ＜ 5 个月	3	33.33
5 个月≤ M ＜ 6 个月	2	22.22
不详	1	11.11
总计	9	100.00

4. 二审相关统计

四川省共有二审案件 1 件，立案时间为 2019 年 7 月 22 日，结案时间为 2019 年 8 月 20 日，提起诉讼的检察机关为绵阳市三台县人民检察院。

青海省

青海省共有行政公益诉讼案件 5 件，其中一审行政公益诉讼案件有 5 件。一审案件中，以判决方式结案的有 3 件，以裁定方式结案的有 2 件。

1. 一审时间统计(见表 1–1–54)

表 1–1–54　青海省行政公益诉讼案件一审时间统计

时间	立案数量 / 件	占一审案件百分比 /%	结案数量 / 件	占一审案件百分比 /%
2018 年 6 月	3	60	5	100
不详	2	40	0	0

2. 一审空间统计(见表 1–1–55)

表 1–1–55　青海省行政公益诉讼案件一审空间分布统计

地区			案件数量 / 件
青海省	海西蒙古族藏族自治区州	格尔木市	4
	海西州	西部矿区	1

3. 一审审理期限统计(见表 1–1–56)

表 1–1–56　青海省行政公益诉讼案件一审审理期限统计

审限 M	案件数量 / 件	占案件总数百分比 /%
1 个月≤ M ＜ 2 个月	3	60.00
不详	2	40.00
总计	5	100.00

重庆市

重庆市共有行政公益诉讼案件 7 件,其中一审行政公益诉讼案件有 7 件。一审案件中,以判决方式结案的有 7 件。

1. 一审时间统计(见表 1–1–57)

表 1–1–57　重庆市行政公益诉讼案件一审时间统计

时间	立案数量 / 件	占一审案件百分比 /%	结案数量 / 件	占一审案件百分比 /%
2017 年	1	14	0	0
2018 年	1	14	1	14
2019 年	4	57	6	86
不详	1	14	0	0

2. 一审空间统计（见表 1-1-58）

表 1-1-58 重庆市行政公益诉讼案件一审空间分布统计

地区		案件数量 / 件
重庆市	荣昌区	1
	渝中区	1
	酉阳土家族苗族自治县	1
	南通区	1
	武隆区	1
	渝北区	1
	江津区	1

3. 一审审理期限统计（见表 1-1-59）

表 1-1-59 重庆市行政公益诉讼案件一审审理期限统计

审限 M	案件数量 / 件	占案件总数百分比 /%
2 个月≤ M ＜ 3 个月	2	28.57
4 个月≤ M ＜ 5 个月	1	14.29
5 个月≤ M ＜ 6 个月	3	42.86
不详	1	14.29
总计	7	100.00

其他省份

其他省份行政公益诉讼案件统计（见表 1-1-60）。

表 1-1-60 其他省份行政公益诉讼案件统计

省份	立案时间	结案时间	提起主体	审理级别
黑龙江省	不详	2019 年 8 月 8 日	呼伦贝尔市鄂伦春自治旗大兴安岭加格达奇区人民检察院	一审
海南省	2019 年 1 月 9 日	2019 年 8 月 23 日	海南省文昌市人民检察院	一审
浙江省	2018 年 4 月 19 日	2018 年 6 月 22 日	丽水市景宁畲族自治县人民检察院	一审

第二节 民事公益诉讼

一、全国

笔者通过检索裁判文书数据库，共检索民事公益诉讼 399 件。其中检察机关提起的有 277 件，行政机关提起的有 13 件，公益组织提起的有 108 件，另有 1 件为湖北省管辖裁定原告不详。相比于刑事附带民事公益诉讼和行政公益诉讼，民事公益诉讼的案件数量明显较少，其中安徽省、江苏省和浙江省的民事公益诉讼案件数量是最多的。目前天津市、宁夏回族自治区暂未检索到相关案件（见表 1-2-1）。

表 1-2-1 全国民事公益诉讼案件数量统计

单位：件

地区	检察机关提起	行政机关提起	公益组织提起	原告不详	总计
北京	4	0	6		10
吉林	22	0	2		24
云南	19	1	3		23
广东	14	3	12		29
甘肃	5	0	1		6
海南	4	0	2		6
河南	1	0	8		9
湖南	5	0	6		11
黑龙江	1	0	0		1
辽宁	0	0	2		2
上海	1	0	2		3
贵州	2	0	3		5
河北	4	0	2		6

续表

地区	检察机关提起	行政机关提起	公益组织提起	原告不详	总计
湖北	10	0	2	1	13
山西	0	0	1		1
安徽	60	0	10		70
山东	21	2	6		29
四川	4	0	0		4
西藏	1	0	0		1
重庆	9	1	2		12
广西	6	0	1		7
江西	3	0	1		4
内蒙古	13	1	0		14
陕西	4	0	1		5
浙江	38	0	1		39
福建	7	0	6		13
江苏	17	5	28		50
青海	1	0	0		1
新疆	1	0	0		1
总计	277	13	108	1	399

检察机关提起的民事公益诉讼案件共有 277 件。从空间上看，安徽省、浙江省、吉林省和山东省案件数量较多。从时间上看，案件主要集中于 2017 年、2018 年和 2019 年。目前山西省、天津市、宁夏回族自治区、辽宁省暂未检索到相关案件。

（一）试点地区

从图 1-2-1 可以看出，目前试点地区民事公益诉讼一审数量明显多于二审。从结案方式来看，多数案件都是以判决方式结案，以裁定方式结案的案件数量比较少。

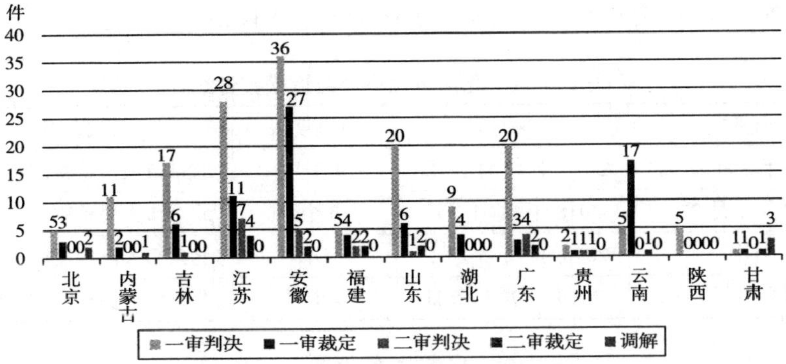

图 1-2-1　试点地区判决、裁定数量统计

（二）非试点地区

从图 1-2-2 可以明显地看出，大多数民事公益诉讼案件都可以做到一审案结事了。

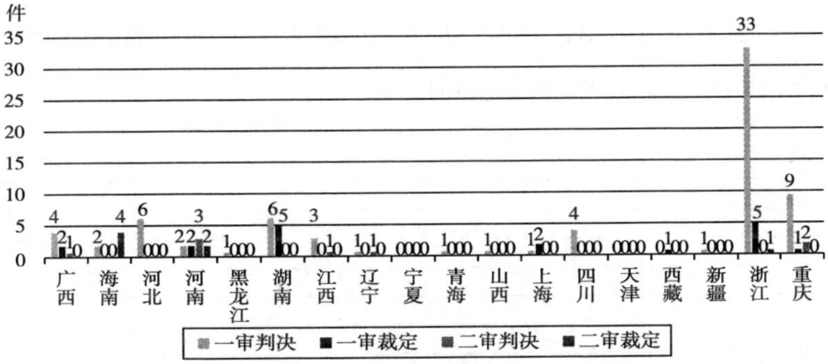

图 1-2-2　非试点地区判决、裁定数量统计

二、试点地区

（一）检察机关提起的民事公益诉讼

北京市

北京市检察机关提起的民事公益诉讼共有 4 件，其中一审民事公益诉讼案件 4 件。一审案件中，以判决方式结案的有 4 件。

北京市民事公益诉讼案件中，有 1 起案件立案时间不详，其余 3 起立案时间分别为 2017 年 3 月 28 日、2018 年 1 月 2 日、2019 年 3 月 1 日。立案时间不详的案件结案时间为 2018 年 12 月 28 日，其余 3 起结案时间分别为 2017 年 12 月

28日、2018年11月2日、2019年7月16日(见表1-2-2)。

表1-2-2 北京市民事公益诉讼案件统计

立案时间	判决时间	审理期限	提起主体
2017年3月28日	2017年12月28日	9个月	北京市人民检察院第三分院
2018年1月2日	2018年11月2日	10个月	北京市人民检察院第四分院
不详	2018年12月28日	不详	北京市人民检察院第三分院
2019年3月1日	2019年7月16日	4个月	北京市人民检察院第四分院

内蒙古自治区

内蒙古自治区检察机关提起的民事公益诉讼共有13件，其中一审民事公益诉讼案件有13件。一审案件中，以判决方式结案的有10件，以裁定方式结案的有2件，以调解方式结案的有1件。

1. 一审时间统计

从图1-2-3可以看出，内蒙古自治区2018年年中立案数量达到高峰，此后快速减少。2018年年末结案数量达到高峰。

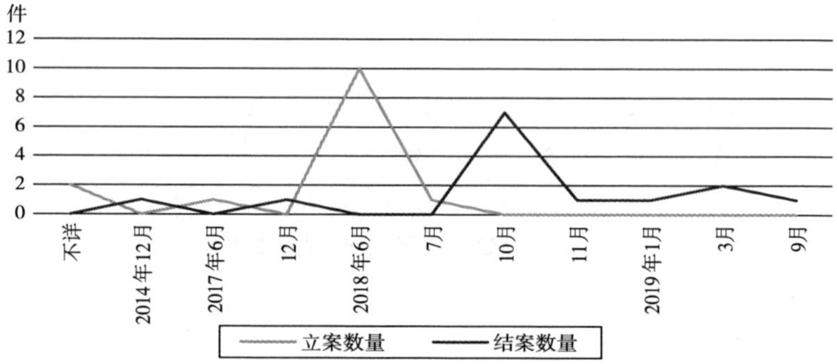

图1-2-3 内蒙古自治区民事公益诉讼案件一审时间分布

2. 一审空间统计(见表1-2-3)

表1-2-3 内蒙古自治区民事公益诉讼案件一审空间分布统计

<table>
<tr><th colspan="3">地区</th><th>案件数量/件</th></tr>
<tr><td rowspan="4">内蒙古自治区</td><td>呼和浩特市</td><td>呼和浩特市</td><td>2</td></tr>
<tr><td rowspan="2">赤峰市</td><td>赤峰市</td><td>10</td></tr>
<tr><td>巴林左旗</td><td>1</td></tr>
<tr><td>呼伦贝尔市</td><td>呼伦贝尔市</td><td>1</td></tr>
</table>

3. 一审审理期限统计

从表 1-2-4 可以看出，内蒙古自治区民事公益诉讼审理期限为 4 至 5 个月的数量最多。

表 1-2-4 内蒙古自治区民事公益诉讼案件一审审理期限统计

审限 M	案件数量 / 件	占案件总数百分比 /%
4 个月≤ M ＜ 5 个月	8	57.14
5 个月≤ M ＜ 6 个月	2	14.29
8 个月≤ M ＜ 9 个月	2	14.29
不详	2	14.29
总计	14	100.00

吉林省

吉林省检察机关提起的民事公益诉讼共有 22 件，其中一审民事公益诉讼案件有 21 件，二审案件有 1 件。一审案件中，以判决方式结案的有 15 件，以裁定方式结案的有 6 件。二审案件中，以判决方式结案的有 1 件。

1. 一审时间统计

从图 1-2-4 可以看出，吉林省 2019 年立案数量达到高峰，同样，2019 年结案数量达到高峰。

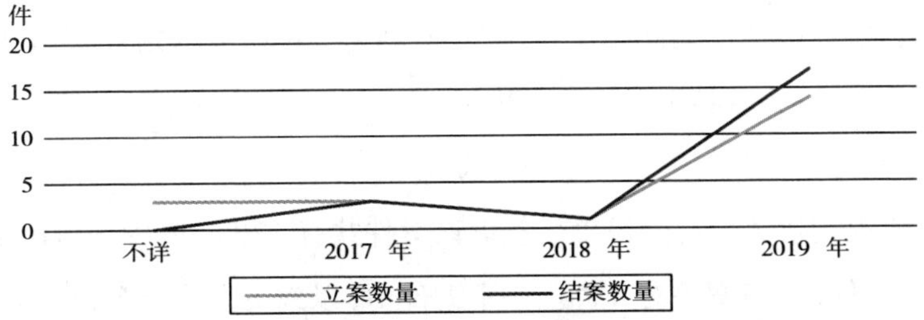

图 1-2-4 吉林省民事公益诉讼案件一审时间分布

2. 一审空间统计（见表 1-2-5）

表 1-2-5 吉林省民事公益诉讼案件一审空间分布统计

地区	案件数量 / 件	占案件总数百分比 /%
长春市	5	23.80
白城市	11	52.38

续表

地区	案件数量 / 件	占案件总数百分比 /%
通化市	4	19.04
吉林市	1	4.76
总计	21	100.00

3. 一审审理期限统计

从表 1–2–6 可以看出，吉林省民事公益诉讼审理期限为 1 至 2 个月的案件数量最多，6 个月以下审结的数量占到大多数。

表 1–2–6　吉林省民事公益诉讼案件一审审理期限统计

审限 M	案件数量 / 件	占案件总数百分比 /%
1 个月≤ M < 2 个月	12	57.14
2 个月≤ M < 3 个月	1	4.76
3 个月≤ M < 4 个月	2	9.52
4 个月≤ M < 5 个月	2	9.52
6 个月≤ M < 7 个月	1	4.76
不详	3	14.29
总计	21	100.00

4. 二审相关统计

民事公益诉讼二审案件有 1 件，立案时间为 2018 年 1 月，结案时间为 2018 年 4 月，审理法院为吉林市中级人民法院。

江苏省

江苏省检察机关提起的民事公益诉讼案件共有 17 件，其中一审民事公益诉讼案件有 12 件，二审案件有 5 件。一审案件中，以判决方式结案的有 7 件，以裁定方式结案的有 5 件。二审案件中，以判决方式结案的有 2 件，以裁定方式结案的有 3 件。

1. 一审时间统计

从图 1–2–5 可以看出，江苏省 2017 年为立案数量高峰期。

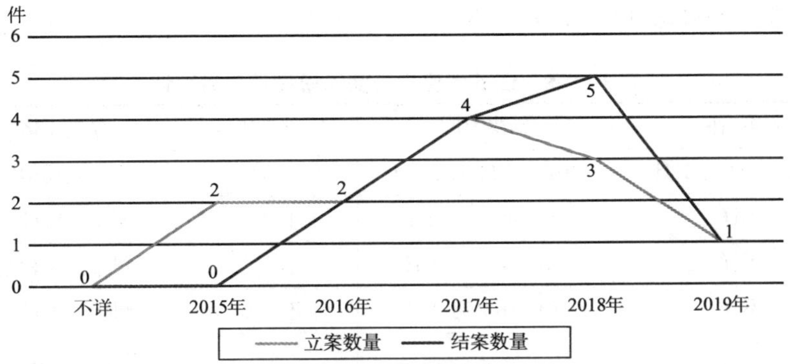

图 1-2-5　江苏省民事公益诉讼案件一审时间分布

2. 一审空间统计

检察机关提起的一审民事公益诉讼案件中，南京市有 4 件，占案件总数的 33.33%，镇江市、常州市、淮安市各有 1 件，分别占案件总数的 8.33%，徐州市有 2 件，占案件总数的 16.67%，无锡市有 3 件，占案件总数的 25%。

苏州市、泰州市、盐城市、连云港市、东台市暂未检索到相关案件。

3. 一审审理期限统计

从表 1-2-7 可以看出，江苏省民事公益诉讼案件审理期限集中于 3 至 4 个月，4 个月以下审结的数量占到大多数。

表 1-2-7　江苏省民事公益诉讼案件一审审理期限统计

审限 M	案件数量 / 件	占案件总数百分比 /%
0 个月≤ M ＜ 1 个月	1	8.33
1 个月≤ M ＜ 2 个月	2	16.67
3 个月≤ M ＜ 4 个月	6	50.00
6 个月≤ M ＜ 7 个月	1	8.33
14 个月≤ M ＜ 15 个月	1	8.33
21 个月≤ M ＜ 22 个月	1	8.33
总计	12	100.00

4. 二审相关统计(见表 1-2-8)

表 1-2-8 江苏省民事公益诉讼案件二审统计

立案时间	判决时间	审理期限	提起主体
2016 年 11 月 7 日	2016 年 12 月 23 日	2 个月	徐州市人民检察院
不详	2017 年 12 月 5 日	不详	苏州市人民检察院
不详	2018 年 1 月 4 日	不详	泰州市人民检察院
不详	2018 年 8 月 3 日	不详	泰州市人民检察院
不详	2019 年 11 月 25 日	不详	镇江市金山地区人民检察院

安徽省

安徽省检察机关提起的民事公益诉讼共有 60 件，其中一审民事公益诉讼案件有 57 件，二审案件有 3 件。一审案件中，以判决方式结案的有 32 件，以裁定方式结案的有 25 件。

1. 一审时间统计

从图 1-2-6 可以看出，安徽省 2018 年年中、2019 年年初至年中立案数量达到高峰。2019 年年初结案数量达到高峰。

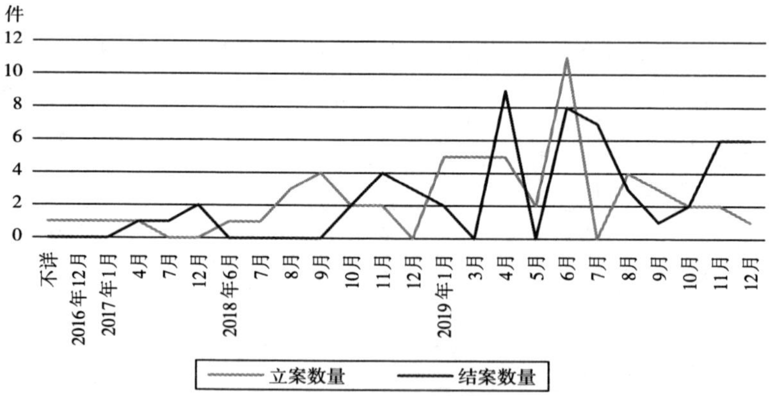

图 1-2-6 安徽省民事公益诉讼案件一审时间分布

2. 一审空间统计

安徽省共有 16 个地级市，检察机关提起的民事公益诉讼主要集中在蚌埠、淮南、淮北、阜阳、六安。

合肥市共有一审案件 2 件，占案件总数的 4%，位于肥东县。

蚌埠市下辖 4 个区和 3 个县或县级市，共有案件 17 件，占案件总数的 30%。其中蚌山区有 3 件，禹会区有 4 件，淮上区有 3 件，怀远县有 5 件，五河县有 1 件，固镇县有 1 件。龙子湖区暂无相关案件。

淮南市下辖 5 个区和 2 个县或县级市，共有一审案件 5 件，占案件总数的 9%。其中田家庵区有 1 件，谢家集区有 1 件，八公山区有 2 件，凤台县有 1 件。大通区、潘集区、寿县暂无相关案件。

淮北市共有一审案件 9 件，占案件总数的 16%，均由淮北市人民检察院提起。

铜陵市共有一审案件 1 件，占案件总数的 2%，由铜陵市人民检察院提起。

安庆市共有一审案件 1 件，占案件总数的 2%，由安庆市人民检察院提起。

滁州市共有一审案件 2 件，占案件总数的 4%，位于天长市。

阜阳市下辖 3 个区和 5 个县或县级市，共有一审案件 11 件，占案件总数的 19%。其中阜阳市有 9 件，颍东区有 1 件，颍泉区有 1 件。颍州区、临泉县、太和县、阜南县、颍上县、界首市暂无相关案件。

六安市共有一审案件 5 件，占案件总数的 9%，位于金安区。

宣城市共有一审案件 2 件，占案件总数的 4%，广德县、旌德县各有 1 件。

芜湖市、马鞍山市、黄山市、宿州市、亳州市、池州市暂未检索到相关案件。

3. 一审审理期限统计

从表 1-2-9 可以看出，安徽省民事公益诉讼案件审理期限集中在 2 至 3 个月，4 个月以下审结的数量占到大多数。

表 1-2-9　安徽省民事公益诉讼案件一审审理期限统计

审限 M	案件数量 / 件	占案件总数百分比 /%
0 个月≤ M ＜ 1 个月	8	14.04
1 个月≤ M ＜ 2 个月	14	24.56
2 个月≤ M ＜ 3 个月	20	35.09
3 个月≤ M ＜ 4 个月	7	12.28
4 个月≤ M ＜ 5 个月	2	3.51
5 个月≤ M ＜ 6 个月	2	3.51

续表

审限 M	案件数量 / 件	占案件总数百分比 /%
8 个月≤ M ＜ 9 个月	1	1.75
11 个月≤ M ＜ 12 个月	2	3.51
不详	1	1.75
总计	57	100.00

4. 二审相关统计（见表 1-2-10）

表 1-2-10　安徽省民事公益诉讼案件二审统计

立案时间	判决时间	审理期限	提起主体
不详	2018 年 7 月 4 日	不详	肥东县人民检察院
2018 年 9 月 4 日	2018 年 11 月 22 日	2 个月	广德县人民检察院
2019 年 1 月 17 日	2019 年 11 月 25 日	2 个月	旌德县人民检察院

福建省

福建省检察机关提起的民事公益诉讼共有 7 件，其中一审民事公益诉讼案件有 6 件，二审案件有 1 件。一审案件中，以判决方式结案的有 4 件，以裁定方式结案的有 2 件。二审案件中，以裁定方式结案的有 1 件。

1. 一审时间统计

从图 1-2-7 可以看出，福建省 2018 年立案数量达到高峰，同样地，2018 年结案数量达到高峰。

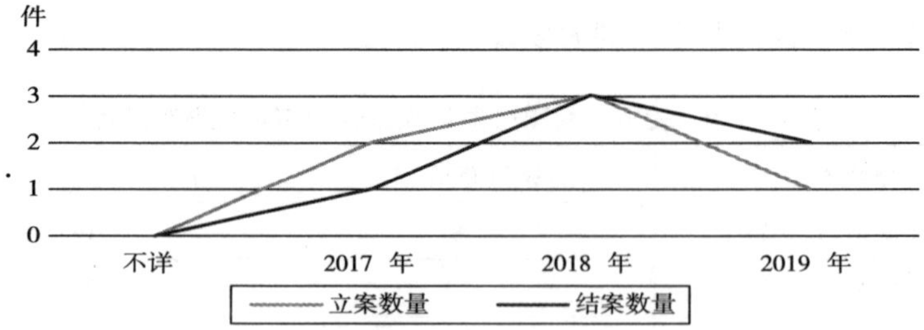

图 1-2-7　福建省民事公益诉讼案件一审时间分布

2. 一审空间统计

检察机关提起的一审民事公益诉讼案件中，南平市、福州市、龙岩市、永安市、泉州市、三明市各有 1 件，分别占案件总数的 16.66%。

3. 一审审理期限统计

从表 1-2-11 可以看出，福建省民事公益诉讼案件 6 个月以下审结的较多。

表 1-2-11　福建省民事公益诉讼案件一审审理期限统计

审限 M	案件数量 / 件	占案件总数百分比 /%
0 个月≤ M ＜ 1 个月	1	16.66
1 个月≤ M ＜ 2 个月	1	16.66
5 个月≤ M ＜ 6 个月	2	33.33
9 个月≤ M ＜ 10 个月	1	16.66
17 个月≤ M ＜ 18 个月	1	16.66
总计	6	100.00

4. 二审相关统计

检察机关提起的二审案件立案时间不详，结案时间为 2018 年 5 月 25 日，审理法院为福州市中级人民法院。

山东省

山东省检察机关提起的民事公益诉讼共有 21 件，其中一审民事公益诉讼案件有 21 件。一审案件中，以判决方式结案的有 16 件，以裁定方式结案的有 5 件。

1. 一审时间统计

从图 1-2-8 可以看出，山东省 2017 年立案数量达到高峰期。

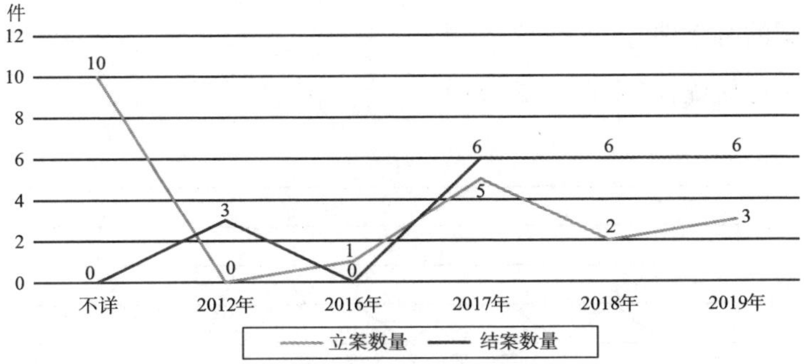

图 1-2-8　山东省民事公益诉讼案件一审时间分布

2. 一审空间统计

检察机关提起的一审民事公益诉讼案件中，东营市、烟台市、聊城市、淄博市各有 3 件，分别占案件总数的 14.29%。青岛市有 6 件，占案件总数的 28.57%。威海市有 1 件，占案件总数的 4.76%。日照市有 2 件，占案件总数的 9.52%。

德州市、济南市暂无相关案件。

3. 一审审理期限统计

从表 1–2–12 可以看出，9 个月以下审结的民事公益诉讼案件数量占到大多数。

表 1–2–12　山东省民事公益诉讼案件一审审理期限统计

审限 M	案件数量 / 件	占案件总数百分比 /%
0 个月≤ M ＜ 1 个月	2	9.52
1 个月≤ M ＜ 2 个月	1	4.76
2 个月≤ M ＜ 3 个月	1	4.76
4 个月≤ M ＜ 5 个月	2	9.52
5 个月≤ M ＜ 6 个月	1	4.76
8 个月≤ M ＜ 9 个月	3	14.29
12 个月≤ M ＜ 13 个月	1	4.76
不详	10	47.60
总计	21	100.00

湖北省

湖北省检察机关提起的民事公益诉讼共有 10 件，另有 1 件原告不详。其中一审民事公益诉讼案件有 10 件。一审案件中，以判决方式结案的有 7 件，以裁定方式结案的有 3 件。

1. 一审时间统计（见图 1–2–9）

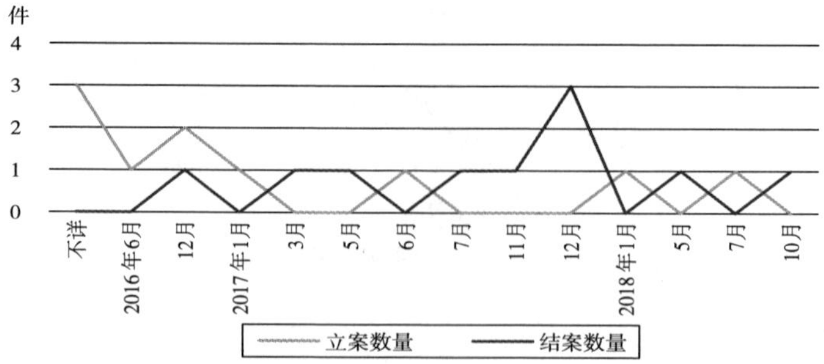

图 1–2–9　湖北省民事公益诉讼案件一审时间分布

2. 一审空间统计（见表 1-2-13）

表 1-2-13　湖北省民事公益诉讼案件空间分布统计

地区			案件数量 / 件
湖北省	汉江市	汉江市	1
	十堰市	十堰市	3
	荆州市	沙市区	1
		荆州区	1
		江陵县	1
	武汉市	黄陂区	1
	宜昌市	宜昌市	2

3. 一审审理期限统计

从表 1-2-14 可以看出，湖北省民事公益诉讼案件 6 个月以下审结的数量占到大多数。

表 1-2-14　湖北省民事公益诉讼案件一审审理期限统计

审限 M	案件数量 / 件	占案件总数百分比 /%
3 个月≤ M ＜ 4 个月	2	20.00
4 个月≤ M ＜ 5 个月	2	20.00
5 个月≤ M ＜ 6 个月	2	20.00
6 个月≤ M ＜ 7 个月	1	10.00
不详	3	30.00
总计	10	100.00

广东省

广东省检察机关提起的民事公益诉讼共有 14 件，其中一审民事公益诉讼案件有 11 件，二审案件有 3 件。一审案件中，以判决方式结案的有 11 件。二审案件中，以判决方式结案的有 2 件，以裁定方式结案的有 1 件。

1. 一审时间统计（见图 1-2-10）

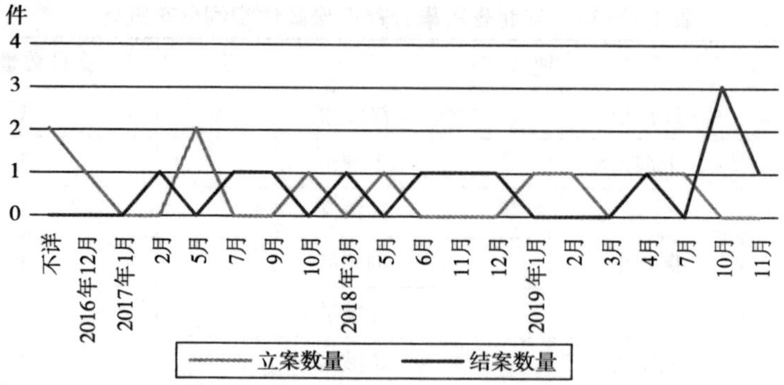

图 1-2-10　广东省民事公益诉讼案件一审时间分布

2. 一审空间统计（见表 1-2-15）

表 1-2-15　广东省民事公益诉讼案件一审空间分布统计

地区		案件数量 / 件
广东省	广州市	6
	深圳市	1
	东莞市	1
	汕头市	1
	中山市	1
	清远市	1

3. 一审审理期限统计

从表 1-2-16 可以看出，广东省民事公益诉讼案件 6 个月以下审结的数量占到大多数。

表 1-2-16　广东省民事公益诉讼案件一审审理期限统计

审限 M	案件数量 / 件	占案件总数百分比 /%
2 个月≤ M ＜ 3 个月	2	18.18
3 个月≤ M ＜ 4 个月	1	9.09
4 个月≤ M ＜ 5 个月	2	18.18
5 个月≤ M ＜ 6 个月	2	18.18

续表

审限 M	案件数量 / 件	占案件总数百分比 /%
8 个月≤ M < 9 个月	1	9.09
14 个月≤ M	1	9.09
不详	2	18.18
总计	11	100.00

4. 二审相关统计（见表 1-2-17）

表 1-2-17　广东省民事公益诉讼案件二审统计

立案时间	结案时间	审理期限	提起主体
无	2019 年 6 月 24 日	不详	广州市人民检察院
无	2019 年 11 月 19 日	不详	韶关市武江区人民检察院
无	2019 年 12 月 19 日	不详	广州市人民检察院

云南省

云南省检察机关提起的民事公益诉讼共有 19 件，其中一审民事公益诉讼案件有 19 件。一审案件中，以判决方式结案的有 3 件，以裁定方式结案的有 16 件。

1. 一审时间统计（见图 1-2-11）

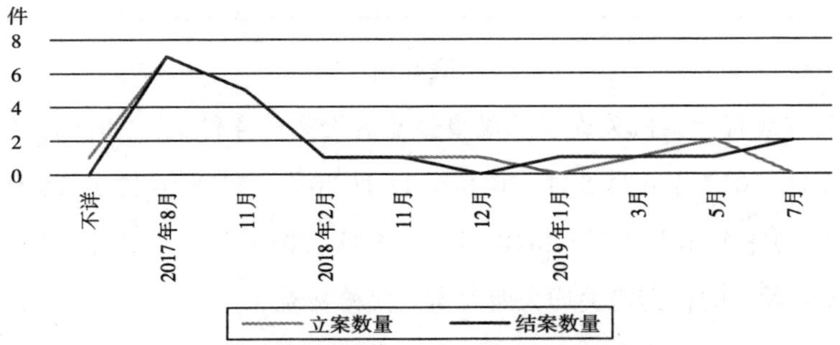

图 1-2-11　云南省民事公益诉讼案件一审时间分布

2. 一审空间统计（见表 1–2–18）

表 1–2–18 云南省民事公益诉讼案件一审空间分布统计

地区			案件数量 / 件
云南省	曲靖市	曲靖市	1
	红河哈尼族彝族自治州	红河哈尼族彝族自治州	2
		开远市	1
	普洱市	普孟连傣族拉祜族佤族自治县	7
	大理市	洱源县	5
	玉溪市	元江哈尼族彝族傣族自治县	2
	临沧市	临沧市	1

3. 一审审理期限统计（见表 1–2–19）

表 1–2–19 云南省民事公益诉讼案件一审审理期限统计

审限 M	案件数量 / 件	占案件总数百分比 /%
0 个月≤ M ＜ 1 个月	13	68.42
1 个月≤ M ＜ 2 个月	3	15.79
2 个月≤ M ＜ 3 个月	1	5.26
3 个月≤ M ＜ 4 个月	1	5.26
不详	1	5.26
总计	19	100.00

陕西省

陕西省共有检察机关提起的民事公益诉讼案件 4 件，立案时间分别为 2017 年 6 月 5 日、2017 年 6 月 5 日、2018 年 11 月 20 日、2018 年 11 月 20 日，结案时间分别为 2018 年 6 月 5 日、2018 年 6 月 5 日、2019 年 5 月 17 日、2019 年 5 月 17 日，提起诉讼的检察机关均为西安市人民检察院。

贵州省

贵州省共有检察机关提起的民事公益诉讼案件 2 件，立案时间分别为 2016 年 9 月 29 日、2018 年 9 月 4 日，结案时间分别为 2018 年 1 月 30 日、2018 年 11 月 19 日，提起诉讼的检察机关分别为铜仁市人民检察院、贵阳市花溪区人民检察院。

甘肃省

甘肃省共有检察机关提起的民事公益诉讼案件 5 件，其中一审案件有 5 件。一审案件中，以判决方式结案的有 1 件，以裁定方式结案的有 1 件，以调解方式结案的有 3 件（见表 1-2-20）。

表 1-2-20　甘肃省民事公益诉讼案件一审统计

地区	立案时间	结案时间	审理期限	提起主体
甘肃省	2017 年 4 月 12 日	2017 年 12 月 6 日	7 个月	庆阳市人民检察院
	不详	2018 年 12 月 3 日	不详	庆阳市人民检察院
	2018 年 10 月 26 日	2018 年 12 月 22 日	1 个月	庆阳市人民检察院
	2018 年 10 月 26 日	2018 年 12 月 22 日	1 个月	庆阳市人民检察院
	2018 年 11 月 26 日	2019 年 2 月 21 日	2 个月	武威市人民检察院

（二）非检察机关提起的民事公益诉讼

北京市

北京市共有非检察机关提起的民事公益诉讼案件 6 件，其中公益组织提起的案件有 6 件。公益组织提起的案件中，以判决方式结案的有 1 件，以裁定方式结案的有 3 件，以调解方式结案的有 2 件（见表 1-2-21）。

表 1-2-21　北京市民事公益诉讼案件一审统计

地区	立案时间	结案时间	审理期限	审理法院	审理级别
北京	2016 年 5 月 25 日	2017 年 8 月 29 日	15 个月	北京市第四中级人民法院	一审
	2015 年 7 月 23 日	2018 年 10 月 24 日	39 个月	北京市第四中级人民法院	一审
	2016 年 1 月 22 日	2018 年 12 月 5 日	34 个月	北京市第四中级人民法院	一审
	2016 年 6 月 23 日	2017 年 9 月 6 日	14 个月	北京市第四中级人民法院	一审
	2016 年 6 月 23 日	2018 年 8 月 16 日	25 个月	北京市第四中级人民法院	一审
	2018 年 2 月 24 日	2018 年 8 月 16 日	5 个月	北京市第四中级人民法院	一审

江苏省

江苏省共有非检察机关提起的民事公益诉讼案件33件，其中公益组织提起的案件有28件，行政机关提起的案件有5件。公益组织提起的案件中，一审案件有24件，二审案件有4件，行政机关提起的案件中，一审案件有3件，二审案件有2件。

1. 一审时间统计（见表1-2-22）

表1-2-22 江苏省民事公益诉讼案件一审时间统计

地区	年份	立案数量/件	占一审案件总数百分比/%	结案数量/件	占一审案件总数百分比/%
江苏省	2013	1	2.56	1	2.56
	2014	7	17.95	5	12.82
	2015	7	17.95	2	5.13
	2016	5	12.82	7	17.95
	2017	2	5.13	5	12.82
	2018	4	10.26	3	7.69
	2019	0	0.00	4	10.26
	不详	1	2.56	0	0.00

2. 一审空间统计（见表1-2-23）

表1-2-23 江苏省民事公益诉讼案件一审空间分布统计

地区	案件数量/件	占案件总数百分比/%
南京市	5	18.52
镇江市	3	11.11
苏州市	3	11.11
常州市	4	14.81
徐州市	4	14.81
泰州市	2	7.40
淮安市	0	0.00
无锡市	2	7.40

续表

地区	案件数量 / 件	占案件总数百分比 /%
盐城市	0	0.00
连云港市	2	7.40
江阴市	1	3.70
东台市	1	3.70
总计	27	100.00

3. 一审审理期限统计（见表 1–2–24）

表 1–2–24　江苏省民事公益诉讼案件一审审理期限统计

审限 M	案件数量 / 件	占案件总数百分比 /%
0 个月≤ M ＜ 1 个月	2	7.40
1 个月≤ M ＜ 2 个月	3	11.11
2 个月≤ M ＜ 3 个月	3	11.11
3 个月≤ M ＜ 4 个月	1	3.70
4 个月≤ M ＜ 5 个月	2	7.40
5 个月≤ M ＜ 6 个月	4	14.81
6 个月≤ M ＜ 7 个月	1	3.70
7 个月≤ M ＜ 8 个月	1	3.70
8 个月≤ M ＜ 9 个月	1	3.70
9 个月≤ M ＜ 10 个月	3	11.11
13 个月≤ M ＜ 14 个月	1	3.70
17 个月≤ M ＜ 18 个月	1	3.70
20 个月≤ M ＜ 21 个月	1	3.70
23 个月≤ M ＜ 24 个月	1	3.70
24 个月≤ M ＜ 25 个月	1	3.70
不详	1	3.70
总计	27	100.00

4. 二审时间统计(见表 1–2–25)

表 1–2–25 江苏省民事公益诉讼案件二审时间统计

年份	立案数量 / 件	占二审案件总数百分比 /%	结案数量 / 件	占二审案件总数百分比 /%
2014	1	9.09	1	9.09
2015	0	0.00	1	9.09
2017	2	18.18	0	0.00
2018	1	9.09	3	27.27
2019	1	9.09	1	9.09
不详	1	9.09	0	0.00

5. 二审审理期限统计(见表 1–2–26)

表 1–2–26 江苏省民事公益诉讼案件二审审理期限统计

审限 M	案件数量 / 件	占案件总数百分比 /%
1 个月≤ M < 2 个月	2	33.33
2 个月≤ M < 3 个月	1	16.67
8 个月≤ M < 9 个月	1	16.67
22 个月≤ M < 23 个月	1	16.67
不详	1	16.67
总计	6	100.00

安徽省

安徽省共有非检察机关提起的民事公益诉讼案件 10 件，均为公益组织提起，其中一审案件有 6 件，二审案件有 4 件。

1. 一审时间统计(见表 1–2–27)

表 1–2–27 安徽省民事公益诉讼案件一审时间统计

年份	立案数量 / 件	占一审案件百分比 /%	结案数量 / 件	占一审案件百分比 /%
2016	3	50	0	0
2017	3	50	2	33
2018	0	0	4	67
不详	0	0	0	0

2. 一审空间统计(见表 1-2-28)

表 1-2-28　安徽省民事公益诉讼案件一审空间分布统计

地区		案件数量 / 件
安徽	马鞍山市	3
	淮南市	3

3. 一审审理期限统计(见表 1-2-29)

表 1-2-29　安徽省民事公益诉讼案件一审审理期限统计

审限 M	案件数量 / 件	占案件总数百分比 /%
4 个月≤ M < 5 个月	1	16.67
6 个月≤ M < 7 个月	1	16.67
12 个月≤ M < 13 个月	1	16.67
14 个月≤ M	2	33.33
不详	1	16.67
总计	6	100.00

福建省

福建省共有非检察机关提起的民事公益诉讼案件 6 件,均为公益组织提起。其中一审案件有 3 件,二审案件有 3 件。一审中,以判决方式结案的有 1 件,以裁定方式结案的有 2 件。二审中,以判决方式结案的有 2 件,以裁定方式结案的有 1 件(见表 1-2-30)。

表 1-2-30　福建省民事公益诉讼案件统计

立案时间	结案时间	审理法院	审理级别
不详	2015 年 10 月 29 日	南平市中级人民法院	一审
不详	2015 年 11 月 13 日	漳州市中级人民法院	一审
不详	2015 年 11 月 13 日	漳州市中级人民法院	一审
不详	2015 年 12 月 14 日	福建省高级人民法院	二审
不详	2018 年 5 月 21 日	福建省高级人民法院	二审
不详	2019 年 6 月 6 日	福建省高级人民法院	二审

山东省

山东省共有非检察机关提起的民事公益诉讼案件 8 件，其中公益组织提起的案件有 6 件，行政机关提起的案件有 2 件。公益组织提起的案件中，共有一审案件 4 件，二审案件 2 件，行政机关提起的案件中，一审案件有 1 件，二审案件有 1 件。

1. 一审时间统计（见表 1-2-31）

表 1-2-31　山东省民事公益诉讼案件一审时间统计

年份	立案数量 / 件	占一审案件总数百分比 /%	结案数量 / 件	占一审案件总数百分比 /%
2012	0	0.00	1	3.84
2015	1	3.84	0	0.00
2016	1	3.84	2	7.69
2018	1	3.84	2	7.69
2019	0	0.00	0	0.00
不详	2	7.69	0	0.00

2. 一审空间统计（见表 1-2-32）

表 1-2-32　山东省民事公益诉讼案件一审空间分布统计

地区	案件数量 / 件	占案件总数百分比 /%
东营市	2	40.00
德州市	1	20.00
烟台市	0	0.00
聊城市	1	20.00
青岛市	0	0.00
威海市	0	0.00
济南市	1	20.00
日照市	0	0.00
淄博市	0	0.00
总计	5	100.00

3. 一审审理期限统计（见表 1-2-33）

表 1-2-33 山东省民事公益诉讼案件一审审理期限统计

审限 M	案件数量 / 件	占案件总数百分比 /%
1 个月≤ M ＜ 2 个月	1	20.00
2 个月≤ M ＜ 3 个月	1	20.00
15 个月≤ M ＜ 16 个月	1	20.00
33 个月≤ M ＜ 34 个月	1	20.00
不详	2	40.00
总计	5	100.00

4. 二审相关统计

二审案件共有 3 件，其中 1 件立案时间为 2018 年 7 月，其余不详。审理期限及结案时间均不详。二审案件空间分布为 2 件在济南市、1 件在烟台市。

广东省

广东省共有非检察机关提起的民事公益诉讼案件 15 件，其中公益组织提起的案件有 12 件，行政机关提起的案件有 3 件。公益组织提起的案件中，二审案件有 2 件。行政机关提起的案件中，一审案件有 2 件，二审案件有 1 件。

1. 一审时间统计（见表 1-2-34）

表 1-2-34 广东省民事公益诉讼案件一审时间统计

年份	立案数量 / 件	占一审案件百分比 /%	结案数量 / 件	占一审案件百分比 /%
2016	0	0	1	8
2017	8	67	2	17
2018	0	0	8	67
2019	1	8	1	8
不详	3	25	0	0

2. 一审空间统计(见表 1–2–35)

表 1–2–35 广东省民事公益诉讼案件一审空间分布统计

地区		案件数量 / 件
广东省	广州市	10
	深圳市	1
	茂名市	1

3. 一审审理期限统计(见表 1–2–36)

表 1–2–36 广东省民事公益诉讼案件一审审理期限统计

审限 M	案件数量 / 件	占案件总数百分比 /%
0 个月≤ M < 1 个月	1	8.33
3 个月≤ M < 4 个月	1	8.33
5 个月≤ M < 6 个月	2	16.67
9 个月≤ M < 10 个月	1	8.33
11 个月≤ M < 12 个月	2	16.67
12 个月≤ M < 13 个月	1	8.33
13 个月≤ M < 14 个月	1	8.33
不详	3	25.00
总计	12	100.00

4. 二审相关统计

广东省共有非检察机关提起的二审案件 3 件，立案时间不详，结案时间分别为 2015 年 10 月 19 日、2015 年 12 月 22 日、2019 年 4 月 11 日，审理法院分别为惠州市中级人民法院、广州市中级人民法院、广州市中级人民法院。

其他省份(自治区)

其他省份(自治区)民事公益诉讼案件统计见表 1–2–37。

表 1–2–37 其他省份(自治区)民事公益诉讼案件统计

地区	提起主体	立案时间	结案时间	审理法院	审理级别
湖北省	公益组织	不详	2019 年 1 月 21 日	湖北省高级人民法院	一审
	公益组织	不详	2019 年 10 月 10 日	湖北省高级人民法院	一审

续表

地区	提起主体	立案时间	结案时间	审理法院	审理级别
云南省	公益组织	2017 年 8 月 14 日	2017 年 9 月 8 日	昆明市中级人民法院	一审
	公益组织	2018 年 1 月 8 日	2018 年 12 月 12 日	昆明市中级人民法院	二审
	公益组织	不详	2017 年 6 月 20 日	昆明市中级人民法院	二审
	行政机关	2012 年 8 月 15 日	2012 年 9 月 25 日	昆明市中级人民法院	一审
内蒙古自治区	行政机关	不详	2014 年 12 月 12 日	巴林左旗人民法院	一审
陕西省	公益组织	2016 年 7 月 15 日	2017 年 5 月 10 日	西安市中级人民法院	一审
贵州省	公益组织	2016 年 1 月 8 日	2017 年 10 月 16 日	清镇市中级人民法院	一审
	公益组织	不详	2019 年 5 月 8 日	贵阳市中级人民法院	一审
	公益组织	2018 年 1 月 21 日	2019 年 5 月 16 日	贵阳市中级人民法院	一审
陕西省	公益组织	2016 年 7 月 15 日	2017 年 5 月 10 日	西安铁路运输中级法院	一审
吉林省	公益组织	2016 年 8 月 30 日	2016 年 11 月 1 日	长春市中级人民法院	一审
	公益组织	2016 年 9 月 5 日	2018 年 12 月 13 日	吉林市中级人民法院	一审

三、非试点地区

(一)检察机关提起的民事公益诉讼

河北省

河北省共有检察机关提起的民事公益诉讼案件 4 件，一审民事公益诉讼案件有 4 件。一审案件中，以判决方式结案的有 4 件。

1. 一审时间统计(见表 1-2-38)

表 1-2-38 河北省民事公益诉讼案件一审时间统计

时间	立案数量 / 件	占一审案件百分比 /%	结案数量 / 件	占一审案件百分比 /%
2017 年 12 月	1	25	0	0
2018 年 9 月	1	25	0	0
2018 年 11 月	1	25	0	0
2019 年 1 月	0	0	1	25
2019 年 6 月	1	25	2	50
2019 年 12 月	0	0	1	25

2. 一审空间统计(见表 1-2-39)

表 1-2-39 河北省民事公益诉讼案件一审空间分布统计

地区		案件数量 / 件
河北省	石家庄市	3
	保定市	1

3. 一审审理期限统计(见表 1-2-40)

表 1-2-40 河北省民事公益诉讼案件一审审理期限统计

审限 M	案件数量 / 件	占案件总数百分比 /%
3 个月≤ M ＜ 4 个月	1	25.00
5 个月≤ M ＜ 6 个月	1	25.00
7 个月≤ M ＜ 8 个月	1	25.00
14 个月≤ M	1	25.00
总计	4	100.00

浙江省

浙江省检察机关提起的民事公益诉讼案件共有 38 件，其中一审民事公益诉讼案件有 38 件。一审案件中，以判决方式结案的有 33 件，以裁定方式结案的有 5 件。

1. 一审时间统计

从图 1-2-12 可以看出，山东省 2018 年年末立案数量达到高峰期。

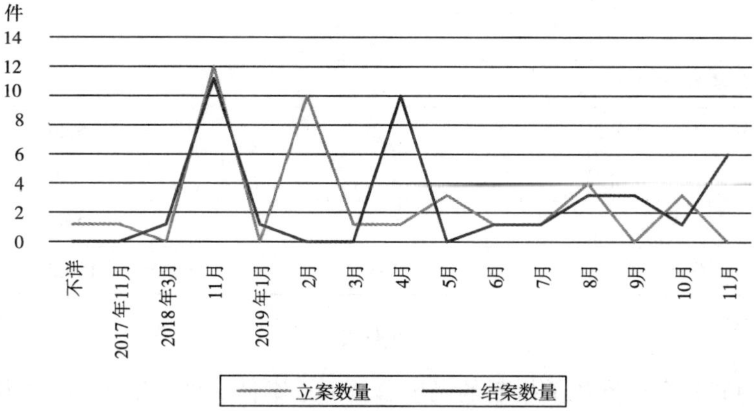

图 1-2-12　浙江省民事公益诉讼案件一审时间分布

2. 一审空间统计（见表 1-2-41）

表 1-2-41　浙江省民事公益诉讼案件一审空间分布统计

地区			案件数量 / 件
浙江	金华市	永康市	1
	丽水市	庆元县	2
		缙云县	24
	衢州市	开化县	1
		柯城区	1
		衢江区	3
	绍兴市	上虞区	1
		新昌县	2
		诸暨市	1
	舟山市	舟山市	1
	湖州市	南浔区	1

3. 一审审理期限统计

从表 1-2-42 可以看出，浙江省民事公益诉讼审理期限为 1 至 2 个月的数量最多，2 个月以下审结的案件数量占到大多数。

表 1-2-42 浙江省民事公益诉讼案件一审审理期限统计

审限 M	案件数量 / 件	占案件总数百分比 /%
0 个月≤M＜1 个月	13	34.21
1 个月≤M＜2 个月	17	44.74
2 个月≤M＜3 个月	2	5.26
3 个月≤M＜4 个月	2	5.26
5 个月≤M＜6 个月	3	7.89
不详	1	2.63
总计	38	100.00

湖南省

湖南省共有检察机关提起的民事公益诉讼案件 5 件，均为一审民事公益诉讼案件，其中以判决方式结案的有 4 件。

1. 一审时间统计（见表 1-2-43）

表 1-2-43 湖南省民事公益诉讼案件一审时间统计

年份	立案数量 / 件	占一审案件百分比 /%	结案数量 / 件	占一审案件百分比 /%
2018	2	40	2	40
2019	3	60	3	60

2. 一审空间统计（见表 1-2-44）

表 1-2-44 湖南省民事公益诉讼案件一审空间分布统计

地区		案件数量 / 件
湖南	郴州市	1
	长沙市	1
	德阳市	1
	常德市	1
	岳阳市	1

3. 一审审理期限统计（见表 1–2–45）

表 1–2–45 湖南省民事公益诉讼案件一审审理期限统计

审限 M	案件数量 / 件	占案件总数百分比 /%
1 个月≤ M ＜ 2 个月	1	20.00
2 个月≤ M ＜ 3 个月	1	20.00
3 个月≤ M ＜ 4 个月	1	20.00
5 个月≤ M ＜ 6 个月	1	20.00
6 个月≤ M ＜ 7 个月	1	20.00
总计	5	100.00

广西壮族自治区

广西壮族自治区共有检察机关提起的民事公益诉讼案件 6 件，其中一审案件有 5 件，二审案件有 1 件。一审案件中，以判决方式结案的有 5 件。二审案件中，以判决方式结案的有 1 件。由于该自治区案件较少，统计占比意义不大，故仅将相关数据展示（见表 1–2–46）。

表 1–2–46 广西壮族自治区民事公益诉讼案件统计

立案时间	结案时间	审理期限	提起主体	审理级别
2018 年 2 月 9 日	2018 年 6 月 26 日	4 个月	梧州市人民检察院	一审
2018 年 6 月 29 日	2018 年 12 月 19 日	5 个月	贵港市人民检察院	一审
2018 年 6 月 29 日	2018 年 12 月 19 日	5 个月	贵港市人民检察院	一审
2018 年 8 月 7 日	2019 年 1 月 10 日	5 个月	来宾市人民检察院	一审
无	2019 年 8 月 22 日	不详	贵港市人民检察院	二审
2019 年 5 月 17 日	2019 年 11 月 11 日	5 个月	玉林市人民检察院	一审

重庆市

重庆市检察机关提起的民事公益诉讼共有 9 件，其中一审民事公益诉讼案件有 8 件，二审案件有 1 件。一审案件中，以判决方式结案的有 8 件。二审案件中，以判决方式结案的有 1 件。

1. 一审时间统计(见图 1-2-13)

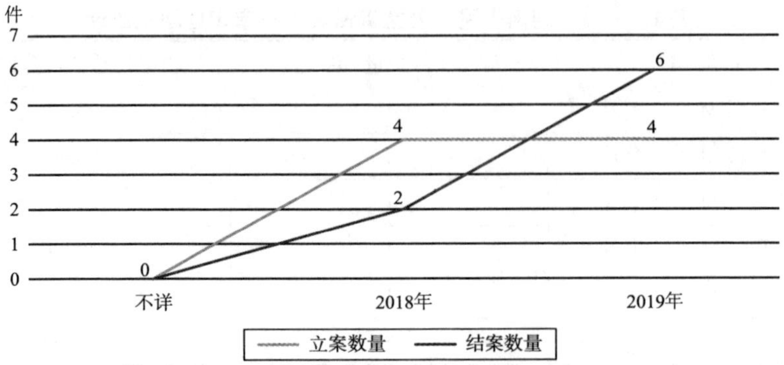

图 1-2-13 重庆市民事公益诉讼案件一审时间分布

2. 一审空间统计(见表 1-2-47)

表 1-2-47 重庆市民事公益诉讼案件一审空间分布统计

地区	案件数量 / 件	占案件总数百分比 /%
万州区	1	12.50
渝北区	3	37.50
涪陵区	3	37.50
渝中区	1	12.50
总计	8	100.00

3. 一审审理期限统计(见表 1-2-48)

表 1-2-48 重庆市民事公益诉讼案件一审审理期限统计

审限 M	案件数量 / 件	占案件总数百分比 /%
1 个月≤ M ＜ 2 个月	2	25.00
3 个月≤ M ＜ 4 个月	1	12.50
4 个月≤ M ＜ 5 个月	1	12.50
5 个月≤ M ＜ 6 个月	2	25.00
8 个月≤ M ＜ 9 个月	1	12.50
13 个月≤ M ＜ 14 个月	1	12.50
总计	8	100.00

4. 二审相关统计

检察机关提起的二审民事公益诉讼案件有 1 件，立案时间为 2019 年 4 月，结案时间为 2019 年 10 月，提起主体为渝北区人民检察院。

其他省份（市、自治区）

其他省份（市、自治区）民事公益诉讼案件统计见表 1–2–49。

表 1–2–49　其他省份（市、自治区）民事公益诉讼案件统计

地区	立案时间	结案时间	提起主体	审理级别
黑龙江省	2019 年 2 月 26 日	2019 年 3 月 25 日	黑龙江省人民检察院大兴安岭分院	一审
上海市	2019 年 6 月 27 日	2019 年 9 月 6 日	上海市人民检察院第三分院	一审
江西省	2017 年 12 月 25 日	2018 年 1 月 6 日	抚州市人民检察院	一审
	2018 年 8 月 7 日	2018 年 8 月 30 日	九江市人民检察院	一审
	2019 年 4 月 1 日	2019 年 9 月 19 日	景德镇市人民检察院	一审
海南省	2018 年 8 月 24 日	2018 年 10 月 26 日	海南省人民检察院第一分院	一审
	2018 年 11 月 23 日	2018 年 12 月 26 日	海口市人民检察院	一审
	不详	2019 年 4 月 1 日	海南省人民检察院第二分院	二审
	不详	2019 年 10 月 28 日	海南省人民检察院第二分院	二审
河南省	2019 年 10 月 11 日	2019 年 12 月 10 日	商丘市人民检察院	一审
四川省	2019 年 5 月 6 日	2019 年 6 月 19 日	资阳市人民检察院	一审
	2019 年 10 月 10 日	2019 年 11 月 28 日	雅安市人民检察院	一审
	2019 年 10 月 10 日	2019 年 11 月 28 日	雅安市人民检察院	一审
	2019 年 8 月 15 日	2019 年 9 月 25 日	眉山市人民检察院	一审

续表

地区	立案时间	结案时间	提起主体	审理级别
西藏自治区	2019年 9月5日	2019年 9月27日	巴青县人民检察院	一审
青海省	2019年 2月25日	2019年 4月17日	海东市人民检察院	一审
新疆维吾尔自治区	2018年 5月30日	2018年 7月13日	乌鲁木齐市人民检察院	一审

（二）非检察机关提起的民事公益诉讼

河南省

河南省共有非检察机关提起的民事公益诉讼案件8件，均为公益组织提起，其中一审案件有3件，二审案件有5件。

1. 一审时间统计（见表1-2-50）

表1-2-50　河南省民事公益诉讼案件一审时间统计

年份	立案数量/件	占一审案件总数百分比/%	结案数量/件	占一审案件总数百分比/%
2016	1	33.33	0	0.00
2017	1	33.33	1	33.33
2018	1	33.33	2	66.67

2. 一审空间统计（见表1-2-51）

表1-2-51　河南省民事公益诉讼案件一审空间分布统计

地区	案件数量/件	占案件总数百分比/%
郑州市	2	66.00
新乡市	1	34.00
总计	3	100.00

3. 一审审理期限统计（见表1-2-52）

表1-2-52　河南省民事公益诉讼案件一审审理期限统计

审限M	案件数量/件	占案件总数百分比/%
0个月≤M＜1个月	1	33.33

续表

审限 M	案件数量 / 件	占案件总数百分比 /%
8 个月≤ M < 9 个月	1	33.33
19 个月≤ M < 20 个月	1	33.33
总计	3	100.00

4. 二审相关统计

二审有案件 5 件，立案时间、审理期限均不详，结案时间分别为 2016 年 12 月、2017 年 9 月、2018 年 3 月、2018 年 6 月、2019 年 5 月，5 件案件诉讼空间均为郑州市。

湖南省

湖南省共有非检察机关提起的民事公益诉讼案件 6 件，均为公益组织提起。一审案件有 6 件。

1. 一审时间统计（见表 1-2-53）

表 1-2-53 湖南省民事公益诉讼案件一审时间统计

年份	立案数量 / 件	占一审案件百分比 /%	结案数量 / 件	占一审案件百分比 /%
2017	0	0	1	17
2018	3	50	1	17
2019	0	0	4	67
不详	3	50	0	0

2. 一审空间统计（见表 1-2-54）

表 1-2-54 湖南省民事公益诉讼案件一审空间分布统计

地区		案件数量 / 件
湖南省	长沙市	1
	岳阳市	1
	郴州市	1
	湘潭市	1
	娄底市	2

3. 一审审理期限统计(见表 1-2-55)

表 1-2-55 湖南省民事公益诉讼案件一审审理期限统计

审限 M	案件数量 / 件	占案件总数百分比 /%
6 个月≤ M < 7 个月	1	16.67
15 个月≤ M < 16 个月	1	16.67
17 个月≤ M	1	16.67
不详	3	50.00
总计	6	100.00

重庆市

重庆市共有非检察机关提起的民事公益诉讼案件 3 件，其中公益组织提起的案件有 2 件，行政机关提起的案件有 1 件。公益组织提起的案件中，一审案件有 1 件，二审案件有 1 件，行政机关提起的案件为一审案件。

1. 一审时间统计(见表 1-2-56)

表 1-2-56 重庆市民事公益诉讼案件一审时间统计

年份	立案数量 / 件	占一审案件总数百分比 /%	结案数量 / 件	占一审案件总数百分比 /%
2015	0	0.00	1	10.00
2017	1	10.00	1	10.00
不详	1	10.00	0	0.00

2. 一审空间统计(见表 1-2-57)

表 1-2-57 重庆市民事公益诉讼案件一审空间分布统计

地区	案件数量 / 件	占案件总数百分比 /%
万州区	1	50.00
渝北区	1	50.00
涪陵区	0	0.00
渝中区	0	0.00
总计	2	100.00

3. 一审审理期限统计（见表 1–2–58）

表 1–2–58　重庆市民事公益诉讼案件一审审理期限统计

审限 M	案件数量 / 件	占案件总数百分比 /%
6 个月≤M＜7 个月	1	50.00
不详	1	50.00
总计	2	100.00

4. 二审相关统计

重庆市民事公益诉讼案件二审案件有 1 件，立案时间 2016 年 3 月，结案时间为 2016 年 9 月，审限 5 个月，地区为万州区。

其他省份（市、自治区）

其他省份（市、自治区）民事公益诉讼案件统计见表 1–2–59。

表 1–2–59　其他省份（市、自治区）民事公益诉讼案件统计

地区	提起主体	立案时间	结案时间	审理法院	审理级别
浙江省	公益组织	不详	2017 年 1 月 18 日	浙江省高级人民法院	一审
河北省	公益组织	不详	2018 年 7 月 16 日	邢台市中级人民法院	一审
	公益组织	2016 年 1 月 15 日	2018 年 11 月 5 日	河北省高级人民法院	一审
辽宁省	公益组织	2016 年 6 月 21 日	2017 年 12 月 18 日	大连市中级人民法院	一审
	公益组织	不详	2018 年 6 月 25 日	辽宁省高级人民法院	二审
山西省	公益组织	不详	2018 年 7 月 11 日	长治市中级人民法院	一审
上海市	公益组织	2015 年 7 月 1 日	2017 年 11 月 13 日	上海市第一中级人民法院	一审
	公益组织	2015 年 7 月 1 日	2017 年 11 月 13 日	上海市第一中级人民法院	一审
江西省	公益组织	2018 年 4 月 2 日	2018 年 6 月 15 日	江西省高级人民法院	一审
海南省	公益组织	2013 年 10 月 30 日	2013 年 12 月 16 日	海南省高级人民法院	一审
广西壮族自治区	公益组织	2019 年 4 月 23 日	2019 年 6 月 5 日	来宾市中级人民法院	一审

第三节 刑事附带民事公益诉讼

一、全国

笔者通过裁判文书数据库，共检索全国范围内刑事附带民事公益诉讼案件3489件，且各省数量差距比较悬殊。案件数量最多的省份为四川省，共有434件，占案件总数的12.44%。案件数量最少的为上海市，共有2件，占案件总数的0.06%。总体来看，刑事附带民事公益诉讼在四大公益诉讼类型中占比最高，且试点地区与非试点地区总体数量平分秋色。

从表1-3-1可以看出，刑事附带民事公益诉讼案件数量呈现逐年增加的趋势，且增量主要集中在2018年和2019年。

表1-3-1 全国刑事附带民事公益诉讼案件统计

单位：件

地区	2012年	2014年	2017年	2018年	2019年	总计
北京				2	2	4
内蒙古				19	34	53
吉林				47	24	71
江苏			11	121	144	276
安徽			8	91	187	286
福建		2		17	14	33
山东				41	96	137
湖北			5	80	106	191
广东			1	56	66	123
贵州			3	22	84	109
云南			7	41	31	79
陕西			2	36	133	171
甘肃			1	24	58	83
天津				3	2	5
上海				1	1	2

续表

地区	2012 年	2014 年	2017 年	2018 年	2019 年	总计
重庆				22	23	45
河北				48	62	110
山西				43	84	127
辽宁				49	47	96
黑龙江				24	23	47
浙江				108	166	274
江西			5	68	82	155
河南	1			69	78	148
湖南				94	120	214
海南				2	4	6
四川			8	123	303	434
青海				26	33	59
广西				16	42	58
西藏				2	4	6
宁夏				13	26	39
新疆				10	38	48
总计	1	2	51	1318	2117	3489

(一)试点地区

从表 1-3-2 可以看出,试点地区刑事附带民事公益诉讼均呈现一审案件数量明显多于二审案件数量,且除天津市和上海市外,其他省市均有二审案件。从结案方式来看,一审案件绝大多数以判决方式结案,二审案件则主要以裁定方式结案。

表 1-3-2 试点地区刑事附带民事公益诉讼案件统计

单位:件

地区	一审				二审		再审
	判决	裁定	决定	调解	判决	裁定	
北京	3					1	
内蒙古	46					7	
吉林	57	1			1	12	

续表

地区	一审				二审		再审
	判决	裁定	决定	调解	判决	裁定	
江苏	245	1			2	27	1
安徽	244	1		1	12	28	
福建	31				1	1	
山东	128	1			2	6	
湖北	177	1			1	12	
广东	112			1	1	9	
贵州	104	1				4	
云南	71				3	5	
陕西	163	1			2	5	
甘肃	76	4			1	2	
总计	1457	11	0	2	26	119	1

（二）非试点地区

从表 1-3-3 可以看出，非试点地区刑事附带民事公益诉讼情况与试点地区基本相同。

表 1-3-3　非试点地区刑事附带民事公益诉讼案件统计

单位：件

地区	一审				二审		再审
	判决	裁定	决定	调解	判决	裁定	
天津	5						
上海	2						
重庆	43	1				1	
河北	101	1				8	
山西	107	3			4	13	
辽宁	85				2	9	
黑龙江	43					4	
浙江	257	1			3	13	
江西	138	1		8		8	
河南	135		1	1	2	9	

续表

地区	一审				二审		再审
	判决	裁定	决定	调解	判决	裁定	
湖南	188	1	1		2	22	
海南	4					2	
四川	409	6			5	13	1
青海	51			4	1	3	
广西	53					5	
西藏	5				1		
宁夏	34			1	1	3	
新疆	19	22			1	6	
总计	1679	36	2	14	22	119	1

二、试点地区

北京市

北京市共有刑事附带民事公益诉讼案件 4 件，其中一审有 3 件，二审有 1 件。一审案件中，以判决方式结案的有 3 件，以裁定方式结案的有 0 件；二审案件中，以判决方式结案的有 0 件，以裁定方式结案的有 1 件。

1. 一审相关统计

从立案时间来看，北京市 2018 年 5 月和 7 月各立案 1 件，另外 1 件立案时间不详。从裁判时间来看，2018 年 8 月和 10 月各有 1 件，2019 年 6 月有 1 件。

在空间分布中，笔者以提起刑事附带民事公益诉讼案件的检察机关所在地为标准进行统计，北京市西城区、石景山区和通州区各有 1 件。

以判决书中立案日期与判决日期作为案件审理的起始与结束，在北京市一审刑事附带民事公益诉讼案件中，除去 1 件审理期限不详的案件，审理期限在 2 至 3 个月和 3 至 4 个月的各有 1 件。

2. 二审相关统计

北京市二审刑事附带民事公益诉讼裁定审结时间为 2019 年 8 月，分布在平谷区。

内蒙古自治区

内蒙古自治区共有刑事附带民事公益诉讼案件 53 件，其中一审有 46 件，二审有 7 件。一审案件中，以判决方式结案的有 46 件，以裁定方式结案的有 0 件；二审案件中，以判决方式结案的有 0 件，以裁定方式结案的有 7 件。

1. 一审时间统计（见图 1–3–1）

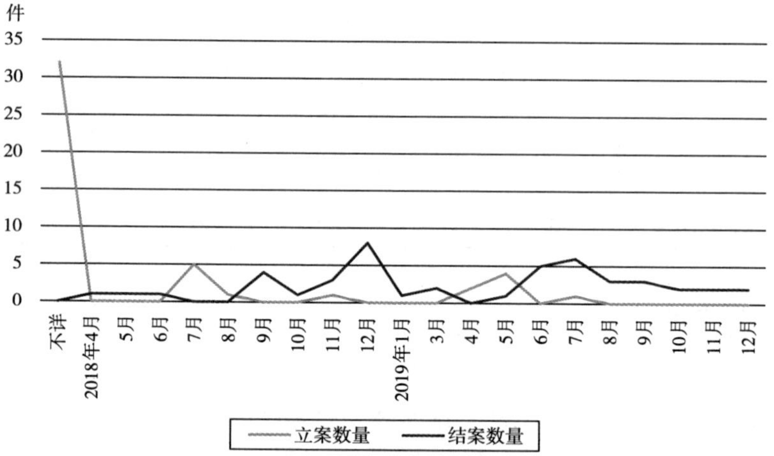

图 1–3–1　内蒙古自治区刑事附带民事公益诉讼案件一审时间分布

2. 一审空间统计

内蒙古自治区共有 9 个地级市、3 个盟，刑事附带民事公益诉讼案件主要集中在呼伦贝尔市和鄂尔多斯市，除乌海市未检索到此类案件之外，其他市、盟均有刑事附带民事公益诉讼案件的分布。

呼伦贝尔市下辖 2 个区、5 个县或县级市、4 个旗和 3 个自治旗，共有一审刑事附带民事公益诉讼案件 17 件，占内蒙古自治区案件总数的 36.96%。其中，新巴尔虎右旗有 4 件，鄂伦春自治旗有 3 件，牙克石市、莫力达瓦达斡尔族自治旗、鄂温克族自治旗各有 2 件，海拉尔区、满洲里市、扎兰屯市、额尔古纳市各有 1 件。

鄂尔多斯市下辖 2 个区、7 个旗，共有一审刑事附带民事公益诉讼案件 11 件，占内蒙古自治区案件总数的 23.91%。其中，鄂托克前旗和乌审旗各有 4 件，准格尔旗、鄂托克旗和杭锦旗各有 1 件。

呼和浩特市下辖 4 个区、4 个县、1 个旗，共有一审刑事附带民事公益诉讼案件2件，占内蒙古自治区案件总数的4.35%，分布在赛罕区。

包头市下辖6个区、1个县、2个旗，共有一审刑事附带民事公益诉讼案件3件，占内蒙古自治区案件总数的6.52%。其中，达尔罕茂名安联合旗有2件，昆都仑区有1件。

赤峰市下辖3个区、2个县、7个旗，共有一审刑事附带民事公益诉讼案件2件，占内蒙古自治区案件总数的4.35%。其中，元宝山区和巴林左旗各有1件。

兴安盟下辖2个县级市、1个县、3个旗，共有一审刑事附带民事公益诉讼案件3件，占内蒙古自治区案件总数的6.52%，分布在突泉县。

通辽市下辖1个区、1县级市、1个县、5个旗，共有一审刑事附带民事公益诉讼案件2件，占内蒙古自治区案件总数的4.35%，分布在科尔沁区。

锡林郭勒盟下辖2个市、9个旗、1个县、1个管理区，共有一审刑事附带民事公益诉讼案件2件，占内蒙古自治区案件总数的4.35%。其中，阿巴嘎旗和镶黄旗各有1件。

乌兰察布市下辖1个区、1个市、4个旗、5个县，共有一审刑事附带民事公益诉讼案件1件，占内蒙古自治区案件总数的2.17%，分布在察哈尔右翼前旗。

巴彦淖尔市下辖1个区、2个县、4个旗，共有一审刑事附带民事公益诉讼案件1件，占内蒙古自治区案件总数的2.17%，分布在乌拉特中旗。

阿拉善盟下辖3个旗，共有一审刑事附带民事公益诉讼案件2件，占内蒙古自治区案件总数的4.35%，分布在额济纳旗。

3. 一审审理期限统计（见表1-3-4）

表1-3-4　内蒙古自治区刑事附带民事公益诉讼案件一审审理期限统计

审限M	案件数量/件	占案件总数百分比/%
1个月≤M＜2个月	4	8.71
2个月≤M＜3个月	3	6.52
3个月≤M＜4个月	3	6.52
5个月≤M＜6个月	1	2.17
6个月≤M＜7个月	1	2.17
8个月≤M＜9个月	1	2.17

续表

审限 M	案件数量 / 件	占案件总数百分比 /%
10 个月≤ M ＜ 11 个月	1	2.17
不详	32	69.57
总计	46	100.00

4. 二审时间统计

从裁判时间来看，内蒙古自治区二审刑事附带民事公益诉讼在 2019 年裁判的案件有 7 件，其中，7 月有 2 件，3 月、5 月、8 月、9 月、11 月各有 1 件。

5. 二审空间统计

从空间分布来看，内蒙古自治区二审刑事附带民事公益诉讼案件呼和浩特市数量最多，有 3 件，占二审刑事附带民事公益诉案件总数的 42.86%；其次，赤峰市有 2 件，占二审刑事附带民事公益诉案件总数的 28.57%；最后，兴安盟和阿拉善盟各有 1 件，占案件总数的 14.29%。其他地区未检索到相关案件。

吉林省

吉林省共有刑事附带民事公益诉讼案件 71 件，其中一审有 58 件，二审有 13 件。一审案件中，以判决方式结案的有 57 件，以裁定方式结案的有 1 件；二审案件中，以判决方式结案的有 1 件，以裁定方式结案的有 12 件。

1. 一审时间统计（见图 1–3–2）

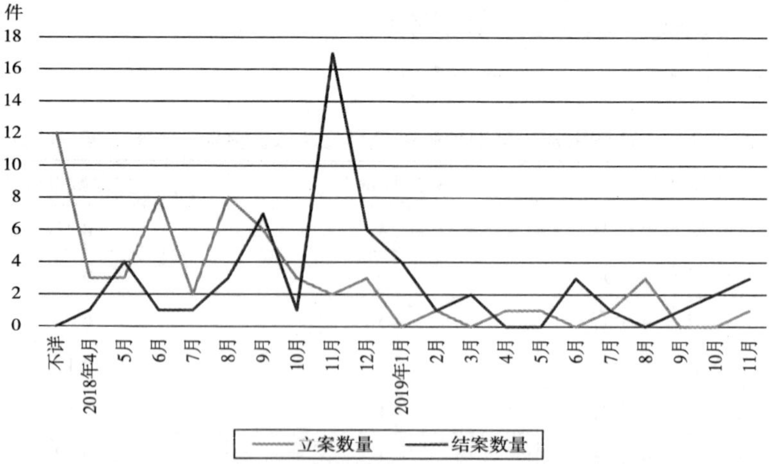

图 1–3–2　吉林省刑事附带民事公益诉讼案件一审时间分布

2. 一审空间统计

吉林省共有 8 个地级市、1 个自治州，刑事附带民事公益诉讼案件主要集中在吉林市，其他市、州均有刑事附带民事公益诉讼案件分布。

长春市下辖 7 个区、1 个县、2 个县级市，共有一审刑事附带民事公益诉讼案件 10 件，占吉林省案件总数的 17.24%。其中，南关区和榆树市各有 3 件，朝阳区有 2 件，双阳区和德惠市各有 1 件。

吉林市下辖 4 个区、1 个县、4 个县级市，共有一审刑事附带民事公益诉讼案件 12 件，占吉林省案件总数的 20.69%。其中，蛟河市有 5 件，昌邑区、丰满区各有 2 件，龙潭区、船营区、舒兰市各有 1 件。

四平市下辖 2 个区、2 个县、2 个县级市，共有一审刑事附带民事公益诉讼案件 5 件，占吉林省案件总数的 8.62%。其中，公主岭市有 2 件，铁东区、梨树县、伊通满族自治县各有 1 件，铁西区和双辽市未检索到此类案件。

辽源市下辖 2 个区、2 个县，共有一审刑事附带民事公益诉讼案件 1 件，占吉林省案件总数的 1.72%，分布在东辽县。

通化市下辖 2 个区、3 个县、2 个县级市，共有一审刑事附带民事公益诉讼案件 3 件，占吉林省案件总数的 5.17%。其中，柳河县有 2 件，东昌区有 1 件。

白山市下辖 2 个区、3 个县、1 个县级市，共有一审刑事附带民事公益诉讼案件 2 件，占吉林省案件总数的 3.45%。其中，长白朝鲜族自治县、临江市各有 1 件。

松原市下辖 1 个区、3 个县、1 个县级市，共有一审刑事附带民事公益诉讼案件 6 件，占吉林省案件总数的 10.34%。其中，长岭县有 2 件，宁江区、前郭尔罗斯蒙古族自治县、乾安县和扶余市各有 1 件。

白城市下辖 1 个区、2 个县、2 个县级市，共有一审刑事附带民事公益诉讼案件 9 件，占吉林省案件总数的 15.52%。其中，洮北区有 4 件，镇赉县有 2 件，洮南市、大安市、通榆县各有 1 件。

延边朝鲜族自治州下辖 2 个县、6 个县级市，共有一审刑事附带民事公益诉讼案件 10 件，占吉林省案件总数的 17.24%。其中，龙井市有 5 件，图们市有 2

件，敦化市、汪清县和安图县各有1件。

3. 一审审理期限统计（见表1-3-5）

表1-3-5 吉林省刑事附带民事公益诉讼案件一审审理期限统计

审限M	案件数量/件	占案件总数百分比/%
0个月≤M＜1个月	13	22.41
1个月≤M＜2个月	8	13.79
2个月≤M＜3个月	10	17.24
3个月≤M＜4个月	5	8.62
4个月≤M＜5个月	4	6.90
5个月≤M＜6个月	5	8.62
7个月≤M＜8个月	1	1.72
不详	12	20.69
总计	58	100.00

4. 二审时间统计

吉林省2018年裁判案件的时间分布为8月有1件，10月有2件，11月有3件；2019年裁判案件的时间分布为3月有3件，1月、4月、6月和11月各有1件。

5. 二审空间统计

二审空间分布中，延边朝鲜族自治州有4件，占案件总数的30.77%；吉林市有3件，占总数的23.08%；辽源市有2件，占总数的15.38%；长春市、四平市、白山市、松原市各有1件，占总数的7.69%。

江苏省

江苏省共有刑事附带民事公益诉讼案件276件，其中一审有249件，二审有26件，再审有1件。一审案件中，以判决方式结案的有248件，以裁定方式结案的有1件；二审案件中，以判决方式结案的有1件，以裁定方式结案的有25件；再审案件中，以判决方式结案的有1件，以裁定方式结案的有0件。

1. 一审时间统计（见图 1-3-3）

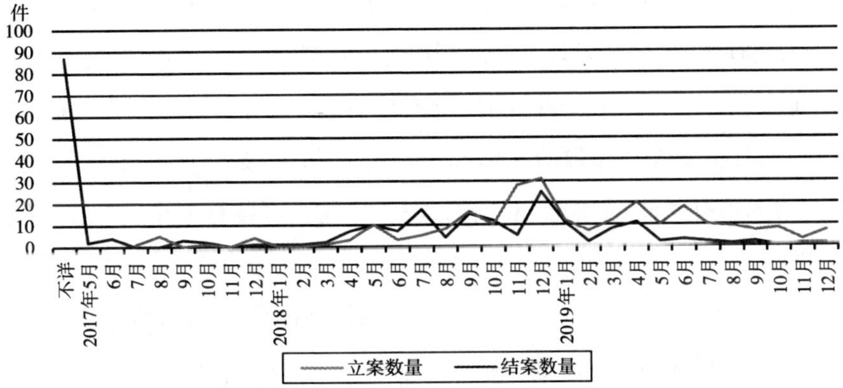

图 1-3-3　江苏省刑事附带民事公益诉讼一审时间分布

2. 一审空间统计

江苏省共有 13 个地级市，刑事附带民事公益诉讼主要集中在扬州市和苏州市。

南京市下辖 11 个区，共有一审刑事附带民事公益诉讼案件 21 件，占江苏省案件总数的 8.43%。其中，玄武区、栖霞区、鼓楼区各有 1 件，溧水区、浦口区各有 5 件，江宁区、六合区、雨花台区、秦淮区各有 2 件。建邺区和高淳区未检索到相关案件。

无锡市下辖 5 个区、2 个县级市，共有一审刑事附带民事公益诉讼案件 17 件，占江苏省案件总数的 6.82%。其中，滨湖区、梁溪区、惠山区、宜兴市各有 2 件，锡山区、江阴市各有 4 件，新吴区有 1 件。

徐州市下辖 5 个区、2 个县级市、3 个县，共有一审刑事附带民事公益诉讼案件 10 件，占江苏省案件总数的 4.01%。其中，云龙区有 2 件，新沂市、睢宁县、铜山区各有 1 件。徐州有 1 件、徐州经济技术开发区有 3 件。泉山区、鼓楼区、贾汪区、丰县、沛县、邳州市未检索到相关案件。

常州市下辖 5 个区、1 个县级市，共有一审刑事附带民事公益诉讼案件 8 件，占江苏省案件总数的 3.21%。其中，新北区、钟楼区各有 2 件，武进区、金坛区各有 1 件。常州经济技术开发区有 2 件。天宁区、溧阳市未检索到相关案件。

苏州市下辖5个区、4个县级市，共有一审刑事附带民事公益诉讼案件39件，占江苏省案件总数的15.66%。其中吴中区有3件，常熟市有13件，张家港有8件，相城区有7件，吴江区有4件，昆山市、太仓市、姑苏区、虎丘区各有1件。

南通市下辖3个区、4个县级市、1个县，共有一审刑事附带民事公益诉讼案件21件，占江苏省案件总数的8.43%。其中，崇川区、通州区各有2件，海安市有9件，启东市有1件，如皋市有5件，海门市、港闸区各有1件。如东县未检索到相关案件。

连云港市下辖3个区、3个县，共有一审刑事附带民事公益诉讼案件16件，占江苏省案件总数的6.42%。其中，连云区有4件，海州区有5件，灌云县、赣榆区各有2件，灌南县有3件，东海县未检索到相关案件。

淮安市下辖4个区、3个县，共有一审刑事附带民事公益诉讼案件28件，占江苏省案件总数的11.24%。其中，金湖县有3件，盱眙县有10件，淮安区有7件，清江浦区、淮阴区、涟水县各有2件，洪泽区有1件，淮安经济开发区有1件。

盐城市下辖3个区、5个县、1个县级市，共有一审刑事附带民事公益诉讼案件7件，占江苏省案件总数的2.81%。其中，大丰区有1件，射阳县、东台市各有3件，亭湖区、盐都区、响水县、滨海县、阜宁县、建湖县未检索到相关案件。

扬州市下辖3个区、2个县级市、1个县，共有一审刑事附带民事公益诉讼案件47件，占江苏省案件总数的18.87%。其中，广陵区有3件，江都区有8件，邗江区有2件，仪征市有11件，高邮市有22件，扬州经济开发区有1件。宝应县未检索到相关案件。

镇江市下辖3个区、3个县级市，共有一审刑事附带民事公益诉讼案件7件，占江苏省案件总数的2.81%。其中，句容市有2件，润州区、扬中市各有1件。镇江金山地区有3件。京口区、丹徒区、丹阳市未检索到相关案件。

泰州市下辖3个区、3个市，共有一审刑事附带民事公益诉讼案件11件，占江苏省案件总数的4.41%。其中，海陵区有3件，泰兴市有2件，靖江市、高港区各有1件。泰州医药高新技术开发区有4件，姜堰区、兴化市未检索到相关案件。

宿迁市下辖 2 个区、3 个县，共有一审刑事附带民事公益诉讼案件 17 件，占江苏省案件总数的 6.82%。其中，宿城区、宿豫区、沭阳县各有 3 件，泗阳县、泗洪县各有 4 件。

3. 一审审理期限统计（见表 1–3–6）

表 1–3–6　江苏省刑事附带民事公益诉讼案件一审审理期限统计

审限 M	案件数量 / 件	占案件总数百分比 /%
0 个月≤ M ＜ 1 个月	24	9.63
1 个月≤ M ＜ 2 个月	30	12.04
2 个月≤ M ＜ 3 个月	42	16.86
3 个月≤ M ＜ 4 个月	23	9.23
4 个月≤ M ＜ 5 个月	8	3.21
5 个月≤ M ＜ 6 个月	12	4.81
6 个月≤ M ＜ 7 个月	7	2.81
7 个月≤ M ＜ 8 个月	5	2.00
8 个月≤ M ＜ 9 个月	1	0.40
9 个月≤ M ＜ 10 个月	1	0.40
10 个月≤ M ＜ 11 个月	2	0.80
11 个月≤ M ＜ 12 个月	1	0.40
13 个月≤ M ＜ 14 个月	1	0.40
16 个月≤ M ＜ 17 个月	1	0.40
不详	91	36.54
总计	249	100.00

4. 二审时间统计

二审刑事附带民事公益诉讼案件共有 26 件。有 3 件立案时间分别为 2018 年 10 月、2019 年 4 月、2019 年 5 月，其余不详。

5. 二审空间统计

徐州市下辖 5 个区、2 个县级市、3 个县，共有二审刑事附带民事公益诉讼案件 3 件，占江苏省案件总数的 11.53%。其中，沛县、铜山区、市级各有 1 件。云龙区、泉山区、鼓楼区、贾汪区、丰县、睢宁县、邳州市、新沂市未检索到相关案件。

南通市下辖3个区、4个县级市、1个县，共有二审刑事附带民事公益诉讼案件2件，占江苏省案件总数的7.69%。其中，崇川区、如皋市各有1件。港闸区、通州区、如东县、海门市、海安市、启东市未检索到相关案件。

南京市下辖11个区，共有二审刑事附带民事公益诉讼案件5件，占江苏省案件总数的19.23%。其中，玄武区、高淳区、浦口区、鼓楼区、六合区各有1件。秦淮区、建邺区、栖霞区、江宁区、溧水区、雨花台区未检索到相关案件。

无锡市下辖5个区、2个县级市，共有二审刑事附带民事公益诉讼案件2件，占江苏省案件总数的7.69%。其中，锡山区、江阴市各有1件。梁溪区、滨湖区、新吴区、惠山区、宜兴市未检索到相关案件。

盐城市下辖3个区、5个县、1个县级市，共有二审刑事附带民事公益诉讼案件1件，占江苏省案件总数的3.84%。其中，东台市有1件。亭湖区、盐都区、大丰区、响水县、射阳县、滨海县、阜宁县、建湖县未检索到相关案件。

镇江市下辖3个区、3个县级市，共有二审刑事附带民事公益诉讼案件2件，占江苏省案件总数的7.69%。其中，丹阳市有1件，镇江金山地区有1件。京口区、润州区、丹徒区、扬中市、句容市未检索到相关案件。

泰州市下辖3个区、3个市，共有二审刑事附带民事公益诉讼案件3件，占江苏省案件总数的11.53%。其中，靖江市、海陵区各有1件，泰州医药高新技术开发区有1件。高港区、姜堰区、泰兴市、兴化市未检索到相关案件。

宿迁市下辖2个区、3个县，共有二审刑事附带民事公益诉讼案件4件，占江苏省案件总数的15.38%。其中，泗阳县有2件，宿豫区、沭阳县各有1件。宿城区、泗洪未检索到相关案件。

常州市下辖5个区、1个县级市，共有二审刑事附带民事公益诉讼案件1件，占江苏省案件总数的3.84%。其中，常州经济技术开发区有1件。新北区、天宁区、钟楼区、金坛区、武进区、溧阳市未检索到相关案件。

连云港市下辖3个区、3个县，共有二审刑事附带民事公益诉讼案件1件，占江苏省案件总数的3.84%。其中，广陵区有1件。连云区、赣榆区、东海县、灌云县、灌南县未检索到相关案件。

淮安市下辖4个区、3个县，共有二审刑事附带民事公益诉讼案件1件，占江苏省案件总数的3.84%。其中，淮安区有1件。淮阴区、洪泽区、清江浦区、涟水县、盱眙县、金湖县未检索到相关案件。

扬州市下辖3个区、2个县级市、1个县，共有二审刑事附带民事公益诉讼案件1件，占江苏省案件总数的3.84%。其中，广陵区有1件。邗江区、江都区、宝应县、仪征市、高邮市未检索到相关案件。

苏州市未检索到相关案件。

6. 再审相关统计

刑事附带民事公益诉讼案件立案时间为2019年5月，结案时间为2019年8月，审限为两个月。空间为泰州市、靖江市。

安徽省

安徽省共有刑事附带民事公益诉讼案件289件，其中一审有249件，二审有40件。一审案件中，以判决方式结案的有247件，以裁定方式结案的有1件，以调解书方式结案的有1件；二审案件中，以判决方式结案的有13件，以裁定方式结案的有27件。

1. 一审时间统计（见图1-3-4）

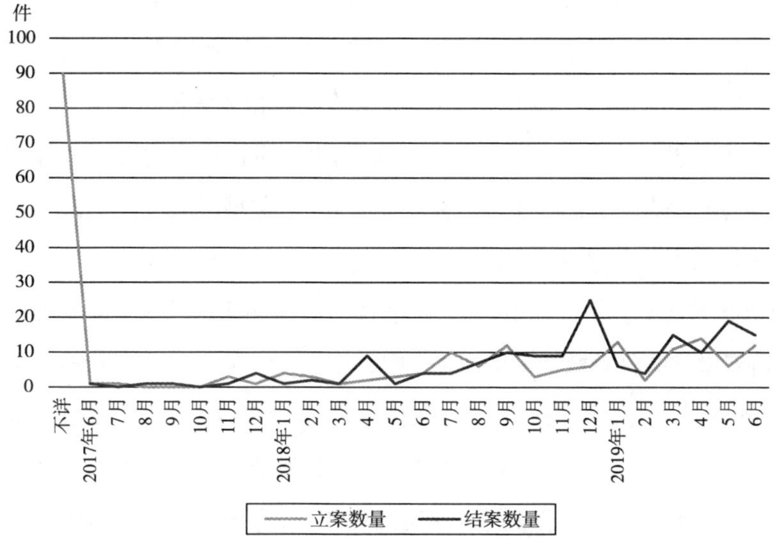

图1-3-4 安徽省刑事附带民事公益诉讼案件一审时间分布

2. 一审空间统计

安徽共有 16 个地级市，刑事附带民事公益诉讼主要集中在安庆市。

安庆市下辖 3 个区、5 个县、2 个县级市，共有一审刑事附带民事公益诉讼案件 43 件，占安徽省案件总数的 17.26%。其中，大观区、太湖县各有 5 件，怀宁县、宿松县各有 3 件，桐城市有 11 件，迎江区有 7 件，岳西县有 4 件，潜山市、宜秀区各有 2 件，望江县有 1 件。

蚌埠市下辖 4 个区、3 个县，共有一审刑事附带民事公益诉讼案件 14 件，占安徽省案件总数的 5.62%。其中，五河县有 3 件，淮上区有 6 件，蚌山区、固镇县各有 2 件，怀远县有 1 件。龙子湖区、禹会区未检索到相关案件。

池州市下辖 1 个区、3 个县，共有一审刑事附带民事公益诉讼案件 9 件，占安徽省案件总数的 3.61%。其中，青阳县有 3 件，石台县有 6 件。贵池区、东至县未检索到相关案件。

滁州市下辖 3 个县、4 个区、1 个县级市，共有一审刑事附带民事公益诉讼案件 18 件，占安徽省案件总数的 7.22%。其中，定远县、来安县各有 4 件，琅琊区、天长市各有 3 件，明光区、凤阳县各有 1 件，全椒区有 2 件。南谯区未检索到相关案件。

阜阳市下辖 4 个县、3 个区、1 个县级市，共有一审刑事附带民事公益诉讼案件 3 件，占安徽省案件总数的 1.20%。其中太和县、临泉县、颍东区各有 1 件。颍州区、颍泉区、界首市、颍上县、阜南县未检索到相关案件。

亳州市下辖 3 个县、1 个区，共有一审刑事附带民事公益诉讼案件 13 件，占安徽省案件总数的 5.22%。其中，利辛县有 6 件，蒙城县有 2 件，谯城区有 5 件。涡阳县未检索到相关案件。

合肥市下辖 4 个区、1 个县级市、4 个县，共有一审刑事附带民事公益诉讼案件 17 件，占安徽省案件总数的 6.82%。其中，包河、长丰县各有 4 件，巢湖市有 3 件，肥东县、肥西县、瑶海区各有 2 件。蜀山区、庐阳区、庐江县未检索到相关案件。

淮北市下辖 3 个区、1 个县，共有一审刑事附带民事公益诉讼案件 18 件，占安徽省案件总数的 7.22%。其中，杜集区有 7 件，烈山区有 1 件，相山区有 4 件，濉溪县有 6 件。

淮南市下辖 5 个区、2 个县，共有一审刑事附带民事公益诉讼案件 13 件，占安徽省案件总数的 5.22%。其中，潘集区有 2 件，寿县有 8 件，大通区、凤台县、谢家集区各有 1 件。田家庵区、八公山区未检索到相关案件。

黄山市下辖 3 个区、4 个县，共有一审刑事附带民事公益诉讼案件 31 件，占安徽省案件总数的 12.44%。其中，徽州区有 3 件，歙县有 12 件，休宁县有 4 件，黟县有 6 件，祁门县、黄山区、屯溪区各有 2 件。

六安市下辖 4 个县、3 个区，共有一审刑事附带民事公益诉讼案件 28 件，占安徽省案件总数的 11.24%。其中，霍邱县有 3 件，金寨县有 7 件，裕安区有 13 件，霍山县有 2 件，叶集区、金安区、舒城县各有 1 件。

马鞍山市下辖 3 个区、3 个县，共有一审刑事附带民事公益诉讼案件 7 件，占安徽省案件总数的 2.81%。其中，博望区有 5 件，和县、含山县各有 1 件。雨山区、花山区、当涂县未检索到相关案件。

铜陵市下辖 1 个县、3 个区，共有一审刑事附带民事公益诉讼案件 4 件，占安徽省案件总数的 1.60%。其中，郊区有 3 件，铜官区有 1 件。义安区、枞阳县未检索到相关案件。

芜湖市下辖 4 个县、5 个区，共有一审刑事附带民事公益诉讼案件 13 件，占安徽省案件总数的 5.22%。其中，鸠江区有 2 件，南陵县有 3 件，无为县有 5 件，繁昌县、镜湖区各有 1 件。经济开发区有 1 件。弋江区、三山区、芜湖县未检索到相关案件。

宿州市下辖 4 个县、1 个区，共有一审刑事附带民事公益诉讼案件 4 件，占安徽省案件总数的 1.60%。其中，埇桥区有 2 件，灵璧县、泗县各有 1 件。萧县、砀山县未检索到相关案件。

宣城市下辖 5 个县、1 个区、1 个县级市，共有一审刑事附带民事公益诉讼案件 14 件，占安徽省案件总数的 5.62%。其中，绩溪县有 1 件，旌德县有 4 件，宁国市有 3 件，郎溪县、宣州区、泾县各有 2 件。广德县未检索到相关案件。

3. 一审审理期限统计（见表 1-3-7）

表 1-3-7　安徽省刑事附带民事公益诉讼案件一审审理期限统计

审限 M	案件数量 / 件	占案件总数百分比 /%
0 个月≤ M ＜ 1 个月	37	14.85
1 个月≤ M ＜ 2 个月	48	19.27
2 个月≤ M ＜ 3 个月	43	17.26
3 个月≤ M ＜ 4 个月	12	4.81
4 个月≤ M ＜ 5 个月	4	1.60
5 个月≤ M ＜ 6 个月	5	2.00
6 个月≤ M ＜ 7 个月	4	1.60
7 个月≤ M ＜ 8 个月	4	1.60
8 个月≤ M ＜ 9 个月	0	0.00
9 个月≤ M ＜ 10 个月	2	0.80
不详	90	36.14

4. 二审时间统计

二审共有 40 件，其中 1 件立案时间为 2019 年 4 月，2 件立案时间为 2019 年 8 月，其余不详。9 件结案时间为 2018 年，31 件结案时间为 2019 年。

5. 二审空间统计

安庆市下辖 3 个区、5 个县、2 个县级市，共有二审刑事附带民事公益诉讼案件 5 件，占安徽省案件总数的 12.50%。其中，桐城市有 2 件，太湖县有 1 件，迎江区有 1 件，宜秀区有 1 件。大观区、宿松县、怀宁县、岳西县、望江县、潜山市暂无。

蚌埠市下辖 4 个区、3 个县，共有二审刑事附带民事公益诉讼案件 1 件，占安徽省案件总数的 2.50%。其中，蚌山区有 1 件。龙子湖区、禹会区、淮上区、怀远县、固镇县、五河县暂无。

池州市下辖 1 个区、3 个县，共有二审刑事附带民事公益诉讼案件 3 件，占安徽省案件总数的 7.50%。其中，贵池区有 3 件。东至县、石台县、青阳县暂无。

滁州市下辖 3 个县、4 个区、1 个县级市，共有二审刑事附带民事公益诉讼案件 2 件，占安徽省案件总数的 5.00%。其中，南谯区有 2 件。琅琊区、天长市、明光市、全椒县、来安县、定远县、凤阳县暂无。

阜阳市下辖 4 个县、3 个区、1 个县级市，共有二审刑事附带民事公益诉讼案件 2 件，占安徽省案件总数的 5.00%。其中，临泉县有 1 件、太和县有 1 件。颍州区、颍东区、颍泉区、界首市、颍上县、阜南县暂无。

亳州市下辖 3 个县、1 个区，共有二审刑事附带民事公益诉讼案件 1 件，占安徽省案件总数的 2.50%。其中，利辛县有 1 件。谯城区、涡阳县、蒙城县暂无。

合肥市下辖 4 个区、1 个县级市、4 个县，共有二审刑事附带民事公益诉讼案件 2 件，占安徽省案件总数的 5.00%。其中，巢湖市有 1 件，肥西县有 1 件。蜀山区、瑶海区、庐阳区、包河区、长丰县、肥东县、庐江县暂无。

淮北市下辖 3 个区、1 个县，共有二审刑事附带民事公益诉讼案件 4 件，占安徽省案件总数的 10.00%。其中，相山区有 3 件，濉溪县有 1 件。杜集区、烈山区暂无。

淮南市下辖 5 个区、2 个县，共有二审刑事附带民事公益诉讼案件 1 件，占安徽省案件总数的 2.50%。其中，潘集区有 1 件。大通区、田家庵区、谢家集区、八公山区、凤台县、寿县暂无。

黄山市下辖 3 个区、4 个县，共有二审刑事附带民事公益诉讼案件 2 件，占安徽省案件总数的 5.00%。其中，黟县有 1 件，黄山区有 1 件。屯溪区、徽州区、休宁县、歙县、祁门县暂无。

六安市下辖 4 个县、3 个区，共有二审刑事附带民事公益诉讼案件 1 件，占安徽省案件总数的 2.50%。其中，金寨县有 1 件。金安区、裕安区、叶集区、霍山县、霍邱县、舒城县暂无。

马鞍山市下辖 3 个区、3 个县，共有二审刑事附带民事公益诉讼案件 1 件，占安徽省案件总数的 2.50%。其中，博望区有 1 件。

铜陵市下辖 1 个县、3 个区，共有二审刑事附带民事公益诉讼案件 3 件，占安徽省案件总数的 7.50%。其中，郊区有 3 件。铜官区、义安区、枞阳县暂无。

芜湖市下辖 4 个县，5 个区，共有二审刑事附带民事公益诉讼案件 3 件，占安徽省案件总数的 7.50%。其中，芜湖县有 1 件，镜湖区有 2 件。弋江区、鸠江区、三山区、南陵县、繁昌县、无为县暂无。

宿州市下辖 4 个县、1 个区，无二审刑事附带民事公益诉讼案件。

宣城市下辖 5 个县、1 个区、1 个县级市，共有二审刑事附带民事公益诉讼案件 5 件，占安徽省案件总数的 12.50%。其中，宣州区有 1 件，郎溪县有 4 件。宁国市、广德县、泾县、旌德县、绩溪县暂无。

6. 二审审理期限统计（见表 1-3-8）

表 1-3-8 安徽省刑事附带民事公益诉讼案件二审审理期限统计

审限 M	案件数量 / 件	占案件总数百分比 /%
0 个月≤ M ＜ 1 个月	0	0.00
1 个月≤ M ＜ 2 个月	1	2.50
2 个月≤ M ＜ 3 个月	1	2.50
3 个月≤ M ＜ 4 个月	1	2.50
不详	37	92.50

福建省

福建省共有刑事附带民事公益诉讼案件 33 件，其中一审有 31 件，二审有 2 件。一审案件中，以判决方式结案的有 31 件，以裁定方式结案的有 0 件；二审案件中，以判决方式结案的有 1 件，以裁定方式结案的有 1 件。

1. 一审时间统计（见图 1-3-5）

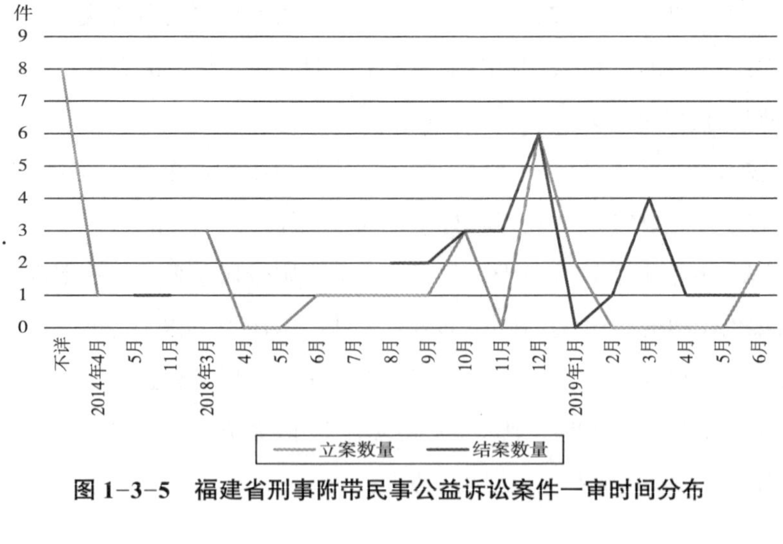

图 1-3-5 福建省刑事附带民事公益诉讼案件一审时间分布

2. 一审空间统计

福建省共有 9 个地级市，刑事附带民事公益诉讼主要集中在三明市。

福州市下辖 6 个县、6 个区、1 个县级市，共有一审刑事附带民事公益诉讼案件 2 件，占福建省案件总数的 6.45%。其中，罗源县、长乐区各有 1 件。鼓楼区、台江区、仓山区、马尾区、晋安区、闽侯县、闽清县、连江县、永泰县、平潭县、福清市未检索到相关案件。

龙岩市下辖 4 个县、1 个县级市、2 个区，共有一审刑事附带民事公益诉讼案件 2 件，占福建省案件总数的 6.45%。其中，连城县、新罗区各有 1 件。永定区、长汀县、上杭县、武平县、漳平市未检索到相关案件。

南平市下辖 5 个县、3 个县级市、2 个区，共有一审刑事附带民事公益诉讼案件 5 件，占福建省案件总数的 16.12%。其中，光泽县有 3 件，蒲城县、武夷山市各有 1 件。建阳区、延平区、顺昌县、松溪县、政和县、邵武市、建瓯市未检索到相关案件。

莆田市下辖 4 个区、1 个县、共有一审刑事附带民事公益诉讼案件 4 件，占福建省案件总数的 12.9%。其中，城厢区、涵江区、仙游县、秀屿区各有 1 件。荔城区未检索到相关案件。

泉州市下辖 3 个县级市、5 个县、4 个区，共有一审刑事附带民事公益诉讼案件 4 件，占福建省案件总数的 12.9%。其中，德化县有 2 件，石狮市、晋江市各有 1 件。丰泽区、鲤城区、洛江区、泉港区、惠安县、安溪县、永春县、金门县、南安市未检索到相关案件。

三明市下辖 9 个县、2 个区，共有一审刑事附带民事公益诉讼案件 9 件，占福建省案件总数的 29.03%。其中，将乐县、明溪县各有 2 件，三元区、沙县、泰宁县、永安市、大田县各有 1 件。梅列区、清流县、宁化县、尤溪县、建宁县未检索到相关案件。

厦门市下辖 6 个区，共有一审刑事附带民事公益诉讼案件 1 件，占福建省案件总数的 3.22%。其中，同安区有 1 件。思明区、海沧区、湖里区、集美区、翔安区未检索到相关案件。

漳州市下辖 1 个县级市、8 个县、2 个区，共有一审刑事附带民事公益诉讼案件 4 件，占福建省案件总数的 12.9%。其中，龙海市、南靖县各有 2 件。芗城区、龙文区、云霄县、漳浦县、长泰县、东山县、平和县、华安县、诏安县未检索到相关案件。

宁德市未检索到相关案件。

3. 一审审理期限统计（见表 1-3-9）

表 1-3-9 福建省刑事附带民事公益诉讼案件一审审理期限统计

审限 M	案件数量 / 件	占案件总数百分比 /%
0 个月≤ M < 1 个月	7	22.58
1 个月≤ M < 2 个月	5	16.13
2 个月≤ M < 3 个月	5	16.13
3 个月≤ M < 4 个月	2	6.45
4 个月≤ M < 5 个月	1	3.23
5 个月≤ M < 6 个月	1	3.23
9 个月≤ M < 10 个月	1	3.23
10 个月≤ M < 11 个月	0	0.00
11 个月≤ M < 12 个月	0	0.00
12 个月≤ M < 13 个月	1	3.23
不详	8	25.80
总计	31	100.00

4. 二审相关统计

刑事附带民事公益诉讼案件二审有 2 件，立案时间、审限均不详。结案时间分别为 2018 年 11 月和 2019 年 4 月。空间均为三明市大田县。

山东省

山东省共有刑事附带民事公益诉讼案件 137 件，其中一审有 129 件，二审有 8 件。一审案件中，以判决方式结案的有 128 件，以裁定方式结案的有 1 件；二审案件中，以判决方式结案的有 2 件，以裁定方式结案的有 6 件。

1. 一审时间统计(见图 1-3-6)

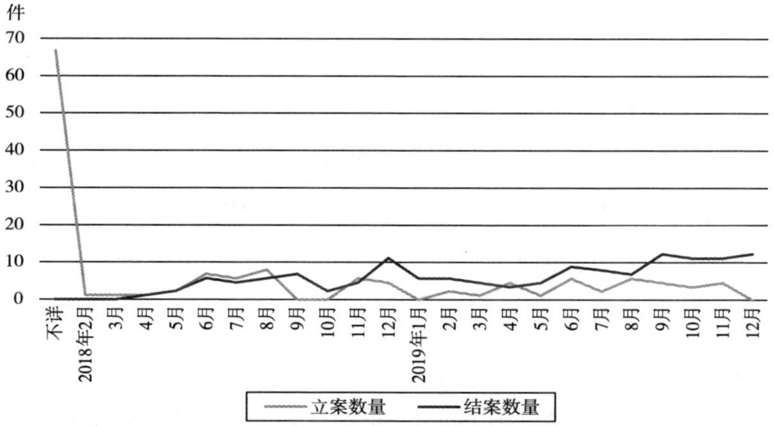

图 1-3-6 山东省刑事附带民事公益诉讼案件一审时间分布

2. 一审空间统计

山东省共有 16 个地级市,刑事附带民事公益诉讼主要集中在临沂市。

济南市下辖 10 个区、2 个县,共有一审刑事附带民事公益诉讼案件 4 件,占山东省案件总数的 3.10%。其中,历城区、平阴县、长清区、商河县各有 1 件。历下区、市中区、槐荫区、天桥区、章丘区、济阳区、莱芜区、钢城区未检索到相关案件。

青岛市下辖 8 个区、2 个县级市,共有一审刑事附带民事公益诉讼案件 11 件,占山东省案件总数的 8.52%。其中,黄岛区有 4 件,市北区有 2 件,即墨区、莱西区各有 1 件,平度市有 3 件。市南区、城阳区、李沧区、崂山区、胶州市未检索到相关案件。

淄博市下辖 5 个区、3 个县,共有一审刑事附带民事公益诉讼案件 11 件,占山东省案件总数的 8.52%。其中,淄川区、桓台县、张店区各有 1 件,周村区、博山区、临淄区、沂源县各有 2 件。高青县未检索到相关案件。

枣庄市下辖 5 个区、1 个县级市,共有一审刑事附带民事公益诉讼案件 3 件,占山东省案件总数的 2.32%。其中,市中区有 1 件,滕州市有 2 件。薛城区、峄城区、山亭区、台儿庄区未检索到相关案件。

东营市下辖 3 个区、2 个县,共有一审刑事附带民事公益诉讼案件 4 件,占山东省案件总数的 3.10%。其中,垦利区、河口区各有 1 件,广饶县有 2 件。东营区、利津县未检索到相关案件。

烟台市下辖7个县级市、4个区、1个县，共有一审刑事附带民事公益诉讼案件10件，占山东省案件总数的7.75%。其中，莱山区、龙口市、莱州市、栖霞市各有2件，莱阳市有1件，经济技术开发区有1件。芝罘区、福山区、牟平区、招远市、蓬莱市、海阳市、长岛县未检索到相关案件。

潍坊市下辖5个县级市、4个区、3个县，共有一审刑事附带民事公益诉讼案件5件，占山东省案件总数的3.87%。其中，奎文区有2件，高密市、安丘市、昌邑县各有1件。潍城区、寒亭区、坊子区、青州市、诸城市、寿光市、昌乐县、临朐县未检索到相关案件。

济宁市下辖7个县、2个县级市、2个区，共有一审刑事附带民事公益诉讼案件14件，占山东省案件总数的10.85%。其中，金乡县、鱼台县各有2件，曲阜市、泗水县各有3件，嘉祥县、任城区、梁山县、邹城市各有1件。兖州区、微山县、汶上县未检索到相关案件。

泰安市下辖2个区、2个县级市、2个县，共有一审刑事附带民事公益诉讼案件11件，占山东省案件总数的8.52%。其中，岱岳区有5件，东平县有3件，泰山区、新泰市、宁阳县各有1件。肥城市未检索到相关案件。

威海市下辖2个县级市、2个区，共有一审刑事附带民事公益诉讼案件6件，占山东省案件总数的4.65%。其中，文登区有2件，荣成市、乳山市、环翠区各有1件，经济技术开发区有1件。

日照市下辖2个区、2个县，共有一审刑事附带民事公益诉讼案件2件，占山东省案件总数的1.55%。其中，岚山区有2件。东港区、五莲县、莒县未检索到相关案件。

临沂市下辖9个县、3个区，共有一审刑事附带民事公益诉讼案件17件，占山东省案件总数的13.17%。其中，兰陵县有3件，费县、莒南县、河东区各有2件，蒙阴县、兰山区、罗庄区、郯城县、沂水县、临沭县、平邑县各有1件，经济技术开发区有1件。沂南县未检索到相关案件。

德州市下辖7个县、2个区、2个县级市，共有一审刑事附带民事公益诉讼案件10件，占山东省案件总数的7.75%。其中，武城县、庆云县、临邑县、陵城区、德城区、齐河县各有1件，宁津县有2件，德州经济技术开发区有2件。乐陵市、禹城市、平原县、夏津县未检索到相关案件。

聊城市下辖6个县、1个区、1个县级市，共有一审刑事附带民事公益诉讼案件5件，占山东省案件总数的3.87%。其中，阳谷县有3件，东阿县、冠县各有1件。东昌府区、临清市、高唐县、茌平县、莘县未检索到相关案件。

滨州市下辖4个县、1个县级市、2个区，共有一审刑事附带民事公益诉讼案件7件，占山东省案件总数的5.42%。其中，邹平市有3件，惠民县、博兴县、滨城区、无棣县各有1件。沾化区、阳信县未检索到相关案件。

菏泽市下辖7个县、2个区，共有一审刑事附带民事公益诉讼案件9件，占山东省案件总数的6.97%。其中，曹县、郓城县各有3件，单县、东明县、巨野县各有1件。牡丹区、定陶区、鄄城县、成武县未检索到相关案件。

3. 一审审理期限统计（见表1-3-10）

表1-3-10　山东省刑事附带民事公益诉讼案件一审审理期限统计

审限M	案件数量/件	占案件总数百分比/%
0个月≤M＜1个月	11	8.53
1个月≤M＜2个月	14	10.85
2个月≤M＜3个月	12	9.30
3个月≤M＜4个月	7	5.43
4个月≤M＜5个月	6	4.65
5个月≤M＜6个月	3	2.33
6个月≤M＜7个月	3	2.33
7个月≤M＜8个月	2	1.55
8个月≤M＜9个月	2	1.55
9个月≤M＜10个月	2	1.55
10个月≤M＜11个月	1	0.78
不详	66	51.16
总计	129	100

4. 二审时间统计

刑事附带民事公益诉讼案件二审立案时间、审限均不详。总计 8 件。

5. 二审空间统计

刑事附带民事公益诉讼案件分布在滨州市博兴县、滨州市阳信县、德州市夏津县、泰安市泰山区、青岛市平度市、济南市莱芜区、东营市东营区、东营市广饶县。

湖北省

湖北省共有刑事附带民事公益诉讼案件 191 件，其中一审有 178 件，二审有 13 件。一审案件中，以判决方式结案的有 177 件，以裁定方式结案的有 1 件；二审案件中，以判决方式结案的有 1 件，以裁定方式结案的有 12 件。

1. 一审时间统计（见图 1-3-7）

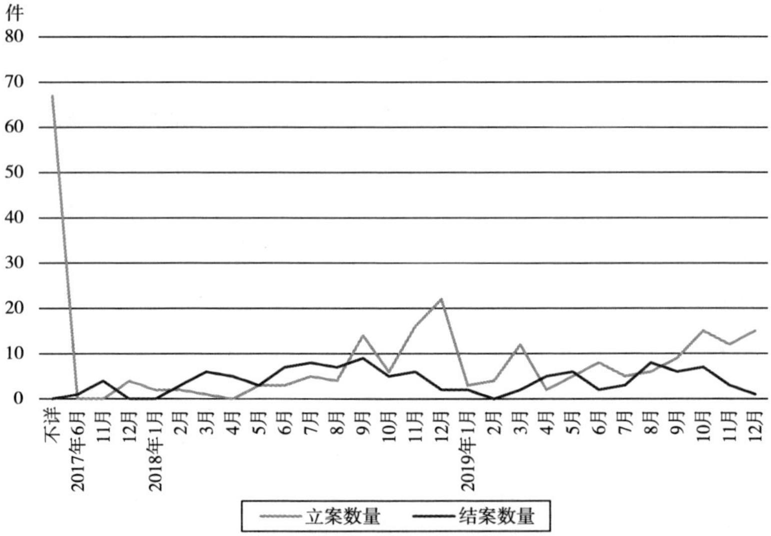

图 1-3-7　湖北省刑事附带民事公益诉讼案件一审时间分布

2. 一审空间统计

湖北省共有 12 个地级市、1 个自治州、3 个省直管县级市、1 个林区，刑事附带民事公益诉讼案件主要集中在十堰市和宜昌市，其他市、区均有刑事附带民事公益诉讼案件分布。

武汉市下辖 13 个区，共有一审刑事附带民事公益诉讼案件 20 件，占湖北省案件总数的 11.24%。其中，江汉区有 9 件，黄陂区有 3 件，东西湖区和蔡甸区各有 2 件，武汉市经济开发区、硚口区、江夏区和新洲区各有 1 件。

黄石市下辖 4 个区、1 个县级市、1 个县，共有一审刑事附带民事公益诉讼案件 17 件，占湖北省案件总数的 9.55%。其中，西塞山区有 8 件，黄石港区有 4 件，铁山区和大冶市各有 2 件，阳新县有 1 件。下陆区未检索到相关案件。

十堰市下辖 3 个区、4 个县、1 个县级市，共有一审刑事附带民事公益诉讼案件 24 件，占湖北省案件总数的 13.48%。其中，丹江口市有 14 件，茅箭区有 4 件，张湾区和竹山县各有 2 件，郧西县和竹溪县各有 1 件。郧阳区、房县未检索到相关案件。

宜昌市下辖 5 个区、3 个县级市、5 个县，共有一审刑事附带民事公益诉讼案件 26 件，占湖北省案件总数的 14.61%。其中，伍家岗区有 7 件，当阳市有 4 件，夷陵区和兴山县各有 3 件，远安县、秭归县、长阳土家族自治县和五峰土家族自治县各有 2 件，西陵区有 1 件。

襄阳市下辖 3 个区、3 个县级市、3 个县，共有一审刑事附带民事公益诉讼案件 12 件，占湖北省案件总数的 6.74%。其中，襄城区有 4 件，襄阳高新技术产业开发区有 2 件，樊城区、南漳县、谷城县、保康县、老河口市、枣阳市各有 1 件。襄州区、宜城市未检索到相关案件。

鄂州市下辖 3 个区，共有一审刑事附带民事公益诉讼案件 5 件，占湖北省案件总数的 2.81%。其中，华容区有 3 件，鄂城区有 2 件。梁子湖区未检索到相关案件。

荆门市下辖 2 个区、1 个县，代管 2 个县级市，共有一审刑事附带民事公益诉讼案件 6 件，占湖北省案件总数的 3.37%。其中，钟祥市有 3 件，东宝区、掇刀区和京山县各有 1 件。沙洋县未检索到相关案件。

孝感市下辖 1 个区、3 个县、3 个县级市，共有一审刑事附带民事公益诉讼案件 12 件，占湖北省案件总数的 6.74%。其中，孝昌县有 4 件，汉川市有 3

件，大悟县和安陆市各有 2 件，应城市有 1 件。孝南市、云梦县未检索到相关案件。

荆州市下辖 2 个区、3 个县、3 个县级市，共有一审刑事附带民事公益诉讼案件 20 件，占湖北省案件总数的 11.24%。其中，沙市区有 8 件，洪湖市有 4 件，公安县有 3 件，石首市和松滋市各有 2 件，荆州区有 1 件，监利县和江陵县未检索到相关案件。

黄冈市下辖 1 个区、2 个县级市、7 个县，共有一审刑事附带民事公益诉讼案件 5 件，占湖北省案件总数的 2.81%。其中，英山县有 2 件，红安县、麻城市和武穴市各有 1 件。

咸宁市下辖 1 个区、4 个县、1 个县级市，共有一审刑事附带民事公益诉讼案件 3 件，占湖北省案件总数的 1.69%。其中，嘉鱼县有 2 件，赤壁市有 1 件。

恩施土家族苗族自治州下辖 2 个县级市、6 个县，共有一审刑事附带民事公益诉讼案件 13 件，占湖北省案件总数的 7.30%。其中，恩施市有 4 件，利川市和巴东县各有 3 件，宣恩县、咸丰县和来凤县各有 1 件。建始县和鹤峰县未检索到相关案件。

随州市下辖 1 个区、1 个县、1 个县级市，共有一审刑事附带民事公益诉讼案件 4 件，占湖北省案件总数的 2.25%。其中，随县有 3 件，赠都区有 1 件。广水市未检索到相关案件。

湖北省直辖县级行政单位 4 个，共有一审刑事附带民事公益诉讼案件 11 件，占湖北省案件总数的 6.18%。其中，仙桃市和天门市各有 4 件，潜江市有 2 件，神农架林区有 1 件。

3. 一审审理期限统计（见表 1-3-11）

表 1-3-11 湖北省刑事附带民事公益诉讼案件一审审理期限统计

审限 M	案件数量 / 件	占案件总数百分比 /%
0 个月≤ M ＜ 1 个月	21	11.80
1 个月≤ M ＜ 2 个月	35	19.66
2 个月≤ M ＜ 3 个月	25	14.04

续表

审限 M	案件数量 / 件	占案件总数百分比 /%
3 个月≤M＜4 个月	11	6.18
4 个月≤M＜5 个月	6	3.37
5 个月≤M＜6 个月	3	1.69
6 个月≤M＜7 个月	3	1.69
7 个月≤M＜8 个月	2	1.12
8 个月≤M＜9 个月	1	0.56
9 个月≤M＜10 个月	3	1.69
13 个月≤M＜14 个月	1	0.56
不详	67	37.64
总计	178	100.00

4. 二审时间统计

湖北省二审刑事附带民事公益诉讼裁判时间分布：2017 年 12 月有 1 件；2018 年 9 月和 12 月各有 1 件；2019 年 4 月和 12 月各有 2 件，2 月、6 月、7 月、9 月、10 月和 11 月各有 1 件。

5. 二审空间统计

从空间分布来看，首先，湖北省二审刑事附带民事公益诉讼案件宜昌市数量最多，为 5 件，占二审刑事附带民事公益诉案件总数的 38.46%；其次，荆州市有 3 件，占二审刑事附带民事公益诉案件总数的 23.08%；再次，武汉市和咸宁市各有 2 件，占二审刑事附带民事公益诉案件总数的 15.38%；最后，十堰市有 1 件，占案件总数的 7.69%。

广东省

广东省共有刑事附带民事公益诉讼案件 123 件，其中一审有 113 件，二审有 10 件。一审案件中，以判决方式结案的有 112 件，以裁定方式结案的有 0 件，调解 1 件；二审案件中，以判决方式结案的有 1 件，以裁定方式结案的有 9 件。

1. 一审时间统计（见图 1-3-8）

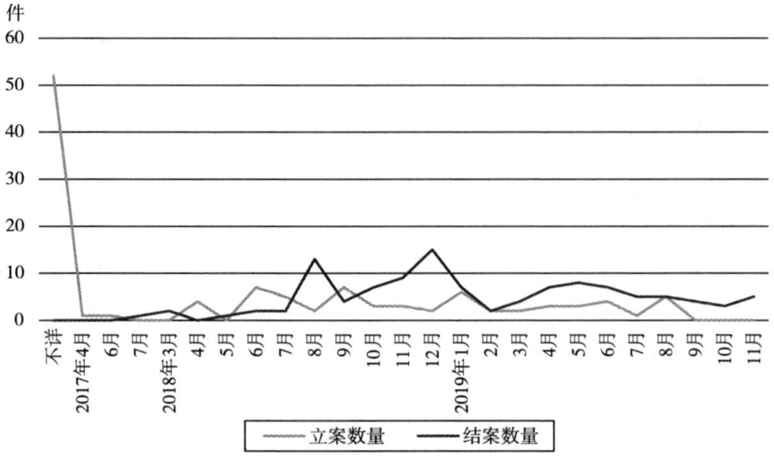

图 1-3-8 广东省刑事附带民事公益诉讼案件一审时间分布

2. 一审空间统计

广东省共有 21 个地级市，刑事附带民事公益诉讼案件主要集中在江门市、佛山市和梅州市，除潮州市和阳江市未检索到相关案件外，其他市均有刑事附带民事公益诉讼案件分布。

广州市下辖 11 个区，共有一审刑事附带民事公益诉讼案件 10 件，占广东省案件总数的 8.85%。其中，荔湾区和番禺区各有 4 件，天河区和南沙区各有 1 件。

韶关市下辖 3 个区、5 个县，代管 2 个县级市，共有一审刑事附带民事公益诉讼案件 11 件，占广东省案件总数的 9.73%。其中，浈江区有 3 件，始兴县、新丰县各有 2 件，曲江区、仁化县、翁源县、南雄市各有 1 件。

深圳市下辖 9 个区，共有一审刑事附带民事公益诉讼案件 3 件，占广东省案件总数的 2.65%，都分布在罗湖区。

珠海市下辖 3 个区，共有一审刑事附带民事公益诉讼案件 1 件，占广东省案件总数的 0.88%，分布在斗门区。

汕头市下辖 6 个区、1 个县，共有一审刑事附带民事公益诉讼案件 2 件，占广东省案件总数的 1.77%。其中，澄海区和潮阳区各有 1 件。

佛山市下辖 5 个区，共有一审刑事附带民事公益诉讼案件 14 件，占广东省案件总数的 12.39%。其中，顺德区有 9 件，南海区有 3 件，高明区有 2 件。

江门市下辖 3 个区、4 个县级市，共有一审刑事附带民事公益诉讼案件 16 件，占广东省案件总数的 14.16%。其中，蓬江区和江海区有 4 件，新会区有 3 件，开平市和鹤山市有 2 件，台山市有 1 件。恩平市未检索到相关案件。

湛江市下辖 4 个区、2 个县、3 个县级市，共有一审刑事附带民事公益诉讼案件 6 件，占广东省案件总数的 5.31%。其中，雷州市有 2 件，徐闻县、廉江市、霞山区和湛江市经济开发区各有 1 件。

茂名市下辖 2 个区、3 个县级市，共有一审刑事附带民事公益诉讼案件 3 件，占广东省案件总数的 2.65%。其中，电白区有 2 件，茂南区有 1 件。

肇庆市下辖 3 个区、4 个县、1 个县级市，共有一审刑事附带民事公益诉讼案件 3 件，占广东省案件总数的 2.65%。其中，端州区、高要区和封开县各有 1 件。

惠州市下辖 2 个区、3 个县，共有一审刑事附带民事公益诉讼案件 4 件，占广东省案件总数的 3.54%。其中，惠东县有 2 件，惠阳区和惠州市大亚湾经济技术开发区各有 1 件。

梅州市下辖 2 个区、5 个县、1 个县级市，共有一审刑事附带民事公益诉讼案件 13 件，占广东省案件总数的 11.50%。其中，五华县有 4 件，梅县区、丰顺县、平远县和蕉岭县各有 2 件，兴宁市有 1 件。梅江区和大埔县未检索到相关案件。

汕尾市下辖 1 个区、2 个县、1 个县级市，共有一审刑事附带民事公益诉讼案件 2 件，占广东省案件总数的 1.77%。其中，海丰县和陆丰市各有 1 件。

河源市下辖 1 个区、5 个县，共有一审刑事附带民事公益诉讼案件 2 件，占广东省案件总数的 1.77%。其中，源城区和龙川县各有 1 件。

清远市下辖 2 个区、2 个县、2 个自治县，代管 2 个县级市，共有一审刑事附带民事公益诉讼案件 5 件，占广东省案件总数的 4.42%。其中，连南瑶族自治县有 2 件，清城区、阳山县和连山壮族瑶族自治县各有 1 件。

东莞市共有一审刑事附带民事公益诉讼案件 5 件，占广东省案件总数的 4.42%。

中山市共有一审刑事附带民事公益诉讼案件 2 件，占广东省案件总数的 1.77%。

揭阳市下辖2个区、2个县、1个县级市，共有一审刑事附带民事公益诉讼案件3件，占广东省案件总数的2.65%。其中，揭东区、揭西县和普宁市各有1件。

云浮市下辖2个区、2个县、1个县级市，共有一审刑事附带民事公益诉讼案件8件，占广东省案件总数的7.08%。其中，郁南县有4件，云安区有2件，新兴县和罗定市各有1件，云城区未检索到相关案件。

3. 一审审理期限统计（见表1-3-12）

表1-3-12　广东省刑事附带民事公益诉讼案件一审审理期限统计

审限M	案件数量/件	占案件总数百分比/%
0个月≤M＜1个月	11	9.73
1个月≤M＜2个月	12	10.62
2个月≤M＜3个月	20	17.70
3个月≤M＜4个月	8	7.08
4个月≤M＜5个月	4	3.54
5个月≤M＜6个月	2	1.77
6个月≤M＜7个月	2	1.77
8个月≤M＜9个月	1	0.88
10个月≤M＜11个月	1	0.88
不详	52	46.02
总计	113	100.00

4. 二审时间统计

从裁判时间来看，2018年至2019年，广东省10件二审刑事附带民事公益诉讼案件中，2018年12月有1件；2019年4月和10月各有2件，8月有1件，12月有4件。

5. 二审空间统计

从空间分布来看，首先，广东省二审刑事附带民事公益诉讼案件云浮市数量最多，为4件，占二审刑事附带民事公益诉案件总数的40%；其次，江门市有2件，占二审刑事附带民事公益诉案件总数的20%；最后，韶关市、肇庆市、深圳市和珠海市各有1件，占案件总数的10%。

贵州省

贵州省共有刑事附带民事公益诉讼案件109件，其中一审有105件，二审有4件。一审案件中，以判决方式结案的有104件，以裁定方式结案的有1件；二审案件中，以判决方式结案的有0件，以裁定方式结案的有4件。

1. 一审时间统计（见图1-3-9）

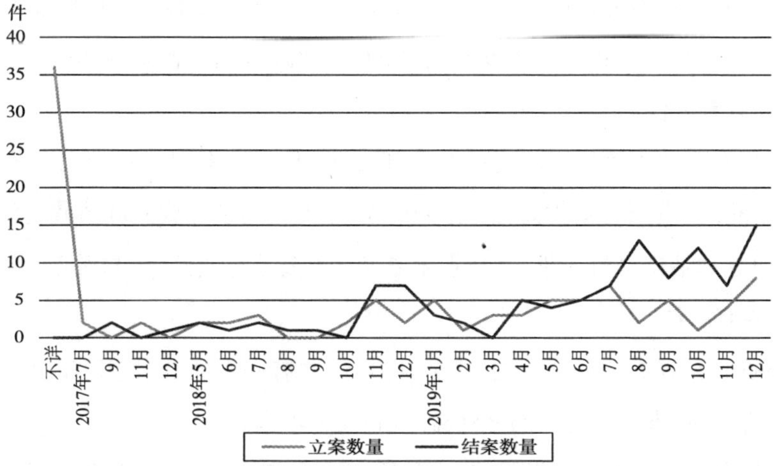

图1-3-9 贵州省刑事附带民事公益诉讼案件一审时间分布

2. 一审空间统计

贵州省共有6个地级市、3个自治州，刑事附带民事公益诉讼案件主要集中在铜仁市、毕节市和黔东南苗族侗族自治州，其他市、州均有刑事附带民事公益诉讼案件分布。

贵阳市下辖6个区、3个县、1个县级市，共有一审刑事附带民事公益诉讼案件6件，占贵州省案件总数的5.71%。其中，息烽县有2件，南明区、乌当区、白云区和观山湖区各有1件。

六盘水市下辖2个区、1个县、1个县级市，共有一审刑事附带民事公益诉讼案件5件，占贵州省案件总数的4.76%。其中，盘州市有3件，钟山区和水城县各有1件，六枝特区未检索到相关案件。

遵义市下辖2个区、8个县、2个自治县、2个县级市，共有一审刑事附带民事公益诉讼案件7件，占贵州省案件总数的6.67%。其中，汇川区和桐梓县各有

3 件，绥阳县有 1 件。

铜仁市下辖 2 个区、4 个县、4 个自治县，共有一审刑事附带民事公益诉讼案件 27 件，占贵州省案件总数的 25.71%。其中，思南县和沿河土家族自治县有 6 件，玉屏侗族自治县和松桃苗族自治县有 4 件，碧江区有 2 件，万山区、江口县、石阡县、印江土家族苗族自治县和德江县各有 1 件。

黔西南布依族苗族自治州下辖 7 个县、1 个县级市，共有一审刑事附带民事公益诉讼案件 7 件，占贵州省案件总数的 6.67%。其中，普安县和望谟县各有 3 件，晴隆县有 1 件。

毕节市下辖 1 个区、6 个县、1 个自治县，共有一审刑事附带民事公益诉讼案件 22 件，占贵州省案件总数的 20.95%。其中，威宁彝族回族苗族自治县有 6 件，黔西县和纳雍县有 4 件，大方县有 3 件，织金县有 2 件，七星关区、金沙县和赫章县各有 1 件。

安顺市下辖 2 个区、1 个县、3 个自治县，共有一审刑事附带民事公益诉讼案件 3 件，占贵州省案件总数的 2.86%，分布在平坝区。

黔东南苗族侗族自治州下辖 15 个县、1 个县级市，共有一审刑事附带民事公益诉讼案件 20 件，占贵州省案件总数的 19.05%。其中，锦屏县有 3 件，施秉县、三穗县、镇远县、剑河县、雷山县和麻江县各有 2 件，凯里市、天柱县、台江县、榕江县和从江县各有 1 件。

黔南布依族苗族自治州下辖 9 个县、1 个自治县、2 个县级市，共有一审刑事附带民事公益诉讼案件 8 件，占贵州省案件总数的 7.62%。其中，荔波县有 3 件，都匀市有 2 件，贵定县、平塘县和三都水族自治县各有 1 件。

3. 一审审理期限统计（见表 1-3-13）

表 1-3-13 贵州省刑事附带民事公益诉讼案件一审审理期限统计

审限 M	案件数量 / 件	占案件总数百分比 /%
0 个月≤ M ＜ 1 个月	32	30.48
1 个月≤ M ＜ 2 个月	17	16.19
2 个月≤ M ＜ 3 个月	12	11.43

续表

审限 M	案件数量 / 件	占案件总数百分比 /%
3 个月≤ M ＜ 4 个月	3	2.86
4 个月≤ M ＜ 5 个月	3	2.86
5 个月≤ M ＜ 6 个月	0	0.00
6 个月≤ M ＜ 7 个月	1	0.95
7 个月≤ M ＜ 8 个月	1	0.95
不详	36	34.29
总计	105	100.00

4. 二审相关统计

从裁判时间来看，2018 年至 2019 年，贵州省 4 件二审刑事附带民事公益诉讼案件中，2018 年 10 月有 1 件；2019 年 7 月、8 月、12 月各有 1 件。黔西南布依族苗族自治州有 1 件，贵阳市有 2 件，铜仁市有 1 件。

云南省

云南省共有刑事附带民事公益诉讼案件 79 件，其中一审有 71 件，二审有 8 件。一审案件中，以判决方式结案的有 71 件，以裁定方式结案的有 0 件；二审案件中，以判决方式结案的有 3 件，以裁定方式结案的有 5 件。

1. 一审时间统计（见图 1–3–10）

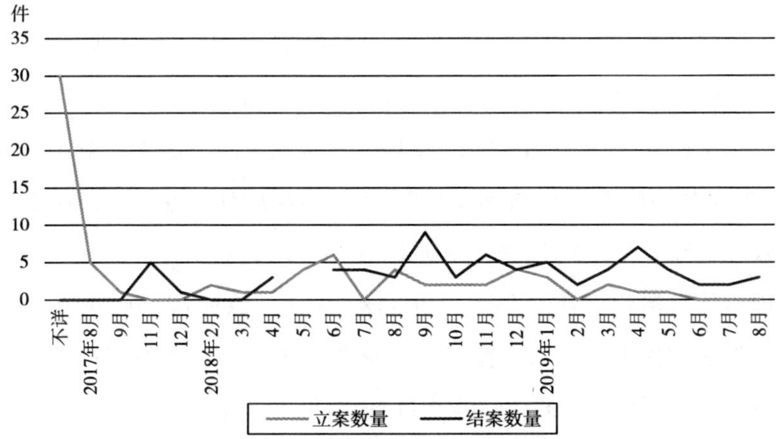

图 1–3–10　云南省刑事附带民事公益诉讼案件一审时间分布

2. 一审空间统计

云南省共有 8 个地级市、8 个自治州，刑事附带民事公益诉讼案件主要集中在大理白族自治州、普洱市和玉溪市，除西双版纳傣族自治州和昭通市未检索到相关案件外，其他市、州均有刑事附带民事公益诉讼案件分布。

昆明市下辖 7 个区、3 个县、3 个自治县，代管 1 个县级市，共有一审刑事附带民事公益诉讼案件 5 件，占云南省案件总数的 7.04%。其中，盘龙区有 2 件，晋宁区、禄劝彝族苗族自治县和安宁市各有 1 件。

曲靖市下辖 3 个区、5 个县、1 个县级市，共有一审刑事附带民事公益诉讼案件 2 件，占云南省案件总数的 2.82%。其中，麒麟区和宣威市各有 1 件。

玉溪市下辖 2 个区、4 个县、3 个自治县，共有一审刑事附带民事公益诉讼案件 11 件，占云南省案件总数的 15.49%。其中，元江哈尼族彝族傣族自治县有 4 件，江川区和通海县各有 3 件，峨山彝族自治县有 1 件。

楚雄彝族自治州下辖 9 个县、1 个县级市，共有一审刑事附带民事公益诉讼案件 4 件，占云南省案件总数的 5.63%。其中，大姚县有 2 件，牟定县和禄丰县各有 1 件。

红河哈尼族彝族自治州下辖 6 个县、3 个自治县、4 个县级市，共有一审刑事附带民事公益诉讼案件 3 件，占云南省案件总数的 4.23%。其中，开远市、建水县和石屏县各有 1 件。

文山壮族苗族自治州下辖 7 个县、1 个县级市，共有一审刑事附带民事公益诉讼案件 1 件，占云南省案件总数的 1.41%，分布在丘北县。

普洱市下辖 1 个区、9 个自治县，共有一审刑事附带民事公益诉讼案件 12 件，占云南省案件总数的 16.90%。其中，江城哈尼族彝族自治县有 6 件，孟连傣族拉祜族佤族自治县有 5 件，景东彝族自治县有 1 件。

大理白族自治州下辖 8 个县、3 个自治县、1 个县级市，共有一审刑事附带民事公益诉讼案件 15 件，占云南省案件总数的 21.13%。其中，大理市、祥云县和永平县各有 3 件，宾川县和弥渡县各有 2 件，南涧彝族自治县和剑川县各有 1 件。

保山市下辖 1 个区、3 个县、1 个县级市，共有一审刑事附带民事公益诉讼案件 1 件，占云南省案件总数的 1.41%，分布在腾冲市。

德宏傣族景颇族自治州下辖 3 个县、2 个县级市，共有一审刑事附带民事公益诉讼案件 4 件，占云南省案件总数的 5.63%。其中，芒市有 3 件，盈江县有 1 件。

丽江市下辖 1 个区、2 个县、2 个自治县，共有一审刑事附带民事公益诉讼案件 1 件，占云南省案件总数的 1.41%，分布在宁蒗彝族自治县。

怒江傈僳族自治州下辖 1 个县、2 个自治县、1 个县级市，共有一审刑事附带民事公益诉讼案件 4 件，占云南省案件总数的 5.63%。其中，贡山独龙族怒族自治县有 3 件，泸水市有 1 件。

迪庆藏族自治州下辖 1 个县、1 个自治县、1 个县级市，共有一审刑事附带民事公益诉讼案件 7 件，占云南省案件总数的 9.86%。其中，香格里拉市和德钦县各有 3 件，维西傈僳族自治县有 1 件。

临沧市下辖 1 个区、4 个县、3 个自治县，共有一审刑事附带民事公益诉讼案件 1 件，占云南省案件总数的 1.41%，分布在双江拉祜族佤族布朗族傣族自治县。

3. 一审审理期限统计（见表 1-3-14）

表 1-3-14　云南省刑事附带民事公益诉讼案件一审审理期限统计

审限 M	案件数量 / 件	占案件总数百分比 /%
0 个月≤ M ＜ 1 个月	6	8.45
1 个月≤ M ＜ 2 个月	11	15.49
2 个月≤ M ＜ 3 个月	14	19.72
3 个月≤ M ＜ 4 个月	4	5.63
4 个月≤ M ＜ 5 个月	2	2.82
5 个月≤ M ＜ 6 个月	3	4.23
9 个月≤ M ＜ 10 个月	1	1.41
不详	30	42.25
总计	71	100.00

4. 二审相关统计

从裁判时间来看，2011 年、2018 年至 2019 年，云南省 8 件二审刑事附带民事公益诉讼案件中，2011 年有 1 件，2018 年有 5 件，2019 年有 2 件。丽江市有 1 件，曲靖市有 1 件，迪庆藏族自治州有 1 件，玉溪市有 1 件，怒江傈僳族自治州有 1 件，大理市有 1 件，红河哈尼族彝族自治州有 2 件。

陕西省

陕西省共有刑事附带民事公益诉讼案件 171 件，其中一审有 164 件，二审有 7 件。一审案件中，以判决方式结案的有 163 件，以裁定方式结案的有 1 件；二审案件中，以判决方式结案的有 2 件，以裁定方式结案的有 5 件。

1. 一审时间统计（见图 1-3-11）

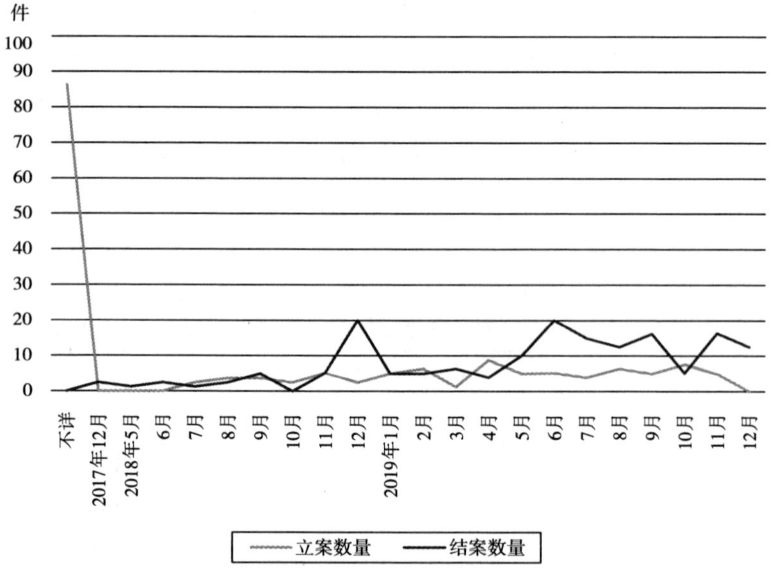

图 1-3-11 陕西省刑事附带民事公益诉讼案件一审时间分布

2. 一审空间统计

陕西省共有 10 个地级市，刑事附带民事公益诉讼案件主要集中在商洛市和延安市，其他市均有刑事附带民事公益诉讼案件分布。

商洛市下辖 1 个区、6 个县，共有一审刑事附带民事公益诉讼案件 41 件，占陕西省案件总数的 25%。其中，商南县有 12 件，柞水县有 10 件，山阳县有 6 件，丹凤县有 4 件，商州区、洛南县和镇安县各有 3 件。

延安市下辖 2 个区、10 个县，代管 1 个县级市，共有一审刑事附带民事公益诉讼案件 35 件，占陕西省案件总数的 21.34%。其中，志丹县、宜川县各有 5 件，子长县、洛川县和黄龙县各有 4 件，延川县、黄陵县各有 3 件，安塞区和甘泉县各有 2 件，宝塔区、吴起县和富县各有 1 件。延长县未检索到相关案件。

西安市下辖 11 个区、2 个县，共有一审刑事附带民事公益诉讼案件 8 件，占陕西省案件总数的 4.88%。其中，临潼区有 3 件，新城区和莲湖区各有 2 件，阎良区有 1 件。

铜川市下辖 3 个区、1 个县，共有一审刑事附带民事公益诉讼案件 3 件，占陕西省案件总数的 1.83%。其中，王益区、印台区和宜君县各有 1 件。耀州区未检索到相关案件。

宝鸡市下辖 3 个区、9 个县，共有一审刑事附带民事公益诉讼案件 12 件，占陕西省案件总数的 7.32%。其中，眉县有 5 件，金台区、凤翔县、陇县、千阳县、麟游县、凤县和太白县各有 1 件。

咸阳市下辖 3 个区、9 个县、2 个县级市，共有一审刑事附带民事公益诉讼案件 13 件，占陕西省案件总数的 7.93%。其中，渭城区、泾阳县、长武县、淳化县和武功县各有 2 件，礼泉县、三原县和乾县各有 1 件。

渭南市下辖 2 个区、7 个县、2 个县级市，共有一审刑事附带民事公益诉讼案件 15 件，占陕西省案件总数的 9.15%。其中，白水县有 6 件，富平县有 4 件，潼关县有 2 件，大荔县、合阳县、澄城县各有 1 件。

汉中市下辖 2 个区、9 个县，共有一审刑事附带民事公益诉讼案件 14 件，占陕西省案件总数的 8.54%。其中，镇巴县有 4 件，西乡县有 3 件，汉台区、略阳县和留坝县各有 2 件，城固县有 1 件。

安康市下辖 1 个区、9 个县，共有一审刑事附带民事公益诉讼案件 12 件，占陕西省案件总数的 7.32%，且案件都集中在汉滨区。

榆林市下辖 2 个区、10 个县，共有一审刑事附带民事公益诉讼案件 11 件，占陕西省案件总数的 6.71%。其中，府谷县和米脂县各有 3 件，榆阳区有 2 件，神木市、吴堡县和清涧县各有 1 件。

3. 一审审理期限统计（见表 1-3-15）

表 1-3-15 陕西省刑事附带民事公益诉讼案件一审审理期限统计

审限 M	案件数量 / 件	占案件总数百分比 /%
0 个月≤M＜1 个月	23	14.02
1 个月≤M＜2 个月	32	19.51
2 个月≤M＜3 个月	7	4.27
3 个月≤M＜4 个月	7	4.27
4 个月≤M＜5 个月	2	1.22
5 个月≤M＜6 个月	3	1.83
6 个月≤M＜7 个月	2	1.22
7 个月≤M＜8 个月	1	0.61
不详	87	53.05
总计	164	100.00

4. 二审相关统计

从裁判时间来看，陕西省有 7 件二审刑事附带民事公益诉讼案件都集中在 2019 年，且 10 月数量最多，为 2 件。

从空间分布来看，陕西省二审刑事附带民事公益诉讼案件中，汉中市和商洛市各有 2 件，占二审刑事附带民事公益诉案件总数的 28.57%；安康市、宝鸡市和铜川市各有 1 件，占二审刑事附带民事公益诉案件总数的 14.29%。其他地区未检索到相关案件。

甘肃省

甘肃省共有刑事附带民事公益诉讼案件 83 件，其中一审有 80 件，二审有 3 件。一审案件中，以判决方式结案的有 76 件，以裁定方式结案的有 4 件；二审案件中，以判决方式结案的有 1 件，以裁定方式结案的有 2 件。

1. 一审时间统计(见图 1-3-12)

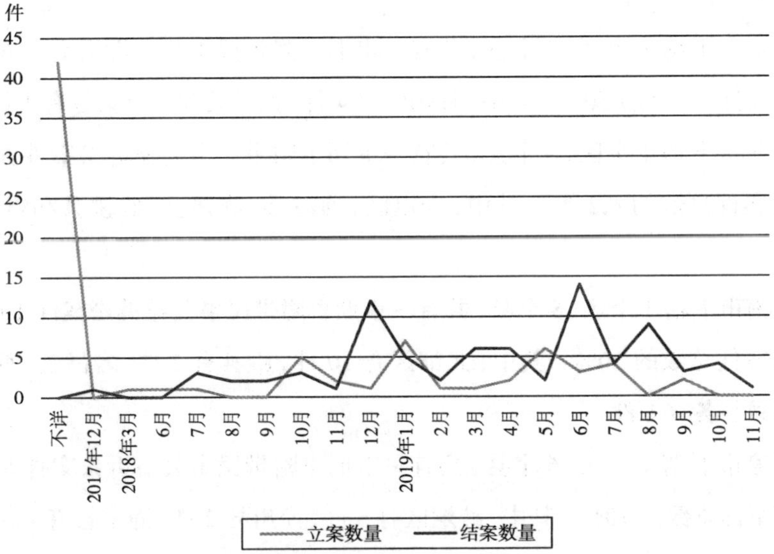

图 1-3-12　甘肃省刑事附带民事公益诉讼案件一审时间分布

2. 一审空间统计

甘肃省共有 12 个地级市、2 个自治州，刑事附带民事公益诉讼案件主要集中在陇南市。嘉峪关市和武威市未检索到相关案件。

兰州市下辖 5 个区、3 个县，共有一审刑事附带民事公益诉讼案件 1 件，占甘肃省案件总数的 1.25%，分布在城关区。

金昌市下辖 1 个区、1 个县，共有一审刑事附带民事公益诉讼案件 1 件，占甘肃省案件总数的 1.25%，分布在金川区。

白银市下辖 2 个区、3 个县，共有一审刑事附带民事公益诉讼案件 9 件，占甘肃省案件总数的 11.25%。其中，白银区有 4 件，平川区有 3 件，靖远县有 2 件。

天水市下辖 2 个区、5 个县，共有一审刑事附带民事公益诉讼案件 11 件，占甘肃省案件总数的 13.75%。其中，麦积区有 6 件，清水县有 3 件，秦州区和小陇山林区各有 1 件。

酒泉市下辖 1 个区、2 个县级市、4 个县，共有一审刑事附带民事公益诉讼案件 7 件，占甘肃省案件总数的 8.75%。其中，肃州区有 4 件，金塔县有 2 件，阿克塞哈萨克族自治县有 1 件。

张掖市下辖 1 个区、5 个县，共有一审刑事附带民事公益诉讼案件 6 件，占甘肃省案件总数的 7.50%。其中，甘州区有 4 件，民乐县和山丹县各有 1 件。

定西市下辖 1 个区、6 个县，共有一审刑事附带民事公益诉讼案件 5 件，占甘肃省案件总数的 6.25%。其中，安定区、通渭县、陇西县、临洮县和漳县各有 1 件。

陇南市下辖 1 个区、8 个县，共有一审刑事附带民事公益诉讼案件 16 件，占甘肃省案件总数的 20%。其中，武都区有 10 件，康县有 2 件，宕昌县、西和县、礼县和徽县各有 1 件。

平凉市下辖 1 个区、6 个县，共有一审刑事附带民事公益诉讼案件 8 件，占甘肃省案件总数的 10%。其中，崆峒区有 5 件，泾川县 2 件，静宁县有 1 件。

庆阳市下辖 1 个区、7 个县，共有一审刑事附带民事公益诉讼案件 9 件，占甘肃省案件总数的 11.25%。其中，子午岭林区有 6 件，镇原县有 2 件，西峰区有 1 件。

临夏回族自治州下辖 1 个县级市、7 个县，共有一审刑事附带民事公益诉讼案件 1 件，占甘肃省案件总数的 1.25%，分布在永靖县。

甘南藏族自治州下辖 1 个县级市、7 个县，共有一审刑事附带民事公益诉讼案件 6 件，占甘肃省案件总数的 7.50%。其中，洮河林区有 4 件，卓尼县有 2 件。

3. 一审审理期限统计（见表 1–3–16）

表 1–3–16 甘肃省刑事附带民事公益诉讼案件一审审理期限统计

审限 M	案件数量 / 件	占案件总数百分比 /%
0 个月≤ M ＜ 1 个月	13	16.25
1 个月≤ M ＜ 2 个月	16	20.00
2 个月≤ M ＜ 3 个月	5	6.25
3 个月≤ M ＜ 4 个月	2	2.50
11 个月＜ M ＜ 12 个月	1	1.25

续表

审限 M	案件数量 / 件	占案件总数百分比 /%
14 个月＜ M ＜ 15 个月	1	1.25
不详	42	52.50
总计	80	100.00

4. 二审相关统计

甘肃省二审刑事附带民事公益诉讼案件共有 3 件，裁判时间分别为 2018 年 12 月、2019 年 6 月和 2019 年 8 月，分布在陇南市、定西市和白银市。

三、非试点地区

天津市

天津市共有刑事附带民事公益诉讼案件 5 件，其中一审有 5 件，二审有 0 件。一审案件中，以判决方式结案的有 5 件，以裁定方式结案的有 0 件。

1. 一审时间统计

天津市一审刑事附带民事公益诉讼共 5 件。从立案时间来看，2018 年 12 月立案 1 件，2019 年 3 月和 5 月各立案 1 件，另有 2 件立案时间不详。从裁判时间来看，2018 年 12 月有 3 件，2019 年 5 月和 6 月各有 1 件。

2. 一审空间统计

从空间分布来看，天津市津南区和北辰区各有 2 件，河西区有 1 件。

3. 一审审理期限统计

在天津市一审刑事附带民事公益诉讼案件中，除 2 件审限不详的案件外，审限在 0 至 1 个月、1 至 2 个月和 2 至 3 个月的案件各有 1 件。

天津市暂无二审刑事附带民事公益诉讼。

上海市

上海市共有刑事附带民事公益诉讼案件 2 件，其中一审有 2 件，二审有 0 件。一审案件中，以判决方式结案的有 2 件，以裁定方式结案的有 0 件。

上海市有一审刑事附带民事公益诉讼 2 件，立案时间分别为 2018 年 8 月和不详，判决时间为 2018 年 11 月和 2019 年 5 月。分布在青浦区和虹口区。审理期限分别为 2 至 3 月和不详。

上海市暂无二审刑事附带民事公益诉讼。

重庆市

重庆市共有刑事附带民事公益诉讼案件 45 件，其中一审有 44 件，二审有 1 件。一审案件中，以判决方式结案的有 43 件，以裁定方式结案的有 1 件；二审案件中，以判决方式结案的有 0 件，以裁定方式结案的有 1 件。

1. 一审时间统计（见图 1-3-13）

图 1-3-13　重庆市刑事附带民事公益诉讼案件一审时间分布

2. 一审空间统计（见表 1-3-17）

表 1-3-17　重庆市刑事附带民事公益诉讼案件一审空间分布统计

地区		案件数量 / 件
重庆市	城口县	1
	涪陵区	6
	彭水苗族土家族自治县	1
	綦江区	1
	万州区	9
	巫山县	3

续表

地区		案件数量 / 件
重庆市	渝北区	6
	云阳县	3
	璧山区	1
	大渡口区	1
	垫江县	1
	丰都县	1
	奉节县	1
	江津区	5
	黔江区	1
	忠县	3
	总计	44

3. 一审审理期限统计（见表 1–3–18）

表 1–3–18　重庆市刑事附带民事公益诉讼案件一审审理期限统计

审限 M	案件数量 / 件	占案件总数百分比 /%
0 个月≤ M ＜ 1 个月	9	20.45
1 个月≤ M ＜ 2 个月	9	20.45
2 个月≤ M ＜ 3 个月	7	15.90
3 个月≤ M ＜ 4 个月	1	2.27
5 个月≤ M ＜ 6 个月	2	4.54
不详	16	36.36
总计	44	100.00

4. 二审相关统计

刑事附带民事公益诉讼二审案件有 1 件，立案时间、审限不详，结案时间为 2019 年 11 月，位于渝北区。

河北省

河北省共有刑事附带民事公益诉讼案件 110 件，其中一审有 102 件，二审有 8 件。一审案件中，以判决方式结案的有 101 件，以裁定方式结案的有 1 件；二审案件中，以判决方式结案的有 0 件，以裁定方式结案的有 8 件。

1. 一审时间统计（见图 1-3-14）

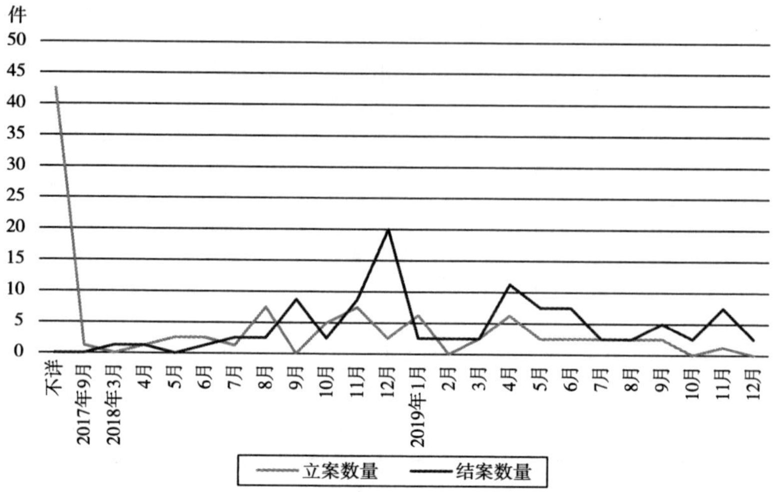

图 1-3-14 河北省刑事附带民事公益诉讼案件一审时间分布

2. 一审空间统计

河北省共有 11 个地级市，刑事附带民事公益诉讼案件主要集中在石家庄市和保定市，除秦皇岛市未检索到相关案件外，其他地级市均有刑事附带民事公益诉讼案件分布。

石家庄市下辖 8 个区、11 个县，代管 3 个县级市，共有一审刑事附带民事公益诉讼案件 25 件，占河北省案件总数的 24.51%。其中，深泽县有 4 件，行唐县有 3 件，桥西区、新华区、藁城区、赞皇县和平山县各有 2 件，石家庄高新技术产业开发区、裕华区、栾城区、井陉矿区、正定县、元氏县、晋州市和新乐市各有 1 件。

保定市下辖 5 个区、15 个县，代管 4 个县级市，共有一审刑事附带民事公益诉讼案件 34 件，占河北省案件总数的 33.33%。其中，徐水区和易县有 4 件，望都县、顺平县和雄县有 3 件，竞秀区、阜平县、高阳县、涞源县和博野县有 2 件，保定高新技术产业开发区、莲池区、满城区、唐县、曲阳县、涿州市和安国市有 1 件。

唐山市下辖 7 个市辖区、3 个县级市、4 个县、3 个开发区、1 个管理区，共有一审刑事附带民事公益诉讼案件 8 件，占河北省案件总数的 7.84%。其中丰南区有 3 件，路北区有 2 件，古冶区、迁安市、滦县各有 1 件。

邯郸市下辖 6 个区、11 个县、1 个县级市，共有一审刑事附带民事公益诉讼案件 4 件，占河北省案件总数的 3.92%。其中，邯山区、峰峰矿区、磁县、鸡泽县各有 1 件。

邢台市下辖 2 个区、15 个县、2 个县级市，共有一审刑事附带民事公益诉讼案件 13 件，占河北省案件总数的 12.75%。其中，桥西区有 4 件，桥东区和柏乡区有 2 件，邢台县、临城县、隆尧县、任县和沙河市各有 1 件。

张家口市下辖 6 个区、10 个县，共有一审刑事附带民事公益诉讼案件 2 件，占河北省案件总数的 1.96%。其中，康保市和怀来县各有 1 件。

承德市下辖 3 个区、1 个县级市、4 个县和 3 个自治县，共有一审刑事附带民事公益诉讼案件 2 件，占河北省案件总数的 1.96%，分布在双桥区。

沧州市下辖 2 个区、10 个县，代管 4 个县级市，共有一审刑事附带民事公益诉讼案件 10 件，占河北省案件总数的 9.80%。其中，青县和东光县为 4 件，沧县和献县各有 1 件。

廊坊市下辖 2 个区、6 个县、2 个县级市，共有一审刑事附带民事公益诉讼案件 3 件，占河北省案件总数的 2.94%。其中，廊坊经济技术开发区、大城县、霸州市各有 1 件。

衡水市下辖 2 个区、1 个县级市、8 个县，仅枣强县有 1 件一审刑事附带民事公益诉讼案件，占河北省案件总数的 0.98%。

3. 一审审理期限统计（见表 1-3-19）

表 1-3-19　河北省刑事附带民事公益诉讼案件一审审理期限统计

审限 M	案件数量 / 件	占案件总数百分比 /%
0 个月≤ M ＜ 1 个月	10	9.80
1 个月≤ M ＜ 2 个月	16	15.69
2 个月≤ M ＜ 3 个月	15	14.71
3 个月≤ M ＜ 4 个月	8	7.84
4 个月≤ M ＜ 5 个月	4	3.92
5 个月≤ M ＜ 6 个月	1	0.98

续表

审限 M	案件数量 / 件	占案件总数百分比 /%
6 个月≤ M ＜ 7 个月	1	0.98
7 个月≤ M ＜ 8 个月	1	0.98
12 个月＜ M ＜ 13 个月	2	1.96
13 个月＜ M ＜ 14 个月	1	0.98
不详	43	42.16
总计	102	100.00

4. 二审相关统计

从裁判时间来看，2019 年，河北省 8 件二审刑事附带民事公益诉讼中，2 月有 3 件，3 月有 2 件，8 月、9 月、10 月各有 1 件。从空间分布来看，保定市、承德市和沧州市各有 2 件，占二审案件总数的 25%；唐山市和邯郸市各有 1 件，占二审案件总数的 12.50%。

山西省

山西省共有刑事附带民事公益诉讼案件 127 件，其中一审有 110 件，二审有 17 件。一审案件中，以判决方式结案的有 107 件，以裁定方式结案的有 3 件；二审案件中，以判决方式结案的有 4 件，以裁定方式结案的有 13 件。

1. 一审时间统计（见图 1-3-15）

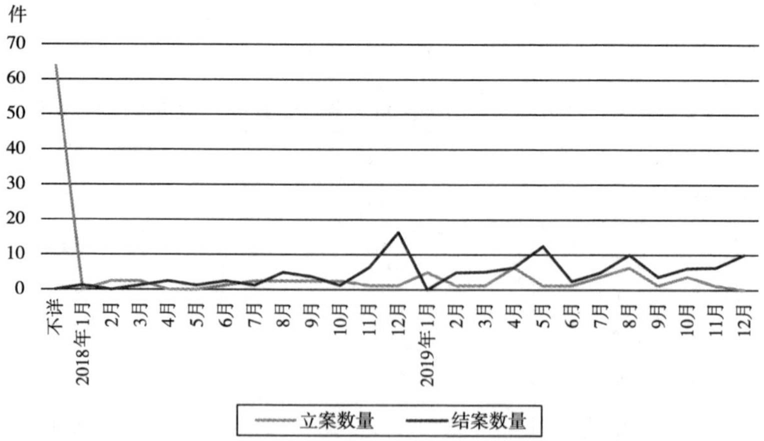

图 1-3-15　山西省刑事附带民事公益诉讼案件一审时间分布

2. 一审空间统计

山西省共 11 个地级市，刑事附带民事公益诉讼主要集中在长治市和晋城市。

大同市下辖 5 个区、6 个县，共有一审刑事附带民事公益诉讼案件 3 件，占山西省案件总数的 2.72%。其中，南郊区、天镇县、阳高县各有 1 件。平城区、云冈区、新荣区、云州区、左云县、浑源县、广灵县、灵丘县未检索到相关案件。

晋城市下辖 1 个县级市、1 个区、4 个县，共有一审刑事附带民事公益诉讼案件 27 件，占山西省案件总数的 24.54%。其中，高平市有 5 件、陵川县有 6 件、阳城县有 7 件、泽州县有 9 件。城区、沁水县未检索到相关案件。

晋中市下辖 9 个县、1 个县级市、1 个区，共有一审刑事附带民事公益诉讼案件 14 件，占山西省案件总数的 12.72%。其中，寿阳县、左权县、介休市、灵石县各有 1 件，平遥县、祁县各有 2 件，太谷县、榆社县有 3 件。榆次区、昔阳县、和顺县未检索到相关案件。

临汾市下辖 15 个县、2 个县级市、1 个区，共有一审刑事附带民事公益诉讼案件 14 件，占山西省案件总数的 12.72%。其中，侯马市有 5 件，大宁县、古县、吉县各有 2 件，隰县、尧都区、乡宁县各有 1 件。曲沃县、翼城县、襄汾县、洪洞县、安泽县、浮山县、吉县、永和县、蒲县、汾西县、霍州市未检索到相关案件。

吕梁市下辖 10 个县、1 个区、2 个县级市，共有一审刑事附带民事公益诉讼案件 4 件，占山西省案件总数的 3.63%。其中，离石区有 2 件，兴县、交城县各有 1 件。临县、岚县、山县、中阳县、柳林县、文水县、交口县、石楼县、汾阳市、孝义市未检索到相关案件。

太原市下辖 6 个区、3 个县、1 个县级市，共有一审刑事附带民事公益诉讼案件 6 件，占山西省案件总数的 5.45%。其中，万柏林区有 2 件，尖草坪区、杏花岭区、阳曲县、迎泽区各有 1 件。小店区、晋源区、清徐县、娄烦县、古交市未检索到相关案件。

忻州市下辖 12 个县、1 个区、1 个县级市，共有一审刑事附带民事公益诉讼案件 13 件，占山西省案件总数的 11.81%。其中，代县有 2 件，宁武县有 5 件，五台县、岢岚县各有 1 件，忻府区有 4 件。定襄县、繁峙县、静乐县、神池县、五寨县、河曲县、保德县、偏关县、原平市未检索到相关案件。

阳泉市下辖3个区、2个县，共有一审刑事附带民事公益诉讼案件5件，占山西省案件总数的4.54%。其中，城区有2件、郊区、矿区、盂县各有1件。平定县未检索到相关案件。

运城市下辖10个县、2个县级市、1个区，共有一审刑事附带民事公益诉讼案件3件，占山西省案件总数的2.72%。其中，平陆县、新绛县、永济市各有1件。盐湖区、临猗县、万荣县、闻喜县、夏县、稷山县、绛县、垣曲县、芮城县、河津市未检索到相关案件。

长治市下辖10个县、3个区，共有一审刑事附带民事公益诉讼案件21件，占山西省案件总数的19.09%。其中，壶关县有3件，平顺县有1件，沁源县有4件，屯留县有7件，长治县、长子县、潞城区各有2件。潞州区、上党区、沁县、武乡县、襄垣县、黎城县未检索到相关案件。

朔州市未检索到相关案件。

3. 一审审理期限统计（见表1-3-20）

表1-3-20 山西省刑事附带民事公益诉讼案件一审审理期限统计

审限	案件数量/件	占案件总数百分比/%
0个月≤M＜1个月	15	13.64
1个月≤M＜2个月	12	10.91
2个月≤M＜3个月	13	11.82
3个月≤M＜4个月	2	1.82
5个月≤M＜6个月	3	2.73
不详	65	59.09
总计	110	100

4. 二审时间统计

二审立案时间、审限均不详。

辽宁省

辽宁省共有刑事附带民事公益诉讼案件96件，其中一审有85件，二审有11件。一审案件中，以判决方式结案的有85件，以裁定方式结案的有0件；二审案件中，以判决方式结案的有 2 件，以裁定方式结案的有 9 件。

1. 一审时间统计（见图 1-3-16）

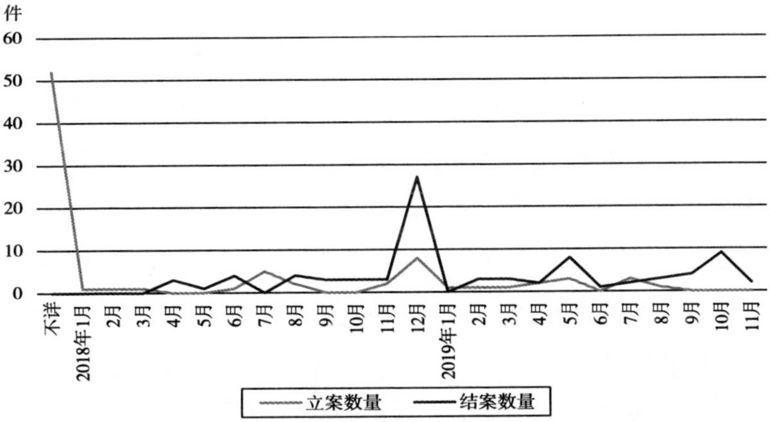

图 1-3-16　辽宁省刑事附带民事公益诉讼案件一审时间分布

2. 一审空间统计

辽宁省共有 14 个地级市，刑事附带民事公益诉讼案件主要集中在营口市，除盘锦市未检索到相关案件外，其他市均有刑事附带民事公益诉讼案件分布。

沈阳市下辖 10 个区、2 个县，代管 1 个县级市，共有一审刑事附带民事公益诉讼案件 13 件，占辽宁省案件总数的 15.29%。其中，沈河区有 8 件，大东区、浑南区、于洪区、辽中区和新民市各有 1 件。

大连市下辖 7 个区、1 个县、2 个县级市，共有一审刑事附带民事公益诉讼案件 5 件，占辽宁省案件总数的 5.88%。其中，金州区有 4 件，普兰店区有 1 件。

鞍山市下辖 4 个区、1 个县、1 个自治县，代管 1 个县级市，共有一审刑事附带民事公益诉讼案件 14 件，占辽宁省案件总数的 16.47%。其中，岫岩满族自治县有 13 件，台安县有 1 件。

抚顺市下辖 4 个区、3 个县，共有一审刑事附带民事公益诉讼案件 1 件，占辽宁省案件总数的 1.18%，分布在望花区。

本溪市下辖 4 个区、2 个自治县，共有一审刑事附带民事公益诉讼案件 8 件，占辽宁省案件总数的 9.41%，分布在南芬区。

丹东市下辖 3 个区、1 个自治县、2 个县级市，共有一审刑事附带民事公益诉讼案件3件，占辽宁省案件总数的3.53%。其中，东港市有2件，宽甸满族自治县有1件。

锦州市下辖3个区、2个县、2个县级市，共有一审刑事附带民事公益诉讼案件7件，占辽宁省案件总数的8.24%。其中，太和区和黑山县各有3件，凌海市有1件。

营口市下辖4个区、2个县级市，共有一审刑事附带民事公益诉讼案件19件，占辽宁省案件总数的22.35%。其中，盖州市有7件，鲅鱼圈区和大石桥市有4件，站前区有3件，西市区有1件，老边区未检索到相关案件。

阜新市下辖5个区、1个县、1个自治县，共有一审刑事附带民事公益诉讼案件1件，占辽宁省案件总数的1.18%，分布在彰武县。

辽阳市下辖5个区、1个县、1个县级市，共有一审刑事附带民事公益诉讼案件2件，占辽宁省案件总数的2.35%，分布在太子河区。

铁岭市下辖2个区、3个县、2个县级市，共有一审刑事附带民事公益诉讼案件8件，占辽宁省案件总数的9.41%。其中，昌图县有5件，西丰县有2件，开原市有1件。

朝阳市下辖2个区、3个县、2个县级市，共有一审刑事附带民事公益诉讼案件3件，占辽宁省案件总数的3.53%。其中，龙城区、建平县和凌源市各有1件。

葫芦岛市下辖3个区、2个县、1个县级市，共有一审刑事附带民事公益诉讼案件1件，占辽宁省案件总数的1.18%，分布在兴城市。

3. 一审审理期限（见表1-3-21）

表1-3-21 辽宁省刑事附带民事公益诉讼案件一审审理期限统计

审限M	案件数量/件	占案件总数百分比/%
0个月≤M＜1个月	14	16.47
1个月≤M＜2个月	10	11.76
2个月≤M＜3个月	4	4.71
3个月≤M＜4个月	2	2.35
4个月≤M＜5个月	3	3.53
不详	52	61.18
总计	85	100.00

4. 二审相关统计

从裁判时间来看，辽宁省 2018 年 10 月有 1 件；2019 年 3 月、4 月和 9 月各有 2 件，1 月、7 月、8 月和 10 月各有 1 件。从空间分布来看，鞍山市、锦州市和沈阳市各有 3 件，占二审案件总数的 27.27%；本溪市和抚顺市各有 1 件，占二审案件总数的 9.09%。

黑龙江省

黑龙江省共有刑事附带民事公益诉讼案件 47 件，其中一审有 43 件，二审有 4 件。一审案件中，以判决方式结案的有 43 件，以裁定方式结案的有 0 件；二审案件中，以判决方式结案的有 0 件，以裁定方式结案的有 4 件。

1. 一审时间统计（见图 1-3-17）

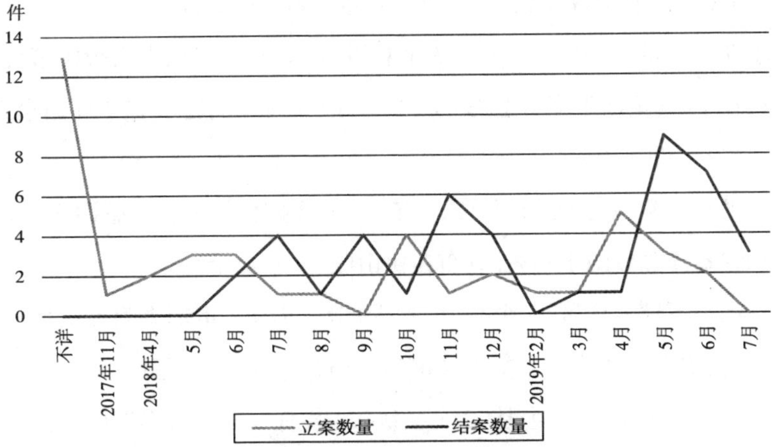

图 1-3-17　黑龙江省刑事附带民事公益诉讼案件一审时间分布

2. 一审空间统计

黑龙江省共有 12 个地级市、1 个地区，刑事附带民事公益诉讼案件主要集中在齐齐哈尔市和佳木斯市，除大庆市和绥化市未检索到相关案件外，其他市、地区均有刑事附带民事公益诉讼案件分布。

哈尔滨市下辖 9 个区、7 个县、2 个县级市，共有一审刑事附带民事公益诉讼案件 4 件，占黑龙江省案件总数的 9.30%。其中，木兰县有 2 件，方正县和通河县各有 1 件。

齐齐哈尔市下辖7个区、8个县、1个县级市，共有一审刑事附带民事公益诉讼案件13件，占黑龙江省案件总数的30.23%。其中，富拉尔基区有6件，富裕县有4件，讷河市有2件，梅里斯达斡尔族区有1件。

鸡西市下辖6个区、1个县、2个县级市，共有一审刑事附带民事公益诉讼案件1件，占黑龙江省案件总数的2.33%，分布在麻山区。

鹤岗市下辖6个区、2个县，共有一审刑事附带民事公益诉讼案件1件，占黑龙江省案件总数的2.33%，分布在萝北县。

双鸭山市下辖4个区、4个县，共有一审刑事附带民事公益诉讼案件2件，占黑龙江省案件总数的4.65%，分布在岭东区和宝清县。

伊春市下辖4个区、5个县、1个县级市，共有一审刑事附带民事公益诉讼案件2件，占黑龙江省案件总数的4.65%，分布在新青区和红星区。

佳木斯市下辖4个区、3个县、3个县级市，共有一审刑事附带民事公益诉讼案件10件，占黑龙江省案件总数的23.26%。其中，抚远市有7件，同江市有2件，汤原县有1件。

七台河市下辖3个区、1个县，共有一审刑事附带民事公益诉讼案件1件，占黑龙江省案件总数的2.33%，分布在桃山区。

牡丹江市下辖4个区、1个县、5个县级市，共有一审刑事附带民事公益诉讼案件2件，占黑龙江省案件总数的4.65%，分布在海林市和穆棱市。

黑河市下辖1个区、2个县、3个县级市，共有一审刑事附带民事公益诉讼案件2件，占黑龙江省案件总数的4.65%，分布在逊克县。

大兴安岭地区下辖4个区、2个县、1个县级市，共有一审刑事附带民事公益诉讼案件5件，占黑龙江省案件总数的11.63%。其中，呼玛县、塔河县、漠河县、加格达奇区和呼中区各有1件，松岭区和新林区未检索到相关案件。

3. 一审审理期限统计（见表1-3-22）

表1-3-22 黑龙江省刑事附带民事公益诉讼案件一审审理期限统计

审限M	案件数量/件	占案件总数百分比/%
0个月≤M＜1个月	13	30.23

续表

审限 M	案件数量 / 件	占案件总数百分比 /%
1 个月≤ M ＜ 2 个月	7	16.28
2 个月≤ M ＜ 3 个月	1	2.33
3 个月≤ M ＜ 4 个月	4	9.30
4 个月≤ M ＜ 5 个月	3	6.98
5 个月≤ M ＜ 6 个月	1	2.33
7 个月≤ M ＜ 8 个月	1	2.33
不详	13	30.23
总计	43	100.00

4. 二审相关统计

从裁判时间来看，黑龙江省 4 件二审刑事附带民事公益诉讼案件中，2018 年和 2019 年各有 2 件；从空间分布来看，齐齐哈尔市有 2 件，佳木斯市有 1 件，鹤岗市有 1 件。

浙江省

浙江省共有刑事附带民事公益诉讼案件 274 件，其中一审有 258 件，二审有 16 件。一审案件中，以判决方式结案的有 257 件，以裁定方式结案的有 1 件；二审案件中，以判决方式结案的有 3 件，以裁定方式结案的有 13 件。

1. 一审时间统计（见图 1-3-18）

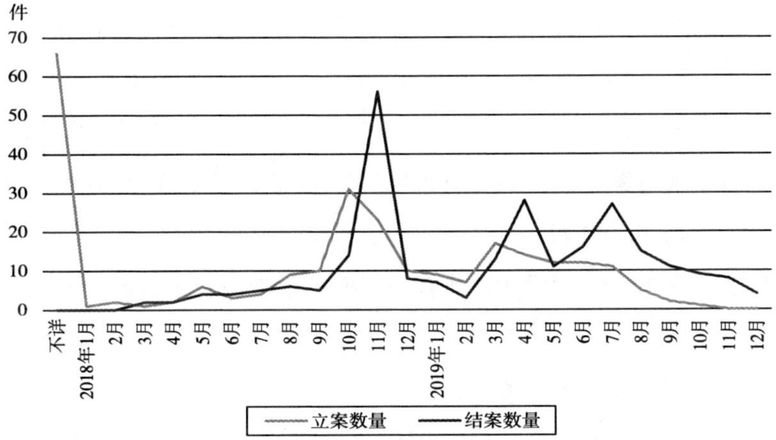

图 1-3-18　浙江省刑事附带民事公益诉讼案件一审时间分布

2. 一审空间统计

浙江省共有 11 个地级市，刑事附带民事公益诉讼案件主要集中在丽水市和台州市，其他各市均有刑事附带民事公益诉讼案件分布。

丽水市下辖 1 个区、1 个县级市、7 个县，共有一审刑事附带民事公益诉讼案件 63 件，占浙江省案件总数的 24.42%。其中，松阳县有 13 件，龙泉市有 9 件，云和县和景宁畲族自治县有 8 件，缙云县有 7 件，青田县和庆元县有 5 件，莲都区和遂昌县有 4 件。

台州市下辖 3 个区、3 个县级市、3 个县，共有一审刑事附带民事公益诉讼案件 42 件，占浙江省案件总数的 16.28%。其中，椒江区有 9 件，温岭市有 8 件，临海市有 7 件，黄岩区有 5 件，路桥区、玉环市和天台县各有 4 件，三门县有 1 件，仙居县未检索到相关案件。

杭州市下辖 10 个区、2 个县，代管 1 个县级市，共有一审刑事附带民事公益诉讼案件 21 件，占浙江省案件总数的 8.14%。其中，淳安县和临安区各有 5 件，富阳区有 4 件，下城区、桐庐县和建德市各有 2 件，西湖区有 1 件。

宁波市下辖 6 个区、2 个县，代管 2 个县级市，共有一审刑事附带民事公益诉讼案件 17 件，占浙江省案件总数的 6.59%。其中，鄞州区、宁海县和慈溪市各有 4 件，余姚市有 3 件，北仑区有 2 件。

温州市下辖 4 个区、5 个县、3 个县级市，共有一审刑事附带民事公益诉讼案件 28 件，占浙江省案件总数的 10.85%。其中，苍南县有 9 件，龙湾区有 5 件，泰顺县和乐清市各有 4 件，平阳县和瑞安市各有 2 件，洞头区和永嘉县各有 1 件。

嘉兴市下辖 2 个区、2 个县、3 个县级市，共有一审刑事附带民事公益诉讼案件 12 件，占浙江省案件总数的 4.65%。其中，平湖市有 6 件，海盐县有 3 件，嘉善县有 2 件，桐乡市有 1 件。

湖州市下辖 2 个区、3 个县，共有一审刑事附带民事公益诉讼案件 6 件，占浙江省案件总数的 2.33%。其中，吴兴区和德清县各有 2 件，长兴县和安吉县各有 1 件，南浔区未检索到相关案件。

绍兴市下辖 3 个区、1 个县、2 个县级市，共有一审刑事附带民事公益诉讼案件 20 件，占浙江省案件总数的 7.75%。其中，诸暨市和嵊州市各有 7 件，柯桥区有 3 件，越城区、上虞区和新昌县各有 1 件。

金华市下辖 2 个区、3 个县、4 个县级市，共有一审刑事附带民事公益诉讼案件 32 件，占浙江省案件总数的 12.40%。其中，义乌市有 7 件，兰溪市、东阳市和永康市各有 6 件，浦江县和磐安县各有 3 件，武义县有 1 件，婺城区和金东区未检索到相关案件。

衢州市下辖 2 个区、3 个县、1 个县级市，共有一审刑事附带民事公益诉讼案件 14 件，占浙江省案件总数的 5.43%。其中，柯城区和衢江区各有 4 件，开化县有 3 件，江山市有 2 件，常山县有 1 件，龙游县未检索到相关案件。

舟山市下辖 2 个区、2 个县，共有一审刑事附带民事公益诉讼案件 3 件，占浙江省案件总数的 1.16%。其中，定海区、岱山县和嵊泗县各有 1 件，普陀区未检索到相关案件。

3. 一审审理期限统计（见表 1-3-23）

表 1-3-23 浙江省刑事附带民事公益诉讼案件一审审理期限统计

审限 M	案件数量 / 件	占案件总数百分比 /%
0 个月≤ M ＜ 1 个月	91	35.27
1 个月≤ M ＜ 2 个月	48	18.60
2 个月≤ M ＜ 3 个月	32	12.40
3 个月≤ M ＜ 4 个月	5	1.94
4 个月≤ M ＜ 5 个月	7	2.71
5 个月≤ M ＜ 6 个月	6	2.33
6 个月≤ M ＜ 7 个月	2	0.78
7 个月≤ M ＜ 8 个月	1	0.39
不详	66	25.58
总计	258	100.00

4. 二审时间统计

从裁判时间来看，浙江省二审刑事附带民事公益诉讼 2018 年 11 月和 12 月各有 1 件；2019 年 7 月和 8 月各有 3 件，9 月有 2 件，1 月、2 月、3 月、4 月、5 月和 11 月各有 1 件。

5. 二审空间统计

从空间分布来看，浙江省二审刑事附带民事公益诉讼案件中，首先，金华市和绍兴市案件数量最多，为 3 件，占二审刑事附带民事公益诉案件总数的 18.75%；其次，杭州市、丽水市、台州市和温州市各有 2 件，占二审刑事附带民事公益诉案件总数的 12.50%；最后，湖州市和宁波市各有 1 件，占案件总数的 6.25%。

江西省

江西省共有刑事附带民事公益诉讼案件 155 件，其中一审有 147 件，二审有 8 件。一审案件中，以判决方式结案的有 138 件，以裁定方式结案的有 1 件，调解 8 件；二审案件中，以判决方式结案的有 0 件，以裁定方式结案的有 8 件。

1. 一审时间统计（见图 1-3-19）

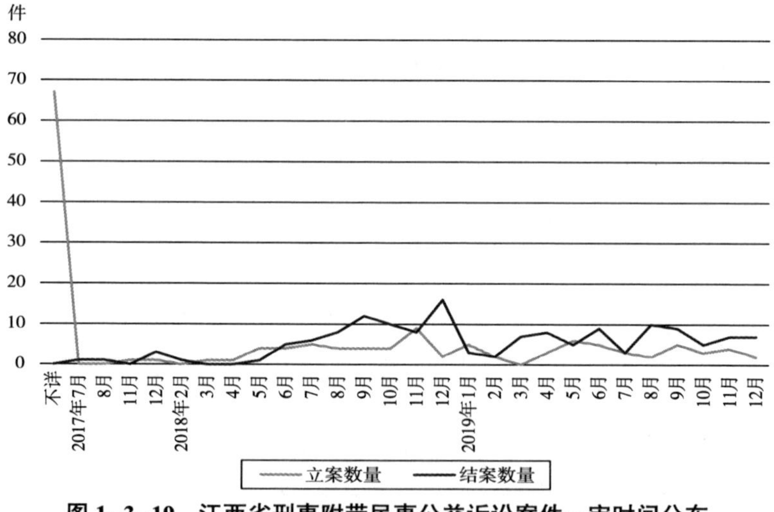

图 1-3-19 江西省刑事附带民事公益诉讼案件一审时间分布

2. 一审空间统计

江西省共有 11 个地级市，刑事附带民事公益诉讼案件主要集中在上饶市，其他市均有刑事附带民事公益诉讼案件分布。

南昌市下辖 6 个区、3 个县，共有一审刑事附带民事公益诉讼案件 8 件，占江西省案件总数的 5.44%。其中，东湖区和南昌县各有 2 件，南昌经济技术开发区、西湖区、新建区和进贤县各有 1 件。

景德镇市下辖 2 个区、1 个县、1 个县级市，共有一审刑事附带民事公益诉讼案件 8 件，占江西省案件总数的 5.44%。其中，乐平市有 4 件，昌江区和珠山区各有 2 件，浮梁县未检索到相关案件。

萍乡市下辖 2 个区、3 个县，共有一审刑事附带民事公益诉讼案件 6 件，占江西省案件总数的 4.08%。其中，安源区和莲花县各有 2 件，湘东区和上栗县各有 1 件，芦溪县未检索到相关案件。

九江市下辖 3 个区、7 个县、3 个县级市，共有一审刑事附带民事公益诉讼案件 6 件，占江西省案件总数的 4.08%。其中，九江县有 2 件，修水县、德安县、共青城市和庐山市各有 1 件。

新余市下辖 1 个区、1 个县，共有一审刑事附带民事公益诉讼案件 1 件，占江西省案件总数的 0.68%，分布在分宜县。

鹰潭市下辖 2 个区、1 个县级市，共有一审刑事附带民事公益诉讼案件 8 件，占江西省案件总数的 5.44%。其中，贵溪市有 4 件，月湖区和余江区各有 2 件。

赣州市下辖 3 个区、14 个县、1 个县级市，共有一审刑事附带民事公益诉讼案件 23 件，占江西省案件总数的 15.65%。其中，寻乌县有 4 件，赣县区和上犹县各有 3 件，南康区、崇义县和瑞金市各有 2 件，信丰县、大余县、安远县、龙南县、全南县、于都县和石城县各有 1 件。

宜春市下辖 1 个区、6 个县、3 个县级市，共有一审刑事附带民事公益诉讼案件 8 件，占江西省案件总数的 5.44%。其中，丰城市和高安市各有 2 件，袁州区、樟树市、奉新县和靖安县各有 1 件。

上饶市下辖 3 个区、8 个县，代管 1 个县级市，共有一审刑事附带民事公益诉讼案件 56 件，占江西省案件总数的 38.10%。其中，德兴市有 13 件，铅山县有 10 件，婺源县有 7 件，玉山县有 6 件，广丰区和上饶县各有 4 件，弋阳县、余干县和鄱阳县各有 3 件，横峰县有 2 件，万年县有 1 件，信州区未检索到相关案件。

吉安市下辖 2 个区、10 个县、1 个县级市，共有一审刑事附带民事公益诉讼案件 12 件，占江西省案件总数的 8.16%。其中，峡江县有 4 件，青原区有 2 件，吉州区、吉安县、新干县、永丰县、万安县和永新县各有 1 件。

抚州市下辖 2 个区、9 个县，共有一审刑事附带民事公益诉讼案件 11 件，占江西省案件总数的 7.48%。其中，临川区有 4 件，乐安县有 2 件，南城县、黎川县、崇仁县、金溪县和广昌县各有 1 件。

3. 一审审理期限统计（见表 1-3-24）

表 1-3-24 贵州省刑事附带民事公益诉讼案件一审审理期限统计

审限 M	案件数量 / 件	占案件总数百分比 /%
0 个月≤ M < 1 个月	32	21.77
1 个月≤ M < 2 个月	21	14.29
2 个月≤ M < 3 个月	19	12.93
3 个月≤ M < 4 个月	4	2.72
4 个月≤ M < 5 个月	0	0.00
5 个月≤ M < 6 个月	2	1.36
6 个月≤ M < 7 个月	2	1.36
不详	67	45.58
总计	147	100.00

4. 二审相关统计

从裁判时间来看，江西省 8 件二审刑事附带民事公益诉讼案件中，2018 年 8 月有 1 件，2019 年 1 月、2 月、7 月、9 月、11 月各有 1 件，2019 年 8 月有 2 件。从空间分布来看，赣州市和上饶市各有 3 件，宜春市和萍乡市各有 1 件。

河南省

河南省共有刑事附带民事公益诉讼案件 148 件，其中一审有 137 件，二审有 11 件。一审案件中，以判决方式结案的有 135 件，以裁定方式结案的有 0 件，调解 1 件，决定 1 件；二审案件中，以判决方式结案的有 2 件，以裁定方式结案的有 9 件。

1. 一审时间统计（见图 1–3–20）

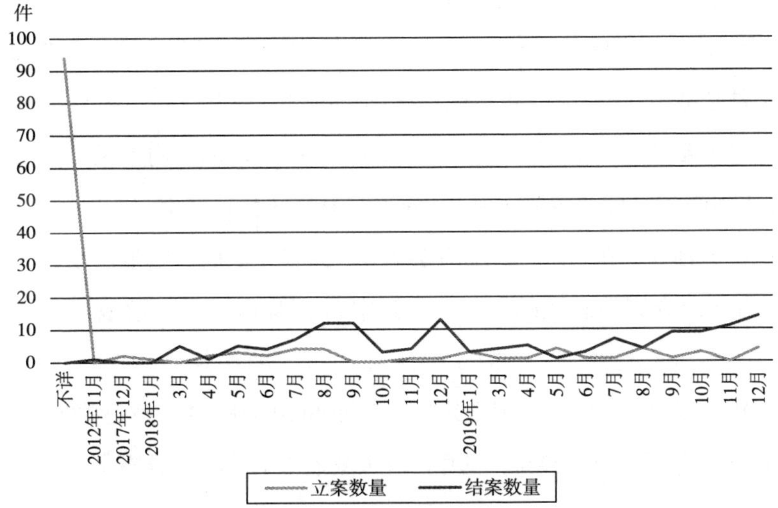

图 1–3–20　河南省刑事附带民事公益诉讼案件一审时间分布

2. 一审空间统计

河南省共有 17 个地级市、1 个省直管县级市，刑事附带民事公益诉讼案件主要集中在平顶山市和南阳市，除三门峡市和直管县级市未检索到相关案件外，其他市均有刑事附带民事公益诉讼案件分布。

郑州市下辖 6 个区、1 个县、5 个县级市，共有一审刑事附带民事公益诉讼案件 5 件，占河南省案件总数的 3.65%。其中，管城回族区有 2 件，惠济区、中牟县和新郑市各有 1 件。

开封市下辖 5 个区、4 个县，共有一审刑事附带民事公益诉讼案件 1 件，占河南省案件总数的 0.73%，分布在尉氏县。

洛阳市下辖 6 个区、8 个县、1 个县级市，共有一审刑事附带民事公益诉讼案件 1 件，占河南省案件总数的 0.73%，分布在嵩县。

平顶山市下辖 4 个区、4 个县、2 个县级市，共有一审刑事附带民事公益诉讼案件 28 件，占河南省案件总数的 20.44%。其中，鲁山县有 16 件，宝丰县有 5 件，卫东区和汝州市各有 2 件，新华区、郏县和舞钢市各有 1 件。

安阳市下辖 4 个区、4 个县、1 个县级市，共有一审刑事附带民事公益诉讼案件5件，占河南省案件总数的3.65%。其中，内黄县有3件，殷都区、滑县各有1件。

鹤壁市下辖3个区、2个县，共有一审刑事附带民事公益诉讼案件2件，占河南省案件总数的1.46%，分布在鹤山区和淇滨区。

新乡市下辖4个区、5个县、3个县级市，共有一审刑事附带民事公益诉讼案件2件，占河南省案件总数的1.46%，分布在卫滨区和辉县市。

焦作市下辖4个区、4个县、2个县级市，共有一审刑事附带民事公益诉讼案件4件，占河南省案件总数的2.92%。其中，沁阳市有2件，解放区和马村区各有1件。

濮阳市下辖1个区、5个县，共有一审刑事附带民事公益诉讼案件14件，占河南省案件总数的10.22%。其中，南乐县有7件，清丰县有4件，濮阳县有3件。

许昌市下辖2个区、2个县、2个县级市，共有一审刑事附带民事公益诉讼案件5件，占河南省案件总数的3.65%。其中，魏都区、鄢陵县、襄城县、禹州市和长葛市各有1件，建安区未检索到相关案件。

漯河市下辖3个区、2个县，共有一审刑事附带民事公益诉讼案件8件，占河南省案件总数的5.84%。其中，郾城区有5件，源汇区有2件，召陵区有1件，舞阳县和临颍县未检索到相关案件。

南阳市下辖2个区、10个县、1个县级市，共有一审刑事附带民事公益诉讼案件20件，占河南省案件总数的15.33%。其中，西峡县和邓州市各有4件，淅川县和桐柏县各有3件，宛城区和镇平县各有2件，南召县和唐河县各有1件。

商丘市下辖2个区、6个县、1个县级市，共有一审刑事附带民事公益诉讼案件8件，占河南省案件总数的5.84%。其中，宁陵县有6件，虞城县有2件。

信阳市下辖2个区、8个县，共有一审刑事附带民事公益诉讼案件17件，占河南省案件总数的12.41%。其中，固始县有4件，罗山县和潢川县各有3件，新县和息县各有 2 件，平桥区、商城县和淮滨县各有 1 件，浉河区和光山县未检索到相关案件。

周口市下辖 2 个区、7 个县、1 个县级市，共有一审刑事附带民事公益诉讼案件 12 件，占河南省案件总数的 8.76%。其中，商水县有 4 件，鹿邑县有 3 件，郸城县有 2 件，项城市、淮阳县和沈丘县各有 1 件。

驻马店市下辖 1 个区、9 个县，共有一审刑事附带民事公益诉讼案件 4 件，占河南省案件总数的 2.92%。其中，新蔡县有 3 件，汝南县有 1 件。

3. 一审审理期限统计（见表 1-3-25）

表 1-3-25　河南省刑事附带民事公益诉讼案件一审审理期限统计

审限 M	案件数量 / 件	占案件总数百分比 /%
0 个月≤ M ＜ 1 个月	9	6.57
1 个月≤ M ＜ 2 个月	14	10.22
2 个月≤ M ＜ 3 个月	12	8.76
3 个月≤ M ＜ 4 个月	2	1.46
4 个月≤ M ＜ 5 个月	3	2.19
5 个月≤ M ＜ 6 个月	1	0.73
6 个月≤ M ＜ 7 个月	2	1.46
不详	94	68.61
总计	137	100.00

4. 二审时间统计

从裁判时间来看，河南省 11 件二审刑事附带民事公益诉讼中，2018 年 6 月、8 月和 10 月各有 1 件；2019 年 7 月有 3 件，1 月、2 月、3 月、4 月和 10 月各有 1 件。

5. 二审空间统计

从空间分布来看，河南省 11 件二审刑事附带民事公益诉讼中，首先，南阳市数量最多，为 3 件，占二审刑事附带民事公益诉案件总数的 27.27%；其次，平顶山市、信阳市和周口市各有 2 件，占二审刑事附带民事公益诉案件总数的 18.18%；最后，焦作市和郑州市各有 1 件，占案件总数的 9.09%。

湖南省

湖南省共有刑事附带民事公益诉讼案件 214 件，其中一审有 190 件，二审有 24 件。一审案件中，以判决方式结案的有 188 件，以裁定方式结案的有 2 件；二审案件中，以判决方式结案的有 2 件，以裁定方式结案的有 22 件。

1. 一审时间统计（见图 1–3–21）

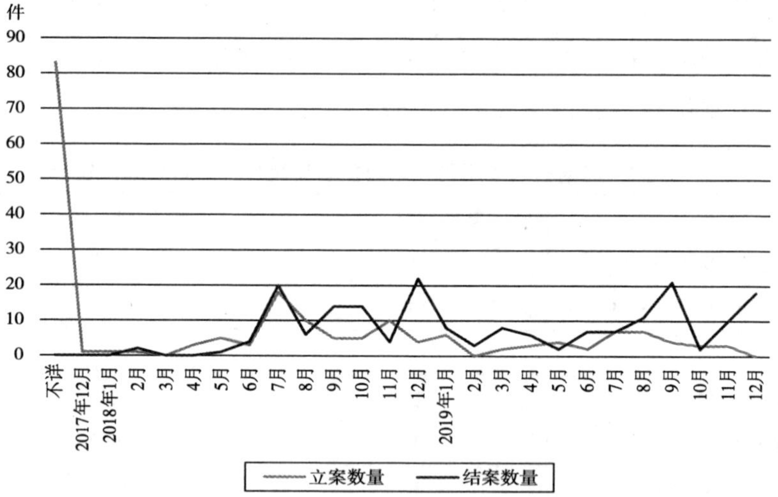

图 1–3–21 湖南省刑事附带民事公益诉讼案件一审时间分布

2. 一审空间统计

湖南省共有 13 个地级市，1 个自治州。刑事附带民事公益诉讼主要集中在益阳市。

常德市下辖 2 个区、1 个县级市、6 个县，共有一审刑事附带民事公益诉讼案件 4 件，占湖南省案件总数的 2.10%。其中，鼎城区有 2 件，汉寿县、津市市各有 1 件。武陵区、石门县、临澧县、桃源县、安乡县、澧县未检索到相关案件。

郴州市下辖 8 个县、2 个区、1 个县级市，共有一审刑事附带民事公益诉讼案件 3 件，占湖南省案件总数的 1.57%。其中，桂东县、汝城县、资兴市各有 1 件。北湖区、苏仙区、安仁县、桂阳县、宜章县、嘉禾县、临武县、永兴县未检索到相关案件。

衡阳市下辖 5 个县、2 个县级市、5 个区，共有一审刑事附带民事公益诉讼案件 10 件，占湖南省案件总数的 5.26%。其中，祁东县有 3 件，耒阳市有 5 件，衡南县、雁峰区各有 1 件。蒸湘区、南岳区、珠晖区、石鼓区、常宁市、衡阳县、衡东县、衡山县暂无未检索到相关案件。

怀化市下辖 1 个区、1 个县级市、5 个县、5 个自治县，共有一审刑事附带民事公益诉讼案件 16 件，占湖南省案件总数的 8.42%。其中，鹤城区、洪江市、溆浦县各有 3 件，靖州苗族侗族自治县有 4 件，麻阳苗族自治县、新晃侗族自治县、会同县各有 1 件。沅陵县、辰溪县、中方县、芷江侗族自治县、通道侗族自治县未检索到相关案件。

娄底市下辖 2 个县级市、1 个区、2 个县，共有一审刑事附带民事公益诉讼案件 14 件，占湖南省案件总数的 7.36%。其中，冷水江市有 5 件，双峰县有 4 件，涟源市有 3 件，娄星区、新化县各有 1 件。

邵阳市下辖 7 个县、1 个自治县、3 个区、1 个县级市，共有一审刑事附带民事公益诉讼案件 8 件，占湖南省案件总数的 4.21%。其中，邵东县有 4 件，双清区有 2 件，城步苗族自治县、绥宁县各有 1 件。北塔区、大祥区、武冈市、洞口县、邵阳县、新邵县、新宁县、隆回县未检索到相关案件。

湘潭市下辖 2 个县级市、1 个县、2 个区，共有一审刑事附带民事公益诉讼案件 6 件，占湖南省案件总数的 3.15%。其中，湘潭县有 4 件，韶山市、雨湖区各有 1 件。岳塘区、湘乡市未检索到相关案件。

湘西土家族苗族自治州下辖 6 个县、1 个县级市，共有一审刑事附带民事公益诉讼案件 4 件，占湖南省案件总数的 2.10%。其中，保靖县有 2 件、凤凰县、永顺县各有 1 件。吉首市、龙山县、古丈县、泸溪县、花垣县未检索到此类案件。

益阳市下辖 3 个县、3 个区、1 个县级市，共有一审刑事附带民事公益诉讼案件 41 件，占湖南省案件总数的 21.57%。其中，安化县有 6 件，大通湖区、桃江县各有 14 件，赫山区、南县各有 2 件，沅江市有 3 件。资阳区未检索到此类案件。

永州市下辖 8 个县、1 个自治县、2 个区，共有一审刑事附带民事公益诉讼案件 13 件，占湖南省案件总数的 6.84%。其中，道县、东安县、江永县、蓝山县、冷水滩区各有 1 件，宁远县、祁阳县、双牌县、新田县各有 2 件。零陵区、江华瑶族自治县未检索到相关案件。

岳阳市下辖2个县级市、4个区、4个县，共有一审刑事附带民事公益诉讼案件25件，占湖南省案件总数的13.15%。其中，华容县、岳阳县各有3件，君山区有5件，平江县有2件，湘阴县有8件，屈原管理区、临湘市、岳阳楼区各有1件。云溪区未检索到相关案件。

张家界市下辖2个县、2个区，共有一审刑事附带民事公益诉讼案件14件，占湖南省案件总数的7.36%。其中，桑植县有12件，慈利县、永定区各有1件。武陵源区未检索到相关案件。

长沙市下辖6个区、2个县级市、1个县，共有一审刑事附带民事公益诉讼案件18件，占湖南省案件总数的9.47%。其中，开福区有4件，浏阳市、宁乡市各有2件，天心区有6件，望城区、岳麓区、长沙县、芙蓉区各有1件。雨花区未检索到相关案件。

株洲市下辖4个县、6个区、1个县级市，共有一审刑事附带民事公益诉讼案件14件，占湖南省案件总数的7.36%。其中，株洲县有7件，石峰区有2件，茶陵县、天元区、攸县、天元区、炎陵县各有1件。荷塘区、芦淞区、渌口区、醴陵市未检索到相关案件。

3. 一审审理期限统计（见表1-3-26）

表1-3-26 湖南省刑事附带民事公益诉讼案件一审审理期限统计

审限M	案件数量/件	占案件总数百分比/%
0个月≤M＜1个月	25	13.15
1个月≤M＜2个月	37	19.47
2个月≤M＜3个月	19	10.00
3个月≤M＜4个月	10	5.26
4个月≤M＜5个月	3	1.57
5个月≤M＜6个月	3	1.57
6个月≤M＜7个月	2	1.05
8个月≤M＜9个月	3	1.57
9个月≤M＜10个月	3	1.57
10个月≤M＜11个月	2	1.05
不详	83	43.68

4. 二审时间统计

从裁判时间来看，湖南省 21 件二审案件中，2018 年 7 月有 2 件，2018 年 10 月有 1 件，2018 年 11 月有 1 件，2019 年 2 月有 1 件，2019 年 3 月有 2 件，2019 年 4 月有 3 件，2019 年 6 月有 2 件，2019 年 7 月有 1 件，2019 年 9 月有 3 件，2019 年 11 月有 3 件，2019 年 12 月有 2 件。

5. 二审空间统计

株洲市下辖 4 个县、6 个区、1 个县级市，共有二审刑事附带民事公益诉讼案件 5 件，占湖南省案件总数的 20.83%。其中，炎陵县、醴陵市、石峰区、天元区各有 1 件。荷塘区、芦淞区、渌口区、茶陵县、攸县未检索到相关案件。

湘潭市下辖 2 个县级市、1 个县、2 个区，共有二审刑事附带民事公益诉讼案件 3 件，占湖南省案件总数的 12.50%。其中，湘潭县有 3 件。岳塘区、雨湖区、湘乡市、韶山市暂无未检索到相关案件。

邵阳市下辖 7 个县、1 个自治县、3 个区、1 个县级市，共有二审刑事附带民事公益诉讼案件 1 件，占湖南省案件总数的 4.16%。其中，邵东县有 1 件。双清区、北塔区、大祥区、武冈市、洞口县、邵阳县、新邵县、绥宁县、新宁县、隆回县、城步苗族自治县未检索到相关案件。

岳阳市下辖 2 个县级市、4 个区、4 个县，共有二审刑事附带民事公益诉讼案件 2 件，占湖南省案件总数的 8.33%。其中，湘阴县有 2 件。君山区、云溪区、岳阳楼区、临湘市、汨罗市、岳阳县、平江县、华容县未检索到相关案件。

郴州市下辖 8 个县、2 个区、1 个县级市，共有二审刑事附带民事公益诉讼案件 2 件，占湖南省案件总数的 8.33%。其中，宜章县、桂东县各有 1 件。北湖区、苏仙区、资兴市、安仁县、桂阳县、汝城县、嘉禾县、临武县、永兴县未检索到相关案件。

长沙市下辖 6 个区、2 个县级市、1 个县，共有二审刑事附带民事公益诉讼案件 1 件，占湖南省案件总数的 4.16%。其中，岳麓区有 1 件。开福区、芙蓉区、望城区、天心区、雨花区、浏阳市、宁乡市、长沙县未检索到相关案件。

怀化市下辖 1 个区、1 个县级市、5 个县、5 个自治县，共有二审刑事附带民事公益诉讼案件2件，占湖南省案件总数的8.33%。其中，会同县、靖州苗族侗族自治县各有1件。鹤城区、洪江市、沅陵县、辰溪县、溆浦县、中方县、新晃侗族自治县、芷江侗族自治县、通道侗族自治县、麻阳苗族自治县未检索到相关案件。

永州市下辖8个县、1个自治县、2个区，共有二审刑事附带民事公益诉讼案件2件，占湖南省案件总数的8.33%。其中，蓝山县、宁远县各有1件。冷水滩区、零陵区、道县、新田县、江永县、双牌县、祁阳县、东安县、江华瑶族自治县未检索到相关案件。

娄底市下辖2个县级市、1个区、2个县，共有二审刑事附带民事公益诉讼案件5件，占湖南省案件总数的20.83%。其中，冷水江市有2件，双峰县有2件，涟源市有1件。娄星区、新化县未检索到相关案件。

张家界市下辖2个县、2个区，共有二审刑事附带民事公益诉讼案件1件，占湖南省案件总数的4.16%。其中，永定区有1件。武陵源区、慈利县、桑植县未检索到相关案件。

衡阳市、常德市、益阳市未检索到相关案件。

6. 二审审理期限统计（见表1–3–27）

表1–3–27　湖南省刑事附带民事公益诉讼案件二审审理期限统计

审限M	案件数量/件	占案件总数百分比/%
0个月≤M＜1个月	3	12.50
1个月≤M＜2个月	1	4.16
2个月≤M＜3个月	2	8.33
不详	18	75.00

海南省

海南省共有刑事附带民事公益诉讼案件6件，其中一审有4件，二审有2件。一审案件中，以判决方式结案的有4件，以裁定方式结案的有0件；二审案件中，以判决方式结案的有0件，以裁定方式结案的有2件。

1. 一审时间统计

海南省一审刑事附带民事公益诉讼共4件。从立案时间来看，2019年1月和 8 月各有 1 件，另有 2 件立案时间不详。从裁判时间来看，2018 年 8 月有 2 件，2019 年 5 月和 12 月各有 1 件。

2. 一审空间统计

从空间分布来看，海南省白沙黎族自治县有 2 件，定安县有 1 件、五指山市有 1 件。

3. 一审审理期限统计

在海南省一审刑事附带民事公益诉讼案件中，除 2 件审限不详的案件外，审限在 3 至 4 个月和 4 至 5 个月各有 1 件。

4. 二审相关统计

海南省二审刑事附带民事公益诉讼有 2 件，立案时间均不详，判决时间为 2019 年 3 月和 8 月，分布在儋州市和白沙黎族自治县。

四川省

四川省共有刑事附带民事公益诉讼案件 434 件，其中一审有 416 件，二审有 18 件。一审案件中，以判决方式结案的有 410 件，以裁定方式结案的有 6 件；二审案件中，以判决方式结案的有 6 件，以裁定方式结案的有 12 件。

1. 一审时间统计（见图 1-3-22）

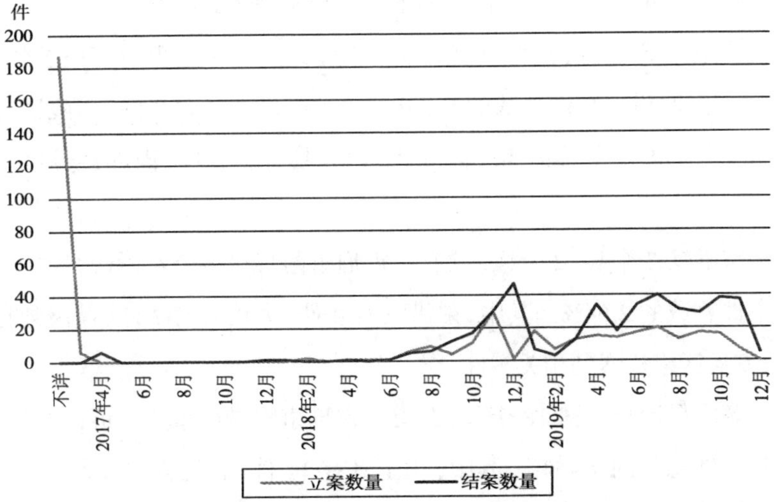

图 1-3-22　四川省刑事附带民事公益诉讼案件一审时间分布

2. 一审空间统计

四川省共有18个地级市，3个自治州。刑事附带民事公益诉讼主要集中在凉山彝族自治州。

凉山彝族自治州下辖15个县、1个县级市、1个自治县，共有一审刑事附带民事公益诉讼案件36件，占四川省案件总数的8.65%。其中，金阳县有6件，会东县有5件，越西县、盐源县、木里藏族自治县各有4件，西昌市、会理县各有3件，喜德县有2件，雷波县、德昌县、冕宁县、宁南县、普格县各有1件。布拖县、昭觉县、甘洛县、美姑县未检索到相关案件。

资阳市下辖2个县、1个区，共有一审刑事附带民事公益诉讼案件10件，占四川省案件总数的8.65%。其中，雁江区有3件，乐至县有2件，安岳县有5件。

广元市下辖4个县、3个区，共有一审刑事附带民事公益诉讼案件11件，占四川省案件总数的2.64%。其中，剑阁县有2件，旺苍县有5件，青川县、利州区、朝天区、苍溪县各有1件。昭化区未检索到相关案件。

广安市下辖3个县、1个县级市、2个区，共有一审刑事附带民事公益诉讼案件14件，占四川省案件总数的3.36%。其中，武胜县、广安区各有3件，岳池县有4件，华蓥市、前锋区各有2件。邻水县未检索到相关案件。

南充市下辖5个县、3个区、1个县级市，共有一审刑事附带民事公益诉讼案件25件，占四川省案件总数的6.00%。其中，仪陇县有8件，嘉陵区有4件，营山县有3件，蓬安县、阆中市、高坪区、西充县各有2件，南部县、顺庆区各有1件。

遂宁市下辖3个县、2个区，共有一审刑事附带民事公益诉讼案件11件，占四川省案件总数的2.64%。其中，射洪县有4件、大英县有2件、蓬溪县有5件。船山区、安居区未检索到相关案件。

甘孜藏族自治州下辖18个县，共有一审刑事附带民事公益诉讼案件31件，占四川省案件总数的7.45%。其中，白玉县有14件，雅江县有6件，丹巴县、得荣县各有3件，乡城县、康定市、炉霍县、新龙县、理塘县各有1件。泸定县、九龙县、道孚县、甘孜县、德格县、石渠县、色达县、巴塘县、稻城县未检索到相关案件。

攀枝花市下辖 3 个区、2 个县，共有一审刑事附带民事公益诉讼案件 13 件，占四川省案件总数的 3.12%。其中，东区有 3 件，西区有 8 件，米易县、盐边县各有 1 件。仁和区未检索到相关案件。

绵阳市下辖 4 个县、1 个自治县、3 个区、1 个县级市，共有一审刑事附带民事公益诉讼案 23 件，占四川省案件总数的 5.52%。其中，盐亭县有 4 件，三台县、游仙区有 2 件，涪城区、北川羌族自治县、梓潼县、江油市、安州区各有 3 件。平武县未检索到相关案件。

自贡市下辖 2 个县、3 个区、1 个县级市，共有一审刑事附带民事公益诉讼案 10 件，占四川省案件总数的 2.40%。其中，沿滩区有 3 件，荣县、贡井区各有 2 件，大安市、自流井区、富顺县各有 1 件。

乐山市下辖 5 个县、4 个区、2 个自治县，共有一审刑事附带民事公益诉讼案 33 件，占四川省案件总数的 7.93%。其中，沐川县有 3 件、犍为县、夹江县各有 5 件，市中区有 8 件、沙湾区有 4 件，峨眉山市、井研县各有 2 件，马边彝族自治县、峨边彝族自治县、五通桥区各有 1 件。乐山市级有 1 件。金口河区未检索到相关案件。

泸州市下辖 5 个县、3 个区，共有一审刑事附带民事公益诉讼案 17 件，占四川省案件总数的 4.08%。其中，合江县有 3 件，龙马潭区、江阳区各有 4 件，古蔺县、叙永县、纳溪区各有 2 件。泸县未检索到相关案件。

眉山市下辖 4 个县、2 个区，共有一审刑事附带民事公益诉讼案 23 件，占四川省案件总数的 5.52%。其中，洪雅县有 8 件，彭山区、东坡区各有 4 件，丹棱县有 1 件，青神县、仁寿县各有 3 件。

雅安市下辖 6 个县、2 个区，共有一审刑事附带民事公益诉讼案 25 件，占四川省案件总数的 6.00%。其中，天全县有 1 件，雨城区有 3 件，宝兴县、名山区、荥经县、芦山县各有 2 件，石棉县、汉源县各有 5 件，雅安市级有 3 件。

巴中市下辖 3 个县、2 个区，共有一审刑事附带民事公益诉讼案 10 件，占四川省案件总数的2.40%。其中，平昌县有4件，巴州区有3件，恩阳区有1件，南江县有2件。通江县未检索到相关案件。

宜宾市下辖7个县、3个区，共有一审刑事附带民事公益诉讼案30件，占四川省案件总数的7.21%。其中，长宁县有8件，南溪区、珙县各有1件，高县、筠连县、屏山县各有2件，江安县、翠屏区各有4件，兴文县、叙州区各有3件。

成都市下辖5个县级市、11个区、4个县，共有一审刑事附带民事公益诉讼案22件，占四川省案件总数的5.28%。其中，都江堰市、简阳市、邛崃市各有2件，大邑县有7件，崇州市有4件，郫都区、新津县、双流区、青羊区各有1件。高新技术产业开发区有1件。锦江区、金牛区、武侯区、成华区、龙泉驿区、青白江区、新都区、温江区、彭州市、金堂县、蒲江县未检索到相关案件。

德阳市下辖1个县、3个县级市、2个区，共有一审刑事附带民事公益诉讼案19件，占四川省案件总数的4.56%。其中，中江县有4件、广汉市有2件，绵竹市有3件，什邡市有10件。旌阳区、罗江区未检索到相关案件。

阿坝藏族羌族自治州下辖12个县、1个县级市，共有一审刑事附带民事公益诉讼案19件，占四川省案件总数的4.56%。其中，若尔盖县、茂县各有3件，小金县有5件，松潘县有6件，壤塘县有2件。马尔康市、汶川县、理县、九寨沟县、金川县、黑水县、阿坝县、红原县未检索到相关案件。

内江市下辖2个县、1个县级市、2个区，共有一审刑事附带民事公益诉讼案12件，占四川省案件总数的2.88%。其中威远县、隆昌市各有2件，资中县、市中区各有1件、东兴区有6件。

达州市下辖1个县级市、4个县、2个区，共有一审刑事附带民事公益诉讼案22件，占四川省案件总数的5.28%。其中，万源市有3件，宣汉县有4件，开江县、渠县各有2件，达川区有11件。通川区、大竹县未检索到相关案件。

3. 一审审理期限统计（见表 1-3-28）

表 1-3-28　四川省刑事附带民事公益诉讼案件一审审理期限统计

审限 M	案件数量 / 件	占案件总数百分比 /%
0 个月≤ M < 1 个月	102	24.52
1 个月≤ M < 2 个月	59	14.18
2 个月≤ M < 3 个月	40	9.62
3 个月≤ M < 4 个月	10	2.40
4 个月≤ M < 5 个月	4	0.96
5 个月≤ M < 6 个月	2	0.48
6 个月≤ M < 7 个月	1	0.24
7 个月≤ M < 8 个月	1	0.24
9 个月≤ M < 10 个月	1	0.24
10 个月≤ M < 11 个月	1	0.24
11 个月≤ M < 12 个月	1	0.24
17 个月≤ M < 18 个月	1	0.24
25 个月≤ M < 26 个月	6	1.44
不详	187	44.95
总计	416	100.00

4. 二审时间统计

刑事附带民事公益诉讼案件二审共 18 件，2 件立案时间为 2019 年 1 月，其审限均为 2 个月，其余不详。

5. 二审空间统计（见表 1-3-29）

表 1-3-29　四川省刑事附带民事公益诉讼案件二审空间分布统计

地区	市级	案件数量 / 件	占案件总数百分比 /%
四川省	达州市	2	11.11
	广安市	2	11.11
	雅安市	2	11.11
	成都市	1	5.56
	资阳市	1	5.56

续表

地区	市级	案件数量 / 件	占案件总数百分比 /%
四川省	攀枝花市	1	5.56
	自贡市	1	5.56
	眉山市	2	11.11
	宜宾市	2	11.11
	广元市	1	5.56
	凉山彝族自治州	1	5.56
	乐山市	1	5.56
	甘孜藏族自治州	1	5.56
	总计	18	100.00

6. 再审相关统计

此再审案件立案时间为 2018 年 8 月，结案时间为 2018 年 10 月，审限为两个月，位于广安市广安区。

青海省

青海省共有刑事附带民事公益诉讼案件 59 件，其中一审有 55 件，二审有 4 件。一审案件中，以判决方式结案的有 51 件，以裁定方式结案的有 0 件，调解书 4 件；二审案件中，以判决方式结案的有 1 件，以裁定方式结案的有 3 件。

1. 一审时间统计（见图 1-3-23）

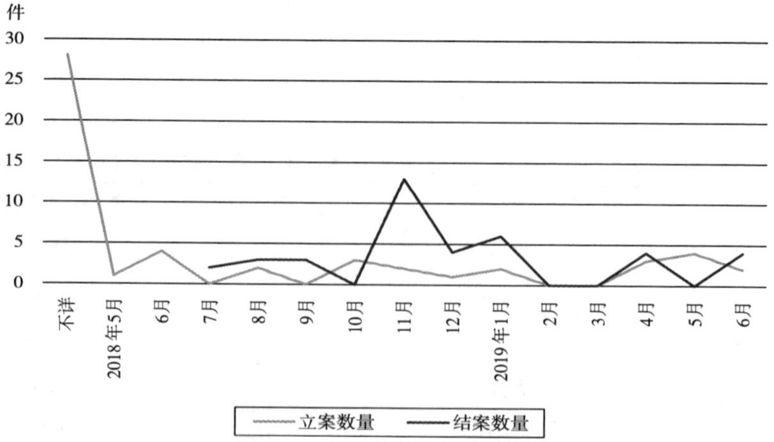

图 1-3-23　青海省刑事附带民事公益诉讼案件一审时间分布

2. 一审空间统计

青海省共有2个地级市，6个自治州，刑事附带民事公益诉讼主要集中在西宁市。

海西蒙古族藏族自治州下辖3个县级市、4个县，共有一审刑事附带民事公益诉讼案件16件，占青海省案件总数的29.09%。其中，格尔木市有12件，都兰县有2件，德令哈市和天峻县各有1件。茫崖市、乌兰县、天峻县未检索到相关案件。

西宁市下辖2个县、1个自治县、4个区，共有一审刑事附带民事公益诉讼案件26件，占青海省案件总数的47.27%。其中，大通回族土族自治县有4件，城东区有3件，城西区有15件，湟源县、湟中县各有2件。城中区、城北区未检索到相关案件。

果洛藏族自治州下辖6个县，共有一审刑事附带民事公益诉讼案件2件，占青海省案件总数的3.63%。其中，玛多县、久治县各有1件。玛沁县、班玛县、甘德县、达日县未检索到相关案件。

黄南藏族自治州下辖3个县、1个自治县，共有一审刑事附带民事公益诉讼案件3件，占青海省案件总数的5.45%。其中同仁县有2件，泽库县有1件。

海东市下辖2个区、4个自治县，共有一审刑事附带民事公益诉讼案件5件，占青海省案件总数的9.09%。其中，乐都区有2件，循化撒拉族自治县、平安区、民和回族土族自治县各有1件。互助土族自治县、化隆回族自治县未检索到相关案件。

海南藏族自治州下辖5个县，共有一审刑事附带民事公益诉讼案件2件，占青海省案件总数的3.63%。其中，贵德县有2件。共和县、同德县、兴海县、贵南县暂无。

玉树藏族自治州下辖1个县级市、5个县，共有一审刑事附带民事公益诉讼案件1件，占青海省案件总数的1.81%。其中，玉树市有1件。杂多县、称多县、治多县、囊谦县、曲麻莱县未检索到相关案件。

海北藏族自治州未检索到相关案件。

3. 一审审理期限统计(见表 1-3-30)

表 1-3-30　青海省刑事附带民事公益诉讼案件一审审理期限统计

审限 M	案件数量 / 件	占案件总数百分比 /%
0 个月≤ M < 1 个月	8	14.55
1 个月≤ M < 2 个月	6	10.91
2 个月≤ M < 3 个月	6	10.91
3 个月≤ M < 4 个月	3	5.45
4 个月≤ M < 5 个月	3	5.45
5 个月≤ M < 6 个月	1	1.82
不详	28	50.91
总计	55	100

4. 二审相关统计

刑事附带民事公益诉讼案件二审共 4 件,立案时间、审限均不详。结案时间分别在 2018 年 12 月、2019 年 3 月、4 月(2 件)。分别位于西宁市城西区、海南藏族自治州贵德县、海西蒙古族藏族自治州格尔木市(2 件)。

广西壮族自治区

广西壮族自治区共有刑事附带民事公益诉讼案件 58 件,其中一审有 53 件,二审有 5 件。一审案件中,以判决方式结案的有 53 件,以裁定方式结案的有 0 件;二审案件中,共有以裁定方式结案的有 5 件。

1. 一审时间统计(见图 1-3-24)

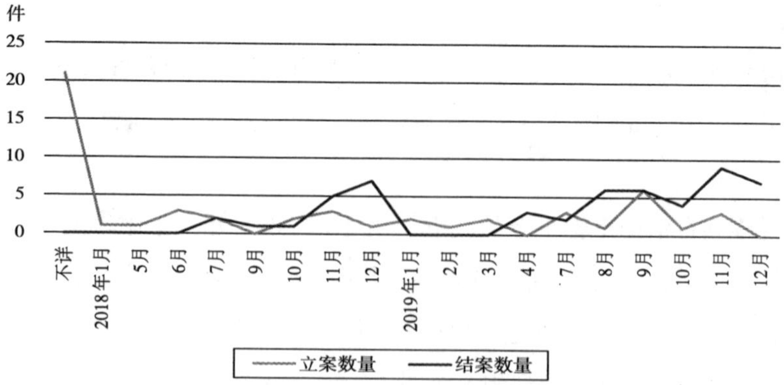

图 1-3-24　广西壮族自治区刑事附带民事公益诉讼案件一审时间分布

2. 一审空间统计

广西壮族自治区共有 14 个地级市，刑事附带民事公益诉讼案件主要集中在玉林市，除北海市、柳州市和钦州市未检索到相关案件外，其他市均有刑事附带民事公益诉讼案件分布。

南宁市下辖 7 个区、5 个县，共有一审刑事附带民事公益诉讼案件 5 件，占广西壮族自治区案件总数的 9.43%。其中，兴宁区有 3 件，西乡塘区和武鸣区各有 1 件。

桂林市下辖 6 个区、8 个县、2 个自治县、1 个县级市，共有一审刑事附带民事公益诉讼案件 8 件，占广西壮族自治区案件总数的 15.09%。其中，永福县有 2 件，叠彩区、阳朔县、全州县、灌阳县、资源县和荔浦市各有 1 件。

梧州市下辖 3 个区、3 个县、1 个县级市，共有一审刑事附带民事公益诉讼案件 6 件，占广西壮族自治区案件总数的 11.32%。其中，万秀区有 4 件，苍梧县和蒙山县各有 1 件。

防城港市下辖 2 个区、1 个县、1 个县级市，共有一审刑事附带民事公益诉讼案件 1 件，占广西壮族自治区案件总数的 1.89%，分布在上思县。

贵港市下辖 3 个区、1 个县、1 个县级市，共有一审刑事附带民事公益诉讼案件 2 件，占广西壮族自治区案件总数的 3.77%，分布在覃塘区和平南县。

玉林市下辖 2 个区、4 个县、1 个县级市，共有一审刑事附带民事公益诉讼案件 11 件，占广西壮族自治区案件总数的 20.75%。其中，玉州区和福绵区各有 3 件，容县和陆川县各有 2 件，兴业县有 1 件，博白县和北流县未检索到相关案件。

崇左市下辖 1 个区、5 个县、1 个县级市，共有一审刑事附带民事公益诉讼案件 5 件，占广西壮族自治区案件总数的 9.43%。其中，大新县有 2 件，江州区、龙州县和天等县各有 1 件。

来宾市下辖 1 个区、4 个县、1 个县级市，共有一审刑事附带民事公益诉讼案件 2 件，占广西壮族自治区案件总数的 3.77%，都分布在武宣县。

贺州市下辖 2 个区、2 个县、1 个自治县，共有一审刑事附带民事公益诉讼案件 6 件，占广西壮族自治区案件总数的 11.32%。其中，八步区有 2 件，平桂区、昭平县、钟山县和富川瑶族自治县各有 1 件。

百色市下辖2个区、9个县、2个县级市，共有一审刑事附带民事公益诉讼案件5件，占广西壮族自治区案件总数的9.43%。其中，隆林各族自治县有2件，右江区、凌云县、乐业县各有1件。

河池市下辖2个区、4个县、5个自治县，共有一审刑事附带民事公益诉讼案件2件，占广西壮族自治区案件总数的3.77%，分布在宜州区和巴马瑶族自治县。

3. 一审审理期限统计（见表1-3-31）

表1-3-31　广西壮族自治区刑事附带民事公益诉讼案件一审审理期限统计

审限M	案件数量/件	占案件总数百分比/%
0个月≤M＜1个月	13	24.53
1个月≤M＜2个月	7	13.21
2个月≤M＜3个月	4	7.55
6个月≤M＜7个月	2	3.77
7个月≤M＜8个月	2	3.77
8个月≤M＜9个月	1	1.89
9个月≤M＜10个月	1	1.89
13个月＜M＜14个月	1	1.89
21个月≤M＜22个月	1	1.89
不详	21	39.62
总计	53	100.00

4. 二审相关统计

从裁判时间来看，广西壮族自治区5件二审刑事附带民事公益诉讼案件均集中在2019年，其中，2月、3月、10月、11月和12月各有1件。从空间分布来看，南宁市、北海市、百色市、钦州市和贵港市各有1件。

西藏自治区

西藏自治区共有刑事附带民事公益诉讼案件6件，其中一审有5件，二审有1件。一审案件中，以判决方式结案的有5件，以裁定方式结案的有0件；二审案件中，以判决方式结案的有1件，以裁定方式结案的有0件。

1. 一审时间统计

立案时间：2018 年 5 月有 1 件、2018 年 11 月有 2 件。2 件不详。

审结时间：2018 年 7 月有 1 件、2018 年 12 月有 1 件、2019 年 1 月有 2 件、2019 年 5 月有 1 件（见表 1-3-32）。

表 1-3-32　西藏自治区刑事附带民事公益诉讼案件一审时间统计

地区	年份	立案数量 / 件	占立案总数百分比 /%	结案数量 / 件	占结案总数百分比 /%
西藏自治区	2018	3	60.00	2	40.00
	2019	0	0.00	3	60.00
	不详	2	40.00	0	0.00
	总计	5	100.00	5	100.00

2. 一审空间统计（见表 1-3-33）

表 1-3-33　西藏自治区刑事附带民事公益诉讼案件一审空间分布统计

西藏自治区下辖市（数量，百分比）	提起过刑事附带民事公益诉讼的市辖区、县级市、县（数量）	未提起过刑事附带民事公益诉讼的市辖区、县级市、县
林芝市（3 件，60%）	米林县（1 件）、巴宜区（2 件）	墨脱县、朗县、察隅县、波密县、工布江达县
那曲市（1 件，20%）	嘉黎县（1 件）	色尼区（那曲镇）嘉黎县、申扎县、巴青县、聂荣县、尼玛县、比如县、索县、班戈县、安多县、双湖县
昌都市（1 件，20%）	边坝县（1 件）	卡若区、芒康县、贡觉县、八宿县、左贡县、洛隆县、江达县、类乌齐县、丁青县、察雅县
拉萨市（0 件，0）	无	城关区、堆龙德庆区、达孜区、尼木县、当雄县、林周县、曲水县、墨竹工卡县
日喀则市（0 件，0）	无	桑珠孜区、定结县、萨迦县、江孜县、拉孜县、定日县、康马县、聂拉木县、吉隆县、亚东县、谢通门县、昂仁县、岗巴县、仲巴县、萨嘎县、仁布县、白朗县、南木林县
山南市（0 件，0）	无	乃东区、琼结县、措美县、加查县、贡嘎县、洛扎县、曲松县、桑日县、扎囊县、错那县、隆子县、浪卡子县
阿里地区（0 件，0）	无	噶尔县、措勤县、普兰县、革吉县、日土县、札达县、改则县

3. 一审审理期限统计（见表 1-3-34）

表 1-3-34　西藏自治区刑事附带民事公益诉讼案件一审审理期限统计

审限 M	案件数量 / 件	占案件总数百分比 /%
0 个月≤ M ＜ 1 个月	1	20.00
1 个月≤ M ＜ 2 个月	0	0.00
2 个月≤ M ＜ 3 个月	2	40.00
不详	2	40.00
总计	5	100.00

4. 二审相关统计

西藏自治区刑事附带民事公益诉讼案件中二审有 1 件，立案时间、审限不详，结案时间为 2019 年 10 月。空间山南市琼结县。

宁夏回族自治区

宁夏回族自治区共有刑事附带民事公益诉讼案件 39 件，其中一审有 35 件，二审有 4 件。一审案件中，以判决方式结案的有 34 件，以裁定方式结案的有 0 件，调解 1 件；二审案件中，以判决方式结案的有 1 件，以裁定方式结案的有 3 件。

1. 一审时间统计（见图 1-3-25）

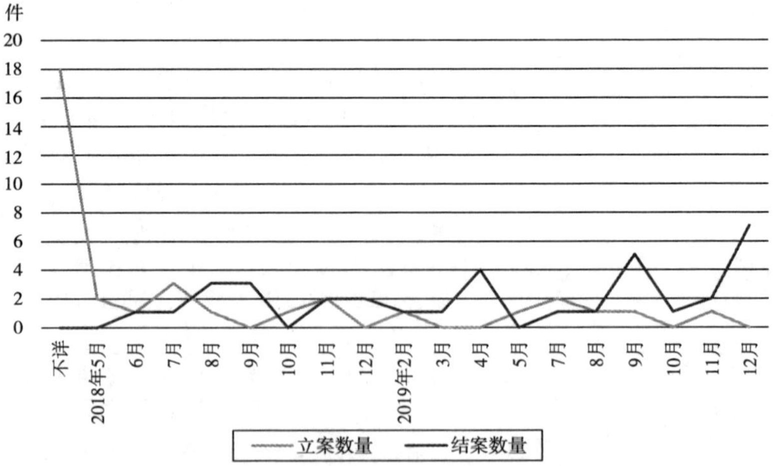

图 1-3-25　宁夏回族自治区刑事附带民事公益诉讼案件一审时间分布

2. 一审空间统计

宁夏回族自治区共有 5 个地级市，刑事附带民事公益诉讼案件主要集中在固原市，其他市也均有刑事附带民事公益诉讼案件分布。

银川市下辖 3 个区、1 个县、2 个县级市，共有一审刑事附带民事公益诉讼案件 8 件，占宁夏回族自治区案件总数的 22.86%。其中，金凤区有 3 件，兴庆区和贺兰县各有 2 件，西夏区有 1 件，永宁县和灵武市未检索到相关案件。

石嘴山市下辖 2 个区、1 个县，共有一审刑事附带民事公益诉讼案件 1 件，占宁夏回族自治区案件总数的 2.86%，分布在平罗县。

吴忠市下辖 2 个区、2 个县、1 个县级市，共有一审刑事附带民事公益诉讼案件 9 件，占宁夏回族自治区案件总数的 25.71%。其中，利通区有 3 件，红寺堡区和青铜峡市各有 2 件，盐池县和同心县各有 1 件。

固原市下辖 1 个区、4 个县，共有一审刑事附带民事公益诉讼案件 11 件，占宁夏省案件总数的 31.43%。其中，原州区和隆德县各有 3 件，西吉县和彭阳县各有 2 件，泾源县有 1 件。

中卫市下辖 1 个区、2 个县，共有一审刑事附带民事公益诉讼案件 6 件，占宁夏回族自治区案件总数的 17.14%。其中，沙坡头区有 5 件，中宁县有 1 件，海原县未检索到相关案件。

3. 一审审理期限统计（见表 1-3-35）

表 1-3-35　宁夏回族自治区刑事附带民事公益诉讼案件一审审理期限统计

审限 M	案件数量 / 件	占案件总数百分比 /%
0 个月≤M＜1 个月	3	8.57
1 个月≤M＜2 个月	3	8.57
2 个月≤M＜3 个月	5	14.29
3 个月≤M＜4 个月	3	8.57
4 个月≤M＜5 个月	1	2.86
5 个月≤M＜6 个月	2	5.71
不详	18	51.43
总计	35	100.00

4. 二审相关统计

从裁判时间来看，宁夏回族自治区 4 件二审刑事附带民事公益诉讼案件中，2018 年有 1 件，2019 年有 3 件。从空间分布来看，银川市和吴忠市各有 2 件。

新疆维吾尔自治区

新疆维吾尔自治区共有刑事附带民事公益诉讼案件 48 件，其中一审有 41 件，二审有 7 件。一审案件中，以判决方式结案的有 19 件，以裁定方式结案的有 22 件；二审案件中，以判决方式结案的有 1 件，以裁定方式结案的有 6 件。

1. 一审时间统计（见图 1-3-26）

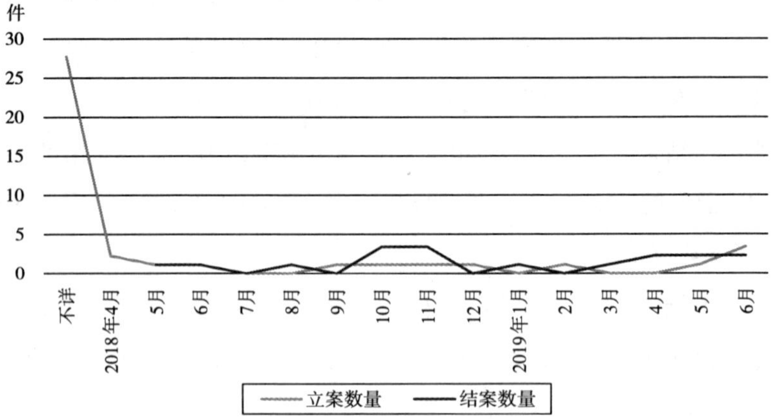

图 1-3-26 新疆维吾尔自治区刑事附带民事公益诉讼案件一审时间分布

2. 一审空间统计（见表 1-3-36）

表 1-3-36 新疆维吾尔自治区刑事附带民事公益诉讼案件一审空间分布统计

新疆下辖市（数量，百分比）	提起过刑事附带民事公益诉讼的市辖区、县级市、县（数量）	未提起过刑事附带民事公益诉讼的市辖区、县级市、县
阿克苏地区（3 件，7.31%）	阿瓦提县（1 件）、拜城县、（1 件）库车县（1 件）	阿克苏市、温宿县、沙雅县、新和县、乌什县、柯坪县
生产建设兵团（11 件，26.82）%	沙井子垦区（1 件）、芳草湖垦区（1 件）、喀什垦区（1 件）、库尔勒垦区（1 件）、莫索湾垦区（3 件）、下野地垦区（3 件）、昭苏垦区（1 件）	

续表

新疆下辖市（数量，百分比）	提起过刑事附带民事公益诉讼的市辖区、县级市、县（数量）	未提起过刑事附带民事公益诉讼的市辖区、县级市、县
乌鲁木齐市（1件，2.43%）	新市区（1件）	天山区、沙依巴克区、水磨沟区、头屯河区、达坂城区、米东区、乌鲁木齐县
昌吉回族自治州（1件，2.43%）	昌吉市（1件）	阜康市、呼图壁县、玛纳斯县、奇台县、吉木萨尔县、木垒哈萨克自治县
喀什地区（1件，2.43%）	莎车县（1件）	喀什市、疏附县、疏勒县、英吉沙县、泽普县、莎车县、叶城县、麦盖提县、岳普湖县、伽师县、巴楚县
伊犁哈萨克自治州（21件，51.21%）	昭苏县（20件）、新源县（1件）	伊宁市、奎屯市、霍尔果斯市、伊宁县、察布查尔锡伯自治县、霍城县、巩留县、特克斯县、尼勒克县
巴音郭楞蒙古自治州（1件，2.43%）	尉犁县（1件）	库尔勒市、轮台县、若羌县、且末县、焉耆回族自治县、和静县、和硕县、博湖县
克孜勒苏柯尔克孜自治州（1件，2.43%）	乌恰县（1件）	阿图什市、阿克陶县、阿合奇县
塔城地区（1件，2.43%）	和布克赛尔蒙古自治县（1件）	塔城市、乌苏市、额敏县、沙湾县、托里县、裕民县
克拉玛依市（0件，0）	无	独山子区、克拉玛依区、白碱滩区、乌尔禾区
吐鲁番市（0件，0）	无	高昌区、鄯善县、托克逊县
哈密市（0件，0）	无	伊州区、巴里坤哈萨克自治县、伊吾县
博尔塔拉蒙古自治州（0件，0）	无	博乐市、阿拉山口市、精河县、温泉县
和田地区（0件，0）	无	和田市、和田县、墨玉县、皮山县、洛浦县、策勒县、于田县、民丰县
阿勒泰地区（0件，0）	无	阿勒泰市、布尔津县、富蕴县、福海县、哈巴河县、青河县、吉木乃县

3. 一审审理期限统计（见表1-3-37）

表1-3-37　新疆维吾尔自治区刑事附带民事公益诉讼案件一审审理期限统计

审限M	案件数量/件	占案件总数百分比/%
0个月≤M＜1个月	3	7.32
1个月≤M＜2个月	4	9.76

续表

审限 M	案件数量 / 件	占案件总数百分比 /%
2 个月≤ M ＜ 3 个月	3	7.32
4 个月≤ M ＜ 5 个月	1	2.44
10 个月≤ M ＜ 11 个月	1	2.44
14 个月≤ M ＜ 15 个月	1	2.44
不详	28	68.29
总计	41	100.00

4. 二审相关统计

刑事附带民事公益诉讼案件中二审共有 7 件，立案时间、审限均不详。结案时间分别在 2018 年 8 月、2019 年 2 月、3 月（2 件）、5 月、10 月、11 月。

空间分布分别在：克拉玛依市克拉玛依区、生产建设兵团霍城垦区、下野地垦区、哈密市巴里坤哈萨克自治县、昌吉回族自治州昌吉县、阿克苏地区库车县、克孜勒苏柯尔克孜自治州乌恰县。

第二章 公益诉讼案件类型

笔者根据《行政诉讼法》第25条、[1]《民事诉讼法》第55条、[2]《英雄烈士保护法》第25条、[3]《若干问题的解释》第20条[4]的规定，将行政公益诉讼案件区分为生态环境与资源保护类、国有土地使用权出让类、国有财产保护类、食品药品安全类四大类案件，将民事公益诉讼区分为生态环境与资源保护类、食品药品类、烈士名誉权保护类三大类案件，将刑事附带民事公益诉讼区分为生态环境与资源保护类、食品药品类两大类案件。对于裁判文书中提及的公共利益不属于法律中具体列举的公益诉讼类型的案件，笔者将其归纳入其他类。笔者参考相关文件，[5]设定类型划分的依据如下：

一、生态环境领域：违规排放污水；违规侵占城市绿地；违规处理生活、生产垃圾；违规排放废气、废渣等。

---

〔1〕《行政诉讼法》第25条规定：行政行为的相对人以及其他与行政行为有利害关系的公民、法人或者其他组织，有权提起诉讼。有权提起诉讼的公民死亡，其近亲属可以提起诉讼。有权提起诉讼的法人或者其他组织终止，承受其权利的法人或者其他组织可以提起诉讼。人民检察院在履行职责中发现生态环境和资源保护、食品药品安全、国有财产保护、国有土地使用权出让等领域负有监督管理职责的行政机关违法行使职权或者不作为，致使国家利益或者社会公共利益受到侵害的，应当向行政机关提出检察建议，督促其依法履行职责。行政机关不依法履行职责的，人民检察院依法向人民法院提起诉讼。

〔2〕《民事诉讼法》第55条规定：对污染环境、侵害众多消费者合法权益等损害社会公共利益的行为，法律规定的机关和有关组织可以向人民法院提起诉讼。人民检察院在履行职责中发现破坏生态环境和资源保护、食品药品安全领域侵害众多消费者合法权益等损害社会公共利益的行为，在没有前款规定的机关和组织或者前款规定的机关和组织不提起诉讼的情况下，可以向人民法院提起诉讼。前款规定的机关或者组织提起诉讼的，人民检察院可以支持起诉。

〔3〕《英雄烈士保护法》第25条规定：对侵害英雄烈士的姓名、肖像、名誉、荣誉的行为，英雄烈士的近亲属可以依法向人民法院提起诉讼。英雄烈士没有近亲属或者近亲属不提起诉讼的，检察机关依法对侵害英雄烈士的姓名、肖像、名誉、荣誉，损害社会公共利益的行为向人民法院提起诉讼。负责英雄烈士保护工作的部门和其他有关部门在履行职责过程中发现第一款规定的行为，需要检察机关提起诉讼的，应当向检察机关报告。英雄烈士近亲属依照第一款规定提起诉讼的，法律援助机构应当依法提供法律援助服务。

〔4〕《若干问题的解释》第20条规定：人民检察院对破坏生态环境和资源保护、食品药品安全领域侵害众多消费者合法权益以及侵害英雄烈士等的姓名、肖像、名誉、荣誉等损害社会公共利益的犯罪行为提起刑事公诉时，可以向人民法院一并提起附带民事公益诉讼，由人民法院同一审判组织审理。人民检察院提起的刑事附带民事公益诉讼案件由审理刑事案件的人民法院管辖。

〔5〕2019年10月23日，最高人民检察院检察长张军在第十三届全国人民代表大会常务委员会第十四次会议上所做的《最高人民检察院关于开展公益诉讼检察工作情况的报告》。

二、资源保护领域：擅自将农用地改变为建设用地；擅自挖沙、采石、采矿、取土；超越矿区范围采矿；盗伐林木；非法开垦、采石、取土造成林木受到损害；非法使用、开垦草原等。

三、食品药品安全领域：餐饮行业卫生不达标、生产销售有毒、有害食品；生产销售不合格药品、过期药品；危害居民饮用水安全；网络餐饮无证经营、超范围经营、配送餐品保管不善等。

四、国有财产保护领域：涉及人防易地建设费等行政事业性收费；国有企业设立"小金库"；虚列支出套取资金；工程成本严重超支；违法征收、少征税款；社会保险、社会救济、社会福利领域存在违法行为，骗取、套取国家政策性奖励、补贴、社保金、养老金等专项补贴资金。

五、国有土地使用权出让领域：非法占用国有土地；违法低价出让土地；土地使用者未按规定缴纳土地出让金；土地使用者违规改变土地用途、容积率等土地使用条件；出让后的土地长时间闲置、违法储备土地"炒地皮"等。

六、烈士名誉权保护领域：涉及侵害英烈姓名、肖像、名誉、荣誉，损害社会公共利益的行为。

七、其他类：对于所涉公共利益不同于法定公益诉讼类型的案件。

第一节 行政公益诉讼

笔者共收集全国 31 个省、自治区、直辖市行政公益诉讼案件 1343 件，其中判决书 1185 份，裁定书 158 份（见表 2-1-1）。

表 2-1-1 行政公益诉讼案件统计

单位：件

案件类型	2015 年	2016 年	2017 年	2018 年	2019 年	合计
生态环境与资源保护类	0	16	447	206	122	791
国有土地使用权出让类	1	3	109	36	9	158
国有财产保护类	0	1	152	83	43	279
食品与药品安全类	0	0	2	1	10	13
烈士名誉权保护类	0	0	0	0	3	3
其他类	0	0	2	2	1	5
无法判断①	0	1	24	29	37	91
总数	1	21	736	357	225	1340②

① 无法判断案件类型的案件主要包括关于管辖裁定、驳回起诉裁定、驳回上诉裁定等对案件信息描述不全面不完整的案件。

② 需要说明，全国行政公益诉讼案件共有 1343 件，包含 3 件案件判决时间不明的情况。

全国范围内行政公益诉讼案件时间分布情况为：2016 年有 21 件，2017 年有 736 件，2018 年有 357 件，2019 年有 225 件。案件数量自 2017 年逐年减少。其中生态环境与资源保护类案件有 791 件，国有土地使用权出让类案件有 158 件，国有财产保护类案件有 279 件，食品药品安全类案件有 13 件，烈士名誉权保护有 3 件，其他类案件有 5 件，无法判断案件类型的案件有 91 件。31 个省、自治区、直辖市中，吉林省行政公益诉讼案件最多，为 175 件。天津市、上海市、广西壮族自治区、西藏自治区、宁夏回族自治区与新疆维吾尔自治区未检索到行政公益诉讼案件。

一、生态环境与资源保护类案件

（一）全国

笔者共收集全国31个省、自治区、直辖市行政公益诉讼生态环境与资源保护类案件791件，其中判决书761份，裁定书30份。该类案件时间分布情况为：2016年有16件，2017年有447件，2018年有206件，2019年有122件。案件数量自2017年逐年减少。31个省、自治区、直辖市中，吉林省此类案件数量最多，为130件，天津市、上海市、广西壮族自治区、浙江省、河北省、青海省、西藏自治区、宁夏回族自治区、新疆维吾尔自治区未检索到此类案件。

（二）试点地区

北京市

此类案件有1件，其中判决书有1份。空间分布情况：密云区有1件。时间分布情况：2018年有1件。

内蒙古自治区

此类案件有40件，其中判决书有40份。

空间分布情况：呼和浩特市有7件，其中回民区有1件、赛罕区有1件、土默特左旗有1件、托克托县有1件、和林格尔县有1件、清水河县有1件、呼伦贝尔市有1件；包头市有5件，其中九原区有2件、达尔罕茂明安联合旗有3件；赤峰市有7件，其中元宝山区有1件、松山区有1件、林西县有1件、克什克腾旗有1件、宁城县有2件、敖汉旗有1件；通辽市有1件，其中库伦旗有1件；鄂尔多斯市有6件，其中鄂托克前旗有2件、鄂托克旗有1件、杭锦旗有1件、乌审旗有1件、伊金霍洛旗有1件；呼伦贝尔市有6件，其中海拉尔区有1件、牙克石市有1件、阿荣旗有1件、鄂温克族自治旗有1件、新巴尔虎右旗有2件；锡林郭勒盟有7件，其中锡林浩特市有1件、苏尼特左旗有1件、东乌珠穆沁旗有1件、太仆寺旗有1件、正镶白旗有1件、正蓝旗有1件、多伦县有1件；阿拉善盟有1件，其中阿拉善左旗有1件。

未检索到相关案件的地区：呼和浩特市武川县、新城区、玉泉区；包头市昆都仑区、东河区、青山区、石拐区、白云鄂博矿区、土默特右旗、固阳县；乌海市全市；赤峰市红山区、阿鲁科尔沁旗、巴林左旗、巴林右旗、翁牛特旗、喀喇沁旗；通辽市科尔沁区、霍林郭勒市、科尔沁左翼中旗、科尔沁左翼后旗、开鲁县、奈曼旗、扎鲁特旗；鄂尔多斯市康巴什区、东胜区、准格尔旗、达拉特旗、鄂托克旗；呼伦贝尔市满洲里市（代管扎赉诺尔区）、扎兰屯市、额尔古纳市、根河市、鄂伦春自治旗、莫力达瓦达斡尔族自治旗、陈巴尔虎旗、新巴尔虎左旗；巴彦淖尔市全市；乌兰察布市全市；兴安盟全盟；锡林郭勒盟二连浩特市、阿巴嘎旗、苏尼特右旗、西乌珠穆沁旗、镶黄旗；阿拉善盟全盟；阿拉善右旗、额济纳旗；满洲里市全市、二连浩特市全市。

时间分布如图 2-1-1 所示：2016 年有 3 件，2017 年有 29 件，2018 年有 7 件，2019 年有 1 件。案件数量自 2017 年逐年减少。

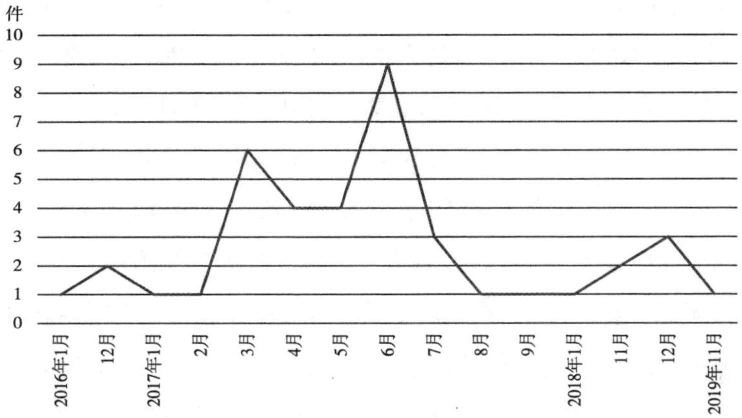

图 2-1-1　内蒙古自治区生态环境与资源保护类案件时间分布

吉林省

此类案件为“129+1”[1]件（其中，有 1 件不予公开，无法确定是判决还是裁定），其中判决书有 125 份，裁定书有 4 份。

空间分布情况：长春市有 14 件，其中朝阳区有 2 件、双阳区有 2 件、宽城区有 2 件、九台区有 1 件、榆树市有 1 件、德惠市有 3 件、农安县有 2 件、长春净月高新技术产业开发区提起 1 件；吉林市有 19 件，其中船营区有 4 件、龙潭区有 2 件、昌邑区有 1 件、丰满区有 1 件、磐石市有 3 件、桦甸市有 3 件、蛟河市有

〔1〕 需要予以特别说明的是，吉林省白山市人民检察院于 2016 年 2 月以公益诉讼人身份向白山市中级人民法院提起行政附带民事公益诉讼，该案的案件类型属于生态环境与资源保护，是公益诉讼试点后全国首例行政附带民事公益诉讼案，也是全国唯一一例行政附带民事公益诉讼，也系最高人民法院发布十起环境公益诉讼典型案例之一。但该案属于不予公开案件。

3 件、永吉县有 2 件；延边朝鲜族自治州有 31 件，其中延吉市有 4 件、图们市有 1 件、敦化市有 4 件、和龙市有 5 件、珲春市有 6 件、龙井市有 2 件、汪清县有 6 件、安图县有 1 件、延边朝鲜族自治州人民检察院提起 2 件；四平市有 13 件，其中铁西区有 1 件、铁东区有 2 件、双辽市有 5 件、梨树县有 2 件、伊通满族自治县有 2 件、四平市人民检察院提起 1 件；通化市有 14 件，其中东昌区有 1 件、二道江区有 2 件、集安市有 1 件、通化县有 3 件、辉南县有 2 件、柳河县有 3 件、梅河口市有 1 件、通化市人民检察院提起 1 件；白城市有 15 件，其中洮北区有 4 件、洮南市有 3 件、大安市有 4 件、通榆县有 3 件、白城市人民检察院提起 1 件；辽源市有 5 件，其中西安区有 1 件、东丰县有 2 件、东辽县有 1 件、辽源市人民检察院提起有 1 件；松原市有 7 件，宁江区有 1 件、扶余市有 2 件、乾安县有 1 件、长岭县有 1 件、前郭尔罗斯蒙古族自治县有 2 件；白山市有 8 件，其中宁江区有 1 件、扶余市有 2 件、乾安县有 1 件、长岭县有 1 件、前郭尔罗斯蒙古族自治县有 2 件；长白山管委会有 3 件，其中长春经济技术开发区有 1 件、白河林区提起 2 件。

未检索到相关案件的地区：长春市南关区、绿园区、二道区；吉林市舒兰市；四平市公主岭市；白城市镇赉县；辽源市龙山区；白山市长白朝鲜族自治县；长白山管委会长白山国家级自然保护区管理局、安图县安图长白山旅游经济开发区、长白山和平旅游度假区、抚松县抚松长白山旅游经济开发区、长白县长白山南坡旅游经济园区。

时间分布如图 2-1-2 所示，2017 年有 59 件，2018 年有 56 件，2019 年有 14 件。案件数量自 2017 年逐年减少。

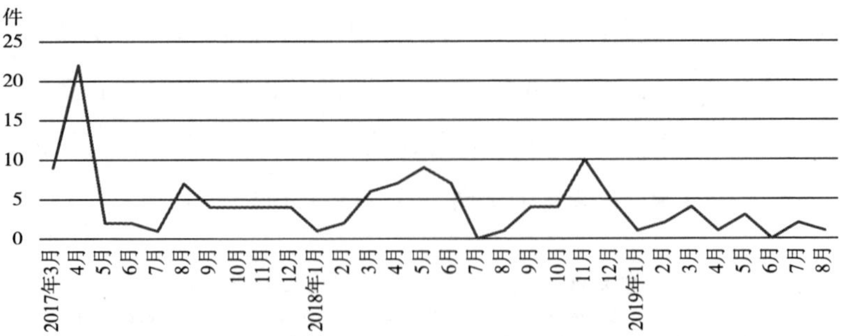

图 2-1-2 吉林省生态环境与资源保护类案件时间分布

江苏省

此类案件有 33 件，其中判决书有 22 份，裁定书有 11 份。

空间分布情况：南京市有 2 件，其中栖霞区有 1 件、高淳区有 1 件；无锡市有 2 件，其中惠山区有 1 件、江阴市有 2 件；徐州市有 1 件，其中新沂市有 1 件；常州市有 4 件，其中钟楼区有 1 件、金坛区有 1 件、溧阳市有 2 件；苏州市有 4 件，其中虎丘区有 1 件、相城区有 1 件、吴江区有 1 件、苏州市有工业园区有 1 件；淮安市有 2 件，其中盱眙县有 2 件；盐城市有 5 件，其中响水县有 2 件、阜宁县有 2 件、东台市有 1 件；镇江市有 1 件，其中句容市有 1 件；泰州市有 11 件，其中高港区有 2 件、兴化市有 2 件、靖江市有 1 件、泰兴市有 6 件；宿迁市有 1 件，其中沭阳县有 1 件。

未检索到相关案件的地区：南京市玄武区、秦淮区、建邺区、鼓楼区、浦口区、雨花台区、江宁区、六合区、溧水区、白下区、下关区；无锡市梁溪区、锡山区、滨湖区、新吴区、宜兴市；徐州市鼓楼区、云龙区、铜山区、贾汪区、泉山区、丰县、沛县、睢宁县、邳州市；常州市天宁区、新北区、武进区；苏州市姑苏区、吴中区、常熟市、张家港市、昆山市、太仓市；南通市全市；连云港市全市；淮安市淮安区、淮阴区、清江浦区、洪泽区、涟水县、金湖县；盐城市亭湖区、盐都区、大丰区、滨海县、射阳县、建湖县；扬州市全市；镇江市京口区、润州区、丹徒区、丹阳市、扬中市；泰州市海陵区；宿迁市宿城区、宿豫区、泗阳县、泗洪县。

时间分布如图 2-1-3 所示，2017 年有 15 件，2018 年有 14 件，2019 年有 4 件。案件数量自 2017 年逐年减少。

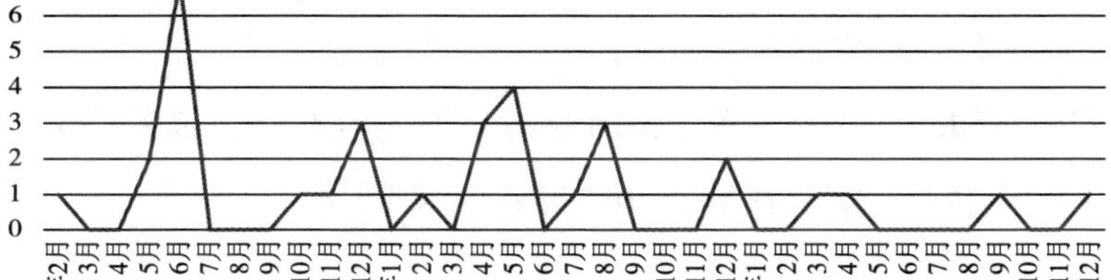

图 2-1-3　江苏省生态环境与资源保护类案件时间分布

安徽省

此类案件有63件,其中判决书有61份,裁定书有2份。

空间分布情况:合肥市有4件,其中巢湖市有1件、庐阳区有2件、庐江县有1件;芜湖市有6件,其中镜湖区有1件、三山区有1件、芜湖县有1件、繁昌县有1件、南陵县有1件、无为县有1件;蚌埠市有2件,其中淮上区有1件、怀远县有1件;淮南市有3件,其中大同区有1件,寿县有2件;马鞍山市有3件,其中博望区有1件、当涂县有1件、和县有1件;安庆市有2件,其中宿松县有2件;黄山市有1件,其中祁门县有1件;滁州市有13件,其中南谯区有1件、天长市有3件、明光市有1件、琅琊区有1件、来安县有3件、定远县有1件、凤阳县有3件;阜阳市有4件,其中界首市有1件、临泉县有2件、太和县有1件;宿州市有10件,其中埇桥区有7件、萧县有1件、泗县有2件;六安市有5件,其中裕安区有1件、叶集区有1件、霍邱县有2件、舒城县有1件;亳州市有2件,其中涡阳县有1件、利辛县有1件;宣城市有8件,其中宣州区有2件、郎溪县有2件、广德县有1件、泾县有1件、绩溪县有1件、旌德县有1件。

未检索到相关案件的地区:合肥市瑶海区、蜀山区、包河区、长丰县、肥东县、肥西县;芜湖市弋江区、鸠江区;蚌埠市龙子湖区、蚌山区、禹会区、五河县、固镇县;淮南市田家庵区、谢家集区、八公山区、潘集区、凤台县;马鞍山市花山区、雨山区、含山县;淮北市全市;铜陵市全市;安庆市桐城市、迎江区、大观区、宜秀区、怀宁县、潜山市、太湖县、望江县、岳西县;黄山市屯溪区、黄山区、徽州区、歙县、休宁县、黟县;滁州市全椒县;阜阳市颍州区、颍东区、颍泉区、阜南县、颍上县;宿州市砀山县、灵璧县;六安市金安区、金寨县、霍山县;亳州市谯城区、蒙城县;池州市全市;宣城市宁国市。

时间分布如图2-1-4所示,2016年有1件,2017年有29件,2018年有18件,2019年有14件。案件数量自2017年逐年减少。

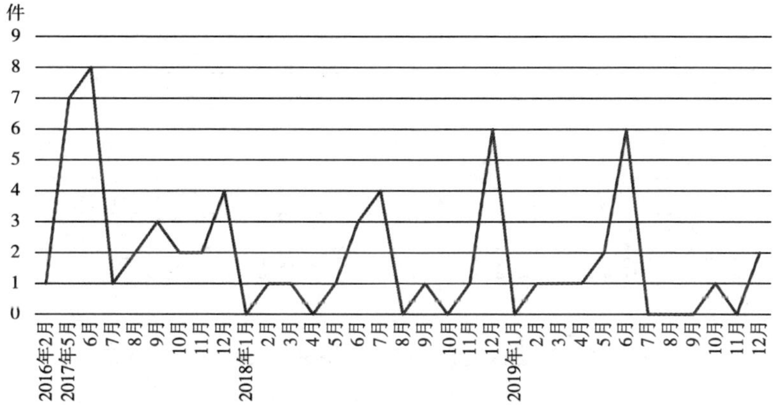

图 2-1-4　安徽省生态环境与资源保护类案件时间分布

福建省

此类案件有 31 件，其中判决书有 31 份。

空间分布情况：福州市有 4 件，其中台江区有 1 件、仓山区有 1 件、闽侯县有 2 件；莆田市有 1 件，其中荔城区有 1 件；三明市有 9 件，其中梅列区有 2 件、明溪县有 1 件、清流县有 1 件、大田县有 1 件、尤溪县有 2 件、沙县有 1 件、将乐县有 1 件；泉州市有 8 件，其中丰泽区有 2 件、洛江区有 1 件、泉港区有 1 件、德化县有 2 件、石狮市有 1 件、南安市有 1 件；南平市有 4 件，其中延平区有 2 件、建阳区有 1 件、浦城县有 1 件；龙岩市有 4 件，其中连城县有 1 件、漳平市有 3 件；宁德市有 1 件，其中福安市有 1 件。

未检索到相关案件的地区：福州市鼓楼区、马尾区、晋安区、连江县、罗源县、闽清县、永泰县、平潭县、福清市、长乐市、长乐区；厦门市全市；莆田市城厢区、涵江区、秀屿区、仙游县；三明市三元区、宁化县、泰宁县、建宁县、永安市；泉州市鲤城区、惠安县、安溪县、永春县、金门县、江市；漳州市全市；南平市顺昌县、光泽县、松溪县、政和县、邵武市、武夷山市、建瓯市；龙岩市新罗区、永定区、长汀县、上杭县、武平县；宁德市蕉城区、霞浦县、古田县、屏南县、寿宁县、周宁县、柘荣县、福鼎市。

时间分布如图 2-1-5 所示，2016 年有 1 件，2017 年有 22 件，2018 年有 5 件，2019 年有 3 件。案件数量自 2017 年逐年减少。

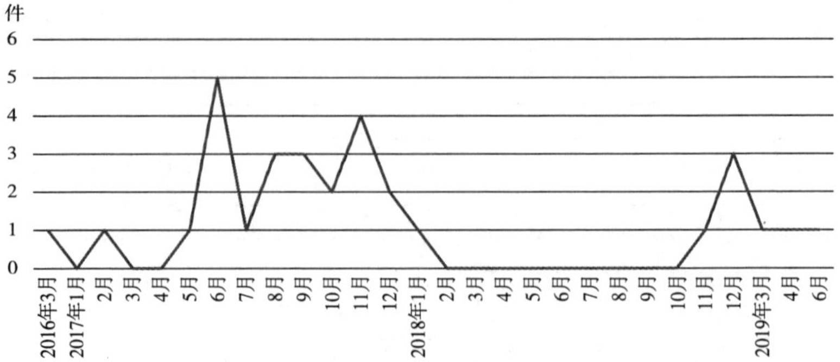

图 2-1-5　福建省生态环境与资源保护类案件时间分布

山东省

此类案件有 50 件，其中判决书有 44 份，裁定书有 6 份。

空间分布情况：青岛市有 1 件，其中青岛铁路运输检察院提起 1 件；淄博市有 5 件，其中淄川区有 1 件、张店区有 1 件、博山区有 1 件、沂源县有 1 件、临淄区临淄高新技术产业开发区提起 1 件；东营市有 4 件，其中东营区有 1 件、垦利区有 1 件、利津县有 1 件、广饶县有 1 件；烟台市有 9 件，其中莱州市有 2 件、招远市有 1 件、栖霞市有 1 件、海阳市有 2 件、芝罘区有 1 件、莱山区有莱山高新技术产业开发区提起 1 件、烟台经济技术开发区提起 1 件；潍坊市有 4 件，其中诸城市有 1 件、高密市有 2 件、潍城区有 1 件；济宁市有 1 件，其中金乡县有 1 件；威海市有 2 件，其中荣成市有 1 件、威海市有威海火炬高技术产业开发区有 1 件；日照市有 1 件，其中五莲县有 1 件；临沂市有 4 件，其中罗庄区有 1 件、沂南县有 1 件、平邑县有 1 件、莒南县有 1 件；德州市有 5 件，其中德城区有 1 件、宁津县有 1 件、庆云县有 1 件、平原县有 2 件；聊城市有 7 件，其中临清市有 2 件、东昌府区有 1 件、莘县有 2 件、茌平县有 1 件、东阿县有 1 件；滨州市有 3 件，其中沾化区有 1 件、博兴县有 2 件；菏泽市有 4 件，其中牡丹区有 1 件、成武县有 1 件、巨野县有 1 件、鄄城县有 1 件。

未检索到相关案件的地区：济南市全市；青岛市胶州市、即墨区、平度市、莱西市、市南区、市北区、黄岛区、崂山区、李沧区、城阳区；淄博市周村区、桓台县、高青县；枣庄市全市；东营市河口区；烟台市龙口市、莱阳市、蓬莱市、福山区、牟平区、长岛县；潍坊市青州市、寿光市、安丘市、昌邑市、寒亭区、坊子区、奎文区、临朐县、昌乐县；济宁市曲阜市、邹城市、任城区、兖州区、微山县、鱼台县、嘉祥县、汶上县、泗水县、梁山县；泰安市全市；威海市乳山市、环翠区、文登区；日照市东港区、岚山区、莒县；临沂市兰山区、河东区、郯城县、沂水县、兰陵县、费县、蒙阴县、临沭县；德州市乐陵市、禹城市、陵城区、临邑县、齐河县、夏津县、武城县；聊城市阳谷县、冠县、高唐县；滨州市滨城区、惠民县、阳信县、无棣县、邹平市；菏泽市定陶区、曹县、单县、郓城县、东明县。

时间分布如图 2-1-6 所示，2016 年有 1 件，2017 年有 11 件，2018 年有 17 件，2019 年有 21 件。案件数量自 2017 年逐年增加。

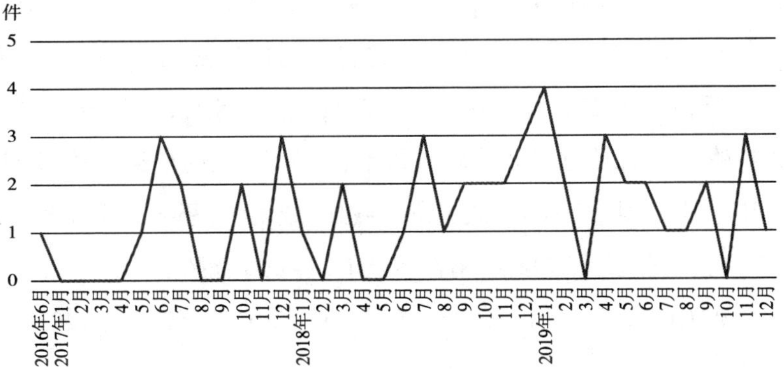

图 2-1-6 山东省生态环境与资源保护类案件时间分布

湖北省

此类案件有 82 件，其中判决书有 81 份，裁定书有 1 份。

空间分布情况：武汉市有 6 件，其中汉阳区有 1 件、洪山区有 1 件、蔡甸区有 1 件、新洲区有 1 件、汉南区有 2 件；黄石市有 11 件，其中阳新县有 4 件、黄石港区有 1 件、下陆区有 4 件、铁山区有 1 件、铁山区经济技术开发区有 1 件；十堰市有 6 件，其中郧阳区有 1 件、丹江口区有 1 件、竹溪县有 2 件、房县有 2 件；宜昌市有 11 件，其中远安县有 1 件、兴山县有 1 件、秭归县有 2 件、长阳土家族自治县有 1 件、宜都市有 1 件、枝江市有 1 件、当阳市有 1 件、西陵区有 1 件、点军区有 1 件、宜昌高新技术产业开发区有 1 件；襄阳市有 10 件，其中襄州区有 1 件、枣阳市有 3 件、宜城市有 2 件、南漳县有 1 件、保康县有 1 件、谷城县有 1 件、襄阳铁路运输检察院提起 1 件；鄂州市有 1 件，其中鄂州市人民检察院提起 1 件；

荆门市有 3 件，其中沙洋县有 1 件、钟祥市有 1 件、东宝区有 1 件；荆州市有 5 件，其中沙市有区有 1 件、公安县有 1 件、松滋市有 3 件；黄冈市有 6 件，其中武穴市有 2 件、团风县有 1 件、黄梅县有 1 件、红安县有 1 件、黄石港区有 1 件；咸宁市有 4 件，其中嘉鱼县有 1 件、崇阳县有 1 件、通山县有 1 件、赤壁市有 1 件；随州市有 9 件，其中曾都区有 2 件、随县有 3 件、广水市有 4 件；恩施土家族苗族自治州有 8 件，其中恩施市有 2 件、利川市有 3 件、巴东县有 2 件、咸丰县有 1 件；仙桃市有 1 件；天门市有 1 件，其中拖市有镇 1 件。

未检索到相关案件的地区：武汉市江岸区、江汉区、硚口区、武昌区、青山区、江夏区、黄陂区、东西湖区；黄石市大冶市、西塞山区；十堰市张湾区、茅箭区、郧西县、竹山县；宜昌市五峰土家族自治县、夷陵区、猇亭区；襄阳市襄城、樊城、老河口；鄂州市鄂城区、华容区、梁子湖区；荆门市京山市、掇刀区；孝感市全市；荆州市荆州区、江陵县、监利县、石首市、洪湖市；黄冈市黄州区、麻城市、浠水县、罗田县、英山县、蕲春县；咸宁市通城县、咸安区；恩施土家族苗族自治州建始县、宣恩县、来凤县、鹤峰县；潜江市全市；神农架林区全区。

时间分布如图 2-1-7 所示，2016 年有 1 件，2017 年有 42 件，2018 年有 15 件，2019 年有 24 件。

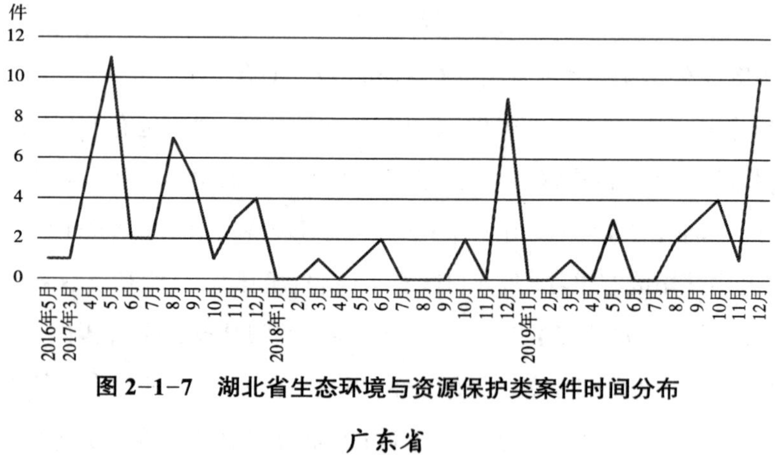

图 2-1-7 湖北省生态环境与资源保护类案件时间分布

广东省

此类案件有 38 件，其中判决书有 37 份，裁定书有 1 份。

空间分布情况：广州市有 6 件，其中荔湾区有 1 件、越秀区有 1 件、白云区有

3 件、从化区有 1 件；韶关市有 5 件，其中始兴县有 1 件、仁化县有 1 件、翁源县有 1 件、新丰县有 2 件；深圳市有 4 件，其中罗湖区有 1 件、福田区有 1 件、龙岗区有 1 件、盐田区有 1 件；汕头市有 5 件，其中龙湖区有 1 件、濠江区有 1 件、潮阳区有 1 件、潮南区有 1 件、澄海区有 1 件；江门市有 1 件，其中开平市有 1 件；茂名市有 1 件，其中茂南区有 1 件；肇庆市有 5 件，其中端州区有 1 件、鼎湖区有 1 件、高要区有 1 件、广宁县有 1 件、怀集县有 1 件；惠州市有 1 件，其中惠阳区有 1 件；清远市有 10 件，其中英德市有 1 件、连州市有 1 件、清城区有 1 件、清新区有 1 件、阳山县有 1 件、连山壮族瑶族自治县有 2 件、连南瑶族自治县有 3 件。

未检索到相关案件的地区：广州市珠海区、天河区、黄埔区、番禺区、花都区、南沙区、增城区；韶关市乐昌区、南雄市、武江区、浈江区、曲江区、乳源瑶族自治县；深圳市南山区、宝安区；珠海市全市；佛山市全市；湛江市全市；茂名市高州市、化州市、信宜市、电白区；肇庆市四会市、封开县、德庆县；惠州市惠城区、博罗县、惠东县、龙门县；梅州市全市；汕尾市全市；河源市全市；阳江市全市；清远市佛冈区；东莞市全市；中山市全市；潮州市全市；揭阳市全市；云浮市全市。

时间分布如图 2-1-8 所示，2017 年有 29 件，2018 年有 7 件，2019 年有 2 件。案件数量自 2017 年逐年减少。

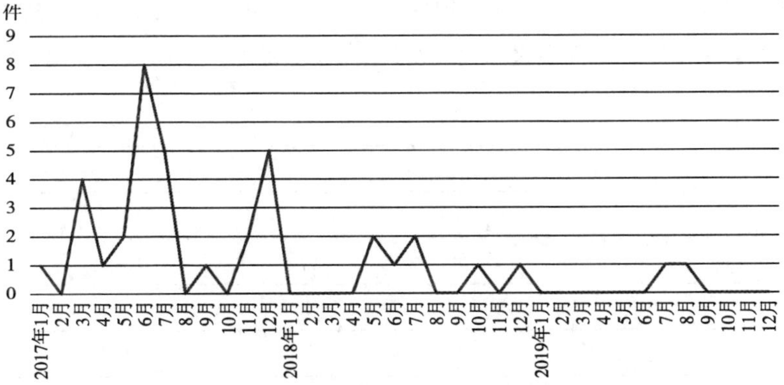

图 2-1-8　广东省生态环境与资源保护类案件时间分布

贵州省

此类案件有 92 件，其中判决书有 92 份。

空间分布情况：贵阳市有 13 件，其中观山湖区有 2 件、南明区有 1 件、云岩区有1件、乌当区有3件、白云区有1件、清镇市有2件、开阳县有2件、修文县有1件;遵义市有1件,其中庆余县有1件;六盘水市有6件,其中钟山区有2件、水城县有3件、六盘水市人民检察院提起1件;毕节市有18件,其中七星关区有3件、赫章县有2件、威宁县有3件、纳雍县有2件、织金县有2件、黔西县有2件、金沙县有2件、大方县有2件;铜仁市有12件,其中碧江区有1件、万山区有1件、江口县有2件、玉屏县有2件、石阡县有2件、思南县有2件、沿河县有1件、松桃县有1件;黔东南苗族侗族自治州有20件,其中凯里市有2件、镇远县有1件、黄平县有1件、施秉县有1件、三穗县有1件、岑巩县有1件、锦屏县有1件、剑河县有1件、台江县有1件、黎平县有2件、榕江县有3件、从江县有2件、雷山县有2件、麻江县有1件;黔西南布依族苗族自治州有22件,其中兴义市有2件、兴仁市有1件、普安县有3件、晴隆县有4件、贞丰县有2件、望谟县有5件、册亨县有4件、安龙县有2件。

未检索到相关案件的地区:贵阳市花溪区、息烽县;遵义市汇川区、红花岗区、播州区;赤水市仁怀市、桐梓县、绥阳县、正安县、道真县、务川县、凤冈县、湄潭县、习水县;六盘水市盘州市、六枝特区;安顺市全市;铜仁市印江县、德江县;黔东南苗族侗族自治州天柱县、丹寨县;黔南布依族苗族自治州。

时间分布如图2-1-9所示,2016年有7件,2017年有73件,2018年有7件,2019年有5件。案件数量自2017年逐年减少。

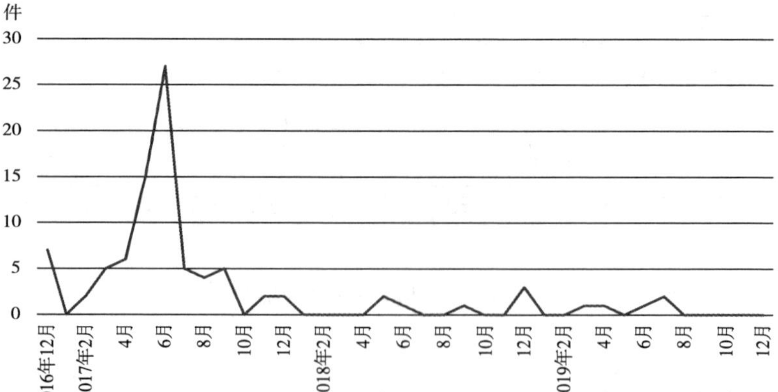

图2-1-9 贵州省生态环境与资源保护类案件时间分布

云南省

此类案件有 68 件，其中判决书有 68 份。

空间分布情况：昆明市有 10 件，其中呈贡区有 2 件、盘龙区有 1 件、五华区有 1 件、西山区有 1 件、东川区有 1 件、安宁市有 1 件、富民县有 1 件、宜良县有 1 件、石林彝族自治县有 1 件；曲靖市有 7 件，其中沾益区有 1 件、宣威市有 1 件、富源县有 1 件、罗平县有 2 件、师宗县有 2 件；保山市有 1 件，其中昌宁县有 1 件；普洱市有 17 件，其中思茅区有 7 件、景东彝族自治县有 3 件、澜沧拉祜族自治县有 7 件；临沧市有 3 件，其中双江拉祜族佤族布朗族傣族自治县有 1 件、耿马傣族佤族自治县有 1 件、沧源佤族自治县有 1 件；德宏傣族景颇族自治州有 4 件，其中芒市有 1 件、瑞丽市有 1 件、梁河县有 1 件、盈江县有 1 件；大理白族自治州有 4 件，其中宾川县有 1 件、洱源县有 1 件、剑川县有 1 件、鹤庆县有 1 件；楚雄彝族自治州有 18 件，其中双柏县有 2 件、牟定县有 6 件、大姚县有 1 件、永仁县有 4 件、禄丰县有 5 件；红河哈尼族彝族自治州有 3 件，其中弥勒市有 1 件、河口瑶族自治县有 2 件。

未检索到相关案件的地区：昆明市官渡区、禄劝彝族苗族自治县、寻甸回族彝族自治县；曲靖市陆良县、会泽县、马龙区、麒麟区；玉溪市全市；昭通市全市；保山市隆阳区、腾冲市、施甸县、龙陵县；丽江市全市；普洱市宁洱哈尼族彝族自治县、墨江哈尼族自治县、景谷傣族彝族自治县、镇沅彝族哈尼族拉祜族自治县、江城哈尼族彝族自治县、孟连傣族拉祜族佤族自治县、西盟佤族自治县；临沧市临翔区、凤庆县、云县、永德县、镇康县；德宏傣族景颇族自治州陇川县；怒江傈僳族自治州全自治州；迪庆藏族自治州全自治州；大理白族自治州大理市、祥云县、弥渡县、永平县、云龙县、漾濞彝族自治县、南涧彝族自治县、巍山彝族回族自治县；楚雄彝族自治州楚雄市、南华县、姚安县、元谋县、武定县；红河哈尼族彝族自治州蒙自市、个旧市、开远市、建水县、石屏县、泸西县、绿春县、元阳县、红河县、金平苗族瑶族傣族自治县、屏边苗族自治县；文山壮族苗族自治州；西双版纳傣族自治州。

时间分布如图 2-1-10 所示，2017 年有 61 件，2018 年有 6 件，2019 年有 1

件。案件数量自2017年逐年减少。

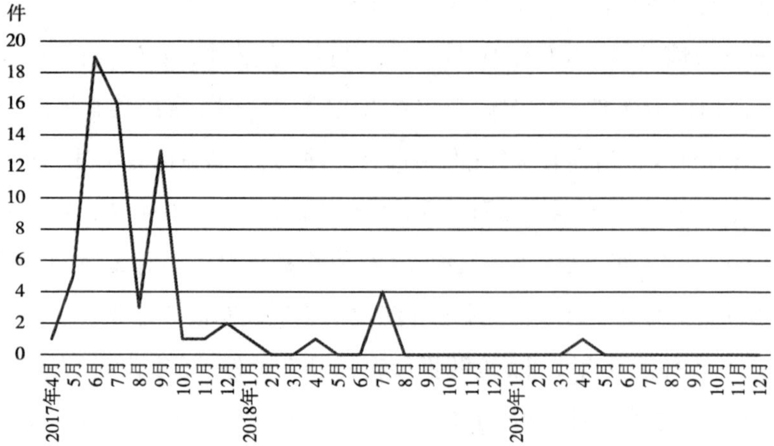

图 2-1-10　云南省生态环境与资源保护类案件时间分布

陕西省

此类案件有67件,其中判决书有65份,裁定书有2份。

空间分布情况:西安市有20件,其中西安市有人民检察院提起的有20件;宝鸡市有6件,其中渭滨区有1件、金台区有2件、陈仓区有1件、扶风县有1件、眉县有1件;咸阳市有5件,其中杨陵区有1件、泾阳县有1件、旬邑县有1件、武功县有1件、彬州市有1件;渭南市有2件,其中华州区有1件,白水县有1件;延安市有4件,其中宝塔区有1件,延川县有2件,富县有1件;榆林市有12件,其中府谷县有1件、靖边县有1件、定边县有2件、绥德县有2件、米脂县有1件、佳县有1件、吴堡县有1件、清涧县有1件、子洲县有2件;汉中市有11件,其中汉台区有1件,南郑区有1件、城固县有2件,洋县有1件、西乡县有1件、勉县有1件、略阳县有1件、镇巴县有1件、留坝县有1件、佛坪县有1件、安康市有5件,其中安康市人民检察院提起5件;商洛市有2件,其中洛南县有2件。

未检索到相关案件的地区:西安市新城区、碑林区、莲湖区、雁塔区、灞桥区、未央区、阎良区、临潼区、长安区、高陵区、鄠邑区、蓝田县、周至县;宝鸡市凤翔县、岐山县、陇县、千阳县、麟游县、凤县、太白县;咸阳市秦都区、渭城区、三原县、乾县、礼泉县、永寿县、长武县、淳化县、兴平市；铜川市全市；渭南市临渭区、潼关县、大荔县、合阳县、澄城县、蒲城县、富平县、韩城市、华阴市；延安市安塞区、延长县、子长市、志丹县、吴起县、甘泉县、洛川县、宜川县、黄龙县、黄陵县；榆林市榆阳区、横山区、神木市；汉中市宁强县；安康市汉滨区、汉阴县、石泉县、宁陕县、紫阳县、岚皋县、平利县、镇坪县、旬阳县、白河县；商洛市商州区、丹凤县、商南县、山阳县、镇安县、柞水县。

时间分布如图 2-1-11 所示，2016 年有 1 件，2017 年有 40 件，2018 年有 18 件，2019 年有 8 件。案件数量自 2017 年逐年减少。

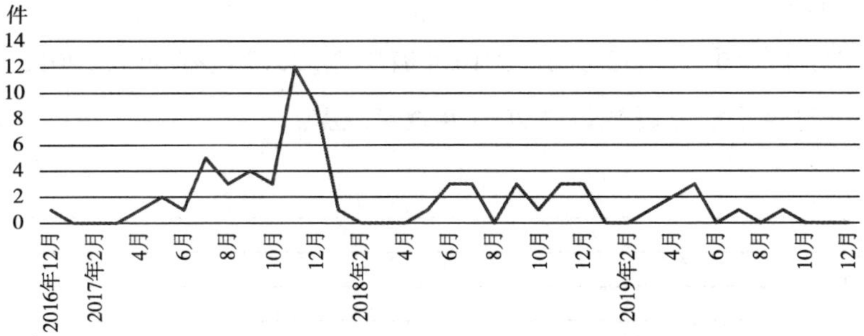

图 2-1-11　陕西省生态环境与资源保护类案件时间分布

甘肃省

此类案件有 67 件，其中判决书有 66 份，裁定书有 1 份。

空间分布情况：兰州市有 11 件，其中城关区有 3 件、七里河区有 1 件、西固区有 2 件、安宁区有 1 件、榆中县有 1 件、皋兰县有 3 件；嘉峪关市有 1 件；白银市有 6 件，其中平川区有 1 件、会宁县有 3 件、靖远县有 1 件、景泰县有 1 件；天水市有 20 件，其中秦州区有 1 件、麦积区有 6 件、清水县有 4 件、秦安县有 4 件、甘谷县有 1 件、武山县有 2 件、张家川回族自治县有 2 件；武威市有 1 件，其中凉川区有 1 件；张掖市有 4 件，其中肃南裕固族自治县有 1 件、民乐县有 1 件、高台县有 1 件、山丹县有 1 件；平凉市有 2 件，其中泾川县有 2 件；酒泉市有 2 件，其中玉门市有 1 件、敦煌市有 1 件；庆阳市有 5 件，其中西峰区有 2 件、环县有 1 件、正宁县有 1 件、宁县有 1 件；定西市有 6 件，其中安定区有 1 件、通渭县有 1 件、陇西县有 2 件、漳县有 1 件、岷县有 1 件；陇南市有 8 件，其中武都区有 3

件、康县有 2 件、礼县有 2 件、徽县有 1 件；甘南藏族自治州有 1 件，其中舟曲县有 1 件。

未检索到相关案件的地区：兰州市红古区、永登县；金昌市全市；白银市白银区；武威市民勤县、古浪县、天祝藏族自治县；张掖市甘州区、临泽县；平凉市崆峒区、灵台县、崇信县、华亭县、庄浪县、静宁县；酒泉市肃州区、金塔县、瓜州县、肃北蒙古族自治县、阿克塞哈萨克族自治县；庆阳市庆城县、华池县、合水县、镇原县；定西市渭源县、临洮县；陇南市成县、文县、宕昌县、西和县、两当县；临夏回族自治州全州；甘南藏族自治州合作市、临潭县、卓尼县、迭部县、夏河县、玛曲县、碌曲县。

时间分布如图 2-1-12 所示，2016 年有 1 件，2017 年有 39 件，2018 年有 19 件，2019 年有 8 件。案件数量自 2017 年逐年减少。

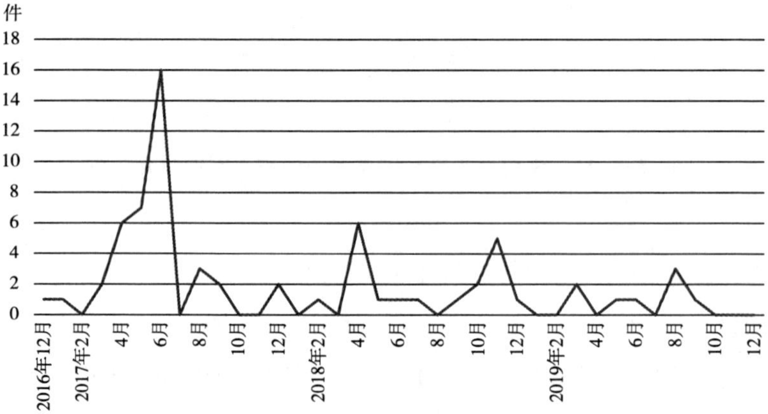

图 2-1-12 甘肃省生态环境与资源保护类案件时间分布

（三）非试点地区

山西省

此类案件有 6 件，其中判决书有 5 份，裁定书有 1 份。空间分布情况：晋城市高平市有 3 件；吕梁市离市区有 2 件；晋中市平遥县有 1 件。时间分布情况：2018 年有 5 件，2019 年有 1 件。

辽宁省

此类案件有 1 件，其中判决书有 1 份。空间分布情况：辽宁省凌海市有 1

件。时间分布情况：2018 年有 1 件。

黑龙江省

此类案件有 1 件，其中判决书有 1 份。空间分布情况：大兴安岭地区加格达奇区有 1 件。时间分布情况：2019 年有 1 件。

江西省

此类案件有 4 件，其中判决书有 4 份。空间分布情况：新余市渝水区有 1 件，吉安市吉州区有 1 件，上饶市万年县有 1 件，南昌市安义县有 1 件。时间分布情况：2018 年有 3 件，2019 年有 1 件。

河南省

此类案件有 5 件，其中判决书有 4 份，裁定书有 1 份。空间分布情况：信阳市有 3 件，其中固始县有 2 件、潢川县有 1 件；漯河市临颍县有 1 件；南阳市淅川县有 1 件。时间分布情况：2018 年有 3 件，2019 年有 2 件。

湖南省

此类案件有 1 件，其中判决书有 1 份。空间分布情况：怀化市通道侗族自治县有 1 件。时间分布情况：2018 年有 1 件。

海南省

此类案件有 1 件，其中判决书有 1 份。空间分布情况：文昌市有 1 件。时间分布情况：2019 年有 1 件。

四川省

此类案件有 5 件，其中判决书有 5 份。空间分布情况：自贡市有 2 件，其中贡井区有 1 件、荣县有 1 件；巴中市通江县有 1 件，广安市邻水县有 1 件，达州市大竹县有 1 件。时间分布情况：2018 年有 2 件，2019 年有 3 件。

重庆市

此类案件有 4 件，其中判决书有 4 份。空间分布情况：荣昌区有 1 件；渝中区有 1 件，酉阳土家族苗族自治县有 1 件，渝北区有 1 件。时间分布情况：2018 年有 1 件，2019 年有 3 件。

二、国有土地使用权出让类案件

(一)全国

笔者共收集全国31个省、自治区、直辖市行政公益诉讼国有土地使用权出让类案件158件,其中判决书有152份,裁定书有6份。时间分布情况:2015年有1件,2016年有3件,2017年有109件,2018年有36件,2019年有9件。案件数量自2017年逐年减少。31个省、自治区、直辖市中,云南省此类案件数量最多,为33件,黑龙江省、北京市、上海市、天津市、广西壮族自治区、河南省、海南省、四川省、西藏自治区、宁夏回族自治区、新疆维吾尔自治区未检索到此类案件。

(二)试点地区

内蒙古自治区

此类案件有17件,其中判决书有17份。空间分布情况:赤峰市巴林左旗有4件;阿拉善盟阿拉善右旗有1件;包头市有2件,其中达茂联合旗有1件、达尔罕茂明安联合旗有1件;锡林郭勒盟西乌珠穆沁旗有1件;包头市九原区有1件;赤峰市红山区有1件;呼伦贝尔市有4件,其中扎兰屯市有1件、鄂伦春自治旗有1件、莫力达瓦达斡尔族自治旗有1件、满洲里市有1件;锡林郭勒盟二连浩特市有1件;呼和浩特市有1件;鄂尔多斯乌审旗有1件。时间分布情况:2017年有17件。

吉林省

此类案件有6件,其中判决书有6份。空间分布情况:四平市伊通满族自治县有1件;白城市镇赉县有1件;通化市梅河口市有2件;吉林市龙潭区有1件;延边朝鲜族自治州龙井市有1件。时间分布情况:2017年有2件,2018年有4件。

江苏省

此类案件有1件,其中判决书有1份。空间分布情况:常州市武进区有1件。时间分布情况:2017年有1件。

安徽省

此类案件有 11 件，其中判决书有 11 份。空间分布情况：宿州市有 2 件，其中泗县有 1 件、灵璧县有 1 件；滁州市有 3 件，其中明光市有 1 件、全椒县有 1 件、来安县有 1 件；安庆市有 2 件，其中望江县有 1 件、宿松县有 1 件；六安市金安区有 1 件；芜湖市经济技术开发区有 1 件，铜陵市枞阳县有 1 件。时间分布情况：2017 年有 6 件，2018 年有 3 件，2019 年有 2 件。

福建省

此类案件有 4 件，其中判决书有 4 份。空间分布情况：福州市福清市有 1 件；南平市顺昌县有 1 件；三明市泰宁县有 1 件；龙岩市上杭县有 1 件。时间分布情况：2016 年有 1 件，2017 年有 3 件。

山东省

此类案件有 6 件，其中判决书有 6 份。空间分布情况：青岛市即墨区有 4 件；烟台市招远市有 1 件；菏泽市单县有 1 件。时间分布情况：2017 年有 5 件，2018 年有 1 件。

湖北省

此类案件有 22 件，其中判决书有 21 份，裁定书有 1 份。

空间分布情况：武汉市有 10 件，其中硚口区有 1 件、武昌区有 1 件、青山区有 3 件、蔡甸区有 1 件、新洲区有 1 件、东西湖区有 3 件；黄石市有 2 件，其中大冶市有 1 件、黄石港区有 1 件；十堰市有 1 件，其中丹江口市有 1 件；宜昌市有 1 件，其中伍家岗区有 1 件；荆州市有 2 件，其中公安县有 1 件、监利县有 1 件；黄冈市有 3 件，其中麻城市有 1 件、蕲春县有 1 件、黄冈市人民检察院提起 1 件；恩施土家族苗族自治州有 1 件，其中来凤县有 1 件；潜江市有 1 件。

未检索到此类案件有的地区：武汉市江岸区、江汉区、汉阳区、洪山区、江夏区、黄陂区、汉南区；黄石市西塞山区、下陆区、铁山区、阳新县；十堰市张湾区、茅箭区、郧阳区、郧西县、竹溪县、房县；宜昌市远安县、兴山县、秭归县、长阳土家族自治县、五峰土家族自治县、宜都市、枝江市、当阳市、夷陵区、西陵区、点军区、猇亭区；襄阳市全市；鄂州市全市；荆门市全市；孝感市全市；荆州市荆州区、沙市区、江陵县、松滋市、石首市、洪湖市；黄冈市黄州区、武穴市、团风县、浠水县、罗田县、英山县、黄梅县、红安县；咸宁市全市；随州市全市；恩施土家族苗族自治州、利川市、建始县、巴东县、宣恩县、咸丰县、鹤峰县；仙桃市全市；天门市全市；神农架林区全区。

时间分布如图 2-1-13 所示，2017 年有 15 件，2018 年有 3 件，2019 年有 3 件。案件数量自 2017 年逐年减少。

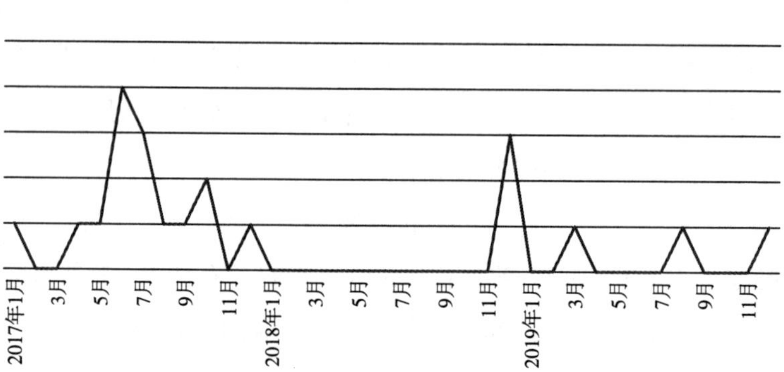

图 2-1-13　湖北省国有土地使用权出让类案件时间分布

广东省

此类案件有 2 件，其中判决书有 2 份。空间分布情况：肇庆市德庆县有 1 件；深圳市宝安区有 1 件。时间分布情况：2017 年有 2 件。

贵州省

此类案件有 22 件，其中判决书有 22 份，裁定有 0 份。

空间分布情况：贵阳市有 2 件，其中云岩区有 1 件、修文县有 1 件；六盘水市有 1 件，其中种山区有 1 件；安顺市有 4 件，其中镇宁县有 2 件、紫云县有 2 件；毕节市有 3 件，其中纳雍县有 1 件、织金县有 1 件、黔西县有 1 件；铜仁市有 2 件，其中德江县有 2 件；黔东南苗族侗族自治州有 7 件，其中施秉县有 1 件、三穗县有 1 件、岑巩县有 1 件、剑河县有 1 件、雷山县有 1 件、麻江县有 2 件；黔西南布依族苗族自治州有 3 件，其中兴义市有 1 件、贞丰县有 1 件、安龙县有 1 件。

未检索到此类案件有的地区：贵阳市观山湖区、南明区、花溪区、乌当区、白云区、清镇市、开阳县、息烽县；遵义市全市；六盘水市盘州市、六枝特区、水城县;安顺市西秀区、平坝区、普定县、关岭县、星关区、赫章县、威宁县、金沙县、大方县;铜仁市碧江区、万山区、江口县、玉屏县、石阡县、思南县、印江县、沿河县、松桃县;黔东南苗族侗族自治州凯里市、镇远县、黄平县、天柱县、锦屏县、台江县、黎平县、榕江县、丹寨县、从江县;黔南布依族苗族自治州全自治州;黔西南布依族苗族自治州兴仁市、普安县、晴隆县、望谟县、册亨县。

时间分布如图 2-1-14 所示,2015 年有 1 件,2016 年有 1 件,2017 年有 14 件,2018 年有 6 件。案件数量自 2017 年逐年减少。

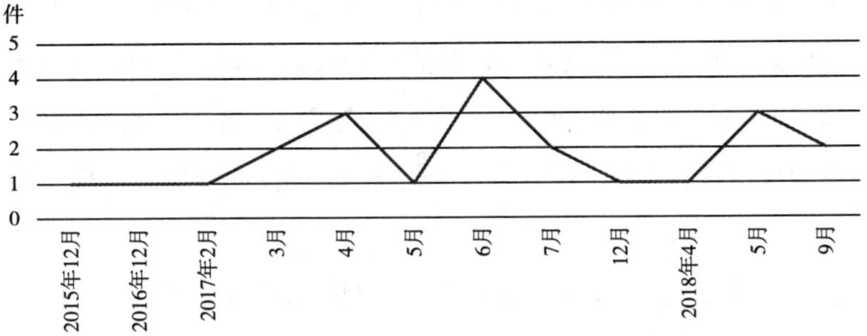

图 2-1-14　贵州省国有土地使用权出让类案件时间分布

云南省

此类案件有 33 件,其中判决书有 31 份,裁定书有 2 份。

空间分布情况:昆明市有 4 件,其中晋宁区有 1 件、嵩明县有 1 件、禄劝彝族苗族自治县有 1 件、寻甸回族彝族自治县有 1 件;曲靖市有 4 件,其中沾益区有 1 件、会泽县有 3 件;普洱市有 9 件,其中墨江哈尼族自治县有 3 件、景谷傣族彝族自治县有 1 件、江城哈尼族彝族自治县有 2 件、澜沧拉祜族自治县有 3 件;临沧市有 2 件,其中云县有 1 件、永德县有 1 件;德宏傣族景颇族自治州有 1 件,其中陇川县有 1 件;大理白族自治州有 1 件,其中南涧彝族自治县有 1 件;楚雄彝族自治州有 4 件,其中楚雄市有 1 件、南华县有 1 件、姚安县有 1 件、禄丰县有 1 件;红河哈尼族彝族自治州有 8 件,其中个旧市有 2 件、绿春县有 1 件、红河县有 5 件。

未检索到此类案件有的地区:昆明市呈贡区、盘龙区、五华区、官渡区、西山区、东川区、安宁市、富民县、宜良县、石林彝族自治县;曲靖市麒麟区、马龙区、宣威市、富源县、罗平县、师宗县、陆良县；玉溪市全市；昭通市全市；保山市全市；丽江市全市；普洱市思茅区、宁洱哈尼族彝族自治县、景东彝族自治县、镇沅彝族哈尼族拉祜族自治县、孟连傣族拉祜族佤族自治县、西盟佤族自治县；临沧市临翔区、凤庆县、镇康县、双江拉祜族佤族布朗族傣族自治县、耿马傣族佤族自治县、沧源佤族自治县；德宏傣族景颇族自治州芒市、瑞丽市、梁河县、盈江县；怒江傈僳族自治州全自治州；迪庆藏族自治州全自治州；大理白族自治州大理市、祥云县、宾川县、弥渡县、永平县、云龙县、洱源县、剑川县、鹤庆县、漾濞彝族自治县、巍山彝族回族自治县；楚雄彝族自治州双柏县、牟定县、大姚县、永仁县、元谋县、武定县；红河哈尼族彝族自治州蒙自市、开远市、弥勒市、建水县、石屏县、泸西县、元阳县、金平苗族瑶族傣族自治县、河口瑶族自治县、屏边苗族自治县；文山壮族苗族自治州全自治州；西双版纳傣族自治州全自治州。

时间分布如图 2-1-15 所示，2016 年有 1 件，2017 年有 32 件。

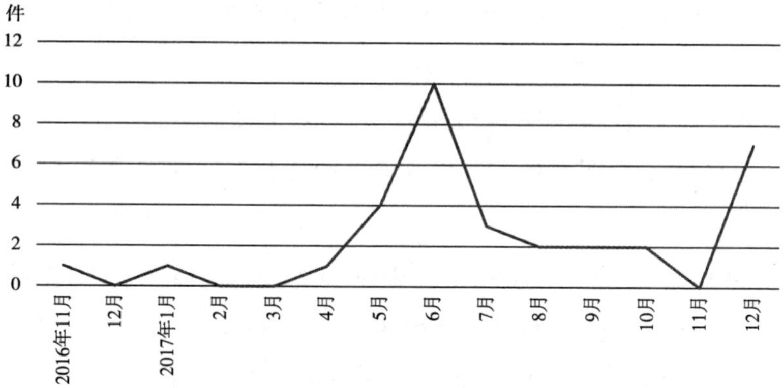

图 2-1-15 云南省国有土地使用权出让类案件时间分布

陕西省

此类案件有 9 件。其中判决书有 8 份，裁定书有 1 份。空间分布情况：汉中市有 5 件，其中西乡县有 1 件、宁强县有 1 件、洋县有 1 件、南郑县有 1 件、佛坪县有 1 件；咸阳市有乾县有 1 件；西安市有 2 件；宝鸡市有扶风县有 1 件。时间分布情况：2017 年有 5 件，2018 年有 4 件。

甘肃省

此类案件有 9 件，其中判决书有 9 份。空间分布情况：陇南市徽县有 2 件；庆阳市有 2 件，其中合水县有 1 件、镇原县有 1 件；陇南市有 2 件，其中徽县有 1 件、两当县有 1 件；兰州市红古区有 1 件；酒泉市玉门市有 1 件。时间分布情况：2017 年有 7 件，2018 年有 2 件。

（三）非试点地区

河北省

此类案件有 1 件，其中判决书有 1 份。空间分布情况：承德市围场满族蒙古族自治县有 1 件。时间分布情况：2018 年有 1 件。

山西省

此类案件有 7 件，其中判决书有 5 份，裁定书有 2 份。空间分布情况：临汾市曲沃县有 1 件；晋中市介休市有 3 件；晋城市高平市有 1 件；大同市云冈区有 1 件；阳泉市有 1 件。时间分布情况：2018 年有 6 件，2019 年有 1 件。

辽宁省

此类案件有 1 件，其中判决书有 1 份。空间分布情况：丹东市振兴区有 1 件。时间分布情况：2018 年有 1 件。

浙江省

此类案件有 1 件，其中判决书有 1 份。空间分布情况：丽水市景宁畲族自治县有 1 件。时间分布情况：2018 年有 1 件。

江西省

此类案件有 2 件，其中判决书有 2 份。空间分布情况：上饶市万年县有 1 件；抚州市临川区有 1 件。时间分布情况：2018 年有 1 件，2019 年有 1 件。

湖南省

此类案件有 1 件，其中裁定书有 1 份。空间分布情况：娄底市涟源市有 1 件。时间分布情况：2019 年有 1 件。

青海省

此类案件有 2 件，其中判决书有 2 份。空间分布情况：海西蒙古族藏族自治州格尔木市有 2 件。时间分布情况：2018 年有 2 件。

重庆市

此类案件有 1 件，其中判决书有 1 份。空间分布情况：江津区有 1 件。时间分布情况：2019 年有 1 件。

三、国有财产保护类案件

（一）全国

笔者共收集全国 31 个省、自治区、直辖市行政公益诉讼国有财产保护类案件 279 件，其中判决书有 252 份，裁定书有 27 份。时间分布情况：2016 年有 1 件，2017 年有 152 件，2018 年有 83 件，2019 年有 43 件。案件数量自 2017 年逐年减少。31 个省、自治区、直辖市中，福建省此类案件数量最多，为 40 件，北京市、上海市、天津市、广西壮族自治区、黑龙江省、浙江省、河北省、海南省、湖南省、西藏自治区、宁夏回族自治区、青海省、新疆维吾尔自治区未检索到此类案件。

（二）试点地区

内蒙古自治区

此类案件有 4 件，其中判决书有 4 份。空间分布情况：阿拉善盟阿拉善左旗有 2 件；锡林郭勒盟镶黄旗有 1 件；呼和浩特市新城区有 1 件。时间分布情况：2017 年有 3 件，2018 年有 1 件。

吉林省

此类案件有 23 件，其中判决书有 20 份，裁定书有 3 份。

空间分布情况：长春市有 1 件，其中朝阳区有 1 件；吉林市有 3 件，其中桦甸市有 2 件、永吉县有 1 件；四平市有 1 件，其中伊通满族自治县有 1 件；通化市有 8 件，其中东昌区有 1 件、集安市有 1 件、辉南县有 5 件、梅河口市有 1 件。白城市有 6 件，其中洮北区有 4 件、大安市有 1 件、镇赉县有 1 件；白山市有 4 件，其中临江市有 2 件、靖宇县有 1 件、长白朝鲜族自治县有 1 件。

未检索到此类案件有的地区：长春市南关区、绿园区、二道区、双阳区、宽城区、九台区、榆树市、德惠市、农安县；吉林市船营区、龙潭区、昌邑区、丰满区、磐石市、蛟河市、舒兰市；延边朝鲜族自治州全自治州；四平市铁西区、铁东区、公主岭市、双辽市、梨树县；通化市柳河县、二道江区、通化县；白城市通榆县、洮南市；辽源市全市；松原市全市；白山市浑江区、江源区、抚松县；长白山管委会。

时间分布如图 2-1-16 所示，2017 年有 3 件，2018 年有 9 件，2019 年有 11 件。案件数量自 2017 年逐年增加。

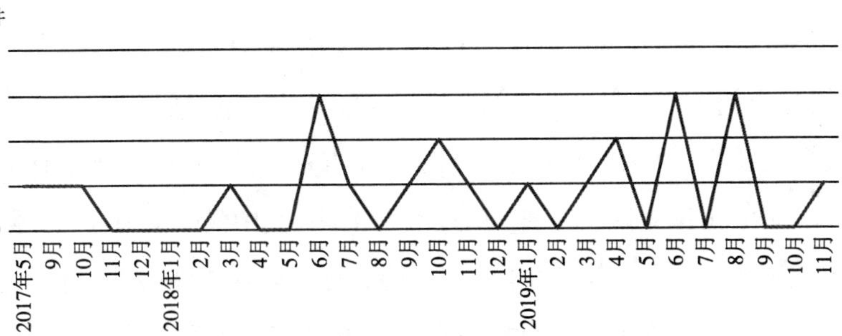

图 2-1-16　吉林省国有财产保护类案件时间分布

江苏省

此类案件有 11 件，其中判决书有 5 份，裁定书有 6 份。

空间分布情况：南京市有 3 件，其中栖霞区有 2 件、雨花台区有 1 件；常州市有 1 件，其中新北区有 1 件；盐城市有 3 件，其中盐都区有 2 件、滨海县有 1 件；镇江市有 1 件，其中丹徒区有 1 件；泰州市有 4 件，其中姜堰区有 2 件、靖江市有 1 件。

未检索到此类案件有的地区：南京市玄武区、秦淮区、建邺区、鼓楼区、浦口区、江宁区、六合区、溧水区、高淳区、白下区、下关区；无锡市全市；徐州市全市；常州市天宁区、钟楼区、武进区、金坛区、溧阳市；苏州市全市；南通市全市；连云港市全市；淮安市全市；盐城市亭湖区、大丰区、响水县、阜宁县、射阳县、建湖县、东台市；扬州市全市；镇江市京口区、润州区、丹阳市、扬中市、句容市；泰州市海陵区、高港区、兴化市、泰兴市；宿迁市全市。

时间分布如图 2-1-17 所示，2017 年有 3 件，2018 年有 6 件，2019 年有 2 件。

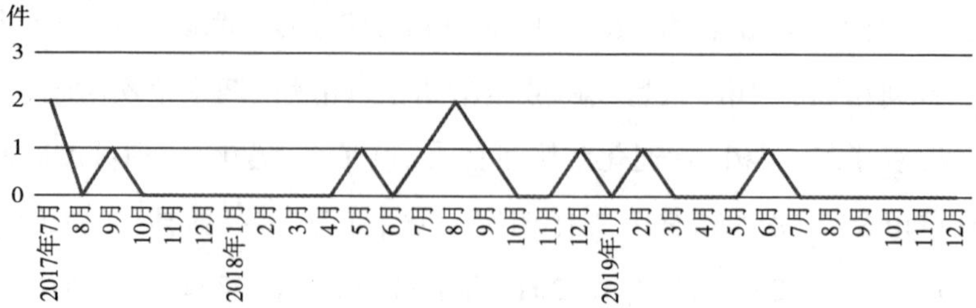

图 2-1-17　江苏省国有财产保护类案件时间分布

安徽省

此类案件有 18 件，其中判决书有 14 份，裁定书有 4 份。

空间分布情况：合肥市有 7 件，其中巢湖市有 2 件、瑶海区有 1 件、庐阳区有 2 件、肥西县有 1 件、庐江县有 1 件；蚌埠市有 2 件，其中固始县有 2 件；淮南市有 1 件，其中田家庵区有 1 件；铜陵市有 1 件，其中义安区有 1 件；滁州市有 1 件，其中全椒县有 1 件；宿州市有 3 件，其中砀山县有 2 件，泗县有 1 件；六安市有 1 件，其中裕安区有 1 件；宣城市有 2 件，其中宁国市有 2 件。

未检索到此类案件有的地区：合肥市蜀山区、包河区、长丰县、肥东县；芜湖市全市；蚌埠市龙子湖区、蚌山区、禹会区、淮上区、怀远县、五河县；淮南市大通区、谢家集区、八公山区、潘集区、凤台县、寿县；马鞍山市全市；淮北市全市；铜陵市铜官区、郊区、枞阳县；安庆市全市；黄山市全市；滁州市天长市、明光市、琅琊区、南谯区、来安县、定远县、凤阳县；宿州市埇桥区、萧县、灵璧县；六安市金安区、叶集区、霍邱县、舒城县、金寨县、霍山县；亳州市全市；池州市全市；宣城市宣州区、郎溪县、广德县、泾县、绩溪县、旌德县。

时间分布如图 2-1-18 所示，2017 年有 5 件，2018 年有 8 件，2019 年有 5 件。

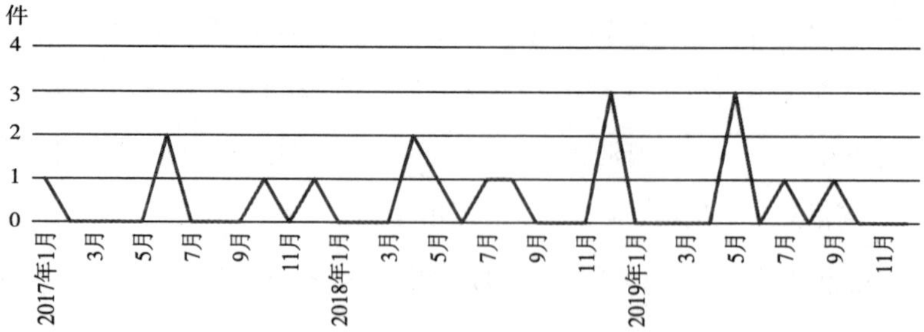

图 2-1-18　安徽省国有财产保护类案件时间分布

福建省

此类案件有40件，其中判决书有39份，裁定书有1份。

空间分布情况：福州市有9件，其中马尾区有1件、晋安区有2件、闽侯县有1件、闽清县有4件、长乐市有1件；莆田市有7件，其中城厢区有7件；三明市有5件，其中宁化县有2件、建宁县有3件；泉州市有3件，其中惠安县有2件、晋江市有1件；漳州市有1件，其中龙海市有1件；南平市有7件，其中松溪县有2件、政和县有1件、建瓯市有4件；龙岩市有8件，其中新罗区有1件、永定区有4件、武平县有3件。

未检索到此类案件有的地区：福州市鼓楼区、台江区、仓山区、连江县、罗源县、永泰县、平潭县、福清市；厦门市全市；莆田市涵江区、荔城区、秀屿区、仙游县；三明市梅列区、三元区、明溪县、清流县、大田县、尤溪县、沙县、将乐县、泰宁县、永安市；泉州市鲤城区、丰泽区、洛江、区泉港区、安溪县、永春县、德化县、金门县、石狮市、南安市；漳州市芗城区、龙文区、云霄县、漳浦县、诏安县、长泰县、东山县、南靖县、平和县、华安县；南平市延平区、建阳区、顺昌县、浦城县、光泽县邵武市、武夷山市；龙岩市长汀县、上杭县、连城县、漳平市；宁德市全市。

时间分布如图2-1-19所示，2016年有1件，2017年有30件，2018年有9件。案件数量自2017年逐年下降。

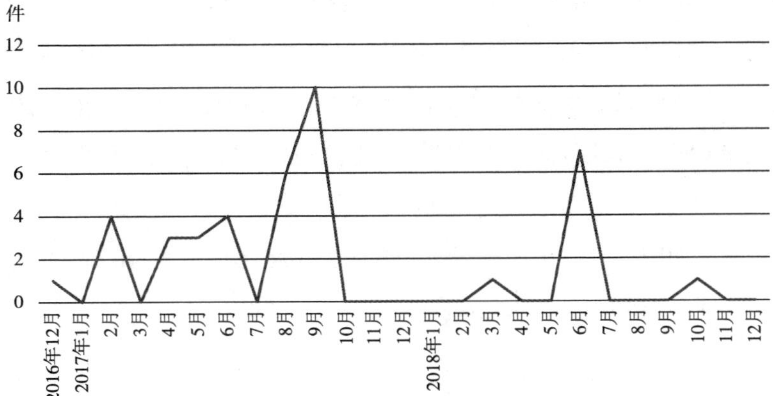

图2-1-19 福建省国有财产保护类案件时间分布

山东省

此类案件有38件，其中判决书有30份，裁定书有8份。

空间分布情况：济南市有6件，其中市有中区有1件、济阳县有4件、莱芜区有1件；青岛市有6件，其中胶州市有1件、平度市有1件、市有北区有1件、李沧区有2件、城阳区有1件；淄博市有1件，其中博山区有1件；枣庄市有1件，其中山亭区有1件；烟台市有8件，其中龙口市有1件、莱阳市有1件、福山区有1件、牟平区有2件、莱山区有2件、长岛县有1件；潍坊市有2件，其中昌邑市有1件，奎文区有1件；日照市有1件，其中岚山区有1件；临沂市有5件，其中兰山区有1件、沂南县有2件、莒南县有1件、临沭县有1件；德州市有4件，其中禹城市有1件、齐河县有1件、平原县有1件、夏津县有1件；聊城市有3件，其中阳谷县有1件、茌平县有1件、高唐县有1件；菏泽市有1件，其中东明县有1件。

未检索到此类案件有的地区：济南市章丘市、历下区、槐荫区、天桥区、历城区、长清区、平阴县、商河县；青岛市即墨区、莱西市、市南区、黄岛区、崂山区；淄博市淄川区、张店区、临淄区、周村区、桓台县、高青县、沂源县；枣庄市滕州市、市中区、薛城区、峄城区、台儿庄区；东营市全市；烟台市莱州市、蓬莱市、招远市、栖霞市、海阳市、芝罘区；潍坊市青州市、诸城市、寿光市、安丘市、高密市、潍城区、寒亭区、坊子区、临朐县、昌乐县；济宁市全市；泰安市全市；威海市全市；日照市东港区、五莲县、莒县；临沂市罗庄区、河东区、郯城县、沂水县、兰陵县、费县、平邑县、蒙阴县；德州市乐陵市、德城区、陵城区、宁津县、庆云县、临邑县、武城县；聊城市临清市、东昌府区、莘县、东阿县、冠县；滨州市全市；菏泽市牡丹区、定陶区、曹县、单县、成武县、巨野县、郓城县、鄄城县。

时间分布如图2-1-20所示，2017年有23件，2018年有10件，2019年有5件。案件数量自2017年逐年减少。

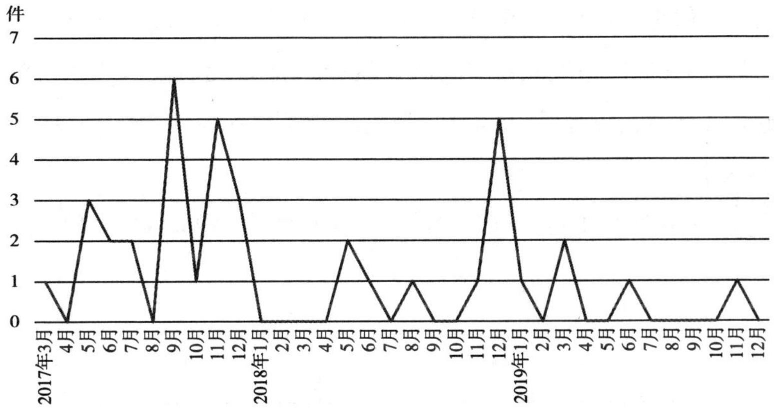

图 2-1-20　山东省国有财产保护类案件时间分布

湖北省

此类案件有 28 件，其中判决书有 28 份。

空间分布情况：武汉市有 2 件，其中黄陂区有 1 件、汉南区有 1 件；黄石市有 1 件，其中阳信县有 1 件；十堰市有张湾区有 1 件、茅箭区有 1 件、郧西县有 2 件、竹山县有 1 件；宜昌市有 1 件，其中西陵区有 1 件。襄阳市有 2 件，其中枣阳市有 1 件、南漳县有 1 件；鄂州市有 2 件，其中华容区有 1 件、梁子湖区有 1 件；荆门市有 4 件；其中钟祥市有 3 件、东宝区有 1 件；孝感市有 1 件，其中安陆市有 1 件；荆州市有 2 件，其中监利县有 1 件，石首县有 1 件；黄冈市有 1 件，其中团风县有 1 件；咸宁市有 5 件，其中嘉鱼县有 2 件、崇阳县有 1 件、通山县有 1 件、赤壁市有 1 件；恩施土家苗族自治州 1 件，其中恩施市有 1 件；潜江市有 1 件，其中天门市有 1 件。

未检索到此类案件有的地区：武汉市江岸区、江汉区、硚口区、汉阳区、武昌区、青山区、洪山区、蔡甸区、江夏区、新洲区、东西湖区；黄石市大冶市、黄石港区、西塞山区、下陆区、铁山区；十堰市郧阳区、丹江口市、竹溪县、房县；宜昌市远安县、兴山县、秭归县、长阳土家族自治县、五峰土家族自治县、宜都市、枝江市、当阳市、夷陵区、伍家岗区、点军区、猇亭区；襄阳市襄城、樊城、襄州、宜城、老河口、保康、谷城；鄂州市鄂城区；荆门市京山市、沙洋县、掇刀区；孝感市孝南区、云梦、孝昌、大悟、应城、汉川；荆州市荆州区、沙市区、江陵县、公安县、松滋市、洪湖市；黄冈市黄州区、麻城市、武穴市、浠水县、罗田县、英山县、黄梅县、红安县、蕲春县；咸宁市通城县、咸安区；随州市全市；恩施土家苗族自治州利川市、建始县、巴东县、宣恩县、咸丰县、来凤县、鹤峰县；仙桃市全市；天门市全市；神农架林区全区。

时间分布如图2-1-21所示，2017年有9件，2018年有11件，2019年有8件。

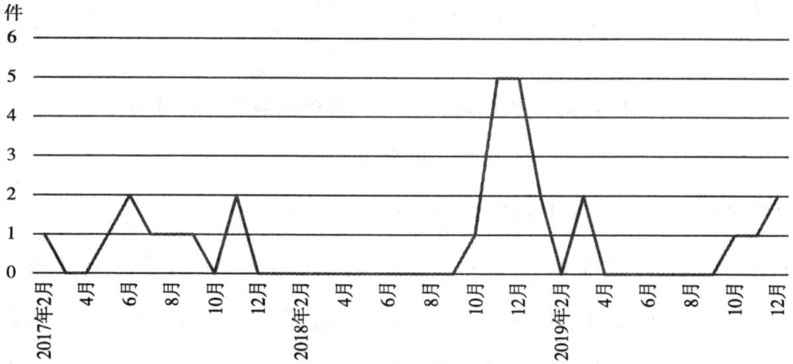

图2-1-21　湖北省国有财产保护类案件时间分布

广东省

此类案件有32件，其中判决书有32份。

空间分布情况：广州市有1件，其中珠海区有1件；韶关市有29件，其中南雄市有4件、武江区有5件、浈江区有1件、曲江区有2件、始兴县有1件、乳源瑶族自治县有16件；梅州市有2件，其中蕉岭县有2件。

未检索到此类案件有的地区：广州市荔湾区、越秀区、天河区、白云区、黄埔区、番禺区、花都区、南沙区、从化区、增城区；韶关市乐昌区、仁化县、翁源县、新丰县；深圳市全市；珠海市全市；汕头市全市；佛山市全市；江门市全市；湛江市全市；茂名市全市；肇庆市全市；惠州市全市；梅州市兴宁市、梅江区、梅县区、大埔区、丰顺县、五华县、平远县；汕尾市全市；河源市全市；阳江市全市；清远市全市；东莞市全市；中山市全市；潮州市全市；揭阳市全市；云浮市全市。

时间分布如图2-1-22所示，2017年有30件，2018年有1件，2019年有1件。

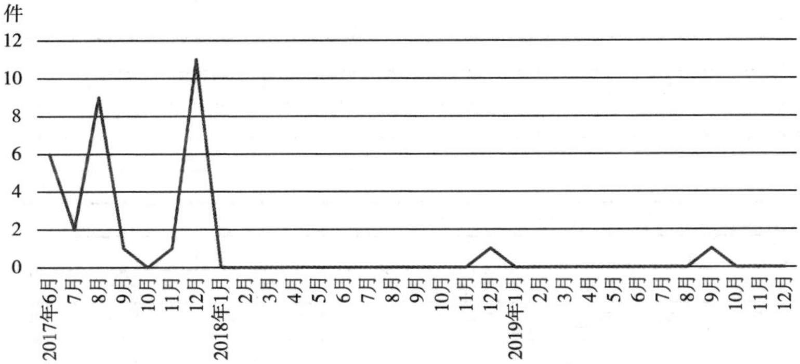

图 2-1-22 广东省国有财产保护类案件时间分布

贵州省

此类案件有 24 件，其中判决书有 23 份，裁定书有 1 份。

空间分布情况：贵阳市有 1 件，其中花溪区有 1 件；六盘水市有 5 件；其中盘州市有 4 件、六枝特区有 1 件；毕节市有 1 件，其中大方县有 1 件；铜仁市有 6 件，其中石阡县有 3 件、思印江县有 2 件、德江县有 1 件；黔东南苗族侗族自治州 9 件，其中凯里市有 1 件、镇远县有 1 件、黄平县有 1 件、施秉县有 1 件、岑巩县有 1 件、天柱县有 1 件、台江县有 1 件、麻江县有 1 件、丹寨县有 1 件；黔西南布依族苗族自治州有 2 件，其中兴仁市有 1 件、晴隆县有 1 件。

未检索到此类案件有的地区：贵阳市观山湖区、南明区、云岩区、乌当区、白云区、清镇市、开阳县、息烽县、修文县；遵义市全市；六盘水市水城县、钟山区；安顺市全市；毕节市七星关区、赫章县、威宁县、纳雍县、织金县、黔西县、金沙县；铜仁市碧江区、万山区、江口县、玉屏县、沿河县、松桃县、思南县；黔东南苗族侗族自治州三穗县、锦屏县、剑河县、黎平县、榕江县、从江县、雷山县；黔南布依族苗族自治州全自治州；黔西南布依族苗族自治州普安县、兴义市、贞丰县、望谟县、册亨县、安龙县。

时间分布如图 2-1-23 所示，2017 年有 14 件，2018 年有 9 件，2019 年有 1 件。案件数量自 2017 年逐年减少。

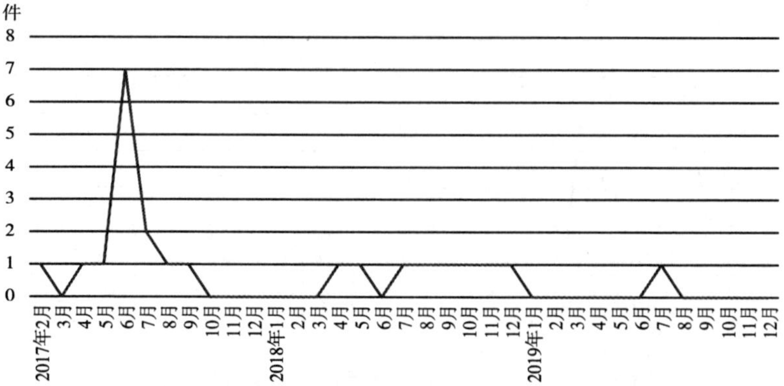

图 2-1-23　贵州省国有财产保护类案件时间分布

云南省

此类案件有 18 件，其中判决书有 18 份。

空间分布情况：曲靖市有 6 件，其中麒麟区有 2 件、马龙区有 1 件、陆良县有 3 件；普洱市有 7 件，其中思茅区有 1 件、孟连傣族拉祜族佤族自治县有 1 件、澜沧拉祜族自治县有 5 件；临沧市有 2 件，其中凤庆县有 1 件、镇康县有 1 件；楚雄彝族自治州元谋县有 1 件；红河哈尼族彝族自治州有 2 件，其中金平苗族瑶族傣族自治县有 1 件、屏边苗族自治县有 1 件。

未检索到此类案件有的地区：昆明市全市；曲靖市沾益区、宣威市、富源县、罗平县、师宗县、会泽县；玉溪市全市；昭通市全市；保山市全市；丽江市全市；普洱市宁洱哈尼族彝族自治县、墨江哈尼族自治县、景东彝族自治县、景谷傣族彝族自治县、镇沅彝族哈尼族拉祜族自治县、江城哈尼族彝族自治县、西盟佤族自治县；临沧市临翔区、云县、永德县、双江拉祜族佤族布朗族傣族自治县、耿马傣族佤族自治县、沧源佤族自治县；德宏傣族景颇族自治州全自治州；怒江傈僳族自治州全自治州；迪庆藏族自治州全自治州；大理白族自治州全自治州；楚雄彝族自治州楚雄市、双柏县、牟定县、南华县、姚安县、大姚县、永仁县、武定县、禄丰县；红河哈尼族彝族自治州蒙自市、个旧市、开远市、弥勒市、建水县、石屏县、泸西县、绿春县、元阳县、红河县、河口瑶族自治县；文山壮族苗族自治州全自治州；西双版纳傣族自治州全自治州。

时间分布如图 2-1-24 所示，2017 年有 15 件，2018 年有 3 件。

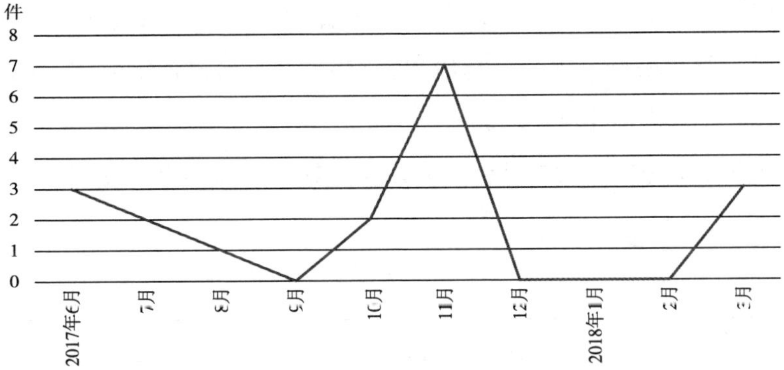

图 2-1-24　云南省国有财产保护类案件时间分布

陕西省

此类案件有 10 件。其中判决书有 10 份。空间分布情况：咸阳市 5 件，其中礼泉县有 2 件、武功县有 1 件、永寿县有 1 件、乾县有 1 件；安康市有 1 件；西安市有 2 件；宝鸡市有 2 件，其中渭滨区有 1 件、眉县有 1 件。时间分布情况：2017 年有 4 件，2018 年有 4 件，2019 年有 2 件。

甘肃省

此类案件有 24 件，其中判决书有 24 份。

空间分布情况：兰州市有 2 件，其中城关区有 1 件、红古区有 1 件；嘉峪关市有 1 件；白银市平川区有 1 件；天水市有 2 件，其中麦积区有 1 件、甘谷区有 1 件；武威市有 1 件，其中民勤县有 1 件；张掖市有 3 件，其中民乐县有 1 件、高台县有 1 件、山丹县有 1 件；酒泉市有 3 件，其中肃州区有 1 件、金塔县有 2 件；庆阳市有 2 件，其中西峰区有 2 件；陇南市有 7 件，其中成县有 2 件、文县有 2 件、康县有 1 件、西和县有 1 件、徽县有 1 件；甘南藏族自治州有 1 件，其中碌曲县有 1 件。

未检索到此类案件有的地区：兰州市七里河区、西固区、安宁区、榆中县、皋兰县、永登县；白银市白银区、会宁县、靖远县、景泰县；天水市秦州区、清水县、秦安县、武山县、张家川回族自治县；武威市凉川区、古浪县、天祝藏族自治县；张掖市甘州区、肃南裕固族自治县、临泽县；平凉市全市；酒泉市玉门市、敦煌市、瓜州县、肃北蒙古族自治县、阿克塞哈萨克族自治县；庆阳市庆城县、环县、华池县、合水县、正宁县、宁县、镇原县；定西市全市；陇南市武都区、宕昌县、礼县、两当县；临夏回族自治州全自治州；甘南藏族自治州合作市、临潭县、卓尼县、迭部县、舟曲县、夏河县、玛曲县。

时间分布如图 2-1-25 所示，2017 年有 14 件，2018 年有 8 件，2019 年有 2 件。

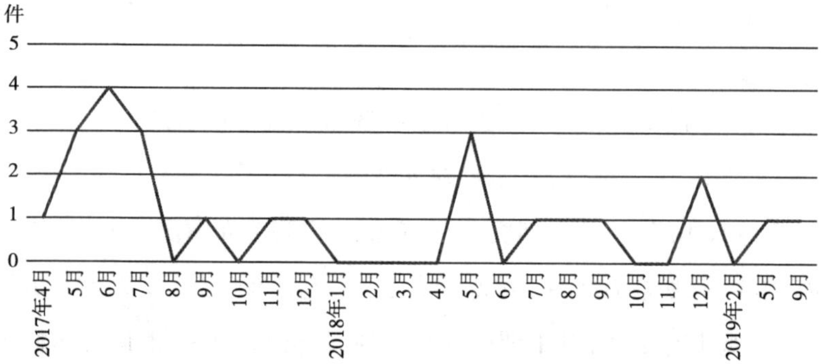

图 2-1-25　甘肃省国有财产保护类案件时间分布

（三）非试点地区

山西省

此类案件有 2 件，其中裁定书有 2 份。空间分布情况：晋城市阳城县有 2 件。时间分布情况：2018 年有 2 件。

辽宁省

此类案件有 1 件，其中判决书有 1 份。空间分布情况：北镇市有 1 件。时间分布情况：2019 年有 1 件。

江西省

此类案件有 3 件，其中判决书有 3 份。空间分布情况：景德镇市珠山区有 1 件；九江市永修县有 1 件；萍乡市安源区有 1 件。时间分布情况：2018 年有 2 件，2019 年有 1 件。

河南省

此类案件有 1 件，其中判决书有 1 份。空间分布情况：漯河市临颍县有 1 件。时间分布情况：2019 年有 1 件。

四川省

此类案件有 3 件，其中判决书有 1 份，裁定书有 2 份。空间分布情况：绵阳市三台县有 2 件；绵阳市武平县有 1 件。时间分布情况：2019 年有 3 件。

重庆市

此类案件有 1 件，其中判决书有 1 份。空间分布情况：武隆区有 1 件。时间分布情况：2019 年有 1 件。

四、食品药品安全类案件

（一）全国

笔者共收集全国 31 个省、自治区、直辖市行政公益诉讼食品药品安全类案件 13 件，其中判决书有 13 份。时间分布情况：2017 年有 2 件，2018 年有 1 件，2019 年有 10 件。31 个省、自治区、直辖市中，只于安徽省、湖北省、贵州省、山西省、重庆市检索到此类案件。

（二）试点地区

安徽省

此类案件有 3 件，其中判决书有 3 份。空间分布情况：安庆市宿松县有 2 件；宿州市砀山县有 1 件。时间分布情况：2018 年有 1 件，2019 年有 2 件。

湖北省

此类案件有 4 件，其中判决书有 4 份。空间分布情况：黄石市西塞山区有 1 件；十堰市竹溪县有 1 件；荆州市有 2 件，其中松滋市有 1 件、石首市有 1 件。时间分布情况：2017 年有 1 件，2019 年有 3 件。

贵州省

此类案件有 4 件，其中判决书有 4 份。空间分布情况：黔东南苗族侗族自治州丹寨县有 1 件；黔西南布依族苗族自治州有 2 件，其中晴隆县有 1 件、册亨县有 1 件；毕节市威宁县有 1 件。时间分布情况：2017 年有 1 件，2019 年有 3 件。

（三）非试点地区

山西省

此类案件有1件，其中判决书有1份。空间分布情况：太原市小店区有1件。时间分布情况：2019年有1件。

重庆市

此类案件有1件，其中判决书有1份，裁定有0份。空间分布情况：南通区有1件。时间分布情况：2019年有1件。

五、烈士名誉权保护类案件

（一）全国

笔者共收集全国31个省、自治区、直辖市行政公益诉讼烈士名誉权保护类案件有3件，其中判决书有1份，裁定书有2份。时间分布情况：2019年有3件。31个省、自治区、直辖市中，只于湖北省与河北省检索到此类案件。

（二）试点地区

湖北省

此类案件有1件，其中判决书有1份。空间分布情况：黄冈市浠水县有1件。时间分布情况：2019年有1件。

（三）非试点地区

河北省

此类案件有2件，其中裁定书有2份。空间分布情况：邯郸市峰峰矿区有2件。时间分布情况：2019年有2件。

六、其他类案件

（一）全国

笔者共收集全国31个省、自治区、直辖市行政公益诉讼其他类案件5件，其中判决书有5份。时间分布情况：2017年有2件，2018年有2件，2019年有1件。31个省、自治区、直辖市中，只于江苏省、安徽省、福建省与甘肃省检索到此类案件。

(二)试点地区

江苏省

此类案件有1件,其中判决书有1份。空间分布情况:泰州市高港区有1件。时间分布情况:2017年有1件。在该案中,被告怠于履行追缴罚款的法定职责。该案中涉及的公共利益区别于一般的行政公益诉讼国有财产保护类案件,值得特别注意。

安徽省

此类案件有1件,其中判决书有1份。空间分布情况:池州市东至县有1件。时间分布情况:2018年有1件。在该案中,被告怠于履行收缴罚款以及没收违法所得的法定职责。该案中涉及的公共利益区别于一般的行政公益诉讼国有财产保护类案件,值得特别注意。〔1〕

福建省

此类案件有2件,其中判决书有2份。空间分布情况:泉州市鲤城区有1件;南平市建阳区有1件。时间分布情况:2017年有1件,2018年有1件。其中1件案件中被告怠于履行追缴罚款的法定职责,另1件案件中被告未履行收缴赌资的法定职责,这2件案件中涉及的公共利益皆区别于一般的行政公益诉讼国有财产保护类案件,值得特别注意。〔2〕

甘肃省

此类案件有1件,其中判决书有1份。空间分布情况:天水市甘谷区有1件。时间分布情况:2019年有1件。该案中,被告甘谷县交通运输局下属的事业单位甘谷县汽车站出租交通宾馆楼房,未报被告甘谷县交通运输局审核,未报财政部门审批,未进行必要的论证,且出租随意、不透明,出租价格明显低于市场价,被告甘谷县交通运输局未尽监管义务。该案中涉及的公共利益区别于一般的行政公益诉讼国有财产保护类案件,值得特别注意。〔3〕

---

〔1〕(2018)皖1721行初2号。
〔2〕(2017)闽0502行初178号;(2018)闽0702行初25号。
〔3〕(2019)甘0502行初1号。

第二节　民事公益诉讼

笔者共收集全国31个省、自治区、直辖市民事公益诉讼案件399件，其中判决书有259份，裁定书有127份，调解书有13份（见表2-2-1）。

表2-2-1　民事公益诉讼案件统计

单位：件

案件类型	2012年	2013年	2014年	2015年	2016年	2017年	2018年	2019年	合计
生态环境与资源保护类	6	3	6	11	17	63	88	110	304
食品药品安全类	0	0	0	0	1	5	24	28	58
烈士名誉权保护类	0	0	0	0	0	0	2	6	8
其他类	0	0	0	0	0	0	3	5	8
无法判断	0	0	0	2	1	0	5	13	21
总数	6	3	6	13	19	68	122	162	399

时间分布情况：2012年有6件，2013年有3件，2014年有6件，2015年有13件，2016年有19件，2017年有68件，2018年有122件，2019年有162件，案件数量逐年增加。其中生态环境与资源保护类案件有304件，食品药品安全类案件有58件，烈士名誉权保护类案件有8件，其他类案件有8件，无法判断案件类型的有21件。31个省、自治区、直辖市中，安徽省民事公益诉讼案件数量最多，为70件。宁夏回族自治区未检索到民事公益诉讼案件。

一、生态环境与资源保护类案件

笔者共收集全国31个省、自治区、直辖市民事公益诉讼生态环境与资源保护类案件304件，其中判决书有190份，裁定书有101份，调解书有13份。其中检察机关提起的有194件，行政机关提起的有13件，其他公益组织提起的有97件。时间分布情况：2012年有6件，2013年有3件，2014年有6件，2015年有

11 件，2016 年有 17 件，2017 年有 63 件，2018 年有 88 件，2019 年有 110 件。黑龙江省、天津市、宁夏回族自治区、新疆维吾尔自治区未检索到此类案件。

第一，检察院提起。共收集全国 31 个省、自治区、直辖市中检察机关提起的民事公益诉讼生态环境与资源保护类案件 194 件，其中判决书有 131 份，裁定书有 57 份，调解书有 6 份。其时间分布情况：2012 年有 3 件，2016 年有 7 件，2017 年有 40 件，2018 年有 51 件，2019 年有 93 件，案件数量逐年增多。31 个省、自治区、直辖市中，未检索到山西省、辽宁省、黑龙江省、河南省、宁夏回族自治区、新疆维吾尔自治区、天津市的检察机关提起过此类案件。

第二，行政机关提起。共收集全国 31 个省、自治区、直辖市行政机关提起的民事公益诉讼生态环境与资源保护类案件 13 件，其中判决书有 11 份，裁定书有 2 份。时间分布情况：2012 年有 3 件，2013 年有 1 件，2014 年有 1 件，2015 年有 2 件，2017 年有 1 件，2018 年有 4 件，2019 年有 1 件。31 个省、自治区、直辖市中，只检索到内蒙古自治区、江苏省、山东省、广东省、云南省以及重庆市[1]的行政机关提起过此类案件有。

第三，公益组织提起。共收集全国 31 个省、自治区、直辖市公益组织提起的民事公益诉讼生态环境与资源保护类案件 97 件，其中判决书有 48 份，裁定书有 41 份，调解书有 7 份。时间分布情况：2013 年有 2 件，2014 年有 5 件，2015 年有 9 件，2016 年有 10 件，2017 年有 22 件，2018 年有 33 件，2019 年有 16 件。31 个省、自治区、直辖市中，未检索到内蒙古自治区、黑龙江省、四川省、青海省、西藏自治区、宁夏回族自治区、新疆维吾尔自治区、天津市、上海市的公益组织提起过此类案件。

（一）试点地区

1. 检察机关提起

北京市

此类案件有 2 件，其中判决书有 2 份。空间分布情况：北京市西城区有 2

---

〔1〕 重庆市的 1 例案件为行政机关与其他社会组织一同提起，特此说明。

件。时间分布情况：2017 年有 1 件，2018 年有 1 件。

内蒙古自治区

此类案件有 3 件，其中裁定书有 2 份，调解书有 1 份。空间分布情况：内蒙古呼和浩特市有 3 件。时间分布情况：2017 年有 1 件，2019 年有 2 件。

吉林省

此类案件有 20 件，其中判决书有 14 份，裁定书有 6 份。

空间分布情况：长春市有 4 件，其中长春市人民检察院提起 4 件；吉林市有 2 件，其中吉林市人民检察院提起 2 件；通化市有 3 件，其中通化市人民检察院提起 3 件；白城市有 11 件，其中白城市人民检察院提起 11 件。

未检索到此类案件有的地区：长春市南关区、朝阳区、绿园区、二道区、双阳区、宽城区、九台区、榆树市、德惠市、农安县；吉林市船营区、龙潭区、昌邑区、丰满区、磐石市、桦甸市、蛟河市、舒兰市、永吉县；延边朝鲜族自治州全自治州；四平市全市；通化市东昌区、二道江区、集安市、通化县、辉南县、柳河县、梅河口市；白城市洮北区、洮南市、大安市、镇赉县、通榆县；辽源市全市；松原市全市；白山市全市。

时间分布如图 2-2-1 所示，2017 年有 1 件，2018 年有 2 件，2019 年有 17 件。案件数量逐年增加。

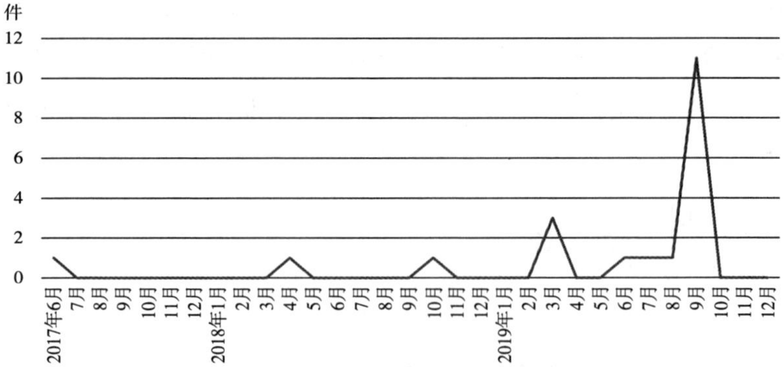

图 2-2-1　吉林省生态环境与资源保护类案件时间分布

江苏省

此类案件有 16 件，其中判决书有 8 份，裁定书有 8 份。

空间分布情况：南京市有 4 件，其中鼓楼区有 1 件、六合区有 1 件、溧水区有 1 件、南京市人民检察院提起 1 件；无锡市有 3 件，其中无锡市人民检察院提起 3 件；徐州市有 3 件，其中徐州市人民检察院提起 3 件；常州市有 1 件，其中常州市人民检察院提起 1 件；苏州市有 1 件，其中苏州市人民检察院提起 1 件；镇江市有 2 件，其中金山区有 2 件；泰州市有 2 件，其中泰州市人民检察院提起 2 件。

未检索到此类案件有的地区：南京市玄武区、秦淮区、建邺区、浦口区、栖霞区、雨花台区、江宁区、高淳区、白下区、下关区；无锡市梁溪区、锡山区、惠山区、滨湖区、新吴区、江阴市、宜兴市；徐州市鼓楼区、云龙区、铜山区、贾汪区、泉山区、丰县、沛县、睢宁县、新沂市、邳州市；常州市天宁区、钟楼区、新北区、武进区、金坛区、溧阳市；苏州市姑苏区、虎丘区、吴中区、相城区、吴江区、常熟市、张家港市、昆山市、太仓市；南通市全市；连云港市全市；淮安市全市；盐城市全市；扬州市全市；镇江市京口区、润州区、丹徒区、丹阳市、扬中市、句容市；泰州市海陵区、高港区、姜堰区、兴化市、靖江市、泰兴市，宿迁市全市。

时间分布如图 2-2-2 所示，2016 年有 3 件，2017 年有 5 件，2018 年有 6 件，2019 年有 2 件。

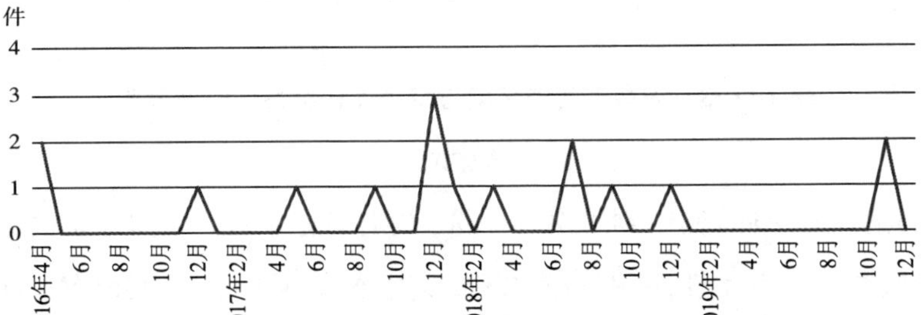

图 2-2-2　江苏省生态环境与资源保护类案件时间分布

安徽省

此类案件有 18 件，其中判决书有 13 份，裁定书有 5 份。

空间分布情况：蚌埠市有 4 件，其中禹会区有 2 件、淮上区有 1 件、固镇县有 1 件；铜陵市有 1 件，其中铜陵市人民检察院提起 1 件；安庆市有 2 件，其中安庆市人民检察院提起 2 件；滁州市有 2 件，其中天长市有 2 件；阜阳市有 4 件，其中颍东区有 1 件、颍泉区有 2 件、阜阳市人民检察院提起 1 件；六安市有 1 件，其中刘安区有 1 件；宣城市有 4 件，其中广德县有 2 件、旌德县有 2 件。

未检索到此类案件有的地区：合肥市全市；芜湖市全市；蚌埠市龙子湖区、蚌山区、怀远县、五河县；淮南市全市；马鞍山市全市；淮北市全市；铜陵市铜官区、义安区、郊区、枞阳县；安庆市桐城市、迎江区、大观区、宜秀区、怀宁县、潜山市、太湖县、宿松县、望江县、岳西县；黄山市全市；滁州市明光市、琅琊区、南谯区、来安县、全椒县、定远县、凤阳县；阜阳市界首市、颍州区、临泉县、太和县、阜南县、颍上县；宿州市全市；六安市裕安区、叶集区、霍邱县、舒城县、金寨县、霍山县；亳州市全市；池州市全市；宣城市宁国市、宣州区、郎溪县、泾县、绩溪县。

时间分布如图 2-2-3 所示，2017 年有 3 件，2018 年有 5 件，2019 年有 10 件。案件数量逐年增加。

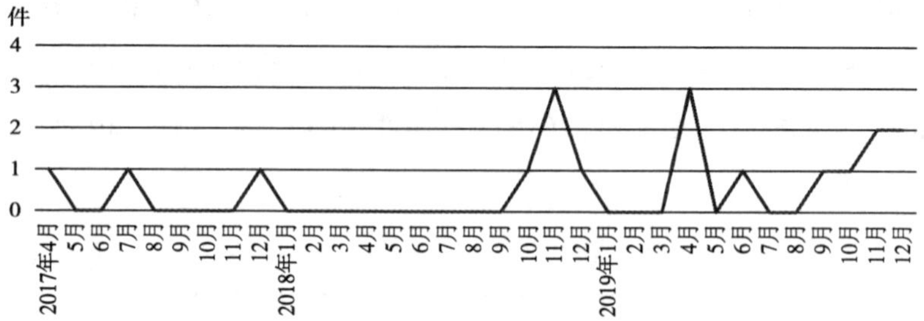

图 2-2-3 安徽省生态环境与资源保护类案件时间分布

福建省

此类案件有 7 件，其中判决书有 4 份，裁定书有 3 份。空间分布情况：龙岩市有 1 件；泉州市有 1 件；三明市有 2 件，其中永安县 1 件，三明市有 1 件；福州市有 1 件；南平市有 1 件。时间分布情况：2016 年有 1 件，2017 年有 3 件，2018 年有 3 件。

山东省

此类案件有 20 件，其中判决书有 15 份，裁定书有 5 份。

空间分布情况：青岛市有 6 件，其中青岛市人民检察院提起 6 件；东营市有 3 件，其中东营市人民检察院提起 3 件；烟台市有 2 件，其中烟台市人民检察院提起 2 件；威海市有 1 件，其中威海市人民检察院提起 1 件；日照市有 2 件，其中日照市人民检察院提起 2 件；聊城市有 6 件，其中高唐县有 1 件、聊城市人民检察院提起 5 件。

未检索到此类案件有的地区：济南市全市；青岛市胶州市、即墨区、平度市、莱西市、市南区、市北区、黄岛区、崂山区、李沧区、城阳区；淄博市全市；枣庄市全市；东营市东营区、河口区、垦利县、利津县、广饶县；烟台市龙口市、莱阳市、莱州市、蓬莱市、招远市、栖霞市、海阳市、芝罘区、福山区、牟平区、莱山区、长岛县；潍坊市全市；济宁市全市；泰安市全市；威海市荣成市、乳山市、环翠区、文登区；日照市东港区、岚山区、五莲县、莒县；临沂市全市；德州市全市；聊城市临清市、东昌府区、阳谷县、莘县、茌平县、东阿县、冠县；滨州市全市；菏泽市全市。

时间分布如图 2-2-4 所示，2012 年有 3 件，2017 年有 5 件，2018 年有 5 件，2019 年有 7 件。

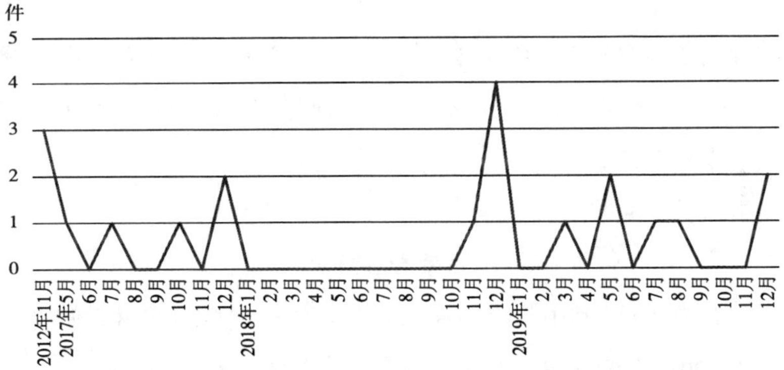

图 2-2-4　安徽省生态环境与资源保护类案件时间分布

湖北省

此类案件有 9 件，其中判决书有 6 份，裁定书有 3 份。空间分布情况：十堰市有 3 件；宜昌市有 2 件；荆州市有 3 件，其中沙市有区 1 件、江陵县有 1 件、荆州区有 1 件；武汉市黄陂区有 1 件。时间分布情况：2016 年有 1 件，2017 年有 6 件，2018 年有 2 件。

广东省

此类案件有 10 件，其中判决书有 9 份，裁定书有 1 份。空间分布情况：广州市有 7 件；清远市清城区有 1 件；汕头市有 1 件；韶关市武江区有 1 件。时间分布情况：2017 年有 3 件，2018 年有 1 件，2019 年有 6 件。

贵州省

此类案件有 2 件，其中判决书有 2 份。空间分布情况：遵义市有 1 件；贵阳市有 1 件。时间分布情况：2018 年有 2 件。

云南省

此类案件有 15 件，其中判决书有 1 份，裁定书有 14 份。空间分布情况：普洱市有 7 件；大理市有 5 件；曲靖市有 1 件；玉溪市有 1 件；红河自治州有 1 件。时间分布情况：2017 年有 12 件，2018 年有 1 件，2019 年有 2 件。

陕西省

此类案件有 4 件，其中判决书有 2 份，调解书有 2 份。空间分布情况：西安市有 2 件。时间分布情况：2018 年有 2 件，2019 年有 2 件。

甘肃省

此类案件有 5 件，其中判决书有 1 份，裁定书有 1 份，调解书有 3 份。空间分布情况：庆阳市有 4 件；武威市有 1 件。时间分布情况：2017 年有 1 件，2018 年有 3 件，2019 年有 1 件。

2. 行政机关提起

内蒙古自治区

此类案件有 1 件，其中判决书有 1 份。空间分布情况：巴林左旗有 1 件。时间分布情况：2012 年有 1 件。

江苏省

此类案件有 5 件，其中判决书有 5 份。空间分布情况：无锡市江阴市有 1 件；盐城市东台市有 1 件；泰州市有 1 件；淮安市有 1 件；江苏省高级人民法院受理 1 件。时间分布情况：2013 年有 1 件，2014 年有 1 件；2018 年有 2 件；2019 年有 1 件。

山东省

此类案件有 2 件，其中判决书有 1 份，裁定书有 1 份。空间分布情况：东营市有 1 件；烟台市莱阳县有 1 件。时间分布情况：2012 年有 1 件，2015 年有 1 件。

广东省

此类案件有 3 件，其中判决书有 2 份，裁定书有 1 份。空间分布情况：惠州市有 1 件；广州海事法院受理 2 件。时间分布情况：2015 年有 1 件，2018 年有 2 件。

云南省

此类案件有 1 件，其中判决书有 1 份。空间分布情况：昆明市有宜良县有 1 件。时间分布情况：2012 年有 1 件。

3. 公益组织提起

北京市

此类案件有 6 件，其中判决书有 1 份，裁定书有 3 份，调解书有 2 份。空间分布情况：北京市有第四中级人民法院审理 6 件。时间分布情况：2017 年有 2 件，2018 年有 4 件。

吉林省

此类案件有 1 件，其中判决书有 1 份。空间分布情况：吉林市有 1 件。时间分布情况：2018 年有 1 件。

江苏省

此类案件有 25 件，其中判决书有 19 份，裁定书有 4 份，调解书有 2 份。其中检察机关支持起诉的有 11 件。

空间分布情况：南京市有 2 件，其中南京市中级人民法院受理 2 件；无锡市有 2 件，其中无锡市人民检察院支持起诉 2 件；徐州市有 4 件，其中徐州市人民检察院支持起诉的有 4 件；常州市有 4 件，其中常州市人民检察院支持起诉的有 4 件；苏州市有 3 件，其中苏州市人民检察院支持起诉的有 3 件；连云港市有 2 件，其中连云港市中级人民法院受理 2 件；镇江市有 3 件，其中镇江市中级人民法院受理 3 件；泰州市有 1 件，其中泰州市人民检察院支持起诉的有 1 件；江苏省高院受理 4 件。

未检索到此类案件有的地区：南京市玄武区、秦淮区、建邺区、浦口区、栖霞区、雨花台区、江宁区、高淳区、白下区、下关区；无锡市梁溪区、锡山区、惠山区、滨湖区、新吴区、江阴市、宜兴市；徐州市鼓楼区、云龙区、铜山区、贾汪区、泉山区、丰县、沛县、睢宁县、新沂市、邳州市；常州市天宁区、钟楼区、新北区、武进区、金坛区、溧阳市；苏州市姑苏区、虎丘区、吴中区、相城区、吴江区、常熟市、张家港市、昆山市、太仓市；南通市全市；连云港市连云区、海州区、赣榆区、东海县、灌云县、灌南县；淮安市全市；盐城市全市；扬州市全市；镇江市京口区、润州区、丹徒区、丹阳市、扬中市、句容市；泰州市海陵区、高港区、姜堰区、兴化市、靖江市、泰兴市；宿迁市全市。

时间分布如图 2-2-5 所示，2014 年有 5 件，2015 年有 3 件，2016 年有 6 件，2017 年有 5 件，2018 年有 2 件，2019 年有 4 件。

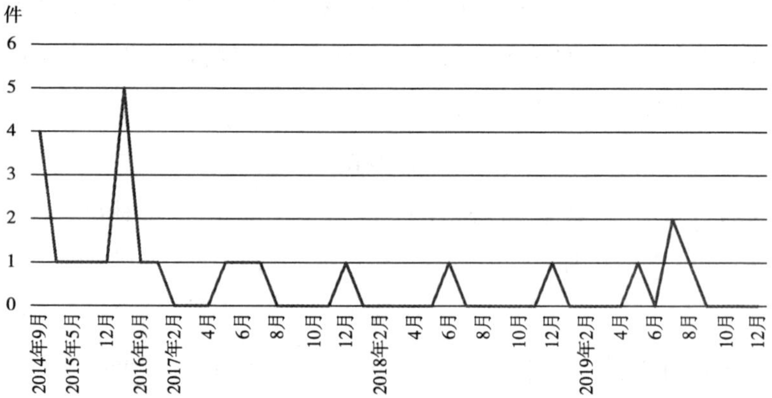

图 2-2-5 江苏省生态环境与资源保护类案件时间分布

安徽省

此类案件有 10 件，其中判决书有 5 份，裁定书有 4 份，调解书有 1 份。其中检察机关支持起诉的有 1 件。空间分布情况：马鞍山市有 5 件；淮南市有 4 件，安徽省高级人民法院审理 1 件。时间分布情况：2017 年有 3 件，2018 年有 7 件。

福建省

此类案件有 6 件，其中判决书有 3 份，裁定书有 3 份。其中检察机关支持起诉的有 1 件。空间分布情况：南平市有 1 件；福州市有 3 件；福建省高级人民法院受理 2 件。时间分布情况：2015 年有 4 件，2018 年有 1 件，2019 年有 1 件。

山东省

此类案件有 6 件，其中判决书有 3 份，裁定书有 3 份。其中行政机关支持起诉的有 2 件。空间分布情况：德州市有 1 件；东营市有 2 件；聊城市有 1 件；青岛市有 1 件；济南市有 1 件。时间分布情况：2016 年有 2 件，2017 年有 1 件，2018 年有 3 件。

湖北省

此类案件有 3 件，其中裁定书有 3 份。空间分布情况：湖北省高级人民法院受理 3 件。时间分布情况：2017 年有 1 件，2019 年有 2 件。

广东省

此类案件有 6 件，其中判决书有 4 份，裁定书有 2 份。其中检察机关支持起诉的有 2 件。空间分布情况：茂名市有 1 件；广州市有 5 件，其中广州市有 2 件、白云区有 2 件、天河区有 1 件。时间分布情况：2015 年有 1 件，2016 年有 1 件，2017 年有 1 件，2018 年有 2 件，2019 年有 1 件。

贵州省

此类案件有 3 件。其中判决书有 1 份，裁定书有 2 份。空间分布情况：贵阳市有 2 件；清镇市有 1 件。时间分布情况：2017 年有 1 件，2019 年有 2 件。

云南省

此类案件有 3 件。其中判决书有 1 份，裁定书有 2 份。空间分布情况：昆明市有 3 件。时间分布情况：2017 年有 2 件，2018 年有 1 件。

陕西省

此类案件有 1 件。其中裁定书 1 份。空间分布情况：西安市有 1 件。时间分布情况：2017 年有 1 件。

甘肃省

此类案件有 1 件，其中裁定书有 1 份。空间分布情况：兰州市有 1 件。时间分布情况：2018 年有 1 件。

（二）非试点地区

1. 检察机关提起

河北省

此类案件有 2 件，其中判决书有 2 份。空间分布情况：保定市有 1 件；石家庄市有 1 件。时间分布情况：2019 年有 2 件。

浙江省

此类案件有 35 件。其中判决书有 31 份，裁定书有 4 份。

空间分布情况：绍兴市有 3 件，其中上虞区有 1 件、诸暨市有 1 件、新昌县有 1 件；潮州市有 1 件，其中南浔区有 1 件；金华市有 1 件，其中永康市有 1 件；衢州市有 5 件，其中柯城区有 1 件、衢江区有 3 件、开化县有 1 件；丽水市有 24 件，其中缙云县有 22 件、庆元县有 2 件；舟山市有 1 件，其中舟山市有人民检察院提起 1 件。

未检索到此类案件有的地区：杭州市全市；宁波市全市；温州市全市；绍兴市越城区、柯桥区、嵊州市；湖州市吴兴区、德清县、长兴县、安吉县；嘉兴市全市；金华市婺城区、金东区、兰溪市、东阳市、义乌市、武义县、浦江县、磐安县；衢州市江山市、常山县、龙游县；台州市全市；丽水市莲都区、龙泉市、青田县、遂昌县、松阳县、云和县、景宁畲族自治县；舟山市定海区、普陀区、岱山县、嵊泗县。

时间分布如图 2-2-6 所示，2018 年有 12 件，2019 年有 23 件。

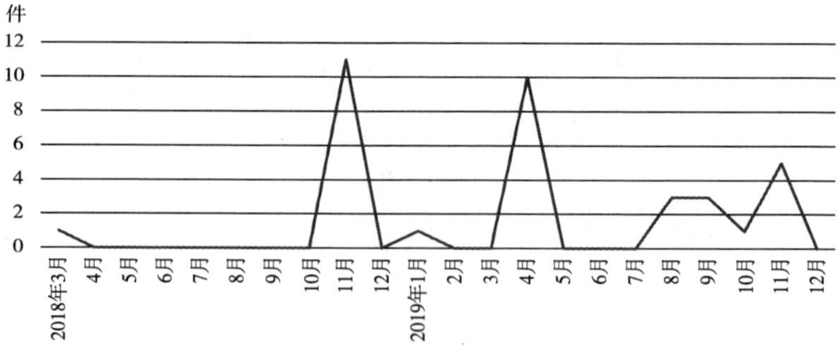

图 2-2-6　浙江省生态环境与资源保护类案件时间分布

江西省

此类案件有 3 件，其中判决书有 3 份。空间分布情况：抚州市有 1 件；九江市有 1 件；景德镇市有 1 件。时间分布情况：2018 年有 2 件，2019 年有 1 件。

湖南省

此类案件有 2 件，其中判决书有 1 份，裁定书有 1 份。空间分布情况：郴州市有 1 件；岳阳市有 1 件。时间分布情况：2018 年有 1 件，2019 年有 1 件。

海南省

此类案件有 3 件，其中判决书有 1 份，裁定书有 2 份。空间分布情况：海南省人民检察院第一分院提起 1 件；海南省人民检察院第二分院提起 2 件。时间分布情况：2018 年有 1 件，2019 年有 2 件。

四川省

此类案件有 4 件，其中判决书有 4 份。空间分布情况：资阳市有 1 件；眉山市有 1 件；雅安市有 2 件。时间分布情况：2019 年有 3 件。

青海省

此类案件有 1 件，其中判决书有 1 份。空间分布情况：海东市有 1 件。时间分布情况：2019 年有 1 件。

广西壮族自治区

此类案件有 3 件，其中判决书有 2 份，裁定书有 1 份。空间分布情况：梧州市有 1 件；来宾市有 1 件；玉林市有 1 件。时间分布情况：2018 年有 1 件，2019 年有 2 件。

西藏自治区

此类案件有 1 件，其中裁定书有 1 份。空间分布情况：那曲市巴青县有 1 件。时间分布情况：2019 年有 1 件。

上海市

此类案件有 1 件，其中判决书有 1 份。空间分布情况：浦东新区有 1 件。时间分布情况：2019 年有 1 件。

重庆市

此类案件有 8 件，其中判决书有 8 份。空间分布情况：涪陵区有 3 件；渝北区有 4 件；万州区有 1 件。时间分布情况：2018 年有 2 件，2019 年有 6 件。

2. 行政机关提起

重庆市

此类案件有 1 件，其中判决书有 1 份。该案中，原告为行政机关和公益组织。空间分布情况：渝北区有 1 件。时间分布情况：2017 年有 1 件。

3. 公益组织提起

河北省

此类案件有 2 件。其中裁定书有 1 份，调解书有 1 份。空间分布情况：石家庄市有 1 件；邢台市有 1 件。时间分布情况：2018 年有 2 件。

山西省

此类案件有 1 件，其中判决书有 1 份。空间分布情况：长治市有 1 件。时间分布情况：2018 年有 1 件。

辽宁省

此类案件有 2 件，其中判决书有 1 份，调解书有 1 份。空间分布情况：大连市有 1 件；辽宁省高级人民法院受理 1 件。时间分布情况：2017 年有 1 件，2018 年有 1 件。

浙江省

此类案件有 1 件，其中裁定书有 1 份。空间分布情况：浙江省高级人民法院受理 1 件。时间分布情况：2017 年有 1 件。

江西省

此类案件有 1 件，其中判决书有 1 份。空间分布情况：江西省高级人民法院受理 1 件。时间分布情况：2018 年有 1 件。

河南省

此类案件有 8 件，其中判决书有 4 份，裁定书有 4 份。空间分布情况：郑州市有 2 件；新乡市有 1 件；河南省高级人民法院受理 5 件。时间分布情况：2016 年有 1 件，2017 年有 2 件，2018 年有 4 件，2019 年有 1 件。

湖南省

此类案件有 6 件，其中判决书有 3 份，裁定书有 3 份。空间分布情况：岳阳市有 1 件；郴州市有 1 件；湘潭市有 1 件；娄底市有 2 件；湖南省高级人民法院受理 1 件。时间分布情况：2017 年有 1 件，2018 年有 1 件，2019 年有 4 件。

海南省

此类案件有 2 件，其中裁定书有 2 份。空间分布情况：海南省高级人民法院受理 1 件。时间分布情况：2013 年有 2 件。

广西壮族自治区

此类案件有 1 件，其中裁定书有 1 份。空间分布情况：来宾市有 1 件。时间分布情况：2019 年有 1 件。

重庆市

此类案件有 2 件，其中判决书有 1 份，裁定书有 1 份。空间分布情况：万州区有 2 件。时间分布情况：2015 年有 1 件，2016 年有 1 件。

二、食品药品安全类案件

笔者共收集全国 31 个省、自治区、直辖市民事公益诉讼食品药品安全类案件 58 件，其中判决书有 52 份，裁定书有 6 份。其中检察机关提起 53 件，行政机关提起 0 件，其他公益组织提起 5 件。时间分布情况：2016 年有 1 件，2017 年有 5 件，2018 年有 24 件，2019 年有 28 件。案件数量逐年增加。31 个省、自治区、直辖市中，只于北京市、内蒙古自治区、吉林省、广东省、安徽省、河南省、海南省、湖南省、重庆市、新疆维吾尔自治区、湖北省、云南省、河北省、浙江省、广西壮族自治区、云南省检索到此类案件。

第一，检察机关提起。笔者共收集全国 31 个省、自治区、直辖市检察机关提起的民事公益诉讼食品药品安全类案件 53 件，其中判决书有 47 份，裁定书有 6 份。其时间分布情况：2017 年有 4 件，2018 年有 21 件，2019 年有 28 件。案件数量逐年增加。31 个省、自治区、直辖市中，陕西省、甘肃省、山西省、辽宁省、黑龙江省、山东省、福建省、江苏省、四川省、西藏自治区、宁夏回族自治区、青海省、天津市、上海市、贵州省、江西省未检索到此类案件有。

第二，行政机关提起。笔者未检索到 31 个省、自治区、直辖市行政机关提起过民事公益诉讼食品药品安全类案件。

第三，公益组织提起。笔者共收集全国31个省、自治区、直辖市公益组织提起的民事公益诉讼食品药品安全类案件5件，其中判决书有5份。时间分布情况：2016年有1件，2017年有1件，2018年有3件。31个省、自治区、直辖市中，只检索到吉林省、广东省的公益组织提起过此类案件。

（一）试点地区

1.检察机关提起

北京市

此类案件有2件，其中判决书有2份。空间分布情况：北京市第四中级人民法院辖区法院受理2件。时间分布情况：2018年有1件，2019年有1件。

内蒙古自治区

此类案件有10件，其中判决书有10份。空间分布情况：内蒙古赤峰市有10件。时间分布情况：2018年有10件。

吉林省

此类案件有2件，其中判决书有2份。空间分布情况：长春市有1件；通化市有1件。时间分布情况：2017年有2件。

安徽省

此类案件有21件，其中判决书有18份，裁定书有3份。

空间分布情况：合肥市有3件，其中肥东县有3件；蚌埠市有1件，其中怀远县有1件；淮北市有9件，其中淮北市人民检察院提起9件；安庆市有1件，其中安庆市人民检察院提起1件；阜阳市有7件，其中颍上县有1件、阜阳市有6件。

未检索到此类案件有的地区：合肥市巢湖市、瑶海区、庐阳区、蜀山区、包河区、长丰县、肥西县、庐江县；芜湖市全市；蚌埠市龙子湖区、蚌山区、禹会区、淮上区、五河县、固镇县；淮南市全市；马鞍山市全市；淮北市杜集区、相山区、烈山区、濉溪县；铜陵市全市；安庆市桐城市、迎江区、大观区、宜秀区、怀宁县、潜山市、太湖县、宿松县、望江县、岳西县；黄山市全市；滁州市全市；阜阳市界首市、颍州区、颍东区、颍泉区、临泉县、太和县、阜南县；宿州市全市；六安市全市；亳州市全市；池州市全市；宣城市全市。

时间分布如图 2-2-7 所示，2017 年有 1 件，2018 年有 1 件，2019 年有 19 件。

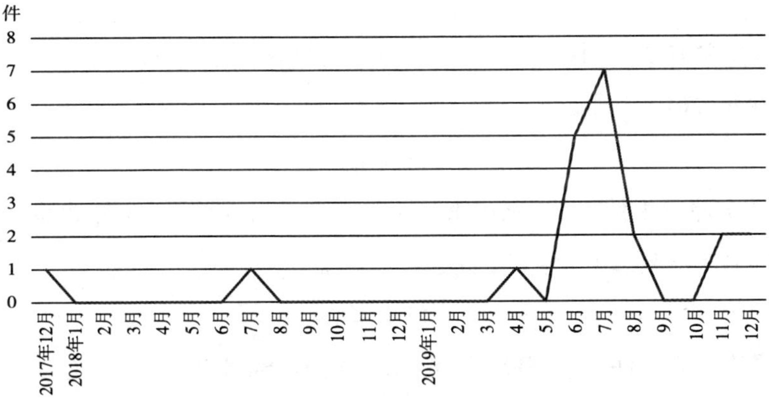

图 2-2-7　安徽省食品药品安全类案件时间分布

湖北省

此类案件有 1 件，其中判决书有 1 份。空间分布情况：十堰市有 1 件。时间分布情况：2017 年有 1 件。

广东省

此类案件有 3 件，其中判决书有 3 份。空间分布情况：广州市有 1 件；深圳市有 1 件；东莞市东城区有 1 件。时间分布情况：2018 年有 3 件。

云南省

此类案件有 2 件，其中裁定书有 2 份。空间分布情况：临沧市有 1 件；玉溪市有 1 件。时间分布情况：2018 年有 1 件，2019 年有 1 件。

2. 公益组织提起

吉林省

此类案件有 1 件，其中判决书有 1 份。该省此类案件空间分布情况：长春市有 1 件。时间分布情况：2016 年有 1 件。

广东省

此类案件有 4 件，其中判决书有 4 份。其中检察机关支持起诉的有 4 件。

空间分布情况：深圳市有1件；广州市白云区有3件。时间分布情况：2017年有1件，2018年有3件。

（二）非试点地区

河北省

此类案件有2件，其中判决书有2份。空间分布情况：石家庄市有2件。时间分布情况：2019年有2件。

浙江省

此类案件有1件，其中判决书有1份。空间分布情况：丽水市缙云县有1件。时间分布情况：2019年有1件。

河南省

此类案件有1件，其中判决书有1份。空间分布情况：商丘市有1件。时间分布情况：2019年有1件。

湖南省

此类案件有2件，其中判决书有1份，裁定书有1份。空间分布情况：长沙市有1件；衡阳市耒阳市有1件。时间分布情况：2018年有1件，2019年有1件。

海南省

此类案件有1件，其中判决书有1份。空间分布情况：海口市有1件。时间分布情况：2018年有1件。

广西壮族自治区

此类案件有3件，其中判决书有3份。空间分布情况：贵港市有2件；广西壮族自治区高级人民法院受理1件。时间分布情况：2018年有2件，2019年有1件。

新疆维吾尔自治区

此类案件有1件，其中判决书有1份。空间分布情况：乌鲁木齐有1件。时间分布情况：2018年有1件。

重庆市

此类案件有1件，其中判决书有1份。空间分布情况：渝北区有1件。时间分布情况：2019 年有 1 件。

三、烈士名誉权保护类案件

笔者共收集全国 31 个省、自治区、直辖市检察机关提起的民事公益诉讼烈士名誉权保护类案件 8 件，其中判决书有 8 份。时间分布情况：2018 年有 2 件，2019 年有 6 件。31 个省、自治区、直辖市中，只检索到广东省、山东省、江苏省、湖南省、云南省、黑龙江省、浙江省的检察院提起过此类案件。

（一）试点地区

江苏省

此类案件有 1 件，其中判决书有 1 份。空间分布情况：淮安市有 1 件。时间分布情况：2018 年有 1 件。

山东省

此类案件有 1 件，其中判决书有 1 份。空间分布情况：烟台市有 1 件。时间分布情况：2018 年有 1 件。

广东省

此类案件有 1 件，其中判决书有 1 份。空间分布情况：中山市东区有 1 件。时间分布情况：2019 年有 1 件。

云南省

此类案件有 2 件，其中判决书有 2 份。空间分布情况：红河自治州有 2 件。时间分布情况：2019 年有 2 件。

（二）非试点地区

黑龙江省

此类案件有 1 件，其中判决书有 1 份。空间分布情况：黑龙江省人民检察院大兴安岭分院受理 1 件。时间分布情况：2019 年有 1 件。

浙江省

此类案件有 1 件，其中判决书有 1 份。空间分布情况：丽水市缙云县有 1 件。时间分布情况：2019 年有 1 件。

湖南省

此类案件有 1 件，其中判决书有 1 份。空间分布情况：常德市有 1 件。时间分布情况：2019 年有 1 件。

四、其他类

笔者共收集全国 31 个省、自治区、直辖市民事公益诉讼其他类案件 8 件，其中检察机关提起的有 4 件，行政机关提起的有 0 件，其他公益组织提起的有 4 件。其中判决书有 5 份，裁定书有 3 份。时间分布情况：2018 年有 3 件，2019 年有 5 件。31 个省、自治区、直辖市中，只检索到广东省、江苏省、安徽省提起过此类案件。

第一，检察机关提起。笔者共收集全国 31 个省、自治区、直辖市检察机关提起的民事公益诉讼其他类案件 4 件，其中判决书有 4 份。时间分布情况：2019 年有 4 件。31 个省、自治区、直辖市中，只检索到安徽省的检察院提起过此类案件。[1]

第二，行政机关提起。笔者未检索到行政机关提起过民事公益诉讼其他类案件。

第三，公益组织提起。笔者共收集全国 31 个省、自治区、直辖市公益组织提起的民事公益诉讼其他类案件 4 件，其中判决书有 1 份，裁定书有 3 份。时间分布情况：2018 年有 3 件，2019 年有 1 件。31 个省、自治区、直辖市中，只检索到广东省、江苏省的公益组织提起过此类案件。

（一）试点地区

1. 检察机关提起

安徽省

此类案件有 4 件，其中判决书有 4 份。空间分布情况：六安市金安区有 4 件。时间分布情况：2019 年有 4 件。在 4 件案件中，检察机关认为被告制造人民币图样的冥币在市场上售卖的行为，不仅违反了人民银行法和人民币管理条例，

---

〔1〕 (2019)皖 1502 民初 1760 号；(2019)皖 1502 民初 1757 号；(2019)皖 1502 民初 1758 号；(2019)皖 1502 民初 1759 号。

而且损害了人民币作为国家法定货币的严肃性，有损人民币作为国家名片的形象。该案中涉及的公共利益不同于一般的民事公益诉讼案件，值得特别注意。

2. 公益组织提起

笔者共收集全国 31 个省、自治区、直辖市公益组织提起的民事公益诉讼其他类案件 4 件，其中判决书有 1 份，裁定书有 3 份。时间分布情况：2018 年有 3 件，2019 年有 1 件。31 个省、自治区、直辖市中，只检索到广东省、江苏省的公益组织提起过此类案件。

广东省

此类案件有 2 件，其中判决书有 1 份，裁定书有 1 份。空间分布情况：广州市有 2 件。时间分布情况：2018 年有 1 件，2019 年有 1 件。在这两件案件中，被告侵害了不特定消费者的合法权益。该案中涉及的公共利益区别于食品药品安全领域的民事公益诉讼案件，值得特别注意。〔1〕

江苏省

此类案件有 2 件，其中裁定书有 2 份。空间分布情况：南京市有 2 件。时间分布情况：2018 年有 2 件。在这两件案件中，被告非法收集用户个人信息，侵害了消费者的合法权益。该案涉及的公共利益区别于食品药品安全领域的民事公益诉讼案件，值得特别注意。〔2〕

（二）非试点地区

笔者未检索到非试点地区的公益组织提起过民事公益诉讼其他类案件。

第三节　刑事附带民事公益诉讼

笔者共收集全国 31 个省、自治区、直辖市刑事附带民事公益诉讼案件 3489 件，其中判决书有 3189 份，裁定书有 281 份，调解书有 16 份，退回案件决定书有 3 份（见表 2-3-1）。

---

〔1〕（2017）粤 01 民初 445 号；（2019）粤 01 民初 299 号。
〔2〕（2018）苏 01 民初 1 号；（2018）苏 01 民初 1 号。

表 2-3-1 全国刑事附带民事公益诉讼案件数量统计

单位：件

案件类型	2012 年	2014 年	2017 年	2018 年	2019 年	合计
生态环境与资源保护类	0	2	44	964	1535	2545
食品药品安全类	0	0	5	352	574	931
其他类	1	0	0	2	6	9
无法判断	0	0	2	0	2	4
总数	1	2	51	1318	2117	3489

刑事附带民事公益诉讼案件时间分布情况：2012 年有 1 件，2014 年有 2 件，2017 年有 51 件，2018 年有 1318 件，2019 年有 2117 件。其中生态环境与资源保护类案件有 2545 件，食品药品安全类案件有 931 件，其他类案件有 9 件，无法判断案件类型的有 4 件。

一、生态环境与资源保护类案件

（一）全国

笔者共收集全国 31 个省、自治区、直辖市刑事附带民事公益诉讼生态环境与资源保护类案件 2545 件，其中判决书有 2334 份，裁定书有 197 份，调解书有 13 份，退回案件决定书有 1 份。其时间分布情况：2014 年有 2 件，2017 年有 44 件，2018 年有 964 件，2019 年有 1535 件；31 个省、自治区、直辖市中，四川省此类案件有数量最多，为 384 件，上海市此类案件有数量最少，为 2 件。

（二）试点地区

北京市

此类案件有 3 件，其中判决书有 3 份。空间分布情况：通州区有 1 件；西城区有 1 件；石景山区有 1 件。时间分布情况：2018 年有 2 件，2019 年有 1 件。

内蒙古自治区

此类案件有 48 件，其中判决书有 45 份，裁定书有 3 份。

空间分布情况：呼和浩特市有 2 件，其中赛罕区有 2 件；包头市有 3 件，其中昆都仑区有 1 件、达尔罕茂明安联合旗有 2 件；赤峰市有 2 件，其中巴林左旗有 2 件；通辽市有 2 件，其中科尔沁区有 2 件；鄂尔多斯市有 10 件，其中准格尔旗有 1 件、鄂托克前旗有 4 件、鄂托克旗有 1 件、杭锦旗有 1 件、乌审旗有 3 件；呼伦贝尔市有 17 件，其中海拉尔区有 1 件、牙克石市有 3 件、扎兰屯市有 1 件、额尔古纳市有 1 件、鄂伦春自治旗有 3 件、莫力达瓦达斡尔族自治旗有 2 件、鄂温克族自治旗有 2 件、新巴尔虎左旗有 4 件；巴彦淖尔市有 1 件，其中乌拉特中旗有 1 件；乌兰察布市有 1 件，其中察哈尔右翼前旗有 1 件；兴安盟有 4 件，其中突泉县有 4 件；锡林郭勒盟有 2 件，其中阿巴嘎旗有 1 件、镶黄旗有 1 件；阿拉善盟有 3 件，其中阿拉善右旗有 1 件、额济纳旗有 2 件；满洲里市有 1 件，其中满洲里市新区人民检察院提起 1 件。

未检索到此类案件有的地区：呼和浩特市回民区、新城区、玉泉区、土默特左旗、托克托县、和林格尔县、武川县、清水河县；包头市东河区、青山区、石拐区、九原区、白云鄂博矿区、土默特右旗、固阳县；乌海市全市；赤峰市红山区、元宝山区、松山区、阿鲁科尔沁旗、巴林右旗、林西县、克什克腾旗、翁牛特旗、喀喇沁旗、宁城县、敖汉；通辽市霍林郭勒市、科尔沁左翼中旗、科尔沁左翼后旗、开鲁县、库伦旗、奈曼旗、扎鲁特旗；鄂尔多斯市康巴什区、东胜区、达拉特旗、伊金霍洛旗；呼伦贝尔市陈巴尔虎旗、满洲里市（代管扎赉诺尔区）、根河市、阿荣旗、新巴尔虎右旗；巴彦淖尔市临河区、五原县、磴口县、乌拉特前旗、乌拉特后旗、杭锦后旗；乌兰察布市集宁区、丰镇市、卓资县、化德县、商都县、兴和县、凉城县、察哈尔右翼中旗、察哈尔右翼后旗、四子王旗；兴安盟乌兰浩特市、阿尔山市、科尔沁右翼前旗、科尔沁右翼中旗、扎赉特旗；锡林郭勒盟锡林浩特市、二连浩特市、苏尼特左旗、苏尼特右旗、东乌珠穆沁旗、西乌珠穆沁旗、太仆寺旗、正镶白旗、正蓝旗、多伦县；阿拉善盟阿拉善左旗；满洲里市边境经济合作区、中俄互市贸易区、东湖区、国际物流产业园区、敖尔金区；二连浩特市全市。

时间分布如图 2-3-1 所示，2018 年有 19 件，2019 年有 29 件。案件数量自 2018 年逐年增加。

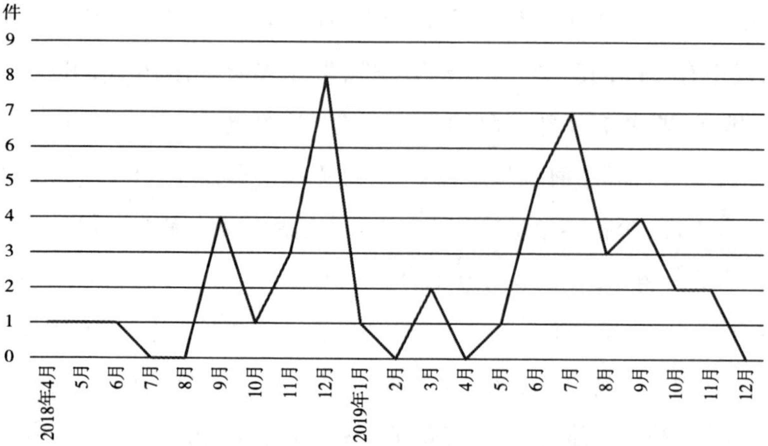

图 2-3-1　内蒙古自治区生态环境与资源保护类案件时间分布

吉林省

此类案件有 43 件，其中判决书有 38 份，裁定书有 5 份。

空间分布情况：长春市有 6 件，其中榆树市有 3 件、净月市有 1 件、长春高新技术开发区有 2 件；吉林市有 8 件，其中船营区有 1 件、龙潭区有 1 件、昌邑区有 1 件、蛟河市有 5 件；延边朝鲜族自治州有 7 件，其中图们市有 1 件、敦化市有 1 件、珲春市有 2 件、龙井市有 1 件、汪清县有 1 件、安图县有 1 件；四平市有 6 件，其中铁东区有 1 件、公主岭市有 3 件、梨树县有 1 件、伊通满族自治县有 1 件；通化市有 3 件，其中东昌区有 1 件、柳河县有 2 件；白城市有 4 件，其中洮南市有 1 件、镇赉县有 2 件、通榆县有 1 件；辽源市有 1 件，其中东辽县有 1 件；松原市有 5 件，其中扶余市有 1 件、乾安县有 2 件、长岭县有 1 件、前郭尔罗斯蒙古族自治县有 1 件；白山市有 3 件，其中浑江区有 1 件、临江市有 1 件、长白朝鲜族自治县有 1 件。

未检索到此类案件有的地区：长春市南关区、朝阳区、绿园区、二道区、双阳区、宽城区、九台区、德惠市、农安县；吉林市丰满区、磐石市、桦甸市、舒兰市、永吉县；延边朝鲜族自治州延吉市、和龙市；四平市双辽市、铁西区；通化市二道江区、集安市、通化县、辉南县、梅河口市；白城市洮北区、大安市；辽源市龙山区、西安区、东丰县；松原市宁江区；白山市江源区、抚松县、靖宇县。

时间分布如图 2-3-2 所示，2018 年有 26 件，2019 年有 17 件。案件数量自 2018 年逐年减少。

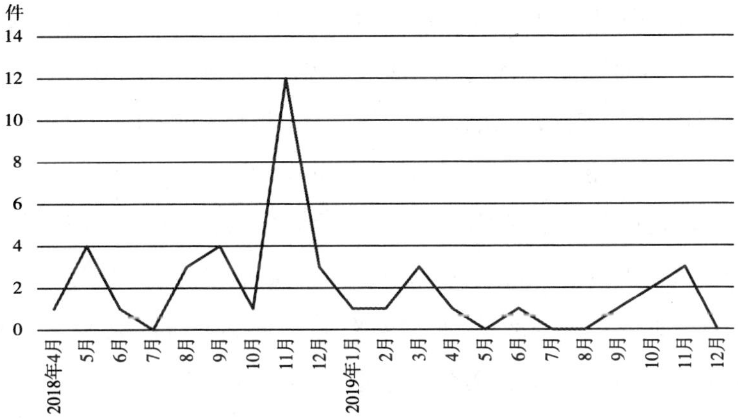

图 2-3-2　吉林省生态环境与资源保护类案件时间分布

江苏省

此类案件有 99 件。其中判决书有 84 份，裁定书有 15 份。

空间分布情况：南京市有 18 件，其中玄武区有 2 件、秦淮区有 2 件、鼓楼区有 2 件、浦口区有 4 件、栖霞区有 1 件、雨花台区有 1 件、江宁区有 1 件、六合区有 3 件、溧水区有 2 件；无锡市有 14 件，其中锡山区有 5 件、惠山区有 1 件、滨湖区有 2 件、新吴区有 1 件、江阴市有 5 件；徐州市有 6 件，其中铜山区有 2 件、沛县有 1 件、徐州铁路运输检察院提起 3 件；常州市有 5 件，其中武进区有 2 件、金坛区有 1 件、常州经济开发区人民检察院提起 2 件；苏州市有 15 件，其中姑苏区有 1 件、常熟市有 13 件、昆山市有 1 件；南通市有 3 件，其中如皋市有 3 件；连云港市有 10 件，其中连云区有 4 件、海州区有 2 件、赣榆区有 1 件、灌南县有 1 件；淮安市有 5 件，其中清江浦区有 1 件、洪泽区有 1 件、金湖县有 3 件；盐城市有 5 件，其中射阳县有 2 件、东台市有 3 件；扬州市有 5 件，其中邗江区有 1 件、江都区有 2 件、高邮市有 2 件；镇江市有 6 件，其中扬中市有 1 件、句容市有 1 件、镇江市金山地区人民检察院提起 4 件；泰州市有 5 件，其中海陵区有 3 件、泰州医药高新技术产业开发区有 2 件；宿迁市有 2 件，其中宿城区有 1 件、泗洪县有 1 件。

未检索到此类案件有的地区：南京市建邺区、高淳区、白下区、下关区；无锡市梁溪区、宜兴市；徐州市鼓楼区、云龙区、贾汪区、泉山区、丰县、睢宁县、新沂市、邳州市；常州市天宁区、钟楼区、新北区、溧阳市；苏州市虎丘区、吴中区、相城区、吴江区、张家港市、太仓市；南通市崇川区、港闸区、通州区、海安县、如东县、启东市、海门市；连云港市东海县、灌云县；淮安市淮安区、淮阴区、涟水县、盱眙县；盐城市亭湖区、盐都区、大丰区、响水县、滨海县、阜宁县、建湖县；扬州市广陵区、宝应县、仪征市；镇江市京口区、润州区、丹徒区、丹阳市；泰州市高港区、姜堰区、兴化市、靖江市、泰兴市；宿迁市宿豫区、沭阳县、泗阳县。

时间分布如图 2-3-3 所示，2017 年有 11 件，2018 年有 41 件，2019 年有 47 件。案件数量自 2017 年逐年增加。

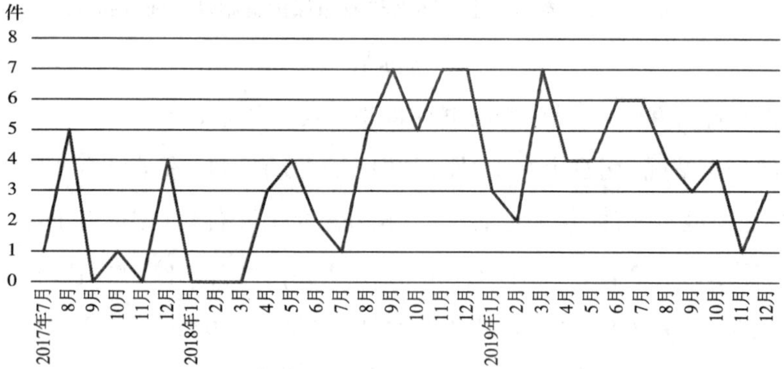

图 2-3-3 江苏省生态环境与资源保护类案件时间分布

安徽省

此类案件有 213 件，其中判决书有 191 份，裁定书有 21 份，调解书有 1 份。

空间分布情况：合肥市有 11 件，其中包河区有 4 件、长丰县有 4 件、肥东县有 1 件、肥西县有 2 件；芜湖市有 11 件，其中镜湖区有 3 件、鸠江区有 1 件、芜湖县有 1 件、繁昌县有 1 件、南陵县有 3 件、芜湖市有经济技术开发区有 2 件；蚌埠市有 12 件，其中蚌山区有 1 件、淮上区有 6 件、怀远县有 1 件、五河县有 2 件、固镇县有 2 件；淮南市有 12 件，其中大通区有 1 件、潘集区有 3 件、凤台县有 1 件、寿县有 7 件；马鞍山市有 7 件，其中博望区有 5 件、含山县有 1 件、和县有 1 件；淮北市有 3 件，其中相山区有 2 件、烈山区有 1 件；铜陵市有 6 件，其中铜官区有 1 件、郊区有 5 件；安庆市有 41 件，其中桐城市有 9 件、迎江区有 8 件、大观区有 4 件、怀宁县有 3 件、潜山市有 3 件、太湖县有 6 件、宿松县有 3 件、望江县有 1 件、岳西县有 4 件；黄山市有 29 件，其中黄山区有 3 件、徽州区有 3 件、歙县有 11 件、休宁县有 4 件、黟县有 6 件、祁门县有 2 件；滁州市有 12 件，其中天长市有 2 件、明光市有 1 件、琅琊区有 1 件、南谯区有 2 件、来安县有 2 件、全椒县有 1 件、定远县有 2 件、凤阳县有 1 件；阜阳市有 4 件，其中颍东区有 1 件、临泉县有 2 件、太和县有 1 件；宿州市有 4 件，埇桥区有 2 件、灵璧县有 1 件、泗县有 1 件；六安市有 19 件，其中金安区有 1 件、裕安区有 4 件、叶集区有 1 件、霍邱县有 2 件、舒城县有 1 件、金寨县有 8 件、霍山县有 2 件；亳州市有 12 件，其中谯城区有 4 件、蒙城县有 2 件、利辛县有 6 件；池州市有 13 件，贵池区有 3 件、石台县有 6 件、青阳县有 4 件；宣城市有 17 件，其中宁国市有 3 件、宣州区有 3 件、郎溪县有 6 件、泾县有 1 件、绩溪县有 1 件、旌德县有 3 件。

未检索到此类案件有的地区：合肥市巢湖市、瑶海区、庐阳区、蜀山区、庐江县；芜湖市弋江区、三山区、无为县；蚌埠市龙子湖区、禹会区；淮南市田家庵区、谢家集区、八公山区；马鞍山市花山区、雨山区、当涂县；淮北市杜集区、濉溪县；铜陵市义安区、枞阳县；安庆市宜秀区；黄山市屯溪区；阜阳市界首市、颍州区、颍泉区、阜南县、颍上县；宿州市砀山县、萧县；亳州市涡阳县；池州市东至县；宣城市广德县。

时间分布如图 2-3-4 所示，2017 年有 7 件，2018 年有 74 件，2019 年有 132 件。案件数量自 2017 年逐年增加。

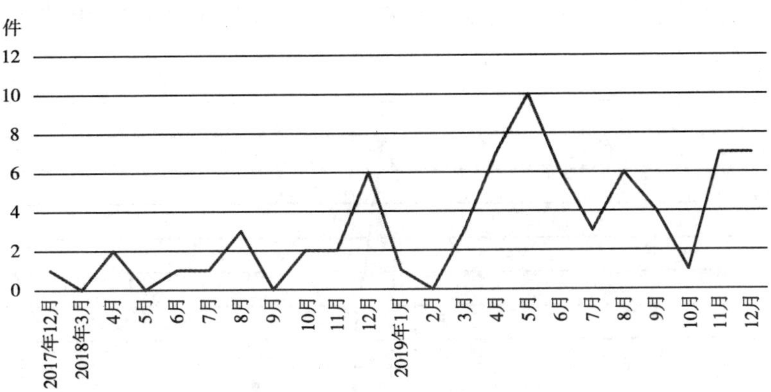

图 2-3-4　安徽省生态环境与资源保护类案件时间分布

福建省

此类案件有27件，其中判决书有27份。

空间分布情况：福州市有2件，其中罗源县有1件、长乐区有1件；厦门市有1件，其中同安区有1件；莆田市有3件，其中涵江区有1件、秀屿区有1件、仙游县有1件；三明市有8件，其中明溪县有2件、沙县有2件、将乐县有2件、泰宁县有1件、永安市有1件；泉州市有2件，其中德化县有1件、晋江市有1件；漳州市有4件，其中南靖县有2件、龙海市有2件；南平市有5件，其中浦城县有1件、光泽县有3件、武夷山市有1件；龙岩市有2件，其中新罗区有1件、连城县有1件。

未检索到此类案件有的地区：福州市鼓楼区、台江区、仓山区、马尾区、晋安区、闽侯县、连江县、闽清县、永泰县、平潭县、福清市、长乐市；厦门市思明区、海沧区、湖里区、集美区、翔安区；莆田市城厢区、荔城区；三明市梅列区、三元区、清流县、宁化县、大田县、尤溪县、建宁县；泉州市鲤城区、丰泽区、洛江、区泉港区、惠安县、安溪县、永春县、金门县、石狮市、南安市；漳州市芗城区、龙文区、云霄县、漳浦县、诏安县、长泰县、东山县、平和县、华安县；南平市延平区、建阳区、顺昌县、松溪县、政和县、邵武市、建瓯市；龙岩市永定区、长汀县、上杭县、武平县、漳平市；宁德市蕉城区、霞浦县、古田县、屏南县、寿宁县、周宁县、柘荣县、福安市、福鼎市。

时间分布如图2-3-5所示，2014年有2件，2018年有15件，2019年有10件。

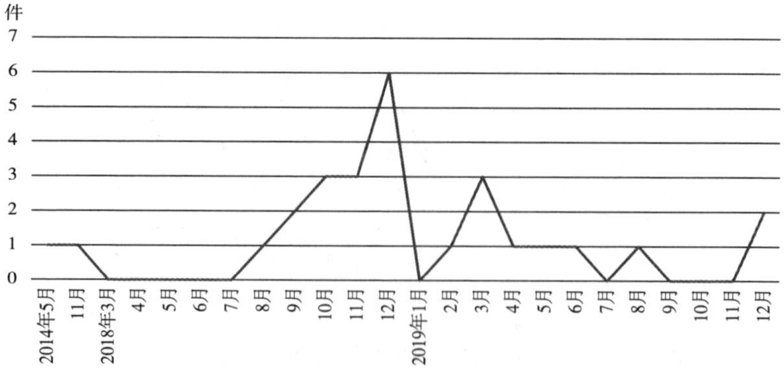

图2-3-5 福建省生态环境与资源保护类案件时间分布

山东省

此类案件有 87 件，其中判决书有 84 件，裁定书有 3 件。

空间分布情况：济南市有 2 件，其中历城区有 1 件、平阴县有 1 件；青岛市有 6 件，其中平度市有 1 件、市北区有 2 件、黄岛区有 3 件；淄博市有 6 件，其中淄川区有 1 件、博山区有 1 件、周村区有 2 件、沂源县有 2 件；枣庄市有 1 件，其中滕州市有 1 件；东营市有 5 件，其中东营区有 1 件、河口区有 1 件、垦利区有 1 件、广饶县有 2 件；烟台市有 7 件，其中龙口市有 1 件、莱阳市有 1 件、莱州市有 1 件、栖霞市有 2 件、莱山区有 2 件、烟台市经济技术开发区有 1 件；潍坊市有 2 件，其中安丘市有 1 件、昌邑市有 1 件；济宁市有 8 件，其中曲阜市有 2 件、邹城市有 1 件、任城区有 1 件、金乡县有 1 件、嘉祥县有 1 件、泗水县有 1 件、梁山县有 1 件；泰安市有 9 件，其中岱岳区有 5 件、宁阳县有 1 件、东平县有 3 件；威海市有 5 件，其中荣成市有 1 件、乳山市有 1 件、环翠区有 1 件、文登区有 1 件、威海经济技术开发区有 1 件；日照市有 2 件，其中岚山区有 2 件；临沂市有 14 件，其中兰山区有 1 件、罗庄区有 1 件、河东区有 1 件、郯城县有 1 件、兰陵县有 3 件、费县有 2 件、平邑县有 1 件、莒南县有 2 件、蒙阴县有 1 件、临沭县有 1 件；德州市有 10 件，其中德城区有 1 件、陵城区有 1 件、宁津县有 2 件、庆云县有 1 件、临邑县有 1 件、齐河县有 1 件、夏津县有 1 件、武城县有 1 件、德州经济技术开发区有 1 件；聊城市有 5 件，其中阳谷县有 3 件、东阿县有 1 件、冠县有 1 件；滨州市有 5 件，其中滨城区有 1 件、惠民县有 1 件、博兴县有 2 件、邹平县有 1 件；菏泽市有 8 件，其中曹县有 3 件、单县有 1 件、巨野县有 1 件、郓城县有 3 件。

未检索到此类案件有的地区：济南市章丘市、历下区、市中区、槐荫区、天桥区、长清区、济阳县、商河县、莱芜区；青岛市胶州市、即墨区、莱西市、市南区、崂山区、李沧区、城阳区；淄博市张店区、临淄区、桓台县、高青县；枣庄市市中区、薛城区、峄城区、台儿庄区、山亭区；东营市利津县；烟台市蓬莱市、招远市、海阳市、芝罘区、福山区、牟平区、长岛县；潍坊市青州市、诸城市、寿光市、高密市、潍城区、寒亭区、坊子区、奎文区、临朐县、昌乐县；济宁市兖州区、微山县、鱼台县、汶上县；泰安市新泰市、肥城市、泰山区；日照市东港区、五莲县、莒县；临沂市沂南县、沂水县；德州市乐陵市、禹城市、陵城区、庆云县、临邑县、平原县、夏津县；聊城市临清市、东昌府区、莘县、茌平县、高唐县；滨州市沾化区、阳信县、无棣县；菏泽市牡丹区、定陶区、成武县、鄄城县、东明县。

时间分布如图 2-3-6 所示，2018 年有 28 件，2019 年有 59 件。案件数量自 2018 年起逐年增加。

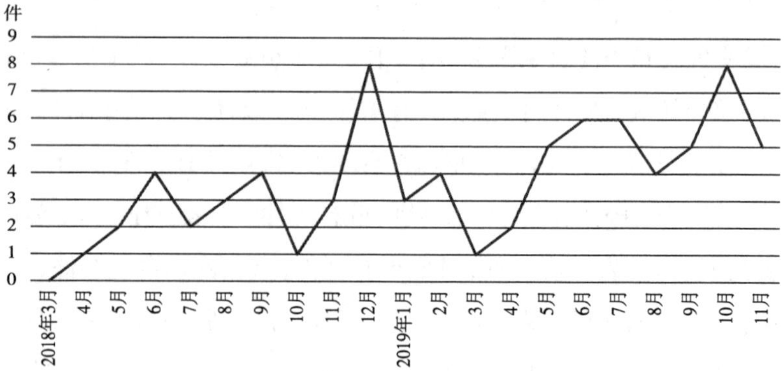

图 2-3-6　山东省生态环境与资源保护类案件时间分布

湖北省

此类案件有 151 件，其中判决书有 138 份，裁定书有 13 份。

空间分布情况：武汉市有 21 件，其中江汉区有 6 件、武昌区有 1 件、蔡甸区有 1 件、江夏区有 1 件、东西湖区有 1 件、武汉市人民检察院提起 11 件；黄石市有 5 件，其中大冶市有 2 件、阳新县有 1 件、铁山区有 1 件、黄石市有 1 件；十堰市有 20 件，其中丹江口市有 13 件、郧西县有 1 件、竹山县有 2 件、竹溪县有 1 件、十堰市人民检察院提起 3 件；宜昌市有 28 件，其中远安县有 1 件、兴山县有 3 件、秭归县有 2 件、长阳土家族自治县有 2 件、五峰土家族自治县有 2 件、当阳市有 3 件、夷陵区有 1 件、西陵区有 1 件、伍家岗区有 2 件、宜昌市人民检察院提起 11 件；襄阳市有 9 件，其中枣阳市有 1 件、老河口市有 1 件、南漳县有 1 件、谷城县有 1 件、襄阳高新技术产业开发区有 2 件、襄阳市有 3 件；鄂州市有 3 件，其中鄂城区有 1 件、华容区有 1 件、鄂州市有 1 件；孝感市有 10 件，其中孝昌县有 2 件、大悟县有 2 件、应城市有 1 件、安陆市有 2 件、汉川市有 3 件；荆州市有 22 件，其中荆州市有 6 件、沙市有区有 5 件、公安县有 3 件、松滋市有 2 件、石首市有 2 件、洪湖市有 4 件；荆门市有 6 件，其中京山市有 2 件、钟祥市有 2 件、掇刀区有 1 件、荆门市有 1 件；黄冈市有 3 件，其中麻城市有 1 件、武穴市有 1 件、英山县有 1 件；咸宁市有 3 件，其中嘉鱼县有 1 件、赤壁市有 1 件、咸宁市有 1 件；随州市有 4 件，其中曾都区有 1 件、随县有 3 件；恩施土家族苗族自治州有 10 件，其中恩施市有 4 件、利川市有 1 件、巴东县有 2 件、宣恩县有 1 件、咸丰县有 1 件、来凤县有 1 件；潜江市有 2 件；天门市有 4 件；神农架林区有 1 件。

未检索到此类案件有的地区：武汉市江岸区、汉阳区、青山区、洪山区、黄陂区、新洲区、汉南区、硚口区；黄石市黄石港区、下陆区、西塞山区；十堰市房县、郧阳区、张湾区、茅箭区；宜昌市宜都市、枝江市、点军区、猇亭区；襄阳市襄城、樊城、襄州、宜城、保康县；鄂州市梁子湖区；荆门市沙洋县、东宝区；孝感市孝南区、云梦县；荆州市监利县、江陵县；黄冈市蕲春县、黄梅县、黄州区、团风县、浠水县、罗田县、红安县；咸宁市通城县、崇阳县、通山县、咸安区；随州市广水市；恩施土家苗族自治州建始县、鹤峰县。

时间分布如图 2-3-7 所示，2017 年有 3 件，2018 年有 68 件，2019 年有 80 件。案件数量自 2017 年逐年增加。

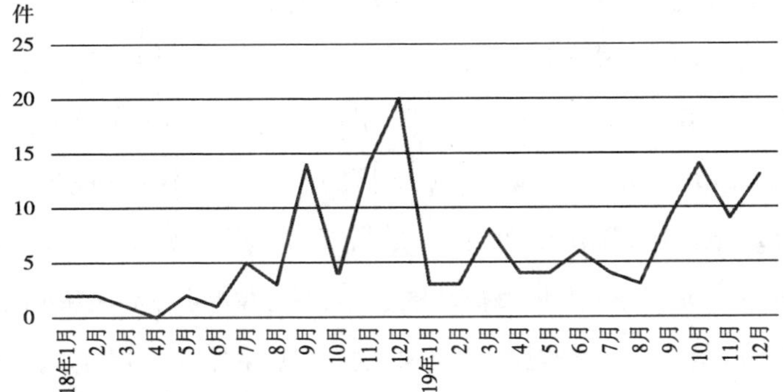

图 2-3-7　湖北省生态环境与资源保护类案件时间分布

广东省

此类案件有78件。其中判书决有68份,裁定书有9份,调解书有1份。

空间分布情况:广州市有4件,其中番禺区有3件、南沙区有1件;韶关市有10件,其中南雄市有1件、浈江区有2件、曲江区有1件、始兴县有2件、仁化县有1件、翁源县有1件、乳源瑶族自治县有1件、新丰县有1件;深圳市有1件,其中南山区有1件;珠海市有1件,其中斗门区有1件;汕头市有2件,其中潮阳区有1件、澄海区有1件;佛山市有4件,其中南海区有2件、高明区有2件;江门市有7件,其中开平市有2件、鹤山市有1件、恩平市有2件、江海区有1件、新会区有1件;湛江市有5件,其中雷州市有2件、霞山区有2件、徐闻县有1件;茂名市有1件、其中茂南区有1件;肇庆市有3件,其中高要区有1件、封开县有1件、德庆县有1件;惠州市有4件,其中惠东县有2件、惠阳区有2件;梅州市有11件,其中兴宁市有1件、梅县有区有2件、丰顺县有2件、五华县有4件、平远县有2件;汕尾市有1件,其中海丰县有1件;河源市有2件,其中源城区有1件、龙川县有1件;清远市有5件,其中清城区有1件、阳山县有1件、连山壮族瑶族自治县有1件、连南瑶族自治县有2件;东莞市有3件,揭阳市有3件,其中普宁市有1件、揭东区有1件、揭西县有1件;云浮市有11件,其中云安区有6件、新兴县有1件、郁南县有4件。

未检索到此类案件有的地区:广州市荔湾区、越秀区、珠海区、天河区、白云区、黄埔区、花都区、从化区、增城区;韶关市乐昌区、武江区;深圳市罗湖区、福田区、宝安区、龙岗区、盐田区;珠海市香洲区、金湾区;汕头市龙湖区、金平区、濠江区、潮南区、南澳区;佛山市禅城区、顺德区、三水区;江门市台山市、蓬江区;湛江市廉江市、吴川市、赤坎区、坡头区、麻章区、遂溪县;茂名市高州市、化州市、信宜市、电白区;肇庆市四会市、端州市、鼎湖区、广宁县、怀集县;惠州市惠城区、博罗县、龙门县;梅州市梅江区、大埔区、蕉岭县;汕尾市陆丰市、城区、陆河县;河源市紫金县、连平县、和平县、东源县;阳江市阳春市、江城区、阳东区、阳西县;清远市英德市、连州市、清新区、佛冈县;中山市;潮州市湘桥区、潮安区、饶平县;揭阳市榕城区、惠来县;云浮市罗定市、云城区。

时间分布如图 2-3-8 所示，2017 年有 1 件，2018 年有 35 件，2019 年有 42 件。案件数量自 2017 年逐年增加。

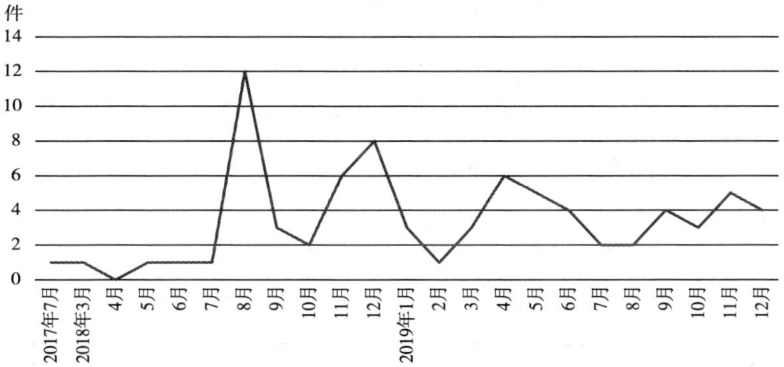

图 2-3-8　广东省生态环境与资源保护类案件时间分布

贵州省

此类案件有 79 件，其中判决书有 76 份，裁定书有 3 份。

空间分布情况：贵州市有 8 件，其中观山湖区有 1 件、南明区有 1 件、乌当区有 2 件、白云区有 1 件、清镇市有 1 件、息烽县有 2 件；遵义市有 2 件，其中汇川区有 1 件、绥阳县有 1 件；六盘水市有 5 件，其中钟山区有 1 件、盘州市有 3 件、水城县有 1 件；安顺市有 3 件，其中平坝区有 3 件；毕节市有 14 件，其中七星关区有 1 件、威宁县有 5 件、纳雍县有 1 件、织金县有 2 件、黔西县有 4 件、金沙县有 1 件；铜仁市有 25 件，其中碧江区有 2 件、万山区有 1 件、江口县有 1 件、玉屏县有 4 件、石阡县有 1 件、思南县有 5 件、印江县有 2 件、德江县有 1 件、沿河县有 4 件、松桃县有 4 件；黔东南苗族侗族自治州 16 件，其中镇远县有 2 件、施秉县有 2 件、三穗县有 1 件、天柱县有 1 件、锦屏县有 2 件、剑河县有 2 件、台江县有 1 件、榕江县有 1 件、从江县有 1 件、雷山县有 1 件、麻江县有 2 件；黔南布依族苗族自治州有 4 件，其中荔波市有 2 件、贵定县有 1 件、平塘县有 1 件；黔西南布依族苗族自治州有 2 件，其中普安县有 1 件、望谟县有 1 件。

未检索到此类案件有的地区：贵阳市开阳县、云岩区、花溪区、修文县；遵义市红花岗区、播州区、赤水市、仁怀市、桐梓县、正安县、道真县、务川县、凤冈县、湄潭县、庆余县、习水县；六盘水市六枝特区；安顺市西秀区、镇宁县、普定县、关岭县、紫云县；毕节市赫章县、大方县；黔东南苗族侗族自治州凯里市、黄平县、岑巩县、黎平县、丹寨县；黔南布依族苗族自治州都匀市、福泉市、瓮安县、独山县、罗甸县、长顺县、龙里县、惠水县、三都县；黔西南布依族苗族自治州兴义市、兴仁市、晴隆县、贞丰县、册亨县、安龙县。

时间分布如图 2-3-9 所示，2017 年有 2 件，2018 年有 13 件，2019 年有 64 件。案件数量自 2017 年逐年增加。

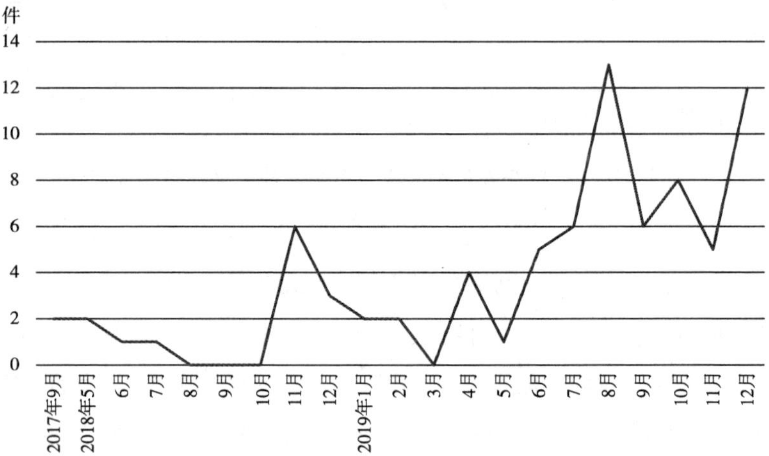

图 2-3-9 贵州省生态环境与资源保护类案件时间分布

云南省

此类案件有 76 件，其中判决书有 71 份，裁定书有 5 份。

空间分布情况：昆明市有 6 件，其中盘龙区有 2 件、晋宁区有 1 件、安宁市有 2 件、禄劝彝族苗族自治县有 1 件；曲靖市有 1 件，其中麒麟区有 1 件；玉溪市有 11 件，其中江川区有 3 件、通海县有 2 件、峨山彝族自治县有 1 件、元江哈尼族彝族傣族自治县有 4 件、玉溪市有 1 件；保山市有 1 件，其中腾冲市有 1 件；丽江市有 2 件，其中宁蒗彝族自治县有 1 件；普洱市有 12 件，其中景东彝族自治县有 1 件、江城哈尼族彝族自治县有 6 件、孟连傣族拉祜族佤族自治县有 5 件、临沧市有 1 件，其中双江拉祜族佤族布朗族傣族自治县有 1 件；德宏傣族景颇族自治州有 4 件、其中芒市有 3 件、盈江县有 1 件；怒江傈僳族自治州 4 件，其中贡山独龙族怒族自治县有 3 件、怒江傈僳族自治州有 1 件；迪庆藏族自治州有 8 件，其中香格里拉市有 3 件、德钦县有 3 件、维西傈僳族自治县有 1 件、迪庆藏族自治州人民检察院提起 1 件；大理白族自治州有 17 件，其中大理市有 3 件、祥云县有 3 件、宾川县有 2 件、弥渡县有 2 件、永平县有 3 件、云龙县有 1 件、剑川县有 1 件、南涧彝族自治县有 1 件、巍山彝族回族自治县有 1 件；楚雄彝族自治州有 5 件，其中牟定县有 2 件、大姚县有 2 件、禄丰县有 1 件；红河哈尼族彝族自治州有 4 件，其中开远市有 1 件、建水县有 1 件、红河县有 1 件、金平苗族瑶族傣族自治县有 1 件；文山壮族苗族自治州有 1 件，其中丘北县有 1 件。

未检索到此类案件有的地区：昆明市呈贡区、五华区、官渡区、西山区、东川区、富民县、宜良县、嵩明县、石林彝族自治县、寻甸回族彝族自治县；曲靖市沾益区、马龙区、宣威市、富源县、罗平县、师宗县、陆良县、会泽县；玉溪市红塔区、澄江市、华宁县、易门县、新平彝族傣族自治县；昭通市昭阳区、水富市、鲁甸县、巧家县、盐津县、大关县、永善县、绥江县、镇雄县、彝良县、威信县；保山市隆阳区、施甸县、龙陵县、昌宁县；丽江市古城区、永胜县、华坪县、玉龙纳西族自治县；普洱市思茅区、宁洱哈尼族彝族自治县、墨江哈尼族自治县、景谷傣族彝族自治县、镇沅彝族哈尼族拉祜族自治县、澜沧拉祜族自治县、西盟佤族自治县；临沧市临翔区、凤庆县、云县、永德县、镇康县、耿马傣族佤族自治县、沧源佤族自治县；德宏傣族景颇族自治州瑞丽市、梁河县、陇川县；怒江傈僳族自治州泸水市、福贡县、兰坪白族普米族自治县；大理白族自治州洱源县、鹤庆县、漾濞彝族自治县；楚雄彝族自治州楚雄市、双柏县、南华县、姚安县、永仁县、元谋县、武定县；红河哈尼族彝族自治州蒙自市、个旧市、弥勒市、石屏县、泸西县、绿春县、元阳县、河口瑶族自治县、屏边苗族自治县；文山壮族苗族自治州文山市、砚山县、西畴县、麻栗坡县、马关县、广南县、富宁县；西双版纳傣族自治州景洪市、勐海县、勐腊县。

时间分布如图 2-3-10 所示，2017 年有 5 件，2018 年有 37 件，2019 年有 33 件。

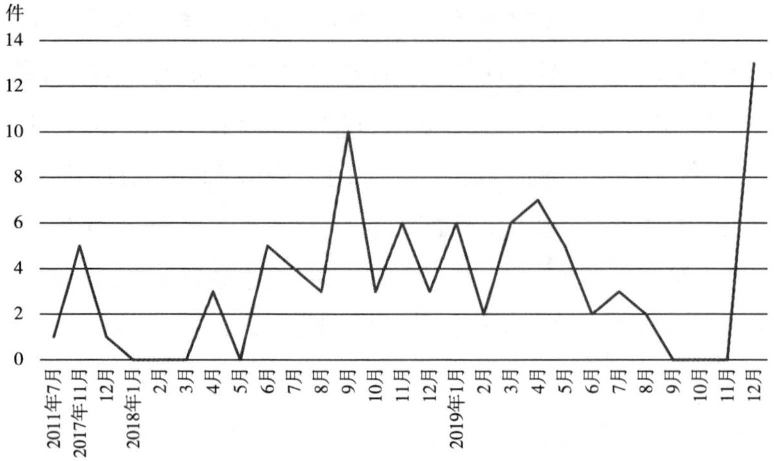

图 2-3-10　云南省生态环境与资源保护类案件时间分布

陕西省

此类案件有 123 件，其中判决书有 121 份，裁定书有 2 份。

该省此类案件空间分布情况：西安市有 2 件，其中新城区有 1 件、临潼区有 1 件；宝鸡市有 10 件，其中凤翔县有 1 件、眉县有 5 件、陇县有 1 件、麟游县有 1 件、凤县有 1 件、太白县有 1 件；咸阳市有 6 件，其中三原县有 1 件、泾阳县有 1 件、乾县有 1 件、淳化县有 1 件、武功县有 2 件；铜川市有 4 件，其中王益区有 1 件、印台区有 1 件、耀州区有 1 件、宜君县有 1 件；渭南市有 9 件，其中潼关县有 2 件、合阳县有 1 件、白水县有 6 件；延安市有 25 件，其中延川县有 3 件、志丹县有 2 件、吴起县有 1 件、甘泉县有 2 件、富县有 1 件、洛川县有 3 件、宜川县有 5 件、黄龙县有 5 件、黄陵县有 3 件；榆林市有 4 件，其中榆阳区有 1 件、府谷县有 3 件；汉中市有 9 件，其中汉台区有 1 件、西乡县有 1 件、略阳县有 1 件、镇巴县有 4 件、留坝县有 2 件；安康市有 13 件，其中汉滨区有 12 件；商洛市有 41 件，其中商州区有 4 件、洛南县有 3 件、丹凤县有 4 件、商南县有 12 件、山阳县有 5 件、镇安县有 3 件、柞水县有 10 件。

未检索到此类案件有的地区：西安市碑林区、莲湖区、雁塔区、灞桥区、未央区、阎良区、长安区、高陵区、鄠邑区、蓝田县、周至县；宝鸡市渭滨区、金台区、陈仓区、岐山县、扶风县、千阳县；咸阳市秦都区、杨陵区、渭城区、礼泉县、永寿县、长武县、旬邑县、兴平市、彬州市；渭南市临渭区、华州区、大荔县、澄城县、蒲城县、富平县、韩城市、华阴市；延安市宝塔区、安塞区、延长县、子长市；榆林市横山区、神木市、靖边县、定边县、绥德县、米脂县、佳县、吴堡县、清涧县、子洲县；汉中市南郑区、城固县、洋县、勉县、宁强县、佛坪县；安康市汉阴县、石泉县、宁陕县、紫阳县、岚皋县、平利县、镇坪县、旬阳县、白河县。

时间分布如图 2-3-11 所示，2017 年有 2 件，2018 年有 22 件，2019 年有 99 件。案件数量自 2017 年逐年增加。

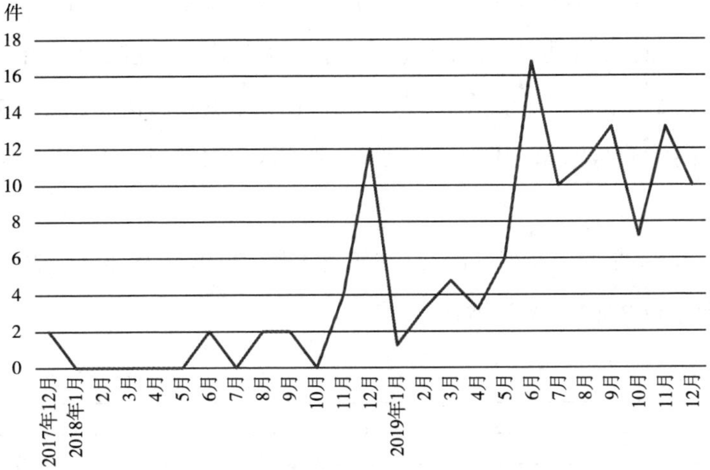

图 2-3-11　陕西省生态环境与资源保护类案件时间分布

甘肃省

此类案件有 76 件，其中判决书有 70 份，裁定书有 6 份。

空间分布情况：兰州市有 1 件，其中城关区有 1 件；金昌市有 1 件，其中金川区有 1 件；白银市有 7 件，其中白银区有 3 件、平川区有 4 件；天水市有 9 件，其中麦积区有 6 件、清水县有 3 件；张掖市有 10 件，其中甘州区有 8 件、民乐县有 1 件、山丹县有 1 件；平凉市有 4 件，其中崆峒区有 1 件、泾川县有 2 件、静宁县有 1 件；酒泉市有 5 件，其中肃州区有 4 件、阿克塞哈萨克族自治县有 1 件；庆阳市有 9 件，其中西峰区有 7 件、镇原县有 2 件；定西市有 6 件，其中安定区有 1 件、通渭县有 1 件、陇西县有 2 件、临洮县有 1 件、漳县有 1 件；陇南市有 17 件，其中武都区有 11 件、礼县有 1 件、西和县有 1 件、康县有 2 件、徽县有 1 件、宕昌县有 1 件；临夏回族自治州有 1 件，其中永靖县有 1 件；甘南藏族自治州有 6 件，其中卓尼县有 6 件。

未检索到此类案件有的地区：兰州市七里河区、西固区、安宁区、红古区、榆中县、皋兰县、永登县；嘉峪关市；金昌市永昌县；白银市会宁县、靖远县、景泰县；天水市秦州区、秦安县、甘谷县、武山县、张家川回族自治县；武威市凉州区、民勤县、古浪县、天祝藏族自治县；张掖市肃南裕固族自治县、临泽县、高台县；平凉市灵台县、崇信县、华亭县、庄浪县；酒泉市玉门市、敦煌市、金塔县、瓜州县、肃北蒙古族自治县；庆阳市庆城县、环县、华池县、合水县、正宁县、宁县；定西市渭源县、岷县；陇南市成县、文县、两当县；临夏回族自治州临夏市、临夏县、广河县、和政县、康乐县、东乡族自治县、积石山保安族东乡族撒拉族自治县；甘南藏族自治州合作市、临潭县、迭部县、舟曲县、夏河县、玛曲县、碌曲县。

时间分布如图 2-3-12 所示，2017 年有 1 件，2018 年有 20 件，2019 年有 55 件。案件数量自 2017 年逐年增加。

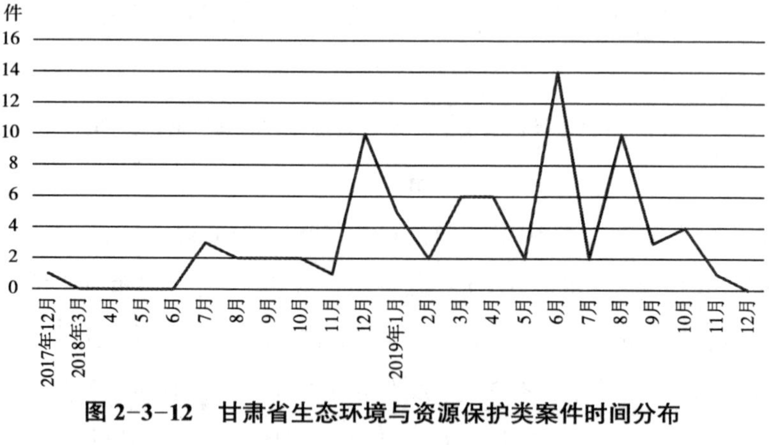

图 2-3-12　甘肃省生态环境与资源保护类案件时间分布

（三）非试点地区

河北省

此类案件有 79 件，其中判决书有 74 份，裁定书有 5 份。

空间分布情况：石家庄市有 19 件，其中井陉矿区有 1 件、裕华区有 1 件、藁城区有2件、栾城区有1件、正定县有1件、行唐县有3件、深泽县有4件、赞皇县有2件、平山县有2件、晋州市有1件、新乐市有1件；唐山市有10件，其中路北区有2件、古冶区有1件、丰南区有4件、迁西县有1件、迁安市有1件、滦南县有1件；邯郸市有5件，其中邯山区有1件、峰峰矿区有1件、磁县有2件、鸡泽县有1件；邢台市有13件，其中桥东区有1件、桥西区有4件、邢台县有2件、临城县有1件、柏乡县有2件、隆尧县有1件、任县有1件、沙河市有1件；保定市有18件，其中竞秀区有2件、莲池区有1件、满城区有1件、徐水区有3件、唐县有1件、高阳县有2件、涞源县有2件、望都县有1件、易县有2件、曲阳县有1件、博野县有1件、安国市有1件；张家口市有1件，其中康保县有1件；承德市有1件，其中双桥区有1件；沧州市有10件，其中新华区有1件、沧县有1件、青县有4件、东光县有3件、献县有1件；廊坊市有2件，其中大城县有1件、霸州市有1件。

未检索到此类案件有的地区：石家庄市长安区、桥西区、新华区、鹿泉区、井陉县、灵寿县、高邑县、无极县、元氏县、赵县、辛集市；唐山市路南区、开平区、丰润区、曹妃甸区、乐亭县、玉田县、遵化市、滦州市；秦皇岛市海港区、山海关区、北戴河区、抚宁区、青龙满族自治县、昌黎县、卢龙县；邯郸市丛台区、复兴区、肥乡区、永年区、临漳县、成安县、大名县、涉县、邱县、广平县、馆陶县、曲周县、武安市、魏县；邢台市内丘县、南和县、巨鹿县、新河县、广宗县、平乡县、威县、清河县、临西县、南宫市、宁晋县；保定市清苑区、涞水县、阜平县、定兴县容城县、安新县、蠡县、顺平县、雄县、高碑店市、涿州市、定州市；张家口市桥东区、桥西区、宣化区、下花园区、崇礼区、万全区、张北县、沽源县、尚义县、蔚县、阳原县、怀安县、涿鹿县、赤城县、怀来县；承德市双滦区、鹰手营子矿区、承德县、兴隆县、滦平县、隆化县、丰宁满族自治县、宽城满族自治县、围场满族蒙古族自治县、平泉市；沧州市运河区、海兴县、盐山县、肃宁县、南皮县、吴桥县、孟村回族自治县、泊头市、黄骅市、河间市、任丘市；廊坊市广阳区、安次区、固安县、永清县、香河县、文安县、大厂回族自治县、三河市；衡水市桃城区、冀州区、枣强县、武邑县、武强县、饶阳县、安平县、故城县、阜城县、深州市、景县。

时间分布如图 2-3-13 所示，2018 年有 31 件，2019 年有 47 件。案件数量自 2018 年逐年增加。

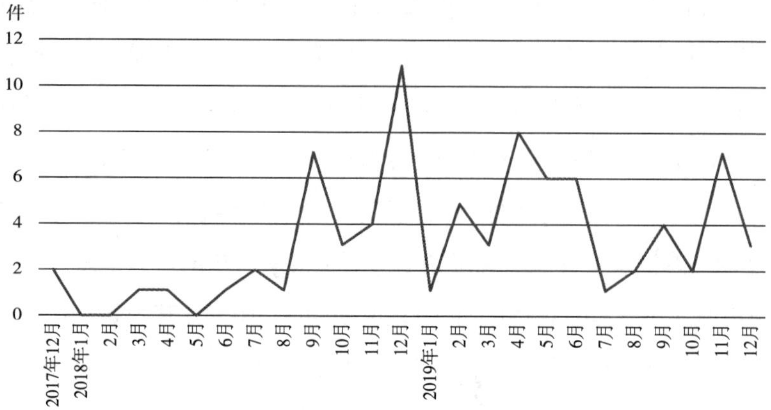

图 2-3-13　河北省生态环境与资源保护类案件时间分布

山西省

此类案件有 66 件，其中判决书有 53 份，裁定书有 13 份。

空间分布情况：太原市有 6 件，其中杏花岭区有 1 件、尖草坪区有 1 件、万柏林区有 3 件、阳曲县有 1 件；大同市有 1 件，其中天镇县有 1 件；朔州市有 1 件，其中应县有 1 件；忻州市有 6 件，其中五台县有 1 件、代县有 1 件、五寨县有 1 件、岢岚县有 1 件、忻州市有 2 件；阳泉市有 4 件，其中矿区有 1 件、郊区有 1 件、盂县有 1 件、阳泉市有 1 件；吕梁市有 2 件，其中汾阳市有 1 件、交城县有 1 件；晋中市有 11 件，其中太古区有 3 件、榆社县有 3 件、左权县有 1 件、寿阳县有 1 件、祁县有 2 件、灵石县有 1 件、晋中市有 1 件；长治市有 20 件，其中屯留区有 7 件、潞城区有 1 件、平顺县有 1 件、壶关县有 1 件、长子县有 4 件、沁源县有 4 件、长治市有 2 件；晋城市有 10 件，其中城区有 1 件、陵川县有 4 件、泽州县有 1 件、高平市有 3 件、晋城市有 1 件；临汾县有 2 件，其中吉县有 2 件；运城市有 3 件，其中新绛县有 1 件、永济市有 1 件、运城市有 1 件。

未检索到此类案件有的地区：太原市小店区、迎泽区、晋源区、清徐县、娄烦县、古交市；大同市新荣区、平城区、云冈区、云州区、阳高县、广灵县、灵丘县、浑源县、左云县；朔州市朔城区、平鲁区、山阴县、右玉县、怀仁市；忻州市忻府区、定襄县、繁峙县、宁武县、静乐县、神池县、河曲县、保德县、偏关县、原平市；阳泉市平定县、城区；吕梁市离石区、文水县、兴县、临县、柳林县、石楼县、岚县、方山县、中阳县、交口县、孝义市；晋中市榆次区、和顺县、昔阳县、平遥县、介休市；长治市潞州区、上党区、襄垣县、黎城县、武乡县、沁县；晋城市沁水县、阳城县；临汾市尧都区、曲沃县、翼城县、襄汾县、洪洞县、古县、安泽县、浮山县、乡宁县、大宁县、隰县、永和县、蒲县、汾西县、侯马市、霍州市；运城市盐湖区、临猗县、万荣县、闻喜县、稷山县、绛县、垣曲县、夏县、平陆县、芮城县、河津市。

时间分布如图 2-3-14 所示，2018 年有 28 件，2019 年有 38 件。案件数量自 2018 年逐年增加。

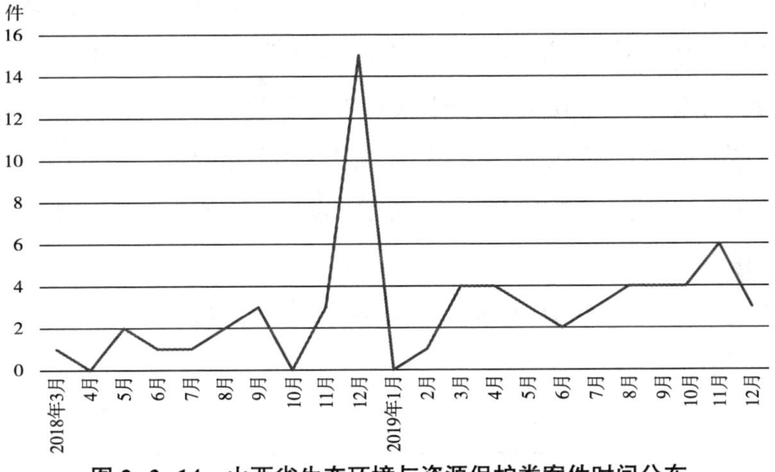

图 2-3-14　山西省生态环境与资源保护类案件时间分布

辽宁省

此类案件有 61 件，其中判决书有 58 份，裁定书有 3 份。

空间分布情况：沈阳市有 3 件，其中新民市有 1 件、辽中区有 1 件、浑南区有 1 件；大连市有 3 件，其中金州区有 2 件、普兰店区有 1 件；鞍山市有 16 件，其中鞍山市有 3 件、台安县有 1 件、岫岩满族自治县有 12 件；抚顺市有 2 件，其中望花区有 1 件、抚顺市有 1 件；本溪市有 8 件，其中南芬区有 8 件；丹东市有 3 件，其中东港市有 2 件、宽甸满族自治县有 1 件；锦州市有 6 件，其中凌海市有 1 件、黑山县有 3 件、义县有 1 件、锦州市有 1 件；营口市有 8 件，其中鲅鱼圈区有 2 件、大石桥市有 3 件、盖州市有 3 件；阜新市有 1 件，其中彰武县有 1 件；辽阳市有 2 件，其中太子河区有 2 件；铁岭市有 7 件，其中开原市有 1 件、昌图县有 4 件、西丰县有 2 件；朝阳市有 1 件，其中凌源市有 1 件；葫芦岛市有 1 件，其中兴城区有 1 件。

未检索到此类案件有的地区：沈阳市和平区、沈河区、大东区、皇姑区、铁西区、苏家屯区、康平县、法库县；大连市西岗区、中山区、沙河口区、甘井子区、旅顺口区、瓦房店市、庄河市、长海县；鞍山市铁东区、铁西区、立山区、千山区、海城市；抚顺市新抚区、东洲区、顺城区、抚顺区、新宾满族自治县、清原满族自治县；本溪市平山区、溪湖区、明山区、本溪满族自治县、桓仁满族自治县；丹东市元宝区、振兴区、振安区、凤城市；锦州市元宝区、振兴区、振安区、凤城市；营口市站前区、西市区、老边区；阜新市海州区、太平区、新邱区、细河区、清河门区、阜新蒙古族自治区；辽阳市白塔区、文圣区、宏伟区、弓长岭区、灯塔市、辽阳县；双台子区、兴隆台区、盘山县、大洼县盘锦市双台子区、兴隆台区、盘山县、大洼县；铁岭市银州区、清河区、调兵山市、铁岭县；朝阳市双塔区、龙城区、北票市、朝阳县、建平县、喀喇沁左翼蒙古族自治县；葫芦岛市连山区、南票区、龙港区、绥中县、建昌县。

时间分布如图 2-3-15 所示，2018 年有 26 件，2019 年有 35 件。案件数量自 2018 年逐年增加。

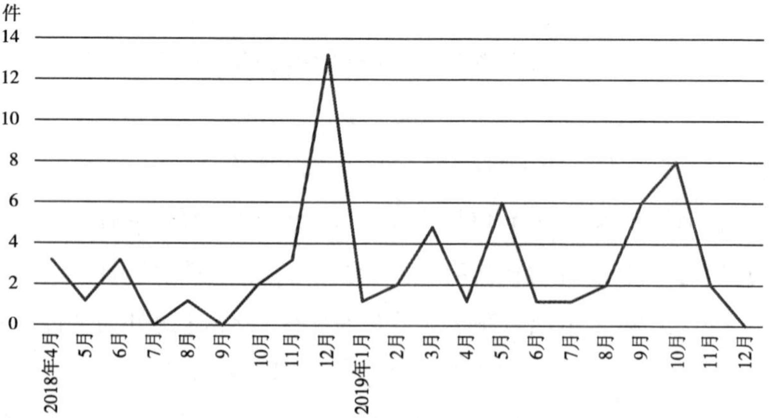

图 2-3-15 辽宁省生态环境与资源保护类案件时间分布

黑龙江省

此类案件有 39 件。其中判决书有 37 份，裁定书有 2 份。

空间分布情况：哈尔滨市有 4 件，其中方正县有 1 件、木兰县有 2 件、通河县有 1 件；齐齐哈尔市有 7 件，其中梅里斯达斡尔族区有 1 件、讷河市有 2 件、富裕县有 4 件；牡丹江市有 2 件，其中海林市有 1 件、穆棱市有 1 件；佳木斯市有 11 件，其中同江市有 2 件、汤原县有 2 件、抚远市有 7 件；鸡西市有 1 件，其中麻山区有 1 件；双鸭山市有 2 件，其中岭东区有 1 件、宝清县有 1 件；伊春市有 2 件，其中新星区有 1 件、红星区有 1 件；七台河市有 1 件，其中桃山区有 1 件；鹤岗市有 2 件，其中萝北县有 2 件；黑河市有 2 件，其中逊克县有 2 件；大兴安岭地区有 5 件，其中加格达奇区有 1 件、呼中区有 1 件、漠河市有 1 件、呼玛县有 1 件、塔河县有 1 件。

未检索到此类案件有的地区：哈尔滨市道里区、南岗区、道外区、平房区、松北区、香坊区、呼兰区、阿城区、双城区、依兰县、宾县、巴彦县、延寿县、尚志市、五常市；齐齐哈尔市龙沙区、建华区、铁锋区、昂昂溪区、碾子山区、甘南县、龙江县、克山县、克东县、依安县、拜泉县、泰来县；牡丹江市东安区、西安区、爱民区、阳明区、绥芬河市、海林市、宁安市、穆棱市、东宁市、林口县；佳木斯市富锦市、桦南县、桦川县、前进区、向阳区、东风区、郊区；大庆市萨尔图区、龙凤区、让胡路区、红岗区、大同区、肇州县、肇源县、林甸县、杜尔伯特蒙古族自治县；鸡西市密山市、虎林市、鸡东县、鸡冠区、恒山区、滴道区、城子河区、梨树区；双鸭山市尖山区、四方台区、宝山区、集贤县、友谊县、饶河县；伊春市伊美区、乌翠区、友好区、金林区、铁力市、嘉荫县、汤旺县、南岔县、大箐山县；七台河市新兴区、茄子河区、勃利县；鹤岗市绥滨县、东山区、兴安区、向阳区、工农区、南山区、行山区；黑河市爱辉区、北安市、五大连池市、嫩江市、孙吴县；绥化市北林区、肇东市、安达市、海伦市、兰西县、庆安县、绥棱县、望奎县、明水县、青冈县；大兴安岭地区松岭区、新林区。

时间分布如图 2-3-16 所示，2018 年有 24 件，2019 年有 15 件。案件数量自 2018 年逐年减少。

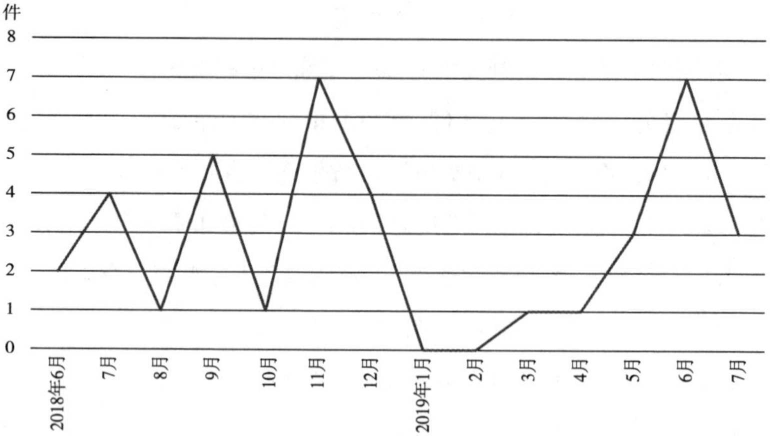

图 2-3-16　黑龙江省生态环境与资源保护类案件时间分布

浙江省

此类案件有178件。其中判决书有171份，裁定书有7份。

空间分布情况：杭州市有17件，其中余杭区有1件、富阳区有4件、临安区有5件、建德市有1件、桐庐县有1件、淳安县有5件；宁波市有14件，其中北仑区有2件、鄞州区有3件、余姚市有2件、慈溪市有3件、宁海县有4件；温州市有24件，其中龙湾区有2件、瓯海区有1件、洞头区有1件、瑞安市有1件、乐清市有5件、永嘉县有1件、苍南县有9件、泰顺县有4件；绍兴市有4件，其中越城区有1件、柯桥区有1件、诸暨市有1件、新昌县有1件；湖州市有5件，其中吴兴区有3件、德清县有2件；嘉兴市有9件，其中平湖市有6件、桐乡市有1件、嘉善县有1件、海盐县有1件；金华市有16件，其中兰溪市有3件、东阳市有3件、永康市有2件、义乌市有3件、武义县有2件、磐安县有3件；衢州市有13件，其中柯城区有4件、衢江区有3件、江山市有2件、常山县有1件、开化县有3件；台州市有20件，其中椒江区有2件、黄岩区有4件、路桥区有2件、临海市有1件、温岭市有7件、玉环市有2件、三门县有1件、天台县有1件；丽水市有54件，其中莲都区有3件、龙泉市有9件、青田县有5件、缙云县有5件、遂昌县有4件、松阳县有8件、云和县有7件、庆元县有5件、景宁畲族自治县有8件；舟山市有2件，其中岱山县有1件、嵊泗县有1件。

未检索到此类案件有的地区：杭州市上城区、下城区、江干区、拱墅区、西湖区、滨江区、萧山区；宁波市象山县、奉化区、海曙区、江北区、镇海区；温州市鹿城区、平阳县、文成县；绍兴市上虞区、嵊州市；湖州市南浔区、长兴县、安吉县；嘉兴市南湖区、秀洲区、海宁市；金华市浦江县、婺城区、金东区；衢州市龙游县；台州市仙居县；舟山市定海区、普陀区。

时间分布如图 2-3-17 所示，2018 年有 75 件，2019 年有 103 件。案件数量自 2018 年逐年增加。

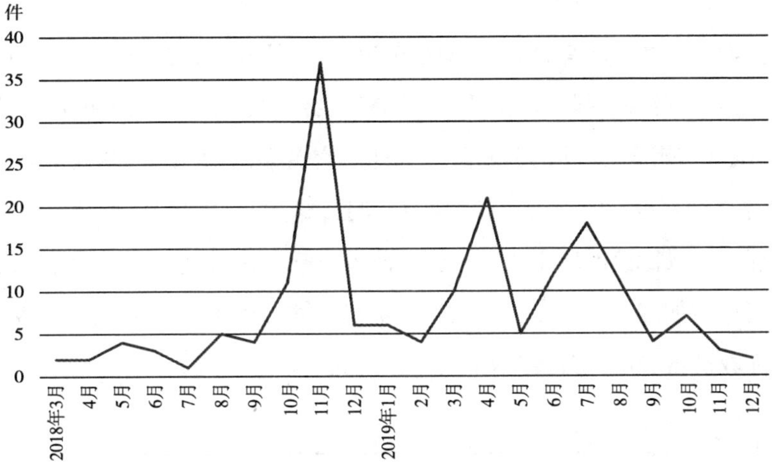

图 2-3-17　浙江省生态环境与资源保护类案件时间分布

江西省

此类案件有 136 件。其中判决书有 123 份，裁定书有 6 份，调解书有 7 份。

空间分布情况：南昌市有 3 件，其中青云谱区有 1 件、南昌县有 1 件、进贤县有 1 件；九江市有 6 件，其中柴桑区有 2 件、德安县有 1 件、修水县有 1 件、共青城市有 1 件、庐山市有 1 件；上饶市有 55 件，其中广丰区有 3 件、广信区有 1 件、玉山县有 6 件、铅山县有 11 件、横峰县有 2 件、弋阳县有 3 件、余干县有 1 件、鄱阳县有 3 件、万年县有 1 件、婺源县有 7 件、德兴市有 14 件、上饶县有 4 件；抚州市有 11 件，其中临川区有 4 件、南城县有 1 件、黎川县有 1 件、南丰县有 1 件、崇仁县有 1 件、乐安县有 2 件、金溪县有 1 件、广昌县有 1 件；宜春市有 9 件，其中袁州区有 1 件、高安市有 2 件、丰城市有 2 件、樟树市有 1 件、奉新县有 2 件、靖安县有 1 件；吉安市有 12 件，其中吉州区有 1 件、青原区有 2 件、吉安县有 1 件、新干县有 1 件、永丰县有 1 件、万安县有 1 件、永新县有 1 件、峡江县有 4 件；赣州市有 24 件，其中南康区有 1 件、赣县有区有 3 件、信丰县有 1 件、大余县有 1 件、龙南县有 1 件、定南县有 1 件、全南县有 1 件、寻乌县有 4 件、安远县有 1 件、瑞金市有 2 件、于都县有 2 件、会昌县有 1 件、石城县有 1 件、上犹县有 4 件、崇义县有 2 件；景德镇市有 3 件，其中珠山区有 1 件、乐平市有 2 件；萍乡市有 5 件，其中安源区有 1 件、湘东区有 1 件、莲花县有 2 件、上栗县有 1 件；鹰潭市有 8 件，其中月湖区有 2 件、余江区有 2 件、贵溪市有 4 件。

未检索到此类案件有的地区：南昌市东湖区、西湖区、青山湖区、新建区、红谷滩区、安义县；九江市浔阳区、濂溪区、永修县、都昌县、湖口县、彭泽县、武宁县、瑞昌市；上饶市信州区；抚州市资溪县、东乡区、宜黄县；宜春市万载县、上高县、宜丰县、铜鼓县；吉安市井冈山市、吉水县、泰和县、遂川县、安福县；赣州市章贡区、宁都县、兴国县；景德镇市昌江区、浮梁县；萍乡市芦溪县；新余市渝水区、分宜县。

时间分布如图 2-3-18 所示，2017 年有 5 件，2018 年有 64 件，2019 年有 67 件。案件数量自 2017 年逐年增加。

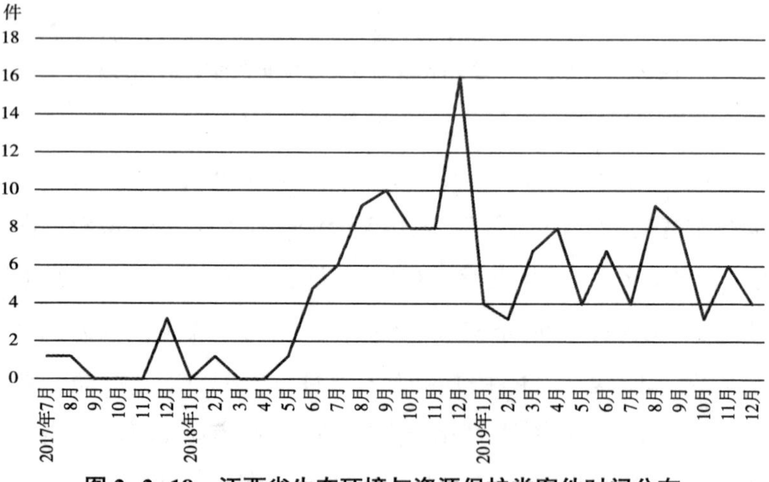

图 2-3-18 江西省生态环境与资源保护类案件时间分布

河南省

此类案件有 116 件。其中判决书有 107 份，裁定书有 9 份。

空间分布情况：郑州市有 2 件，其中惠济区有 1 件、新郑市有 1 件；开封市有 1 件，其中尉氏县有 1 件；洛阳市有 1 件，其中嵩县有 1 件；平顶山市有 27 件，其中卫东区有 2 件、汝州市有 2 件、舞钢市有 1 件、鲁山县有 15 件、宝丰县有 6 件、郏县有 1 件；安阳市有 3 件，其中内黄县有 3 件；鹤壁市有 1 件，其中鹤山区有 1 件；新乡市有 2 件，其中卫滨区有 1 件、辉县有市有 1 件；焦作市有 4 件，其中解放区有 2 件、沁阳市有 2 件；濮阳市有 4 件，其中濮阳县有 2 件、清丰县有 1 件、南乐县有 1 件；许昌市有 4 件，其中魏都区有 1 件、禹州市有 1 件、长葛市有 1 件、鄢陵县有 1 件；漯河市有 4 件，其中郾城区有 2 件、源汇区有 2 件；商丘市有 8 件，其中宁陵县有 6 件、虞城县有 2 件；周口市有 9 件，其中鹿邑县有 3 件、商水县有 3 件、淮阳区有 1 件、郸城县有 2 件；驻马店市有 4 件，其中新蔡县有 3 件、汝南县有 1 件；南阳市有 23 件，其中宛城区有 2 件、邓州市有 4 件、南召县有 2 件、西峡县有 4 件、镇平县有 2 件、淅川县有 5 件、唐河县有 1 件、桐柏县有 3 件；信阳市有 19 件，其中浉河区有 1 件、平桥区有 1 件、固始县有 3 件、罗山县有 3 件、潢川县有 3 件、淮滨县有 2 件、商城县有 1 件、新县有 2 件、息县有 3 件。

未检索到此类案件有的地区：郑州市中原区、二七区、金水区、管城区、上街区、巩义市、登封市、荥阳市、新密市、中牟县；开封市龙亭区、鼓楼区、禹王台区、顺河区、祥符区、兰考县、通许县、杞县；洛阳市涧西区、西工区、老城区、瀍河区、洛龙区、吉利区、偃师市、宜阳县、孟津县、新安县、洛宁县、栾川县、伊川县、汝阳县；平顶山市新华区、石龙区、湛河区、叶县；安阳市文峰区、北关区、殷都区、龙安区、林州市、安阳县、滑县、汤阴县；鹤壁市山城区、淇滨区、浚县、淇县；新乡市红旗区、牧野区、凤泉区、卫辉市、新乡县、获嘉县、原阳县、延津县、封丘县、长垣市；焦作市山阳区、中站区、马村区、孟州市、修武县、博爱县、武陟县、温县；濮阳市华龙区、范县、台前县；许昌市许昌县、襄城县；漯河市召陵区、舞阳县、临颍县；三门峡市湖滨区、陕州区、灵宝市、义马市、渑池县、卢氏县；商丘市永城市、梁园区、睢阳区、民权区、睢县、柘城县、夏邑县；周口市项城市、川汇区、扶沟县、西华县、沈丘县、太康县；驻马店市驿城区、西平县、遂平县、平舆县、上蔡县、正阳县、泌阳县、确山县；南阳市卧龙区、方城县、内乡县、社旗县、新野县；信阳市光山县；济源市天坛街道、沁园街道、北海街道、济水街道、玉泉街道、五龙口镇、克井镇、邵原镇、坡头镇、轵城镇、承留镇、大峪镇、梨林镇、思礼镇、王屋镇、下冶镇。

时间分布如图 2-3-19 所示，2018 年有 56 件，2019 年有 60 件。案件数量自 2018 年逐年增加。

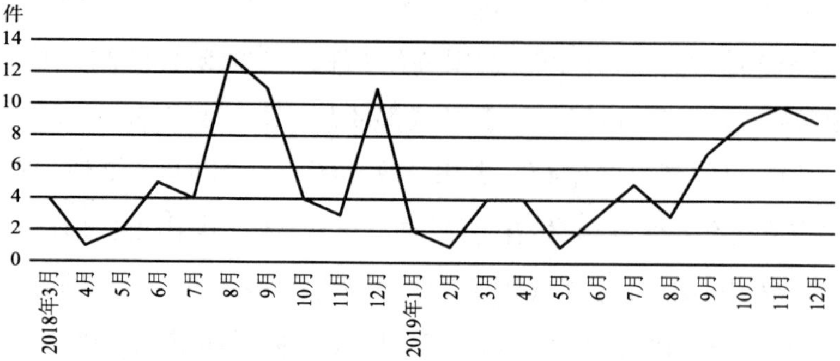

图 2-3-19　河南省生态环境与资源保护类案件时间分布

湖南省

此类案件有 166 件，其中判决书有 154 份，裁定书有 11 份，退回案件决定书有 1 份。

空间分布情况：长沙市有 11 件，其中浏阳市有 2 件、芙蓉区有 1 件、开福区有 4 件、望城区有 1 件、长沙县有 1 件、宁乡市有 2 件；株洲市有 14 件，其中醴陵市有 1 件、石峰区有 3 件、天元区有 1 件、株洲县有 7 件、攸县有 1 件、茶陵县有 1 件；湘潭市有 4 件，其中雨湖区有 1 件、湘潭县有 3 件；衡阳市有 6 件，其中耒阳市有 5 件、衡南县有 1 件；邵阳市有 8 件，其中双清区有 1 件、邵东县有 3 件、邵阳县有 2 件、绥宁县有 1 件、城步苗族自治县有 1 件；岳阳市有 26 件，其中汨罗市有 1 件、临湘市有 1 件、君山区有 5 件、岳阳县有 3 件、华容县有 3 件、湘阴县有 10 件、平江县有 2 件、屈原管理区有 1 件；常德市有 2 件，其中鼎城区有 1 件、汉寿县有 1 件；张家界市有 14 件，其中永定区有 1 件、慈利县有 1 件、桑植县有 12 件；益阳市有 39 件，其中沅江市有 1 件、赫山区有 2 件、南县有 2 件、桃江县有 14 件、安化县有 6 件、大通湖管理区有（非民政部批准的正式县级市）有 14 件；郴州市有 4 件、资兴市有 1 件、汝城县有 1 件、桂东县有 2 件；永州市有 14 件，其中祁阳县有 2 件、东安县有 1 件、双牌县有 2 件、道县有 1 件、江永县有 1 件、宁远县有 3 件、蓝山县有 2 件、新田县有 2 件；怀化市有 16 件，其中鹤城区有 2 件、溆浦县有 2 件、会同县有 2 件、麻阳苗族自治县有 1 件、新晃侗族自治县有 1 件、靖州苗族侗族自治县有 5 件、洪江市有 3 件；娄底市有 4 件，其中冷水江市有 1 件、涟源市有 1 件、娄星区有 1 件、新化县有 1 件；湘西土家族苗族自治州有 4 件，其中凤凰县有 1 件、保靖县有 2 件、永顺县有 1 件。

未检索到此类案件有的地区：长沙市天心区、岳麓区、雨花区；株洲市荷塘区、芦淞区、炎陵县；湘潭市湘乡市、韶山市、岳塘区；衡阳市常宁市、珠晖区、雁峰区、石鼓区、蒸湘区、南岳区、衡阳县、衡山县、衡东县、祁东县；邵阳市武冈市、大祥区、北塔区、新邵县、隆回县、洞口县、新宁县；岳阳市岳阳楼区、云溪区；常德市津市、武陵区、安乡县、澧县、临澧县、桃源县、石门县；张家界市武陵源区；益阳市资阳市；郴州市北湖区、苏仙区、桂阳县、宜章县、永兴县、嘉禾县、临武县、安仁县；永州市零陵区、冷水滩区、江华瑶族自治县；怀化市中方县、沅陵县、辰溪县、芷江侗族自治县、通道侗族自治县；娄底市双峰县；湘西土家族苗族自治州吉首市、泸溪县、花垣县、古丈县、龙山县。

时间分布如图 2-3-20 所示，2018 年有 72 件，2019 年有 94 件。案件数量自 2018 年逐年增加。

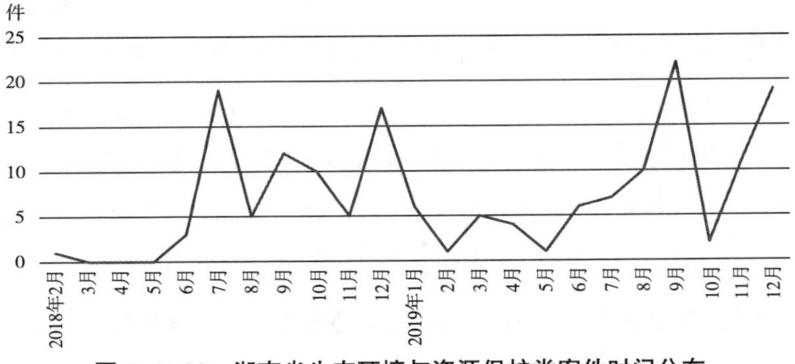

图 2-3-20　湖南省生态环境与资源保护类案件时间分布

海南省

此类案件有 6 件，其中判决书有 4 份，裁定书有 2 份。

空间分布情况：安定县有 1 件，五指山市有 1 件，白沙黎族自治县有 3 件，儋州市有 1 件。时间分布情况：2018 年有 2 件，2019 年有 4 件。

四川省

此类案件有 384 件，其中判决书有 367 份，裁定书有 17 份。

空间分布情况：成都市有 19 件，其中都江堰市有 3 件、邛崃市有 2 件、崇州市有 4 件、双流区有 1 件、郫都区有 1 件、大邑县有 6 件、新津县有 1 件、成都高新技术产业开发区有 1 件；自贡市有 11 件，其中自流井区有 1 件、贡井区有 2 件、大安区有 1 件、沿滩区有 3 件、荣县有 2 件、富顺县有 2 件；攀枝花市有 6 件，其中东区有 4 件、米易县有 1 件、盐边县有 1 件；泸州市有 16 件，其中江阳区有 4 件、纳溪区有 1 件、龙马潭区有 4 件、合江县有 3 件、叙永县有 2 件、古蔺县有 2 件；德阳市有 16 件，其中广汉市有 2 件、什邡市有 10 件、中江县有 4 件；绵阳市有 22 件，其中江油市有 3 件、涪城区有 2 件、游仙区有 2 件、安州区有 3 件、三台县有 2 件、盐亭县有 4 件、梓潼县有 3 件、北川羌族自治县有 3 件；广元市有 9 件，其中利州区有 1 件、朝天区有 1 件、旺苍县有 4 件、青川县有 1 件、剑阁县有 1 件、苍溪县有 1 件；遂宁市有 9 件，其中蓬溪县有 3 件、射洪县有 4 件、大英县有 2 件；内江市有 12 件，其中市中区有 1 件、东兴区有 6 件、威远县有 2 件、资中县有 1 件、隆昌县有 2 件；乐山市有 30 件，其中峨眉山市有 2 件、市有中区有 8 件、沙湾区有 3 件、五通桥区有 1 件、犍为县有 5 件、井研县有 1 件、夹江县有 6 件、沐川县有 3 件、马边彝族自治县有 1 件；南充市有 18 件，其中阆中市有 1 件、顺庆区有 1 件、高坪区有 2 件、嘉陵区有 4 件、营山县有 2 件、蓬安县有 2 件、仪陇县有 5 件、西充县有 1 件；眉山市有 22 件，其中东坡区有 2 件、彭山区有 5 件、仁寿县有 3 件、洪雅县有 8 件、丹棱县有 1 件、青神县有 3 件；宜宾市有 32 件，其中翠屏区有 5 件、南溪区有 1 件、叙州区有 4 件、江安县有 4 件、长宁县有 8 件、高县有 2 件、珙县有 1 件、筠连县有 2 件、兴文县有 3 件、屏山县有 2 件；广安市有 9 件，其中华蓥市有 2 件、广安区有 2 件、前锋区有 2 件、岳池县有 2 件、武胜县有 1 件；达州市有 22 件，其中万源市有 3 件、达川区有 10 件、宣汉县有 5 件、开江县有 2 件、渠县有 2 件；雅安市有 26 件，其中雨城区有 3 件、名山区有 3 件、荥经县有 2 件、汉源县有 5 件、石棉县有 5 件、天全县有 2 件、芦山县有 1 件、宝兴县有 2 件、雅安市有 3 件；巴中市有 10 件，其中巴州区有 3 件、恩阳区有1件、南江县有2件、平昌县有4件；资阳市有9件，其中雁江区有4件、安岳县有3件、乐至县有2件；阿坝州有18件，其中茂县有3件、松潘县有6件、小金县有5件、壤塘县有2件、若尔盖县有2件；甘孜州有32件，其中康定市有1件、丹巴县有4件、雅江县有6件、炉霍县有1件、新龙县有1件、白玉县有14件、理塘县有1件、乡城县有1件、得荣县有3件；凉州有36件，其中西昌市有3件、木里县有4件、盐源县有3件、德昌县有1件、会理县有3件、会东县有6件、宁南县有1件、普格县有1件、金阳县有6件、喜德县有2件、冕宁县有1件、越西县有4件、雷波县有1件。

未检索到此类案件有的地区：成都市彭州市、简阳市、锦江区、青羊区、金牛区、武侯区、成华区、龙泉驿区、青白江区、新都区、温江区、金堂县；攀枝花市西区、仁和区；泸州市泸县；德阳市绵竹市、旌阳区、罗江县；绵阳市平武县；广元市昭化区；遂宁市船山区、安居区；乐山市金口河区、峨边彝族自治县；南充市南部县；广安市邻水县；达州市通州区、大竹县；巴中市通江县；阿坝州马尔康市、汶川县、理县、九寨沟县、金川县、黑水县、阿坝县、红原县；甘孜州泸定县、九龙县、道孚县、甘孜县、德格县、石渠县、色达县、巴塘县、稻城县；凉州州昭觉县、甘洛县、美姑县。

时间分布如图2-3-21所示，2017年有7件，2018年有108件，2019年有269件。案件数量自2017年逐年增加。

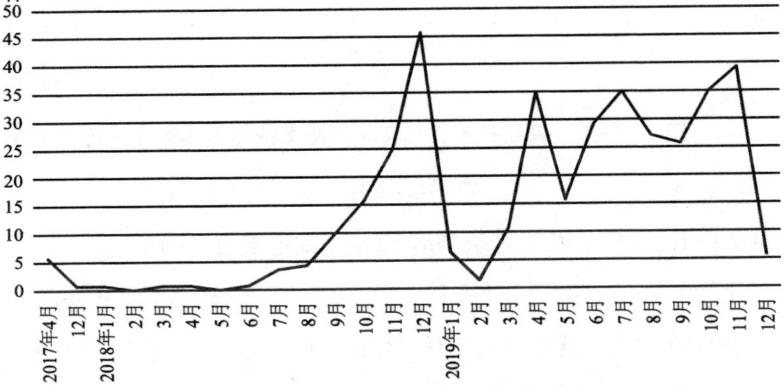

图2-3-21　四川省生态环境与资源保护类案件时间分布

青海省

此类案件有 47 件，其中判决书有 41 份，裁定书有 3 份，调解书有 3 份。

空间分布情况：西宁市有 23 件，其中城西区有 15 件、大通县有 4 件、湟中县有 2 件、湟源县有 2 件；海东市有 5 件，其中乐都区有 2 件、平安区有 1 件、民和县有 1 件、循化县有 1 件；黄南州有 2 件，其中同仁县有 1 件、泽库县有 1 件；海南州有 1 件，其中贵德县有 1 件；果洛州有 2 件，其中久治县有 1 件、玛多县有 1 件；玉树州有 1 件，其中玉树市有 1 件；海西州 13 件，其中格尔木市有 10 件、德令哈市有 1 件、都兰县有 1 件、天峻县有 1 件。

未检索到此类案件有的地区：西宁市城东区、城中区、城北区；海东市互助县、化隆县；海北州门源县、祁连县、海晏县、刚察县；黄南州尖扎县、河南县；海南州共和县、同德县、兴海县、贵南县；果洛州玛沁县、班玛县、甘德县、达日县；玉树州杂多县、称多县、治多县、囊谦县、曲麻莱县；海西州乌兰县。

时间分布如图 2-3-22 所示，2018 年有 24 件，2019 年有 23 件。案件数量自 2018 年逐年减少。

图 2-3-22 青海省生态环境与资源保护类案件时间分布

广西壮族自治区

此类案件有 48 件。其中判决书有 45 份，裁定书有 3 份。

空间分布情况：南宁市有 1 件，其中武鸣区有 1 件；桂林市有 6 件，其中全州县有 1 件、灌阳县有 1 件、荔浦市有 1 件、资源县有 1 件、永福县有 2 件；梧州市有 6 件，其中万秀区有 4 件、苍梧县有 1 件、蒙山县有 1 件；北海市有 1 件，其中银海区有

1件；崇左市有5件，其中江州区有1件、龙州县有1件、大新县有2件、天等县有1件；来宾市有2件，其中武宣县有2件；贺州市有6件，其中八步区有2件、平桂区有1件、昭平县有1件、钟山县有1件、富川瑶族自治县有1件；玉林市有11件，其中玉州区有3件、福绵区有3件、容县有2件、陆川县有2件、兴业县有1件；百色市有4件，其中右江区有2件、凌云县有1件、隆林各族自治县有1件；河池市有2件，其中宜州区有1件、巴马瑶族自治县有1件；钦州市有1件，其中钦南区有1件；防城港市有1件，其中上思县有1件；贵港市有2件，其中平南县有1件、覃塘区有1件。

未检索到此类案件有的地区：南宁市青秀区、兴宁区、西乡塘区、江南区、良庆区、邕宁区、隆安县、马山县、上林县、宾阳县、横县；柳州市柳北区、柳南区、柳江区、城中区、鱼峰区、鹿寨县、柳城县、融安县、融水苗族自治县、三江侗族自治县；桂林市象山区、秀峰区、叠彩区、七星区、雁山区、临桂区、阳朔县、灵川县、平乐县、兴安县、龙胜各族自治县、恭城瑶族自治县；梧州市长洲区、龙圩区、岑溪市、藤县；北海市海城区、铁山港区、合浦县；崇左市凭祥市、扶绥县、宁明县；来宾市兴宾区、合山市、象州县、忻城县、金秀瑶族自治县；玉林市北流市、博白县；百色市靖西市、田阳区、田东县、平果市、德保县、那坡县、乐业县、田林县、西林县；河池市金城江区、南丹县、天峨县、凤山县、东兰县、都安瑶族自治县、大化瑶族自治县、罗城仫佬族自治县、环江毛南族自治县；钦州市钦北区、灵山县、浦北县；防城港市港口区、防城区、东兴市；贵港市港北区、港南区、桂平市。

时间分布如图2–3–23所示，2018年有13件，2019年有35件。案件数量自2018年逐年增加。

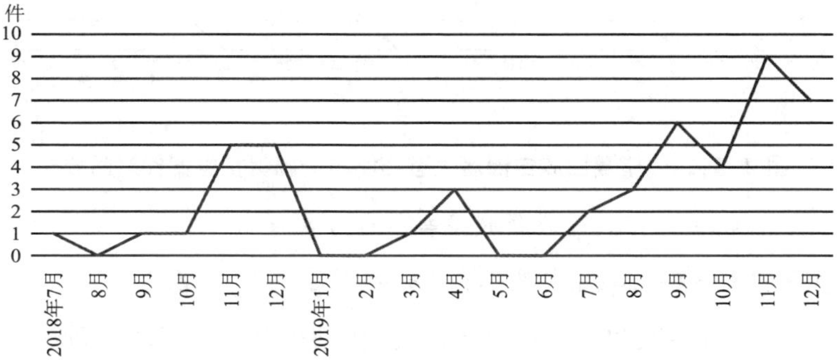

图2–3–23 广西壮族自治区生态环境与资源保护类案件时间分布

西藏自治区

此类案件有 5 件，其中判决书有 5 份。空间分布情况：林芝市巴宜区有 1 件，林芝市米林县有 1 件，那曲市嘉黎县有 1 件，昌都市边坝县有 1 件，山南市琼结县有 1 件。时间分布情况：2018 年有 1 件，2019 年有 4 件。

宁夏回族自治区

此类案件有 37 件，其中判决书有 33 份，裁定书有 3 份，调解书有 1 份。

空间分布情况：银川市有 8 件，其中兴庆区有 1 件、西夏区有 1 件、金凤区有 4 件、贺兰县有 2 件；石嘴山市有 1 件，其中平罗县有 1 件；吴忠市有 11 件，其中利通区有 5 件、红寺堡区有 2 件、盐池县有 1 件、同心县有 1 件、青铜峡市有 2 件；固原市有 11 件，其中原州区有 3 件、西吉县有 2 件、隆德县有 3 件、泾源县有 1 件、彭阳县有 2 件；中卫市有 6 件，其中沙坡头区有 5 件、中宁县有 1 件。

未检索到此类案件有的地区：银川市永宁县、灵武市；石嘴山市大武口区、惠农区；中卫市海原县。

时间分布如图 2-3-24 所示，2018 年有 13 件，2019 年有 24 件。案件数量自 2018 年逐年增加。

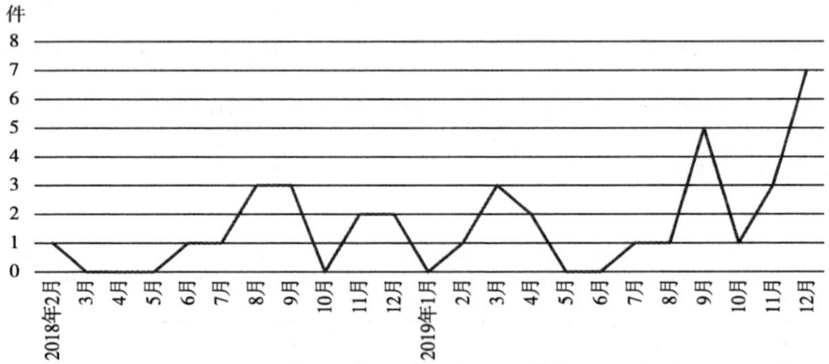

图 2-3-24　宁夏回族自治区生态环境与资源保护类案件时间分布

新疆维吾尔自治区

此类案件有 39 件，其中判决书有 12 份，裁定书有 27 份。

空间分布情况：乌鲁木齐市有 1 件，其中新市有区有 1 件；克拉玛依市有 1

件，其中克拉玛依有1件；哈密市有1件，其中巴里坤哈萨克自治县有1件；昌吉回族自治州有2件，其中昌吉市有1件、阜康市有1件；巴音郭楞蒙古自治州有2件，其中库尔勒市（生产建设兵团喀什垦区人民检察院）有1件、尉犁县有1件；阿克苏地区有6件，其中库车县有2件、拜城县有2件、阿瓦提县有1件、沙井子垦区有1件；克孜勒苏柯尔克孜自治州有2件，其中乌恰县有2件；喀什地区有1件，其中生产建设兵团喀什垦区有1件；伊犁哈萨克自治州有22件，其中霍城县（生产建设兵团霍城垦区人民检察院）有1件、昭苏县有21件；自治区有直辖市有1件，其中石河子市（生产建设兵团莫索湾垦区人民检察院）有1件。

未检索到此类案件有的地区：乌鲁木齐市天山区、沙依巴克区、水磨沟区、头屯河区、达坂城区、米东区、乌鲁木齐县；克拉玛依市独山子区、克拉玛依区、白碱滩区、乌尔禾区；吐鲁番市高昌区、鄯善县、托克逊县；哈密市伊州区、伊吾县；昌吉回族自治州呼图壁县、玛纳斯县、奇台县、吉木萨尔县、木垒哈萨克县；博尔塔拉蒙古自治州博乐市、阿拉山口市、精河县、温泉县；巴音郭楞蒙古自治州轮台县、若羌县、且末县、焉耆回族自治县、和静县、和硕县、博湖县；阿克苏地区阿克苏市、温宿县、沙雅县、新和县、乌什县、柯坪县；克孜勒苏柯尔克孜自治州阿图什市、阿克陶县、阿合奇县；喀什地区喀什市、疏附县、疏勒县、英吉沙县、泽普县、莎车县、叶城县、麦盖提县、岳普湖县、伽师县、巴楚县、塔什库尔干县；和田地区和田市、和田县、墨玉县、皮山县、洛浦县、策勒县、于田县、民丰县；伊犁哈萨克自治州塔城地区、阿勒泰地区、伊宁市、奎屯市、霍尔果斯市、伊宁县、察布查尔锡伯自治县县、巩留县、新源县、特克斯县、尼勒克县；塔城城区塔城市、乌苏市、额敏县、沙湾县、托里县、裕民县、和布克赛尔蒙古自治县；阿勒泰地区阿勒泰市、布尔津县、富蕴县、福海县、哈巴河县、青河县、吉木乃县；自治区直辖阿拉尔市、图木舒克市、五家渠市北屯市、铁门关市、双河市、可克达拉市、昆玉市、胡杨河市。

时间分布如图2-3-25所示，2018年有4件，2019年有35件。案件数量自2018年逐年增加。

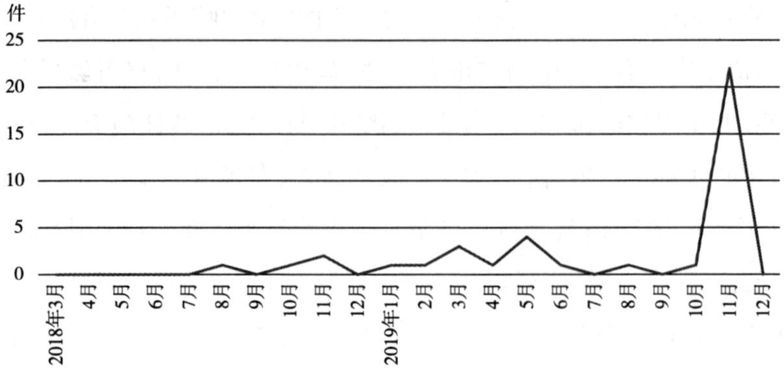

图 2-3-25 新疆维吾尔自治区生态环境与资源保护类案件时间分布

天津市

此类案件有 3 件，其中判决书有 3 份。空间分布情况：北辰区有 2 件，津南区有 1 件。时间分布情况：2018 年有 3 件。

上海市

此类案件有 1 件，其中判决书有 1 份。空间分布情况：青浦区有 1 件。时间分布情况：2018 年有 1 件。

重庆市

此类案件有 29 件，其中判决书有 28 份，裁定书有 1 份。

空间分布情况：市有辖区有 27 件，其中渝北区有 7 件、万州区有 9 件、涪陵区有 6 件、黔江区有 1 件、江津区有 4 件、云阳县有 1 件、巫山县有 1 件。

未检索到此类案件有的地区：市辖区渝中区、大渡口区、江北区、沙坪坝区、九龙坡区、南岸区、北碚区、巴南区、长寿区、合川区、永川区、南川区、綦江区、大足区、璧山区、铜梁区、潼南区、荣昌区、开州区、梁平区、武隆区；城口县、丰都县、垫江县、忠县、奉节县、巫溪县；自治县石柱土家族自治区、秀山土家族自治区、酉阳土家族自治区、彭水苗族土家族自治区。

时间分布如图 2-3-26 所示，2018 年有 15 件，2019 年有 14 件。案件数量自 2018 年逐年减少。

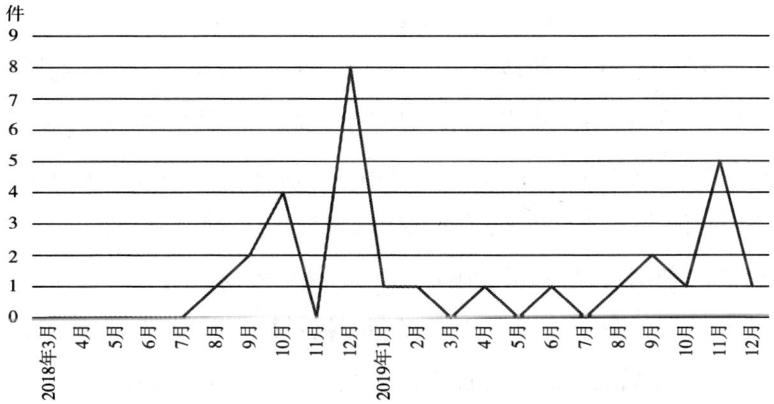

图 2-3-26　重庆市生态环境与资源保护类案件时间分布

二、食品药品安全类案件

（一）全国

笔者共收集全国 31 个省、自治区、直辖市刑事附带民事公益诉讼食品药品安全类案件 931 件，其中判决书有 849 份，裁定书有 79 份，调解书有 3 份。时间分布情况：2017 年有 5 件，2018 年有 352 件，2019 年有 574 件。31 个省、自治区、直辖市中，江苏省此类案件有数量最多，为 177 件，北京市、海南省、宁夏回族自治区未检索到此类案件。

（二）试点地区

内蒙古自治区

此类案件有 5 件，其中判决书有 1 份，裁定书有 4 份。空间分布情况：赤峰市元宝山区有 2 件，呼和浩特市回民区有 3 件。时间分布情况：2019 年有 5 件。

吉林省

此类案件有 28 件，其中判决书有 21 份，裁定书有 7 份。

空间分布情况：长春市有 5 件，其中南关区有 2 件、双阳区有 1 件、德惠市有 2 件；吉林市有 6 件，其中龙潭区有 1 件、昌邑区有 1 件、丰满区有 4 件；延边朝鲜族自治州有 8 件，其中图们市有 1 件、和龙市有 1 件、龙井市有 6 件；白城市有 5 件，其中洮北区有 4 件、大安市有 1 件；辽源市有 3 件，其中龙山区有 2 件、西安区有1件;松原市有1件,其中长岭县有1件。

未检索到此类案件有的地区:长春市朝阳区、绿园区、二道区、宽城区、九台区、榆树市、农安县;吉林市磐石市、桦甸市、蛟河市、舒兰市、永吉县、船营区;延边朝鲜族自治州延吉市、敦化市、珲春市、汪清县、安图县;四平市铁西区、铁东区、公主岭市、双辽市、梨树县、伊通满族自治县;通化市东昌区、二道江区、集安市、通化县、辉南县、柳河县、梅河口市;白城市洮南市、镇赉县、通榆县;辽源市东丰县、东辽县;松原市宁江区、扶余市、乾安县、前郭尔罗斯蒙古族自治县;白山市浑江区、江源区、临江市、抚松县、靖宇县、长白朝鲜族自治县。

时间分布如图2-3-27所示,2018年有19件,2019年有9件。案件数量自2018年逐年减少。

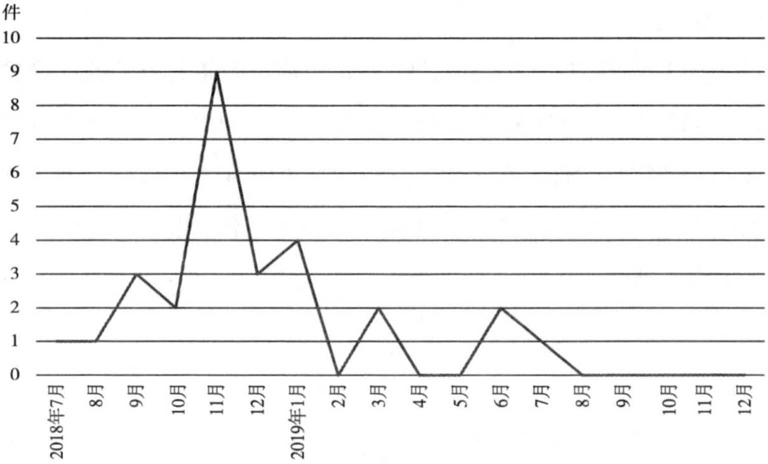

图2-3-27 吉林省食品药品安全类案件时间分布

江苏省

此类案件有177件,其中判决书有164件,裁定书有13件。

空间分布情况:南京市有8件,其中浦口区有2件、雨花台区有1件、江宁区有1件、溧水区有3件、高淳区有1件;无锡市有6件,其中梁溪区有2件、惠山区有3件、宜兴市有2件;徐州市有7件,其中云龙区有2件、睢宁县有1件、新沂市有1件、徐州经济技术开发区有3件;常州市有4件,其中钟楼区有2件、新北区有2件;苏州市有24件,其中虎丘区有1件、吴中区有3件、相城区有7件、吴江区有4件、张家港市有8件、太仓市有1件；南通市有20件，其中崇川区有3件、港闸区有1件、通州区有2件、海安县有9件、启东市有1件、如皋市有3件、海门市有1件；连云港市有7件，其中海州区有2件、赣榆区有1件、灌云县有2件、灌南县有2件；淮安市有24件，其中淮安区有8件、淮阴区有2件、清江浦区有1件、涟水县有2件、盱眙县有10件、淮安经济技术开发区有1件；盐城市有3件，其中大丰区有1件、射阳县有1件、东台市有1件；扬州市有42件，其中广陵区有4件、邗江区有1件、江都区有6件、仪征市有11件、高邮市有20件、扬州经济技术开发区有1件；镇江市有3件，其中润州区有1件、丹阳市有1件、句容市有1件；泰州市有10件，其中海陵区有1件、高港区有1件、靖江市有3件、泰兴市有2件、泰州医药高新技术产业开发区有3件；宿迁市有19件，其中宿城区有2件、宿豫区有4件、沭阳县有4件、泗阳县有6件、泗洪县有3件。

未检索到此类案件有的地区：南京市玄武区、秦淮区、建邺区、鼓楼区、栖霞区、六合区、白下区、下关区；无锡市锡山区、滨湖区、新吴区、江阴市；徐州市鼓楼区、铜山区、贾汪区、泉山区、丰县、沛县、邳州市；常州市天宁区、武进区、金坛区、溧阳市；苏州市姑苏区、常熟市、昆山市；南通市如东县；连云港市连云区、东海县；淮安市洪泽区、金湖县；盐城市亭湖区、盐都区、响水县、滨海县、阜宁县、建湖县；扬州市宝应县；镇江市京口区、丹徒区、扬中市；泰州市姜堰区、兴化市。

时间分布如图2-3-28所示，2018年有80件，2019年有97件。案件数量自2018年逐年增加。

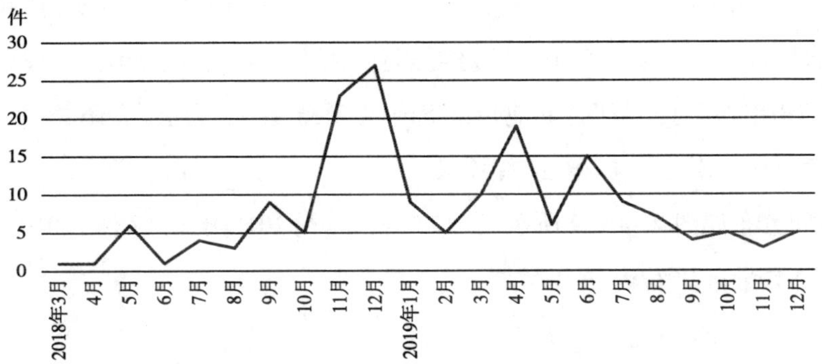

图2-3-28　江苏省食品药品安全类案件时间分布

安徽省

此类案件有 73 件，其中判决书有 66 份，裁定书有 7 份。

空间分布情况：合肥市有 8 件，其中巢湖市有 4 件、瑶海区有 2 件、肥东县有 1 件、肥西县有 1 件；芜湖市有 6 件，其中鸠江区有 1 件、无为县有 5 件；蚌埠市有 3 件，其中蚌山区有 2 件、五河县有 1 件；淮南市有 2 件，其中谢家集区有 1 件、寿县有 1 件；马鞍山市有 1 件，其中博望区有 1 件；淮北市有 19 件，其中杜集区有 7 件、相山区有 5 件、濉溪县有 7 件；铜陵市有 2 件，其中郊区有 1 件、枞阳县有 1 件；安庆市有 8 件，其中桐城市有 4 件、大观区有 1 件、宜秀区有 3 件；黄山市有 3 件，其中屯溪区有 2 件、歙县有 1 件；滁州市有 6 件，其中天长市有 1 件、琅琊区有 2 件、全椒县有 1 件、定远县有 2 件；阜阳市有 1 件，其中太和县有 1 件；六安市有 10 件，其中金安区有 6 件、裕安区有 3 件、霍邱县有 1 件；亳州市有 2 件，其中谯城区有 1 件、利辛县有 1 件；宣城市有 2 件，其中泾县有 1 件、旌德县有 1 件。

未检索到此类案件有的地区：合肥市庐阳区、蜀山区、包河区、长丰县、庐江县；芜湖市镜湖区、弋江区、三山区、芜湖县、繁昌县、南陵县；蚌埠市龙子湖区、禹会区、淮上区、怀远县、固镇县；淮南市大通区、田家庵区、八公山区、潘集区、凤台县；马鞍山市花山区、雨山区、当涂县、含山县、和县；淮北市烈山区；铜陵市铜官区、义安区；安庆市迎江区、怀宁县、潜山市、太湖县、宿松县、望江县、岳西县；黄山市黄山区、徽州区、休宁县、黟县、祁门县；滁州市明光市、南谯区、来安县、凤阳县；阜阳市界首市、颍州区、颍东区、颍泉区、临泉县、阜南县、颍上县；宿州市埇桥区、砀山县、萧县、灵璧县、泗县；六安市叶集区、舒城县、金寨县、霍山县；亳州市涡阳县、蒙城县；池州市贵池区、东至县、石台县、青阳县；宣城市宁国市、宣州区、郎溪县、广德县、绩溪县。

时间分布如图 2-3-29 所示，2017 年有 1 件，2018 年有 17 件，2019 年有 55 件。案件数量自 2017 年逐年增加。

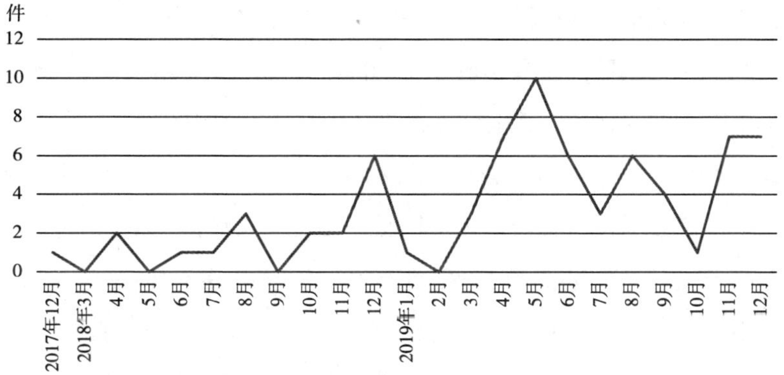

图 2-3-29　安徽省食品药品安全类案件时间分布

福建省

此类案件有 6 件，其中判决书有 5 份，裁定书有 1 份。空间分布情况：三明市有 3 件，其中大田县有 2 件、三元区有 1 件；泉州市有 2 件，其中德化县有 1 件、石狮市有 1 件；莆田市城厢区有 1 件。时间分布情况：2018 年有 2 件，2019 年有 4 件。

山东省

此类案件有 49 件，其中判决书有 46 份，裁定书有 3 份。

空间分布情况：济南市有 3 件，其中长清区有 1 件、商河县有 1 件、莱芜区有 1 件；青岛市有 5 件，其中即墨区有 1 件、平度市有 2 件、莱西市有 1 件、黄岛区有 1 件；淄博市有 5 件，其中张店区有 1 件、博山区有 1 件、临淄区有 2 件、桓台县有 1 件；枣庄市有 2 件，其中滕州市有 1 件、市有中区有 1 件；东营市有 1 件，其中广饶县有 1 件；烟台市有 3 件，其中龙口市有 1 件、莱州市有 1 件、烟台经济技术开发区有 1 件；潍坊市有 3 件，其中高密市有 1 件、奎文区有 2 件；济宁市有 6 件，其中曲阜市有 1 件、鱼台县有 2 件、金乡县有 1 件、泗水县有 2 件；泰安市有 3 件，其中新泰市有 1 件、泰山区有 2 件；威海市有 1 件，其中文登区有 1 件；临沂市有 3 件，其中河东区有 1 件、沂水县有 1 件、临沭县有临沂经济技术开发区有 1 件；德州市有 5 件，其中德城区有 1 件、陵城区有 1 件、庆云县有 1 件、临邑县有 1 件、夏津县有 1 件；滨州市有 4 件，其中阳新县有 1 件、无棣县有 1 件、邹平县有 2 件；菏泽市有 5 件，其中曹县有 3 件、单县有 1 件、东明县有 1 件。

未检索到相关案件的地区：济南市章丘市、历下区、市中区、槐荫区、天桥区、历城区、平阴县、济阳县；青岛市胶州市、市南区、市北区、崂山区、李沧区、城阳区；淄博市淄川区、周村区、高青县、沂源县；枣庄市薛城区、峄城区、台儿庄区、山亭区；东营市东营区、河口区、垦利区、利津县；烟台市莱阳市、蓬莱市、招远市、栖霞市、海阳市、芝罘区、福山区、牟平区、莱山区、长岛县；潍坊市青州市、诸城市、寿光市、安丘市、昌邑市、潍城区、寒亭区、坊子区、临朐县、昌乐县；济宁市邹城市、任城区、兖州区、微山县、嘉祥县、汶上县、梁山县；泰安市肥城市、岱岳区、宁阳县、东平县；威海市荣成市、乳山市、环翠区；日照市东港区、岚山区、五莲县、莒县；临沂市兰山区、罗庄区、沂南县、郯城县、兰陵县、费县、平邑县、莒南县、蒙阴县；德州市乐陵市、禹城市、宁津县、齐河县、平原县、武城县；聊城市临清市、东昌府区、阳谷县、莘县、茌平县、东阿县、冠县、高唐县；滨州市滨城区、沾化区、惠民县、博兴县；菏泽市牡丹区、定陶区、成武县、巨野县、郓城县、鄄城县。

时间分布如图 2-3-30 所示，2018 年有 13 件，2019 年有 36 件。案件数量自 2018 年逐年增加。

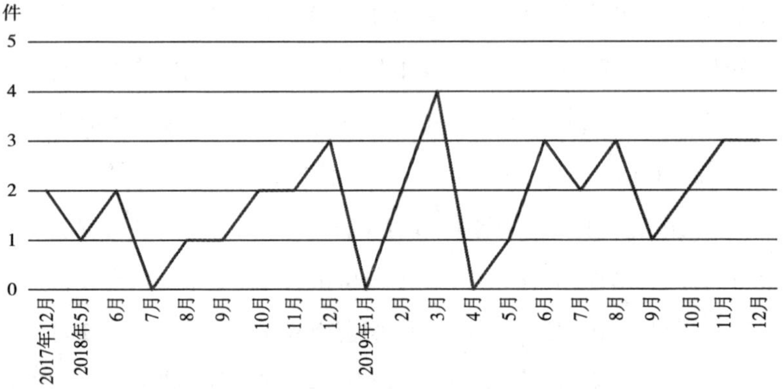

图 2-3-30　山东省食品药品安全类案件时间分布

湖北省

此类案件有 38 件，其中判决书有 36 份，裁定书有 2 份。

空间分布情况：武汉市有 2 件，其中东西湖区有 1 件、硚口区有 1 件；黄石市有 12 件，其中西塞山区有 3 件、黄石市有 9 件；十堰市有 3 件，其中丹江口市有

1 件、十堰市有 2 件；宜昌市有 3 件，其中远安县有 1 件、五峰土家族自治县有 1 件、当阳市有 1 件；襄阳市有 3 件，其中保康县有 1 件、襄阳市有 2 件；鄂州市有 2 件，其中鄂州市有 2 件；荆门市有 1 件，其中钟祥市有 1 件；孝感市有 2 件，其中孝昌县有 2 件；荆州市有 1 件，其中江陵县有 1 件；黄冈市有 2 件，其中英山县有 1 件、红安县有 1 件；咸宁市有 2 件，其中嘉鱼县有 1 件、咸宁市有 1 件；恩施土家族苗族自治州有 3 件，其中利川市有 2 件、巴东县有 1 件；仙桃市有 2 件。

未检索到此类案件有的地区：武汉市江岸区、江汉区、汉阳区、武昌区、青山区、洪山区、蔡甸区、江夏区、黄陂区、新洲区、汉南区；黄石市大冶市、阳新县、黄石港区、下陆区、铁山区；十堰市张湾区、茅箭区、郧阳区、郧西县、竹山县、竹溪县、房县；宜昌市兴山县、秭归县、长阳土家族自治县、宜都市、枝江市、夷陵区、西陵区、伍家岗区、点军区、猇亭区；襄阳市襄城、樊城、襄州、枣阳、宜城、老河口、南漳、谷城；鄂州市鄂城区、华容区、梁子湖区；荆门市京山市、沙洋县、东宝区、掇刀区；孝感市孝南区、云梦、大悟、应城、安陆、汉川；荆州市荆州、沙市、公安、监利、松滋、石首、洪湖；黄冈市黄州区、麻城市、武穴市、团风县、浠水县、罗田县、黄梅县；咸宁市通城县、崇阳县、通山县、赤壁市、咸安区；随州市曾都区、随县、广水市；恩施土家族苗族自治州恩施市、建始县、宣恩县、咸丰县、来凤县、鹤峰；潜江市；天门市；神农架林区。

时间分布如图 2-3-31 所示，2017 年有 2 件，2018 年有 12 件，2019 年有 24 件。案件数量自 2017 年逐年增加。

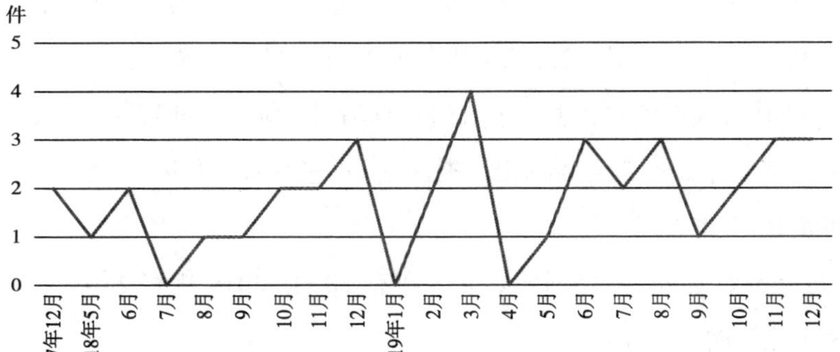

图 2-3-31　湖北省食品药品安全类案件时间分布

广东省

此类案件有44件，其中判决书有44份。

空间分布情况：广州市有6件，其中荔湾区有4件、天河区有1件、番禺区有1件；韶关市有2件，其中浈江区有1件、新丰县有1件；深圳市有3件，其中罗湖区有3件；珠海市有1件，其中斗门区有1件；佛山市有10件，其中南海区有1件、顺德区有9件；江门市有11件，其中台州市有1件、鹤山市有1件、蓬江区有4件、江海区有3件、新会区有2件；茂名市有2件，其中电白区有2件；肇庆市有1件，其中端州区有1件；梅州市有2件，其中蕉岭县有2件；汕尾市有1件，其中陆丰市有1件；东莞市有2件；中山市有2件；云浮市有1件，其中罗定市有1件。

未检索到此类案件有的地区：广州市越秀区、珠海区、白云区、黄埔区、花都区、南沙区、从化区、增城区；韶关市乐昌区、南雄市、武江区、曲江区、始兴县、仁化县、翁源县、乳源瑶族自治县；深圳市福田区、南山区、宝安区、龙岗区、盐田区；珠海市香洲区、金湾区；汕头市龙湖区、金平区、濠江区、潮阳区、潮南区、澄海区、南澳区；佛山市禅城区、三水区、高明区；江门市开平市、恩平市；湛江市廉江市、雷州市、吴川市、赤坎区、霞山区、坡头区、麻章区、遂溪县、徐闻县；茂名市高州市、化州市、信宜市、茂南区；肇庆市四会市、鼎湖区、高要区、广宁县、怀集县、封开县、德庆县；惠州市惠城区、惠阳区、博罗县、惠东县、龙门县；梅州市兴宁市、梅江区、梅县区、大埔区、丰顺县、五华县、平远县；汕尾市城区、海丰县、陆河县；河源市源城区、紫金县、龙川县、连平县、和平县、东源县；阳江市阳春市、江城区、阳东区、阳西县；清远市英德市、连州市、清城区、清新区、佛冈县、阳山县、连山壮族瑶族自治县、连南瑶族自治县；潮州市湘桥区、潮安区、饶平县；揭阳市普宁市、榕城区、揭东区、揭西县、惠来县；云浮市云城区、云安区、新兴县、郁南县。

时间分布如图2-3-32所示，2018年有20件，2019年有24件。案件数量自2018年逐年增加。

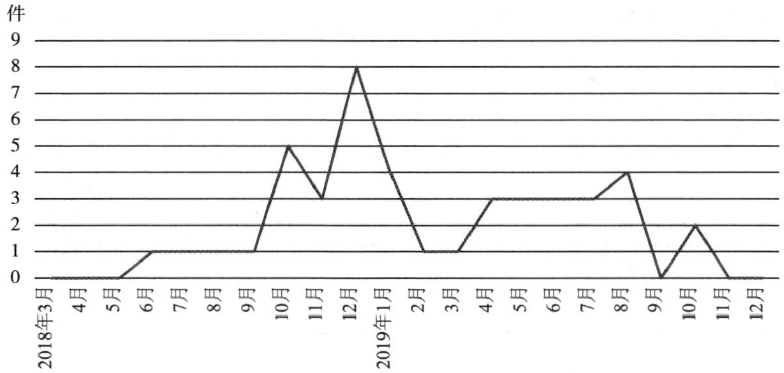

图 2-3-32　广东省食品药品安全类案件时间分布

贵州省

此类案件有 30 件，其中判决书有 28 份，裁定书有 2 份。

空间分布情况：遵义市有 5 件，其中汇川区有 2 件、桐梓县有 3 件；毕节市有 8 件，其中赫章县有 1 件、威宁县有 1 件、纳雍县有 3 件、大方县有 3 件；铜仁市有 3 件，其中思南县有 1 件、沿河县有 2 件；黔东南苗族侗族自治州有 4 件，其中凯里市有 1 件、三穗县有 1 件、锦屏县有 1 件、雷山县有 1 件；黔南布依族苗族自治州有 4 件，其中都匀市有 2 件，荔波市有 1 件，三都县有 1 件；黔西南布依族苗族自治州有 6 件，其中普安县有 2 件、青龙县有 1 件、望谟县有 3 件。

未检索到此类案件有的地区：贵阳市观山湖区、南明区、云岩区、花溪区、乌当区、白云区、清镇市、开阳县、息烽县、修文县；遵义市红花岗区、播州区、赤水市、仁怀市、绥阳县、正安县、道真县、务川县、凤冈县、湄潭县、庆余县、习水县；六盘水市、钟山区、盘州市、六枝特区、水城县；安顺市西秀区、平坝区、镇宁县、普定县、关岭县、紫云县；毕节市织金县、黔西县、金沙县、七星关区；铜仁市碧江区、万山区、江口县、玉屏县、石阡县、印江县、德江县、松桃县；黔东南苗族侗族自治州镇远县、黄平县、施秉县、岑巩县、天柱县、剑河县、台江县、黎平县、榕江县、从江县、麻江县、丹寨县；黔南布依族苗族自治州福泉市、贵定县、翁安县、独山县、平塘县、罗甸县、长顺县、龙里县、惠水县；黔西南布依族苗族自治州册亨县、安龙县、贞丰县、兴义市、兴仁市。

时间分布如图 2-3-33 所示，2017 年有 1 件，2018 年有 9 件，2019 年有 20

件。案件数量自 2017 年逐年增加。

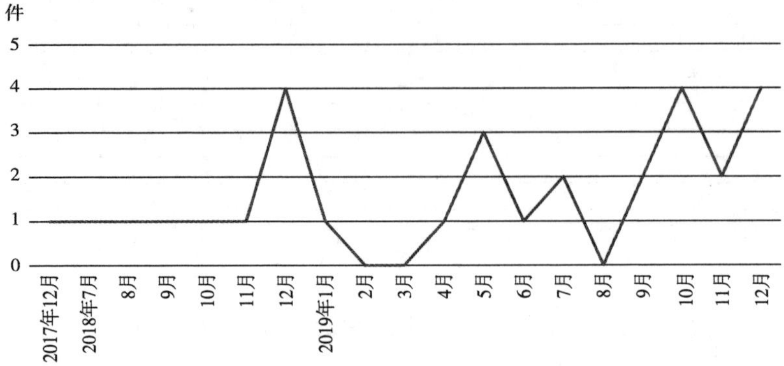

图 2-3-33　贵州省食品药品安全类案件时间分布

云南省

此类案件有 3 件，其中判决书有 3 份。空间分布情况：红河石屏有 1 件，曲靖宣威有 1 件，玉溪海通有 1 件。时间分布情况：2018 年有 3 件。

陕西省

此类案件有 46 件，其中判决书有 44 份，裁定书有 2 份。

空间分布情况：西安市有 6 件，其中新城区有 1 件、莲湖区有 2 件、阎良区有 1 件、临潼区有 2 件；宝鸡市有 3 件，其中金台区有 1 件、凤翔县有 1 件、千阳县有 1 件；咸阳市有 6 件，其中渭城区有 2 件、泾阳县有 1 件、长武县有 2 件、淳化县有 1 件；渭南市有 6 件，其中大荔县有 1 件、澄城县有 1 件、富平县有 4 件；延安市有 11 件，其中宝塔区有 1 件、安塞区有 2 件、子长市有 4 件、志丹县有 3 件、洛川县有 1 件；榆林市有 7 件，其中榆阳区有 1 件、神木市有 1 件、米脂县有 3 件、吴堡县有 1 件、清涧县有 1 件；汉中市有 7 件，其中汉台区有 1 件、城固县有 1 件、西乡县有 2 件、略阳县有 1 件、镇巴县有 2 件。

未检索到此类案件有的地区：碑林区、雁塔区、灞桥区、未央区、长安区、高陵区、鄠邑区、蓝田县、周至县；宝鸡市渭滨区、陈仓区、岐山县、扶风县、眉县、陇县、麟游县、凤县、太白县；咸阳市秦都区、杨陵区、三原县、乾县、礼泉县、永寿县、旬邑县、武功县、兴平市、彬州市；铜川市王益区、印台区、耀州区、宜君县；渭南市临渭区、华州区、潼关县、合阳县、蒲城县、白水县、韩城市、华阴市；延安市延长县、延川县、吴起县、甘泉县、富县、宜川县、黄龙县、黄陵县；榆林市横山区、府谷县、靖边县、定边县、绥德县、佳县、子洲县；汉中市南郑区、洋县、勉县、宁强县、留坝县、佛坪县；安康市汉滨区、汉阴县、石泉县、宁陕县、紫阳县、岚皋县、平利县、镇坪县、旬阳县、白河县；商洛市商州区、洛南县、丹凤县、商南县、山阳县、镇安县、柞水县。

时间分布如图2-3-34所示，2018年有12件，2019年有34件。案件数量自2018年逐年增加。

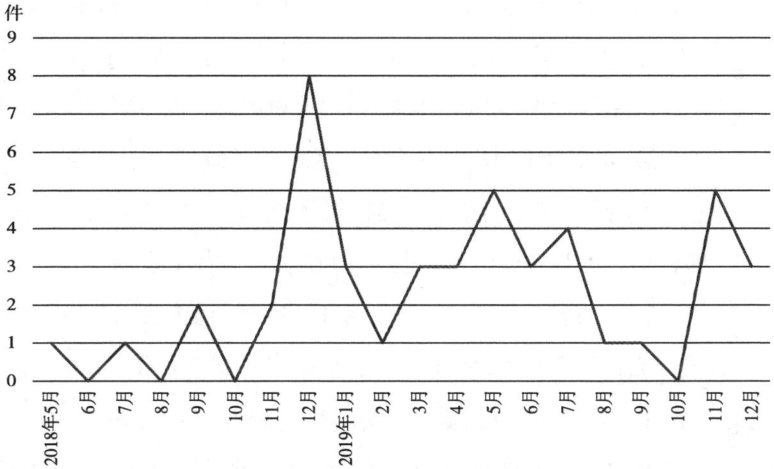

图2-3-34　陕西食品药品安全类案件时间分布

甘肃省

此类案件有7件，其中判决书有7份。空间分布情况：白银市靖远县有2件，酒泉市金塔县有2件，天水市泰州区有1件，天水市麦积区有1件，白银市白银区有1件。时间分布情况：2018年有4件，2019年有3件。

（三）非试点地区

河北省

此类案件有31件。其中判决书有27份，裁定书有4份。

空间分布情况：石家庄市有5件，其中桥西区有2件、新华区有2件、元氏县有1件、石家庄高新技术产业开发区有1件；保定市有19件，其中徐水区有1件、阜平县有3件、高阳县有1件、望都县有2件、易县有2件、顺平县有3件、博野县有1件、雄县有3件、涿州市有1件、保定市有1件、保定市有高新技术产业开发区有1件；张家口市有1件，其中怀来县有1件；承德市有3件，其中双桥区有2件、承德市有1件；沧州市有1件，其中东光县有1件；廊坊市有1件，其中廊坊经济技术开发区有1件；衡水市有1件，其中枣强县有1件。

未检索到此类案件有的地区：石家庄市长安区、井陉矿区、裕华区、藁城区、鹿泉区、栾城区、井陉县、正定县、行唐县、灵寿县、高邑县、深泽县、赞皇县、无极县、平山县、赵县、晋州市、新乐市、辛集市；唐山市路北区、路南区、古冶区、开平区、丰南区、丰润区、曹妃甸区、滦南县、乐亭县、迁西县、玉田县、遵化市、迁安市、滦州市；秦皇岛市海港区、山海关区、北戴河区、抚宁区、青龙满族自治县、昌黎县、卢龙县；邯郸市邯山区、丛台区、复兴区、峰峰矿区、肥乡区、永年区、临漳县、成安县、大名县、涉县、磁县、邱县、鸡泽县、广平县、馆陶县、曲周县、武安市、魏县；邢台市桥东区、桥西区、邢台县、临城县、内丘县、柏乡县、隆尧县、任县、南和县、巨鹿县、新河县、广宗县、平乡县、威县、清河县、临西县、南宫市、沙河市、宁晋县；保定市竞秀区、莲池区、满城区、清苑区、涞水县、定兴县、唐县、容城县、涞源县、安新县、曲阳县、蠡县、安国市、高碑店市、定州市；张家口市桥东区、桥西区、宣化区、下花园区、崇礼区、万全区、张北县、康保县、沽源县、尚义县、蔚县、阳原县、怀安县、涿鹿县、赤城县；承德市双滦区、鹰手营子矿区、承德县、兴隆县、滦平县、隆化县、丰宁满族自治县、宽城满族自治县、围场满族蒙古族自治县、平泉市；廊坊市广阳区、安次区、固安县、永清县、香河县、大城县、文安县、大厂回族自治县、霸州市、三河市；沧州市运河区、新华区、沧县、青县、海兴县、盐山县、肃宁县、南皮县、吴桥县、献县、孟村回族自治县、泊头市、黄骅市、河间市、任丘市；衡水市桃城区、冀州区、武邑县、武强县、饶阳县、安平县、故城县、阜城县、深州市、景县。

时间分布如图2-3-35所示，2018年有18件，2019年有13件。案件数量自2018年逐年减少。

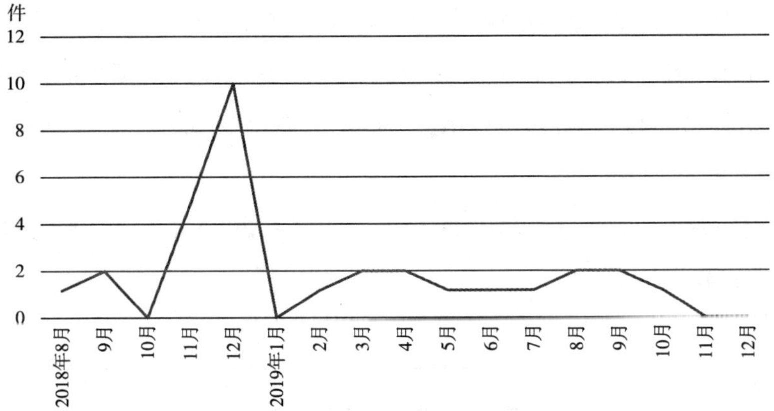

图 2-3-35　河北省食品药品安全类案件时间分布

山西省

此类案件有 57 件，其中判决书有 56 份，裁定书有 1 份。

空间分布情况：太原市有 1 件，其中迎泽区有 1 件；大同市有 2 件，其中阳高县有 1 件、南郊区有 1 件；忻州市有 10 件，其中忻府区有 4 件、代县有 1 件、宁武县有 5 件；阳泉市有 3 件，其中城区有 2 件、矿区有 1 件；吕梁市有 3 件，其中离石区有 2 件、兴县有 1 件；晋中市有 3 件，其中平遥县有 2 件、介休市有 1 件；长治市有 3 件，其中潞城区有 1 件、壶关县有 1 件、长治市有 1 件；晋城市有 17 件，其中阳城县有 7 件、泽州县有 8 件、高平市有 2 件；临汾市有 14 件，其中尧都区有 1 件、古县有 2 件、乡宁县有 1 件、大宁县有 2 件、隰县有 1 件、侯马市有 7 件；运城市有 1 件，其中平陆县有 1 件。

未检索到此类案件有的地区：太原市小店区、杏花岭区、尖草坪区、万柏林区、晋源区、清徐县、阳曲县、娄烦县、古交市；大同市新荣区、平城区、云冈区、云州区、天镇县、广灵县、灵丘县、浑源县、左云县；朔州市朔城区、平鲁区、山阴县、应县、右玉县、怀仁市；忻州市定襄县、五台县、繁峙县、静乐县、神池县、五寨县、岢岚县、河曲县、保德县、偏关县、原平市；阳泉市郊区、平定县、盂县；吕梁市文水县、交城县、临县、柳林县、石楼县、岚县、方山县、中阳县、交口县、孝义市、汾阳市；晋中市榆次区、太谷区、榆社县、左权县、和顺县、昔阳县、寿阳县、祁县、灵石县；长治市潞州区、上党区、屯留区、襄垣县、平顺县、黎城县、长子县、武乡县、沁县、沁源县；晋城市城区、沁水县、陵川县；临汾市曲沃县、翼城县、襄汾县、洪洞县、安泽县、浮山县、吉县、永和县、蒲县、汾西县、霍州市；运城市盐湖区、临猗县、万荣县、闻喜县、稷山县、新绛县、绛县、垣曲县、夏县、芮城县、永济市、河津市。

时间分布如图 2-3-36 所示，2018 年有 12 件，2019 年有 45 件。案件数量自 2018 年逐年增加。

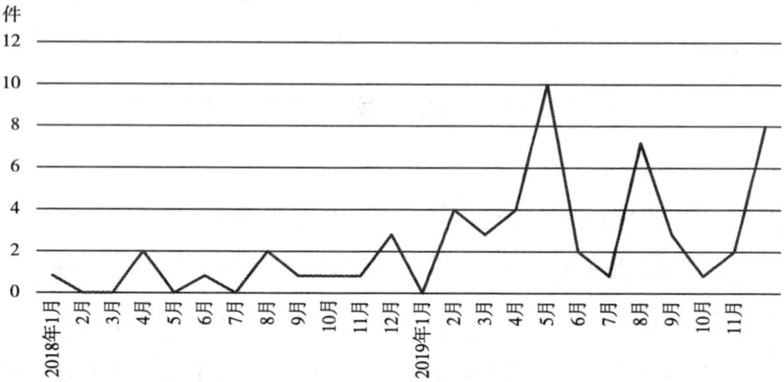

图 2-3-36　山西省食品药品安全类案件时间分布

辽宁省

此类案件有 35 件，其中判决书有 30 份，裁定书有 5 份。

空间分布情况：沈阳市有 13 件，其中沈河区有 9 件、大东区有 1 件、苏家屯区有 1 件、于洪区有 1 件、沈阳市有 1 件；大连市有 2 件，其中金州区有 2 件；鞍山市有 1 件，其中岫岩满族自治县有 1 件；本溪市有 1 件，其中本溪市有 1 件；锦州市有 4 件，其中太和区有 3 件、锦州市有 1 件；营口市有 11 件，其中站前区有 3 件、西市有区有 1 件、鲅鱼圈区有 2 件、大石桥市有 1 件、盖州市有 4 件；铁岭市有 1 件，其中昌图县有 1 件；朝阳市有 2 件，其中龙城区有 1 件、建平县有 1 件；

未检索到此类案件有的地区：沈阳市和平区、皇姑区、铁西区、新民市、康平县、法库县；大连市西岗区、中山区、沙河口区、甘井子区、旅顺口区、普兰店区、瓦房店市、庄河市、长海县；鞍山市铁东区、铁西区、立山区、千山区、海城市、台安县；抚顺市新抚区、东洲区、望花区、顺城区、抚顺区、新宾满族自治县、清原满族自治县；本溪市平山区、溪湖区、明山区、南芬区、本溪满族自治县、桓仁满族自治县；丹东市元宝区、振兴区、振安区、东港市、凤城市、宽甸满族自治县；锦州市古塔区、凌河区、松山新区、凌海市、北镇市、黑山县、义县；营口市老边区；阜新市海州区、太平区、新邱区、细河区、清河门区、阜新蒙古族自治区、彰武县；辽阳市白塔区、文圣区、宏伟区、弓长岭区、太子河区、灯塔市、辽阳县；盘锦市双台子区、兴隆台区、盘山县、大洼县；铁岭市银州区、清河区、调兵山市、开原市、铁岭县、西丰县；朝阳市双塔区、北票市、凌源市、朝阳县、喀喇沁左翼蒙古族自治县；葫芦岛市连山区、南票区、龙港区、兴城区、绥中县、建昌县。

时间分布如图 2-3-37 所示，2018 年有 23 件，2019 年有 12 件。案件数量自 2018 年逐年减少。

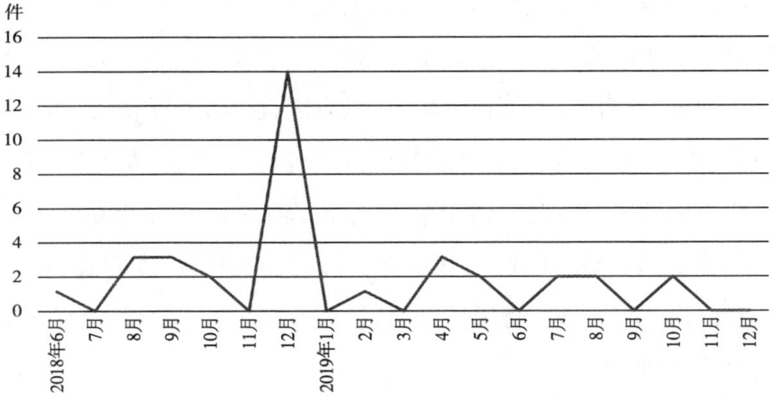

图 2-3-37　辽宁省食品药品安全类案件时间分布

黑龙江省

此类案件有 8 件，其中判决书有 6 份，裁定书有 2 份。[1]空间分布情况：齐齐哈尔市富拉尔基区有 8 件。时间分布情况：2019 年有 8 件。

浙江省

此类案件有 96 件，其中判决书有 89 份，裁定书有 7 份。

空间分布情况：杭州市有 6 件，其中下城区有 1 件、西湖区有 1 件、建德市有 1 件、桐庐县有 1 件、杭州市有经济技术开发区有 1 件；宁波市有 4 件，其中鄞

〔1〕 值得一提的是，黑龙江省刑事附带民事公益诉讼中所有的食品药品安全类案件都是由黑龙江省齐齐哈尔市富拉尔基区人民检察院提起。

州区有 2 件、余姚市有 1 件、慈溪市有 1 件；温州市有 6 件，其中龙湾区有 3 件、瑞安市有 1 件、平阳县有 2 件；绍兴市有 19 件，其中柯桥区有 3 件、上虞区有 1 件、诸暨市有 7 件、嵊州市有 8 件；湖州市有 2 件，其中长兴县有 1 件、安吉县有 1 件；嘉兴市有 3 件，其中嘉善县有 1 件、海盐县有 2 件；金华市有 19 件，其中兰溪市有 3 件、东阳市有 3 件、永康市有 4 件、义乌市有 6 件、浦江县有 3 件；衢州市有 1 件，其中衢江区有 1 件；台州市有 24 件，其中椒江区有 9 件、黄岩区有 1 件、路桥区有 2 件、临海市有 6 件、温岭市有 1 件、玉环市有 2 件、天台县有 3 件；丽水市有 11 件，其中莲都区有 3 件、缙云县有 2 件、松阳县有 5 件、云和县有 1 件；舟山市有 1 件，其中定海区有 1 件。

未检索到此类案件有的地区：杭州市上城区、江干区、拱墅区、滨江区、余杭区、萧山区、富阳区、临安区、淳安县；宁波市海曙区、江北区、北仑区、镇海区、奉化区、象山县、宁海县；温州市鹿城区、瓯海区、洞头区、乐清市、永嘉县、苍南县、文成县、泰顺县、龙港市；绍兴市越城区、新昌县；湖州市吴兴区、南浔区、德清县；嘉兴市南湖区、秀洲区、海宁市、平湖市、桐乡市；金华市婺城区、金东区、武义县、磐安县；衢州市柯城区、江山市、常山县、开化县、龙游县；台州市三门县、仙居县；丽水市龙泉市、青田县、遂昌县、庆元县、景宁畲族自治县；舟山市普陀区、岱山县、嵊泗县。

时间分布如图 2-3-38 所示，2018 年有 33 件，2019 年有 63 件。案件数量自 2018 年逐年增加。

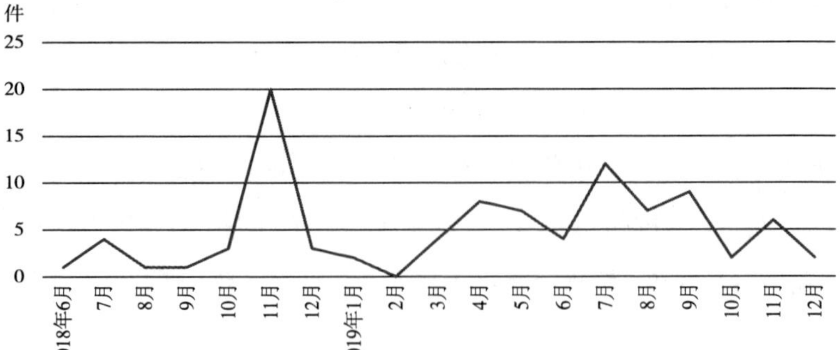

图 2-3-38　浙江省食品药品安全类案件时间分布

江西省

此类案件有19件。其中判决书有16份,裁定书有2份,调解书有1份。

空间分布情况:南昌市有5件,其中东湖区有3件、新建区有1件、南昌县有1件;上饶市有4件,其中广丰区有1件、余干县有3件;赣州市有2件,其中南康区有1件、于都县有1件;景德镇市有5件,其中珠山区有1件、昌江区有2件、乐平市有2件;萍乡市有2件,其中安源区有2件;新余市有1件,其中分宜县有1件。

未检索到此类案件有的地区:南昌市西湖区、青云谱区、青山湖区、红谷滩区、安义县、进贤县;九江市浔阳区、濂溪区、柴桑区、永修县、德安县、都昌县、湖口县、彭泽县、武宁县、修水县、瑞昌市、共青城市、庐山市;上饶市信州区、广信区、玉山县、铅山县、横峰县、弋阳县、鄱阳县、万年县、婺源县、德兴市;抚州市临川区、东乡区、南城县、黎川县、南丰县、崇仁县、乐安县、宜黄县、金溪县、资溪县、广昌县;宜春市袁州区、高安市、丰城市、樟树市、奉新县、万载县、上高县、宜丰县、靖安县、铜鼓县;吉安市吉州区、青原区、吉安县、井冈山市、吉水县、新干县、永丰县、泰和县、遂川县、万安县、安福县、永新县、峡江县;赣州市章贡区、赣县区、信丰县、大余县、龙南县、定南县、全南县、寻乌县、安远县、瑞金市、宁都县、会昌县、石城县、上犹县、兴国县、崇义县;景德镇市浮梁县;萍乡市湘东区、莲花县、上栗县、芦溪县;新余市渝水区;鹰潭市月湖区、余江区、贵溪市。

时间分布如图2-3-39所示,2018年有4件,2019年有15件。案件数量自2018年逐年增加。

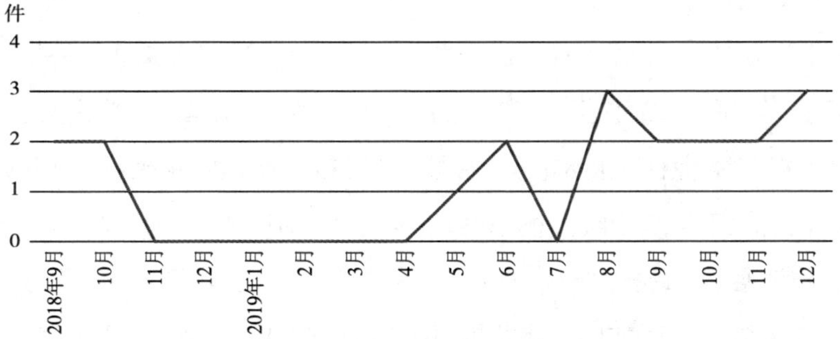

图2-3-39　江西省食品药品安全类案件时间分布

河南省

此类案件有 30 件，其中判决书有 29 份，调解书有 1 份。

空间分布情况：郑州市有 4 件，其中金水区有 1 件、管城区有 2 件、中牟县有 1 件；平顶山市有 3 件，其中新华区有 1 件、鲁山县有 2 件；安阳市有 1 件，其中滑县有 1 件；鹤壁市有 1 件，其中淇滨区有 1 件；焦作市有 1 件，其中马村区有 1 件；濮阳市有 10 件，其中濮阳县有 1 件、清丰县有 3 件、南乐县有 6 件；许昌市有 1 件，其中襄城县有 1 件；漯河市有 4 件，其中郾城区有 3 件、召陵区有 1 件；周口市有 4 件，其中项城市有 1 件、商水县有 2 件、沈丘县有 1 件；信阳市有 1 件，其中固始县有 1 件。

未检索到此类案件有的地区：郑州市中原区、二七区、惠济区、上街区、巩义市、新郑市、登封市、荥阳市、新密市；开封市龙亭区、鼓楼区、禹王台区、顺河区、祥符区、兰考县、通许县、杞县、尉氏县；洛阳市涧西区、西工区、老城区、瀍河区、洛龙区、吉利区、偃师市、宜阳县、孟津县、新安县、洛宁县、栾川县、伊川县、汝阳县、嵩县；平顶山市卫东区、石龙区、湛河区、汝州市、舞钢市、宝丰县、叶县、郏县；安阳市文峰区、北关区、殷都区、龙安区、林州市、安阳县、汤阴县、内黄县；鹤壁市鹤山区、山城区、浚县、淇县；新乡市红旗区、卫滨区、牧野区、凤泉区、卫辉市、辉县市、新乡县、获嘉县、原阳县、延津县、封丘县、长垣市；焦作市山阳区、中站区、解放区、沁阳市、孟州市、修武县、博爱县、武陟县、温县；濮阳市华龙区、台前县、范县；许昌市魏都区、许昌县、禹州市、长葛市、鄢陵县；漯河市源汇区、舞阳县、临颍县；三门峡市湖滨区、陕州区、灵宝市、义马市、渑池县、卢氏县；商丘市睢阳区、梁园区、永城市、民权县、宁陵县、柘城县、虞城县、夏邑县、睢县；周口市川汇区、鹿邑县、扶沟县、西华县、淮阳区、郸城县、太康县；驻马店市驿城区、新蔡县、西平县、遂平县、平舆县、上蔡县、正阳县、泌阳县、确山县、汝南县；南阳市宛城区、卧龙区、邓州市、南召县、西峡县、方城县、镇平县、内乡县、淅川县、社旗县、唐河县、新野县、桐柏县；信阳市浉河区、平桥区、罗山县、光山县、潢川县、淮滨县、商城县、新县、息县；济源市天坛街道、沁园街道、北海街道、济水街道、玉泉街道、五龙口镇、克井镇、邵原镇、坡头镇、轵城镇、承留镇、大峪镇、梨林镇、思礼镇、王屋镇、下冶镇。

时间分布如图 2-3-40 所示，2018 年有 13 件，2019 年有 17 件。案件数量自 2018 年逐年增加。

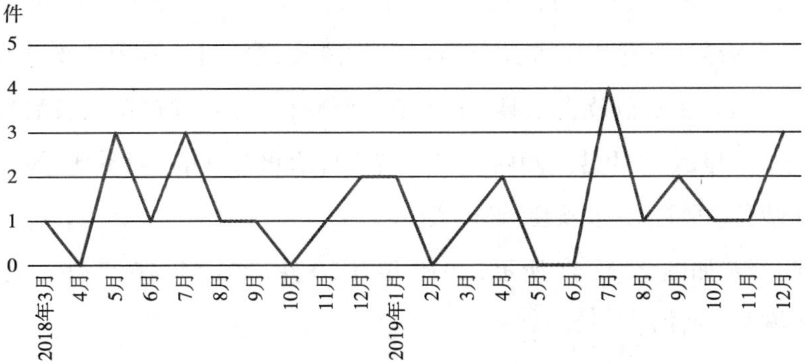

图 2-3-40 河南省食品药品类案件时间分布

湖南省

此类案件有 47 件，其中判决书有 36 份，裁定书有 11 份。

空间分布情况：长沙市有 8 件，其中天心区有 6 件、岳麓区有 2 件；株洲市有 5 件，其中石峰区有 1 件、天元区有 2 件、炎陵县有 2 件；湘潭市有 5 件，其中韶山市有 1 件、湘潭县有 4 件；衡阳市有 4 件，其中雁峰区有 1 件、祁东县有 3 件；邵阳市有 1 件，其中双清区有 1 件；岳阳市有 1 件，其中岳阳楼区有 1 件；常德市有 2 件，其中津市有 1 件、鼎城区有 1 件；张家界市有 1 件，其中永定区有 1 件；益阳市有 2 件，其中沅江市有 2 件；永州市有 1 件，其中冷水滩区有 1 件；怀化市有 2 件，其中鹤城区有 1 件、溆浦县有 1 件；娄底市有 15 件，其中冷水江市有 6 件、涟源市有 4 件、双峰县有 5 件。

未检索到此类案件有的地区：长沙市浏阳市、芙蓉区、开福区、雨花区、望城区、长沙县、宁乡市；株洲市醴陵市、荷塘区、芦淞区、株洲县、攸县、茶陵县；湘潭市湘乡市、雨湖区、岳塘区；衡阳市耒阳市、常宁市、珠晖区、石鼓区、蒸湘区、南岳区、衡阳县、衡南县、衡山县、衡东县；邵阳市武冈市、大祥区、北塔区、邵东县、新邵县、邵阳县、隆回县、洞口县、绥宁县、新宁县、城步苗族自治县；岳阳市汨罗市、临湘市、云溪区、君山区、岳阳县、华容县、湘阴县、平江县；常德市武陵区、安乡县、汉寿县、澧县、临澧县、桃源县、石门县；张家界市武陵源区、慈利县、桑植县；益阳市资阳市、赫山区、南县、桃江县、安化县；郴州市资兴市、北湖区、苏仙区、桂阳县、宜章县、永兴县、嘉禾县、临武县、汝城县、桂东县、安仁县；永州市零陵区、祁阳县、东安县、双牌县、道县、江永县、宁远县、蓝山县、新田县、江华瑶族自治县；怀化市中方县、沅陵县、辰溪县、会同县、麻阳苗族自治县、新晃侗族自治县、芷江侗族自治县、靖州苗族侗族自治县、通道侗族自治县、洪江市；娄底市娄星区、新化县；湘西土家族苗族自治州吉首市、泸溪县、凤凰县、花垣县、保靖县、古丈县、永顺县、龙山县。

时间分布如图 2-3-41 所示，2018 年有 20 件，2019 年有 27 件。案件数量自 2018 年逐年增加。

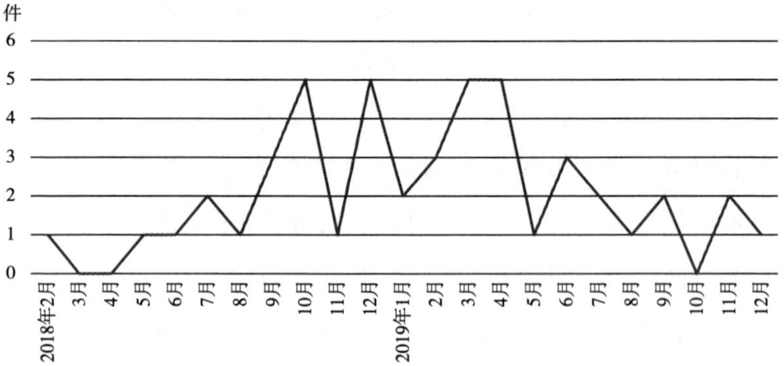

图 2-3-41　湖南省食品药品安全类案件时间分布

四川省

此类案件有 50 件，其中判决书有 48 份，裁定书有 2 份。

空间分布情况：成都市有 4 件，其中简阳市有 2 件、青羊区有 1 件、大邑县有 1 件；攀枝花市有 8 件，其中西区有 8 件；泸州市有 1 件，其中纳溪区有 1 件；德阳市有 3 件，其中绵竹市有 3 件；绵阳市有 1 件，其中涪城区有 1 件；广元市有 3 件，其中旺苍县有 1 件、剑阁县有 2 件；遂宁市有 2 件，其中蓬溪县有 2 件；乐山市有 3 件，其中市中区有 1 件、井研县有 1 件、峨边彝族自治县有 1 件；南充市有 7 件，其中阆中市有 1 件、南部县有 1 件、营山县有 1 件、仪陇县有 3 件、西充县有 1 件；眉山市有 3 件，其中东坡区有 2 件、洪雅县有 1 件；广安市有 8 件，其中广安区有 2 件、岳池县有 4 件、武胜县有 2 件；达州市有 2 件，其中达州区有 1 件、通州区有 1 件；雅安市有 1 件，其中芦山县有 1 件；资阳市有 2 件，其中安岳县有 2 件；阿坝州市有 1 件，其中若尔盖县有 1 件；凉州有 1 件，其中盐源县有 1 件。

未检索到相关案件的地区：成都市都江堰市、彭州市、邛崃市、崇州市、锦江区、金牛区、武侯区、成华区、龙泉驿区、青白江区、新都区、温江区、双流区、金堂县、郫县、浦江县、新津县；自贡市自流井区、贡井区、大安区、沿滩区、荣县、富顺县；攀枝花市东区、仁和区、米易县、盐边县；泸州市江阳区、龙马潭区、泸县、合江县、叙永县、古蔺县；德阳市广汉市、什邡市、旌阳区、中江县、罗江县；绵阳市江油市、游仙区、安州区、三台县、盐亭县、梓潼县、北川羌族自治县、平武县；广元市利州区、昭化区、朝天区、青川县、苍溪县；遂宁市船山区、安居区、射洪县、大英县；内江市市中区、东兴区、威远县、资中县、隆昌县；乐山市峨眉山市、沙湾区、五通桥区、金口河区、犍为县、夹江县、沐川县、马边彝族自治县；南充市顺庆区、高坪区、嘉陵区、蓬安县；眉山市彭山区、仁寿县、丹棱县、青神县；宜宾市翠屏区、南溪区、宜宾县、江安县、长宁县、高县、珙县、筠连县、兴文县、屏山县；广安市华蓥市、前锋区、邻水县；达州市万源市、宣汉县、开江县、大竹县、渠县；雅安市雨城区、名山区、荥经县、汉源县、石棉县、天全县、宝兴县；巴中市巴州区、恩阳区、通江县、南江县、平昌县；资阳市雁江区、乐至县；阿坝州市马尔康市、汶川县、理县、茂县、松潘县、九寨沟县、金川县、小金县、黑水县、壤塘县、阿坝县、红原县；甘孜州康定市、泸定县、丹巴县、九龙县、雅江县、道孚县、炉霍县、甘孜县、新龙县、德格县、白玉县、石渠县、色达县、理塘县、巴塘县、乡城县、稻城县、得荣县；凉州州西昌市、木里县、德昌县、会理县、会东县、宁南县、普格县、布拖县、金阳县、昭觉县、喜德县、冕宁县、越西县、甘洛县、美姑县、雷波县。

时间分布如图 2-3-42 所示，2017 年有 1 件，2018 年有 15 件，2019 年有 34 件。案件数量自 2017 年逐年增加。

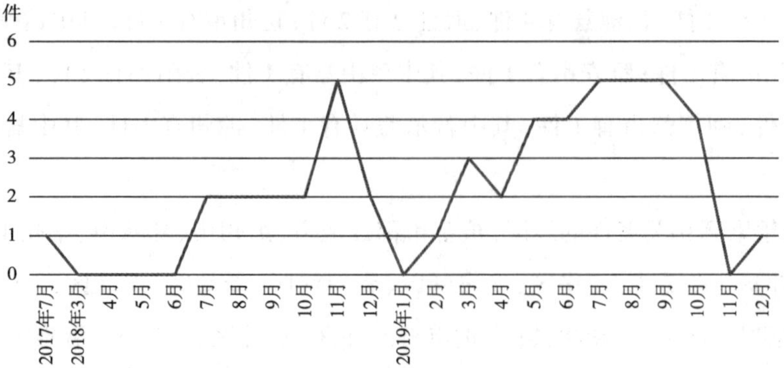

图 2-3-42　四川省食品药品安全类案件时间分布

青海省

此类案件有 11 件，其中判决书有 10 份，调解书有 1 份。空间分布情况：西宁市有 4 件，其中城东区有 3 件、城西区有 1 件；黄南州同仁县 1 件；海南州贵德县 2 件；海西州格尔木市有 4 件。时间分布情况：2018 年有 2 件，2019 年有 9 件。

广西壮族自治区

此类案件有 10 件，其中判决书有 8 份，裁定书有 2 份。空间分布情况：南宁市兴宁区有 3 件，桂林市阳朔县有 1 件，南宁市西乡塘区有 1 件，南宁市青秀区有 1 件，桂林市叠彩区有 1 件，隆林各族自治县有 1 件，百色市乐业县有 1 件，贵港市港南区有 1 件。时间分布情况：2018 年有 3 件，2019 年有 7 件。

西藏自治区

此类案件有 1 件。其中判决书有 1 份。空间分布情况：林芝市巴宜区有 1 件。时间分布情况：2018 年有 1 件。

新疆维吾尔自治区

此类案件有 9 件，其中判决书有 8 份，裁定书有 1 份。空间分布情况：石河子市生产建设兵团下野地垦区有 4 件；石河子市生产建设兵团莫索湾垦区有 2 件；昌吉市生产建设兵团芳草湖垦区有 1 件；喀什地区莎车县有 1 件；伊犁哈萨克自治州新源县有 1 件。时间分布情况：2018 年有 6 件，2019 年有 3 件。

天津市

此类案件有 2 件，其中判决书有 2 份。空间分布情况：津南区有 1 件，河西区有 1 件。时间分布情况：2018 年有 2 件。

上海市

此类案件有 1 件，其中判决书有 1 份。空间分布情况：上海市虹口区有 1 件。时间分布情况：2019 年有 1 件。

重庆市

此类案件有 16 件，其中判决书有 15 份，裁定书有 1 份。

空间分布情况：市辖区有 4 件、大渡口区有 1 件、江津区有 1 件、璧山区有 1 件、綦江区有 1 件、城口县有 1 件、丰都县有 1 件、垫江县有 1 件、忠县有 3 件、云阳县有 2 件、奉节县有 1 件，武山县有 2 件、彭水苗族土家族自治区有 1 件。

未检索到相关案件的地区：市辖区、渝中区、江北区、沙坪坝区、九龙坡区、南岸区、北碚区、渝北区、巴南区、万州区、涪陵区、黔江区、长寿区、合川区、永川区、南川区、大足区、璧山铜梁区、潼南区、荣昌区、开州区、梁平区、武隆区、巫溪县、石柱土家族自治区、秀山土家族自治区、酉阳土家族自治区。

时间分布如图 2-3-43 所示，2018 年有 7 件，2019 年有 9 件。案件数量自 2018 年逐年增加。

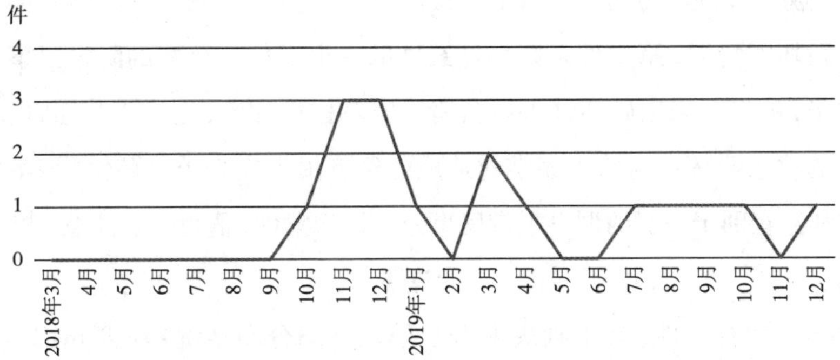

图 2-3-43　重庆市食品药品安全类案件时间分布

三、其他类案件

（一）全国

笔者共收集全国 31 个省、自治区、直辖市刑事附带民事公益诉讼其他类案件 9 件，其中判决书有 9 份。时间分布情况：2012 年有 1 件，2018 年有 2 件，

2019年有6件。

（二）试点地区

湖北省

此类案件有2件，其中判决书有2份。空间分布情况：十堰市茅箭区有2件。时间分布情况：2019年有2件。此2件案件涉及的罪名都是侵犯公民个人信息罪。[1]

广东省

此类案件有1件，其中判决书有1份。空间分布情况：肇庆市高要区有1件。时间分布情况：2018年有1件。该案中，检察机关认为因被告人的重大过失行为造成交通事故，致公路交通设施损坏，修复损失应予赔偿，故提出公益诉讼。此处涉及的公共利益有别于一般的刑事附带民事公益诉讼的案件，值得特别注意。[2]

（三）非试点地区

山西省

此类案件有2件，其中判决书有2份。空间分布情况：长治市壶关县有2件。时间分布情况：2018年有1件，2019年有1件。此两件案件涉及的罪名均是故意毁坏财物罪，第二件系第一件案件的二审案件。该案的附带民事公益诉讼人主张，被告人采用破坏性手段盗窃王家掌村祖师庙，造成祖师庙毁损严重，被告人的故意毁坏行为给王家掌村造成的经济损失应当予以赔偿，该案中涉及的公共利益有别于一般的刑事附带民事公益诉讼案件，值得特别注意。[3]

青海省

此类案件有1件，其中判决书有1份。空间分布情况：海西州都兰县有1件。时间分布情况：2019年有1件。该案中，被告人涉嫌妨害文物管理罪，盗掘古文化遗址、古墓葬罪。附带民事公益诉讼人主张，被告人虽未盗得文物，但盗

---

〔1〕（2019）鄂0302刑初570号；（2019）鄂0302刑初614号。
〔2〕（2017）粤1204刑初115号。
〔3〕（2018）晋0427刑初135号；（2019）晋04刑终96号。

掘行为破坏了古墓葬的完整性，改变了墓葬内文物的原有保存环境，不利于墓葬内文物的继续保存，侵害了社会公共利益，对国家文物财产造成无法弥补的损失。该案中涉及的公共利益有别于一般的刑事附带民事公益诉讼案件，值得特别注意。〔1〕

河南省

此类案件有 1 件，其中判决书有 1 份。空间分布情况：安阳市殷都区有 1 件。时间分布情况：2012 年有 1 件。该案中，被告因交通肇事罪致人死亡，安阳市殷都区人民检察院提出司法建议，安阳市殷都区民政局代替死者亲属行使民事赔偿请求权，为无名受害者主张权利，提出公益诉讼，作为附带民事诉讼原告人向人民法院提起附带民事诉讼。该案中涉及的公共利益区别于一般的刑事附带民事公益诉讼，值得特别注意。〔2〕

宁夏回族自治区

此类案件有 2 件，其中判决书有 2 份。空间分布情况：银川市兴庆区有 2 件。时间分布情况：2019 年有 2 件。这两件案件的被告涉嫌非法行医罪，案件中涉及的公共利益有别于一般的刑事附带民事公益诉讼案件，值得特别注意。〔3〕

---

〔1〕（2019）青 2822 刑初 20 号。
〔2〕（2012）殷刑初字第 130 号。
〔3〕（2018）宁 0104 刑初 959 号；（2018）宁 0104 刑初 958 号。

第三章 公益诉讼案件结构

在前两章对行政公益诉讼、民事公益诉讼、刑事附带民事公益诉讼裁判案例的数量、类型进行宏观介绍的基础之上，本章拟对三大公益诉讼案件的裁判文书进行深入剖析，以全国、试点、非试点地区为划分标准，从检察机关地位之判断、被告之类型、法官之构成、第三人、律师五个方面对公益诉讼裁判文书结构进行分析（具体方面依三大诉讼类型的不同而有所区别）。

第一节 行政公益诉讼

本节拟从检察机关地位之判断、被告之类型、法官之构成、第三人、律师五个方面对行政公益诉讼裁判文书结构进行分析。笔者通过检索裁判文书数据库，得出广西壮族自治区、西藏自治区、宁夏回族自治区、新疆维吾尔自治区、天津市、上海市无行政公益诉讼案件。因吉林省有1件案件暂未找到裁判文书原文，[1]有1件案件未予公开，辽宁省有1件案件未予公开，陕西省有5份裁定书中相关信息不完善，[2]故在此节将这8件案件予以剔除，得出全国行政公益诉讼案件共有1335件。

一、检察机关地位之判断

2015年7月2日，最高人民检察院发布的《检察机关提起公益诉讼改革试点方案》中表明，检察机关可以以公益诉讼人身份提起行政公益诉讼。

2016年2月25日，最高人民法院印发的《人民法院审理人民检察院提起公益诉讼案件试点工作实施办法》第14条规定，人民检察院可以以公益诉讼人身份提起行政公益诉讼。

2018年3月2日，《若干问题的解释》第4条规定，人民检察院可以以公益诉讼起诉人身份提起公益诉讼。

裁判文书对检察机关的称谓一定程度上代表着检察机关在行政公益诉讼中的定位。

（一）全国

针对全国行政公益诉讼案件，裁判文书对检察机关的表述为“公益诉讼人”的共893份，占比66.89%，表述为“公益诉讼起诉人”的共399份，占比29.91%，其他表述的共43份，其中表述为“行政公益诉讼起诉人”的共15份，表述为“行

---

〔1〕 吉林省白山市人民检察院诉白山市江源区卫生和计划生育局及江源区中医院行政附带民事公益诉讼案，最高人民法院指导案例29号（2016年）。

〔2〕 （2018）吉行抗4号；（2018）辽1202行初73号；（2017）陕03行他48号；（2017）陕03行他72号；（2017）陕04行辖15号；（2018）陕03行辖27号；（2019）陕03行辖1号。

政公益诉讼人”共10份，表述为“原告”的共12份，表述为“公益诉讼机关”“公益诉讼原告”“检察机关”的各有2份，具体见图3-1-1。

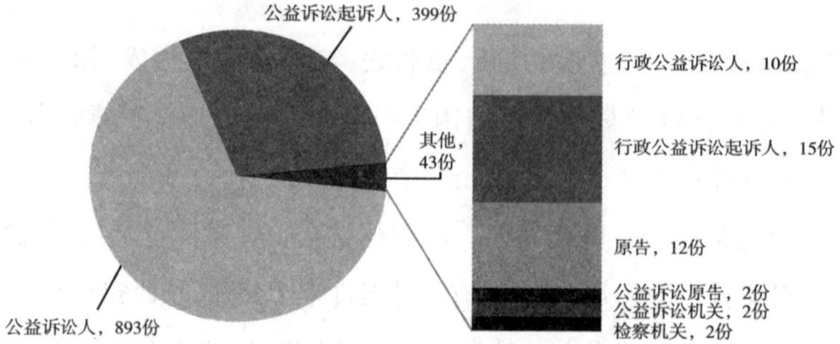

图3-1-1　全国行政公益诉讼裁判文书检察机关称谓

（二）试点地区

北京市

北京市行政公益诉讼案件共4件，以《若干问题的解释》的出台为分界线，裁判文书中对检察机关的称谓为“公益诉讼人”的共2份，“公益诉讼起诉人”的共2份。

内蒙古自治区

内蒙古自治区66件行政公益诉讼案件中，对检察机关的称谓为“公益诉讼人”的共61件，占比92.42%，“公益诉讼起诉人”的称谓共5件。

内蒙古自治区早期行政公益诉讼案件均使用“公益诉讼人”称谓，在《若干问题的解释》出台后，才出现“公益诉讼起诉人”的称谓，在其出台后裁判的11件行政公益诉讼案件中，仍有6件使用“公益诉讼人”的称谓。

吉林省

吉林省行政公益诉讼案件共173件，裁判文书中对检察机关的表述为“公益诉讼人”的共105份，占比60.69%，“公益诉讼起诉人”的表述共60份，占比34.68%，“行政公益诉讼人”的表述共6份，“原告”的表述共2份。

吉林省早期大多使用“公益诉讼人”的称谓，有6份使用了“行政公益诉讼人”的称谓，1份使用了“原告”称谓。《若干问题的解释》出台后裁判的94件行政公益诉讼案件中，“公益诉讼起诉人”的称谓共60件，占比63.83%，“公益诉讼人”的称谓共33件,“原告”的表述有1件。

江苏省

江苏省51件行政公益诉讼案件中,对检察机关的称谓使用最多的是“公益诉讼人”,共25件,占比49.02%,表述为“公益诉讼起诉人”的共16件,占比31.37%,“行政公益诉讼起诉人”称谓的共6件,“原告”称谓的共3件,[1]直接表述为“检察机关”的共1件。

江苏省早期较多使用“公益诉讼人”的表述,3件使用“原告”表述的案件,[2]均由江苏省射阳县人民法院进行审理,且审理人员组成相同。在《若干问题的解释》出台后裁判的28件案件中,“公益诉讼起诉人”的表述有16件,“行政公益诉讼起诉人”的表述有6件,“公益诉讼人”的表述有5件,直接表述为“检察机关”的有1件。

安徽省

安徽省104份行政公益诉讼裁判文书中“公益诉讼人”的表述共60份,占比57.69%,“公益诉讼起诉人”的表述共41份,占比39.42%,“行政公益诉讼起诉人”的表述有1份,“原告”的表述有1份,直接表述为“检察机关”的有1份。

安徽省法院早期均使用“公益诉讼人”的表述。在《若干问题的解释》发布后的60件案件中,有18件仍使用“公益诉讼人”的称谓。“公益诉讼起诉人”的表述均出现于《若干问题的解释》出台后。“原告”表述及直接表述为“检察机关”的2件案件裁判时间均在《若干问题的解释》出台前。

福建省

福建省77件行政公益诉讼案件中,对检察机关的称谓多使用“公益诉讼人”,共69件,占比89.61%,有8件使用“公益诉讼起诉人”的称谓。

福建省早期均使用“公益诉讼人”的称谓。在《若干问题的解释》出台后的17件案件中,“公益诉讼起诉人”的表述共8件,占比47.06%,“公益诉讼人”的表述共9件。

---

〔1〕(2017)苏0924行初21号;(2017)苏0924行初19号;(2017)苏0924行初20号。
〔2〕(2017)苏0924行初21号;(2017)苏0924行初19号;(2017)苏0924行初20号。

山东省

山东省117件行政公益案件中，“公益诉讼起诉人”的表述共67件，占比57.26%，“公益诉讼人”的表述共44件，占比37%，“行政公益诉讼人”的表述共4件，“行政公益诉讼起诉人”的表述有2件。

山东省法院早期均使用“公益诉讼人”的表述。有4件“行政公益诉讼人”的表述案件均由山东省即墨区人民法院受理，审理人员相同，且裁判时间均为2017年6月12日。[1]“公益诉讼起诉人”的表述最早出现在2017年12月29日，仅有1件，早于《若干问题的解释》的出台。[2]《若干问题的解释》颁布后，即2018年3月2日后，共检索到行政公益诉讼案件69件，在这69件中有5份裁判文书仍使用“公益诉讼人”的表述。

湖北省

湖北省行政公益诉讼案件共137件，对检察机关的称谓为“公益诉讼人”的共78件，占比56.93%，“公益诉讼起诉人”的称谓共53件，占比38.69%，“行政公益诉讼起诉人”的称谓共6件。

湖北省早期均使用“公益诉讼人”称谓，在《若干问题的解释》出台后裁判的68件案件中，“公益诉讼起诉人”的称谓共53件，“行政公益诉讼起诉人”的称谓共6件，“公益诉讼人”的称谓共9件。

广东省

广东省76件行政公益诉讼案件中，“公益诉讼人”的表述共65件，占比86%，“公益诉讼起诉人”的表述共11件，占比14%。

广东省早期均使用“公益诉讼人”的表述，直至《若干问题的解释》出台后，开始使用“公益诉讼起诉人”的称谓。在其出台后裁判的14件案件中，仅有1件使用了“公益诉讼人”的表述。[3]

---

〔1〕（2016）鲁0282行初155号；（2016）鲁0282行初157号；（2016）鲁0282行初157号；（2016）鲁0282行初158号。

〔2〕（2017）鲁0702行初14号。

〔3〕（2017）粤0512行初2号。

贵州省

贵州省行政公益诉讼案件共142件，裁判文书中对检察机关的表述为“公益诉讼人”的共126件，占比88.73%，“公益诉讼起诉人”的表述共13件，占比9.15%，“原告”的表述共3件。

贵州省早期大多使用“公益诉讼人”的称谓，其中有3件表述为“原告”，在《若干问题的解释》出台后裁判的31件案件中，“公益诉讼起诉人”的表述共13件，占比41.94%，“公益诉讼人”的表述共18件。

云南省

云南省行政公益诉讼案件共122件，裁判文书中对检察机关的表述为“公益诉讼人”的共113件，占比92.62%，表述为“公益诉讼起诉人”的共9件。

云南省早期均使用“公益诉讼人”的称谓，在《若干问题的解释》出台后裁判的15件案件中，“公益诉讼起诉人”表述的共9件，占比60%，其余均为“公益诉讼人”。

陕西省

陕西省88件行政公益诉讼案件中，“公益诉讼人”的称谓共62件，占比70.45%，“公益诉讼起诉人”的称谓共25件，占比28.41%，有1件为“原告”的表述。

陕西省行政公益诉讼案件早期均使用“公益诉讼人”的称谓。在《若干问题的解释》出台后，才出现“公益诉讼起诉人”的称谓，在其出台后裁判的35件行政公益诉讼案件中，仍有10件案件对检察机关的表述为“公益诉讼人”。表述为“原告”的案件裁判时间在《若干问题的解释》出台前。

甘肃省

甘肃省105件行政公益诉讼案件中，“公益诉讼人”的表述共80件，占比76%，“公益诉讼起诉人”的表述共22件，占比21%，“公益诉讼原告”的表述共2件，“公益诉讼机关”的表述共1件。

甘肃省早期一直使用“公益诉讼人”的称谓，仅有1件表述为“公益诉讼机关”。[1]在《若干问题的解释》出台后，才出现“公益诉讼起诉人”的称谓。在其出台后所裁判的42件案件中，仍有18件使用“公益诉讼人”的称谓，2件使用“公益诉讼原告”的称谓。[2]

（三）非试点地区

河北省

河北省行政公益诉讼案件共6件，裁判文书中对检察机关表述为“公益诉讼起诉人”的共5份，“公益诉讼机关”的表述共1份，裁判时间均在《若干问题的解释》出台后。

山西省

山西省行政公益诉讼案件共17件，裁判文书中对检察机关表述为“公益诉讼起诉人”的共15份，“公益诉讼人”的表述共2份，裁判时间均在《若干问题的解释》出台后。

辽宁省

辽宁省行政公益诉讼案件共3件，裁判文书中对检察机关的表述均为“公益诉讼起诉人”，裁判时间均在《若干问题的解释》出台后。

黑龙江省

黑龙江省行政公益诉讼案件仅有1件，裁判文书中对检察机关的表述为“公益诉讼起诉人”，裁判时间在《若干问题的解释》出台后。

浙江省

浙江省行政公益诉讼案件共1件，裁判文书中对检察机关的表述为“公益诉讼起诉人”，裁判时间在《若干问题的解释》出台后。

江西省

江西省行政公益诉讼案件共9件，裁判文书中对检察机关的表述均为“公益诉讼起诉人”，裁判时间均在《若干问题的解释》出台后。

---

〔1〕（2017）甘0621行初17号。
〔2〕（2019）甘2901行初6号；（2019）甘3001行初4号。

河南省

河南省行政公益诉讼案件共 6 件，且均为一审，裁判文书中有关检察机关的称谓为“公益诉讼起诉人”的共 5 份，称谓为“原告”的有 1 份，裁判时间均在《若干问题的解释》出台后。

湖南省

湖南省行政公益诉讼案件共 7 件。裁判文书中有关检察机关的称谓为“公益诉讼起诉人”的共 6 份，“原告”的为 1 份，裁判时间均在《若干问题的解释》出台后。

海南省

海南省仅 1 件行政公益诉讼案件，为一审，且裁判文书中有关检察机关的称谓为“公益诉讼起诉人”，裁判时间在《若干问题的解释》出台后。

四川省

四川省行政公益诉讼案件有 10 件，裁判文书中有关检察机关的称谓均为“公益诉讼起诉人”，裁判时间均在《若干问题的解释》出台后。

青海省

青海省行政公益诉讼案件共 5 件，裁判文书中对检察机关的表述，4 份为“公益诉讼起诉人”，1 份为“公益诉讼人”，裁判时间均在《若干问题的解释》颁布之后。

重庆市

重庆市行政公益诉讼案件共 7 件，裁判文书中有关检察机关的称谓均为“公益诉讼起诉人”，裁判时间均在《若干问题的解释》颁布之后。

二、被告之类型

（一）全国

全国行政公益诉讼案件中，作为被告，案件数量前十的行政机关类型：以国土资源局为被告的案件共 342 件，占比 25.62%，以林业局为被告的案件共 228 件，占比 17.08%，以水利局（水务局）为被告的案件共 124 件，占比 9.29%，以环保局为被告的共 107 件，占比 8.01%，以人民政府为被告的共 100 件，占比 7.5%，以人民防空办公室为被告的共 67 件，以住房和城乡建设局为被告的共 62 件，以农业局为被告的共 48 件，以农林局为被告的 43 件，以城市管理行政执法局为被告的共 37 件。具体见图 3-1-2。

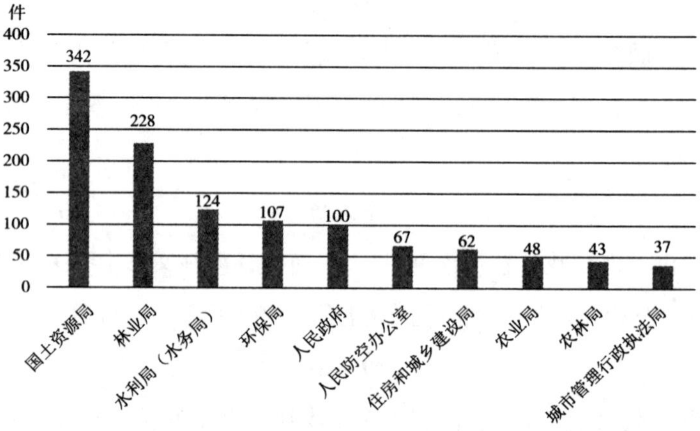

图 3-1-2　全国行政公益诉讼案件数量前十的被告类型

全国行政公益诉讼案件中存在共同被告的案件有 39 件，其中以财政局和畜牧兽医水产局为被告的案件数量最多，共 22 件。具体见图 3-1-3。

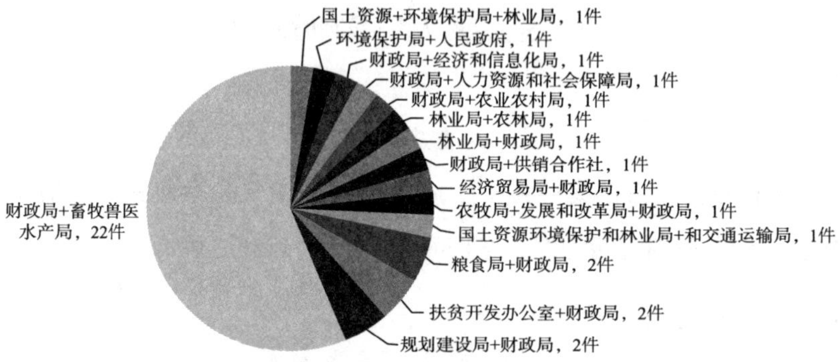

图 3-1-3　全国行政公益诉讼案件中存在共同被告的案件

（二）试点地区

北京市

北京市 4 件行政公益诉讼案件中，被告类型分别为工商行政管理局、规划和国土资源管理委员会、城市管理综合行政执法监察局、园林绿化局。

内蒙古自治区

内蒙古自治区行政公益诉讼案件中，以林业局为被告的案件数量最多，共 24 件，占比 36.36%，以国土资源局为被告的案件共 17 件，占比 25.76%，以生态环境保护局为被告的案件共 10 件，占比 15.15%，分别以住房和城乡建设局、水利局（水务局）为被告的案件各有 3 件，分别以城市管理综合执法局、草原监督管理局、农牧业局为被告的案件各有 2 件，分别以人民防空办公室、自然保护区管理局为被告的案件各有 1 件，以国土资源局、环境保护局及林业局为共同被告的案件有 1 件。

吉林省

吉林省行政公益诉讼案件中，以林业局为被告的案件数量最多，共 72 件，占比 41.62%，以国土资源局为被告的案件共 29 件，占比 16.76%，以人民政府为被告的共 17 件，占比 9.83%，以住房和城乡建设局为被告的共 11 件，以环境保护局（自然保护区管理局）为被告的共 8 件，以畜牧局为被告的共 7 件，以水利局为被告的共 6 件，以卫生和计划生育局为被告的共 5 件，分别以人民防空办公室、农业局为被告的案件各有 4 件，以税务局为被告的共 2 件，分别以财政局、公安局、建设发展局、街道办事处、民政局、住房保障和房地产管理局为被告的各有 1 件，以规划建设局和财政局为共同被告的案件有 2 件。

江苏省

江苏省行政公益诉讼案件中，以水利局（水务局）为被告的案件数量最多，共 14 件，占比 27.45%，以农林局为被告的共 8 件，占比 15.69%，以林业局（林业渔业局）为被告的案件共 6 件，占比 11.76%，以国土资源局（自然资源和规划局）为被告的案件共 6 件，以环保局为被告的共 5 件，以民防局（人民防空办公室）为被告的共 4 件，以文化和旅游局为被告的共 2 件，分别以财政局、城市管理行政执法局、供销合作社、国税局、海事局为被告的案件各有 1 件，以环境保护局和人民政府为共同被告的有 1 件。

安徽省

安徽省行政公益诉讼案件中，以国土资源局为被告的案件数量最多，共 35

件，占比 33.65%，其次是以环境保护局为被告的案件共 14 件，占比 13.46%，以林业局为被告的案件数量为 12 件，占比 11.54%，以人民政府为被告的案件数量为 11 件，其中 1 件案件以财政局及经济和信息化局为共同被告。

福建省

福建省行政公益诉讼案件中，以农业局为被告的案件数量最多，共 24 件，占比 31.17%，以国土资源局为被告的案件共 15 件，占比 19.48%，以农林局（农林水局）为被告的案件共 9 件，占比 11.69%，以林业局为被告的案件共 7 件，以水利局为被告的案件共 4 件，分别以环境保护局、规划建设和旅游局、人民防空办公室、住房和城乡建设局为被告的案件各有 3 件，分别以公安局、城市管理局、海洋与渔业局、工商行政管理局为被告的案件各有 1 件，以粮食局和财政局为共同被告的共 2 件。

山东省

山东省 117 件行政公益诉讼案件中，以环境保护局为被告的案件数量最多，共 22 件，占比 18.80%，以国土资源局为被告的案件共 18 件，占比 15.38%，以林业局为被告的案件共 13 件，占比 11.11%，以住房和城乡建设局为被告的案件共 11 件，以水利局（水务局）为被告的共 8 件，以财政局、人力资源和社会保障局为共同被告的案件有 1 件，以财政局、农业农村局为共同被告的案件有 1 件。

湖北省

湖北省行政公益诉讼案件中，以国土资源局为被告的案件数量最多，共 43 件，占比 31.39%，以水利局（水利和湖泊局）为被告的案件共 18 件，占比 13.14%，分别以林业局、人民防空办公室为被告的案件各有 16 件，占比 11.68%，分别以城市管理局、人民政府为被告的案件各有 8 件，以环境保护局为被告的案件共 7 件，以住房和城乡建设局为被告的案件共 5 件，分别以城乡规划局（城乡统筹发展局）、财政局为被告的案件各有 3 件，以农林水局为被告的案件有 2 件，分别以综合执法局、农业农村局、市场监督管理局、退役军人事务局、科学技术和科技信息化局、民政局、税务局为被告的案件各有 1 件，以林业局和农林局为共同被告的案件有 1 件。

广东省

广东省 76 件行政公益诉讼案件中，以财政局和畜牧兽医水产局为共同被告的案件共 22 件，占比 28.95%，以国土资源和环境保护局为被告的案件共 18 件，占比 23.68%，以农林局（农林水务局）为被告的案件共 11 件，以财政局为被告的案件共 7 件，以城市管理局为被告的共 5 件。

贵州省

贵州省行政公益诉讼案件中，以国土资源局、人民政府为被告的案件数量最多，均为 33 件，各占比 23.24%，以林业局、人民防空办公室为被告的案件数量均为 16 件，占比均为 11.27%，以环境保护局、水务局为被告的案件数量各有 14 件，各占比 9.86%，以城乡规划局、街道办事处为被告的案件数量各有 3 件，以农业农村局、市场监督管理局、住房和城乡建设局、城市管理局为被告的案件数量各有 2 件，以市政管理局、卫生和计划生育局为被告的案件数量各有 1 件。

云南省

云南省行政公益诉讼案件中，以国土资源局为被告的案件数量最多，共 41 件，占比 33.61%，以林业局为被告的共 29 件，占比 23.77%，以水务局为被告的共 15 件，占比 12.3%，以森林公安局为被告的共 10 件，以住房和城乡建设局为被告的有 7 件，分别以环境保护局、民政局为被告的各有 5 件，以农业局为被告的共 3 件，以财政局为被告的共 2 件，分别以经济贸易和信息化局、人力资源和社会保障局、综合行政执法局、农林局为被告的各有 1 件，以林业局和财政局为共同被告为 1 件。

陕西省

陕西省行政公益诉讼案件中，以国土资源局为被告的案件数量最多，共 31 件，占比 35.23%，以林业局为被告的案件共 16 件，占比 18.18%，以水利局（水务局）为被告的案件共 11 件，占比 12.5%，以人民政府为被告的案件共 8 件，以环境保护局为被告的案件共 5 件，以住房和城乡建设局的案件共 3 件，分别以街道办事处、城市管理局为被告的案件各有 2 件，分别以盐务管理局、农林科技局、财政局为被告的案件各有 1 件，以财政局和供销合作社为共同被告的案件有 1 件，以经济贸易局和财政局为共同被告的案件有 1 件，以农牧局、发展和改革局及财政局为共同被告的案件有 1 件。

甘肃省

甘肃省 105 件行政公益诉讼案件中，以国土资源局为被告的案件数量最多，共 23 件，占比 21.9%，以水务局为被告的案件共 18 件，占比 17.14%，以人民政府为被告的共 14 件，占比 13.33%，以农林局为被告的共 11 件，占比 10.48%，分别以环保局、住房和城乡建设局为被告的案件各有 10 件，各占 9.52%。以人民防空办公室为被告的案件有 7 件，以财政局为被告的案件有 4 件，以畜牧兽医局为被告的案件有 2 件，分别以交通运输局、农牧局、税务局、综合执法局为被告的案件各有 1 件，以扶贫开发办公室和财政局为共同被告的案件有 2 件。

（三）非试点地区

河北省

河北省 6 件行政公益诉讼案件中，分别以国土资源局、退役军人事务局为被告的各有 2 件，分别以环境保护局、水务局、退役军人事务局、自然资源和规划局为被告的各有 1 件。

山西省

山西省行政公益诉讼案件中，以国土资源局为被告的案件数量最多，共 11 件，占比 64.71%，分别以财政局、林业局、审计局、生态环境局、盐务管理局、人民政府为被告的案件数量各有 1 件。

辽宁省

辽宁省行政公益诉讼案件中，分别以国土资源局、卫生和计划生育局、水利局为被告的案件各有 1 件。

黑龙江省

黑龙江省 1 件行政公益诉讼案件中，被告类型为林业局。

浙江省

浙江省 1 件行政公益诉讼案件中，被告类型为国土资源局。

江西省

江西省行政公益诉讼案件中，以国土资源局（自然资源局）为被告的案件共

3 件，占比 33.33%，以环境保护局为被告的案件共 2 件，分别以财政局、林业局、人民防空办公室、水务局为被告的案件各有 1 件。

河南省

河南省行政公益诉讼案件中，以人民防空办公室为被告的案件共 2 件，以人民政府为被告的案件共 2 件，以林业局为被告的案件有 1 件，以卫生和计划生育委员会为被告的案件有 1 件。

湖南省

湖南省行政公益诉讼案件中，以国土资源局为被告的案件共 3 件，占比 42.86%，以卫生健康局为被告的共 2 件，分别以水利局、税务局为被告的案件各有 1 件。

海南省

海南省 1 件行政公益诉讼案件中，被告类型为农业农村局。

四川省

四川省行政公益诉讼案件中，以自然资源和规划局为被告的案件数量最多，共 4 件，占比 40%，以人民防空办公室为被告的共 3 件，以人民政府、林业局、水务局为被告的案件数量分别为 1 件。

青海省

青海省行政公益诉讼案件中，以国土资源局为被告的案件共 4 件，以国土资源环境保护和林业局、建设和交通运输局为共同被告的共 1 件。

重庆市

重庆市行政公益诉讼案件中，分别以林业局和人民政府为被告的案件数量各有 2 件，以农业农村委员会、规划和自然资源局、城市管理局为被告的各有 1 件。

三、审判人员之构成

（一）全国

1. 管辖

全国指定管辖的行政公益诉讼案件数量共 110 件，占比 8.24%。

2. 法官人数、陪审员人数

2015 年 4 月 1 日，中央全面深化改革领导小组第十一次会议审议通过《人民陪审员制度改革试点方案》。

2015 年 4 月 24 日，第十二届全国人大常委会第十四次会议通过《关于授权在部分地区开展人民陪审员制度改革试点工作的决定》，授权在 10 个省（区、市）——北京市、河北省、黑龙江省、江苏省、福建省、山东省、河南省、广西壮族自治区、重庆市、陕西省——选择 50 个法院开展为期两年的试点。2017 年 4 月，全国人大常委会决定将试点期限延长一年。

《人民陪审员制度改革试点方案》明确提出要探索重大案件由 3 名以上人民陪审员参加合议庭机制。2018 年 4 月 27 日通过并实施的《人民陪审员法》第 16 条明确规定，根据民事诉讼法、行政诉讼法提起的公益诉讼案件，由人民陪审员和法官组成 7 人合议庭进行。

为更好地表达法官与陪审员人数的组成，该模块采用“法官人数 + 陪审员人数”的形式，如“3+4”即为该案件合议庭由 3 名法官与 4 名陪审员组成。

在全国 1269 件一审行政公益诉讼案件中，法官与陪审员组成中“2+1”组合最多，共 534 件，“3+0”组合共 283 件，“3+4”组合共 251 件，“1+2”组合共 181 件，其他组合共 20 件，其中“1+0”组合共 10 件，“4+3”组合共 3 件，“2+5”组合与“3+1”组合各有 2 件，“5+0”组合、“1+6”组合、“3+2”组合各有 1 件。具体见图 3-1-4。

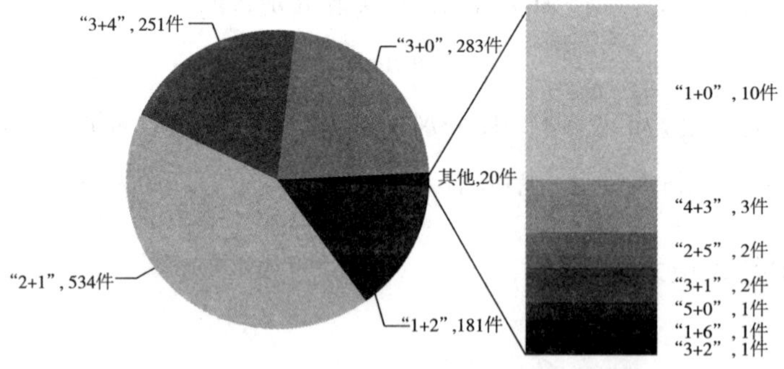

图 3-1-4　全国行政公益诉讼案件法官与陪审员组成

在《人民陪审员法》实施后裁判的 503 件一审行政公益诉讼案件中，仅 51.29% 的案件达到《人民陪审员法》所规定的 7 人合议庭的审理模式，其中

“3+4”组合有252件，“4+3”组合有3件，“2+5”组合有2件，“1+6”组合有1件。

从总体上看，我国行政公益诉讼案件人民陪审员参与度一般，仅975件案件中有陪审员的参与，占比76.83%。

（二）试点地区

1. 管辖

北京市、内蒙古自治区行政公益诉讼案件无指定管辖。其余省份指定管辖案件数量见表3-1-1。

表3-1-1　试点地区行政公益诉讼指定管辖案件数量及占比

省份	指定管辖案件数量 / 件	占比 /%
吉林省	12	6.94
江苏省	3	5.88
安徽省	4	3.80
福建省	2	2.60
山东省	11	9.32
湖北省	21	15.33
广东省	7	9.21
贵州省	17	11.97
云南省	1	0.82
陕西省	30	32.26
甘肃省	2	1.90

2. 法官人数、陪审员人数

北京市

北京市4件行政公益诉讼案件均为一审，法官与陪审员组成中，“1+2”组合的共2件，“2+1”组合的共1件，“3+4”组合的共1件。

在《人民陪审员法》实施后裁判的2件案件中，符合法律规定组成7人合议庭进行审理的仅1件，为“3+4”组合，另1件为“1+2”组合。

从总体上看，北京市4件行政公益诉讼案件中均有陪审员的参与。

内蒙古自治区

内蒙古自治区 66 件行政公益诉讼案件均为一审，法官与陪审员组成中“2+1”组合最多，共 43 件，占比 65.15%，“3+0”组合共 14 件，占比 21.21%，“1+2”组合有 7 件，“3+4”组合仅 2 件。

在《人民陪审员法》实施后裁判的 11 件行政公益诉讼案件中，仅 2 件案件在审判过程中由 7 人合议庭进行审理，均为“3+4”组合，占比 18.18%，“1+2”组合有 4 件，“2+1”组合有 3 件，“3+0”组合有 2 件。

从总体上看，内蒙古自治区行政公益诉讼案件中陪审员参与度一般，占比 78.79%。

吉林省

吉林省 6 件行政管辖裁定书尾部均无相关审判人员，[1]故将其剔除，至此吉林省一审行政公益诉讼案件共 161 件。吉林省行政公益诉讼案件法官与陪审员组成中，“3+0”组合最多共 63 件，占比 39.13%，“2+1”组合有 56 件，“1+2”组合共 18 件，“3+4”组合共 15 件，“1+0”组合共 8 件，“2+5”组合共 1 件。

在《人民陪审员法》实施后裁判的 77 件案件中，依据法律规定组成 7 人合议庭进行审理的仅 16 件，其中“3+4”组合有 15 件，“2+5”组合有 1 件，占比 20.78%。“1+2”组合有 11 件，“2+1”组合有 19 件，“3+0”组合有 23 件，“1+0”组合共 8 件。

值得注意的是，吉林省法院依据《行政诉讼法》适用简易程序集中审理行政公益诉讼案件是吉林省高级人民法院推进行政审判繁简分流的结果，并被作为范例加以宣传，但是否与《人民陪审员法》相抵触，值得深思。

江苏省

江苏省 45 件一审行政公益诉讼法官与陪审员组成中，“2+1”组合共 22 件，占比 48.89%，“3+4”组合共 11 件，占比 24.44%，“3+0”组合共 6 件，“1+2”组合共 5 件，“5+0”组合有 1 件。

---

〔1〕（2017）吉 24 行辖 1 号；（2017）吉 24 行辖 2 号；（2017）吉 24 行辖 3 号；（2017）吉 24 行辖 4 号；（2017）吉 24 行辖 5 号；（2017）吉 24 行辖 6 号。

在《人民陪审员法》实施后裁判的20件行政公益诉讼案件中，共11件案件组成了7人合议庭进行审理，均为“3+4”组合，占比55%，5件“2+1”组合，3件“3+0”组合，1件“5+0”组合。

从总体上看，江苏省行政公益诉讼案件陪审员参与度较高，达84.44%。

安徽省

安徽省99件一审行政公益诉讼案件法官与陪审员人数组成中，“2+1”组合有51件，占比51.52%，“3+4”组合有18件，占比18.18%，“1+2”组合有16件，占比16.16%，“3+0”组合有13件，占比13.13%，“4+3”组合有1件。

在《人民陪审员法》实施后裁判的57件一审行政公益诉讼案件中，只有19件案件组成了7人合议庭进行审理，其中“3+4”组合有18件，“4+3”组合有1件。

从总体上看，安徽省行政公益诉讼案件陪审员的参与度较高，达86.87%，共86件。

福建省

福建省75件一审行政公益诉讼案件中，法官与陪审员组成最多的是“2+1”组合，共30件，占比40%，“1+2”组合的共19件，“3+0”组合和“3+4”组合各有13件。

在《人民陪审员法》实施后裁判的16件案件中，达到法律规定组成7人合议庭的案件共13件，均为“3+4”组合，占比81.25%，另外3件为“1+2”组合。

从总体上看，福建省行政公益诉讼案件陪审员参与度较高，82.67%的案件有陪审员的参与。

山东省

山东省一审行政公益诉讼案件共116件，法官与陪审员组成中占比最大的是“3+4”组合和“2+1”组合，分别有35件，各占比30.17%，“1+2”组合共28件，占比24.14%，“3+0”组合共12件，“1+0”组合[1]与“4+3”组合各有2件，“1+6”组合和“2+5”组合各有1件。

在《人民陪审员法》实施后裁判的71件行政公益诉讼案件中，只有39件案

---

〔1〕(2017)鲁1328行初7号;(2019)鲁0983行初87号。

件组成了 7 人合议庭进行审理，占比 54.93%，其中 35 件为“3+4”组合，“4+3”组合的有 2 件，“2+5”组合有 1 件，“1+6”组合为 1 件。

从总体上看，山东省行政公益诉讼案件陪审员参与度较高，高达 87.93%，共 102 件。

湖北省

湖北省 135 件一审行政公益诉讼案件中，法官与陪审员最多的组合是“3+4”组合，共 55 件，占比 40.74%，“2+1”组合共 38 件，“3+0”组合共 25 件，“1+2”组合共 17 件。

在《人民陪审员法》实施后裁判的 67 件案件中，达到法律规定组成 7 人合议庭的共 56 件，占比 83.58%，“1+2”组合和“3+0”组合各有 5 件，“2+1”组合有 2 件。

从总体上看，湖北省行政公益诉讼案件陪审员参与度较高，达 82.22%。

广东省

广东省 58 件一审行政公益诉讼案件中，法官与人民陪审员组成最多的是“2+1”组合，共 26 件，占比 44.83%，“1+2”组合和“3+0”组合各有 13 件，“3+4”组合有 4 件，“3+1”组合有 2 件。

在《人民陪审员法》实施后裁判的 10 件行政公益诉讼中，4 件案件组成了 7 人合议庭进行审理，均为“3+4”组合，占比 40%，仍有 2 件为“3+0”组合，“1+2”组合有 1 件，“2+1”组合有 3 件。

从总体上看，广东省行政公益诉讼案件陪审员参与度一般，77.59% 的案件有陪审员参与。

贵州省

贵州省 135 件一审行政公益诉讼案件中，法官与陪审员组成最多的是“2+1”组合，共 86 件，占比 63.70%，“1+2”组合有 21 件，“3+0”组合有 15 件，“3+4”组合有 13 件。

在《人民陪审员法》实施裁判后的 26 件行政公益诉讼案件中，达到法律规定组成 7 人合议庭的仅 13 件，占比 50%，“1+2”组合共 8 件，“2+1”组合共 5 件。

从总体上看，贵州省行政公益诉讼案件陪审员参与度较高，88.89% 的案件有陪审员的参与。

云南省

云南省 117 件一审行政公益诉讼案件中，法官与陪审员组成最多的是“2+1”组合，共 62 件，占比 52.99%，“3+0”组合共 43 件，“1+2”组合共 11 件，“3+4”组合仅 1 件。

在《人民陪审员法》实施后裁判的 10 件行政公益诉讼案件中，达到法律规定组成 7 人合议庭的仅 1 件，占比 10%，“3+0”组合有 5 件，“1+2”组合有 3 件，“2+1”组合有 1 件。

从总体上看，云南省行政公益诉讼案件陪审员参与度一般，仅 63.25% 的案件有陪审员的参与。

陕西省

陕西省 85 件一审行政公益诉讼案件中，法官与陪审员组成最多的是“2+1”组合，共 37 件，占比 43.53%，其次是“3+4”组合，共 28 件，占比 32.94%，“3+0”组合共 14 件，“1+2”组合的共 6 件。

在《人民陪审员法》实施后裁判的 33 件行政公益诉讼案件中，达到法律规定组成 7 人合议庭的共 28 件，均为“3+4”组合，占比 84.85%，“1+2”组合的有 2 件，“2+1”组合的有 1 件，“3+0”组合的有 2 件。

从总体上看，陕西省行政公益诉讼案件陪审员参与度较高，高达 83.53% 的案件有陪审员的参与。

甘肃省

甘肃省 102 件一审行政公益诉讼案件中，法官与陪审员组成最多的是“3+0”组合，共 40 件，占比 39.22%，“2+1”组合共 38 件，占比 37.25%，“3+4”组合共 16 件，占比 15.69%，“1+2”组合共 8 件。

在《人民陪审员法》实施后裁判的 33 件行政公益诉讼案件中，达到法律规定组成 7 人合议庭的共 16 件，均为“3+4”组合，占比 48.48%，“3+0”组合为 6 件，“2+1”组合为 7 件，“1+2”组合为 4 件。

从总体上看，甘肃省行政公益诉讼案件陪审员的参与度一般，39.22% 的案件没有陪审员的参与。

(三)非试点地区

1. 管辖

辽宁省、黑龙江省、浙江省、江西省、河南省、湖南省、海南省、四川省、青海省、重庆市行政公益诉讼无指定管辖案件。其余省份中，河北省 6 件行政公益诉讼案件中仅 1 件指定管辖，占比 16.67%，山西省 17 件行政公益诉讼案件中有 3 件指定管辖，占比 17.65%。

2. 法官人数、陪审员人数

河北省

河北省 6 件行政公益诉讼案件均为一审，法官与陪审员的组成为“2+1” 组合的共 4 件，“3+0” 组合、“3+4” 组合各有 1 件。

裁判时间均在《人民陪审员法》实施后，也即达到法律规定组成 7 人合议庭的仅 1 件，占比 16.67%。

从总体上看，河北省行政公益诉讼案件中陪审员参与度较高，达 83.33%。

山西省

山西省 16 件一审行政公益诉讼案件中，法官与人民陪审员的组成最多的是“1+2” 组合，共 8 件，占比 50%，“3+4” 组合共 5 件，“3+0” 组合有 2 件，“2+1” 组合有 1 件。

裁判时间均在《人民陪审员法》实施后，也即达到法律规定组成 7 人合议庭的共 5 件，占比 31.25%。

从总体上看，山西省行政公益诉讼案件中陪审员参与度较高，高达 87.5% 的案件均有陪审员的参与。

辽宁省

辽宁省 3 件行政公益诉讼案件均为一审，其法官与陪审员组成中，“3+0” 组合的共 2 件，“3+4” 组合的有 1 件，占比 33.33%，裁判时间均在《人民陪审员法》实施后。

黑龙江省

黑龙江省 1 件行政公益诉讼案件为一审。法官与陪审员的组成为“1+2”组合，裁判时间在《人民陪审员法》实施后。

浙江省

浙江省 1 件行政公益诉讼案件为一审，其法官与陪审员组成为“3+4”组合，裁判时间为《人民陪审员法》实施后。

江西省

江西省 9 件行政公益诉讼案件均为一审，且裁判时间均在《人民陪审员法》实施后，其法官与陪审员组成均为“3+4”组合。

从总体上看，江西省行政公益诉讼案件陪审员参与度达到 100%。

河南省

河南省 6 件一审行政公益诉讼案件法官与陪审员组成中，“3+4”组合的共 3 件，“2+1”组合共 2 件，“3+0”组合的共 1 件。

河南省行政公益诉讼案件裁判时间均于《人民陪审员法》颁布之后，而符合法律规定组成 7 人合议庭的仅 3 件，占比 50%。

从总体上看，河南省行政公益诉讼案件陪审员参与度一般，仅 66.67% 的案件有陪审员参与。

湖南省

湖南省行政公益诉讼案件共 7 件，在法官与陪审员组成中，“3+4”组合最多，共 5 件，“1+2”组合与“3+0”组合各 1 件，裁判时间均于《人民陪审员法》颁布之后。

海南省

海南省 1 件行政公益诉讼案件中，法官与陪审员组成为“3+4”组合，裁判时间为《人民陪审员法》实施后。

四川省

四川省 9 件一审行政公益诉讼案件法官与陪审员组成中，“2+1”组合的共 2 件，“3+4”组合的共 7 件。《人民陪审员法》实施后裁判的 8 件一审行政公益诉讼案件中，只有 1 件为“2+1”组合，其余 7 件均为“3+4”组合。

从总体上看，四川省行政公益诉讼案件陪审员参与度达 100%。

青海省

青海省 5 件行政公益诉讼案件均为一审，其法官与陪审员组成均为"3+0"组合，裁判时间均在《人民陪审员法》实施后。

重庆市

重庆市 7 件一审行政公益诉讼案件法官与陪审员组成中，"3+4"组合的共 6 件，"3+2"组合的为 1 件，裁判时间均为《人民陪审员法》出台后。

从总体上看，重庆市行政公益诉讼案件陪审员参与度达 100%。

四、第三人

（一）全国

全国一审行政公益诉讼案件中涉及第三人的共 197 件，其参加方式中，法院依职权追加的最多，共 123 件，占比 62.24%，人民检察院在起诉书中直接列明的共 34 件，31 件裁判文书中未表述，参与方式属形式不明。其他参加方式中，公益诉讼人申请的共 5 件，被告申请追加的共 2 件，第三人主动申请参加的共 2 件。具体见图 3-1-5。

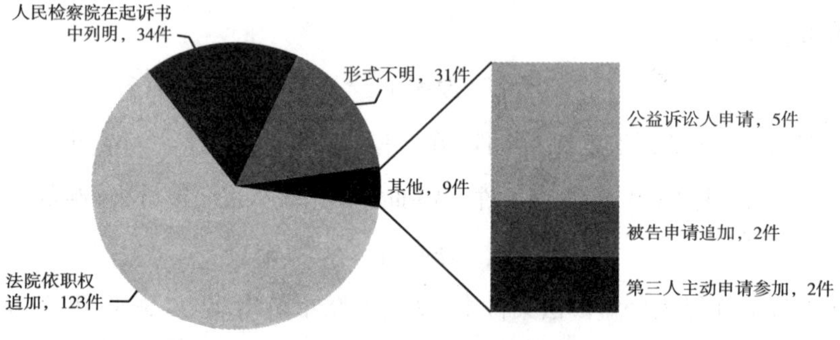

图 3-1-5　全国行政公益诉讼第三人参加方式

全国二审行政公益诉讼案件中涉及第三人的共 30 件，其中由第三人提起上诉的共 14 件。

全国 227 件涉及第三人的行政公益诉讼案件中，第三人类型为行政行为相对人的共 187 件，占比 82.4%，第三人类型为行政权行使主体的共 35 件，第三人类型为复合类型，即行政权行使主体和行政行为相对人的共 5 件。具体见图 3-1-6。

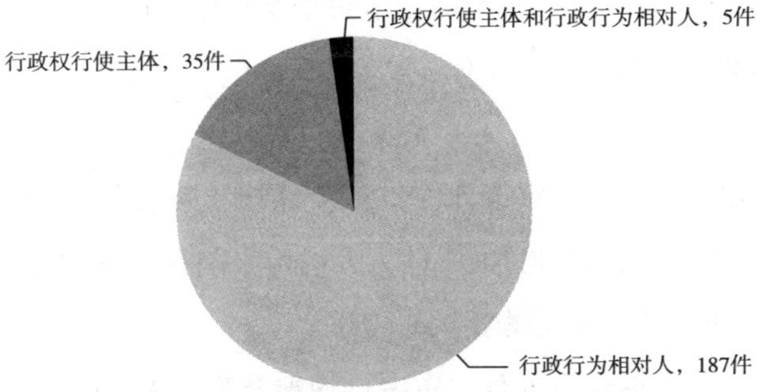

图 3-1-6　全国行政公益诉讼第三人类型

（二）试点地区

北京市

北京市未检索到涉及第三人的行政公益诉讼案件。

内蒙古自治区

内蒙古自治区共 4 件行政公益诉讼案件涉及第三人，均为一审，第三人类型均为行政行为相对人，参加方式均为法院依职权追加。

吉林省

吉林省 167 件一审行政公益诉讼案件中，涉及第三人的共 14 件，占比 8.38%，其参加方式：人民检察院在起诉中直接列明的共 6 件，有 8 件裁判文书中未表述，参与方式属形式不明。

吉林省 5 件二审行政公益诉讼案件中，涉及第三人的共 1 件，占比 20%。

吉林省 1 件再审行政公益诉讼案件中未涉及第三人。

吉林省 15 件涉及第三人的行政公益诉讼案件中，第三人类型为行政行为相对人的共 11 件，4 件为行政权行使主体。

江苏省

江苏省 45 件一审行政公益诉讼案件中，共 20 件涉及第三人，占比 44.44%，其参加方式：7 件为法院依职权追加，4 件为人民检察院在起诉中直接列明，9 件为裁判文书中未表述，参与方式属形式不明。

江苏省6件二审行政公益诉讼案件中，共4件涉及第三人，占比66.67%，由第三人提起上诉的案件共1件。

江苏省24件涉及第三人的行政公益诉讼案件中，第三人类型19件为行政行为相对人，5件为行政权行使主体。

安徽省

安徽省行政公益诉讼一审案件中，有24件涉及第三人，占比24.24%，其参加方式：17件为法院依职权追加，2件为人民检察院在起诉中直接列明，5件为裁判文书中未表述，参与方式属于形式不明。

安徽省行政公益诉讼有5件二审案件均涉及第三人，由第三人提起上诉的案件有3件。

安徽省29件涉及第三人的行政公益诉讼案件的第三人类型，有25件为行政行为相对人，有3件为行政权行使主体，有1件为复合类型第三人，即行政权行使主体和行政行为相对人。[1]

福建省

福建省75件一审行政公益诉讼案件中涉及第三人的案件共25件，占比33.33%，其参加方式：人民检察院在起诉中直接列明的共13件，法院依职权追加的共5件，公益诉讼人申请的共5件，有2件裁判文书中未表述，参与方式属形式不明。

福建省二审行政公益诉讼未检索到涉及第三人案件。

福建省行政公益诉讼第三人类型中，第三人为行政权行使主体的共19件，为行政行为相对人的共4件，有2件为复合类型第三人，即行政权行使主体和行政行为相对人。福建省行政公益诉讼案件中涉及第三人类型为行政权行使主体的均为财政局。

山东省

山东省行政公益诉讼案件中，仅3件涉及第三人，且均为一审，其第三人类型均为行政行为相对人，参加方式中有2件为法院依职权追加，另有1件则为人

---

〔1〕（2018）皖1881行初10号。

民检察院在起诉中直接列明。

湖北省

湖北省 135 件一审行政公益诉讼案件中，涉及第三人的共 23 件，占比 17.04%，其参加方式：法院依职权追加的共 20 件，被告申请追加的为 2 件，人民检察院在起诉中直接的列明有 1 件。

湖北省二审行政公益诉讼未检索到涉及第三人的案件。

湖北省 23 件涉及第三人类型的行政公益诉讼案件中，第三人类型为行政行为相对人的共 20 件，为行政权行使主体的共 3 件。

广东省

广东省 58 件一审行政公益诉讼案件中，有 18 件涉及第三人，占比 31.03%，其参加方式：法院依职权追加的共 17 件，人民检察院在起诉中直接列明的有 1 件。

广东省 18 件二审行政公益诉讼案件中，有 13 件涉及第三人，占比 72.22%，其中由第三人提起上诉的案件有 5 件。

广东省 31 件涉及第三人的行政公益诉讼案件中，第三人类型均为行政行为相对人。

贵州省

贵州省 135 件一审行政公益诉讼案件中，涉及第三人的共 19 件，占比 14.07%，其参加方式：法院依职权追加的共 10 件，人民检察院在起诉中直接列明的共 4 件，第三人申请的有 1 件，有 4 件裁判文书中未表述，参与方式属形式不明。

贵州省 7 件二审行政公益诉讼案件中，涉及第三人的案件共 5 件，占比 71.43%，由第三人提起上诉的案件有 4 件。

贵州省 24 件涉及第三人的行政公益诉讼案件中，第三人类型中，有 22 件为行政行为相对人，有 2 件为行政权行使主体和行政行为相对人。

云南省

云南省 117 件一审行政公益诉讼案件中，涉及第三人的仅 1 件，第三人类型为行政行为相对人，参加方式在裁判文书中未表述，属形式不明。

云南省二审行政公益诉讼案件中，未检索到涉及第三人的案件。

陕西省

陕西省共 2 件行政公益诉讼案件涉及第三人，均为一审，第三人类型均为行政行为相对人，参加方式均为法院依职权追加。

甘肃省

甘肃省 102 件行政公益诉讼一审案件中，有 32 件涉及第三人，占比 31.37%，其参加方式：法院依职权追加的共 24 件，人民检察院在起诉中直接列明的共 6 件，有 2 件裁判文书中未表述，参与方式属形式不明。

甘肃省 3 件二审案件中，有 2 件涉及第三人，其中由第三人提起上诉的案件有 1 件。

甘肃省 34 件涉及第三人的行政公益诉讼案件中，有 33 件为行政行为相对人，有 1 件为行政权行使主体。

（三）非试点地区

黑龙江省、浙江省、湖南省、海南省、四川省、青海省未检索到涉及第三人的行政公益诉讼案件。其余省份涉及第三人的案件数量及第三人参加方式及类型见表 3-1-2。

表 3-1-2　非试点地区行政公益诉讼涉及第三人的案件统计

地区	涉及第三人案件数量 / 件	占比 /%	第三人类型	参加方式（案件数量）
河北省	1	16.67	行政行为相对人	法院依职权追加（1 件）
山西省	4	25.00	行政行为相对人	法院依职权追加（3 件） 人民检察院在起诉中直接列明（1 件）
辽宁省	2	66.67	行政行为相对人	人民检察院在起诉中直接列明（2 件）
江西省	1	11.11	行政行为相对人	第三人申请（1 件）
河南省	1	16.67	行政行为相对人	法院依职权追加（1 件）
重庆市	3	42.86	行政行为相对人	法院依职权追加（2 件） 人民检察院在起诉中直接列明（1 件）

五、律师

在统计过程中，笔者将被告聘请法律工作者、公职律师，第三人聘请法律工作者的情形亦纳入被告、第三人聘请律师的范围内。在涉及共同被告的案件中，存在仅部分被告聘请律师的情形，该情况会单独说明，不计算在被告聘请律师的比率中，存在多个第三人的案件亦是如此统计。

（一）全国

1. 被告聘请律师比率

全国 1335 件行政公益诉讼案件中，996 件行政公益诉讼案件的被告聘请了律师，占比 74.61%，2 件案件中部分被告聘请了律师。

2. 第三人聘请律师比率

全国 227 件涉及第三人的行政公益诉讼案件中，仅 81 件行政公益诉讼案件的第三人聘请了律师，占比 35.68%，8 件案件中部分第三人聘请了律师。

（二）试点地区

1. 被告聘请律师比率

在试点地区的省份中，仅内蒙古自治区存在共同被告中部分被告聘请律师的情形，案件数量为 1 件，占案件数量的比率为 1.52%。各省被告聘请律师案件数量及占比见表 3-1-3。

表 3-1-3　试点地区行政公益诉讼被告聘请律师案件统计

地区	被告聘请律师案件数量 / 件	占比 /%
北京市	3	75.00
内蒙古自治区	29	43.94
吉林省	102	58.96
江苏省	38	74.51
安徽省	87	83.65
福建省	66	85.71
山东省	81	69.23
湖北省	133	97.08

续表

地区	被告聘请律师案件数量 / 件	占比 /%
广东省	68	89.47
贵州省	90	63.38
云南省	104	85.25
陕西省	70	79.55
甘肃省	75	71.43

2. 第三人聘请律师比率

云南省涉及第三人的行政公益诉讼案件中第三人均未聘请律师。

存在多个第三人且仅部分第三人聘请律师的案件中，内蒙古自治区有 1 例，占该地区涉及第三人案件数量的 25%；安徽省共 3 件，占该省涉及第三人案件数量的 10.34%；贵州省共 2 件，占该省涉及第三人案件数量的 8.33%；陕西省有 1 件，占该省涉及第三人案件数量的 50%；甘肃省有 1 件，占该省涉及第三人案件数量的 2.94%。

各省第三人聘请律师的案件数量及占涉及第三人案件数量的比率见表 3-1-4。

表 3-1-4 试点地区行政公益诉讼第三人聘请律师的案件数量统计

地区	第三人聘请律师案件数量 / 件	占比 /%
吉林省	7	46.67
江苏省	7	29.17
安徽省	10	34.48
福建省	17	68.00
山东省	1	33.33
湖北省	6	26.09
广东省	12	38.71
贵州省	10	41.67
陕西省	1	50.00
甘肃省	7	20.59

（三）非试点地区

1. 被告聘请律师比率

各省被告聘请律师的案件数量及占比见表 3-1-5。

表 3-1-5　非试点地区行政公益诉讼被告聘请律师的案件数量统计

地区	被告聘请律师案数量 /	占比 /%
河北省	1	16.67
山西省	13	76.47
辽宁省	2	66.67
黑龙江省	1	100.00
浙江省	0	
江西省	8	88.89
河南省	4	66.67
湖南省	3	42.86
海南省	1	100.00
四川省	7	70.00
青海省	3	60.00
重庆市	7	100.00

2. 第三人聘请律师比率

山西省、辽宁省、河南省涉及第三人的行政公益诉讼案件中，第三人均未聘请律师，其余省份第三人聘请律师案件数量及占该省涉及第三人案件数量的比率见表 3-1-6。

表 3-1-6　非试点地区行政公益诉讼第三人聘请律师的案件数量统计

地区	第三人聘请律师案件数量 / 件	占比 /%
河北省	1	100.00
江西省	1	100.00
重庆市	1	33.33

第二节 民事公益诉讼

本节拟从原告地位之判断、法官之构成、第三人、律师四个方面对全国民事公益诉讼裁判文书结构进行分析。笔者通过检索裁判文书数据库，得出宁夏回族自治区、天津市无民事公益诉讼案件。由于上海市民事公益诉讼案件中有1件为最高人民检察院发布的典型案例，未找到具体裁判文书，[1]故在本节中将其剔除，得出全国民事公益诉讼案件共398件。

一、原告地位之判断

(一)全国

全国民事公益诉讼案件共398件，由检察机关提起的共275件，由社会组织提起的共109件，由行政机关提起的共12件，由行政机关和社会组织共同提起的有1件，提起主体不明的有1件。[2]具体见图3-2-1。

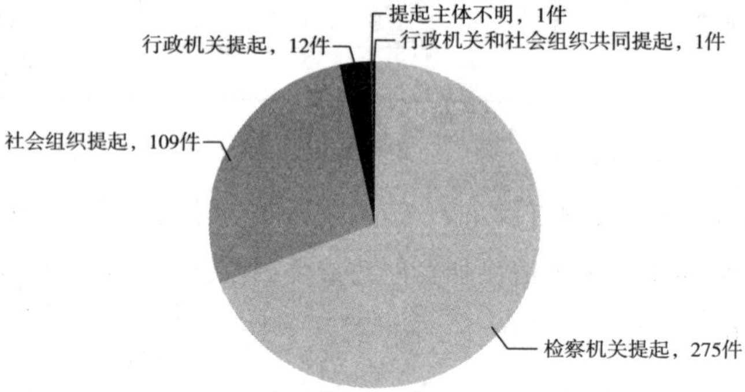

图3-2-1 全国民事公益诉讼案件提起主体

在由社会组织提起的案件中，由检察机关支持起诉的共19件，由行政机关支持起诉的共2件，由行政机关和检察机关共同支持起诉的有2件。在由行政机关提起的12件案件中，检察机关支持起诉的共3件。

---

〔1〕 上海市人民检察院第三分院诉宁波某贸易公司等进口"洋垃圾"污染环境民事公益诉讼案，最高人民检察院发布第二批服务保障长江经济带发展典型案例6号(2019年)。

〔2〕 (2017)鄂民辖21号。

在由检察机关提起的案件中，对检察机关的称谓为“公益诉讼起诉人”的共177件，占比64.36%，表述为“公益诉讼人”的共85件，占比30.91%，表述为“公益诉讼原告”的共3件，“原告”的表述共5件，直接表述为“检察机关”的有5件。具体见图3-2-2

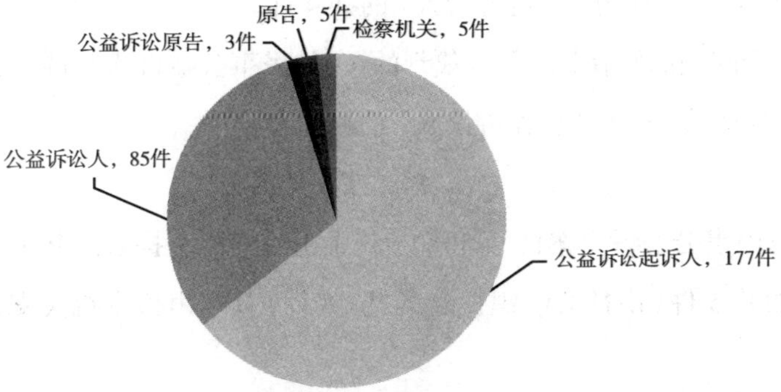

图3-2-2　全国民事公益诉讼裁判文书检察机关称谓

（二）试点地区

北京市

北京市民事公益诉讼案件共10件，由检察机关提起的共4件，由社会组织提起的有6件。

在由检察机关提起的案件中，以《若干问题的解释》的出台为分界线，对检察机关表述为“公益诉讼人”的仅1件，表述为“公益诉讼起诉人”的共3件。

内蒙古自治区

内蒙古自治区民事公益诉讼案件共14件，由检察机关提起的共13件，由行政机关提起，并由检察机关支持起诉的案件有1件。[1]

在由检察机关提起的案件中，对检察机关的表述为“公益诉讼起诉人”的共11件，占比84.62%，“公益诉讼人”的表述共2件。

在《若干问题的解释》出台后裁判的12件案件中，1件为“公益诉讼人”的表述，其余均为“公益诉讼起诉人”的表述。

〔1〕（2014）巴民初字第4182号。

吉林省

吉林省民事公益诉讼案件共24件，由检察机关提起的有22件，由社会组织提起的有2件。

在由检察机关提起的案件中，对检察机关表述为“公益诉讼起诉人”的共18件，占比81.82%，表述为“公益诉讼人”的共4件。

在《若干问题的解释》出台后裁判的19件民事公益诉讼案件中，“公益诉讼起诉人”的称谓共18件，“公益诉讼人”的称谓有1件。

江苏省

江苏省民事公益诉讼案件共50件，其中由检察机关提起的共17件，由行政机关提起的共5件，由社会组织提起的共28件，其中由检察机关支持起诉的共9件。

在由检察机关提起的案件中，对检察机关表述为“公益诉讼人”的共8件，占比47.06%，“公益诉讼起诉人”的表述共7件，直接表述为检察机关的共2件。

在《若干问题的解释》出台后裁判的8件民事公益诉讼案件中，对检察机关的表述为“公益诉讼起诉人”的共7件，占比87.5%，表述为“公益诉讼人”的有1件。

安徽省

安徽省民事公益诉讼案件共70件，由检察机关提起的共60件，由社会组织提起的共10件，其中1件社会组织提起的民事公益诉讼，由检察机关支持起诉。〔1〕

在检察机关提起的案件中，“公益诉讼人”的表述共25件，占比41.67%，“公益诉讼起诉人”的表述共31件，占比51.67%，直接表述为“检察机关”的有3件，〔2〕“原告”的表述共1件。〔3〕

在《若干问题的解释》出台后裁判的56件民事公益诉讼中，仍有22件案

〔1〕（2016）皖04民初73号。
〔2〕（2018）皖04民初76号；（2018）皖04民初117号；（2018）皖04民初118号。
〔3〕（2017）皖18民初4号。

件对检察机关的表述为“公益诉讼人”，31 件表述为“公益诉讼起诉人”的案件均在此之后，3 件直接表述为“检察机关”的案件亦在此范围内，且均为管辖裁定书。

福建省

福建省民事公益诉讼案件共 13 件，由检察机关提起的共 7 件，由社会组织提起的共 6 件，其中 1 件由检察机关支持起诉。

在由检察机关提起的案件中，对检察机关表述为“公益诉讼人”的共 5 件，表述为“公益诉讼起诉人”的共 2 件。

在《若干问题的解释》出台后裁判的 3 件民事公益诉讼案件中，表述为“公益诉讼起诉人”的有 2 件，表述为“公益诉讼人”的有 1 件。

山东省

山东省民事公益诉讼案件共 29 件，由检察机关提起的共 21 件，由行政机关提起的有 2 件，由社会组织提起的共 6 件，其中 2 件由行政机关支持起诉。

在由检察机关提起的案件中，对检察机关表述为“公益诉讼起诉人”的共 12 件，占比 57.14%，表述为“公益诉讼人”的共 6 件，表述为“公益诉讼原告”的共 3 件。〔1〕

在《若干问题的解释》出台后裁判的案件对检察机关的表述均为“公益诉讼起诉人”。“公益诉讼原告”的表述仅出现在早期（公益诉讼试点之前），3 件案件都是由山东省东营市人民检察院提起，东营市中级人民法院审理，裁判时间均为 2012 年 12 月 30 日，且审理案件人员相同。

湖北省

湖北省民事公益诉讼案件共 13 件，由检察机关提起的有 10 件，由社会组织提起的有 2 件，有 1 件提起主体不详。〔2〕

在由检察机关提起的案件中，以《若干问题的解释》的出台为分界线，对检察机关的称谓为“公益诉讼人”的共 9 件，“公益诉讼起诉人”的表述共 2 件。

---

〔1〕（2012）东环保民初字第 2 号；（2012）东环保民初字第 3 号；（2012）东环保民初字第 4 号。
〔2〕（2017）鄂民辖 21 号。

广东省

广东省民事公益诉讼案件共29件，由检察机关提起的共14件，由社会组织提起的共12件，其中5件由检察机关支持起诉，2件由检察机关和行政机关共同支持起诉，[1]由行政机关提起的共3件，[2]其中1件由检察机关支持起诉。

在由检察机关提起的案件中，“公益诉讼起诉人”的表述共8件，“公益诉讼人”的表述共6件。

在《若干问题的解释》出台后裁判的11件案件，仍有3件使用“公益诉讼人”的表述。

贵州省

贵州省民事公益诉讼案件共5件，由社会组织提起的共3件，由检察机关提起的有2件。

在由检察机关提起的案件中，以《若干问题的解释》的出台为分界线，对检察机关的称谓为“公益诉讼人”的有1件，称谓为“公益诉讼起诉人”的有1件。

云南省

云南省民事公益诉讼案件共23件，由检察机关提起的共19件，由社会组织提起的共3件，由行政机关提起，检察机关支持起诉的共1件。

在由检察机关提起的案件中，对检察机关的表述为“公益诉讼人”的共14件，表述为“公益诉讼起诉人”的共5件。

在《若干问题的解释》出台后裁判的6件案件中，表述为“公益诉讼起诉人”的共5件，表述为“公益诉讼人”的有1件。

值得注意的是，在由行政机关提起，检察机关支持起诉的1件案件中，对行政机关的表述为“公益诉讼人”，[3]裁判时间为2012年9月25日，应是对2012年《民事诉讼法》增加公益诉讼制度规定的实践。

---

〔1〕（2016）粤01民初51号；（2017）粤01民初220号。
〔2〕（2015）惠中法民一终字第1021号；（2017）粤72民初1144号；（2017）粤72民初541号。
〔3〕（2012）昆环保民初字第6号。

陕西省

陕西省民事公益诉讼案件共5件，由检察机关提起的共4件，由社会组织提起的有1件。

在由检察机关提起的案件中，对检察机关的表述均为“公益诉讼起诉人”，裁判时间均在《若干问题的解释》出台后。

甘肃省

甘肃省民事公益诉讼案件共6件，由检察机关提起的共5件，由社会组织提起的有1件。

在检察机关提起的5件民事公益诉讼中，“公益诉讼起诉人”的表述共4件，“公益诉讼人”的表述为1件，该案件裁判时间早于《若干问题的解释》出台前。

（三）非试点地区

山西省、辽宁省、上海市民事公益诉讼案件均由社会组织提起。

河北省

河北省共6件民事公益诉讼案件，由检察机关提起的共4件，由社会组织提起的共2件。在由检察机关提起的案件中，对检察机关的称谓均为“公益诉讼起诉人”，裁判时间均在《若干问题的解释》出台后。

黑龙江省

黑龙江省仅1件民事公益诉讼案件，由检察机关提起，对检察机关的表述为“公益诉讼起诉人”，裁判时间在《若干问题的解释》出台后。

浙江省

浙江省39件民事公益诉讼案件中，由检察机关提起的共38件，由社会组织提起的仅1件。

由检察机关提起的案件裁判时间均在《若干问题的解释》出台后，对检察机关的表述为“公益诉讼起诉人”的共34件，表述为“原告”的共4件。

江西省

江西省4件民事公益诉讼案件中，3件由检察机关提起，1件由社会组织提起，并由检察机关支持起诉。

由检察机关提起的案件中，以《若干问题的解释》的出台为分界线，对检察机关的表述为“公益诉讼人”的共1件，表述为“公益诉讼起诉人”共2件。

河南省

河南省9件民事公益诉讼案件中，仅1件由检察机关提起，对检察机关的表述为“公益诉讼人”，裁判时间在《若干问题的解释》出台后。其余8件均由社会组织提起。

湖南省

湖南省11件民事公益诉讼案件中，由检察机关提起的共5件，由社会组织提起的共6件，其中1件由检察机关支持起诉。

由检察机关提起的案件中，对检察机关的表述均为“公益诉讼起诉人”，裁判时间均在《若干问题的解释》出台后。

海南省

海南省6件民事公益诉讼案件中，2件由社会组织提起，4件由检察机关提起。

在由检察机关提起的民事公益诉讼裁判文书中对检察机关的称谓均为“公益诉讼起诉人”，裁判时间均在《若干问题的解释》出台后。

四川省

四川省民事公益诉讼案件共4件，均由检察机关提起。裁判文书中对检察机关的称谓均为“公益诉讼起诉人”，裁判时间均在《若干问题的解释》出台后。

青海省

青海省仅1件民事公益诉讼案件，由检察机关提起，裁判文书中对检察机关的表述为“公益诉讼人”，裁判时间在《若干问题的解释》出台后。

广西壮族自治区

广西壮族自治区7件民事公益诉讼案件中，由检察机关提起的共5件，由社会组织提起的共2件。

由检察机关提起的案件裁判时间均在《若干问题的解释》出台后，对检察机关的表述为“公益诉讼人”的共1件，表述为“公益诉讼起诉人”的共4件。

西藏自治区

西藏自治区民事公益诉讼案件仅 1 件，由检察机关提起，裁判文书中对检察机关的称谓为“公益诉讼起诉人”，裁判时间在《若干问题的解释》出台后。

新疆维吾尔自治区

新疆维吾尔自治区民事公益诉讼案件仅 1 件，由检察机关提起，裁判文书中对检察机关的表述为“公益诉讼起诉人”，裁判时间在《若干问题的解释》出台后。

重庆市

重庆市 12 件民事公益诉讼案件中，1 件由行政机关与社会组织共同提起，[1]2 件由社会组织提起，其中 1 件由检察机关支持起诉，9 件由检察机关提起。

在由检察机关提起的案件中，对检察机关的表述均为“公益诉讼起诉人”，裁判时间均在《若干问题的解释》出台后。

二、审判人员之构成

(一) 全国

1. 管辖

全国民事公益诉讼案件中仅 81 件案件指定管辖，占比 20.35%。

2. 法官与陪审员组成

为更好地表达法官与陪审员人数的组成，该模块采用“法官人数 + 陪审员人数”的形式，如“3+4”即为该案件合议庭组成具体为 3 名法官与 4 名陪审员。

全国 345 件一审民事公益诉讼案件中，除 1 件案件裁判文书尾部无相关审判人员，[2]有 177 件案件法官与陪审员组成为“3+0”组合，占比 51.30%；116 件为“3+4”组合，占比 33.62%；34 件为“2+1”组合，占比 9.86%；7 件为“3+2”组合，“1+2”组合、“1+0”组合各有 3 件，“5+0”组合有 2 件，“4+1”组合和“2+3”组合各有 1 件，具体见图 3-2-3。

---

〔1〕（2017）渝 01 民初 773 号。
〔2〕（2016）渝 01 民初 705 号。

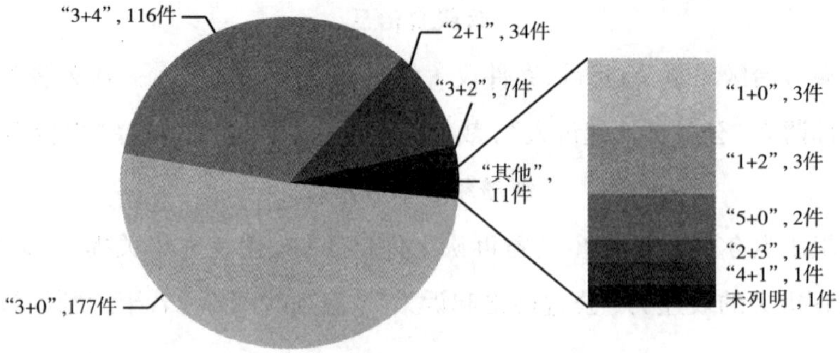

图 3-2-3 全国民事公益诉讼法官与陪审员组成

在《人民陪审员法》实施后裁判的 249 件民事公益诉讼案件中，组成 7 人合议庭审理的案件有 116 件，占比 46.59%。

（二）试点地区

1. 管辖

北京市、内蒙古自治区、吉林省、广东省、贵州省、陕西省、甘肃省民事公益诉讼均无指定管辖案件。其余省份民事公益诉讼案件指定管辖数量及占比见表 3-2-1。

表 3-2-1 试点地区民事公益诉讼案件指定管辖统计

省份	指定管辖案件数量 / 件	占比 /%
江苏省	7	14
安徽省	36	51.43
福建省	2	15.37
山东省	1	3.45
湖北省	10	76.92
云南省	15	65.22

2. 法官人数、陪审员人数

北京市

北京市 10 件民事公益诉讼案件中，法官与陪审员组成最多的案件是“3+0”组合，共 7 件，占比 70%，“3+4”组合的共 3 件。

在《人民陪审员法》实施后裁判的 8 件行政公益诉讼案件中，达到法律规定组成 7 人合议庭的案件共 3 件，均为“3+4”组合，占比 37.5%，其余均为“3+0”组合。

从总体上看，北京市民事公益诉讼案件陪审员参与度较低，高达 70% 的案件没有陪审员的参与。

内蒙古自治区

内蒙古自治区民事公益诉讼案件法官与陪审员组成中，“3+0”组合最多，占比 85.71%，共 12 件，“1+0”组合有 1 件，“2+1”组合有 1 件，即内蒙古自治区民事公益诉讼案件中无 1 件按照法律规定组成 7 人合议庭审理民事公益诉讼案件。

从总体上看，内蒙古自治区民事公益诉讼案件陪审员参与度非常低，高达 92.86% 的案件没有陪审员的参与。

吉林省

吉林省 24 件民事公益诉讼案件均为一审，法官与陪审员组成最多案件的是“3+4”组合，共 13 件，占比 54.17%，其余均为“3+0”组合。

在《人民陪审员法》实施后裁判的 20 件民事公益诉讼案件中，达到法律规定组成 7 人合议庭，即“3+4”组合的案件共 13 件，占比 65%，7 件为“3+0”组合。

从总体上看，吉林省民事公益案件中陪审员参与度较低，仅 52% 的案件有陪审员的参与。

江苏省

江苏省 39 件一审民事公益诉讼案件中，法官与陪审员组成最多案件的是“3+0”组合，共 22 件，占比 56.41%，“2+1”组合和“3+4”组合各有 6 件，“3+2”组合共 2 件，“1+0”组合、“1+2”组合、“2+3”组合各有 1 件。

在《人民陪审员法》实施后裁判的 10 件案件中，按照法律规定组成 7 人合议庭，即“3+4”组合的共 6 件，占比 60%，其余均为“3+0”组合。

从总体上看，江苏省民事公益诉讼案件陪审员参与度较低，高达 58.97% 的案件没有陪审员的参与。

安徽省

安徽省 63 件一审民事公益诉讼案件中，法官与陪审员组成最多的是“3+0”组合，共 45 件，占比 71.43%，“2+1”组合共 8 件，“3+4”组合共 6 件，“1+2”组合共 2 件，“5+0”组合共 2 件。

在《人民陪审员法》实施后裁判的 57 件一审民事公益诉讼案件中，达到法律规定的 7 人合议庭，即“3+4”组合的仅 6 件，而“3+0”组合高达 42 件，占比达到 73.68%，“1+2”组合共 2 件，“2+1”组合共 7 件。

从总体上看，安徽省民事公益诉讼案件陪审员参与度低，高达 74.6% 的民事公益诉讼案件没有陪审员的参与。

福建省

福建省 9 件一审民事公益诉讼案件中，法官与陪审员组成最多的是“3+0”组合，共 6 件，占比 66.67%，“2+1”组合、“3+2”组合、“3+4”组合各有 1 件。

在《人民陪审员法》实施后裁判的案件仅 1 件，为“3+4”组合。

从总体上看，福建省民事公益诉讼案件陪审员参与度低，仅 33.33% 的案件有陪审员的参与。

山东省

山东省一审民事公益诉讼案件共 26 件。法官与陪审员组成中，“3+0”组合的案件数量最多，共 13 件，占比 50%，“2+1”组合的共 8 件，“3+4”组合的共 5 件。

在《人民陪审员法》实施后裁判的 23 件一审案件中，达到法律规定组成 7 人合议庭，即“3+4”组合的仅 5 件，占比 21.74%，“2+1”组合的为 8 件，“3+0”组合的为 12 件。

从总体上看，山东省民事公益诉讼案件陪审员参与度并不是很高，仅 50% 的案件有陪审员的参与。

湖北省

湖北省 11 件一审民事公益诉讼案件中，法官与陪审员组成为“3+0”组合的共 8 件，占比 72.73%，“3+4”组合有 2 件，“2+1”组合有 1 件。

《人民陪审员法》实施后裁判的2件案件均为“3+4”组合。

从总体上看，湖北省民事公益诉讼案件陪审员参与度低，高达72.73%的案件没有陪审员的参与。

广东省

广东省23件一审民事公益诉讼案件法官与陪审员组成中，11件案件为“3+0”组合，6件为“3+4”组合，3件为“2+1”组合，2件为“3+2”组合，1件为“4+1”组合。

在《人民陪审员法》出台后裁判的17件民事公益诉讼案件中，达到法律规定组成7人合议庭的均为“3+4”组合，仅6件，占比35.29%，有6件为“3+0”组合，1件为“2+1”组合。

从总体上看，广东省民事公益诉讼案件陪审员参与度一般，高达47.83%的案件没有陪审员的参与。

贵州省

贵州省3件一审民事公益诉讼案件中，法官与陪审员组成2件为“3+0”组合，1件为“2+1”组合。《人民陪审员法》实施后的1件案件为“3+0”组合，未达到7人合议庭制。

云南省

云南省22件一审民事公益诉讼案件中，法官与陪审员组成“3+0”组合最多，共18件，“3+4”组合共4件。

在《人民陪审员法》实施后裁判的7件案件中，达到法律规定组成7人合议庭的仅4件，占比57.14%，其余均为“3+0”组合。

从总体上看，云南省民事公益诉讼案件陪审员参与度较低，高达81.82%的案件没有陪审员的参与。

陕西省

陕西省5件民事公益诉讼案件均为一审，法官与陪审员的组成中，“2+1”组合与“3+4”组合均为2件，“3+0”组合有1件。

在《人民陪审员法》实施后裁判的4件案件中，达到法律规定组成7人合议庭的仅 2 件，占比 50%，剩余 2 件均为“2+1”组合。

从总体上看，陕西省民事公益诉讼案件陪审员参与度较高，80% 的案件有陪审员的参与。

甘肃省

甘肃省 5 件一审民事公益诉讼案件法官与陪审员组成中，1 件为“3+0”组合，4 件为“3+4”组合。

在《人民陪审员法》实施后裁判的 4 件案件均为“3+4”组合。

从总体上看，甘肃省民事公益诉讼案件陪审员参与度较高，80% 的案件有陪审员的参与。

（三）非试点地区

1. 管辖

河北省、山西省、辽宁省、黑龙江省、江西省、河南省、海南省、四川省、青海省、广西壮族自治区、西藏自治区、新疆维吾尔自治区、上海市民事公益诉讼案件均无指定管辖。其余地区民事公益诉讼指定管辖案件数量及占各省民事公益诉讼案件总量的比率见表 3−2−2。

表 3−2−2 非试点地区指定管辖案件统计

地区	指定管辖案件数量 / 件	占比 /%
浙江省	6	15.38
湖南省	2	18.18
重庆市	2	16.67

2. 法官人数、陪审员人数

河北省

河北省 5 件一审民事公益诉讼案件法官与陪审员的组成中，“3+4”组合、“3+0”组合各有 2 件，“3+2”组合有 1 件。裁判时间均在《人民陪审员法》实施后，也即达到法律规定组成 7 人合议庭的仅 2 件，占比 40%。

山西省

山西省 1 件民事公益诉讼案件为一审，法官与陪审员的组成为“3+0”组合，裁判时间在《人民陪审员法》实施后。

辽宁省

辽宁省 1 件一审民事公益诉讼案件中，法官与陪审员组成为“3+0”组合，裁判时间在《人民陪审员法》实施前。

黑龙江省

黑龙江省一审民事公益诉讼案件仅 1 件，法官与陪审员组成为“3+0”组合，裁判时间在《人民陪审法》实施后。

浙江省

浙江省 38 件一审民事公益诉讼案件法官与陪审员组成中，“3+4”组合最多，共 35 件，占比 92.11%，“3+0”组合的共 2 件，“3+2”组合的有 1 件。[1]

在《人民陪审员法》实施后裁判的 37 件案件中，达到法律规定组成 7 人合议庭的案件共 35 件，占比 94.59%，“3+0”组合的有 2 件。

从总体上看，浙江省民事公益诉讼案件陪审员参与度较高，达 94.74%。

江西省

江西省 3 件一审民事公益诉讼案件，法官与陪审员的组成中 1 件为“3+0”组合，2 件为“3+4”组合。在《人民陪审员法》实施后裁判的 2 件案件，均为“3+4”组合。

河南省

河南省 4 件一审民事公益诉讼案件法官与陪审员组成中 2 件为“3+0”组合，1 件为“3+4”组合，裁判时间均在《人民陪审员法》之后，另外 1 件裁判文书尾部无审判人员组成。[2]

湖南省

湖南省 11 件一审民事公益诉讼案件法官与陪审员的组成中，6 件为“3+0”组合，5 件为“3+4”组合。

在《人民陪审员法》实施后裁判的 10 件案件中，达到法律规定组成 7 人合

---

〔1〕（2017）浙 0824 民初 3843 号。
〔2〕（2016）豫 01 民初 705 号。

议庭进行审理的案件共 5 件，5 件为“3+0”组合，未达到法律规定进行审理的案件高达 50%。

从总体上看，湖南省民事公益诉讼案件陪审员参与度一般，高达 54.55% 的案件没有陪审员的参与。

海南省

海南省 2 件一审民事公益诉讼案件法官与陪审员的组成均为“3+4”组合，裁判时间均在《人民陪审员法》实施之后。

四川省

四川省民事公益诉讼案件中法官与陪审员组成均为“3+4”组合，裁判时间均在《人民陪审员法》颁布后。

青海省

青海省 1 件一审民事公益诉讼案件中，法官与陪审员组成为“3+4”组合，裁判时间在《人民陪审员法》实施后。

广西壮族自治区

广西壮族自治区 6 件一审民事公益诉讼案件裁判时间均在《人民陪审员法》实施后，法官与陪审员的组成中 5 件为“3+4”组合，占比 83.33%，1 件为“3+0”组合。

西藏自治区

西藏自治区仅有的 1 件民事公益诉讼案件法官与陪审员组成为“1+0”，裁判时间在《人民陪审员法》颁布后。〔1〕

新疆维吾尔自治区

新疆维吾尔自治区 1 件民事公益诉讼案件中，法官与陪审员组成为“3+4”组合，裁判时间在《人民陪审员法》实施后。

上海市

上海市 2 件一审民事公益诉讼案件中，法官与陪审员组成均为“2+1”组合，

---

〔1〕（2019）藏 2429 民初 230 号。

裁判时间均在《人民陪审员法》实施前。

重庆市

重庆市10件一审民事公益诉讼案件法官与陪审员的组成中，6件为“3+4”组合，1件为“2+1”组合，3件为“3+0”组合。

在《人民陪审员法》颁布后裁判的8件一审案件中，按照法律规定组成7人合议庭，即“3+4”组合进行审理的案件共6件，占比75%，“3+0”组合有1件，“2+1”组合有1件。

从总体上看，重庆市民事公益诉讼案件陪审员参与度较高，70%的案件有陪审员的参与。

三、第三人

（一）全国

全国民事公益诉讼案件中共有9件涉及第三人，这9件案件均分布于试点地区：江苏省有1件，福建省有2件，山东省有3件，贵州省有2件，甘肃省有1件。

（二）试点地区

试点地区中，北京市、内蒙古自治区、吉林省、安徽省、湖北省、广东省、云南省、陕西省的民事公益诉讼均未涉及第三人。

江苏省

江苏省民事公益诉讼中，涉及第三人的共1件，[1]为二审判决，由江苏省淮安市中级人民法院审理，裁判时间为2019年4月22日。该案第三人类型为利害关系人，参与方式未予明确，第三人未出庭，未举证，未聘请律师。

福建省

福建省民事公益诉讼中，涉及第三人的共2件。

其中一件为二审判决，[2]原审由社会组织提起，福建省高级人民法院二审审理，裁判时间为2015年12月14日。该案第三人类型为行政机关。法院认为，

---

〔1〕（2019）苏08民终939号。

〔2〕（2015）闽民终字第2060号。

该案第三人国土延平分局、延平区林业局作为对环境保护负有监督管理职责的行政执法部门，与本案处理结果没有民事法律利害关系，不应作为民事法律关系的第三人承担责任。第三人国土延平分局、延平区林业局聘请了律师，参与方式未予明确，未出庭，未举证。

另一件为一审判决，[1]由福州市人民检察院提起，福州市中级人民法院一审审理，裁判时间为 2018 年 3 月 20 日。该案第三人类型为行政机关，参与方式为法院通知，该案第三人出庭并发表意见“同意公益诉讼原告的起诉意见”，但未举证，对公益诉讼起诉人提供的证据无异议。

山东省

山东省民事公益诉讼中，涉及第三人的共 3 件，[2]均为一审，且均由山东省东营市人民检察院提起，东营市中级人民法院审理，裁判时间均为 2012 年 12 月 30 日，审理案件人员相同（杨秀梅、杨敬栓、李宁）。该 3 件民事公益诉讼案件发生时间较早，在公益诉讼试点之前，第三人类型均为行政机关，参与方式未予明确，3 件案件的第三人均出庭，并发表意见“同意公益诉讼原告的起诉意见”，但未举证。此后山东省民事公益诉讼案件中均未出现第三人。

贵州省

贵州省民事公益诉讼中，涉及第三人的共 2 件。

其中一件为一审判决，[3]由社会组织提起，清镇市人民法院审理，裁判时间为 2017 年 10 月 16 日。该案第三人类型为行政机关，参与方式为法院依职权追加，该案第三人的委托代理人出庭并发表意见“同意公益诉讼原告的起诉意见”，并对原、被告提供的证据发表了质证意见，第三人质证认为：对证据均无异议，能否符合要求，由法院根据法律规定认定。第三人聘请了律师。

另一件为上述一审案件的二审裁定，[4]原审原告提起上诉，由贵阳市中级人民法院二审审理，裁判时间为 2019 年 5 月 16 日，法院裁定撤销原判决，发回

---

〔1〕（2017）闽 01 民初 736 号。
〔2〕（2012）东环保民初字第 2 号；（2012）东环保民初字第 3 号；（2012）东环保民初字第 4 号。
〔3〕（2016）黔 0181 民初 138 号。
〔4〕（2018）黔 01 民终 868 号。

重审。

甘肃省

甘肃省民事公益诉讼中，涉及第三人的共1件，[1]为一审判决，由庆阳市中级人民法院审理，裁判时间为2017年12月26日。该案第三人类型为行政机关（国土资源局、水土保持管理局、林业局），参与方式为法院依职权追加，部分第三人出庭并举证。第三人未聘请律师。

（三）非试点地区

非试点地区中，天津市、宁夏回族自治区无民事公益诉讼。上海市、重庆市、河北省、山西省、辽宁省、黑龙江省、浙江省、福建省、江西省、河南省、湖南省、海南省、四川省、青海省、广西壮族自治区、西藏自治区、新疆维吾尔自治区的民事公益诉讼均未涉及第三人。

四、律师

在民事公益诉讼中，诉讼各方往往会聘请律师。该部分统计了各方聘请律师的情况，并以聘请人的诉讼身份为标准进行分类整理。

（一）原告

1. 全国

全国民事公益诉讼案件中，由检察机关提起的民事公益诉讼共277件，检察机关均未聘请律师；由非检察机关提起的民事公益诉讼共121件，其中有96件原告聘请了律师，占比79%，有24件原告未聘请律师，占比20%，共同原告中部分聘请律师的有1件，占比1%。

因为由检察机关提起的民事公益诉讼案件，检察机关均未聘请律师，故此部分仅统计由非检察机关提起的民事公益诉讼中原告律师的情况。

2. 试点地区

北京市

北京市由非检察机关提起的6件民事公益诉讼，原告均聘请了律师。

---

〔1〕（2017）甘10民初36号。

内蒙古自治区

内蒙古自治区由非检察机关提起的 1 件民事公益诉讼，原告聘请了律师。

吉林省

吉林省由非检察机关提起的 2 件民事公益诉讼，原告聘请律师的有 2 件。

江苏省

江苏省由非检察机关提起的 23 件民事公益诉讼，原告聘请律师的有 21 件，占比 91%。原告未聘请律师的有 2 件，占比 9%。

安徽省

安徽省由非检察机关提起的 10 件民事公益诉讼，原告聘请律师的有 8 件，占比 80%。原告未聘请律师的有 2 件，占比 20%。

福建省

福建省由非检察机关提起的 6 件民事公益诉讼，原告聘请律师的有 1 件，占比 17%。原告未聘请律师的有 5 件，占比 83%。

山东省

山东省由非检察机关提起的 8 件民事公益诉讼，原告聘请律师的有 6 件，占比 75%。原告未聘请律师的有 2 件，占比 25%。

湖北省

湖北省由非检察机关提起的 3 件民事公益诉讼，原告未聘请律师的有 3 件。

广东省

广东省由非检察机关提起的 15 件民事公益诉讼，原告聘请律师的有 13 件，占比 86%。原告未聘请律师的有 1 件，占比 7%。共同原告中部分聘请律师的有 1 件，占比 7%。

贵州省

贵州省由非检察机关提起的 3 件民事公益诉讼，原告均聘请了律师。

云南省

云南省由非检察机关提起的 4 件民事公益诉讼，原告聘请律师的有 3 件，占比 75%。原告未聘请律师的有 1 件，占比 25%。

陕西省

陕西省由非检察机关提起的 1 件民事公益诉讼，原告未聘请律师。

甘肃省

甘肃省由非检察机关提起的 1 件民事公益诉讼，原告聘请了律师。

3. 非试点地区

天津市

天津市无民事公益诉讼。

上海市

上海市由非检察机关提起的 2 件民事公益诉讼，原告均聘请了律师。

重庆市

重庆市由非检察机关提起的 3 件民事公益诉讼，原告均聘请了律师。

河北省

河北省由非检察机关提起的 2 件民事公益诉讼，原告均聘请了律师。

山西省

山西省由非检察机关提起的 1 件民事公益诉讼，原告聘请了律师。

辽宁省

辽宁省由非检察机关提起的 2 件民事公益诉讼，原告均聘请了律师。

黑龙江省

黑龙江省仅有 1 件民事公益诉讼，且是由检察机关以公益诉讼起诉人的身份提起。

浙江省

浙江省由非检察机关提起的 1 件民事公益诉讼，原告未聘请律师。

江西省

江西省由非检察机关提起的 1 件民事公益诉讼，原告聘请了律师。

河南省

河南省由非检察机关提起的 8 件民事公益诉讼，原告聘请律师的有 7 件，占比 87%。原告未聘请律师的有 1 件，占比 13%。

湖南省

湖南省由非检察机关提起的 6 件民事公益诉讼，原告聘请律师的有 5 件，占比 83%。原告未聘请律师的有 1 件，占比 17%。

海南省

海南省由非检察机关提起的 2 件民事公益诉讼，原告均未聘请律师。

四川省

四川省 4 件民事公益诉讼均是由检察机关以公益诉讼起诉人的身份提起。

青海省

青海省仅有 1 件民事公益诉讼，且是由检察机关以公益诉讼人的身份提起。

广西壮族自治区

广西壮族自治区由非检察机关提起的 1 件民事公益诉讼，原告委托了律师。

西藏自治区

西藏自治区仅有 1 件民事公益诉讼，且是由检察机关以公益诉讼人的身份提起。

宁夏回族自治区

宁夏回族自治区无民事公益诉讼。

新疆维吾尔自治区

新疆维吾尔自治区仅有 1 件民事公益诉讼，且是由检察机关以公益诉讼起诉人的身份提起。

（二）被告

1. 全国

全国 399 件民事公益诉讼案件中，被告全部委托律师的有 146 件，占比 37%，被告全部没有委托律师的有 215 件，占比 54%，共同被告中部分委托律师的有 34 件，占比 8%，未提及的有 4 件，占比 1%。

2. 试点地区

北京市

北京市 10 件民事公益诉讼案件中，被告全部委托律师的有 4 件，占比 40%，被告全部没有委托律师的有 5 件，占比 50%，共同被告中部分委托律师的有 1 件，占比 10%。

内蒙古自治区

内蒙古自治区 14 件民事公益诉讼案件中，被告全部委托律师的有 11 件，占比 79%，被告全部没有委托律师的有 3 件，占比 21%。

吉林省

吉林省 24 件民事公益诉讼案件中，被告全部委托律师的有 3 件，占比 13%，被告全部没有委托律师的有 20 件，占比 83%，共同被告中部分委托律师的有 1 件，占比 4%。

江苏省

江苏省 50 件民事公益诉讼案件中，被告全部委托律师的有 29 件，占比 58%，被告全部没有委托律师的有 14 件，占比 28%，共同被告中部分委托律师的有 7 件，占比 14%。

安徽省

安徽省 70 件民事公益诉讼案件中，被告全部委托律师的有 8 件，占比 11%，被告全部没有委托律师的有 58 件，占比 83%，共同被告中部分委托律师的有 4 件，占比 6%。

福建省

福建省 13 件民事公益诉讼案件中，被告全部委托律师的有 3 件，占比 23%，被告全部没有委托律师的有 9 件，占比 69%，共同被告中部分委托律师的有 1 件，占比 8%。

山东省

山东省 29 件民事公益诉讼案件中，被告全部委托律师的有 10 件，占比 34%，被告全部没有委托律师的有 13 件，占比 45%，共同被告中部分委托律师的有 6 件，占比 21%。

湖北省

湖北省 13 件民事公益诉讼案件中，被告全部委托律师的有 4 件，占比 31%，被告全部没有委托律师的有 5 件，占比 38%，共同被告中部分委托律师的有 1 件，占比 8%，未提及的有 3 件，占比 23%。

广东省

广东省 29 件民事公益诉讼案件中，被告全部委托律师的有 18 件，占比 62%，被告全部没有委托律师的有 9 件，占比 31%，共同被告中部分委托律师的有 2 件，占比 7%。

贵州省

贵州省 5 件民事公益诉讼案件中，被告全部委托律师的有 1 件，占比 20%，被告全部没有委托律师的有 4 件，占比 80%。

云南省

云南省 23 件民事公益诉讼案件中，被告全部委托律师的有 21 件，占比 91%，被告全部没有委托律师的有 2 件，占比 9%。

陕西省

陕西省 5 件民事公益诉讼案件中，被告全部没有委托律师的有 5 件。

甘肃省

甘肃省 6 件民事公益诉讼案件中，被告全部委托律师的有 2 件，占比 33%，被告全部没有委托律师的有 4 件，占比 67%。

3. 非试点地区

天津市

天津市无民事公益诉讼。

上海市

上海市 3 件民事公益诉讼案件中，被告全部委托律师的有 1 件，占比 33%，被告全部没有委托律师的有 2 件，占比 67%。

重庆市

重庆市 12 件民事公益诉讼案件中，被告全部委托律师的有 4 件，占比 33%，被告全部没有委托律师的有 7 件，占比 58%，共同被告中部分委托律师的有 1 件，占比 8%。

河北省

河北省 6 件民事公益诉讼案件中，被告全部委托律师的有 4 件，占比 67%，被告全部没有委托律师的有 1 件，占比 16%，共同被告中部分委托律师的有 1 件，占比 17%。

山西省

山西省仅有 1 件民事公益诉讼，被告委托了律师。

辽宁省

辽宁省 2 件民事公益诉讼案件中，被告全部委托律师的有 1 件，占比 50%，被告全部没有委托律师的有 1 件，占比 50%。

黑龙江省

黑龙江省仅有 1 件民事公益诉讼，且是由检察机关以公益诉讼起诉人的身份提起，被告没有委托律师。

浙江省

浙江省 39 件民事公益诉讼案件中，被告全部委托律师的有 4 件，占比 10%，被告全部没有委托律师的有 34 件，占比 87%，共同被告中部分委托律师的有 1 件，占比 3%。

江西省

江西省 4 件民事公益诉讼案件中，被告全部委托律师的有 1 件，占比 25%，被告全部没有委托律师的有 1 件，占比 25%，共同被告中部分委托律师的有 2 件，占比 50%。

河南省

河南省 9 件民事公益诉讼案件中，被告全部委托律师的有 6 件，占比 67%，被告全部没有委托律师的有 3 件，占比 33%。

湖南省

湖南省 11 件民事公益诉讼案件中，被告全部委托律师的有 1 件，占比 9%，被告全部没有委托律师的有 6 件，占比 55%，共同被告中部分委托律师的有 4 件，占比 36%。

海南省

海南省6件民事公益诉讼案件中，被告全部委托律师的有3件，占比50%，被告全部没有委托律师的有3件，占比50%。

四川省

四川省4件民事公益诉讼案件中，被告全部委托律师的有1件，占比25%，被告全部没有委托律师的有3件，占比75%。

青海省

青海省仅有1件民事公益诉讼，且是由检察机关以公益诉讼人的身份提起，被告没有委托律师。

广西壮族自治区

广西壮族自治区7件民事公益诉讼案件中，被告全部委托律师的有4件，占比57%，共同被告中部分委托律师的有2件，占比29%，未提及的有1件，占比14%。

西藏自治区

西藏自治区仅有1件民事公益诉讼，且是由检察机关以公益诉讼人的身份提起。被告未聘请律师。

宁夏回族自治区

宁夏回族自治区无民事公益诉讼。

新疆维吾尔自治区

新疆维吾尔自治区仅有1件民事公益诉讼，且是由检察机关以公益诉讼起诉人的身份提起。共同被告中部分被告委托了律师。

（三）第三人

1. 全国

全国民事公益诉讼中，涉及第三人的案件共9件，这9件案件均分布于试点地区：江苏省有1件，福建省有2件，山东省有3件，贵州省有2件，甘肃省有1件。

其中，江苏省有1件，第三人未聘请律师；福建省有2件，第三人行政机关聘请了律师；山东省有 3 件，第三人均未聘请律师；贵州省有 2 件，其中 1 件一审判决第三人行政机关聘请了律师；甘肃省有 1 件，第三人行政机关未聘请律师。

2. 试点地区

试点地区中，北京市、内蒙古自治区、吉林省、安徽省、湖北省、广东省、云南省、陕西省民事公益诉讼均未涉及第三人。

江苏省

江苏省涉及第三人的 1 件民事公益诉讼案件[1]，第三人未聘请律师。

福建省

福建省涉及第三人的 2 件民事公益诉讼案件[2]中，其中 1 件一审判决第三人行政机关聘请了律师。

山东省

山东省涉及第三人的 3 件民事公益诉讼案件[3]，第三人均未聘请律师。

贵州省

贵州省民事公益诉讼中，涉及第三人的共 2 件[4]，其中 1 件一审判决第三人行政机关聘请了律师。

甘肃省

甘肃省民事公益诉讼中，涉及第三人的共 1 件，[5]第三人行政机关未聘请律师。

3. 非试点地区

非试点地区中，天津市、宁夏回族自治区无民事公益诉讼。上海市、重庆市、河北省、山西省、辽宁省、黑龙江省、浙江省、福建省、江西省、河南省、湖南省、海南省、四川省、青海省、广西壮族自治区、西藏自治区、新疆维吾尔自治区这些地区的民事公益诉讼均未涉及第三人。

---

〔1〕（2019）苏 08 民终 939 号。
〔2〕（2015）闽民终字第 2060 号；（2017）闽 01 民初 736 号。
〔3〕（2012）东环保民初字第 2 号；（2012）东环保民初字第 3 号；（2012）东环保民初字第 4 号。
〔4〕（2016）黔 0181 民初 138 号，（2018）黔 01 民终 868 号。
〔5〕（2017）甘 10 民初 36 号。

第三节　刑事附带民事公益诉讼

一、检察机关地位之判断

以 2018 年 3 月为界，2018 年 3 月前，人民检察院的定位为“公益诉讼人”，而在 2018 年 3 月《若干问题的解释》出台后，人民检察院的定位则明确为“公益诉讼起诉人”。

（一）全国

整体检索裁判文书全文，包括首部与行文部分（主要是“本院认为”部分）对检察机关的称谓。之所以没有仅仅检索首部称谓，还在裁判行文中检索检察机关称谓的原因是，不少案件仅在首部将检察机关称为“公诉机关”，但是这类案件的裁判文书在行文过程中，均提到了检察机关在刑事附带民事公益诉讼中的另一身份——“公益诉讼起诉人”“公益诉讼人”“附带民事诉讼原告人”“公益诉讼机关”等。部分裁判文书在“本院认为”部分往往有“本案在审理过程中，某检察院作为公益诉讼起诉人对某被告提起附带民事公益诉讼，在本院主持下，双方达成调解协议”的叙述。也就是说，这类刑事附带民事公益诉讼案件中，附带的民事公益诉讼的部分并不在该刑事裁判文书中解决，而是在刑事案件之外以调解协议的方式解决。

在对全国千余件刑事附带民事公益诉讼案件进行检索之后，可以发现各地裁判文书对检察院的称谓主要有以下几种：

（1）公诉机关暨公益诉讼起诉人；（2）公诉机关暨公益诉讼人；（3）公诉机关暨附带民事公益诉讼原告人；（4）仅公诉机关；（5）仅抗诉机关。〔1〕

全国刑事附带民事公益诉讼中关于检察院的表述规律如下：

（1）数量规律：从总体数量上看，以“公益诉讼起诉人”来称呼检察院的裁判文书占比更大；（2）时间线规律：从 2018 年开始，《若干问题的解释》发布后，“公

〔1〕 第（1）类、第（2）类、第（3）类、第（4）类称谓包括在二审中被称为原审公诉机关暨公益诉讼起诉人／原审公诉机关暨公益诉讼人／原审公诉机关暨附带民事公益诉讼原告人／原审公诉机关的情况。

益诉讼起诉人”的表述方式使用率较高;(3)细节规律:使用“公益诉讼人”还是“公益诉讼起诉人”的表述方式,与法官的个人书写习惯有一定联系,具体表现为某地某法院对检察院的称谓具有高度一致性。

(二)试点地区

北京市

北京市4件刑事附带民事公益诉讼案件中,对检察机关的称谓均表述为“公诉机关暨公益诉讼起诉人”。

北京市4件刑事附带民事公益诉讼案件中,与《若干问题的解释》中赋予的人民检察院“公益诉讼起诉人”的身份一致。

内蒙古自治区

内蒙古自治区53件刑事附带民事公益诉讼案件中,“公诉机关暨公益诉讼起诉人”的表述共22件,占比41%,“公诉机关暨附带民事公益诉讼人”的表述共16件,占比30%,“公诉机关暨附带民事公益诉讼原告人”的表述共4件,占比8%,“公诉机关+公益诉讼机关”的表述共1件,占比2%,仅“公诉机关”的表述共10件,占比19%。

内蒙古自治区刑事附带民事公益诉讼案件中,“公益诉讼起诉人”的表述最多,但是在《若干问题的解释》中明确检察机关“公益诉讼起诉人”身份的前提下,仍有不少案件在对检察机关的称谓上采用了“公益诉讼人”“附带民事公益诉讼原告人”等不同的表述,且这些存在不同表述的案件来自各地法院,对检察机关的称谓整体较为混乱。

另外,内蒙古自治区有一份裁判文书——陈日光、王海龙与宋利荣、杨福柱二审刑事裁定书〔1〕——来自呼和浩特市回民区人民法院,该案对检察机关的称谓表述为“公诉机关+公益诉讼起诉机关”,仅在该案中出现了这一称谓。

〔1〕(2019)内01刑终122号。

吉林省

吉林省 71 件刑事附带民事公益诉讼案件中，“公诉机关暨公益诉讼起诉人”的表述共 28 件，占比 39%，“公诉机关暨附带民事公益诉讼人”的表述共 12 件，占比 17%，“公诉机关暨附带民事诉讼原告人”的表述共 24 件，占比 34%，“公诉机关 + 公益诉讼机关”的表述共 3 件，占比 4%，仅“公诉机关”的表述共 4 件，占比 6%。

吉林省刑事附带民事公益诉讼案件中，“公益诉讼起诉人”的表述最多，但是在《若干问题的解释》明确检察机关“公益诉讼起诉人”身份的前提下，仍有不少案件在对检察机关的称谓上采用了“公益诉讼人”“附带民事诉讼原告人”“公益诉讼机关”等不同的表述，且这些存在不同表述的案件来自各地法院，对检察机关的称谓整体较为混乱。

另外，将检察机关称为“公诉机关 + 公益诉讼机关”的 3 件案件[1]均来自吉林省公主岭市人民法院。

江苏省

江苏省 276 件刑事附带民事公益诉讼案件中，“公诉机关暨公益诉讼起诉人”的表述共 192 件，占比 67%，“公诉机关暨附带民事公益诉讼人”的表述共 25 件，占比 9%，“公诉机关暨附带民事诉讼原告人”的表述共 11 件，占比 4%，仅“公诉机关”的表述共 46 件，占比 16%，“公诉机关暨附带民事公益诉讼原告人”的表述共 11 件，占比 4%。

江苏省刑事附带民事公益诉讼案件中，“公益诉讼起诉人”的表述最多，但是在《若干问题的解释》明确检察机关“公益诉讼起诉人”身份的前提下，仍有不少案件在对检察机关的称谓上采用了“公益诉讼人”“附带民事诉讼原告人”等不同的表述，且这些存在不同表述的案件来自各地法院，对检察机关的称谓整体较为混乱。

---

〔1〕（2018）吉 0381 刑初 604 号；（2018）吉 0381 刑初 524 号；（2019）吉 03 刑终 65 号。

安徽省

安徽省 286 件刑事附带民事公益诉讼案件中，“公诉机关暨公益诉讼起诉人”的表述共 169 件，占比 64%，“公诉机关暨附带民事公益诉讼人”的表述共 52 件，占比 20%，“公诉机关暨附带民事诉讼原告人”的表述共 13 件，占比 5%，“公诉机关＋公益诉讼机关”的表述共 2 件，占比 1%，“公诉机关＋公益诉讼人”的表述共 1 件，占比不到 1%，“公诉人＋公益诉讼人”的表述共 3 件，占比 1%，“公诉机关”的表述共 24 件，占比 9%，“抗诉机关暨公益诉讼起诉人”的表述共 1 件，占比不到 1%，“附带民事公益诉讼起诉人”的表述共 1 件，占比不到 1%。

安徽省刑事附带民事公益诉讼案件中，“公益诉讼起诉人”的表述最多，但是在《若干问题的解释》明确检察机关“公益诉讼起诉人”身份的前提下，仍有不少案件在对检察机关的称谓上采用了“公益诉讼人”“附带民事诉讼原告人”“公益诉讼机关”等不同的表述，且这些存在不同表述的案件来自各地法院，对检察机关的称谓整体较为混乱。

福建省

福建省 33 件刑事附带民事公益诉讼案件中，“公诉机关暨公益诉讼起诉人”的表述共 22 件，占比 67%，“公诉机关暨附带民事公益诉讼人”的表述共 4 件，占比 12%，“公诉机关暨附带民事诉讼原告人”的表述共 1 件，占比 3%，仅“公诉机关”的表述共 6 件，占比 18%。

福建省刑事附带民事公益诉讼案件中，“公益诉讼起诉人”的表述最多，但是在《若干问题的解释》明确检察机关“公益诉讼起诉人”身份的前提下，仍有不少案件在对检察机关的称谓上采用了“公益诉讼人”“附带民事诉讼原告人”“公益诉讼机关”等不同的表述，且这些存在不同表述的案件来自各地法院，对检察机关的称谓整体较为混乱。

山东省

山东省 137 件刑事附带民事公益诉讼案件中，“公诉机关暨公益诉讼起诉人”的表述共 114 件，占比 83%，“公诉机关暨附带民事公益诉讼人”的表述共 8 件，占比 6%，“公诉机关暨附带民事诉讼原告人”的表述共 8 件，占比 6%，仅

"公诉机关"的表述共 4 件，占比 3%，仅"抗诉机关"的表述共 1 件，占比 1%，"抗诉机关暨附带民事公益诉讼原告人"的表述共 1 件，占比 1%，"公诉机关暨附带民事诉讼原告人"的表述共 1 件，占比 1%。

山东省刑事附带民事公益诉讼案件中，"公益诉讼起诉人"的表述最多，但是在《若干问题的解释》明确检察机关"公益诉讼起诉人"身份的前提下，仍有不少案件在对检察机关的称谓上采用了"公益诉讼人""附带民事诉讼原告人"等不同的表述，且这些存在不同表述的案件来自各地法院，对检察机关的称谓整体较为混乱。

湖北省

湖北省 191 件刑事附带民事公益诉讼案件中，"公诉机关暨公益诉讼起诉人"的表述共 121 件，占比 63%，"公诉机关暨附带民事公益诉讼人"的表述共 42 件，占比 22%，"公诉机关暨附带民事诉讼原告人"的表述共 2 件，占比 1%，仅"公诉机关"的表述共 26 件，占比 14%。

湖北省刑事附带民事公益诉讼案件中，"公益诉讼起诉人"的表述最多，但是在《若干问题的解释》明确检察机关"公益诉讼起诉人"身份的前提下，仍有不少案件在对检察机关的称谓上采用了"公益诉讼人""附带民事诉讼原告人"等不同的表述，且这些存在不同表述的案件来自各地法院，对检察机关的称谓整体较为混乱。

广东省

广东省 123 件刑事附带民事公益诉讼案件中，"公诉机关暨公益诉讼起诉人"的表述共 105 件，占比 85%，"公诉机关暨附带民事公益诉讼人"的表述共 1 件，占比 1%，"公诉机关暨附带民事诉讼原告人"的表述共 1 件，占比 1%，仅"公诉机关"的表述共 15 件，占比 12%，仅"公益诉讼起诉人"的表述共 1 件，占比 1%。

广东省刑事附带民事公益诉讼案件中，"公益诉讼起诉人"的表述最多，但是在《若干问题的解释》明确检察机关"公益诉讼起诉人"身份的前提下，仍有不少案件在对检察机关的称谓上采用了"公益诉讼人""附带民事诉讼原告人"等不同的表述，且这些存在不同表述的案件来自各地法院，对检察机关的称谓整体较为混乱。

另外，广东省有一份调解书——罗协彬、罗协懂污染环境一审刑事调解书[1]——该案对检察机关的称谓仅表述为“公益诉讼起诉人”，由于在该调解书中不涉及刑事部分责任承担，故省略了“公诉机关”的称谓。

贵州省

贵州省109件刑事附带民事公益诉讼案件中，“公诉机关暨公益诉讼起诉人”的表述共65件，占比59%，“公诉机关暨附带民事公益诉讼人”的表述共28件，占比26%，“公诉机关暨附带民事诉讼原告人”的表述共14件，占比13%，仅“公诉机关”的表述共2件，占比2%。

贵州省刑事附带民事公益诉讼案件中，“公益诉讼起诉人”的表述最多，但是在《若干问题的解释》明确检察机关“公益诉讼起诉人”身份的前提下，仍有不少案件在对检察机关的称谓上采用了“公益诉讼人”“附带民事诉讼原告人”等不同的表述，且这些存在不同表述的案件来自各地法院，对检察机关的称谓整体较为混乱。

云南省

云南省79件刑事附带民事公益诉讼案件中，“公诉机关暨公益诉讼起诉人”的表述共36件，占比46%，“公诉机关暨附带民事公益诉讼人”的表述共7件，占比9%，“公诉机关暨附带民事诉讼原告人”的表述共5件，占比6%，“公诉机关+公益诉讼机关”的表述共7件，占比9%，仅“公诉机关”的表述共23件，占比29%，仅“抗诉机关”的表述共1件，占比1%。

云南省刑事附带民事公益诉讼案件中，“公益诉讼起诉人”的表述最多，但是在《若干问题的解释》明确检察机关“公益诉讼起诉人”身份的前提下，仍有不少案件在对检察机关的称谓上采用了“公益诉讼人”“附带民事诉讼原告人”“公益诉讼机关”等不同的表述，且这些存在不同表述的案件来自各地法院，对检察

[1]（2019）粤0783刑初474号。

机关的称谓整体较为混乱。

另外，将检察机关称为“公诉机关＋公益诉讼机关”的 7 件案件中，[1]有 5 件[2]来自普洱孟连县人民法院，另外 2 件[3]分别来自怒江贡山县人民法院、红河金平县人民法院。

陕西省

陕西省 171 件刑事附带民事公益诉讼案件中，“公诉机关暨公益诉讼起诉人”的表述共 80 件，占比 63%，“公诉机关暨附带民事公益诉讼人”的表述共 13 件，占比 10%，“公诉机关暨附带民事诉讼原告人”的表述共 6 件，占比 5%，“公诉机关＋公益诉讼机关”的表述共 19 件，占比 15%，仅“公诉机关”的表述共 7 件，占比 5%，仅“公益诉讼起诉人”的表述共 1 件，占比 1%，“抗诉机关暨公益诉讼起诉人”的表述共 1 件，占比 1%。

陕西省刑事附带民事公益诉讼案件中，“公益诉讼起诉人”的表述最多，但是在《若干问题的解释》明确检察机关“公益诉讼起诉人”身份的前提下，仍有不少案件在对检察机关的称谓上采用了“公益诉讼人”“附带民事诉讼原告人”“公益诉讼机关”等不同的表述，且这些存在不同表述的案件来自各地法院，对检察机关的称谓整体较为混乱。

另外，陕西省有一份裁定书——段朝阳危险驾驶罪一审刑事裁定书[4]——该案对检察机关的称谓仅表述为“公益诉讼起诉人”，由于在该裁定书中不涉及刑事部分责任承担，故省略了“公诉机关”的称谓。

甘肃省

甘肃省 83 件刑事附带民事公益诉讼案件中，“公诉机关暨公益诉讼起诉人”的表述共 60 件，占比 72%，“公诉机关暨附带民事公益诉讼人”的表述共 13 件，占比 16%，“公诉机关暨附带民事诉讼原告人”的表述共 7 件，占比 8%，仅“公诉

---

〔1〕（2018）吉 0381 刑初 604 号；（2018）吉 0381 刑初 524 号；（2019）吉 03 刑终 65 号。

〔2〕（2017）云 0827 刑初 116 号；（2017）云 0827 刑初 113 号；（2017）云 0827 刑初 115 号；（2017）云 0827 刑初 112 号；（2017）云 0827 刑初 117 号。

〔3〕（2018）云 3324 刑初 22 号；（2019）云 25 刑终 45 号。

〔4〕（2019）陕 0425 刑初 63 号。

机关”的表述共3件，占比4%。

甘肃省刑事附带民事公益诉讼案件中，“公益诉讼起诉人”的表述最多，但是在《若干问题的解释》明确检察机关“公益诉讼起诉人”身份的前提下，仍有不少案件在对检察机关的称谓上采用了“公益诉讼人”“附带民事诉讼原告人”等不同的表述，且这些存在不同表述的案件来自各地法院，对检察机关的称谓整体较为混乱。

（三）非试点地区

天津市

天津市5件刑事附带民事公益诉讼案件中，对检察机关的称谓均表述为“公诉机关暨公益诉讼起诉人”，占比100%。与《若干问题的解释》中明确的人民检察院“公益诉讼起诉人”身份一致，这5件案件均采用了“公益诉讼起诉人”的表述。

上海市

上海市2件刑事附带民事公益诉讼案件中，对检察机关的称谓均表述为“公诉机关暨公益诉讼起诉人”，占比100%。与《若干问题的解释》中明确的人民检察院“公益诉讼起诉人”身份一致，这2件案件均采用了“公益诉讼起诉人”的表述。

重庆市

重庆市45件刑事附带民事公益诉讼案件中，“公益诉讼起诉人”的表述占绝大部分，但是在《若干问题的解释》明确检察机关“公益诉讼起诉人”身份的前提下，仍有2件案件[1]在对检察机关的称谓上采用了“公益诉讼人”的表述。这两件案件均由巫山县人民法院审理，但是审判人员并不相同。

河北省

河北省110件刑事附带民事公益诉讼案件中，“公诉机关暨公益诉讼起诉人”的表述共99件，占比90%，“公诉机关暨附带民事公益诉讼人”的表述共9

〔1〕（2018）渝0237刑初218号；（2019）渝0237刑初22号。

件，占比 8%，仅“公诉机关”的表述共 2 件，占比 2%。

河北省刑事附带民事公益诉讼案件中，“公益诉讼起诉人”的表述最多，但是在《若干问题的解释》明确检察机关“公益诉讼起诉人”身份的前提下，仍有不少案件在对检察机关的称谓上采用了“公益诉讼人”的表述，且这些存在不同表述的案件来自各地法院，对检察机关的称谓整体较为混乱。

山西省

山西省 127 件刑事附带民事公益诉讼案件中，“公诉机关暨公益诉讼起诉人”的表述共 80 件，占比 63%，“公诉机关暨附带民事公益诉讼人”的表述共 10 件，占比 10%，“公诉机关暨附带民事诉讼原告人”的表述共 6 件，占比 5%，“公诉机关 + 公益诉讼（起诉）机关”的表述共 19 件，占比 15%，仅“公诉机关”的表述共 7 件，占比 5%，对检察机关无具体称谓的有 2 件，占比 2%。

山西省刑事附带民事公益诉讼案件中，“公益诉讼起诉人”的表述最多，但是在《若干问题的解释》明确检察机关“公益诉讼起诉人”身份的前提下，仍有不少案件在对检察机关的称谓上采用了“公益诉讼人”“附带民事诉讼原告人”“公益诉讼机关”等不同的表述，且这些存在不同表述的案件来自各地法院，对检察机关的称谓整体较为混乱。

另外，山西有 2 件[1]案件对检察机关没有具体称谓，这 2 件案件均来自山西省晋城市陵川县。

辽宁省

辽宁省 96 件刑事附带民事公益诉讼案件中，“公诉机关暨公益诉讼起诉人”的表述共 52 件，占比 54%，“公诉机关暨附带民事公益诉讼人”的表述共 9 件，占比 10%，“公诉机关暨附带民事诉讼原告人”的表述共 3 件，占比 3%，“公诉机关 + 公益诉讼（起诉）机关”的表述共 27 件，占比 28%，仅“公诉机关”的表述共 5 件，占比 5%。

辽宁省刑事附带民事公益诉讼案件中，“公益诉讼起诉人”的表述最多，但是

〔1〕（2018）晋 0524 刑初 109 号；（2018）晋 0524 刑初 112 号。

在《若干问题的解释》明确检察机关“公益诉讼起诉人”身份的前提下，仍有不少案件在对检察机关的称谓上采用了“公益诉讼人”“附带民事诉讼原告人”“公益诉讼机关”等不同的表述，且这些存在不同表述的案件来自各地法院，对检察机关的称谓整体较为混乱。

黑龙江省

黑龙省 47 件刑事附带民事公益诉讼案件中，“公诉机关暨公益诉讼起诉人”的表述共 41 件，占比 87%，“公诉机关暨附带民事公益诉讼人”的表述共 4 件，占比 9%，“公诉机关 + 公益诉讼（起诉）机关”的表述共 1 件，占比 2%，仅“公诉机关”的表述共 1 件，占比 2%。

黑龙江省刑事附带民事公益诉讼案件中，“公益诉讼起诉人”的表述最多，但是在《若干问题的解释》明确检察机关“公益诉讼起诉人”身份的前提下，仍有不少案件在对检察机关的称谓上采用了“公益诉讼人”“公益诉讼机关”等不同的表述，且这些存在不同表述的案件来自各地法院，对检察机关的称谓整体较为混乱。

浙江省

浙江省 274 件刑事附带民事公益诉讼案件中，“公诉机关暨公益诉讼起诉人”的表述共 247 件，占比 90%，“公诉机关暨附带民事公益诉讼人”的表述共 5 件，占比 2%，“公诉机关暨附带民事诉讼原告人”的表述共 1 件，占比不到 1%，“公诉机关 + 公益诉讼（起诉）机关”的表述共 3 件，占比 1%，仅“公诉机关”的表述共 17 件，占比 6%，仅“抗诉机关”的表述共 1 件，占比不到 1%。

浙江省刑事附带民事公益诉讼案件中，“公益诉讼起诉人”的表述最多，但是在《若干问题的解释》明确检察机关“公益诉讼起诉人”身份的前提下，仍有不少案件在对检察机关的称谓上采用了“公益诉讼人”“附带民事诉讼原告人”“公益诉讼机关”等不同的表述，且这些存在不同表述的案件来自各地法院，对检察机关的称谓整体较为混乱。

江西省

江西省 155 件刑事附带民事公益诉讼案件中，“公诉机关暨公益诉讼起诉人”的表述共 87 件，占比 56%，“公诉机关暨附带民事公益诉讼人”的表述共 32 件，占比 21%，“公诉机关暨附带民事诉讼原告人”的表述共 9 件，占比 6%，“公诉机关 + 公益诉讼（起诉）机关”的表述共 1 件，占比 1%，仅“公诉机关”的表述共 24 件，占比 15%，“公诉机关 + 附带民事诉讼原告人暨公益诉讼人”的表述共 2 件，占比 1%。

江西省刑事附带民事公益诉讼案件中，“公益诉讼起诉人”的表述最多，但是在《若干问题的解释》明确检察机关“公益诉讼起诉人”身份的前提下，仍有不少案件在对检察机关的称谓上采用了“公益诉讼人”“附带民事诉讼原告人”“公益诉讼机关”等不同的表述，且这些存在不同表述的案件来自各地法院，对检察机关的称谓整体较为混乱。

另外，江西省有 2 件案件对检察机关有 3 种称谓：公诉机关、附带民事诉讼原告人、公益诉讼人。但是这 2 件案件却来自不同地区的法院，一件[1]来自赣州市上犹县，另一件[2]来自鹰潭市贵溪市。

河南省

河南省 148 件刑事附带民事公益诉讼案件中，“公诉机关暨公益诉讼起诉人”的表述共 97 件，占比 66%，“公诉机关暨附带民事公益诉讼人”的表述共 9 件，占比 6%，“公诉机关暨附带民事诉讼原告人”的表述共 12 件，占比 8%，“公诉机关 + 公益诉讼（起诉）机关”的表述共 20 件，占比 13%，仅“公诉机关”的表述共 9 件，占比 6%，“附带民事公益诉讼起诉人”的表述共 1 件，占比不到 1%。

河南省刑事附带民事公益诉讼案件中，“公益诉讼起诉人”的表述最多，但是在《若干问题的解释》明确检察机关“公益诉讼起诉人”身份的前提下，仍有不少案件在对检察机关的称谓上采用了“公益诉讼人”“附带民事诉讼原告人”“公益诉讼机关”等不同的表述，且这些存在不同表述的案件来自各地法院，对检察机关的称谓整体较为混乱。

另外，河南省有一份调解书——张瑞英、王作合生产、销售不符合安全标准

---

〔1〕（2017）赣 0724 刑初 66 号。
〔2〕（2018）赣 0681 刑初 69 号。

的食品一审刑事调解书[1]——该案对检察机关的称谓仅表述为“附带民事公益诉讼起诉人”，由于在该调解书中不涉及刑事部分责任承担，故省略了“公诉机关”的称谓。

湖南省

湖南省 214 件刑事附带民事公益诉讼案件中，“公诉机关暨公益诉讼起诉人”的表述共 138 件，占比 65%，“公诉机关暨附带民事公益诉讼人”的表述共 16 件，占比 8%，“公诉机关暨附带民事诉讼原告人”的表述共 6 件，占比 3%，“公诉机关 + 公益诉讼（起诉）机关”的表述共 18 件，占比 8%，仅“公诉机关”的表述共 35 件，占比 16%，仅“抗诉机关”的表述共 1 件，占比不到 1%。

湖南省刑事附带民事公益诉讼案件中，“公益诉讼起诉人”的表述最多，但是在《若干问题的解释》明确检察机关“公益诉讼起诉人”身份的前提下，仍有不少案件在对检察机关的称谓上采用了“公益诉讼人”“附带民事诉讼原告人”“公益诉讼机关”等不同的表述，且这些存在不同表述的案件来自各地法院，对检察机关的称谓整体较为混乱。

海南省

海南省 6 件刑事附带民事公益诉讼案件中，对检察机关的称谓均表述为“公诉机关暨公益诉讼起诉人”，占比 100%。与《若干问题的解释》中明确的人民检察院“公益诉讼起诉人”身份一致，这 6 件案件均采用了“公益诉讼起诉人”的表述。

四川省

四川省 434 件刑事附带民事公益诉讼案件中，“公诉机关暨公益诉讼起诉人”的表述共 360 件，占比 83%，“公诉机关暨附带民事公益诉讼人”的表述共 26 件，占比 6%，“公诉机关暨附带民事诉讼原告人”的表述共 12 件，占比 3%，“公诉机关 + 公益诉讼（起诉）机关”的表述共 3 件，占比 1%，“公诉机关 + 公益诉讼提起人”的表述共 1 件，占比不到 1%，仅“公诉机关”的表述共 25 件，占比 6%，

---

[1] （2019）豫 0922 刑初 347 号。

"公诉机关暨附带民事诉讼起诉人"的表述共4件，占比1%，"公诉机关暨附带民事诉讼原告人"的表述共1件，占比不到1%，"公益诉讼起诉人"的表述共1件，占比不到1%，只有检察机关名称的共1件，占比不到1%。

四川省刑事附带民事公益诉讼案件中，"公益诉讼起诉人"的表述最多，但是在《若干问题的解释》明确检察机关"公益诉讼起诉人"身份的前提下，仍有不少案件在对检察机关的称谓上采用了"公益诉讼人""附带民事诉讼原告人""公益诉讼机关"等不同的表述，且这些存在不同表述的案件来自各地法院，对检察机关的称谓整体较为混乱。

另外，四川省有1份判决书[1]——川宏佳蚓生物科技有限公司污染环境罪一案一审刑事判决书，在对检察机关的称谓上采用了"公益诉讼提起人"的表述；还有1份判决书[2]——胡光君、李小君、谌登勇等非法狩猎罪一审刑事判决书，判决书中对检察机关并无具体称谓，只有检察机关的名称。

青海省

青海省59件刑事附带民事公益诉讼案件中，"公诉机关暨公益诉讼起诉人"的表述共17件，占比29%，"公诉机关暨附带民事公益诉讼人"的表述共10件，占比17%，"公诉机关暨附带民事诉讼原告人"的表述共4件，占比7%，仅"公诉机关"的表述共28件，占比47%。

青海省刑事附带民事公益诉讼案件中，"公益诉讼起诉人"的表述最多，但是在《若干问题的解释》明确检察机关"公益诉讼起诉人"身份的前提下，仍有不少案件在对检察机关的称谓上采用了"公益诉讼人""附带民事诉讼原告人"等不同的表述，且这些存在不同表述的案件来自各地法院，对检察机关的称谓整体较为混乱。

广西壮族自治区

广西壮族自治区58件刑事附带民事公益诉讼案件中，"公诉机关暨公益诉讼起诉人"的表述共44件，占比76%，"公诉机关暨附带民事公益诉讼人"的

---

〔1〕（2019）川0184刑初470号。
〔2〕（2018）川1603刑初90号。

表述共 3 件，占比 5%，“公诉机关暨附带民事诉讼原告人”的表述共 2 件，占比 4%，“公诉机关 + 公益诉讼（起诉）机关”的表述共 3 件，占比 5%，“公诉机关 + 公益诉讼方”的表述共 2 件，占比 3%，仅“公诉机关”的表述共 3 件，占比 5%，“公诉机关 + 附带民事诉讼原告人暨公益诉讼起诉人”的表述共 1 件，占比 2%。

广西壮族自治区刑事附带民事公益诉讼案件中，“公益诉讼起诉人”的表述最多，但是在《若干问题的解释》明确检察机关“公益诉讼起诉人”身份的前提下，仍有不少案件在对检察机关的称谓上采用了“公益诉讼人”“附带民事诉讼原告人”“公益诉讼机关”等不同的表述，且这些存在不同表述的案件来自各地法院，对检察机关的称谓整体较为混乱。

另外，广西壮族自治区有 2 份判决书[1]——莫荣全非法占用农用地罪一案一审刑事判决书、黄世检非法占用农用地罪一案一审刑事判决书，在对检察机关的称谓上采用了“公益诉讼方”的表述，且这 2 件案件均来自来宾市武宣县人民法院。

西藏自治区

西藏自治区 6 件刑事附带民事公益诉讼案件中，“公诉机关暨公益诉讼起诉人”的表述共 5 件，占比 83%，“公诉机关暨附带民事诉讼原告人”的表述共 1 件，占比 17%。

西藏自治区刑事附带民事公益诉讼案件中，“公益诉讼起诉人”的表述最多，但是在《若干问题的解释》明确检察机关“公益诉讼起诉人”身份的前提下，仍有 1 件案件在对检察机关的称谓上采用了“附带民事诉讼原告人”的表述。

宁夏回族自治区

宁夏回族自治区 39 件刑事附带民事公益诉讼案件中，“公诉机关暨公益诉讼起诉人”的表述共 24 件，占比 61%，“公诉机关暨附带民事公益诉讼人”的表述共 2 件，占比 5%，“公诉机关暨附带民事诉讼原告人”的表述共 2 件，占比 5%，“公诉机关 + 公益诉讼（起诉）机关”的表述共 3 件，占比 8%，仅“公诉机

---

〔1〕（2019）桂 1323 刑初 360 号；（2019）桂 1323 刑初 371 号。

关”的表述共 7 件，占比 18%，仅“公益诉讼机关”的表述共 1 件，占比 3%。

宁夏回族自治区刑事附带民事公益诉讼案件中，“公益诉讼起诉人”的表述最多，但是在《若干问题的解释》明确检察机关“公益诉讼起诉人”身份的前提下，仍有不少案件在对检察机关的称谓上采用了“公益诉讼人”“附带民事诉讼原告人”“公益诉讼机关”等不同的表述，且这些存在不同表述的案件来自各地法院，对检察机关的称谓整体较为混乱。

另外，宁夏回族自治区有 1 份调解书——邓某某非法采矿罪一审刑事调解书[1]——该案对检察机关的称谓仅表述为“公益诉讼机关”，由于在该调解书中不涉及刑事部分责任承担，故省略了“公诉机关”的称谓。

新疆维吾尔自治区

新疆维吾尔自治区 48 件刑事附带民事公益诉讼案件中，“公诉机关暨公益诉讼起诉人”的表述共 15 件，占比 31%，“公诉机关暨附带民事公益诉讼人”的表述共 6 件，占比 13%，“公诉机关暨附带民事诉讼原告人”的表述共 3 件，占比 6%，仅“公诉机关”的表述共 24 件，占比 50%。

新疆维吾尔自治区刑事附带民事公益诉讼案件中，“公益诉讼起诉人”的表述最多，但是在《若干问题的解释》明确检察机关“公益诉讼起诉人”身份的前提下，仍有不少案件在对检察机关的称谓上采用了“公益诉讼人”“附带民事诉讼原告人”等不同的表述，且这些存在不同表述的案件来自各地法院，对检察机关的称谓整体较为混乱。

二、审判人员之构成

（一）全国

1. 管辖

全国刑事附带民事公益诉讼指定管辖的案件总量极少，仅在试点地区四川省有 2 件指定管辖。

---

〔1〕（2018）宁 0122 刑初 114 号。

2. 法官人数、陪审员人数

在《人民陪审员法》出台前，公益诉讼案件并不一定使用陪审制度。2018 年 4 月 27 日，《人民陪审员法》出台后，对公益诉讼陪审制度作出较为明确的规定。我国公益诉讼陪审制度的立法现状：任何公益诉讼案件都必须适用陪审制度；针对公益诉讼案件组成的合议庭人数固定为 7 人，其中法官为 3 人，人民陪审员为 4 人。但是，实践中合议庭法官与陪审员的组合方式较为混乱，在《人民陪审员法》规定公益诉讼必须适用陪审制度的情况下，刑事附带民事公益诉讼的许多案件仍然没有人民陪审员的参与。

（二）试点地区

1. 管辖

四川省有 2 件指定管辖。

2. 法官人数、陪审员人数

北京市

北京市刑事附带民事公益诉讼案件法官与陪审员人数组成中，“3+0” 组合有 1 件，占比 25%，“3+4” 组合有 3 件，占比 75%。

其中，符合法律规定组成 7 人合议庭进行审理的有 3 件，为 “3+4” 组合，另 1 件没有人民陪审员的参与。从整体上看，该省刑事附带民事公益诉讼案件人民陪审员参与度较高。

内蒙古自治区

内蒙古自治区刑事附带民事公益诉讼案件法官与陪审员人数组成中，“1+2” 组合有 15 件，占比 28%，“2+1” 组合有 22 件，占比 41%，“3+0” 组合有 12 件，占比 23%，“3+1” 组合有 1 件，占比 2%，“3+2” 组合有 1 件，占比 2%，“3+4” 组合有 2 件，占比 4%。

其中，符合法律规定组成 7 人合议庭进行审理的仅有 2 件，为 “3+4” 组合，另有 12 件没有人民陪审员的参与。从整体上看，该省刑事附带民事公益诉讼案件人民陪审员参与度一般。

吉林省

吉林省刑事附带民事公益诉讼案件法官与陪审员人数组成中，“1+0”组合有3件，占比4%，“1+2”组合有22件，占比31%，“2+1”组合有19件，占比27%，“3+0”组合有25件，占比35%，“3+4”组合有2件，占比3%。

其中，符合法律规定组成7人合议庭进行审理的仅有2件，为“3+4”组合，另有28件没有人民陪审员的参与。从整体上看，该省刑事附带民事公益诉讼案件人民陪审员参与度一般。

江苏省

江苏省刑事附带民事公益诉讼案件法官与陪审员人数组成中，“1+0”组合有8件，占比8%，“1+1”组合有1件，占比1%，“1+2”组合有100件，占比36%，“2+1”组合有73件，占比27%，“3+0”组合有36件，占比13%，“3+4”组合有58件，占比21%。

其中，符合法律规定组成7人合议庭进行审理的有58件，为“3+4”组合，另有44件没有人民陪审员的参与。从整体上看，该省刑事附带民事公益诉讼案人件民陪审员参与度一般。

安徽省

安徽省刑事附带民事公益诉讼案件法官与陪审员人数组成中，“1+0”组合有13件，占比5%，“1+2”组合有79件，占比28%，“2+1”组合有102件，占比36%，“3+0”组合有61件，占比21%，“3+4”组合有31件，占比11%。

其中，符合法律规定组成7人合议庭进行审理的有31件，为“3+4”组合，另有74件没有人民陪审员的参与。从整体上看，该省刑事附带民事公益诉讼案件人民陪审员参与度一般。

福建省

福建省刑事附带民事公益诉讼案件法官与陪审员人数组成中，“1+2”组合有6件，占比18%，“2+1”组合有5件，占比15%，“3+0”组合有7件，占比21%，“3+4”组合有15件，占比45%。

其中，符合法律规定组成7人合议庭进行审理的有15件，为“3+4”组合，另有 7 件没有人民陪审员的参与。从整体上看，该省刑事附带民事公益诉讼案件人民陪审员参与度一般。

山东省

山东省刑事附带民事公益诉讼案件法官与陪审员人数组成中，“1+2” 组合有 52 件，占比 38%，“2+1” 组合有 31 件，占比 23%，“3+0” 组合有 12 件，占比 9%，“3+4” 组合有 42 件，占比 31%。

其中，符合法律规定组成 7 人合议庭进行审理的有 42 件，为 “3+4” 组合，另有 12 件没有人民陪审员的参与。从整体上看，该省刑事附带民事公益诉讼案件人民陪审员参与度一般。

湖北省

湖北省刑事附带民事公益诉讼案件法官与陪审员人数组成中，“1+0” 组合有 4 件，占比 2%，“1+2” 组合有 45 件，占比 24%，“2+1” 组合有 20 件，占比 10%，“2+4” 组合有 2 件，占比 1%，“3+0” 组合有 26 件，占比 14%，“3+4” 组合有 90 件，占比 47%，“4+3” 组合有 1 件，占比不到 1%，“5+0” 组合有 1 件，占比不到 1%，“5+2” 组合有 2 件，占比 1%。

其中，符合法律规定组成 7 人合议庭进行审理的有 90 件，为 “3+4” 组合，另有 31 件没有人民陪审员的参与。从整体上看，该省刑事附带民事公益诉讼案件人民陪审员参与度一般。

广东省

广东省刑事附带民事公益诉讼案件法官与陪审员人数组成中，“1+0” 组合有 6 件，占比 5%，“1+2” 组合有 41 件，占比 33%，“2+1” 组合有 20 件，占比 16%，“3+0” 组合有 21 件，占比 17%，“3+4” 组合有 35 件，占比 28%。

其中，符合法律规定组成 7 人合议庭进行审理的有 35 件，为 “3+4” 组合，另有 27 件没有人民陪审员的参与。从整体上看，该省刑事附带民事公益诉讼案件人民陪审员参与度一般。

贵州省

贵州省刑事附带民事公益诉讼案件法官与陪审员人数组成中，“1+0” 组合有 20 件，占比 18%，“1+2” 组合有 36 件，占比 33%，“2+1” 组合有 20 件，占比 18%，“3+0” 组合有 6 件，占比 6%，“3+4” 组合有 27 件，占比 25%。

其中，符合法律规定组成 7 人合议庭进行审理的有 27 件，为 “3+4” 组合，另有 26 件没有人民陪审员的参与。从整体上看，该省刑事附带民事公益诉讼案件人民陪审员参与度一般。

云南省

云南省刑事附带民事公益诉讼案件法官与陪审员人数组成中，“1+1” 组合有 1 件，占比 1%，“1+2” 组合有 15 件，占比 19%，“2+1” 组合有 23 件，占比 29%，“3+0” 组合有 22 件，占比 28%，“3+4” 组合有 18 件，占比 23%。

其中，符合法律规定组成 7 人合议庭进行审理的有 18 件，为 “3+4” 组合，另有 22 件没有人民陪审员的参与。从整体上看，该省刑事附带民事公益诉讼案件人民陪审员参与度一般。

陕西省

陕西省刑事附带民事公益诉讼案件法官与陪审员人数组成中，“1+0” 组合有 12 件，占比 7%，“1+2” 组合有 57 件，占比 33%，“2+1” 组合有 49 件，占比 29%，“3+0” 组合有 19 件，占比 11%，“3+4” 组合有 34 件，占比 20%。

其中，符合法律规定组成 7 人合议庭进行审理的有 34 件，为 “3+4” 组合，另有 31 件没有人民陪审员的参与。从整体上看，该省刑事附带民事公益诉讼案件人民陪审员参与度一般。

甘肃省

甘肃省刑事附带民事公益诉讼案件法官与陪审员人数组成中，“1+0” 组合有 3 件，占比 4%，“1+1” 组合有 3 件，占比 4%，“1+2” 组合有 16 件，占比 19%，“2+1” 组合有 16 件，占比 19%，“3+0” 组合有 38 件，占比 46%，“3+4” 组合有 7 件，占比 8%。

其中，符合法律规定组成 7 人合议庭进行审理的有 7 件，为 “3+4” 组合，另有 41 件没有人民陪审员的参与。从整体上看，该省刑事附带民事公益诉讼案件民人陪审员参与度不高。

（三）非试点地区

1. 管辖

非试点地区无指定管辖案件。

2. 法官人数、陪审员人数

天津市

天津市刑事附带民事公益诉讼案件法官与陪审员人数组成中，“1+2”组合有1件，占比20%，“2+1”组合有4件，占比80%。

其中，没有符合法律规定组成7人合议庭进行审理的案件，但5件案件都有人民陪审员的参与。

上海市

上海市刑事附带民事公益诉讼案件法官与陪审员人数组成中，“1+2”组合有1件，占比50%，“2+1”组合有1件，占比50%。

其中，没有符合法律规定组成7人合议庭进行审理的案件，但2件案件都有人民陪审员的参与。

重庆市

重庆市刑事附带民事公益诉讼案件法官与陪审员人数组成中，“1+2”组合有22件，占比49%，“2+1”组合有4件，占比9%，“3+0”组合有1件，占比2%，“3+4”组合有18件，占比40%。

其中，符合法律规定组成7人合议庭进行审理的有18件，为“3+4”组合，另有1件没有人民陪审员的参与。从整体上看，该省刑事附带民事公益诉讼案件人民陪审员参与度较高。

河北省

河北省刑事附带民事公益诉讼案件法官与陪审员人数组成中，“1+0”组合有3件，占比3%，“1+2”组合有20件，占比18%，“2+1”组合有38件，占比35%，“3+0”组合有25件，占比23%，“3+4”组合有24件，占比22%。

其中，符合法律规定组成7人合议庭进行审理的有24件，为“3+4”组合，另有28件没有人民陪审员的参与。从整体上看，该省刑事附带民事公益诉讼案件民人陪审员参与度不高。

山西省

山西省刑事附带民事公益诉讼案件法官与陪审员人数组成中，“1+0”组合有9件，占比7%，“1+2”组合有53件，占比42%，“2+1”组合有21件，占比17%，“3+0”组合有26件，占比20%，“3+4”组合有18件，占比14%。

其中，符合法律规定组成7人合议庭进行审理的有18件，为“3+4”组合，另有35件没有人民陪审员的参与。从整体上看，该省刑事附带民事公益诉讼案件人民陪审员参与度不高。

辽宁省

辽宁省刑事附带民事公益诉讼案件法官与陪审员人数组成中，“1+0”组合有10件，占比10%，“1+1”组合有1件，占比1%，“1+2”组合有37件，占比39%，“2+1”组合有16件，占比17%，“3+0”组合有17件，占比18%，“3+4”组合有14件，占比15%。

其中，符合法律规定组成7人合议庭进行审理的有14件，为“3+4”组合，另有27件没有人民陪审员的参与。从整体上看，该省刑事附带民事公益诉讼案件人民陪审员参与度一般。

黑龙江省

黑龙江省刑事附带民事公益诉讼案件法官与陪审员人数组成中，“1+0”组合有4件，占比9%，“1+2”组合有13件，占比28%，“2+1”组合有7件，占比15%，“3+0”组合有22件，占比18%，“3+4”组合有14件，占比15%。

其中，符合法律规定组成7人合议庭进行审理的仅有1件，为“3+4”组合，另有26件没有人民陪审员的参与。从整体上看，该省刑事附带民事公益诉讼案件人民陪审员参与度不高。

浙江省

浙江省刑事附带民事公益诉讼案件法官与陪审员人数组成中，“1+0”组合有24件，占比9%，“1+2”组合有107件，占比39%，“2+1”组合有8件，占比3%，“3+0”组合有19件，占比7%，“3+4”组合有115件，占比42%。

其中，符合法律规定组成 7 人合议庭进行审理的有 115 件，为“3+4”组合，另有 43 件没有人民陪审员的参与。从整体上看，该省刑事附带民事公益诉讼案件人民陪审员参与度较高。

江西省

江西省刑事附带民事公益诉讼案件法官与陪审员人数组成中，“1+0”组合有 12 件，占比 8%，“1+2”组合有 84 件，占比 54%，“2+1”组合有 17 件，占比 11%，“3+0”组合有 16 件，占比 10%，“3+4”组合有 26 件，占比 17%。

其中，符合法律规定组成 7 人合议庭进行审理的有 26 件，为“3+4”组合，另有 28 件没有人民陪审员的参与。从整体上看，该省刑事附带民事公益诉讼案件人民陪审员参与度一般。

河南省

河南省刑事附带民事公益诉讼案件法官与陪审员人数组成中，“1+0”组合有 10 件，占比 7%，“1+2”组合有 20 件，占比 14%，“2+1”组合有 44 件，占比 30%，“3+0”组合有 36 件，占比 24%，“3+4”组合有 37 件，占比 25%。

其中，符合法律规定组成 7 人合议庭进行审理的有 37 件，为“3+4”组合，另有 46 件没有人民陪审员的参与。从整体上看，该省刑事附带民事公益诉讼案件人民陪审员参与度一般。

湖南省

湖南省刑事附带民事公益诉讼案件法官与陪审员人数组成中，“1+0”组合有 3 件，占比 1%，“1+2”组合有 43 件，占比 20%，1+6 组合有 2 件，占比 1%，“2+1”组合有 35 件，占比 17%，“3+0”组合有 44 件，占比 21%，“3+2”组合有 2 件，占比 1%，“3+4”组合有 81 件，占比 38%。

其中，符合法律规定组成 7 人合议庭进行审理的仅有 1 件，为“3+4”组合，另有 47 件没有人民陪审员的参与。从整体上看，该省刑事附带民事公益诉讼案件人民陪审员参与度一般。

海南省

海南省刑事附带民事公益诉讼案件法官与陪审员人数组成中，“1+2”组合有

2 件，占比 33%，“3+0” 组合有 4 件，占比 67%。

其中，没有符合法律规定组成 7 人合议庭进行审理的案件，6 件案件中仅有 2 件有人民陪审员的参与。从整体上看，该省刑事附带民事公益诉讼案件人民陪审员参与度一般。

四川省

四川省刑事附带民事公益诉讼案件法官与陪审员人数组成中，“1+0” 组合有 40 件，占比 9%，“1+2” 组合有 121 件，占比 28%，“2+1” 组合有 109 件，占比 25%，“3+0” 组合有 72 件，占比 17%，“3+4” 组合有 92 件，占比 21%。

其中，符合法律规定组成 7 人合议庭进行审理的有 92 件，为 “3+4” 组合，另有 112 件没有人民陪审员的参与。从整体上看，该省刑事附带民事公益诉讼案件人民陪审员参与度一般。

青海省

青海省刑事附带民事公益诉讼案件法官与陪审员人数组成中，“1+0” 组合有 5 件，占比 8%，“1+2” 组合有 3 件，占比 5%，“2+1” 组合有 35 件，占比 59%，“3+0” 组合有 15 件，占比 25%，4+1 组合有 1 件，占比 2%。

其中，没有符合法律规定组成 7 人合议庭进行审理的案件，另有 20 件没有人民陪审员的参与。从整体上看，该省刑事附带民事公益诉讼案件人民陪审员参与度一般。

广西壮族自治区

广西壮族自治区刑事附带民事公益诉讼案件法官与陪审员人数组成中，“1+0” 组合有 4 件，占比 7%，“1+2” 组合有 19 件，占比 33%，“2+1” 组合有 14 件，占比 24%，“3+0” 组合有 12 件，占比 21%，“3+4” 组合有 9 件，占比 16%。

其中，符合法律规定组成 7 人合议庭进行审理的有 9 件，为 “3+4” 组合，另有 16 件没有人民陪审员的参与。从整体上看，该省刑事附带民事公益诉讼案件人民陪审员参与度一般。

西藏自治区

西藏自治区刑事附带民事公益诉讼案件法官与陪审员人数组成中，“1+0”

组合有 1 件，占比 17%，“3+0” 组合有 2 件，占比 33%，“3+4” 组合有 3 件，占比 50%。

其中，符合法律规定组成 7 人合议庭进行审理的有 3 件，为 “3+4” 组合，另有 3 件没有人民陪审员的参与。从整体上看，该省刑事附带民事公益诉讼案件人民陪审员参与度一般。

宁夏回族自治区

宁夏回族自治区刑事附带民事公益诉讼案件法官与陪审员人数组成中，“1+2” 组合有 14 件，占比 36%，“2+1” 组合有 11 件，占比 28%，“3+0” 组合有 10 件，占比 26%，“3+4” 组合有 4 件，占比 10%。

其中，符合法律规定组成 7 人合议庭进行审理的有 4 件，为 “3+4” 组合，另有 10 件没有人民陪审员的参与。从整体上看，该省刑事附带民事公益诉讼案件人民陪审员参与度一般。

新疆维吾尔自治区

新疆维吾尔自治区刑事附带民事公益诉讼案件法官与陪审员人数组成中，“1+2” 组合有 15 件，占比 29%，“2+1” 组合有 22 件，占比 43%，“3+0” 组合有 12 件，占比 24%，“3+4” 组合有 2 件，占比 4%。

其中，符合法律规定组成 7 人合议庭进行审理的仅有 2 件，为 “3+4” 组合，另有 12 件没有人民陪审员的参与。从整体上看，该省刑事附带民事公益诉讼案件人民陪审员参与度一般。

三、第三人

全国刑事附带民事公益诉讼均未涉及第三人。

四、律师

刑事附带民事公益诉讼中，一般仅被告委托律师。

（一）被告

1. 全国

全国 3489 件刑事附带民事公益诉讼案件中，被告全部委托律师的有 1730

件，占比 28%，被告全部没有委托律师的有 1446 件，占比 58%，共同被告中部分委托律师的有 379 件，占比 14%。

2. 试点地区

北京市

北京市刑事附带民事公益诉讼案件中，被告全部委托律师的有 3 件，占比 75%，共同被告中部分委托律师的有 1 件，占比 25%。

内蒙古自治区

内蒙古自治区刑事附带民事公益诉讼案件中，被告全部委托律师的有 25 件，占比 47%，被告全部没有委托律师的有 23 件，占比 43%，共同被告中部分委托律师的有 5 件，占比 10%。

吉林省

吉林省刑事附带民事公益诉讼案件中，被告全部委托律师的有 20 件，占比 28%，被告全部没有委托律师的有 41 件，占比 58%，共同被告中部分委托律师的有 10 件，占比 14%。

江苏省

江苏省刑事附带民事公益诉讼案件中，被告全部委托律师的有 140 件，占比 51%，被告全部没有委托律师的有 99 件，占比 36%，共同被告中部分委托律师的有 37 件，占比 13%。

安徽省

安徽省刑事附带民事公益诉讼案件中，被告全部委托律师的有 207 件，占比 72%，被告全部没有委托律师的有 50 件，占比 17%，共同被告中部分委托律师的有 29 件，占比 10%。

福建省

福建省刑事附带民事公益诉讼案件中，被告全部委托律师的有 12 件，占比 36%，被告全部没有委托律师的有 15 件，占比 45%，共同被告中部分委托律师的有 6 件，占比 18%。

山东省

山东省刑事附带民事公益诉讼案件中，被告全部委托律师的有 75 件，占比 55%，被告全部没有委托律师的有 26 件，占比 19%，共同被告中部分委托律师的有 35 件，占比 26%。

湖北省

湖北省刑事附带民事公益诉讼案件中，被告全部委托律师的有 91 件，占比 48%，被告全部没有委托律师的有 77 件，占比 40%，共同被告中部分委托律师的有 23 件，占比 12%。

广东省

广东省刑事附带民事公益诉讼案件中，被告全部委托律师的有 92 件，占比 75%，被告全部没有委托律师的有 22 件，占比 18%，共同被告中部分委托律师的有 9 件，占比 7%。

贵州省

贵州省刑事附带民事公益诉讼案件中，被告全部委托律师的有 40 件，占比 37%，被告全部没有委托律师的有 61 件，占比 56%，共同被告中部分委托律师的有 8 件，占比 7%。

云南省

云南省刑事附带民事公益诉讼案件中，被告全部委托律师的有 21 件，占比 27%，被告全部没有委托律师的有 45 件，占比 57%，共同被告中部分委托律师的有 13 件，占比 16%。

陕西省

陕西省刑事附带民事公益诉讼案件中，被告全部委托律师的有 103 件，占比 60%，被告全部没有委托律师的有 61 件，占比 36%，共同被告中部分委托律师的有 7 件，占比 4%。

甘肃省

甘肃省刑事附带民事公益诉讼案件中，被告全部委托律师的有 39 件，占比 47%，被告全部没有委托律师的有 39 件，占比 47%，共同被告中部分委托律师的有 5 件，占比 6%。

3. 非试点地区

天津市

天津市刑事附带民事公益诉讼案件中，被告全部委托律师的有 3 件，占比 60%，被告全部没有委托律师的有 1 件，占比 20%，共同被告中部分委托律师的有 1 件，占比 20%。

上海市

上海市刑事附带民事公益诉讼案件中，被告全部委托律师的有 2 件。

重庆市

重庆市刑事附带民事公益诉讼案件中，被告全部委托律师的有 20 件，占比 44%，被告全部没有委托律师的有 23 件，占比 51%，共同被告中部分委托律师的有 2 件，占比 4%。

河北省

河北省刑事附带民事公益诉讼案件中，被告全部委托律师的有 20 件，占比 44%，被告全部没有委托律师的有 23 件，占比 51%，共同被告中部分委托律师的有 2 件，占比 4%。

山西省

山西省刑事附带民事公益诉讼案件中，被告全部委托律师的有 45 件，占比 35%，被告全部没有委托律师的有 68 件，占比 54%，共同被告中部分委托律师的有 14 件，占比 11%。

辽宁省

辽宁省刑事附带民事公益诉讼案件中，被告全部委托律师的有 22 件，占比 23%，被告全部没有委托律师的有 63 件，占比 66%，共同被告中部分委托律师的有 10 件，占比 11%。

黑龙江省

黑龙江省刑事附带民事公益诉讼案件中，被告全部委托律师的有 29 件，占比 62%，被告全部没有委托律师的有 16 件，占比 34%，共同被告中部分委托律师的有 2 件，占比 4%。

浙江省

浙江省刑事附带民事公益诉讼案件中，被告全部委托律师的有 152 件，占比 55%，被告全部没有委托律师的有 93 件，占比 34%，共同被告中部分委托律师的有 29 件，占比 11%。

江西省

江西省刑事附带民事公益诉讼案件中，被告全部委托律师的有 44 件，占比 28%，被告全部没有委托律师的有 91 件，占比 59%，共同被告中部分委托律师的有 20 件，占比 13%。

河南省

河南省刑事附带民事公益诉讼案件中，被告全部委托律师的有 98 件，占比 66%，被告全部没有委托律师的有 37 件，占比 25%，共同被告中部分委托律师的有 13 件，占比 9%。

湖南省

湖南省刑事附带民事公益诉讼案件中，被告全部委托律师的有 32 件，占比 15%，被告全部没有委托律师的有 144 件，占比 68%，共同被告中部分委托律师的有 37 件，占比 17%。

海南省

海南省刑事附带民事公益诉讼案件中，被告全部委托律师的有 3 件，占比 50%，被告全部没有委托律师的有 2 件，占比 33%，共同被告中部分委托律师的有 1 件，占比 17%。

四川省

四川省刑事附带民事公益诉讼案件中，被告全部委托律师的有 236 件，占比 54%，被告全部没有委托律师的有 182 件，占比 42%，共同被告中部分委托律师的有 16 件，占比 4%。

青海省

青海省刑事附带民事公益诉讼案件中，被告全部委托律师的有 42 件，占比

71%，被告全部没有委托律师的有 14 件，占比 24%，共同被告中部分委托律师的有 3 件，占比 5%。

广西壮族自治区

广西壮族自治区刑事附带民事公益诉讼案件中，被告全部委托律师的有 27 件，占比 47%，被告全部没有委托律师的有 25 件，占比 43%，共同被告中部分委托律师的有 6 件，占比 10%。

西藏自治区

西藏自治区刑事附带民事公益诉讼案件中，被告全部委托律师的有 3 件，占比 50%，被告全部没有委托律师的有 1 件，占比 17%，共同被告中部分委托律师的有 2 件，占比 33%。

宁夏回族自治区

宁夏回族自治区刑事附带民事公益诉讼案件中，被告全部委托律师的有 40 件，占比 36%，被告全部没有委托律师的有 61 件，占比 55%，共同被告中部分委托律师的有 9 件，占比 8%。

新疆维吾尔自治区

新疆维吾尔自治区刑事附带民事公益诉讼案件中，被告全部委托律师的有 13 件，占比 27%，被告全部没有委托律师的有 29 件，占比 60%，共同被告中部分委托律师的有 6 件，占比 13%。

（二）第三人

全国刑事附带民事公益诉讼均未涉及第三人，未委托律师。

第四章　公益诉讼案件裁判形式

裁判形式是诉讼的最终结果。本章将按照行政公益诉讼、民事公益诉讼以及刑事附带民事公益诉讼的顺序，对公益诉讼的案件裁判形式进行整理分析。

第一节　行政公益诉讼裁判形式分析

自行政公益诉讼试点以来,司法实践中存在诸多问题:检察院的诉讼请求和人民法院的判决类型是怎样的?判决一定期限内履行类型中期限的种类如何?在检察院诉请确认违法和法院判决确认违法时,检察院和法院具体是如何表述的?败诉率和撤诉率如何?在行政公益诉讼司法实践中案件受理费的缴纳情况是怎样的?针对以上问题,本章通过对全国行政公益诉讼案件中检察院诉讼请求的具体表述方式和人民法院判决的具体表述方式,概括出诉讼请求、判决的类型和数量、检察院和人民法院对确认违法具体表述的种类和数量、期限的类型和数量以及案件受理费的情况,以期对其他行政公益诉讼案件判决的研究有所帮助。

一、全国

全国行政公益诉讼共1343件案件,目前天津市、上海市、广西壮族自治区、西藏自治区、新疆维吾尔自治区、宁夏回族自治区未检索到行政公益诉讼案件。1343起案件中一审判决有1143份,一审裁定有139份,二审判决有44份,二审裁定有14份,再审案件有3件。其中一审案件败诉率为0.62%,[1]一审案件撤诉率为7.8%,二审案件败诉率为8.62%,[2]二审案件撤诉率为13.79%。[3]

(一)一审判决分析

一审判决中有2件行政附带民事公益诉讼案件,因其不同于一般的一审行政判决案件,因此将其单列出来。[4]其中一件发生在吉林省,该案检察机关诉请:(1)行政责任:确认违法并判令履行职责;(2)民事责任:停止侵害并整改污水设

---

〔1〕 包含一件驳回全部诉讼请求的案件,一件准许撤回履职诉请并驳回确认违法诉请的案件,四件驳回起诉的案件和两件不予立案的案件。

〔2〕 二审案件败诉率统计的是检察机关提起的二审案件。

〔3〕 二审案件撤诉率没有区分提起上诉的机关。

〔4〕 行政附带民事公益诉讼案件单独分析,在确认违法的具体表现形式中纳入统计。

施。法院判决:(1)行政责任:判令3个月内履职完毕;(2)民事责任:立即停止侵害。该案未规定案件受理费。另一件发生在内蒙古自治区,该案检察院诉请:(1)行政责任:确认违法;(2)民事责任:承担林木赔偿费和生态恢复费。法院判决,行政责任:确认违法,附带民事公益部分已经依法调解达成协议,规定案件受理费由被告承担且在判决生效后3日内缴纳。

此外尚有两件案件,一件认为不宜在互联网公布,另一件隐去了诉讼请求和判决的具体内容。

1. 诉讼请求类型(见图4-1-1)

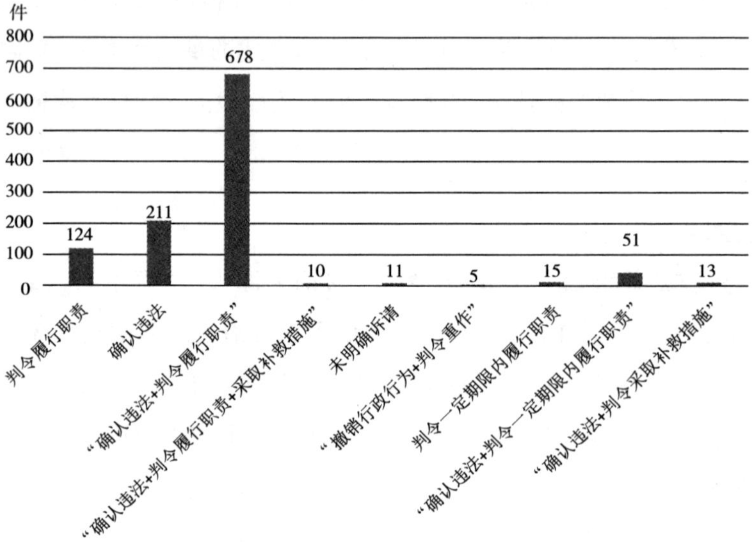

图4-1-1 行政公益诉讼中诉讼请求类型及数量统计

检察机关诉讼请求的表述形式多达19种,囿于篇幅,将全国行政公益诉讼一审诉讼请求表述形式的统计挑选总数多于5种进行展示,其余种类参见各省分析(见图4-1-2)。

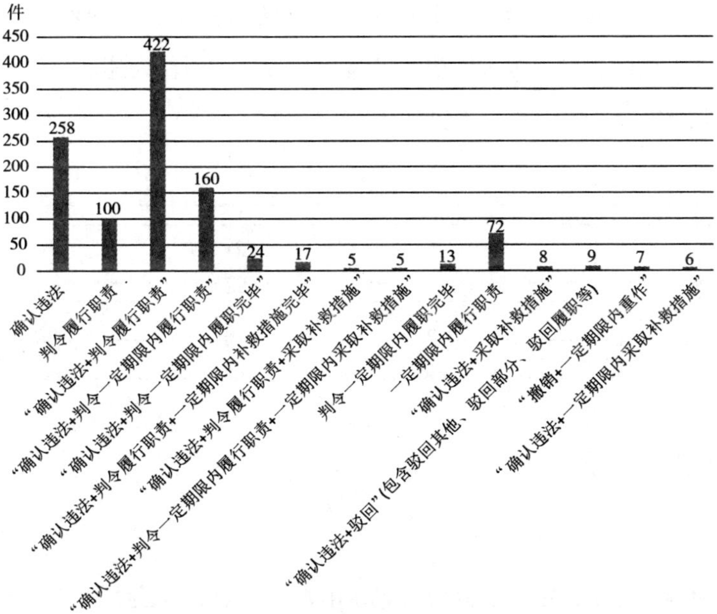

图 4-1-2　行政公益诉讼一审判决类型及数量统计

一审判决表述形式多达 36 种，囿于篇幅，将全国行政公益诉讼一审判决表述形式的统计挑选总数多于 5 种进行展示，[1]其余种类参见各省分析（见图 4-1-3）。

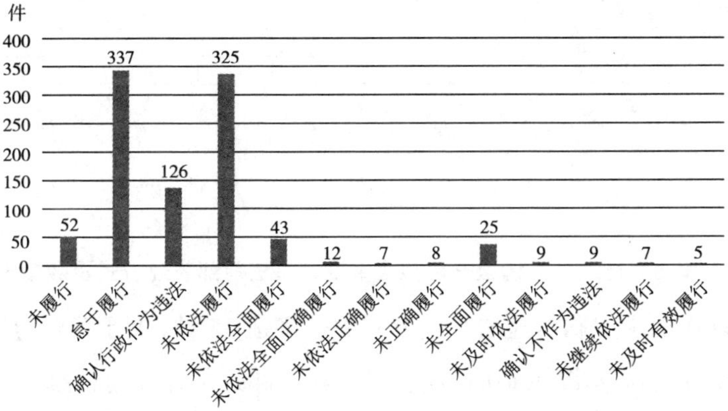

图 4-1-3　行政公益诉讼一审诉讼请求中确认违法前部表述方式及数量统计

全国诉讼请求中确认违法表述方式种类多达 33 种，囿于篇幅，将全国行政公益诉讼案件诉讼请求中确认违法表述方式前部的统计挑选总数多于 5 种进行

〔1〕"确认违法 + 驳回"类型中，在各省的表述中驳回包含驳回部分请求、驳回其他请求、驳回履职诉请等。

展示，其余种类参见各省分析。其中确认不作为违法中包含两例怠于履行监管职责的不作为违法，[1]一例未依法及时履行某行为的不作为违法，[2]一例未充分有效履行职责的不作为违法[3]（见图 4-1-4、图 4-1-5）。

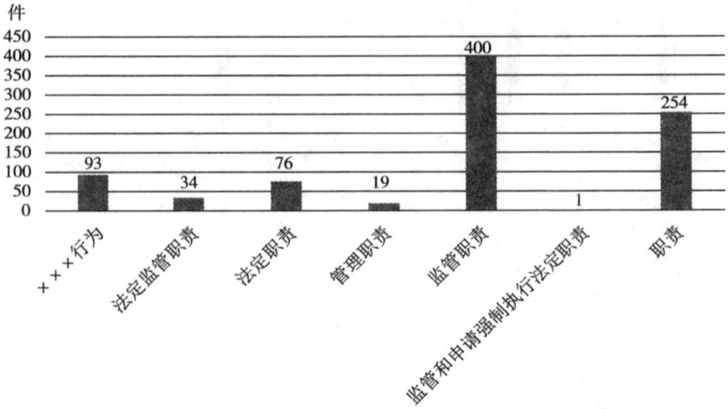

图 4-1-4　行政公益诉讼一审诉讼请求中确认违法后部表述方式及数量统计

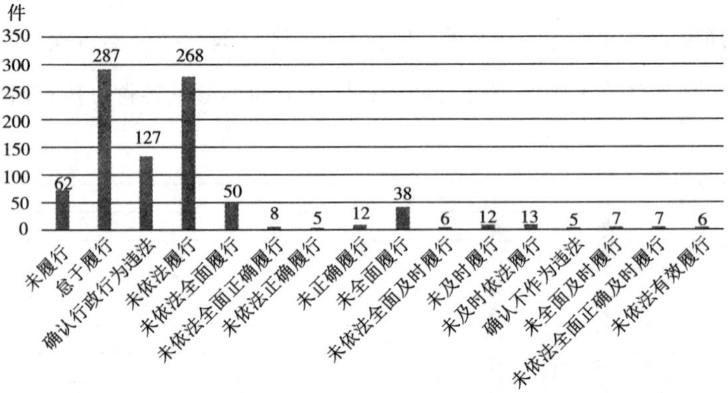

图 4-1-5　行政公益诉讼一审判决中确认违法前部表述方式及数量统计

全国诉讼请求中确认违法表述方式种类多达 33 种，囿于篇幅，将全国行政公益诉讼案件诉讼请求中确认违法表述方式前部的统计挑选总数多于 5 种的进行展示，其余种类参见各省分析。其中确认不作为违法中包含一例表述为未充分有效履行职责的不作为违法，一例表述为未依法履行监管和申请强制执行法

[1] （2017）粤 1203 行初 32 号；（2017）粤 1203 行初 34 号。
[2] （2016）苏 0509 行初 7 号。
[3] （2017）甘 1222 行初 4 号。

定职责的不作为违法（见图 4-1-6）。

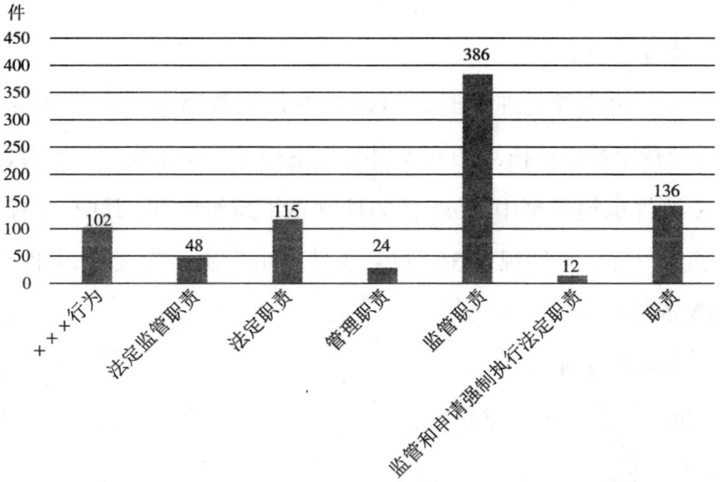

图 4-1-6　行政公益诉讼一审判决中确认违法后部表述方式及数量统计

2. 判决履职期限分析

全国一审判决中，规定一定期限的判决共 321 件，而规定一定期限的判决又可分为一定期限内履行职责和一定期限内履职完毕两种类型，其中一定期限内履职完毕共 55 件。此外，期限的类型也很多样化。具体见图 4-1-7。

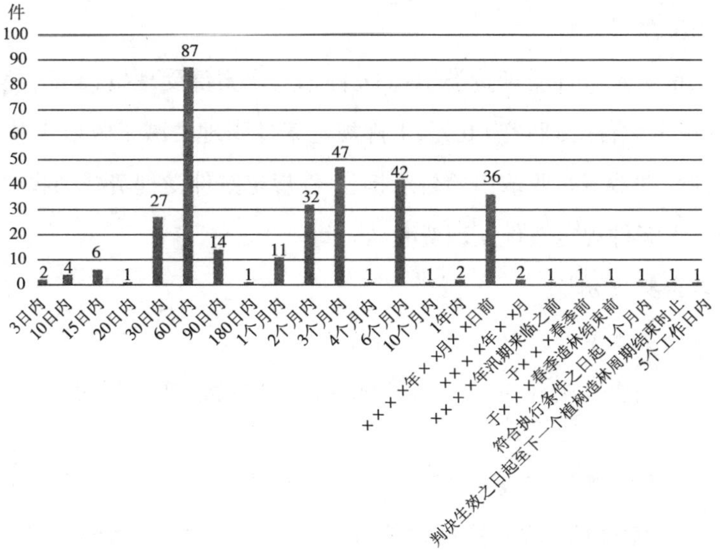

图 4-1-7　期限类型及数量统计

从图 4-1-7 中可以看出一审判决中 60 日内、3 个月内这两种期限类型使用的最多。[1]

3. 案件受理费分析

全国一审判决案件受理费类型：493 件案件未载明案件受理费，487 件案件规定案件受理费由被告承担，159 件案件规定案件受理费免收。[2]此外，在规定案件受理费由被告承担类型中有 42 件案件规定了缴纳时间，其中 27 件规定 3 日内，6 件规定 7 日内，4 件规定 30 日内，3 件规定判决生效之日，1 件规定 10 日内，1 件规定 5 日内。

（二）一审裁定分析

1. 裁定类型（见图 4-1-8）

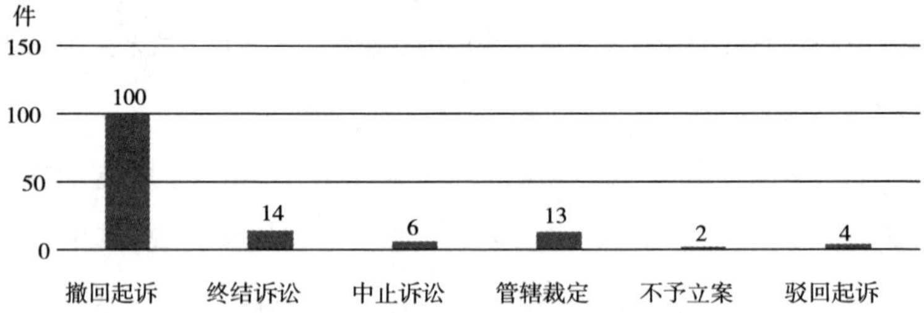

图 4-1-8　一审裁定类型及数量统计

2. 案件受理费分析

全国一审裁定案件受理费类型：118 件未规定案件受理费，14 件免收案件受理费，2 件规定案件受理费为 0 元，1 件规定案件受理费减半收取由被告承担，3 件规定案件受理费减半收取由原告承担，1 件规定案件受理费减半收取由公益诉讼人承担。无案件规定案件受理费缴纳时间。

（三）二审判决分析

1. 二审判决类型

全国二审判决判决共 44 件，二审判决中，42 件案件驳回上诉维持原判，1 件

---

〔1〕 因为福建省一件案件中规定了 2017 年汛期来临之前和 30 日内两个期限，因此期限类型总数为 322 个。

〔2〕 这里不包括 2 件行政附带民事公益诉讼案件、1 件认为不宜在互联网公布的案件、1 件隐去了诉讼请求和判决具体内容的案件，因此总数为 1139 件。

案件“维持部分原审判决 + 撤销部分原审判决”，1 件案件“维持部分原审判决 + 撤销部分原审判决 + 一定期限内履行”，期限类型为 3 个月内。

2. 二审判决案件受理费分析

全国二审判决案件受理费类型：26 件案件规定案件受理费由上诉人承担，14 件案件未规定案件受理费，3 件案件规定一审受理费由被告承担，二审受理费由上诉人承担，1 件案件规定案件受理费免收。其中有一件案件规定案件受理费缴纳时间——判决生效后 7 日内缴纳。

（四）二审裁定分析

1. 二审裁定类型

全国二审裁定共 14 件，二审裁定中，8 件案件撤回上诉，2 件案件驳回上诉维持原裁定，1 件案件“撤销原审裁定 + 指令法院立案”，1 件案件“撤销原审裁定 + 指令法院审理”，2 件案件撤销原判发回重审。

2. 二审裁定案件受理费分析

全国二审裁定案件受理费类型：5 件案件规定案件受理费减半收取由上诉人承担，6 件案件未规定案件受理费，1 件案件规定案件受理费免收，1 件案件规定一审案件受理费由被告承担，二审案件受理费减半收取由上诉人承担，1 件案件规定上诉人预交的案件受理费予以退回。无案件规定案件受理费缴纳时间。

（五）再审案件分析

全国共 3 件再审行政公益诉讼案件，1 件案件撤销一审、二审裁定并指定法院审理，1 件案件撤销一审部分判决并判令一定期限内履行职责，1 件案件认为不宜在互联网公布。

（六）总结

全国行政公益诉讼中一审判决诉请形式以“确认违法 + 判令履行职责”、确认违法、判令履行职责、“确认违法 + 判令一定期限内履行职责”为主，判决类型以“确认违法 + 判令履行职责”、确认违法、判令履行职责、“确认违法 + 判令一定期限内履行职责”为主。规定一定期限的判决只占一审判决的 28.08%。规定在一定期限履行完毕的只占 4.81%。此外，期限类型以 60 日内、3 个月内、6 个月内、××××年××月××日前以及2个月内为主。结合诉请形式、裁判形式和期限规定来看，法院尊重行政机关职权行使，不作过多干涉，作出的一般都是原则性判决。

从一审判决诉讼请求对确认违法的具体表述方式来看，以怠于履行、未依法履行、确认行政行为违法、未履行、未依法全面履行为主。从表述方式可以看出，检察院在诉请确认违法时比较强调履行是否及时，履行是否依法，履行是否全面，履行是否正确以及履行是否有效等。从一审判决诉讼请求对确认违法的具体表述方式来看，以怠于履行、未依法履行、确认行政行为违法、未履行以及未依法全面履行为主。从表述方式可以看出，人民法院在判决中确认违法时同样比较强调履行是否及时，履行是否依法，履行是否全面，履行是否正确，履行是否有效等。而在确认违法后部中，诉请中使用最多的是监管职责，远远超出其他类型。判决中使用最多的同样是监管职责，但与其他类型的差距则小一些。

《若干问题的解释》没有对诉讼费用进行规定，《若干问题的解释》的理解与适用中提到，在国务院发布的《诉讼费用交纳办法》修改前，法院审理检察机关提起的公益诉讼案件，不向检察机关收取诉讼费用；被告败诉的，诉讼费用由被告依法承担。但是在行政公益诉讼司法实践中，案件受理费类型却比较多样，既有案件受理费由被告承担的类型，也有案件受理费免收和未规定案件受理费的情形。此外，在一审裁定中还有案件判决检察机关承担诉讼费用，这样的判决不符合《若干问题的解释》的理解与适用的相关规定。

二、试点地区

北京市

北京市共4件行政公益诉讼案件，其中一审裁定有3件，一审判决有1件。一审败诉率为0，一审撤诉率为75%。

1. 一审判决案件诉讼请求及判决情况分析

北京市只有1件一审判决案件，检察院诉请确认违法[1]——怠于履行职责

〔1〕 因为检察院有变更诉讼请求的情况，因此在统计诉讼请求类型时以最后的诉讼请求为准。

违法，法院判决确认违法——未依法履行 ××× 行为违法。该案未规定案件受理费。

2. 一审裁定分析

北京市共有 3 件一审裁定，全都是准许撤回起诉裁定，且都规定案件受理费免收。

内蒙古自治区

内蒙古自治区共有行政公益诉讼案件 66 件，全都是一审案件，其中一审判决有 61 件，一审裁定有 5 件。一审败诉率为 0，一审撤诉率为 7.58%。

1. 一审判决案件诉讼请求及判决情况分析

（1）诉讼请求及判决表述类型

内蒙古自治区有一起行政附带民事案件，其不同于一般的一审行政判决案件，因此单列出来。该例案件[1]检察院诉请：①行政责任：确认违法。②民事责任。承担林木赔偿费和生态恢复费。法院判决，行政责任：确认违法，附带民事公益部分已经依法调解达成协议。规定案件受理费由被告承担且在判决生效后 3 日内缴纳（见表 4-1-1）。

表 4-1-1　内蒙古自治区诉讼请求及判决表述类型统计

诉讼请求类型（数量）	判决表述类型（数量）
判令履行职责（5 件）	判令履行职责（3 件）；“确认违法 + 判令履行职责”（2 件）
确认违法（2 件）	确认违法（2 件）
“确认违法 + 判令履行职责”（52 件）	“确认违法 + 判令履行职责”（49 件）；判令履行职责（2 件）；“确认违法 + 判令一定期限内履行职责”（1 件）
“确认违法 + 判令一定期限内履行职责”（1 件）	“确认违法 + 判令一定期限内履职完毕”（1 件）

注：1. 诉讼请求表述中有“一定期限”这一限定词或者诉讼请求中提出了明确的时间要求。例如，十堰市人民防空办公室案件，（2018）鄂 0303 行初 8 号，诉讼请求表述为判令市人防办在判决生效后 2 个月内对亨利隆公司在紫阳花园项目建设中违反《人民防空法》的行为，依法履行罚款、责令补缴人防易地建设费的监管职责。

2. 判决中明确提及完成、完毕、×××× 年 ×× 月 ×× 日之前等用语时并结合内容归纳为一定期限内履行完毕情况。例如，施秉县人民防空办公室一审行政判决书，（2017）黔 2625 行初 10 号，判决第二项表述为责令被告施秉县人民防空办公室依法继续履行职责，采取有效措施追缴贵州万联房地产开发有限责任公司欠缴的人防工程易地建设费（于判决生效之日起 3 个月履行完毕）。

---

〔1〕（2017）内 01 行初 142 号。

确认违法具体表现形式比较多样,[1]具体如图 4-1-9、图 4-1-10、图 4-1-11、图 4-1-12 所示。

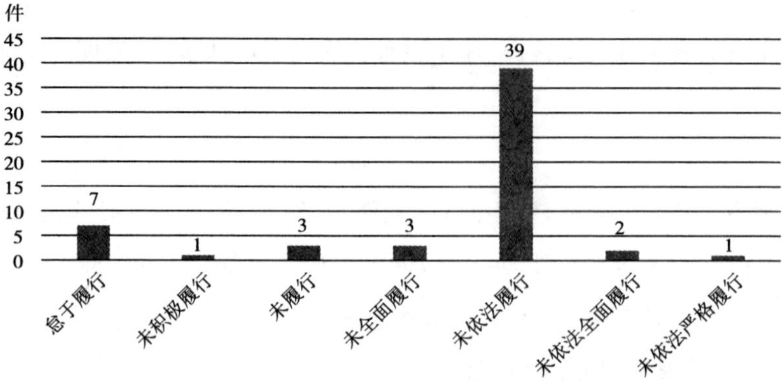

图 4-1-9　诉讼请求中确认违法前部表述方式及数量统计

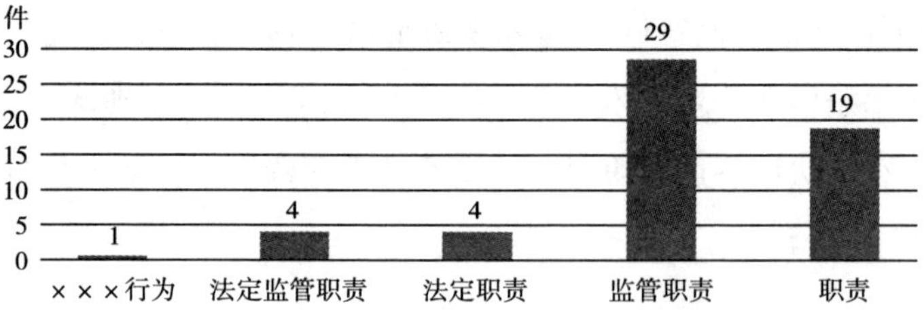

图 4-1-10　诉讼请求中确认违法后部表述方式及数量统计

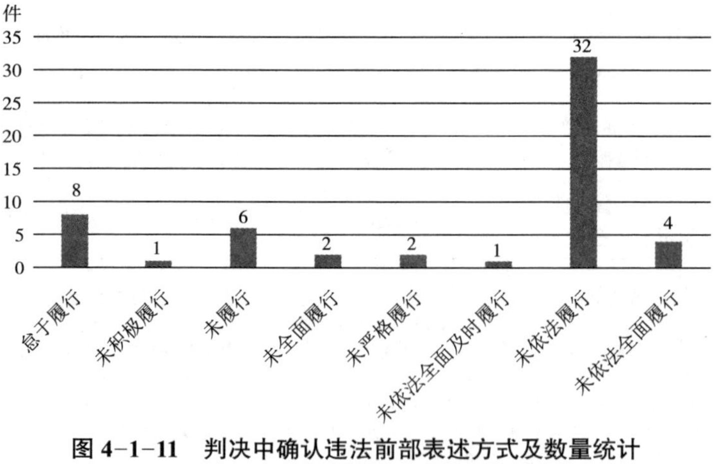

图 4-1-11　判决中确认违法前部表述方式及数量统计

---

〔1〕 此处统计包含行政附带民事公益诉讼案件。

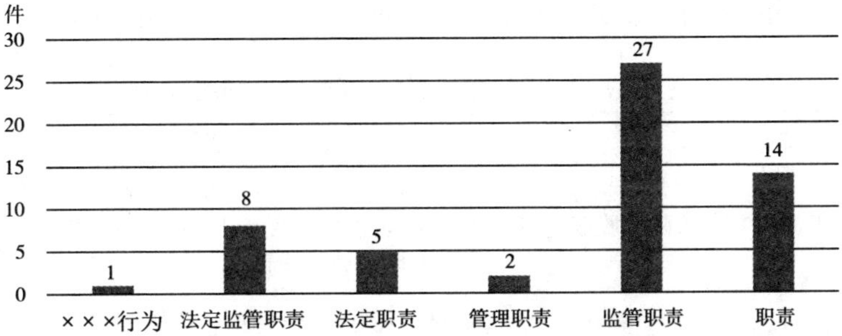

图 4-1-12　判决中确认违法后部表述方式及数量统计

(2)判决情况分析

内蒙古自治区共有 2 件案件规定了一定期限,其中 1 件案件规定一定期限内履职完毕,期限类型为:3 个月内和 ×××× 年 ×× 月 ×× 日前。[1]

内蒙古自治区一审判决案件受理费类型:35 件案件规定案件受理费由被告承担,19 件案件未规定案件受理费,6 件案件规定案件受理费免收。此外,有 13 件案件规定了案件受理费缴纳时间,缴纳时间类型都为判决生效后 3 日内。

2. 一审裁定分析

内蒙古自治区共有 5 件一审裁定,全都是准许撤回起诉裁定,且 4 件案件未规定案件受理费,只有 1 件案件规定了案件受理费免收。[2]

吉林省

吉林省行政公益诉讼案件共有 175 件,一审判决有 147 件,一审裁定有 21 件;二审判决有 2 件,二审裁定有 3 件,再审案件有 2 件。一审败诉率为 2.98%[3],一审撤诉率为 3.57%,二审败诉率为 40%,二审撤诉率为 0。

1. 一审判决案件诉讼请求及判决情况分析

(1)诉讼请求及判决表述类型

吉林省有一起行政附带民事公益诉讼案件,其不同于一般的一审行政判决案件,因此单列出来。该例案件检察院诉请:①行政责任。“确认违法 + 判令履行职责”。②民事责任。“停止侵害 + 整改污水设施”。法院判决:①行政责任。

〔1〕(2016)内 0625 行初 13 号(该案规定在一定期限内履职完毕);(2017)内 0721 行初 2 号。

〔2〕(2019)内 0725 行初 1 号。

〔3〕(2017)吉 2403 行初 12 号。法院判决准许“撤回履职诉请 + 驳回确认违法诉请”,实际上是驳回了检察机关的全部诉请。

判令 3 个月内履职完毕。②民事责任。立即停止侵害(见表 4-1-2)。

表 4-1-2 一审判决案件诉讼请求及判决情况

诉讼请求类型(数量)	判决表述类型(数量)
判令履行职责(33 件)	判令履行职责(21 件);判令一定期限内履行职责(5 件);判令一定期限内履职完毕(3 件);确认违法(3 件);“判令履行职责 + 判令一定期限内履行职责”(1 件)
确认违法(16 件)	确认违法(14 件);“准许撤回履职诉请 + 驳回确认违法诉请”(1 件);“准许撤回履职诉请 + 确认违法”(1 件)
判令一定期限内履行职责(1 件)	判令一定期限内履行职责(1 件)
“确认违法 + 判令履行职责”(90 件)	判令履行职责(10 件);判令一定期限内履行职责(4 件);判令一定期限内履职完毕(1 件);确认违法(5 件);“确认违法 + 判令履行职责”(59 件);“确认违法 + 判令一定期限内履行职责”(8 件);“确认违法 + 判令一定期限内履职完毕”(1 件);“确认违法 + 判令履行职责 + 一定期限内采取补救措施完毕”(2 件)
“确认违法 + 判令一定期限内履行职责”(1 件)	“确认违法 + 判令一定期限内履职完毕”(1 件)
未明确说明(5 件)	“确认违法 + 判令履行职责”(2 件);判令履行职责(2 件);“确认违法 + 判令一定期限内履行职责”(1 件)

确认违法具体表现形式存在多种情形,[1]具体如图 4-1-13、图 4-1-14、图 4-1-15、图 4-1-16 所示。

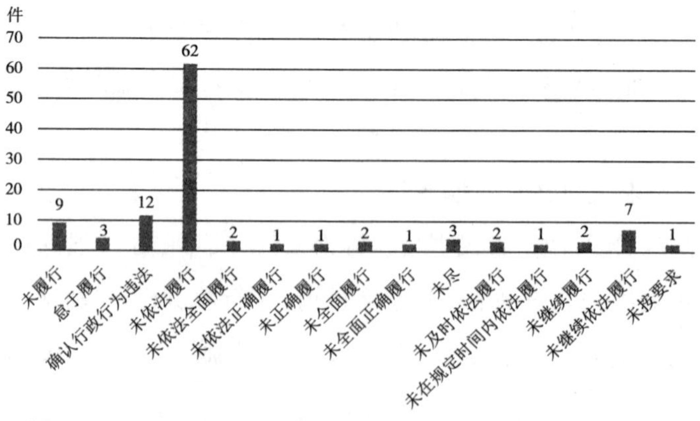

图 4-1-13 诉讼请求中确认违法前部表述方式及数量统计

〔1〕 此处统计包含行政附带民事公益诉讼。

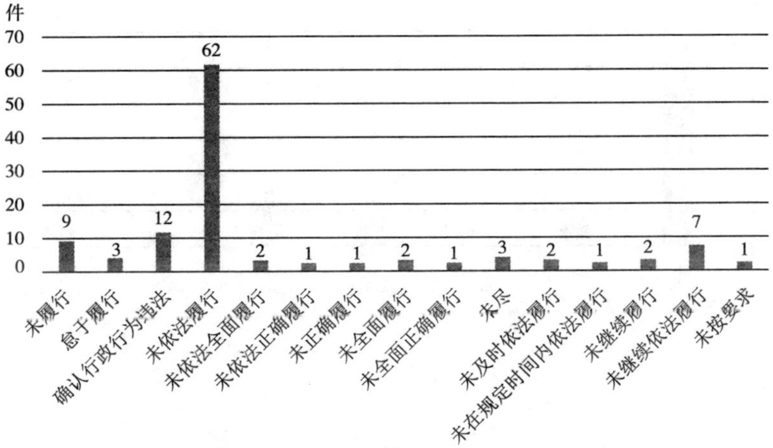

图 4-1-14　诉讼请求中确认违法后部表述方式及数量统计

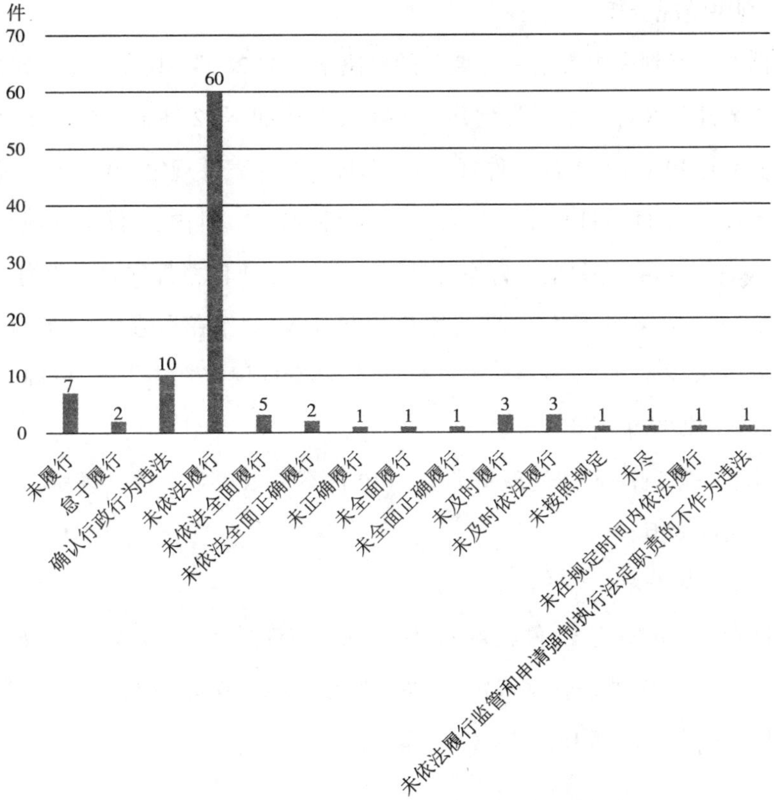

图 4-1-15　判决中确认违法前部表述方式及数量统计

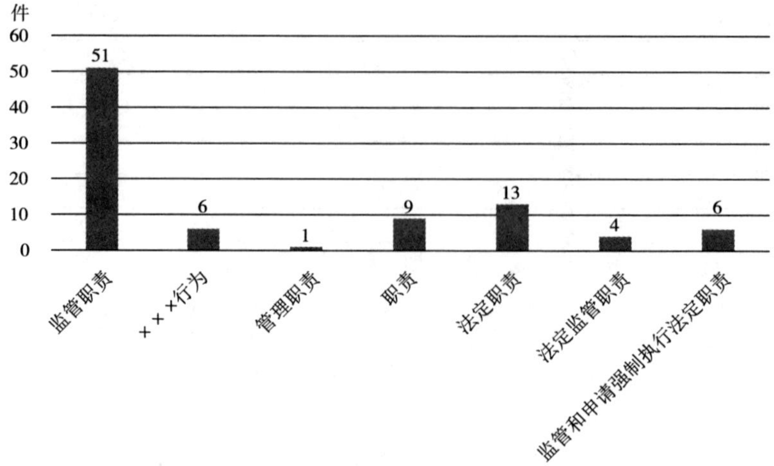

图 4-1-16　判决中确认违法后部表述方式及数量统计

(2)判决情况分析

吉林省一审判决中规定一定期限的判决案件共 28 件,其中规定一定期限内履职完毕案件共 8 件。期限类型共有 14 种,具体如下:2 件案件规定 2 个月内,1 件案件规定 90 日内,1 件案件规定 6 个月内,3 件案件规定 60 日内,7 件案件规定 3 个月内,1 件案件规定 3 日内,1 件案件规定 30 日内,1 件案件规定 15 日内,1 件案件规定 4 个月内,1 件案件规定 1 个月内,1 件案件规定 1 年内,1 件案件规定于 ×××× 年春季前,1 件案件规定 ××× 年春季造林季结束前,5 件案件规定 ×××× 年 ×× 月 ×× 日前,1 件案件规定判决生效之日起至下一个植树造林周期结束时止。

吉林省一审判决案件受理费类型:139 件案件未规定案件受理费,7 件案件受理费由被告承担。

2. 一审裁定分析

吉林省共一审裁定 21 件,其中 6 件案件是准许撤回起诉裁定,5 件案件是中止诉讼裁定,6 件案件是管辖裁定,2 件案件裁定不予立案,2 件案件裁定驳回起诉。吉林省一审裁定都未规定案件受理费。

3. 二审判决及裁定情况分析

吉林省共有 5 件二审案件,其中二审判决有 2 件,其中一件二审判决维持部分原审判决撤销部分原审判决。[1]另一件二审判决驳回上诉，维持原判。[2]2件案件都未规定案件受理费。二审裁定共3件，其中一件二审裁定撤销一审裁定，指令大安市人民法院继续审理。[3]另一件二审裁定驳回上诉，维持原裁定。[4]最后一件二审裁定撤销一审裁定，指令吉林省辉南县人民法院予以立案。[5]该3件二审裁定也都未规定案件受理费。

4. 再审案件分析

吉林省有2件再审案件，其中一件案件法院认为其属于不宜在互联网公布的其他情形。而另一件案件再审法院撤销了一审和二审裁定并指定法院审理。

江苏省

江苏省行政公益诉讼案件有51件，一审判决有27件，一审裁定有18件，二审判决有2件，二审裁定有4件。一审败诉率为0，一审撤诉率为11.11%，二审败诉率为0，二审撤诉率为50%。

1. 一审判决案件诉讼请求及判决情况分析

（1）诉讼请求及判决表述类型（见表4-1-3）

表4-1-3　江苏省诉讼请求及判决表述类型统计

诉讼请求类型（数量）	判决表述类型（数量）
"确认违法＋判令履行职责"（12件）	判令一定期限内履行职责（5件）；判令履行职责（1件）；"确认违法＋判令一定期限内履行职责"（5件）；"确认违法＋判令履行职责"（1件）
确认违法（10件）	确认违法（10件）
"撤销行政行为＋判令重作"（3件）	"撤销行政行为＋判令一定期限内重作"（3件）
判令履行职责（1件）	判令一定期限内履行职责（1件）
"确认违法＋判令一定期限内履行职责"（1件）	判令一定期限内履行职责（1件）

〔1〕（2018）吉05行终68号。
〔2〕（2018）吉24行终114号。
〔3〕（2018）吉08行终10号。
〔4〕（2018）吉01行终49号。
〔5〕（2019）吉05行终18号。

确认违法具体表现形式多样，具体如图 4-1-17、图 4-1-18、图 4-1-19、图 4-1-20 所示。

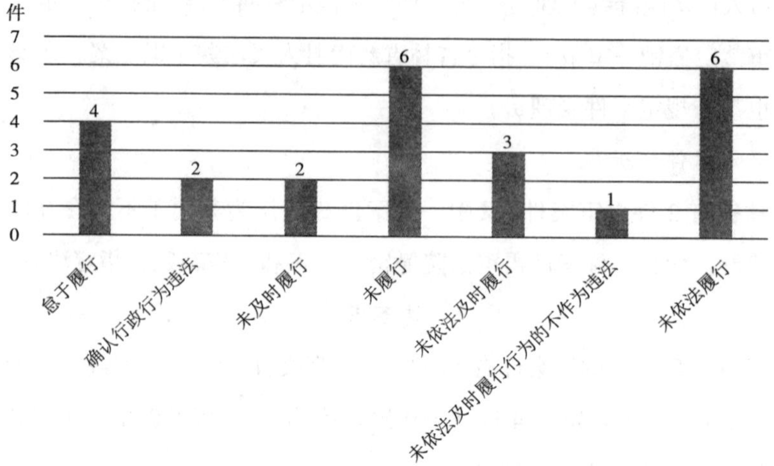

图 4-1-17　诉讼请求中确认违法前部表述方式及数量统计

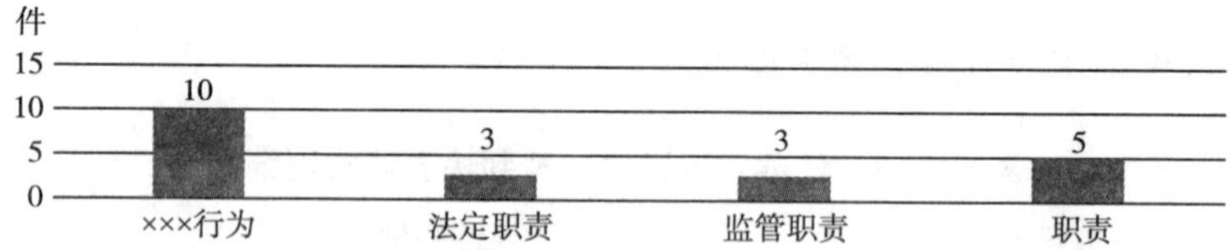

图 4-1-18　诉讼请求中确认违法后部表述方式及数量统计

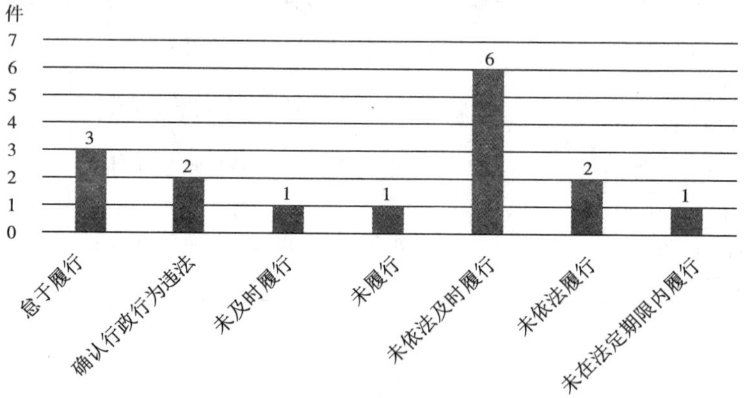

图 4-1-19　判决中确认违法前部表述方式及数量统计

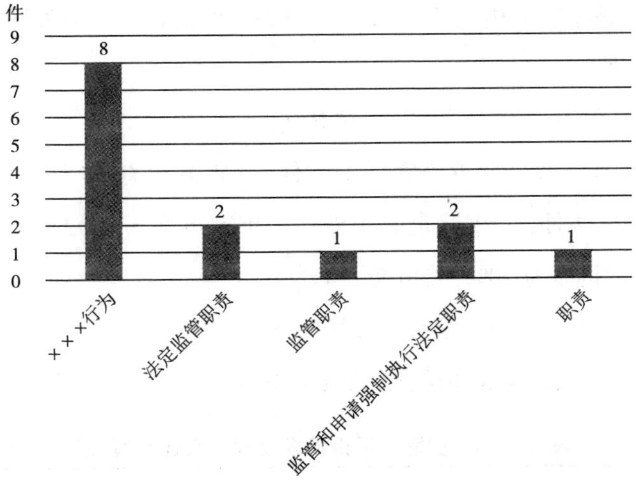

图 4-1-20 判决中确认违法后部表述方式及数量统计

(2)判决情况分析

江苏省一审判决中规定一定期限的案件共 15 件,无一定期限内履职完毕的情况。此外,期限类型共有 4 种,具体如下:3 件案件规定 60 日内,1 件案件规定 20 日内,3 件案件规定 1 个月内,8 件案件规定 2 个月内。

江苏省一审判决案件受理费类型:17 件案件规定案件受理费由被告承担,6 件案件未规定案件受理费,4 件案件规定案件受理费免收。其中有一件案件规定了案件受理费缴纳时间——判决生效后 7 日内缴纳。[1]

2. 一审裁定分析

江苏省共有 18 件一审裁定,其中 13 件案件为终结诉讼裁定,5 起案件为准许撤回起诉裁定。江苏省一审裁定案件受理费类型:只有一件案件规定案件受理费减半收取由公益诉讼人负担,其余都未规定案件受理费。[2]

3. 二审判决及裁定情况分析

江苏省共有二审判决 2 件,都判决驳回上诉维持原判,且都规定案件受理费由上诉人承担。

江苏省共有二审裁定 4 件,3 件案件为准许撤回上诉裁定且这 3 件案件都规

〔1〕(2018)苏 1202 行初 155 号。
〔2〕(2016)苏 8601 行初 836 号。

定案件受理费减半收取由上诉人承担，1 件案件裁定撤销原判发回重审，该案未规定案件受理费。

安徽省

安徽省共有行政公益诉讼案件 104 件，一审判决有 85 件，一审裁定有 14 件，二审判决有 4 件，二审裁定有 1 件。一审败诉率为 2.02%，一审撤诉率为 13.13%，二审败诉率为 20%，二审撤诉率为 0。

1.一审判决案件诉讼请求及判决情况分析

（1）诉讼请求及判决表述类型（见表 4-1-4）

表 4-1-4 安徽省诉讼请求及判决表述类型统计

诉讼请求类型（数量）	判决表述类型（数量）
确认违法（26 件）	确认违法（26 件）
判令履行职责（4 件）	判令履行职责（2 件）；判令一定期限内履行职责（1 件）；确认违法（1 件）
“确认违法 + 撤销行政行为 + 判令履行职责”（2 件）	“确认违法 + 一定期限内撤销行政行为 + 一定期限内履行职责”（1 件）；“确认违法 + 判令履行职责”（1 件）
“确认违法 + 撤销行政行为 + 判令重作”（2 件）	“撤销行政行为 + 判令一定期限内重作”（2 件）
“确认违法 + 判令采取补救措施”（1 件）	“确认违法 + 判令采取补救措施”（1 件）
“确认违法 + 判令履行职责”（47 件）	驳回全部诉讼请求（1 件）；“判令履行职责 + 驳回其他诉讼请求”（1 件）；判令履行职责（3 件）；确认违法（2 件）；“确认违法 + 驳回其他诉讼请求”（1 件）；“确认违法 + 判令履行职责”（28 件）；“确认违法 + 判令一定期限履行职责”（7 件）；“确认违法 + 判令一定期限内履职完毕”（1 件）；判令一定期限内履行职责（1 件）；判令一定期限内履职完毕（1 件）；“判令一定期限内履职完毕 + 驳回其他诉讼请求”（1 件）
“确认违法 + 判令履行职责 + 补救措施”（2 件）	“确认违法 + 判令履行职责 + 一定期限内采取补救措施”（1 件）；“确认违法 + 一定期限内采取补救措施”（1 件）
“确认违法 + 判令一定期限内履行职责”（1 件）	“确认违法 + 判令一定期限内履行职责”（1 件）

确认违法具体表述方式多样，具体如图 4-1-21、图 4-1-22、图 4-1-23、图 4-1-24 所示。

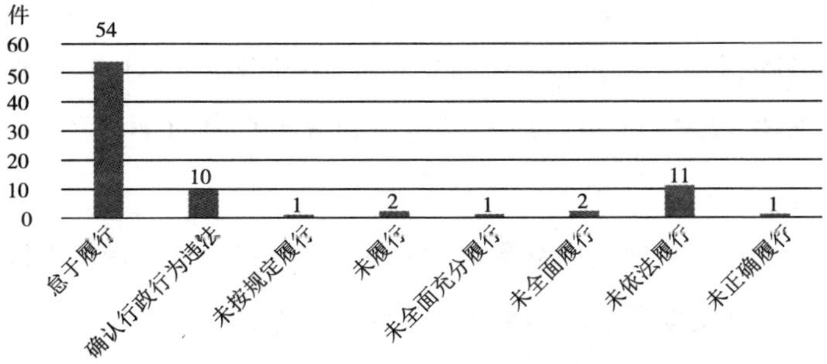

图 4-1-21 诉讼请求中确认违法前部表述方式及数量统计

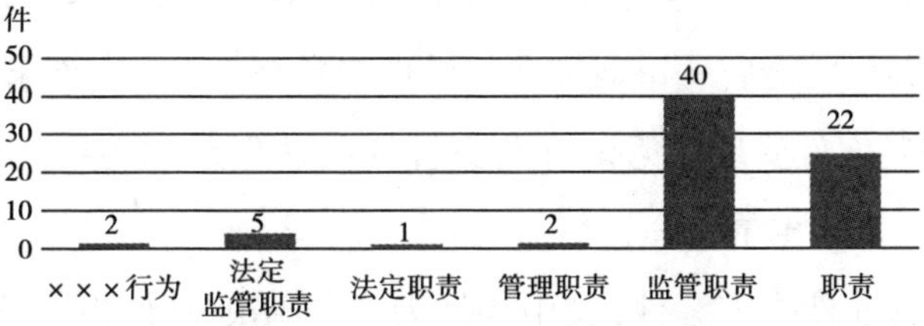

图 4-1-22 诉讼请求中确认违法后部表述方式及数量统计

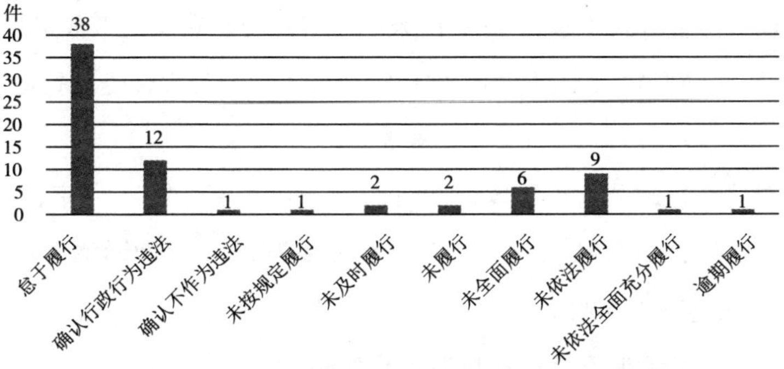

图 4-1-23 判决中确认违法前部表述方式及数量统计

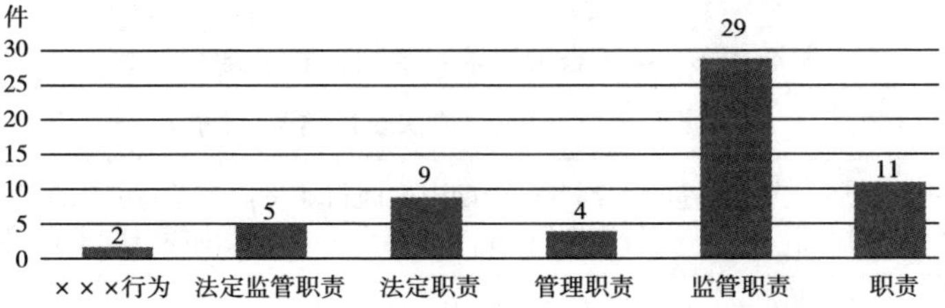

图 4-1-24 判决中确认违法后部表述方式及数量统计

(2)判决情况分析

安徽省裁判形式多样。其中规定一定期限的判决案件有18件,一定期限内履职完毕的共3件案件。期限类型共8种,具体如下:1件案件规定3日内,1件案件规定10日内,3件案件规定30日内,4件案件规定60日内,4件案件规定2个月内,1件案件规定3个月内,3件案件规定6个月内,1件案件规定××××年××月。

安徽省一审判决案件受理费类型:33件案件规定案件受理费由被告承担,38件案件未规定案件受理费情况,14件案件规定案件受理费免收。

2. 一审裁定分析

安徽省一审裁定共有14件案件,其中13件案件为撤回起诉裁定,1件案件为裁定驳回起诉。安徽省一审裁定案件受理费类型:12件案件未规定案件受理费,1件案件规定案件受理费免收,1件案件规定案件受理费减半由原告承担。

3. 二审判决及裁定情况分析

安徽省共有5件二审案件,其中4件为二审判决,1件为二审裁定。4件二审判决案件均判决驳回上诉,维持原判。二审判决案件受理费情况:3件案件规定案件受理费由上诉人承担,1件案件未规定案件受理费。二审裁定只有一件案件,法院裁定撤销原判决发回重审,并规定上诉人预交的案件受理费退回。

福建省

福建省共有行政公益诉讼案件77件,一审判决有75件,一审裁定有0件,二审判决有1件,二审裁定有1件,一审败诉率为0,一审撤诉率为0,二审败诉率为0,二审撤诉率为50%。

1. 一审判决案件诉讼请求及判决情况分析

(1)诉讼请求及判决表述类型(见表4-1-5)

表4-1-5 福建省诉讼请求及判决表述类型统计

诉讼请求类型(数量)	判决表述类型(数量)
“确认违法+判令履行职责”(40件)	“确认违法+判令一定期限内履行职责”(22件);“确认违法+判令履行职责”(16件);判令一定期限内履行职责(2件)

续表

诉讼请求类型（数量）	判决表述类型（数量）
判令履行职责（16 件）	判令履行职责（3 件）；“判令一定期限履行职责 + 判令履行职责”（1 件）；判令一定期限内履行职责（10 件）；确认违法（2 件）
“确认违法 + 判令采取补救措施”（11 件）	“确认违法 + 判令履行职责”（6 件）；“确认违法 + 一定期限内采取补救措施”（2 件）；“确认违法 + 判令一定期限内履行职责”（3 件）
确认违法（5 件）	确认违法（5 件）
“撤销行政行为 + 判令履行职责”（2 件）	“判令一定期限内撤销行政行为 + 判令一定期限内履行职责”（2 件）
“确认违法 + 判令履行职责 + 采取补救措施”（1 件）	“确认违法 + 判令履行职责 + 采取补救措施”（1 件）

确认违法具体表述方式多样，具体如图 4-1-25、图 4-1-26、图 4-1-27、图 4-1-28 所示。

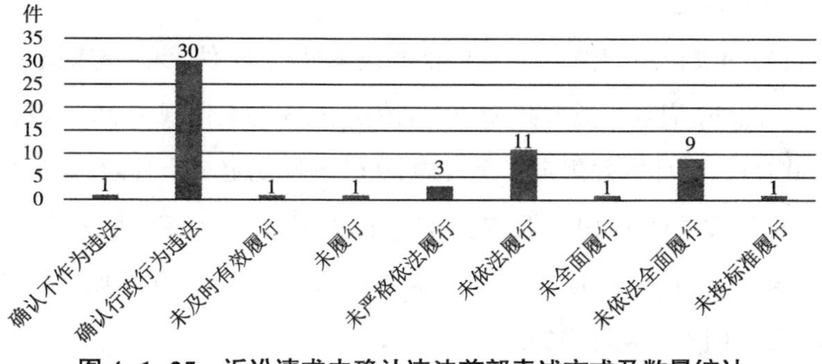

图 4-1-25　诉讼请求中确认违法前部表述方式及数量统计

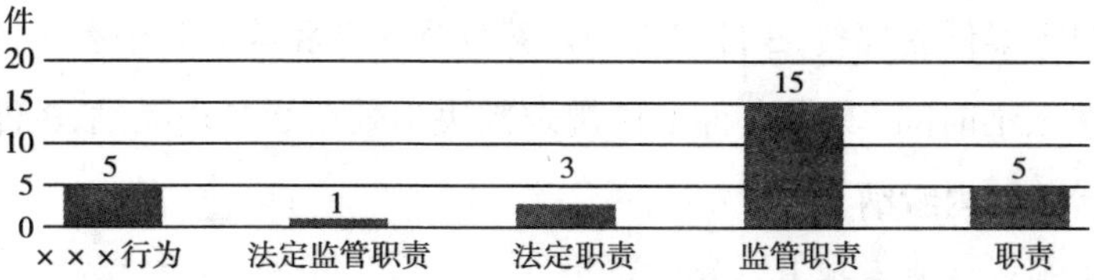

图 4-1-26　诉讼请求中确认违法后部表述方式及数量统计

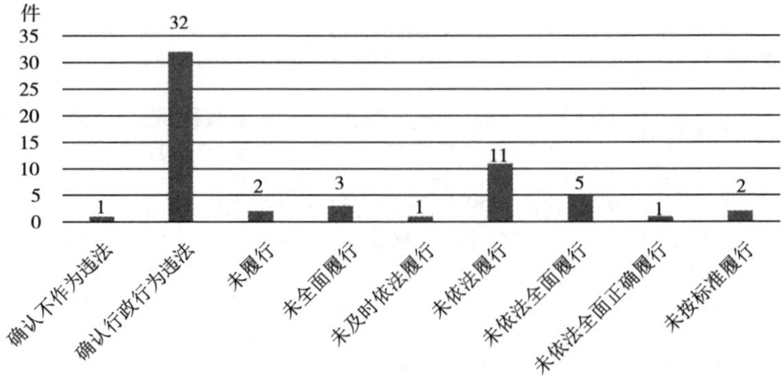

图 4-1-27　判决中确认违法前部表述方式及数量统计

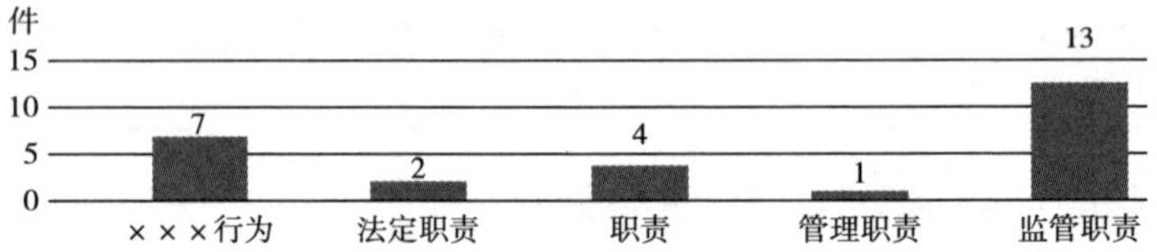

图 4-1-28　判决中确认违法后部表述方式及数量统计

（2）判决情况分析

福建省一审判决中规定一定期限的判决案件共 42 件，无一定期限内履职完毕的情况。此外，期限的类型共 8 种，具体如下：3 件案件规定 30 日内，24 件案件规定 60 日内，2 件案件规定 2 个月内，9 件案件规定 3 个月内，2 件案件规定 6 个月内，1 件案件规定 10 个月内，1 件案件规定 ××× 年汛期来临前，1 件案件规定 ×××× 年 ×× 月 ×× 日。需要注意的是，2017 年汛期来临之前是和 30 日内规定在同一个案件中的。

福建省一审判决案件受理费类型：51 件案件规定案件受理费由被告承担，21 件案件未规定案件受理费，3 件案件规定案件受理费免收。其中有 5 件案件规定案件受理费缴纳时间，其中 2 件案件规定判决生效后 3 日内缴纳，3 件案件规定判决生效后 7 日内缴纳。

2. 二审判决及裁定情况分析

福建省有 1 件二审判决，法院判决驳回上诉，维持原判，并规定二审案件受理费由上诉人承担。福建省有 1 件二审裁定，为准许撤回上诉裁定，并规定二审案件受理费减半收取由上诉人承担。

山东省

山东省行政公益诉讼共有 117 件案件，一审判决有 79 件，一审裁定有 37 件，二审案件中判决有 1 件，裁定有 0 件，一审败诉率为 0，一审撤诉率为 31.03%，二审败诉率为 0，二审撤诉率为 0。

1. 一审判决案件诉讼请求及判决情况分析

（1）诉讼请求及判决表述类型（见表 4-1-6）

表 4-1-6　山东省诉讼请求及判决表述类型统计

诉讼请求类型（数量）	判决表述类型（数量）
确认违法（30 件）	确认违法（28 件）；撤销行政行为（1 件）；“驳回确认校验行为违法的诉请 + 确认未履行监管职责的行政行为违法”（1 件）
判令履行职责（21 件）	判令履行职责（11 件）；判令一定期限内履行职责（6 件）；“撤销行政行为 + 判令一定期限内履行职责”（1 件）；判令一定期限内履职完毕（1 件）；确认违法（1 件）；“准许撤回确认违法诉请 + 判令履行职责”（1 件）
“确认违法 + 判令履行职责”（18 件）	判令履行职责（2 件）；判令一定期限内履行职责（2 件）；判令一定期限内履职完毕（1 件）；确认违法（4 件）；“确认违法 + 驳回其他诉请”（1 件）；“确认违法 + 判令履行职责”（5 件）；“确认违法 + 判令一定期限内履行职责”（1 件）；“一定期限内履行职责 + 判令履行职责”（1 件）；“确认违法 + 判令履行职责 + 采取补救措施”（1 件）
“确认违法 + 判令一定期限内履行职责”（1 件）	“确认违法 + 判令履行职责”（1 件）
判令一定期限内履行职责（4 件）	判令一定期限内履行职责（3 件）；判令履行职责（1 件）
撤销行政行为（1 件）	撤销行政行为（1 件）
“撤销行政行为 + 判令履行职责”（1 件）	“撤销行政行为 + 判令一定期限内履行职责”（1 件）
“撤回对财政局的起诉 + 责令农村农业局履行职责”（1 件）	“准许撤回对财政局的起诉 + 判令一定期限内履行职责”（1 件）
“确认违法 + 判令履行职责 + 采取补救措施”（未细述件）（1 件）	“确认违法 + 判令一定期限内采取补救措施”（1 件）
未明确诉请（1 件）	判令一定期限内履行职责（1 件）

确认违法具体表述方式多样，具体如图 4-1-29、图 4-1-30、图 4-1-31、图 4-1-32 所示。

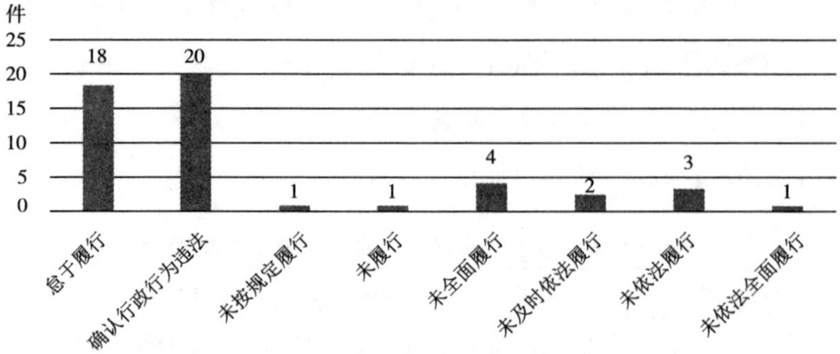

图 4-1-29　诉讼请求中确认违法前部表述方式及数量统计

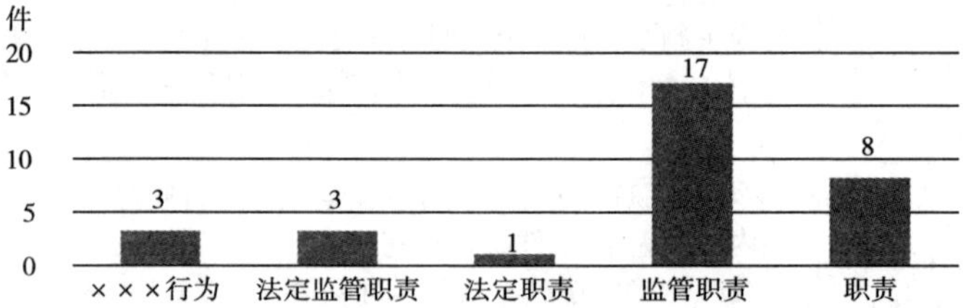

图 4-1-30　诉讼请求中确认违法后部表述方式及数量统计

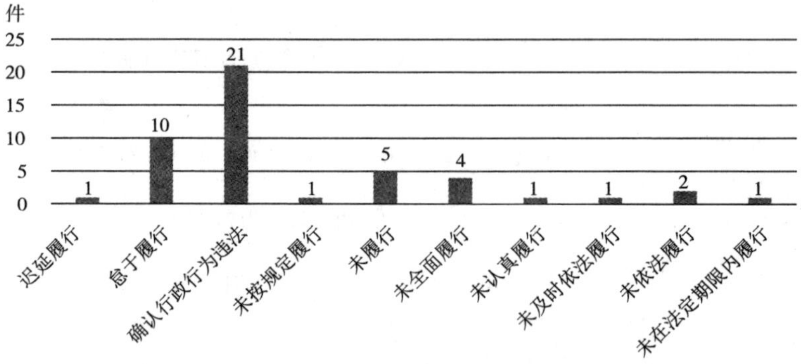

图 4-1-31　判决中确认违法前部表述方式及数量统计

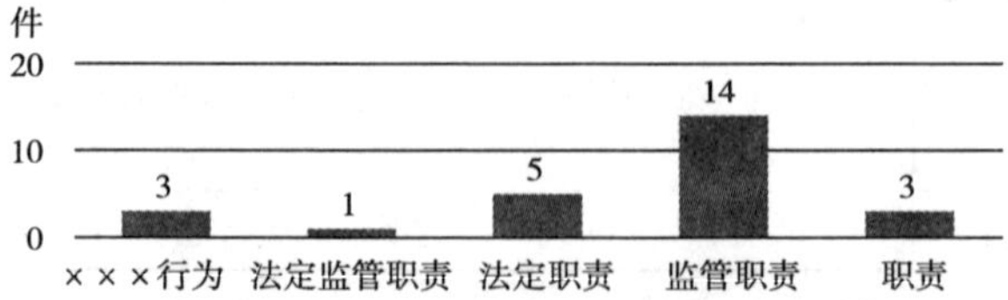

图 4-1-32　判决中确认违法后部表述方式及数量统计

（2）判决情况分析

山东省一审判决中规定一定期限的案件有20件，其中一定期限内履职完毕的共2件。此外期限的类型共7种，具体如下：2件案件规定10日内，6件案件规定30日内，7件案件规定60日内，1件案件规定90日内，1件案件规定180日内，1件案件规定2个月内，2件案件规定6个月内。

山东省一审判决案件受理费类型：41件案件规定案件受理费由被告承担，37件案件未规定案件受理费，1件案件规定案件受理费免收。其中1件案件规定案件受理费缴纳时间——判决生效后10日内缴纳。[1]

2. 一审裁定分析

山东省一审裁定案件37件，其中36件案件为准许撤回起诉裁定，1件案件为中止诉讼裁定。山东省一审裁定案件受理费类型：1件案件规定案件受理费减半收取由被告承担，33件案件未规定案件受理费，3件案件规定案件受理费免收。

3. 二审判决及裁定情况分析

山东省并无二审裁定，只有一件二审判决，二审判决驳回上诉维持原判。且该二审案件规定案件受理费由上诉人承担。

湖北省

湖北省行政公益诉讼案件共有137件，一审判决有135件，一审裁定有0件。二审判决有1件，二审裁定有1件。一审败诉率为0，一审撤诉率为0，二审败诉率为0，二审撤诉率为50%。

1. 一审判决案件诉讼请求及判决情况分析

（1）诉讼请求及判决表述类型（见表4-1-7）

表4-1-7　湖北省诉讼请求及判决表述类型统计

诉讼请求类型（数量）	判决表述类型（数量）
判令履行职责（18件）	"确认违法+判令一定期限内履行职责"（1件）；"确认违法+判令履行职责"（2件）；判令履行职责（9件）；判令一定期限内履行职责（4件）；判令一定期限内履职完毕（2件）

〔1〕（2017）鲁0283行初110号。

续表

诉讼请求类型（数量）	判决表述类型（数量）
确认违法（31 件）	确认违法（30 件）；“确认违法 + 判令一定期限内履行职责”（1 件）
“确认违法 + 判令履行职责”（78 件）	确认违法（3 件）；“确认违法 + 一定期限内采取补救措施”（1 件）；“确认违法 + 一定期限内采取补救措施 + 一定期限内履行职责”（1 件）；“确认违法 + 一定期限内履行职责”（28 件）；“确认违法 + 一定期限内履职完毕”（1 件）；“确认违法 + 判令采取补救措施”（1 件）；“确认违法 + 判令履行职责”（35 件）；判令履行职责（2 件）；判令一定期限内履行职责（5 件）；“判令一定期限内履行职责 + 驳回其他诉讼请求”（1 件）
“撤销行政行为 + 判令重作”（2 件）	“撤销行政行为 + 判令一定期限内重作”（2 件）
判令一定期限内履行职责（3 件）	确认违法（2 件）；判令一定期限内履行职责（1 件）
“确认违法 + 撤销行政行为 + 判令履行职责”（1 件）	“确认违法 + 撤销行政行为 + 判令履行职责”（1 件）
“确认违法 + 判令履行职责 + 采取补救措施”（1 件）	“确认违法 + 一定期限内采取补救措施 + 一定期限内履行职责”（1 件）
“确认违法 + 判令履行职责 + 撤销行政行为 + 重作”（1 件）	“确认违法 + 判令履行职责 + 撤销行政行为 + 判令一定期限内重作”（1 件）

确认违法具体表现形式存在多种情形，具体如图 4-1-33、图 4-1-34、图 4-1-35、图 4-1-36 所示。

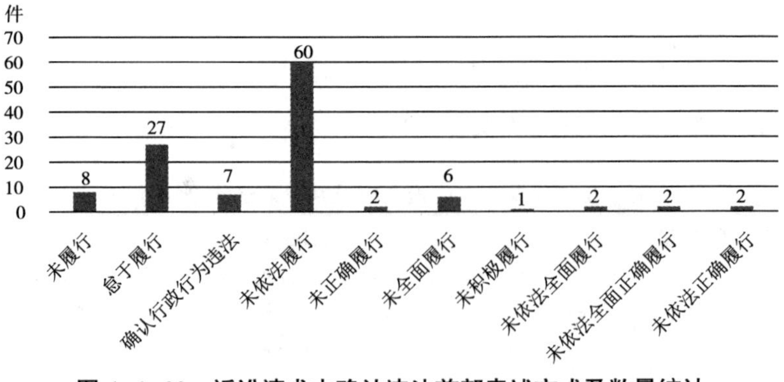

图 4-1-33 诉讼请求中确认违法前部表述方式及数量统计

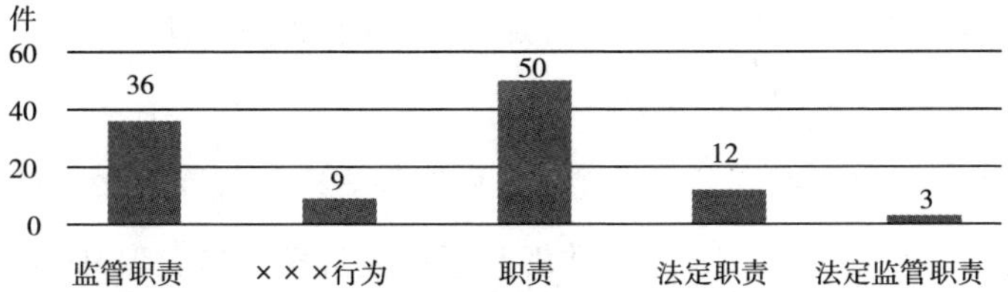

图 4-1-34　诉讼请求中确认违法后部表述方式及数量统计

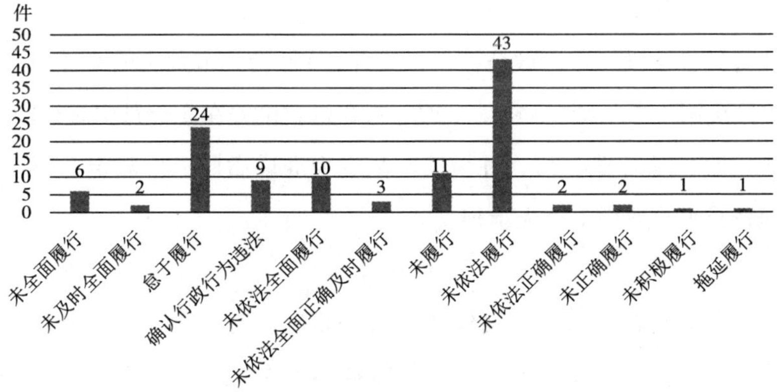

图 4-1-35　判决中确认违法前部表述方式及数量统计

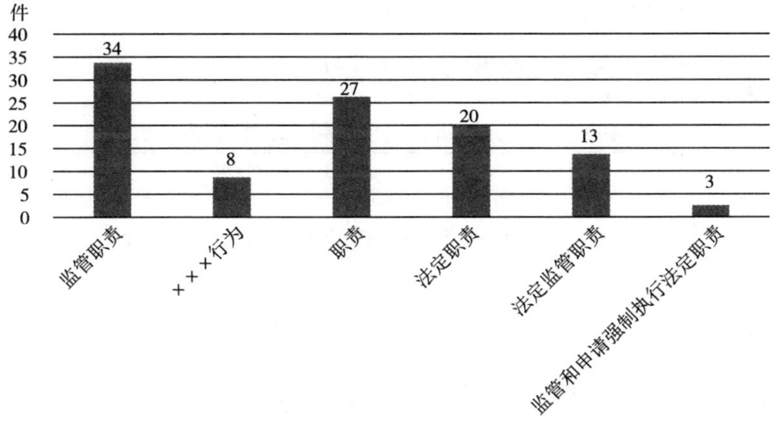

图 4-1-36　判决中确认违法后部表述方式及数量统计

(2)判决情况分析

湖北省一审判决中规定一定期限的案件共 50 件，其中一定期限内履职完毕的共 3 件。此外，期限类型共 9 种，具体如下：2 件案件规定 15 日内，6 件案件规定 30 日内，17 件案件规定 60 日内，7 件案件规定 90 日内，1 件案件规定 1 个月内，3 件案件规定 2 个月内，6 件案件规定 3 个月内，7 件案件规定 6 个月内，1 件案件规定符合条件之日起 1 个月内。

湖北省一审判决案件受理费类型：77 件案件规定案件受理费由被告承担，35 件案件未规定案件受理费，23 件案件规定案件受理费免收。其中有 2 件案例规定了缴纳时间——判决生效之日交纳。[1]

2. 二审判决及裁定情况分析

湖北省只有 2 件二审行政公益诉讼案件，一件为二审判决的案件，该案判决维持一审判决第 2 项，撤销一审第 1 项并判令行政机关在 3 个月内履行职责。[2] 该案未规定案件受理费。另一件为二审裁定为准许撤回上诉裁定，并规定二审案件受理费减半收取由上诉人承担。

广东省

广东省共有行政公益诉讼案件 76 件，一审判决有 56 件，一审裁定有 2 件，二审判决有 15 件，二审裁定有 3 件。一审败诉率为 0，一审撤诉率为 3.45%，二审败诉率为 0，二审撤诉率为 16.67%。

1. 一审判决案件诉讼请求及判决情况分析

（1）诉讼请求及判决表述类型（见表 4-1-8）

表 4-1-8 广东省诉讼请求及判决表述类型统计

诉讼请求类型（数量）	判决表述类型（数量）
判令一定期限内履行职责（4 件）	判令一定期限内履行职责（1 件）；判令履行职责（3 件）
"判令一定期限内履行职责 + 判令履行职责"（1 件）	确认违法（1 件）
确认违法（6 件）	确认违法（6 件）
"确认违法 + 判决一定期限内履行职责"（15 件）	"确认违法 + 判令履行职责"（7 件）；确认违法（5 件）；"确认违法 + 判令一定期限内履行职责"（3 件）

〔1〕（2018）鄂 0626 行初 5 号；（2019）鄂 2802 行初 1 号。
〔2〕（2019）鄂 13 行终 3 号。

续表

诉讼请求类型(数量)	判决表述类型(数量)
"确认违法 + 判令履行职责"(29 件)	判令履行职责(1 件);判令一定期限内履行职责(3 件);确认违法(4 件);"确认违法 + 判令履行职责"(12 件);"确认违法 + 判令履行职责 + 驳回其他诉讼请求"(1 件);"确认违法 + 判令一定期限内履行职责"(8 件)
"确认违法 + 判令一定期限内履行职责 + 判令履行职责"(1 件)	"确认违法 + 判令一定期限内履行职责 + 判令履行职责"(1 件)

确认违法具体表述方式多样,具体如图 4-1-37、图 4-1-38、图 4-1-39、图 4-1-40 所示。

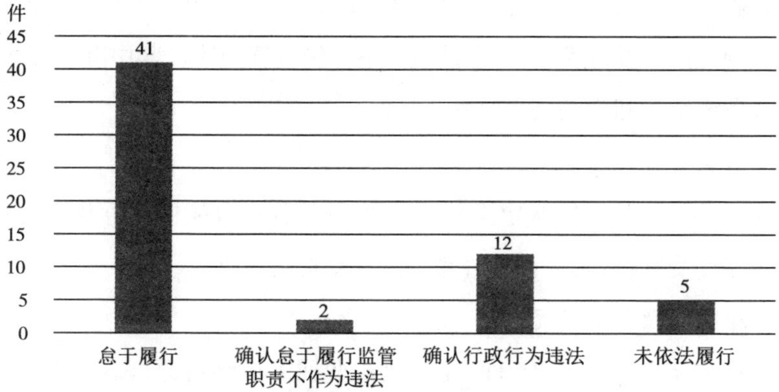

图 4-1-37　诉讼请求中确认违法前部具体表述方式及数量统计

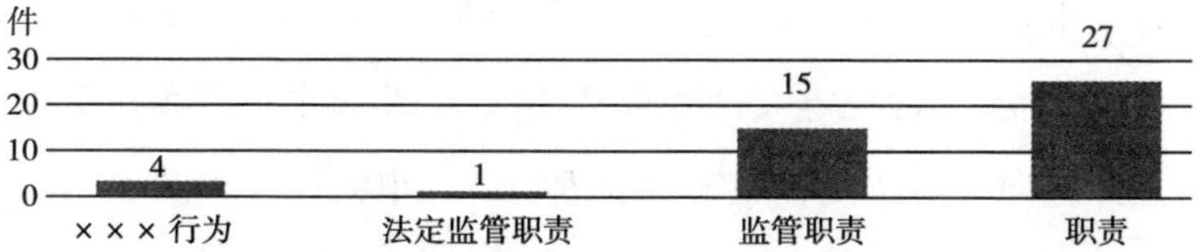

图 4-1-38　诉讼请求中确认违法后部具体表述方式及数量统计

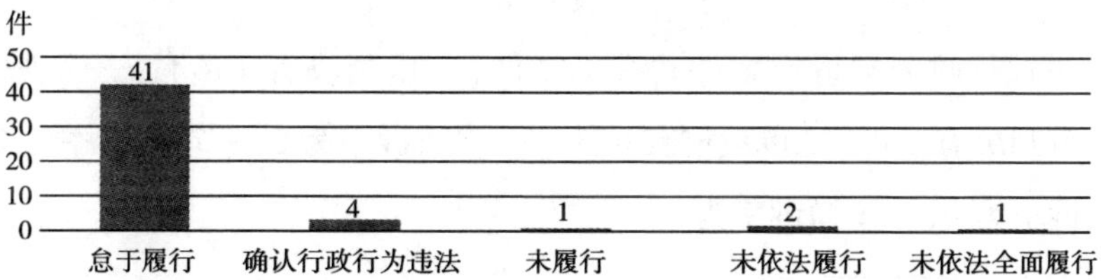

图 4-1-39　判决中确认违法前部具体表述方式及数量统计

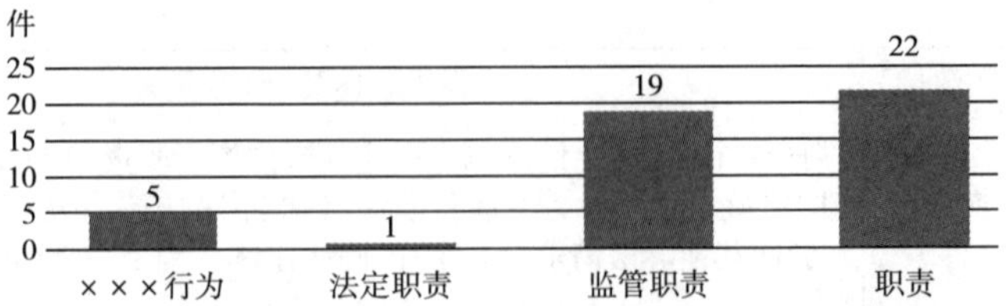

图 4-1-40 判决中确认违法后部具体表述方式及数量统计

(2)判决情况分析

广东省一审判决中规定一定期限的判决共 16 件,无判令一定期限内履职完毕的情形。此外,期限类型共 4 种,具体如下:11 件案件规定 60 日内,2 件案件规定 1 个月内,2 件案件规定 2 个月内,1 件案件规定 6 个月内。

广东省一审判决案件受理费类型:38 件案件规定案件受理费由被告承担,13 件案件未规定案件受理费,5 件案件规定案件受理费免收。其中有一件案件规定案件受理费缴纳时间为判决生效后 3 日内。[1]

2. 一审裁定分析

广东省共有 2 件一审裁定案件,2 件案件均为准许撤回起诉裁定,且一件案件未规定案件受理费,另一件案件规定案件受理费免收。

3. 二审判决及裁定情况分析

广东省二审判决共有 15 件,全都判决驳回上诉维持原判。其中有 13 件案件规定二审案件受理费由上诉人负担。2 件案件未规定案件受理费。

广东省二审裁定共有 3 件,全都是准许撤回上诉裁定。这 3 件案件中,1 件未规定案件受理费,1 件规定案件受理费免收,1 件规定一审案件受理费 50 元,由被告承担并应向一审法院补缴案件受理费。二审案件受理费 50 元,减半收取为 25 元,由上诉人承担,上诉人应向本院补缴案件受理费。

贵州省

贵州省行政公益诉讼案件共有 142 件,一审判决有 134 件,一审裁定有 1 件。二审判决有 7 件,二审裁定有 0 件。一审败诉率为 0,一审撤诉率为 0.74%,二审败诉率为 0,二审撤诉率为 0。

〔1〕(2017)粤 0513 行初 1 号。

1. 一审判决案件诉讼请求及判决情况分析

（1）诉讼请求及判决表述类型（见表 4-1-9）

表 4-1-9　贵州省诉讼请求及判决表述类型统计

诉讼请求类型（数量）	判决表述类型（数量）
判令履行职责（3 件）	“确认违法 + 判令履行职责”（3 件）
确认违法（24 件）	确认违法（22 件）；“确认违法 + 准许撤回履行职责的诉请”（2 件）
“确认违法 + 判令被告承担费用”（1 件）	确认违法（1 件）
“确认违法 + 判令履行职责”（94 件）	“撤销行政行为 + 判令一定期限内履行职责”（1 件）；确认违法（5 件）；判令履行职责（2 件）；“确认违法 + 驳回其他诉请”（1 件）；“确认违法 + 判令履行职责”（50 件）；“确认违法 + 判令履行职责 + 采取补救措施”（1 件）；“确认违法 + 判令履行职责 + 一定期限内采取补救措施完毕”（15 件）；“确认违法 + 判令一定期限内履职完毕”（10 件）；“确认违法 + 判令一定期限内履行职责”（8 件）；判令一定期限内履职完毕（1 件）
“确认违法 + 判令履行职责 + 采取补救措施”（6 件）	“确认违法 + 采取补救措施”（1 件）；“确认违法 + 判令履行职责 + 采取补救措施”（1 件）；“确认违法 + 一定期限内履行职责 + 一定期限内采取补救措施”（3 件）；“确认违法 + 判令一定期限内履责完毕”（1 件）
“确认违法 + 判令履行职责 + 采取补救措施”（未细述件）（2 件）	“确认违法 + 判令履行职责 + 采取补救措施”（未细述件）（1 件）；“确认违法 + 一定期限内履行职责”（1 件）
未明确诉请（3 件）	确认违法（2 件）；“确认违法 + 判令履行职责 + 采取补救措施”（未细述件）（1 件）
“确认违法 + 撤销行政行为 + 判令重作”（1 件）	“确认违法 + 撤销行政行为 + 一定期限内重作”（1 件）

注：1. 例如，贵阳市乌当区水田镇人民政府乡政府一审行政判决书，案号为（2017）黔 0181 行初 14 号，诉请第 2 项为判令乌当区水田镇人民政府依法履行垃圾管理职责，对水田镇瓮蓬村垃圾堆存点依法进行处置并对受污染的环境采取补救措施。

2. 例如，台江县施洞镇人民镇一审行政判决书，案号为（2017）黔 2702 行初 6 号，诉请第 2 项为判令被告施洞镇人民政府依法履行职责，采取补救措施。同案号为（2017）黔 0181 行初 14 号的案件相比，其诉请比较描述的更少更原则。因此，将其概括为“确认违法 + 判令履行职责 + 采取补救措施”（未细述）。

确认违法具体表现形式存在多种情形，具体如图 4-1-41、图 4-1-42、图 4-1-43、图 4-1-44 所示。

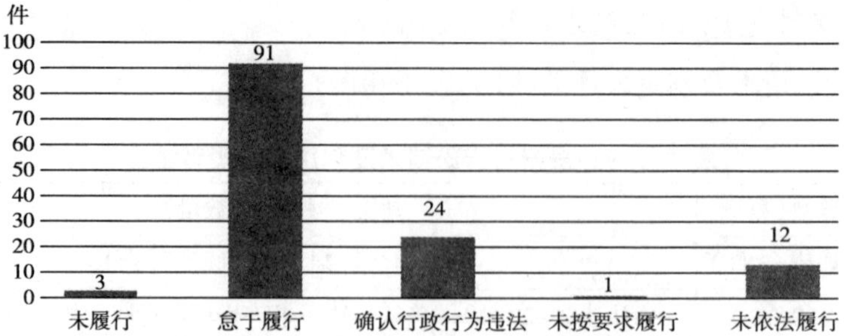

图 4-1-41　诉讼请求中确认违法前部表述方式及数量统计

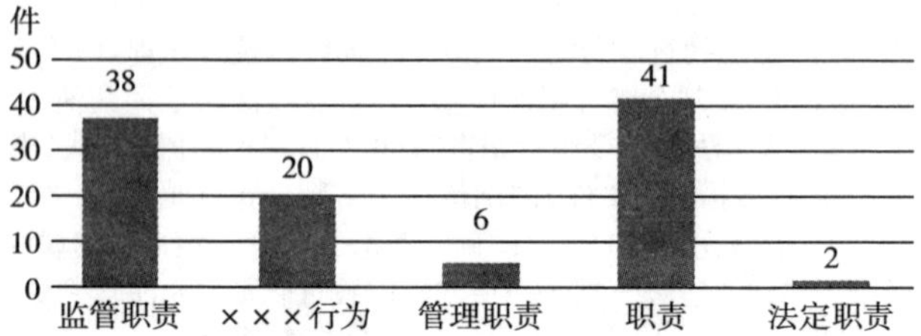

图 4-1-42　诉讼请求中确认违法后部表述方式及数量统计

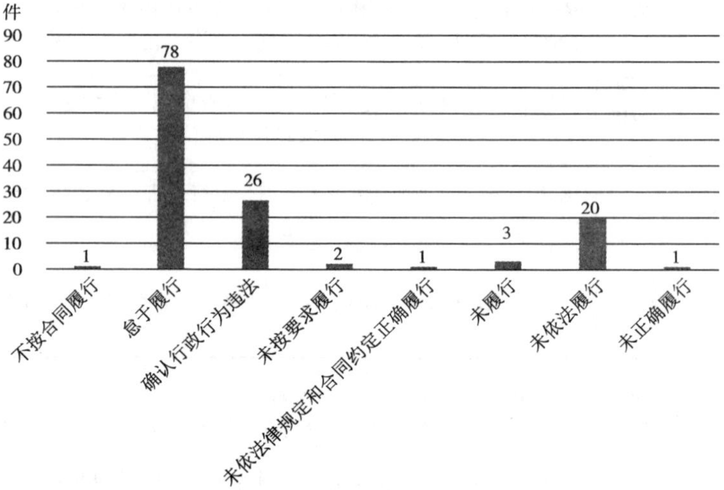

图 4-1-43　判决中确认违法前部表述方式及数量统计

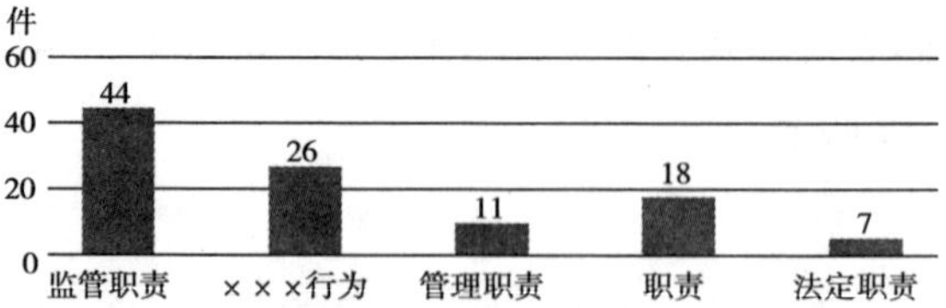

图 4-1-44　判决中确认违法后部表述方式及数量统计

(2)判决情况分析

贵州省一审判决中规定一定期限的案件共41件,其中一定期限内履职完毕的共27件。此外,期限类型共8种,具体如下:1件案件规定10日内,2件案件规定15日内,1件案件规定30日内,2件案件规定1个月内,1件案件规定2个月内,10件案件规定3个月内,23件案件规定××××年××月××日前,1件案件规定××××年××月。

贵州省一审判决案件受理费类型:3件案件规定案件受理费由被告承担,73件案件未规定案件受理费,58件案件规定案件受理费免收。

2. 一审裁定分析

贵州省只有1件一审裁定案件为准许撤回起诉裁定,并未规定案件受理费。

3. 二审判决及裁定情况分析

贵州省共有7件二审案件,全部都是二审判决案件,且均判决驳回上诉维持原判。其中3件案件未规定案件受理费;3件案件规定一审案件受理费由被告承担,二审案件受理费由上诉人承担;1件案件规定二审案件受理费由上诉人承担。

云南省

云南省共有行政公益诉讼案件122件,一审判决有112件,一审裁定有5件,二审判决有5件,二审裁定有0件。一审败诉率为0,一审撤诉率为4.27%,二审败诉率为0,二审撤诉率为0。

1. 一审判决案件诉讼请求及判决情况分析

(1)诉讼请求及判决表述类型(见表4-1-10)

表4-1-10　云南省诉讼请求及判决表述类型统计

诉讼请求类型(数量)	判决表述类型(数量)
确认违法(11件)	确认违法(11件)
"确认违法+判令履行职责"(68件)	判令履行职责(1件);确认违法(2件);"确认违法+驳回其他诉请"(2件);"确认违法+判令履行职责"(37件);"确认违法+判令一定期限内履行职责"(23件);"确认违法+判令一定期限内履职完毕"(2件);判令一定期限内履行职责(1件)

续表

诉讼请求类型(数量)	判决表述类型(数量)
“确认违法＋判令一定期限内履行职责”(28件)	确认违法(2件);“确认违法＋驳回其他诉请”(2件);“确认违法＋判令履行职责”(11件);“确认违法＋判令一定期限内履行职责”(9件);“确认违法＋判令一定期限内履职完毕”(3件);判令一定期限内履职完毕(1件)
判令一定期限内履行职责(3件)	判令一定期限内履行职责(2件);判令履行职责(1件)
判令履行职责(1件)	判令履行职责(1件)
“判令履行职责＋判令一定期限内履行职责”(1件)	判令一定期限内履行职责(1件)

确认违法具体表现形式存在多种情形，具体如图4-1-45、图4-1-46、图4-1-47、图4-1-48所示。

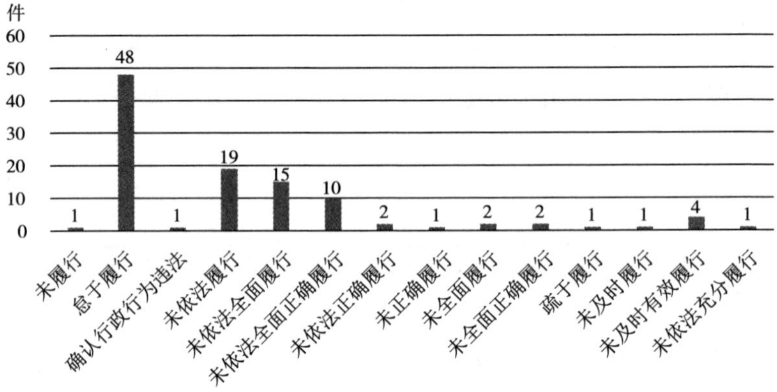

图4-1-45　诉讼请求中确认违法前部表述方式及数量统计

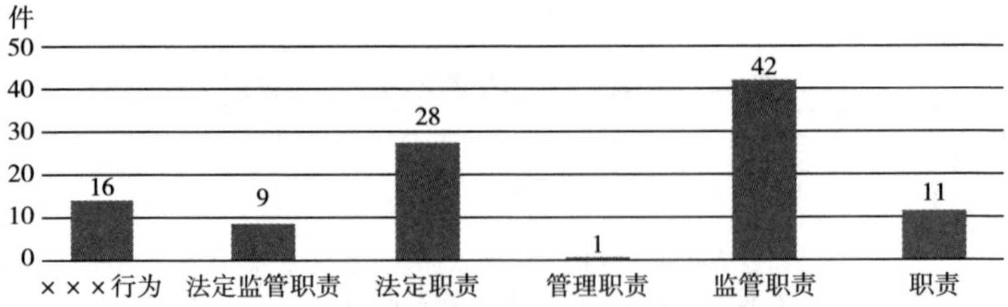

图4-1-46　诉讼请求中确认违法后部表述方式及数量统计

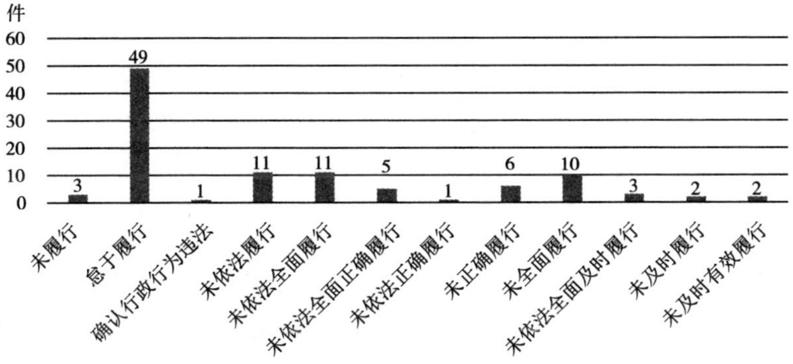

图 4-1-47　判决中确认违法前部表述方式及数量统计

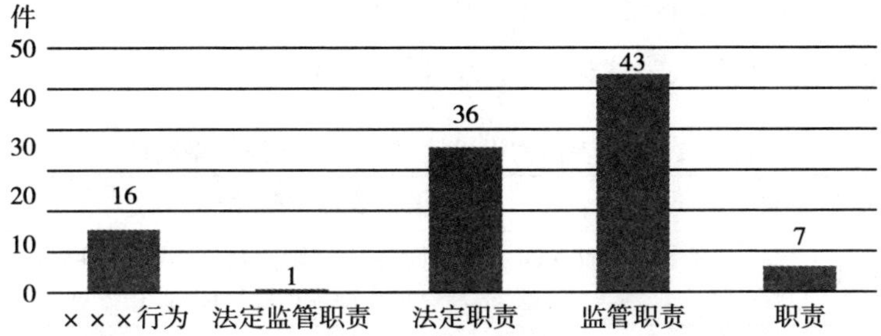

图 4-1-48　判决中确认违法后部表述方式及数量统计

（2）判决情况分析

云南省一审判决中规定一定期限的案件共有 42 件，其中一定期限内履职完毕的共有 6 件。此外，期限的类型共 8 种，具体如下：5 件案件规定 60 日内，2 件案件规定 90 日内，1 件案件规定 15 日内，11 件案件规定 3 个月内，16 件案件规定 6 个月内，1 件案件规定 1 年内，5 件案件规定 ×××× 年 ×× 月 ×× 日前，1 件案件规定 5 个工作日内。

云南省一审判决案件受理费类型：71 件案件规定案件受理费由被告承担，11 件案件未规定案件受理费，30 件案件规定案件受理费免收。其中有 16 件案件规定案件受理费缴纳时间，11 件案件规定 3 日内缴纳，1 件案件规定判决生效之日缴纳，4 件案件规定 30 日内缴纳。

2. 一审裁定分析

云南省一审裁定共有 5 件案件，全部都是准许撤回起诉裁定，且均未规定案件受理费。

3. 二审判决及裁定情况分析

云南省共有 5 件二审案件，均是二审判决，且都判决驳回上诉维持原判。

在云南省 5 件二审案件中，4 件案件未规定案件受理费，1 件案件规定二审案件受理费免交。

陕西省

陕西省行政公益诉讼共有 93 件，一审判决有 83 件，一审裁定有 7 件，有 2 件二审案件都是二审判决，再审案件有 1 件。一审败诉率为 0，一审撤诉率为 2.22%，二审败诉率为 50%，二审撤诉率为 0。

1. 一审判决案件诉讼请求及判决情况分析

（1）诉讼请求及判决表述类型（见表 4-1-11）

表 4-1-11 陕西省诉讼请求及判决表述类型统计

诉讼请求类型（数量）	判决表述类型（数量）
判令履行职责（7 件）	判令履行职责（4 件）；判令一定期限内履行职责（2 件）；"判令履行职责 + 判令一定期限内履行职责"（1 件）
确认违法（23 件）	确认违法（23 件）
"确认违法 + 判令采取补救措施"（1 件）	"确认违法 + 判令采取补救措施"（1 件）
"确认违法 + 判令履行职责"（50 件）	"确认违法 + 判令履行职责"（40 件）；确认违法（2 件）；"确认违法 + 驳回判令履职诉请"（1 件）；"确认违法 + 判令一定期限内履职完毕"（1 件）；"确认违法 + 判令一定期限内履行职责"（5 件）；"确认违法 + 判令履行职责 + 采取补救措施"（1 件）
"确认违法 + 判令一定期限内履行职责"（2 件）	"确认违法 + 判令一定期限内履职完毕"（1 件）；"确认违法 + 判令履行职责"（1 件）

确认违法具体表述方式多样，具体如图 4-1-49、图 4-1-50、图 4-1-51、图 4-1-52 所示。

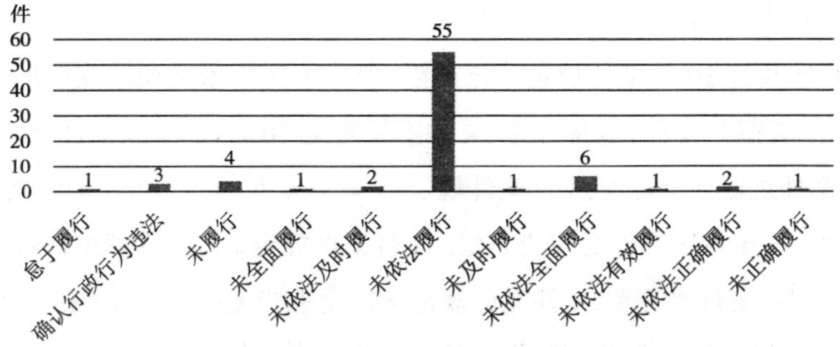

图 4-1-49　诉讼请求中确认违法前部表述方式及数量统计

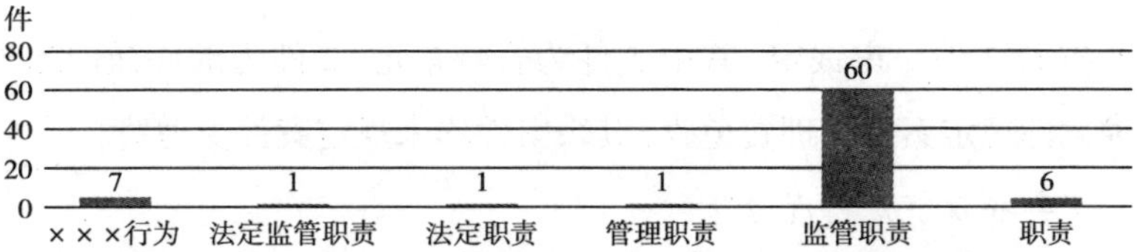

图 4-1-50　诉讼请求中确认违法后部表述方式及数量统计

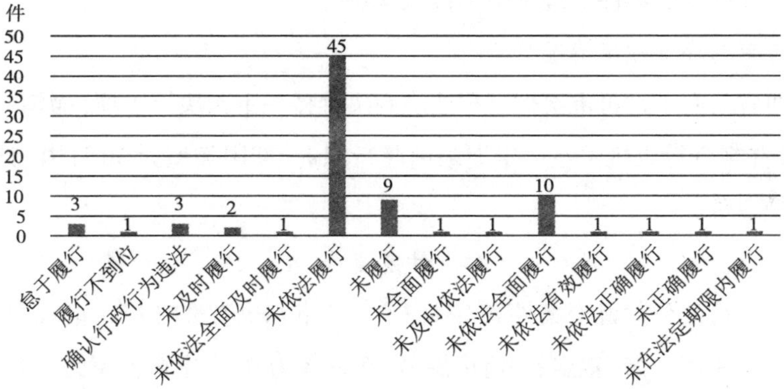

图 4-1-51　判决中确认违法前部表述方式及数量统计

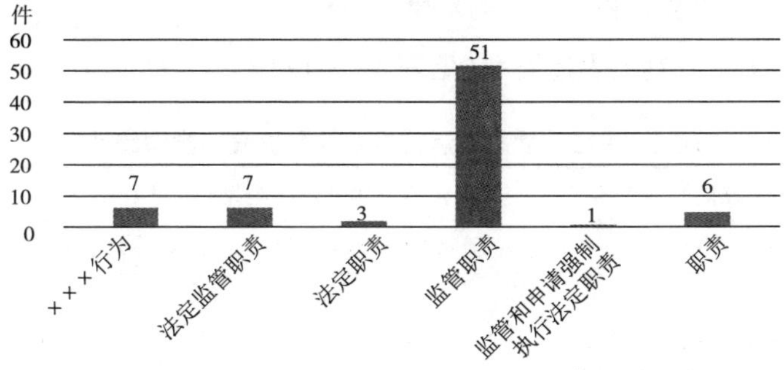

图 4-1-52　判决中确认违法后部表述方式及数量统计

（2）判决情况分析

陕西省共有10件案件规定一定期限，其中一定期限内履职完毕的共2件。此外，期限类型共4种，具体如下：4件案件规定60日内，1件案件规定2个月内，4件案件规定6个月内，1件案件规定××××年××月××日前。

陕西省一审判决案件受理费类型：51件案件规定案件受理费由被告承担，28件案件未规定案件受理费，4件案件规定案件受理费免收。此外，有1件案件规定案件受理费缴纳时间，为判决生效后5日内交纳。〔1〕

2. 一审裁定分析

陕西省共7件一审裁定，其中5件为管辖裁定，2件为准许撤回起诉裁定。只有1件案件规定案件受理费免收，其余案件均未规定案件受理费。

3. 二审判决及裁定情况分析

陕西省共有2件二审案件，都是二审判决，法院均判决驳回上诉维持原判，且2件案件都规定案件受理费由上诉人承担。

4. 再审判决及裁定情况分析

陕西省只有1件再审案件〔2〕，法院判决维持一审判决第1项，撤销一审判决第2项，并判令行政机关在一定期限内履行职责，期限类型为30日内，该案未规定案件受理费。

甘肃省

甘肃省行政公益诉讼案件共有105件，一审判决有97件，一审裁定有5件，二审判决有3件，二审裁定有0件。一审败诉率为0，一审撤诉率为3.92%，二审败诉率为0，二审撤诉率为0。

1. 一审判决案件诉讼请求及判决情况分析

（1）诉讼请求及判决表述类型（见表4-1-12）

表4-1-12　甘肃省诉讼请求及判决表述类型统计

诉讼请求类型（数量）	判决表述类型（数量）
判令履行职责（5件）	判令一定期限内履行职责（2件）；判令履行职责（3件）

〔1〕（2017）陕0727行初4号。
〔2〕（2017）陕0425行再1号。

续表

诉讼请求类型（数量）	判决表述类型（数量）
确认违法（15 件）	确认违法（15 件）
“确认违法＋判令履行职责”（74 件）	判令履行职责（5 件）；确认违法（7 件）；判令一定期限内履行职责（1 件）；判令一定期限内履职完毕（1 件）；“确认违法＋驳回其他诉讼请求”（1 件）；“确认违法＋判令采取补救措施”（4 件）；“确认违法＋判令履行职责”（37 件）；“确认违法＋判令一定期限内履行职责”（17 件）；“确认违法＋判令一定期限内履职完毕”（1 件）
“确认违法＋判令一定期限内履行职责”（1 件）	“确认违法＋判令履行职责”（1 件）
未明确说明（2 件）	“确认违法＋判令履行职责”（2 件）

确认违法具体表述方式多样，具体如图 4-1-53、图 4-1-54、图 4-1-55、图 4-1-56 所示。

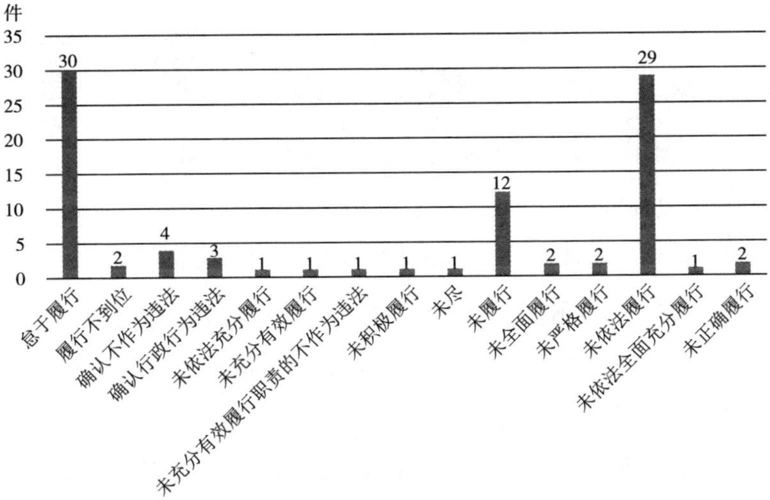

图 4-1-53　诉讼请求中确认违法前部表述方式及数量统计

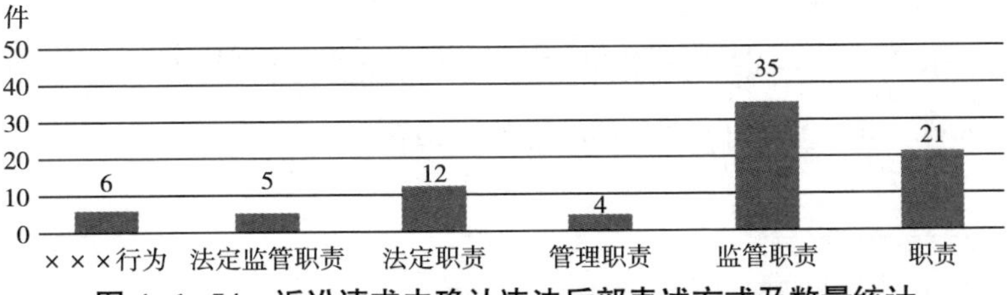

图 4-1-54　诉讼请求中确认违法后部表述方式及数量统计

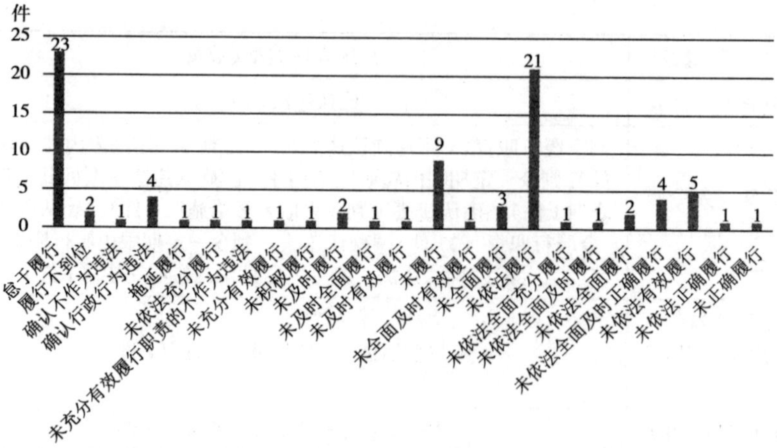

图 4-1-55 判决中确认违法前部表述方式及数量统计

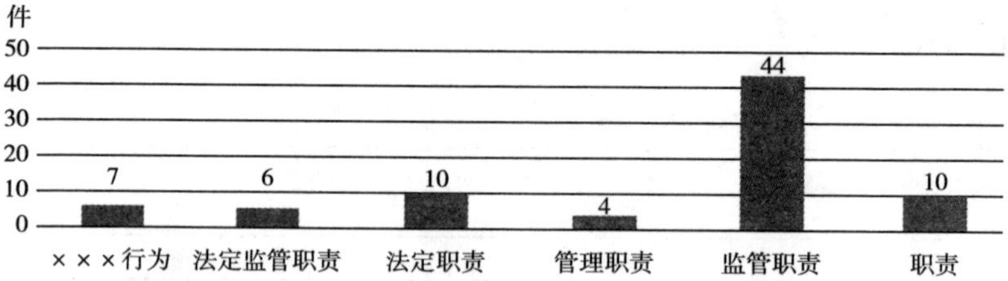

图 4-1-56 判决中确认违法后部表述方式及数量统计

(2)判决情况分析

甘肃省一审判决中规定一定期限的判决共 22 件,其中 2 件案件判令一定期限内履职完毕。此外,期限类型有 6 种,具体如下:5 件案件规定 30 日内,4 件案件规定 60 日内,2 件案件规定 90 日内,1 件案件规定 1 个月内,6 件案件规定 2 个月内,4 件案件规定 6 个月内。

甘肃省一审判决案件受理费类型:44 件案件规定案件受理费由被告承担,49 件案件未规定案件受理费,4 件案件规定案件受理费免收。

2. 一审裁定分析

甘肃省共有 5 件一审裁定案件,其中 4 件为准许撤回起诉裁定,1 件为管辖裁定。[1]5 件一审裁定案件都未规定案件受理费。

---

〔1〕(2018)甘 0503 行初 34 号。

3. 二审判决及裁定情况分析

甘肃省共有3件二审判决案件，3件案件全都判决驳回上诉维持原判。其中1件未规定案件受理费，另两件案件规定案件受理费由上诉人承担，此外，1件案件还规定了案件受理费缴纳时间，为判决生效后7日内缴纳。[1]

三、非试点地区

河北省

河北省共有6件行政公益诉讼案件，全都是一审案件，其中一审判决有1件，一审裁定有5件。一审败诉率为0，一审撤诉率为66.67%。

1. 一审判决分析

河北省共有6件行政公益诉讼案件，只有1件为一审判决，检察院诉请判令履行职责，法院判决一定期限内履行职责，期限为60日内。未规定案件受理费。

2. 一审裁定分析

河北省一审裁定共有5件，其中4件为准许撤回起诉裁定，1件为管辖裁定。一审裁定中，2件案件规定案件受理费为0元，[2]其余未规定案件受理费。

山西省

山西省共有17件行政公益诉讼案件，一审判决有12件，一审裁定有4件，1件二审案件的结案方式为二审判决。一审败诉率为0，一审撤诉率为18.75%，二审败诉率为0，二审撤诉率为0。

1. 一审判决案件诉讼请求及判决情况分析

(1)诉讼请求及判决表述类型（见表4-1-13）

---

[1] (2018)甘行终366号;(2019)甘04行终20号。
[2] (2018)冀0731行初9号;(2018)冀0731行初10号。

表 4-1-13　山西省诉讼请求及判决表述类型统计

诉讼请求类型(数量)	判决表述类型(数量)
判令履行职责(6 件)	判令履行职责(4 件);责令一定期限内履行职责(2 件)
确认违法(3 件)	确认违法(3 件)
"确认违法+判令履行职责"(3 件)	"确认违法+判令履行职责"(3 件)

确认违法具体表述方式存在多种情形,具体如表 4-1-14 所示。

表 4-1-14　山西省确认违法表述形式统计

诉讼请求中确认违法具体表述方式(数量)		判决中确认违法具体表现形式(数量)	
前部	后部	前部	后部
未依法履行(4 件);怠于履行(1 件);未履行(1 件)	法定职责(2 件);监管职责(1 件);职责(3 件)	怠于履行(1 件);未依法履行(1 件);未履行(1 件);未及时全面履行(3 件)	法定职责(1 件);监管职责(4 件);职责(1 件)

(2)判决情况分析

山西省一审判决中规定一定期限的判决共 2 件,无规定一定期限内履行完毕的情况,期限类型为 60 日内。[1]

山西省一审判决案件受理费类型:4 件案件规定案件受理费由被告承担,4 件案件未规定案件受理费,4 件案件规定案件受理费免收。

2. 一审裁定分析

山西省共有 4 件一审裁定,3 件为准许撤回起诉裁定,1 件为终结诉讼裁定。其中只有 1 件案件规定案件受理费免收,[2]其余案件均未规定案件受理费。

3. 二审判决及裁定情况分析

山西省只有 1 件二审判决案件,为二审判决,该案法院判决驳回上诉维持原判,并规定案件受理费由上诉人承担。

---

〔1〕(2018)晋 1081 行初 10 号;(2018)晋 0213 行初 32 号。
〔2〕(2018)晋 0213 行初 33 号。

辽宁省

辽宁省共有4件行政公益诉讼案件，其中1件案件[1]法院认为不宜在互联网公布。其他3件案件都是一审判决案件。一审败诉率为0，一审撤诉率为0。

辽宁省诉讼请求及判决表述类型统计见表4-1-15。

表4-1-15 辽宁省诉讼请求及判决表述类型统计

诉讼请求类型（数量）	判决表述类型（数量）
"确认违法＋判令履行职责"（3件）	"确认违法＋判令履行职责"（1件）；"确认违法＋判令一定期限内履行职责"（2件）

确认违法有多种表述方式，具体如表4-1-16所示。

表4-1-16 确认违法表述方式

诉讼请求中确认违法具体表述方式（数量）		判决中确认违法具体表述方式	
前部	后部	前部	后部
未依法履行（2件）；未全面履行（1件）	职责（2件）；监管职责（1件）	未依法履行（1件）；未履行（1件）；未全面履行（1件）	职责（1件）；法定职责（1件）；法定监管职责（1件）

辽宁省一审判决中规定一定期限的案件共2件，无规定一定期限内履行完毕的情况，期限类型为30日内和60日内，且3件案件均未规定案件受理费。

黑龙江省

黑龙江省只有1件行政公益诉讼案件，为一审判决。检察院诉请确认违法——迟延履行×××行为违法，法院判决确认违法——迟延履行×××行为违法，并规定案件受理费免收。

浙江省

浙江省只有1件行政公益诉讼案件，该案检察院诉请确认违法——未履行监管职责违法，法院判决确认违法——未依法履行监管职责违法，并规定案件受理费由被告承担。

---

〔1〕（2018）辽1202行初73号。

江西省

江西省共有 9 件行政公益诉讼案件，全都是一审判决，一审败诉率为 0，一审撤诉率为 0。

江西省诉讼请求及判决表述类型统计见表 4-1-17。

表 4-1-17 江西省诉讼请求及判决表述类型统计

诉讼请求类型（数量）	判决表述类型（数量）
“确认违法 + 判令履行职责”（8 件）	判令履行职责（1 件）；“确认违法 + 判令履行职责”（5 件）；“确认违法 + 一定期限内采取补救措施”（1 件）；“确认违法 + 判令一定期限内履行职责”（1 件）
“确认违法 + 判令被告承担诉讼费用”（1 件）	确认违法（1 件）

确认违法有多种表述方式，具体如表 4-1-18 所示。

表 4-1-18 江西省确认违法表述方式统计

诉讼请求中确认违法具体表述方式（数量）		判决中确认违法具体表述方式（数量）	
前部	后部	前部	后部
未按规定履行（1 件）；未依法全面履行（6 件）；怠于履行（2 件）	××× 行为（1 件）；监管职责（5 件）；职责（3 件）	怠于履行（1 件）；拖延履行（1 件）；未及时全面履行（1 件）；未履行（1 件）；未全面履行（1 件）；未依法及时履行（1 件）；未依法全面履行（2 件）	监管职责（5 件）；法定职责（1 件）；××× 行为（1 件）；职责（1 件）

关于判决情况，江西省只有 2 件案件规定一定期限，无规定一定期限内履行完毕的情况，期限类型为 60 日内和 30 日内。[1]

江西省一审判决案件受理费类型：6 件案件规定案件受理费由被告承担，3 件案件未规定案件受理费。

河南省

河南省共有 6 件行政公益诉讼案件，全都为一审案件，其中一审判决有 5 件，一审裁定有 1 件。一审败诉率为 0，一审撤诉率为 16.67%。

---

〔1〕（2018）赣 0203 行初 16 号；（2018）赣 0425 行初 56 号。

1. 一审判决案件诉讼请求及判决情况分析

(1)诉讼请求及判决表述类型(见表 4-1-19)

表 4-1-19 河南省诉讼请求及判决表述类型统计

诉讼请求类型(数量)	判决表述类型(数量)
"确认违法+判令履行职责"(3件)	"确认违法+判令履行职责"(1件);"确认违法+判令一定期限内履行职责"(1件);判令一定期限内履职完毕(1件)
确认违法(1件)	确认违法(1件)
"确认违法+判令履行职责+采取补救措施"(未细述件)(1件)	"确认违法+判令履行职责+采取补救措施"(未细述件)(1件)

确认违法有多种表述方式,具体如表 4-1-20 所示。

表 4-1-20 河南省确认违法表述方式统计

诉讼请求中确认违法具体表述方式(数量)		判决中确认违法具体表述方式(数量)	
前部	后部	前部	后部
怠于履行(1件);确认行政行为违法(1件);未依法履行(3件)	×××行为(2件);管理职责(1件);监管职责(1件)	怠于履行(1件);确认行政行为违法(1件);未依法履行(2件)	×××行为(1件);管理职责(1件);职责(1件)

(2)判决情况分析

河南省共有 2 件案件判决内容中规定了期限,其中判令一定期限内履行完毕的有 1 件案件。期限类型为 3 个月内和 6 个月内。一审判决中,2 件案件规定案件受理费由被告承担,3 件案件未规定案件受理费。

2. 一审裁定分析

河南省只有 1 件一审裁定,该裁定为准许撤回起诉裁定,并规定案件受理费减半收取,原告自愿负担。[1]

湖南省

湖南省共有 7 件行政公益诉讼案件,全都为一审案件,其中 1 件一审判决,6 件一审裁定。一审败诉率为 0,一审撤诉率为 85.71%。

〔1〕(2019)豫 1326 行初 23 号。

1. 一审判决案件诉讼请求及判决情况分析

湖南省只有 1 件一审判决案件，检察院请求确认违法——确认行政行为违法，法院判决确认违法——确认行政行为违法，并规定案件受理费免收。

2. 一审裁定分析

湖南省共有 6 件一审裁定案件，全部都是准许撤回起诉裁定。其中 2 件案件未规定案件受理费，3 件案件规定案件受理费免收，1 件案件规定案件受理费减半收取，由原告承担。

海南省

海南省只有 1 件行政公益诉讼案件，检察院诉请确认违法——怠于履行职责违法并判令一定期限内履行职责，法院判令一定期限内履行职责，期限类型为 6 个月内，并判决案件受理费由被告承担。

四川省

四川省共有 10 件行政公益诉讼案件，一审判决有 6 件，一审裁定有 3 件，二审裁定有 1 件。一审败诉率为 11.11%，一审撤诉率为 22.22%，二审败诉率为 100%，二审撤诉率为 0。

1. 一审判决案件诉讼请求及判决情况分析

（1）诉讼请求及判决表述类型（见表 4–1–21）

表 4–1–21 四川省诉讼请求及判决表述类型统计

诉讼请求类型（数量）	判决表述类型（数量）
判令履行职责（1 件）	“确认违法 + 判令一定期限内履行职责”（1 件）
确认违法（2 件）	确认违法（2 件）
“确认违法 + 判令履行职责”（3 件）	“确认违法 + 判令履行职责”（2 件）；“确认违法 + 判令一定期限内履行职责”（1 件）

确认违法有多种表述方式，具体如表 4–1–22 所示。

表 4–1–22 四川省确认违法表述方式统计

诉讼请求中确认违法具体表述方式（数量）		判决中确认违法具体表述方式（数量）	
前部	后部	前部	后部
怠于履行（3 件）；未全面履行（1 件）；未依法履行（1 件）	监管职责（3 件）；职责（2 件）	怠于履行（3 件）；确认行政行为违法（1 件）；未依法履行（2 件）	监管职责（5 件）

(2)判决情况分析

四川省一审判决中规定一定期限的案件共2件，无规定一定期限内履行完毕的情况，其规定的期限类型分别为判决生效后3个月内和判决生效后90日内。[1]

四川省一审判决案件受理费类型：1件案件规定案件受理费由被告承担，4件案件未规定案件受理费，1件案件规定案件受理费免收。

2. 一审裁定分析

四川省一审裁定共有3件，其中2件为准许撤回起诉裁定，1件为裁定驳回起诉，3件一审裁定案件都未规定案件受理费。

3. 二审判决及裁定情况分析

四川省只有1件二审案件且为二审裁定，该案裁定驳回上诉维持原裁定。并且未规定案件受理费的情况。

青海省

1. 一审判决案件诉讼请求及判决情况分析

青海省共有5件行政公益诉讼案件，2件为一审裁定，3件为一审判决。一审败诉率为0，一审撤诉率为40%。

这3件一审判决中，其中1件案件[2]法院公布的判决书中隐去了诉讼请求和判决内容等信息。另外2件案件诉请类型为确认违法——未依法履行×××行为违法并判令履行职责。法院判决确认违法——未依法履行×××行为违法并判令履行职责，并在这2件案件都规定案件受理费由被告承担，也都规定了案件受理费缴纳期限，为7日内缴纳。

2. 一审裁定分析

青海省共有2件一审裁定，这2件案件都是准许撤回起诉裁定的案件，并都未规定案件受理费。

---

〔1〕(2017)川1921行初57号;(2019)川0321行初4号。
〔2〕(2018)青2894行初1号。

重庆市

重庆市共有行政公益诉讼 7 件，全都是一审判决。一审败诉率为 0，一审撤诉率为 0。

重庆市诉讼请求及判决表述类型统计见表 4-1-23。

表 4-1-23　重庆市诉讼请求及判决表述类型统计

诉讼请求类型(数量)	判决表述类型(数量)
判令履行职责(2 件)	判令一定期限内履行职责(1 件);判令履行职责(1 件)
确认违法(1 件)	确认违法(1 件)
"确认违法 + 判令履行职责"(4 件)	"确认违法 + 一定期限内履行职责"(1 件);判令履行职责(1 件);判令一定期限内履行职责(1 件);"撤销行政行为 + 判令重作"(1 件)

确认违法有多种表述方式，具体如表 4-1-24 所示。

表 4-1-24　重庆市确认违法表述方式统计

诉讼请求中确认违法具体表述方式(数量)		判决中确认违法具体表述方式(数量)	
前部	后部	前部	后部
怠于履行(4 件);未依法履行(1 件)	法定职责(1 件);监管职责(3 件);职责(1 件)	怠于履行(2 件)	监管职责(1 件);法定职责(1 件)

关于判决情况，重庆市一审判决中规定期限的共有 3 件案件，无规定一定期限内履行完毕的情况，1 件案件规定期限类型为 1 个月内，2 件案件规定期限类型为 2 个月内。

重庆市一审判决案件受理费类型：2 件案件规定案件受理费由被告承担，5 件未规定案件受理费。

第二节　民事公益诉讼裁判形式

一、全国民事公益诉讼裁判形式的整体分析

本部分将 399 份民事公益诉讼裁判文书以作出形式为标准，分为一审判决书、二审判决书、裁定书与调解书四类。因民事公益诉讼二审判决书、裁定书与

调解书的裁判内容不体现实质的公益诉讼裁判形式，所以，为尽可能展示各类裁判形式真实的数据，在计算各类裁判形式占比时，基础数据选择的仅为民事公益诉讼一审判决书的数量，对二审判决书、裁定书与调解书作另外的裁判形式分析，以此得出的最后结果将会是各类裁判形式最真实的实践适用比例。

（一）民事公益诉讼一审判决书的分析

全国民事公益诉讼判决书共 257 份，一审判决书总数为 228 份。与总量对应，安徽省、浙江省与江苏省民事公益诉讼一审判决书数量最多，分别为 34 份、33 份与 26 份。在对一审判决书进行初步分析时，发现其裁判形式构成与民事公益诉讼类型有着密切的关系，因此，首先对民事公益诉讼三大类型作简要介绍。

1. 民事公益诉讼类型

以案涉公共利益的利益类型为分类标准，可将民事公益诉讼分为环境民事公益诉讼、消费民事公益诉讼与名誉民事公益诉讼。环境民事公益诉讼一审判决书数量最多，共 167 份，即指社会组织或人民检察院对破坏生态环境和资源保护等损害社会公共利益的行为向人民法院提起的民事公益诉讼，主要发生于大气污染、土地水资源环境污染与渔业树木资源破坏等领域。消费民事公益诉讼一审判决书数量次之，共 49 份，指社会组织或人民检察院对食品药品安全等领域侵害消费者合法权益、损害社会公共利益的行为向人民法院提起的民事公益诉讼。大部分消费民事公益诉讼发生于食品药品安全领域，但广东省有 1 件发生于互联网租赁自行车服务领域的消费民事公益诉讼案件。[1]相对来说，名誉民事公益诉讼是一种新类型的民事公益诉讼，全国共发生 12 件，这 12 件案件的公益诉讼被告侵犯的均是英雄烈士的名誉权与肖像权，检察机关将烈士的名誉肖像视作社会公正的重要组成部分或社会主义核心价值观的具体内涵，认定其具有社会公益属性，以此提起民事公益诉讼（见图 4-2-1）。

---

〔1〕（2017）粤 01 民初 445 号。

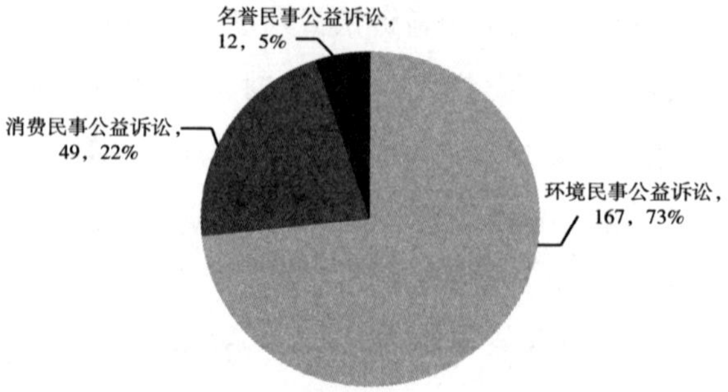

图 4-2-1 各类型民事公益诉讼一审判决书数量占比

2. 民事公益诉讼一审裁判形式

民事公益诉讼的目的需要法律责任承担来实现，对民事公益诉讼的裁判形式进行实证研究具有重大意义。一方面，可以总结现有裁判形式的经验，为今后的司法实践乃至相关规则的确定提供借鉴；另一方面，可以查找不足以指出裁判形式中模糊性、分歧性的问题，为更好地实现公益诉讼目的打好基础。对 228 份民事公益诉讼一审判决书的判决内容进行拆分，大致可分为“停止侵害、消除危险、排除妨碍”、“处置危险废物（污染）或承担处置费用”、“恢复原状或承担生态环境修复费用”、“赔偿生态环境服务功能损失或其他损失”、“惩罚性赔偿金”、“公示召回已销售产品”、“赔礼道歉”与“承担公告费、律师费、鉴定费等为诉讼支出的事务性费用”等形式。以下为各类具体裁判形式的重点分析。

（1）预防类裁判形式

《环境保护法》第 5 条规定了“预防为主、综合治理”的基本原则，这是预防性原则在法律中的明确规定，以强调环境法基本功能之一就是对生态环境损害的预防价值。《最高人民法院关于审理环境民事公益诉讼案件适用法律若干问题的解释》（以下简称《环境民事公益诉讼司法解释》）第 19 条规定的“停止侵害、排除妨碍、消除危险”就是预防性责任承担方式的进一步明确。因采取具体处置措施的目的是消除危险与排除妨碍，故与其概括性判决一并作为预防类裁判形式讨论。

民事公益诉讼中，若公民、法人或公益组织的侵害行为正在发生或行为影响正在延续，为制止侵害与防止损害的进一步扩大，法院可以判决公益诉讼被告停止侵害、消除危险、排除妨碍。司法实践中，常见的情形包括两种。一种存在于环境民事公益诉讼中，要求被告采取处置措施处理污染、危险废物或承担处置费用以消除危险，另一种存在于消费民事公益诉讼中，要求销售者通过公示销售产品的名称、销售时间、销售渠道及平台、产品中包含的有毒有害成分及危害性等事实的方式，向消费者提示产品存在的危害并召回已销售的产品。从总体数量来看，预防类裁判形式在环境民事公益诉讼中的适用比例最大，且法院判决呈现明确性特征，即明确指示公益诉讼被告应采取何种措施以达到消除危险、排除妨碍的目的（见表 4-2-1）。

表 4-2-1　预防类裁判形式具体数量与占比

各类裁判形式	民事公益诉讼数量（占比）	环境公益诉讼数量（占比）	消费公益诉讼数量（占比）	名誉公益诉讼数量（占比）
“停止侵害”的概括判决	8 件（3.51%）	5 件（2.99%）	2 件（4.08%）	1 件（8.33%）
处置措施（费用）	36 件（15.79%）	36 件（21.56%）	—	—
公示、召回已销售产品	12 件（5.26%）	—	12 件（24.49%）	—

（2）修复类裁判形式

在环境民事公益诉讼中，使环境最大可能地恢复到遭受损害之前的功能与价值是其首要目的。修复类判决方式仅存在于环境民事公益诉讼中，包括两种，分别是直接修复的恢复原状与不能直接修复情况下缴纳环境修复费用的替代修复，两者最直接的差别在于履行的行为方式上。一般来说，生态环境或自然资源遭受损害时，最直接有效的恢复方式是要求公益诉讼被告将生态环境修复到损害发生之前的状态，即采取同地点、同功能、同质量、同等级的补植复绿或增殖放流措施。如果生态环境无法完全修复或由于客观原因被告不能履行具体修复义务的，法院可以判决被告采用替代修复方式，即承担生态环境修复费用，用于修复被损害的生态环境。法院判决中，“生态环境修复费用”也被称为“环境污染损害修复费用”、“生态修复补偿金”或“渔业资源修复费用”，结合上述费用的用途与鉴定方式，其实质仍属于生态环境修复费用，因此在统计裁判形式时，一并纳入修复类裁判形式。

对228份民事公益诉讼一审判决书修复类判决内容进行拆分，可以发现在102份涉及生态环境修复的判决书中，法院直接判决被告承担生态环境修复费用的数量最多，共有65份，采用复合裁判形式即判决"修复生态环境或不能修复时承担生态环境修复费用"的数量次之，共28份，仅概括判决恢复原状的案件仅9件。从数据分析可以看出，法院在综合考虑修复方案执行难度、被告执行能力等各种因素的基础上，更加偏爱简单易行、可操作性更强的修复费用裁判形式。但若修复生态环境的方法本身比较简单，公益诉讼被告又愿意自己直接修复的话，法院便采用复合类裁判形式。而法院仅判决被告按照修复方案进行生态修复的情形通常只存在于被告自愿修复的意愿强烈并已实施修复或对修复细节进行过商议的情形（见表4–2–2）。

表4–2–2　修复类裁判形式具体数量与占比

各类裁判形式	民事公益诉讼数量（占比）	环境民事公益诉讼数量（占比）
仅判决修复费用	65件（28.51%）	65件（38.92%）
复合判决	28件（12.28%）	28件（16.77%）
仅恢复原状	9件（3.95%）	9件（5.39%）

（3）损失类裁判形式

损失类裁判形式包括两种。一种是赔偿受损生态环境从损害发生到恢复期间丧失的功能损失，即生态环境服务功能损失；另一种是赔偿因民事公益诉讼发生的各项经济损失。两者虽同为损失类的判决方式，但其产生原因、赔偿用途与意义均存在差别。赔偿生态服务功能损失的意义在于对生态环境丧失功能或价值的弥补，其费用应用于修复生态环境，而赔偿经济损失的意义在于实际物质丧失的弥补，其费用不用于生态环境修复，应当缴纳给实际受损人或上缴财政。

生态环境服务功能损失费与生态环境修复费其实都与生态环境功能相关，都是金钱赔偿的给付形式，但考虑两者背后完整的利益与价值保障机制，生态环境修复费用与生态功能损失费实质上属于两类不同的责任承担方式。生态环境修复费用用来支撑生态环境原状的恢复，保护的是财产利益、生活利益与感情利益等完整的利益链条，而功能损失费保护的仅为可用财产衡量的价值利益。[1]因此，将生态环境修复费用的支付剥离出赔偿损失的范畴，纳入修复类判决方式，更有利于区分民事公益诉讼的裁判形式，有利于损害的有效救济。但还需明确一点，生态环境服务功能损失不是修复生态环境或缴纳生态环境修复费用的替代履行方式，其可独立于修复费用而存在，也可与修复费用同时存在。司法实践中，有的判决文书将生态环境服务功能损失称为"生态环境损害费用"，根据法院将其与修复费用所作的区分以及所明确的用途，在分析判决文书时，将生态环境损害费用也一并计入服务功能损失范畴。

另一种损失类裁判形式包括直接的物质损失与公益诉讼原告为公益诉讼而支付的各项事务性费用，与生态环境服务功能损失不同，第二种损失类裁判形式指的是实际的、物质的丧失。直接的物质损失，是指如因狩猎行为造成的野生动物损失或捕捞行为造成的鱼苗损失，这类损失在民事公益诉讼中数量较少，一般会在刑事附带民事公益诉讼中出现。事务性费用一般包括《环境民事公益诉讼司法解释》第22条规定的检验、鉴定费用，合理的律师费以及其他合理费用。从司法实践来看，法院判决支持的事务性费用还包括公益诉讼原告因公益诉讼支付的公告费、专家费、调查取证费、评估费与交通费用等费用(见表4-2-3)。

表4-2-3　损失类裁判形式具体数量与占比

各类裁判形式	民事公益诉讼数量(占比)	环境公益诉讼数量(占比)	消费公益诉讼数量(占比)
服务功能损失费	34件(14.91%)	34件(20.36%)	—
经济损失	34件(14.91%)	34件(20.36%)	—
事务性费用	85件(37.28%)	83件(49.70%)	2件(4.08%)

(4)惩罚性赔偿金的裁判形式

《消费者权益保护法》第55条、《食品安全法》第148条第2款与《药品管理法》第144条第3款在赔偿损失请求权之外，还赋予受害消费者价款10倍或

[1] 李兴宇:《论我国环境民事公益诉讼中的"赔偿损失"》，载《政治与法律》2016年第10期。

损失 3 倍的赔偿金请求权。在民事公益诉讼领域,为了弥补私人惩罚性赔偿对违法者惩罚不力,防止消费者公共性损害的发生,促进消费品公正交易秩序的生成,对消费者公益诉讼提起惩罚性赔偿请求予以支持是可欲的。[1]目前,惩罚性赔偿金存在于消费民事公益诉讼案件中,实践中的计算基准为产品销售价款的 10 倍,在环境民事公益诉讼与名誉民事公益诉讼案件中尚未出现惩罚性赔偿金的适用。

在 49 份消费民事公益诉讼判决中,有 34 件案件判决被告支付惩罚性赔偿金,其余未判决惩罚性赔偿金的 15 份消费民事公益诉讼判决中,有 4 份判决是因为法院对检察机关或社会组织提出的诉讼请求未作处理或予以驳回,其原因在于被告已在刑事附带民事公益诉讼或行政处罚中支付刑事罚金或行政罚款,民事惩罚性赔偿金与刑事罚金或行政罚款发生竞合,已被折抵。其余 11 份判决是因公益诉讼原告未提出惩罚性赔偿金的诉讼请求,而未提出的原因大多也是因为惩罚性赔偿金与刑事罚金或行政罚款发生了折抵。因此,惩罚性赔偿金在消费民事公益诉讼中的实际适用比例要比表 4-2-4 中数据体现得更大。

表 4-2-4 惩罚性赔偿金的具体数量与占比

各类裁判形式	民事公益诉讼数量(占比)	消费类民事公益诉讼数量(占比)
支付惩罚性赔偿金	34 件(14.91%)	34 件(69.39%)
因诉讼请求中未提出而未判决支付惩罚性赔偿金	11 件(4.82%)	11 件(22.44%)
诉讼请求中提出但判决驳回	2 件(0.88%)	2 件(4.00%)
诉讼请求中提出但判决未作处理	2 件(0.88%)	2 件(4.00%)

(5)赔礼道歉的裁判形式

赔礼道歉作为典型民事责任的承担方式之一,在民事诉讼中主要为保护公民的人格权不受侵犯,但基于公益诉讼公益性的特点兼之赔礼道歉本身具有的轻微惩罚性、警示与教育功能,《环境民事公益诉讼司法解释》第 18 条与《最高人民法院关于审理消费民事公益诉讼案件适用法律若干问题的解释》第 13 条均

---

〔1〕 刘水林:《消费者公益诉讼中的惩罚性赔偿问题》,载《法学》2019 年第 8 期。

规定了赔礼道歉在公益诉讼中的适用。在民事公益诉讼中，赔礼道歉能在一定程度上补救对于侵害者的社会评价，并补强民事公益诉讼期待的环境与消费补救功效。[1]

在“中华环保联合会诉山东德州晶华集团振华有限公司大气污染案”中，法院判决被告在省级以上媒体向社会公开赔礼道歉，[2]该案被列为民事公益诉讼典型案例之一，也是为强调其在赔礼道歉方面的历史意义。在228份公益诉讼一审判决书中共100份判决书适用赔礼道歉的裁判形式，占43.86%，相较于赔礼道歉在环境民事公益诉讼判决书中的适用比例，其在消费民事公益诉讼与名誉民事公益诉讼判决书中的适用比例极高，分别为95.92%与100%，可见赔礼道歉是消费与名誉民事公益诉讼主要的裁判形式，这同时也意味着在这两种民事公益诉讼中，赔礼道歉已经成为被告主要的责任承担方式（见表4-2-5）。

表4-2-5　赔礼道歉在各类民事公益诉讼中的具体数量与占比

裁判形式类型	赔礼道歉的数量（占比）
民事公益诉讼	100件（43.86%）
环境民事公益诉讼	41件（24.55%）
消费民事公益诉讼	47件（95.92%）
名誉民事公益诉讼	12件（100%）

（6）公益服务类的裁判形式

除上述有明确法律依据的裁判形式外，实践中还出现一种新型的公益服务类裁判形式，共有4件，分别发生于江苏省、浙江省与湖南省。[3]通常是因为公益诉讼被告无力支付生态环境修复费用，为弥补修复费用的不足，经由原告同意或变更诉讼请求，法院判决被告用公益劳动代偿修复费用，并对公益劳动的服务时间、总时长、频率以及监督管理机关予以规定。

首先，对各类裁判形式进行横向对比，可以发现，在环境民事公益诉讼中，损失类裁判形式占比最大，修复类裁判形式次之，预防类裁判形式的适用比例最

〔1〕 张辉:《论环境民事公益诉讼的责任承担方式》，载《法学论坛》2014年第6期。

〔2〕 (2015)德中环公民初字第1号。

〔3〕 江苏省有2件，浙江省有1件，湖南省有1件，具体的案件分析详见各省份的具体分析。

低。这也验证了环境民事公益诉讼判决存在重赔偿损失、轻预防性责任方式的现象。[1]在消费民事公益诉讼中，单纯从数据上来看，赔礼道歉的适用比例最高，惩罚性赔偿金次之，但考虑惩罚性赔偿金与刑事罚金、行政罚款竞合的实践情况，其适用比例要高于赔礼道歉。在名誉民事公益诉讼中，赔礼道歉是最主要的裁判形式。

但总体来看，民事公益诉讼一审裁判形式呈多样化特性，且在特定类型的公益诉讼中，呈类型化趋势。以民事公益诉讼的类型为主线，可用符号将其常态裁判形式构成表现出来，一般来说，一份判决书通常符合表 4-2-6 中构成公式，但由于个案案情与实际履行情况的特殊性，并不要求每一份判决都需满足所有的构成要素，但至少满足其中任一构成要素。其中，预防性裁判形式与赔礼道歉适用于所有类型的民事公益诉讼，旨在停止侵害行为、消除危险并补救受损的公共利益，但赔礼道歉的适用比例略高于预防类裁判形式。修复类或公共服务类裁判形式仅适用于环境民事公益诉讼，且两者互为补充，惩罚性赔偿金仅适用于消费民事公益诉讼。至于惩罚性赔偿金能否扩大其适用范围，延伸至环境民事公益诉讼或名誉民事公益诉讼领域，尚需理论上的探讨与法律规则的明确指引。

表 4-2-6　各类型民事公益诉讼裁判形式构成公式

民事公益诉讼类型	裁判形式构成公式
环境民事公益诉讼	A+B/F+C+E
消费民事公益诉讼	A+D+E
名誉肖像民事公益诉讼	A+E

注：A 为预防类裁判形式；B 为修复类裁判形式；C 为损失类裁判形式；D 为惩罚性赔偿金的裁判形式；E 为赔礼道歉的裁判形式。

3. 民事公益诉讼判决内容与诉讼请求的具体分析

(1)诉讼请求明确化

对上述所有民事公益诉讼一审判决书的诉讼请求部分展开分析，并与判决

〔1〕 最高人民法院环境资源审判庭编著：《最高人民法院关于环境民事公益诉讼司法解释理解与适用》，人民法院出版社 2015 年版，第 286 页。

内容作对比，笔者发现，极大部分公益诉讼原告提出的诉讼请求都是明确的个案请求，而不是对法律条文的照搬。至于社会组织提出的诉讼请求、检察机关提出的诉讼请求与由检察机关支持起诉的公益诉讼案件中社会组织提出的诉讼请求之间并无明显差异，仅有的些许差异是，社会组织请求判决的事务性费用种类明显多于检察机关，如律师费、差旅费、调查取证费等费用一般存在于社会组织提起的民事公益诉讼中，但这并不影响民事公益诉讼首要目的的实现。总体来看，诉讼请求明确化的趋势明显，仅有个别案件由于证据不足或者专业鉴定评估报告尚未完成，暂时提出原则性表述的诉讼请求，但在诉讼过程中，当证据补足或鉴定报告完成以后，公益诉讼原告或公益诉讼起诉人则会变更诉讼请求或对诉讼请求的具体内容予以释明。

总体明确化趋势的认定并不意味着各类诉讼请求的明确化程度一致，公益诉讼原告在提出预防类诉讼请求时，会对侵害行为的具体内容以及采取何种措施作出具体说明，如被告应立即停止销售行为，通过公示销售产品的名称、时间与有毒有害成分消除危险或召回尚未被服用的食药品并依法处置。虽然此类诉讼请求本身的原则性较强，但原告并不局限于停止侵害，甚至进一步明确为消除影响可采用的具体措施，为法院判决提供明确的指引。当公益诉讼原告提出恢复原状的诉讼请求时，与刑事附带民事公益诉讼判决书不同，仅少量判决会对修复的具体内容予以明确，如“重庆市人民检察院第三分院与阮建国侵权责任纠纷案”中检察机关分别对放流鱼苗的品种、尾数与规格提出了要求。[1]受技术复杂性与修复方案专业性等因素的限制，大部分判决仅对修复生态环境作出原则性表述。而与直接修复的诉讼请求不同，金钱给付的明确化程度更高，原告会依据鉴定评估报告与实际支出确定环境修复费用、服务功能损失与事务性费用等其他经济损失的类别与具体金额。最后，当公益诉讼原告提出赔礼道歉诉讼请求时，一般也会对道歉平台的级别提出省级或市级的要求。

---

〔1〕（2019）渝03民初62号。

(2)法院判决细致化

以判决内容为角度展开分析,可以发现,除因客观原因驳回诉讼请求外,法院作出的判决与公益诉讼原告提出的诉讼请求形式一一对应。从具体内容分析,法院偏向于对诉讼请求作细致化的规定,如增加时间限制等。首先,针对预防类裁判形式,法院作出的变动并不大,只是在涉及预防类措施费用时会额外增加缴纳时限的规定,修复类判决与惩罚性赔偿金也是如此。值得注意的是,法院在对生态环境修复的具体内容,如补种树木或放流鱼苗作出规定时,会考虑树木生长与鱼苗繁衍最适宜的时间,在该段时间内规定公益诉讼被告履行义务的时限,体现了法院判决的科学性。[1]其次,公益诉讼原告要求赔礼道歉时,一般仅对道歉平台的级别提出要求,如省级或市级以上,但法院在判决时会增加履行时间、道歉内容与承担代履行费用的限制,强调法院对履行赔礼道歉的监督。

上述细致化趋势体现出的共同特性有两点。一是法院对义务履行期限的重视,几乎所有的履行义务法院都会附加期限要求,体现法院对执行效果和期限的重视,且部分义务履行期限的设置体现了法院判决的科学化特性。二是法院判决已经延伸至执行的监督方面,不仅是对生态修复过程的监理与修复成果的验收,还包括对赔礼道歉内容的把握认可与新类型公益服务类裁判形式的监督检验。这明显体现了司法能动主义,法院注重对公共利益最大化的切实维护,而不是流于形式的保护。

(3)驳回诉讼请求的原因分析

在 228 份民事公益诉讼判决文书中,共 35 份判决涉及驳回部分或全部诉讼请求,除 1 份判决未对驳回原因进行说明外,其余判决文书均明确说明驳回理由,主要可分为证据不足与无判决必要两类。其中,因证据不足对相关费用金额或赔偿主体予以调整的判决数量最多,共 25 份。因判决无必要而驳回诉讼请求的案件共 7 件,5 件是因为被告的侵害行为事实上已经停止,公益诉讼要求立即

---

〔1〕(2019)渝 01 民初 295 号。

停止的目的已经实现，法院无判决必要而予以驳回，2 件是因为诉讼请求中的惩罚性赔偿金在行政罚款或刑事罚金中已经抵扣。剩下的 2 件特殊案件，1 件是因为检察机关提起的"追回古枣树树干及其制品"诉请不属于公益诉讼审查范围，应当在普通民事诉讼即私益诉讼中审查而驳回。〔1〕1 件因案涉国有土地使用权已被注销，公益诉讼原告不能取得该土地所有权，不可能侵犯公共利益而予以驳回。〔2〕

4. 费用交付账户

考虑公益诉讼公益性的特殊性，与其相关的费用如何交付管理也是关乎公共利益维护的重要问题，在此一并对费用交付账户的情况作简单介绍。在法院判决内容中，涉及费用的有预防类裁判形式、修复类裁判形式、损失类裁判形式与惩罚性赔偿金四类，具体包括危险废物或污染处置费用、生态环境修复费用、生态环境服务功能损失费与其他生态资源损失、事务性费用与惩罚性赔偿金。其中，危险废物或污染处置费用发生于公益诉讼被告未及时处置危险废物或污染，相关行政机关采取处置措施之时，在此种情况下，法院往往判决将其费用交付至相关行政机关账户。至于因诉讼支出的事务性费用，如公告费、鉴定费、专家费等一般由检察机关、行政机关或社会组织代付，法院判决交付至代付机关账户，在此不作一并统计。

生态环境修复费用、生态环境服务功能损失费与其他生态资源损失适用于环境民事公益诉讼，惩罚性赔偿金适用于消费民事公益诉讼，两类费用适用的公益诉讼类型不同，故统计交付账户时也作相应区分。环境修复费用或损失费的交付账户总体比较混乱，各省交付账户的名称也各不相同，从数量上来看，交付账户中生态环境类账户、法院账户与公共利益类账户的数量最多。而惩罚性赔偿金的账户交付情况比较简单，一半为国库，法院或检察院账户则次之（见表4-2-7）。

〔1〕（2016）豫 01 民初 705 号。
〔2〕（2017）苏 04 民初 102 号。

表 4-2-7 环境民事公益诉讼中费用交付账户情况

环境修复费用或损失费的交付账户		具体数量 / 件
公共利益类账户	公共利益损害赔偿基金专户	18
生态环境类账户	生态环境损害赔偿资金管理账户	16
	生态环境法律保护公益金专用账户	14
	环境公益诉讼救济专项资金账户	2
	环境公益诉讼资金账户	2
	环境公益金账户	1
法院账户	法院	4
	法院指定账户	21
	法院执行款专用存款账户	2
检察院账户	检察院	6
	检察院指定账户	2
	检察院专用账户	2
国库 / 财政账户	上缴国库	13
	上缴财政	2
财政局账户	财政局环保专用账户	2
	财政局财政性资金账户	1
	财政国库支付中心	1
	财政局专用账户	1
环保局账户	环保局（厅）账户	2
其他	财政非税收入结算分户	4
	专项基金账户	1
	人民政府专项账户	1
未明确账户		28

（二）民事公益诉讼二审裁判形式

民事公益诉讼二审判决书共 29 份，江苏省二审判决书数量最多，共 7 份，其余省份数量分布较少，仅 1 份或 2 份。总体来看，驳回上诉，维持原判的占比最大，共 20 份，但数据基数小，地域分布并不明显。

(三)民事公益诉讼裁定形式

全国民事公益诉讼裁定书共128份,一审裁定有104份,其中管辖裁定与撤诉裁定数量最多,分别为55份与37份。二审裁定共24份,驳回上诉与撤回上诉裁定占比最重。

(四)民事公益诉讼调解书

《环境民事公益诉讼司法解释》第25条对环境民事公益诉讼适用调解作出进一步细化,民事公益诉讼适用调解不仅是一种有效的争议解决方式,更是多元化纠纷解决机制的充分应用。从全国范围来看,民事公益诉讼直接以调解书结案的案件共14件,但另有3件虽以判决书结案,公益诉讼当事人却在诉讼过程中达成了调解协议,因此一并纳入研究。从数量上看,调解在民事公益诉讼中的适用频率较低,且集中于环境民事公益诉讼,仅环境民事公益诉讼适用调解的案件数量就高达16件。若从各省数据分析,甘肃省、辽宁省与陕西省三省适用调解比例最高,高达50%与40%,但这并不意味着这三省运用调解手段解决纠纷的效果最好,只是三省案件总数量的基数较小,仅有6件、5件或2件。从调解协议的内容分析,与法院判决内容高度相似,公益诉讼当事人可就停止侵害,消除危险,治理污染或承担治理费用,恢复原状或承担生态环境修复费用,赔偿损失与支付服务功能损失费、鉴定费、评估费等为诉讼支出的事务性费用达成调解协议。

二、试点地区民事公益诉讼裁判形式分析

北京市

1. 一审裁判形式

(1)裁判形式分析

在3份环境民事公益诉讼判决中,法院通常判决赔偿生态环境修复费用,并承担鉴定费用、公告费用与案件受理费。在2份消费公益诉讼判决中,法院判决公示、召回已销售产品。

(2)判决内容与诉讼请求的对比分析

在"北京市朝阳区自然之友环境研究所与北京九欣物业管理有限公司等固

体废物污染责任纠纷一案”中，[1]因事实依据不足，被告不构成生态环境损害侵权行为，法院判决驳回部分诉讼请求。除驳回诉讼请求判决外，总体上来看，法院裁判形式与公益诉讼原告或公益诉讼起诉人提起的诉讼请求形式一一对应，但法院会对各类型的裁判形式细化履行期限，其中赔礼道歉与公布损害事实尤为细致，对平台级别、内容审核、履行期限以及代履行费用均予以细化。其中有2件环境民事公益诉讼案件，检察机关提出恢复原状或者承担生态修复赔偿金的诉讼请求，但法院考虑修复土壤的专业性、被告修复能力以及被告自愿预交土壤修复费用等情况，直接判决被告承担生态修复费用，以替代恢复原状。

2. 裁定书

北京市有3份民事公益诉讼一审裁定均为社会组织提起的环境民事公益诉讼，有2份是驳回起诉裁定，有1份是合并审理裁定。

3. 调解书

北京市有2件环境民事公益诉讼案件以调解书结案，[2]由社会组织即中华环境保护基金会与中国生物多样性保护与绿色发展基金会提起。调解协议中，公益诉讼当事人就停止污染行为、生态环境修复方案及费用、鉴定费用、律师费用、公告费用与诉讼费用等事项达成一致，总体上与同类型案件的裁判形式相同。

内蒙古自治区

1. 一审裁判形式

（1）裁判形式分析

在仅有的1份环境民事公益诉讼判决中，法院判决赔偿生态修复费用。在10份消费公益诉讼判决中，法院判决被告承担销售价款10倍的惩罚性赔偿金并赔礼道歉。

（2）判决内容与诉讼请求的对比分析

在“康锐力与胡晓玲侵权责任纠纷案”中，因民事惩罚性赔偿金性质事实上与行政罚款、刑事罚金类似，应参照行政罚款与刑事罚金竞合时相同的处理原则

〔1〕（2015）四中民初字第233号。
〔2〕（2016）京04民初72号；（2016）京04民初22号。

裁断，被告被判处的刑事罚金在民事惩罚性赔偿金中抵扣，法院免予被告支付惩罚性赔偿金。[1]除免予支付惩罚性赔偿金的1件案件外，总体上来看，法院裁判形式与公益诉讼原告提起的诉讼请求形式一一对应，但法院会对各类型的裁判形式细化履行期限，其中还会对赔礼道歉附加内容认可的要求。在“巴林左旗林业局与被告巴林左旗恒发矿业有限责任公司环境侵权责任纠纷案”中，[2]原告提出的诉讼请求仅为赔偿损失，法院在判决中明确为“森林植被恢复费损失”，是指因被告多占用荒地进行矿山建设而造成的损失，其实质属于生态环境修复费用，同时也印证了法院判决细致化的趋势。

2. 裁定书

有2份一审裁定均由检察机关提起，因公益诉讼请求已经全部履行，诉讼目的得到实现，法院裁定准许原告撤回起诉。

3. 调解书

仅有1件案件以调解书结案，[3]即由检察机关提起的环境民事公益诉讼，公益诉讼当事人就树木赔偿款与生态环境修复费用的金额、履行期限与诉讼费用达成调解协议。

吉林省

1. 一审裁判形式

（1）裁判形式分析

在15份环境民事公益诉讼判决中，法院裁判形式包括停止侵害，处理垃圾或治理大气环境，修复生态环境或赔偿生态环境修复费用，赔偿生态环境自受损到恢复期间的功能损失费用与支付鉴定费、公告费等费用。在3份消费公益诉讼判决中，法院均判决被告在国家级或省级媒体上赔礼道歉。

（2）判决内容与诉讼请求的对比分析

共3份判决涉及驳回诉讼请求，实质均因证据不足而驳回鉴定费用、公告费

〔1〕（2018）内04民初92号。
〔2〕（2014）巴民初字第4182号。
〔3〕（2017）内01行附民初142号。

用诉讼请求或者对生态环境修复费用的金额予以调整。除此之外,总体上来看,法院裁判形式与公益诉讼原告提起的诉讼请求形式一一对应,仅对各项形式附加履行期限。

2. 裁定书

有6份一审裁定均由检察机关提起,均为环境民事公益诉讼裁定,法院均裁定准许撤回起诉,其中1份裁定以不符合共同诉讼为由申请撤回,1份以补充证据为由申请撤回,其余4份未说明撤诉理由。

江苏省

1. 一审裁判形式

(1)裁判形式分析

江苏省民事公益诉讼一审判决书共26份,2018年江苏淮安发生1件名誉民事公益诉讼案,即“曾云名誉权纠纷案”,被告侵害英雄烈士的名誉权、肖像权,检察机关认为被告诋毁烈士形象,是对社会公德的严重挑战,侵犯公共利益,故提出赔礼道歉、消除影响的诉讼请求。[1]在另外25份件环境民事公益诉讼中,法院裁判形式一般包括处理垃圾淤泥或承担清理处置费用,修复生态环境或赔偿生态环境修复费用,赔偿生态环境服务功能损失费,赔礼道歉与支付鉴定费、公告费、专家辅助人咨询费、律师费等费用。在江苏省“连云港市赣榆区环境保护协会与顾绍成环境污染责任纠纷案”[2]与“连云港市赣榆区环境保护协会与王升杰环境污染责任纠纷案”中,[3]法院作出一种新的裁判形式,即公益服务类裁判形式。因公益诉讼被告无力支付生态环境修复费用,为弥补修复费用的不足,经由原告同意或变更诉讼请求,法院判决被告用公益劳动代偿修复费用,并对公益劳动的服务时间、总时长、频率以及监督管理机关分别予以规定。

(2)判决内容与诉讼请求的对比分析

在26份民事公益诉讼一审判决中,2份判决驳回全部诉讼请求,其中1份以

---

〔1〕(2018)苏08民公初1号。
〔2〕(2014)连环公民初字第00001号。
〔3〕(2014)连环公民初字第00002号。

被告环境修复行为已经开始且证据不足以确认被告侵权责任范围为由驳回“消除危险或赔偿修复费用、赔礼道歉”的诉讼请求,[1]另有1份判决因案涉土地使用权已被注销,公益诉讼被告不存在侵犯公共利益的可能,法院判决驳回诉讼请求。[2]此外,还有6件案件涉及驳回部分诉讼请求,驳回事由分为两类:一类是证据不足,另一类是无判决必要。6件案件中有5件涉及因证据不足对律师费、交通费等费用作出调整,有4件案件存在因被告客观上已停止侵害行为而驳回“停止侵害、消除危险”的诉讼请求的情形。除2份公益服务与驳回诉讼请求判决书外,江苏省法院裁判形式与公益诉讼原告提起的诉讼请求形式一一对应,细节上对各项义务附加义务履行期间,对赔礼道歉额外限定道歉平台与内容,法院判决另外对环境污染治理附加检测检验义务,这表明法院判决已经延伸至执行的监督方面。

2. 二审裁判形式

江苏省共7份民事公益诉讼二审判决书,3份判决驳回上诉,4份判决撤销原判,发回重审。

3. 裁定书

江苏省民事公益诉讼一审裁定共有11份,有7份为准许撤诉裁定,有3份为管辖裁定,有1份为驳回管辖异议裁定。二审裁定有4份,其中2份为驳回上诉裁定,1份按照自动撤回上诉处理,1份为撤销原判,发回重审裁定。

4. 调解书

以调解书结案的案件有2件,以判决书结案但当事人达成调解协议的案件有1件。[3]3份判决中,调解协议的内容涉及危险废物处置费用、存储费用、生态环境修复费用、因诉讼支出的合理费用及其使用方案。

---

〔1〕(2016)苏04民初214号。
〔2〕(2017)苏04民初102号。
〔3〕(2015)镇民公初字第00003号。

安徽省

1. 一审裁判形式

(1)裁判形式分析

安徽省34份民事公益诉讼一审判决中,有14份为环境民事公益诉讼判决书,其裁判形式包括停止侵害,消除危险,恢复原状或赔偿生态环境修复费用,赔偿服务功能损失费或其他经济损失,支付鉴定费用、调查评估费用、律师费用等其他为诉讼支出的事务性费用。有16份为消费民事公益诉讼判决书,其裁判形式包括惩罚性赔偿金、赔礼道歉与消除危险。其中,赔礼道歉在环境民事公益诉讼判决中的适用比例比其他省份略高。有4份为名誉民事公益诉讼判决书,判决均适用赔礼道歉。

(2)判决内容与诉讼请求的对比分析

有2份一审判决涉及驳回部分诉讼请求,有1份实质属于因证据不足对损失或修复费用金额作出调整的情形,有1份判决书认为,"建立一般工业固体废物贮存、处置场所"的诉讼请求不宜在民事诉讼中处理,法院判决驳回该诉讼请求。另外,还有1份判决比较特殊,法院虽未判决驳回诉讼请求,但诉讼请求与法院判决确有不一致,即在"中国生物多样性保护与绿色发展基金会与马鞍山市玉江机械化工有限责任公司环境污染公益诉讼案"中,[1]原告的诉讼请求与法院判决不一致的主要是第1、2项诉讼请求。第1、2项"停止侵害、消除危险"的诉讼请求,因被告已经履行,无判决的实际需要,但与其他省份法院的处理方法不同,此案未判决驳回,但也未在最后判决内容中体现。其余公益诉讼判决书的诉讼请求与裁判形式一一对应,细节上,在判决中额外附加义务的履行期限、道歉内容审核等限定要求。与其他省份法院判决限定道歉平台的级别不同,检察机关在提出诉讼请求时,往往明确附加道歉平台的要求,因此法院无须再作出规定。

---

〔1〕(2016)皖05民初113号。

2. 二审裁判形式

安徽省民事公益诉讼二审判决有 5 份，有 4 份为驳回上诉，有 1 份为撤销原判决中的“驳回其他诉讼请求”，其余部分维持。

3. 裁定书

安徽省民事公益诉讼一审裁定有 27 份，有 24 份为管辖裁定，有 1 份为准许撤诉裁定，有 2 份为驳回起诉裁定。二审裁定有 2 份，有 1 份为管辖裁定，有 1 份为准许撤回上诉裁定。

4. 调解书

安徽省民事公益诉讼以调解书结案的有 2 件，以判决书结案但达成和解协议的有 1 件，公益诉讼当事人达成的协议内容包括停止侵害行为，赔偿生态环境修复费用，支付惩罚性赔偿金，赔礼道歉与支付律师费用等其他为诉讼支出的合理费用，涉及公益诉讼原告提出的所有诉讼请求。

福建省

1. 一审裁判形式

（1）裁判形式分析

福建省 5 份民事公益诉讼一审判决均为环境民事公益诉讼，裁判形式通常包括消除危险及处置危险废物或承担处置费用，恢复原状或赔偿生态环境修复费用，赔偿损失或服务功能损失费，支付鉴定费用、评估费用等其他为诉讼支出的事务性费用。值得注意的是，有 5 份环境公益诉讼一审判决均未适用赔礼道歉。

（2）判决内容与诉讼请求的对比分析

有 2 份一审判决涉及驳回诉讼请求，实质属于因证据不足对损失或修复费用金额作出调整的情形。其余诉讼请求与裁判形式一一对应，细节上，额外附加义务的履行期限。

2. 二审裁判形式

福建省民事公益诉讼二审判决有 2 份，有 1 份判决驳回上诉，有 1 份对原判决中“环境污染赔偿款”的金额作出改判。

3. 裁定书

福建省民事公益诉讼一审裁定有 4 份，有 2 份为管辖裁定，有 2 份为准许撤回起诉裁定。二审裁定有 2 份，有 1 份为驳回上诉，有 1 份按照自动撤回上诉处理。

山东省

1. 一审裁判形式

（1）裁判形式分析

山东省 20 份民事公益诉讼一审判决书中，1 份名誉民事公益诉讼的裁判形式为赔礼道歉，其余 19 份均为环境民事公益诉讼判决书，裁判形式通常包括停止侵害，处置危险废物或承担处置费用，恢复原状或赔偿生态环境修复费用，赔偿损失与支付鉴定费用、调查评估费用、律师费用等其他为诉讼支出的事务性费用。

（2）判决内容与诉讼请求的对比分析

有 3 份一审判决涉及驳回诉讼请求，其中 2 份实质属于因证据不足对损失或修复费用金额作出调整的情形，有 1 份驳回原因为公益诉讼原告提出的诉讼请求已经履行，公益诉讼目的已经实现。其余诉讼请求与裁判形式一一对应，细节上，在判决中额外附加义务的履行期限、道歉平台级别、道歉内容审核与代履行费用等要求。

2. 二审裁判形式

山东省民事公益诉讼二审判决有 1 份，为驳回上诉判决。

3. 裁定书

山东省民事公益诉讼一审裁定有 6 份，1 份为管辖裁定，5 份为准许撤诉裁定。二审裁定有 2 份，均为驳回上诉裁定。

湖北省

1. 一审裁判形式

（1）裁判形式分析

在 7 份民事公益诉讼一审判决书中，1 份消费公益诉讼裁判形式为消除危险与赔礼道歉，其余6份均为环境民事公益诉讼，裁判形式包括消除危险以及承担应急处理费，恢复原状（投放鱼苗）或赔偿生态环境修复费用，赔偿损失或服务功能损失费与支付鉴定评估费用、专家咨询费用等事务性费用。与福建省一样，这6份判决书也均未适用赔礼道歉。

（2）判决内容与诉讼请求的对比分析

7份一审判决书的诉讼请求与裁判形式一一对应，细节上，除附加义务的履行期限、代履行费用外，还针对已经采取的治理措施附加验收的程序要求。

2. 裁定书

湖北省6份民事公益诉讼裁定书中，有4份一审裁定均为管辖裁定，有2份二审裁定为撤销裁定。

广东省

1. 一审裁判形式

（1）裁判形式分析

在广东省20份民事公益诉讼一审判决书中，有11份是环境民事公益诉讼判决，裁判形式包括治理污染或赔偿应急处理费，恢复原状或赔偿生态环境修复费用，赔偿损失或服务功能损失费，赔礼道歉与支付鉴定评估费用、检测费用、律师费用、公告费用等事务性费用。有8份消费民事公益诉讼裁判形式包括惩罚性赔偿金、赔礼道歉与承担律师费、公告费等事务性费用。大部分消费民事公益诉讼发生于食品药品安全领域，但“广东省消费委员会、省消委会诉陈等与广州悦骑信息科技有限公司案”发生于互联网自行车租赁服务领域，[1]消费者协会认为，公益诉讼被告拖延退还消费者押金的行为侵害了众多不特定消费者的合法权益，故提起民事公益诉讼，要求被告立即停止拖延押金行为，并实施完善的押金监管措施以对新注册用户免押金，法院裁判形式也与一般发生在食品药品领域的消费民事公益诉讼的裁判形式有所差别。有1份名誉民事公益诉讼的裁判形式仅为赔礼道歉。

---

〔1〕（2017）粤01民初445号。

（2）判决内容与诉讼请求的对比分析

20份民事公益诉讼一审判决书中有2份环境民事公益诉讼判决因证据不足对修复费用或生态环境损失金额予以调整，有1份消费公益诉讼判决因原告消费者委员会非销售者，无权主张惩罚性赔偿金为由，驳回相应诉请，[1]有1份消费公益诉讼判决因被告应支付的民事惩罚性赔偿金可在其被判处的刑事罚金中予以抵扣，而判决驳回诉讼请求。其他诉讼请求与判决内容在形式上一致，细节上，与其他省份类似，在判决中附加义务的履行期限、道歉平台级别、道歉内容审查与代履行费用等要求。

2. 二审裁判形式

广东省民事公益诉讼二审判决书共4份，有2份为驳回上诉，维持原判，有2份为撤销原判决，并对修复费用作出改判。

3. 裁定书

广东省民事公益诉讼裁定书共5份，其中一审裁定有3份，1份为驳回起诉裁定，2份为准许撤诉裁定。二审裁定有2份，1份为撤销原判裁定，1份为自动按照撤回上诉处理的裁定。

贵州省

1. 一审裁判形式

贵州省民事公益诉讼一审判决书有2份，其中1份已被二审裁定撤销，故不再作形式分析。另外1份一审判决书的裁判形式包括停止侵害，恢复原状或赔偿生态环境修复费用，赔偿生态环境服务功能损失费，支付鉴定费、专家咨询费等事务性费用，并明确将生态环境修复费用交付至市人民政府专项账户，与检察机关提出的诉讼请求在形式上一一对应，细节上，在判决中附加履行期间。

2. 二审裁判形式

贵州省民事公益诉讼二审判决书仅有1份，判决结果为驳回上诉，维持原判。

---

〔1〕（2017）粤03民初547号。

3. 裁定书

贵州省民事公益诉讼一审裁定为管辖裁定，仅 1 份。二审裁定为撤销原判，发回重审裁定，仅 1 份。

云南省

1. 一审裁判形式

（1）裁判形式分析

在云南省 5 份民事公益诉讼一审判决书中，有 3 份是环境民事公益诉讼判决，裁判形式包括修复生态环境（补种树木）或赔偿生态环境修复费用、服务功能损失费，赔礼道歉，支付鉴定评估费用、律师费用、公告费用等事务性费用。其中在“中国生物多样性保护与绿色发展基金会与云南泽昌钛业有限公司环境污染责任纠纷案”判决书中，[1]法院判决被告承担 5 年的植被养护义务与检测水质的义务，实质上属于修复生态环境的内容，体现了法院对生态环境成果的验收与监督。有 2 份名誉民事公益诉讼裁判形式仅为赔礼道歉。

（2）判决内容与诉讼请求的对比分析

有 1 份判决法院因证据不足对修复费用或服务功能损失费等金额予以调整，而判决驳回诉讼请求，但其他诉讼请求与判决内容在形式上一致。细节上，在判决中除附加义务的履行期限、内容审查与代履行费用外，法院在判决时对赔礼道歉不再是限定道歉平台的级别，而指定具体的道歉平台。

2. 裁定书

云南省民事公益诉讼 17 份一审裁定中，有 16 份裁定为管辖裁定，有 1 份裁定为准许撤诉裁定。二审裁定有 1 份，为驳回上诉裁定。

陕西省

1. 一审裁判形式

陕西省民事公益诉讼一审判决书有 2 份，均是由检察机关提起的环境民事公益诉讼，检察机关提出“恢复污染土地，若不能修复的，承担修复治理费用”的

〔1〕（2018）云 01 民初 32 号。

诉讼请求，法院考虑到土壤修复周期长、成本高、难度大，且被告无自行修复生态环境的能力，直接判决被告赔偿生态环境修复费用，以替代恢复原状。

2. 裁定书

陕西省民事公益诉讼一审裁定为中止审理裁定，仅有 1 份。

3. 调解书

陕西省共有 2 件以调解书结案的民事公益诉讼案件，公益诉讼当事人就赔偿野生动物损失、赔礼道歉事项达成调解协议，由法院确认。

甘肃省

1. 一审裁判形式

甘肃省民事公益诉讼一审判决仅有 1 份，由检察机关提起检察机关提出“消除危险、恢复原状”的诉讼请求，法院判决被告在 30 内按照恢复治理方案恢复植被，并规定督促验收机关，这体现了法院的判决已经延伸至执行的监督方面，强调对生态修复过程的监理与修复成果的验收。

2. 裁定书

甘肃省民事公益诉讼一审裁定仅有 1 份，为准许撤诉裁定。二审裁定仅有 1 份，为撤销裁定。

3. 调解书

甘肃省 3 件以调解书结案的案件均是由检察机关提起的环境民事公益诉讼案件，公益诉讼当事人就修复生态环境的方案与生态环境修复费用达成调解协议，并由法院确认。

三、非试点地区民事公益诉讼裁判形式分析

河北省

1. 一审裁判形式

河北省民事公益诉讼一审判决书共 4 份，有 2 份为环境民事公益诉讼判决书，裁判形式包括赔偿应急处置费用、生态环境修复费用或植被恢复费用、鉴定费用等，在诉讼请求的基础上附加履行期限，并明确将环境修复费用交付至法

院指定账户和人民检察院。有 2 份消费民事公益诉讼判决书，裁判形式包括消除危险，支付惩罚性赔偿金与赔礼道歉，除附加履行期限与道歉内容审核要求外，与上述各省关于赔礼道歉的细致规定存在细微差别，即道歉内容交由检察院审核。

2. 二审裁判形式

河北省仅有 1 份二审判决书判决驳回上诉，维持原判。

3. 调解书

以调解书结案的 1 件民事公益诉讼案件由中国生物多样性保护与绿色发展基金会提起，就环境修复费用、投资费用、律师费用与差旅费用等达成调解协议，由法院确认。

山西省

山西省民事公益诉讼判决书有 1 份，是由社会组织提起的环境民事公益诉讼，裁判形式包括赔偿生态环境服务功能损失、支付律师费用与调查费用等合理费用，与损失请求一致，在判决中仅附加履行期限。针对“停止侵害”与“建设脱硫脱销设施”的诉讼请求，因被告客观上已经停止了污染环境的行为并实施建设行为，法院认为无判决必要，故判决驳回，而驳回“赔礼道歉”的诉讼请求，法院未说明原因。

辽宁省

1. 二审裁判形式

辽宁省仅有 1 份二审判决书，为判决驳回上诉，维持原判。

2. 调解书

辽宁省仅有 1 件以调解书结案的民事公益诉讼案件，公益诉讼当事人在诉讼过程中自愿和解并要求法院出具调解书，就停止侵害、消除危险的具体方式，大气污染治理费用与律师费、鉴定评估费、受理费等事务性费用达成协议。

黑龙江省

黑龙江省仅有的 1 件公益诉讼案件为名誉民事公益诉讼，即“黑龙江省人民检察院大兴安岭分院与被告大兴安岭朔成叫车有限公司侵害烈士肖像权纠纷案”，[1]被告侵害烈士肖像权与名誉权，检察机关认为，烈士的名誉肖像是社会公正的重要组成部分，是社会主义核心价值观的具体内涵，具有社会公益属性，因此请求法院判决停止侵害并赔礼道歉，法院判决支持诉讼请求，并进一步明确停止侵害的具体方式以及赔礼道歉的履行期限、平台、内容审查与代履行方式。

浙江省

1. 一审裁判形式

（1）裁判形式分析

在浙江省 33 份民事公益诉讼一审判决书中，有 31 份环境民事公益诉讼判决，裁判形式一般包括赔偿生态环境或资源修复费用，赔偿生态资源损失与服务功能损失，赔礼道歉与支付鉴定评估费用、律师费用、公告费用等事务性费用。与江苏省类似，在“傅某伟环境污染责任纠纷案”中，[2]因公益诉讼被告无力支付生态环境修复费用，为弥补修复费用的不足，法院判决被告以公益劳动代偿修复费用。有 1 份消费民事公益诉讼判决惩罚性赔偿金与赔礼道歉，有 1 件名誉民事公益诉讼案件因被告侵害烈士名誉，损害社会公共利益，法院判决被告赔礼道歉，消除影响。

（2）判决内容与诉讼请求的对比分析

33 份法院判决的具体内容与诉讼请求在形式上对应，细致化趋势也与上述各省相似。

2. 裁定书

浙江省民事公益诉讼一审裁定有 5 份，2 份为管辖裁定，3 份为准许撤诉裁定，二审裁定有 1 份，为驳回上诉裁定。

江西省

1. 一审裁判形式

江西省 3 件环境民事公益案件的裁判形式包括处置危险废物或承担处置费用，修复生态环境或承担修复费用，赔礼道歉以及承担鉴定评估费用，每件案件

[1] （2019）黑 27 民初 2 号。
[2] （2018）浙 11 民初 104 号。

均适用修复生态环境或赔偿生态修复费用的裁判形式。在形式上，判决内容与诉讼请求对应，仅附加履行期限。

2. 二审裁判形式

江西省民事公益诉讼二审判决仅有 1 份，为驳回上诉，维持原判。

河南省

1. 一审裁判形式

河南省共 2 份民事公益诉讼一审判决书，有 1 份环境民事公益诉讼的裁判形式为停止侵害、修复生态环境或赔偿生态环境修复费用、赔偿服务功能损失费与赔礼道歉。有 1 份消费民事公益诉讼的裁判形式为惩罚性赔偿金与赔礼道歉。

2. 二审裁判形式

3 份二审判决书中，有 2 份为判决驳回上诉，维持原判，有 1 份对原判决修复的具体内容作出改判。

3. 裁定书

河南省民事公益诉讼一审裁定有 2 份，1 份为准许撤诉裁定，1 份为不予受理裁定。二审裁定有 2 份，均为驳回上诉裁定。

湖南省

1. 一审裁判形式

（1）裁判形式分析

在湖南省 6 份民事公益诉讼中，有 4 份环境民事公益诉讼的裁判形式为处置危险废物或承担危险废物处置费用，修复生态环境或赔偿生态环境修复费用，赔偿损失，赔礼道歉与支付检测费用、律师费用、公告费用、调查评估费用与差旅费等事务性费用，有 1 份消费民事公益诉讼的裁判形式为公告、召回已销售产品并赔礼道歉。值得注意的是，在湖南省“益阳市环境与资源保护志愿者协会与益阳市富华工程机械有限公司水污染责任纠纷案”中，[1]法院采取了一种新的裁判形式，即要求被告履行巡河义务，并对巡河义务的履行期限、履行频率、书面

〔1〕（2018）湘 06 民初 58 号。

记录要求以及替代性经济补偿方式作出规定，这与江苏省与浙江省 3 份判决的公益服务类裁判形式相类似。此外，2019 年在湖南省常德市还发生 1 件名誉民事公益诉讼案件，[1]被告侵害了烈士名誉，伤害了烈士亲友及社会公众情感，否定了社会主义核心价值观和民族精神，严重损害了社会公共利益，法院判决赔礼道歉。

（2）判决内容与诉讼请求的对比分析

6 件案件中除有 2 件案件因证据不足驳回部分诉讼请求，大体上判决与诉讼请求形式上对应，仅在判决中附加细节性规定，如履行期限，另有 1 份判决明确指定道歉平台，而不是作出级别规定。

2. 裁定书

湖南省民事公益诉讼裁定书均为一审裁定，有 2 份为合并审理裁定，有 3 份为准许撤诉裁定。

海南省

1. 一审裁判形式

在海南省 2 份民事公益诉讼判决中，1 份为环境民事公益诉讼判决，裁判形式为赔偿应急处置费用、生态环境损害费用，支付鉴定费与专家咨询费，与诉讼请求对应，仅在其基础上增加履行期限，并明确上述费用的交付账号为县级财政局财政性资金账户。有 1 份消费民事公益诉讼的裁判形式为消除危险即公告、召回已销售产品，赔礼道歉并承担专家咨询费，对公告与赔礼道歉的履行方式作出细节性规定。

2. 裁定书

海南省民事公益诉讼裁定书均为二审裁定，有 2 份为驳回上诉裁定，有 2 份因上诉人未预交上诉费，法院裁定按照自动撤回上诉处理。

四川省

在四川省 4 份环境民事公益诉讼中，法院裁判形式包括修复生态环境（补种

[1] （2019）湘 07 民初 82 号。

树木）或赔偿生态环境修复费用、赔偿动物资源损失费、赔礼道歉与公告费用。

判决与诉讼请求形式大体上对应，但除附加履行期限外，细节上有 2 件案件存在细微差别。首先，有 2 件案件，法院均在考虑被告意愿以及已履行内容的基础上，在补种树木或承担植被修复费用两种方式中选择其一作出判决，因两种方式实质均为修复生态环境且法院判决有司法解释依据，仍将裁判形式视作与诉讼请求对应。其中 1 件案件对道歉平台级别作出改变，法院结合案件发生地点、行为方式与对公众的影响范围将道歉平台从检察机关要求的市级以上调整至在居民委员会张贴检讨书。〔1〕

青海省

青海省仅有 1 件环境民事公益诉讼案件，裁判形式包括停止侵害、排除妨碍、消除危险即处置废水与治理沉淀池，赔偿环境修复费用与鉴定费用。与诉讼请求对比，形式上一致，但细节上不仅对检察机关未提出履行期限的义务附加履行期限，而且对已经附加履行期限的义务调整增加履行期限。

广西壮族自治区

1. 一审裁判形式

（1）裁判形式分析

有 4 件民事公益案件均由检察机关提起，有 2 件为环境民事公益诉讼，有 2 件为消费民事公益诉讼。在环境民事公益诉讼中，法院裁判形式包括赔偿危险废物处置费用、生态修复费用，赔偿直接经济损失，赔礼道歉以及支付鉴定评估费、咨询费、公告费等事务性费用。消费民事公益诉讼的裁判形式包括公示、召回已销售产品、支付惩罚性赔偿金及赔礼道歉。

（2）判决内容与诉讼请求的对比分析

一审判决书中仅有 1 份判决因证据不足而驳回要求部分被告承担连带侵权责任的诉讼请求，除此之外，法院判决与诉讼请求形式上一一对应。在对各项判决内容附加履行期限及对赔礼道歉附加内容审核的要求外，与其他省份法院仅

〔1〕（2019）川 18 民初 51 号。

对道歉平台作出级别限定不同，广西壮族自治区法院在判决赔礼道歉时，往往指定具体的道歉平台，如限定为广西日报或者贵港日报。

2. 二审裁判形式

广西民事公益诉讼二审判决仅有 1 份，判决维持原裁定。

3. 裁定书

有 2 份裁定均为一审裁定，有 1 份为准许撤诉裁定，有 1 份为不予受理裁定。

西藏自治区

西藏民事公益诉讼案件仅有 1 件，为驳回起诉裁定，驳回事由是管辖问题。

新疆维吾尔自治区

新疆仅有 1 件民事公益诉讼案件为消费民事公益诉讼，其裁判形式为公告、召回已销售产品与赔礼道歉。该案检察机关提起的诉讼请求与法院判决内容完全一致，不仅是形式上的一致，在细节上也完全一致，检察机关在提起诉讼请求时明确了具体履行方式，包括义务的履行期限与道歉平台层级。但案件数量过少，并不能判断新疆维吾尔自治区民事公益诉讼判决是否都有此倾向。

上海市

1. 一审裁判形式

“上海市人民检察院第三分院诉宁波某贸易公司等进口洋垃圾污染环境民事公益诉讼案”为民事公益诉讼典型案件，检察机关要求被告连带偿付非法进口固体废物的无害化处置费用，法院支持其诉讼请求，但在裁判文书网未搜到该案原判决书。

2. 裁定书

上海市有 2 份民事公益诉讼裁定均为准许撤诉裁定。

重庆市

1. 一审裁判形式

（1）裁判形式分析

在重庆市9份民事公益诉讼一审判决书中，有8份是环境民事公益诉讼判决，裁判形式包括赔偿应急处置费用，修复生态环境或赔偿生态环境修复费用、服务功能损失费用，赔礼道歉与支付鉴定评估费用、律师费用、公告费用等事务性费用。有1份消费民事公益诉讼书的裁判形式包括消除危险即召回销售产品，支付惩罚性赔偿金与赔礼道歉。

(2)判决内容与诉讼请求的对比分析

虽然有4件案件判决驳回部分诉讼请求，但其实质均是因证据不足对损失金额所作的调整，因此，有9份民事公益诉讼书的判决内容在形式上与诉讼请求是一致的。在判决中细致规定了义务的履行期限、内容审查、道歉平台级别等。值得注意的是，在1件判决放流鱼苗的案件中，法院判决“于2020年3月至6月期间放流鱼苗”即考虑了鱼苗繁衍期，[1]设置了最适宜的放流期限，体现了法院判决的科学性。

2. 二审裁判形式

重庆市有2份民事公益诉讼二审判决均为驳回上诉判决书。

3. 裁定书

重庆市仅有1份一审裁定书为管辖裁定。

第三节　刑事附带民事公益诉讼裁判形式

刑事附带民事公益诉讼案件裁判形式的审视，依赖于对各种民事责任承担方式的考察，主要包括不同案件中民事公益诉讼起诉人撤回诉讼请求，法院驳回诉请，经判决或调解要求公益诉讼被告承担修复责任(恢复原状或消除危险)，赔偿损失，支付惩罚性赔偿、赔礼道歉等民事责任以及被告履行禁止令，赔偿鉴定费、公告费、设计费、处置费等相关履行费用，同时也包括了附加修复标准、代履行方式和履行期限等民事义务履行的相关内容。

一般而言，法院很少驳回刑事附带民事公益诉讼起诉人的诉讼请求，但是在

---

〔1〕(2019)渝01民初295号。

部分民事责任的履行方式上，可能因证据不足或现实的民事责任履行必要而驳回刑事附带民事公益诉讼起诉人的诉讼请求，如鉴定费、公告费、设计费、处置费等相关履行费用的赔偿，恢复原状或消除危险、赔偿损失、支付惩罚性赔偿、赔礼道歉的具体适用上。

除以上具体履行内容这一考察维度，一审与二审、民事公益诉讼部分的判决结案与调解或和解结案、不同的罪名[1]与法院所在地也共同构成了刑事附带民事公益诉讼案件裁判形式的审视角度。笔者将围绕这些考察因素逐步展开探讨。

一、刑事附带民事公益诉讼案件一审裁判形式分析

刑事附带民事公益诉讼一审案件的结案方式包括判决结案、裁定结案、调解结案和和解结案。一般情况下，判决结案、调解结案和和解结案除撤回和驳回诉讼请求外，相关文书会记载民事公益诉讼的具体内容，而裁定结案由于采用形式审理方式，并不会对民事公益诉讼部分进行实体审理，不会记载其内容，因此，在相关数据的考察中，有必要进行区分。

在考察具体的裁判形式前，对刑事附带民事公益诉讼的一审案件，首先要从调解率及和解率进行初步探讨，由于裁定不具备相关内容，不在统计之列。全国各省、自治区、直辖市中，北京、海南、上海、新疆、天津、重庆既无调解结案也无和解结案，甘肃、广东、河北、河南、黑龙江、湖北、吉林、江西、辽宁、浙江无和解结案，西藏无调解结案，全国刑事附带民事公益诉讼一审案件中除裁定与决定外共计 3152 件，以判决方式结案的有 2738 件，以调解方式结案的有 371 件，调解率为 11.77%，以和解方式结案的有 43 件，和解率为 1.36%。

---

[1] 刑法分则的明确适用构成了案件类型判断的坚实基础，不同的罪名的明确有利于案件的分析。但是大量存在的选择性罪名在行为和对象上具有选择性，符合其一即构成犯罪。在法院判决中会依据被告的行为和行为对象明确适用，但是在整体的统计考察下对此进行严格区分并非必要。选择性罪名由于其行为的相似性而具备平行关系，其社会危害性不构成质的差别，进而在民事义务的承担方式上也不会显现出重大差异，由此在考察涉及相关罪名的案件时，笔者将其统一到类型化的视角中。同时在复数被告或数罪并罚的情况下，依照涉民事公益诉讼的罪名定性，以重罪吸收轻罪、主犯罪名涵盖从犯罪名的原则确定具体罪名。在本节的讨论中，除明确指出外，这种考量基础一以贯之。

(一)一审案件罪名构成(见表 4-3-1)

表 4-3-1 刑事附带民事公益诉讼一审案件罪名数量统计

单位:件

罪名	数量
非法捕捞水产品罪	429
非法占用农用地罪	378
滥伐林木罪	339
污染环境罪	322
生产、销售有毒、有害食品罪	316
生产、销售不符合安全标准的食品罪	247
生产、销售假药罪①	234
非法狩猎罪	184
盗伐林木罪	157
非法采矿罪	157
失火罪	151
非法猎捕、杀害珍贵、濒危野生动物罪②	100
非法采伐、毁坏国家重点保护植物罪③	58
非法收购、运输、出售珍贵、濒危野生动物、珍贵、濒危野生动物制品罪④	25
销售假冒注册商标的商品罪	21
生产、销售伪劣产品罪	15
故意毁坏财物罪	14
盗窃罪	9
放火罪	6
非法经营罪	5
非法行医罪	3
交通肇事罪	3
非法生产制毒物品罪	2
非法收购、出售国家重点保护植物罪⑤	2
侵犯公民个人信息罪	2
寻衅滋事罪	2

续表

罪名	数量
以危险方法危害公共安全罪	2
盗掘古墓葬罪	1
盗掘古文化遗址罪	1
妨害动植物防疫、检疫罪	1
非法持有、私藏枪支、弹药罪	1
非法持有毒品原植物种子罪	1
非法制造、买卖、储存危险物质罪	1
非法种植毒品原植物罪	1
组织、领导传销活动罪	1

① 该罪名已被取消,《刑法修正案(十一)》将其改为生产、销售、提供假药罪。
② 该罪名已被取消,《刑法修正案(十一)》将其改为危害珍贵、濒危野生动物罪。
③ 该罪名已被取消,《刑法修正案(十一)》将其改为危害国家重点保护植物罪。
④ 该罪名已被取消,《刑法修正案(十一)》将其改为危害珍贵、濒危野生动物罪。
⑤ 该罪名已被取消,《刑法修正案(十一)》将其改为危害国家重点保护植物罪。

表 4-3-1 统计了刑事附带民事公益诉讼一审案件中(包含判决结案、裁定结案、调解结案与和解结案)各种罪名的数量关系。刑事附带民事公益诉讼一审案件中常见的罪名有非法捕捞水产品罪;非法占用农用地罪;滥伐林木罪;污染环境罪;生产、销售有毒、有害食品罪;生产、销售不符合安全标准的食品罪;生产、销售假药罪;[1]非法狩猎罪;盗伐林木罪;非法采矿罪;失火罪;非法猎捕、杀害珍贵、濒危野生动物罪;[2]非法采伐、毁坏国家重点保护植物罪;[3]非法收购、运输、出售珍贵、濒危野生动物、珍贵、濒危野生动物制品罪;[4]生产、销售伪劣产品罪;销售假冒注册商标的商品罪。

除此之外,也有罪名数量虽少但是显然符合公益诉讼起诉要件的案件,罪名包括放火罪;非法生产制毒物品罪;非法收购、出售国家重点保护植物罪;[5]盗掘

〔1〕 该罪名已被取消,《刑法修正案(十一)》将其改为生产、销售、提供假药罪。
〔2〕 该罪名已被取消,《刑法修正案(十一)》将其改为危害珍贵、濒危野生动物罪。
〔3〕 该罪名已被取消,《刑法修正案(十一)》将其改为危害国家重点保护植物罪。
〔4〕 该罪名已被取消,《刑法修正案(十一)》将其改为危害珍贵、濒危野生动物罪。
〔5〕 该罪名已被取消,《刑法修正案(十一)》将其改为危害国家重点保护植物罪。

古墓葬罪；盗掘古文化遗址罪；妨害动植物防疫、检疫罪；非法持有毒品原植物种子罪；非法制造、买卖、储存危险物质罪；非法种植毒品原植物罪；投放危险物质罪。

同时，也有部分罪名因法条竞合或数罪并罚，虽然判决的罪名并不明显包含公益诉讼内容，但因其行为损害社会公共利益，而须承担民事公益诉讼中的民事责任，包括故意毁坏财物罪；盗窃罪；非法经营罪；非法行医罪；交通肇事罪；侵犯公民个人信息罪；寻衅滋事罪；以危险方法危害公共安全罪；非法持有、私藏枪支、弹药罪；危险驾驶罪；组织、领导传销活动罪。

1. 故意毁坏财物罪

在陈某植故意毁坏财物罪一审刑事判决书[1]和胡某坤、武夷山市人民检察院故意毁坏财物罪一审刑事判决书[2]中，被告对树木进行环剥树皮，导致树木被毁坏，法院认定其行为构成故意毁坏财物罪。

在倪某贵故意毁坏财物罪一审刑事判决书[3]中，被告私自在河道及河滩内非法填土用于场地出租，造成河道破坏，法院认定其行为构成故意毁坏财物罪。

在冯某斌故意毁坏财物罪一审刑事判决书[4]中，被告在未办理任何手续的情况下，私自在位于白马滩镇黑家湾村杨家塔的国有林地内修路，毁坏树木 151 棵；在徐赐国故意毁坏财物一审刑事附带民事判决书[5]中，被告以周边树木影响其农业机械作业和农作物生长为由，擅自用油锯将其承包地周边的 34 棵国有杂木类树木伐倒并弃于现场，法院认定被告故意毁坏国有林木，数额较大，其行为构成故意毁坏财物罪。

在康某某故意毁坏财物罪一审刑事判决书[6]中，被告人于已被租用为综合整治廊道绿化项目的自家耕地内，以政府栽种的树木影响其收麦为由拔掉 166 株树木，造成严重破坏，法院认定其行为构成故意毁坏财物罪。

---

〔1〕（2018）闽 0723 刑初 102 号。
〔2〕（2018）闽 0782 刑初 246 号。
〔3〕（2019）闽 0123 刑初 22 号。
〔4〕（2017）陕 0631 刑初 21 号。
〔5〕（2019）陕 0632 刑初 94 号。
〔6〕（2019）豫 0421 刑初 101 号。

在王某飞、王某等故意毁坏财物罪一审刑事附带民事判决书[1]和唐某和故意毁坏财物罪一审刑事判决书[2]中，被告采用剥皮方式致树木死亡，经法院认定构成故意毁坏财物罪。

在李某某故意毁坏财物罪一审刑事判决书[3]中，被告违法占用位于上海市青浦区练塘镇老朱枫公路漕芳泾大桥桥北的俞汇塘河东侧堤岸经营沙石建材，并擅自搭建吊机、地磅等设备用于吊运、称量沙石材料，并将运来的沙石材料堆放于上述地点防汛墙内侧。在集中、大面积堆载以及车辆、作业设备动荷载的影响下，堆载超过了场地地基承载力极限值，造成堤岸边坡向河道方向产生滑动，堤防一定深度范围内的地基土受到了严重扰动，从而出现堆载影响范围内的防汛墙基础向河内侧偏移、墙体大幅度沉降、墙后地面出现大量开裂现象，墙后地面塌陷。法院认为，被告人故意毁坏公私财物，数额巨大，其行为已构成故意毁坏财物罪。

在何某某故意毁坏财物罪一审刑事判决书[4]中，被告利用抽砂船等设备，在河段开采河砂，在抽砂过程中对河堤堤防（迎水面禁脚地、河堤堤身）造成严重破坏，经法院审理认定为故意毁坏财物罪。

在江某故意毁坏财物罪一审刑事判决书[5]中，作为装载机械作员，被告在装载过程中通过倾斜铲斗的方式，将堆放的材料连同底部河堤上的砂石一同挖走，造成河堤被盗挖破坏的部分有 400 立方米，经法院认定构成故意毁坏财物罪。

2. 盗窃罪

在李某文、黄某文盗窃罪、生产、销售有毒、有害食品罪、计于琼盗窃罪一审刑事判决书[6]中，被告多次使用网、弓弩和毒镖盗窃散养动物并出售，法院认为应当以盗窃罪和生产、销售有毒、有害食品罪数罪并罚。

---

〔1〕（2018）琼 9021 刑初 127 号。
〔2〕（2018）琼 9001 刑初 117 号。
〔3〕（2018）沪 0118 刑初 523 号。
〔4〕（2019）鄂 1181 刑初 338 号。
〔5〕（2018）川 0181 刑初 480 号。
〔6〕（2018）皖 0122 刑初 396 号。

在刘某某盗窃罪一审刑事判决书[1]中，被告使用千斤顶、钢锯等工具盗窃王家掌村祖师庙清代遗构斗拱等古建筑构建十余件，造成王家掌村祖师庙破坏严重，损坏价值数额较大，法院认定其行为构成故意毁坏财物罪，故意毁坏行为给王家掌村造成的经济损失应当予以赔偿，壶关县人民检察院提起的刑事附带民事公益诉讼符合法律规定。

在赵某强、赵某功等盗窃罪一审刑事判决书[2]中，被告盗窃国有柏树并造成该柏树死亡，破坏了生态环境和资源，法院认定行为构成盗窃罪。

在白某盗窃罪一审刑事判决书[3]、阿珠盗窃罪一审刑事判决书[4]和罗玉康盗窃罪一审刑事判决书[5]中，被告于国有林地上盗窃树木，法院认为其违反国家法律，以非法占有为目的，盗窃国有林木，数额较大，其行为已构成盗窃罪。

在魏某宝盗窃罪一审刑事判决书[6]，刘某俊、史某仓、孙某强等盗窃罪一审刑事判决书[7]和贺锡成盗窃罪一审刑事判决书[8]中，被告盗挖树木的行为，法院认定构成盗窃罪。

3. 非法经营罪

在高某非法经营罪一审刑事判决书[9]和刘某妹非法经营一审刑事判决书[10]中，被告违反药品管理法律法规，未取得药品经营许可证，非法销售假药，法院认定其行为构成非法经营罪。

在吕某吉、程某中生产、销售假药、非法经营一审刑事判决书[11]中，被告在没有合法手续的情况下，非法加工、销售中草药、胶囊等药品，并在经营期间伪造印章、随货通行单等用于销售药品，法院认定构成非法经营罪和生产、销售假药罪，

---

〔1〕（2018）晋0427刑初135号。
〔2〕（2019）晋0431刑初6号。
〔3〕（2019）川3338刑初5号。
〔4〕（2019）川3338刑初6号。
〔5〕（2019）川3338刑初7号。
〔6〕（2019）陕0631刑初1号。
〔7〕（2019）陕0631刑初29号。
〔8〕（2018）陕0631刑初18号。
〔9〕（2018）皖0811刑初105号。
〔10〕（2019）皖0102刑初485号。
〔11〕（2018）冀0132刑初135号。

数罪并罚。

在康某虹非法经营罪一审刑事附带民事判决书[1]中，被告违反国家药品管理法规，在未取得经营资质的情况下，购买非正规来源的微整形美容药品给他人注射，经营数额达181，860元，情节严重，侵害了不特定消费者的合法权益，法院认定构成非法经营罪。

在肖某、吴某非法经营罪一审刑事判决书[2]中，被告违反国家药品管理法律法规，未取得药品经营许可证，开设淘宝网店销售妊娠药品，销售额巨大，法院认定构成非法经营罪。

4. 非法行医罪

在杨某豪非法行医罪一审刑事判决书[3]中，被告人无视国家法律，违反卫生医疗管理法规，在未取得《医疗机构执业许可证》、《医师执业证书》及《乡村医师执业证》等证书的情况下，擅自从事医疗活动，系非法行医行为，其被卫生行政管理部门行政处罚两次后，再次非法行医，属情节严重，其行为已构成非法行医罪，检察院在提起公益诉讼前已在网上公告，公告期满后，没有符合条件的机关或组织提起民事公益诉讼，法院审理认为被告行为构成非法行医罪。

在朱某英非法行医罪一审刑事判决书[4]和马某海非法行医罪一审刑事判决书[5]中，被告在未取得医生执业资格及《医疗机构执业许可证》的情况下擅自从事医疗活动，系非法行医行为，其被卫生行政部门行政处罚两次以后，再次非法行医，情节严重，其行为已构成非法行医罪。

5. 交通肇事罪

在黎某耀、肇庆市同兴物流有限公司交通肇事罪一审刑事判决书[6]中，被告人驾驶不符合技术标准、具有安全隐患重型半挂牵引车，并牵引超过牵引总质量上路行驶，发现车辆制动性能下降的险情后，没有及时减速或停车排除安全隐

---

〔1〕（2019）晋0302刑初263号。
〔2〕（2018）赣0302刑初414号。
〔3〕（2019）黔2628刑初116号。
〔4〕（2018）宁0104刑初959号。
〔5〕（2018）宁0104刑初958号。
〔6〕（2017）粤1204刑初115号。

患，未按照操作规范安全驾驶，与多车碰撞并损毁交通设施，造成重大交通事故，致多人死亡，检察院认为被告人黎永耀的重大过失行为造成该次事故，致公路交通设施损坏，修复损失应予赔偿，故提出公益诉讼，经法院审理认定被告行为构成交通肇事罪。

在夏某成交通肇事罪一审刑事判决书[1]中，被告驾驶重型半挂车与桥侧护栏相撞后坠入桥下，车辆、桥体部分损坏，车辆所载油罐内油浆泄漏流入河中，造成污染河水之后果，法院认定其构成交通肇事罪。

在王某某交通肇事罪一审刑事判决书[2]中，被告驾车与横过马路的“无名氏”相撞，致“无名氏”经抢救无效死亡，“无名氏”经公安机关查询未果后，登报查找尸源，至今未有人认领，安阳市殷都区人民检察院建议安阳市殷都区民政局代替死者“无名氏”亲属行使民事赔偿请求权，民政局同意并向本院提起公益诉讼，法院审理认定被告行为构成交通肇事罪。

6. 非法生产制毒物品罪

在陈某明、万某平非法生产制毒物品罪一审刑事判决书[3]和曹某海、罗某兴走私、贩卖、运输、制造毒品罪一审刑事判决书[4]中，被告购入原料和设备进行冰毒原料的生产，原料、配剂被随意堆放于地面，生产的“溴水”未采取密闭保存措施，产生的废水、残渣通过排污管道排入或直接倾倒入厂房外废水池内，挥发出浓烈的刺激性臭味，致现场环境恶劣、污染严重，法院判决其行为构成非法生产制毒物品罪。

7. 侵犯公民个人信息罪

在刘某侵犯公民个人信息罪一审刑事判决书[5]和彭某海侵犯公民个人信息罪一审刑事判决书[6]中，被告人违反国家有关规定，购买、出售公民个人信息，严重侵犯公民的合法权益，损害社会公共利益，情节特别严重，其行为已构成侵犯公民

〔1〕（2018）辽1282刑初1号。
〔2〕（2012）殷刑初字第130号。
〔3〕（2017）赣1030刑初103号。
〔4〕（2017）赣1129刑初132号。
〔5〕（2019）鄂0302刑初570号。
〔6〕（2019）鄂0302刑初614号。

个人信息罪，人民检察院对损害社会公共利益的犯罪行为提起刑事公诉时，可以向人民法院一并提起附带民事公益诉讼，法院对人民检察院的诉讼请求予以支持。

8. 寻衅滋事罪

在张某寻衅滋事罪一审刑事判决书[1]中，被告于网络平台侮辱四川凉山因救火牺牲的消防战士，引发网民的强烈愤慨，法院认为被告人张恒在公共网络上辱骂牺牲烈士，破坏公共秩序，情节严重，构成寻衅滋事罪。

在李某超寻衅滋事罪一审刑事判决书[2]中，被告饮酒后为寻求刺激，驾车从紫薇桥旁一处无绿化带位置翻过路肩，将车辆驶入西区大草原草坪中，肆意行驶200多米。检察院指控被告违反国家城市绿化管理法规，醉酒后滋事将车辆驶入草坪的行为，严重损害了社会公共利益。法院认为，被告人为寻求刺激，任意损毁公私财物，情节严重，其行为已构成寻衅滋事罪；被告人违反道路交通安全法规，醉酒后驾驶机动车在道路上行驶，其行为已构成危险驾驶罪。

9. 以危险方法危害公共安全罪

在李某军以危险方法危害公共安全罪一审刑事判决书[3]中，被告使用电瓶、逆变器、铁线、木桩及绝缘壶制作禁用工具电网，在禁猎区非法捕猎野生动物。而此逆变器是将直流电变为交流电，最高可变电80千伏电压，足以对人或动物的生命造成严重危害直至死亡的危险后果。同时，此时段正值入山人员采集山货及秋收季节，被告人李某军以私拉电网的形式猎捕野生动物的行为对不特定多数人的生命、健康安全造成危险。法院认为，被告人以私设电网的形式猎捕野生动物，足以对人或动物的生命造成严重危害直至死亡的危险后果，构成以危险方法危害公共安全罪。

在刘培培以危险方法危害公共安全罪一审刑事判决书[4]中，被告人刘培培在林地内非法倾倒、堆放建筑垃圾和土方的行为危及郑焦城际K8+0-305线路安全保护区和京广铁路自闭14-18号、贯通22-27号10千伏高压电力供电线安

---

〔1〕（2019）陕0802刑初339号。
〔2〕（2018）浙0802刑初379号。
〔3〕（2019）内0723刑初53号。
〔4〕（2019）豫0108刑初41号。

全，危及郑焦城际铁路和京广铁路运营安全，法院认定行为构成以危险方法危害公共安全罪。

10. 妨害动植物防疫、检疫罪

在王某某、各某某妨害动植物防疫、检疫罪一审刑事判决书[1]中，被告明知自己饲养的生猪患有传染病，并持续发病死亡，在未按国家规定进行防疫、检疫，且未向相关部门汇报的情况下，仍将剩余未知是否被感染病毒的生猪出售，后经检测均为非洲猪瘟病毒核酸阳性，法院认为被告违反有关动植物防疫、检疫的国家规定，引起重大动植物疫情，情节严重，其行为已构成妨害动植物防疫、检疫罪。

11. 非法持有、私藏枪支、弹药罪

在南某尔、安某玉非法持有、私藏枪支、弹药罪一审刑事判决书[2]中，被告非法持枪并非法猎捕野生动物，法院判决其行为构成非法持有枪支、弹药罪和非法猎捕、杀害珍贵、濒危野生动物罪[3]，数罪并罚。

12. 非法持有毒品原植物种子罪

在梁清伟、宋丽萍生产、销售有毒、有害食品，非法持有毒品，非法买卖、运输、携带、持有毒品原植物种子、幼苗罪一审刑事判决书[4]中，被告非法持有未经灭活的罂粟种子 96.79 克，数量较大，又在食品加工、销售过程中，掺入有毒、有害的非食品原料加工食品，其行为分别构成非法持有毒品原植物种子罪和生产、销售有毒、有害食品罪，应数罪并罚。

13. 非法制造、买卖、储存危险物质罪

在封某某、杨某 1、滕某 1、滕某 2、郑某某非法制造危险物质罪、龙某某非法储存危险物质罪一审刑事附带民事判决书[5]中，被告在没有危险化学品的生产等相关许可的情况之下，为谋取非法利益，在暴露的室外通过土法大量炼汞，危害了公共安全，使炼汞作坊所在之地的土壤受到严重污染，法院认定其行为构成

---

〔1〕（2019）辽 0112 刑初 39 号。
〔2〕（2018）青 2802 刑初 56 号。
〔3〕该罪名已被取消，《刑法修正案（十一）》将其改为危害珍贵、濒危野生动物罪。
〔4〕（2018）鄂 0303 刑初 465 号。
〔5〕（2018）湘 3123 刑初 36 号。

非法制造、买卖、储存危险物质罪。

14. 非法种植毒品原植物罪

在被告人李某元、彭某清犯非法种植毒品原植物罪和生产、销售有毒、有害食品罪一审刑事判决书[1]中，被告在自家的自留地上对罂粟果实进行培植、育苗、护理，并在其经营的卤店用添加罂粟的卤水销售卤菜牟利，法院判决非法种植毒品原植物罪与生产、销售有毒有害食品罪。

15. 组织、领导传销活动罪

在周涛、程燕等组织、领导传销活动罪一审刑事判决书[2]中，被告以销售假药为途径，组织领导传销活动，法院判决其行为构成组织、领导传销活动罪。

(二)一审案件判决结案的裁判形式

刑事附带民事公益诉讼裁判形式的核心在于刑事附带民事公益诉讼被告是否承担责任与承担责任的方式，主要表现为：

(1)因民事公益诉讼起诉人撤回诉讼请求或法院驳回诉请(据统计附带民事公益诉讼部分不存在所有诉请被驳回的情况)致被告不承担责任或只承担部分责任；

(2)经判决、调解或和解要求公益诉讼被告承担修复责任(以补种植物或投放水生动物的方式恢复原土地或水体生态的方式恢复原状，或以清除污染物拆除相关构筑物、召回有关产品或公告产品危害的方式消除危险)；

(3)经判决、调解或和解要求公益诉讼被告赔偿损失(以赔偿货币的方式填补损失)；

(4)经判决、调解或和解要求公益诉讼被告承担惩罚性赔偿责任(适用于食品药品安全领域)；

(5)要求公益诉讼被告承担赔礼道歉的民事责任；

(6)在主要责任之外需承担的责任，如法院颁布的禁止令(禁止一定期限内不得进行某种活动)；

---

〔1〕(2018)湘0382刑初61号。

〔2〕(2018)湘1321刑初391号。

(7)支付公益诉讼起诉人要求赔偿的鉴定费、公告费、设计费、处置费等相关诉讼或代履行费用;

(8)同时也包括法院在公益诉讼起诉人的诉讼请求之外附加修复的标准;

(9)附加的被告逾期不履行而由相关主体代为履行的内容;

(10)履行期限等民事义务履行相关内容。

在厘定一审案件不同结案方式的基础上,进一步从判决结案的案件入手,分析不同地区对不同罪名的裁判形式,有助于构建刑事附带民事公益诉讼的判决全貌。

全国一审案件判决结案总计 2738 件,其中不能查明民事公益诉讼部分判决内容的有 79 件,占比为 2.89%;撤回诉讼请求的有 12 件,占比为 0.44%;法院驳回诉请的有 35 件,占比为 1.28%;判决修复的有 897 件,占比为 32.76%;判决赔偿的有 1202 件,占比为 43.90%;判决惩罚性赔偿的有 345 件,占比为 12.60%;判决赔礼道歉的有 1103 件,占比为 40.28%;判决赔偿鉴定费、公告费、设计费、处置费等相关诉讼或代履行费用的有 461 件,占比为 16.84%;附加代履行内容的有 96 件,占比为 3.51%;附加修复标准的有 115 件,占比为 4.20%;包含禁止令的有 389 件,占比为 14.21%;包含履行期限的有 1702 件,占比为 62.16%。

表 4-3-2 至表 4-3-32 是以各省(自治区、直辖市)为考察对象进行的具体统计和分析。

北京市

表 4-3-2　北京市刑事附带民事公益诉讼一审判决结案案件的裁判形式

单位:件

罪名	案件数量	内容不明	撤回诉请	驳回诉请	修复	赔偿损失	惩罚性赔偿	赔礼道歉	鉴定等费用	附加代履行	附加修复标准	禁止令	履行期限
非法狩猎罪	1							1		1			1
污染环境罪	2					2			1			1	2
总计	3					2		1	1	1		1	3

内蒙古自治区

表 4-3-3　内蒙古自治区刑事附带民事公益诉讼一审判决结案案件的裁判形式

单位：件

罪名	案件数量	内容不明	撤回诉请	驳回诉请	修复	赔偿损失	惩罚性赔偿	赔礼道歉	鉴定等费用	附加代履行	附加修复标准	禁止令	履行期限
盗伐林木罪	1					1				1			
非法捕捞水产品罪	2	1				1				1			1
非法采矿罪	2	1				1		1	1				
非法猎捕、杀害珍贵、濒危野生动物罪①	2					2							
非法狩猎罪	4	1				3		1					1
非法占用农用地罪	15	3		2	4	8			1	1		1	6
生产、销售假药罪②	1							1					1
失火罪	2				2			2					
污染环境罪	2	1				1			1	1			
以危险方法危害公共安全罪	1					1							1
总计	32	7		2	6	18		5	3	4		1	10

① 该罪名已被取消，《刑法修正案（十一）》将其改为危害珍贵、濒危野生动物罪。
② 该罪名已被取消，《刑法修正案（十一）》将其改为生产、销售、提供假药罪。

在暨附带民事公益诉讼起诉人达尔罕茂明安联合旗人民检察院与内蒙古狼

图腾旅游度假有限责任公司、戚某非法占用农用地罪一审刑事判决书[1]和内蒙古狼图腾旅游度假有限责任公司、戚某非法占用农用地罪一审刑事判决书[2]中，法院认为在媒体公开赔礼道歉，适用于人格、人身权益的侵害，不适用于本案，所以该项请求应予驳回。

吉林省

表 4-3-4 吉林省刑事附带民事公益诉讼一审判决结案案件的裁判形式

单位：件

罪名	案件数量	内容不明	撤回诉请	驳回诉请	修复	赔偿损失	惩罚性赔偿	赔礼道歉	鉴定等费用	附加代履行	附加修复标准	禁止令	履行期限
盗伐林木罪	5				1	4							2
盗窃罪	1							1				1	1
非法采伐、毁坏国家重点保护植物罪①	1					1			1				1
非法采矿罪	1					1			1				
非法狩猎罪	2					2		2	1				
非法占用农用地罪	18	1			16	2	1		10	10	2		6
滥伐林木罪	4				4					1	2		3
生产、销售不符合安全标准的食品罪	2						1	2				1	1
生产、销售假药罪②	11	2		1		2	1	8				4	2

〔1〕（2018）内 0223 刑初 35 号。
〔2〕（2019）内 0223 刑初 10 号。

续表

罪名	案件数量	内容不明	撤回诉请	驳回诉请	修复	赔偿损失	惩罚性赔偿	赔礼道歉	鉴定等费用	附加代履行	附加修复标准	禁止令	履行期限
生产、销售伪劣产品罪	2					1	1	1					1
生产、销售有毒、有害食品罪	5					1	1	5				3	2
失火罪	1				1	1							1
污染环境罪	4					4			1				
总计	57	3		1	22	19	5	18	14	11	4	9	20

① 该罪名已被取消,《刑法修正案(十一)》将其改为危害国家重点保护植物罪。
② 该罪名已被取消,《刑法修正案(十一)》将其改为生产、销售、提供假药罪。

在许某云销售假药罪一审刑事附带民事判决书[1]中,法院认为,本案不存在因被告人行为而遭受物质损失的被害人,也无法判断两者之间是否有直接因果关系。因此,附带民事公益诉讼起诉人依照《若干问题的解释》第20条之规定,向本院提起刑事附带民事诉讼,要求被告人许某云向媒体赔礼道歉的诉讼请求,不符合法律规定,予以驳回。

江苏省

表4-3-5 江苏省刑事附带民事公益诉讼一审判决结案案件的裁判形式

单位:件

罪名	案件数量	内容不明	撤回诉请	驳回诉请	修复	赔偿损失	惩罚性赔偿	赔礼道歉	鉴定等费用	附加代履行	附加修复标准	禁止令	履行期限
盗伐林木罪	2				1	1							2
非法捕捞水产品罪	13	1			3	9							1

〔1〕(2018)吉2402刑初81号。

续表

罪名	案件数量	内容不明	撤回诉请	驳回诉请	修复	赔偿损失	惩罚性赔偿	赔礼道歉	鉴定等费用	附加代履行	附加修复标准	禁止令	履行期限
非法采矿罪	4					4		1	1				2
非法狩猎罪	1					1		1					1
滥伐林木罪	9				7	2					2		6
生产、销售不符合安全标准的食品罪	69				11	1	49	69				48	68
生产、销售假药罪①	24				2		16	23	1			15	19
生产、销售伪劣产品罪	1						1	1				1	1
生产、销售有毒、有害食品罪	53	3			5	6	34	47				42	41
失火罪	1				1						1		
污染环境罪	25	2			6	19		7	10			13	16
总计	202	6			36	43	100	149	12		3	119	157

① 该罪名已被取消,《刑法修正案(十一)》将其改为生产、销售、提供假药罪。

安徽省

表 4-3-6 安徽省刑事附带民事公益诉讼一审判决结案案件的裁判形式

单位:件

罪名	案件数量	内容不明	撤回诉请	驳回诉请	修复	赔偿损失	惩罚性赔偿	赔礼道歉	鉴定等费用	附加代履行	附加修复标准	禁止令	履行期限
盗伐林木罪	5					5							1

续表

罪名	案件数量	内容不明	撤回诉请	驳回诉请	修复	赔偿损失	惩罚性赔偿	赔礼道歉	鉴定等费用	附加代履行	附加修复标准	禁止令	履行期限
盗窃罪	1					1	1	1					1
非法捕捞水产品罪	25	4			3	18		3	8				7
非法采伐、毁坏国家重点保护植物罪①	1					1							1
非法采矿罪	15	2		1	1	12		1	4	2		2	6
非法经营罪	2						1	2				1	1
非法猎捕、杀害珍贵、濒危野生动物罪②	6					4		2					2
非法收购、运输、出售珍贵、濒危野生动物、珍贵、濒危野生动物制品罪③	1	1											
非法狩猎罪	9					9		5					8
非法占用农用地罪	12	1		1	8	5			5	1	1		6
滥伐林木罪	27				18	19			2				18
生产、销售不符合安全标准的食品罪	11	1				2	1	10	1			5	6
生产、销售假药罪④	14						1	14				8	4

续表

罪名	案件数量	内容不明	撤回诉请	驳回诉请	修复	赔偿损失	惩罚性赔偿	赔礼道歉	鉴定等费用	附加代履行	附加修复标准	禁止令	履行期限
生产、销售伪劣产品罪	1							1	1				1
生产、销售有毒、有害食品罪	20	2				3	2	18				12	7
失火罪	1					1							1
污染环境罪	30	2				26		6	4				19
销售假冒注册商标的商品罪	2					2		2					1
总计	183	13		2	30	108	6	65	25	3	1	28	90

① 该罪名已被取消，《刑法修正案（十一）》将其改为危害国家重点保护植物罪。
② 该罪名已被取消，《刑法修正案（十一）》将其改为危害珍贵、濒危野生动物罪。
③ 该罪名已被取消，《刑法修正案（十一）》将其改为危害珍贵、濒危野生动物罪。
④ 该罪名已被取消，《刑法修正案（十一）》将其改为生产、销售、提供假药罪。

在张某柱非法占用农用地罪一审刑事判决书[1]中，法院认为根据《刑事诉讼法》的规定，附带民事公益诉讼起诉人要求被告赔礼道歉的诉求因不符合附带民事诉讼的审理范围而被驳回。

在关某7、吴某3非法采矿罪一审刑事判决书[2]中，法院指出，司法部为支持检察公益诉讼，印发《检察公益诉讼中不预先收取鉴定费用的环境损害司法鉴定机构名单》，推荐首批58家不预先收取鉴定费用的环境损害司法鉴定机构，方便检察机关在办理环境损害公益诉讼案件中进行司法鉴定，从根本上解决以往因生态环境损害鉴定费用过高，检察机关在办理环境损害公益诉讼案件过程，鉴定工作混乱无序的问题。2019年8月，潜山市人民检察院委托没有司法鉴定资质的安庆梅初环保科技有限公司进行生态环境损害鉴定，不符合司法部、环

〔1〕（2019）皖1182刑初148号。
〔2〕（2019）皖0824刑初198号。

保部、最高人民法院、最高人民检察院、公安部关于生态环境损害司法鉴定规定的要求，因而驳回了公益诉讼起诉人要求被告承担鉴定费用的诉讼请求。

福建省

表 4-3-7　福建省刑事附带民事公益诉讼一审判决结案案件的裁判形式

单位：件

罪名	案件数量	内容不明	撤回诉请	驳回诉请	修复	赔偿损失	惩罚性赔偿	赔礼道歉	鉴定等费用	附加代履行	附加修复标准	禁止令	履行期限
盗伐林木罪	1				1	1			1				1
非法采矿罪	2	1				1			1				
非法猎捕、杀害珍贵、濒危野生动物罪①	3				2	3		3					3
非法占用农用地罪	3				1	2			3				2
故意毁坏财物罪	3				3	1			3				3
滥伐林木罪	1				1	1			1				1
生产、销售假药罪②	3				1		1	3	1				3
失火罪	1				1	1							1
污染环境罪	5					5		1	5			1	4
总计	22	1			10	15	1	7	15			1	18

① 该罪名已被取消，《刑法修正案（十一）》将其改为危害珍贵、濒危野生动物罪。

② 该罪名已被取消，《刑法修正案（十一）》将其改为生产、销售、提供假药罪。

山东省

表 4-3-8　山东省刑事附带民事公益诉讼一审判决结案案件的裁判形式

单位：件

罪名	案件数量	内容不明	撤回诉请	驳回诉请	修复	赔偿损失	惩罚性赔偿	赔礼道歉	鉴定等费用	附加代履行	附加修复标准	禁止令	履行期限
盗伐林木罪	2				2						1		1
放火罪	1				1								
非法捕捞水产品罪	2				2				1				2
非法采矿罪	13				10	3			7				11
非法猎捕、杀害珍贵、濒危野生动物罪①	1					1		1					
非法狩猎罪	3	1				1	1				1		2
非法占用农用地罪	10				9	1			1				5
滥伐林木罪	4				3	2							1
生产、销售不符合安全标准的食品罪	4						3	4					4
生产、销售假药罪②	12				2		11	11				2	9
生产、销售伪劣产品罪	1						1	1					1
生产、销售有毒、有害食品罪	19				2		17	17				5	15
失火罪	4				3	2			1				4

续表

罪名	案件数量	内容不明	撤回诉请	驳回诉请	修复	赔偿损失	惩罚性赔偿	赔礼道歉	鉴定等费用	附加代履行	附加修复标准	禁止令	履行期限
污染环境罪	34	4		2	19	13			20	1		3	20
销售假冒注册商标的商品罪	1					1		1					1
总计	111	5		2	53	24	33	35	30	1	2	10	76

① 该罪名已被取消,《刑法修正案(十一)》将其改为危害珍贵、濒危野生动物罪。
② 该罪名已被取消,《刑法修正案(十一)》将其改为生产、销售、提供假药罪。

在纪某卫、刘某杰污染环境罪一审刑事判决书[1]和孙某华、孙某强污染环境罪一审刑事判决书[2]中,法院对责任进行了认定,变更了被告承担损失的范围,驳回了该项部分诉讼请求。

湖北省

表 4-3-9 湖北省刑事附带民事公益诉讼一审判决结案案件的裁判形式

单位:件

罪名	案件数量	内容不明	撤回诉请	驳回诉请	修复	赔偿损失	惩罚性赔偿	赔礼道歉	鉴定等费用	附加代履行	附加修复标准	禁止令	履行期限
盗伐林木罪	3				2	1		1	2				2
非法捕捞水产品罪	39	5		1	29	6		4	18		1		20
非法采伐、毁坏国家重点保护植物罪①	2					2		1					2
非法采矿罪	10	1		1	2	5		3	5		1		5

〔1〕(2018)鲁1621刑初10号。
〔2〕(2019)鲁1602刑初205号。

续表

罪名	案件数量	内容不明	撤回诉请	驳回诉请	修复	赔偿损失	惩罚性赔偿	赔礼道歉	鉴定等费用	附加代履行	附加修复标准	禁止令	履行期限
非法持有毒品原植物种子罪	1							1				1	1
非法猎捕、杀害珍贵、濒危野生动物罪[2]	3					3		2					
非法收购、运输、出售珍贵、濒危野生动物、珍贵、濒危野生动物制品罪[3]	1							1	1				1
非法狩猎罪	18		1			16		10	4		1		7
非法占用农用地罪	24				18	9		4	21				20
滥伐林木罪	8				8				1		2		6
敲诈勒索罪	1				1				1				1
侵犯公民个人信息罪	2							2					
生产、销售不符合安全标准的食品罪	15						3	15	2			7	3
生产、销售假药罪[4]	8				1		1	8	4			3	5
生产、销售伪劣产品罪	1							1					1

续表

罪名	案件数量	内容不明	撤回诉请	驳回诉请	修复	赔偿损失	惩罚性赔偿	赔礼道歉	鉴定等费用	附加代履行	附加修复标准	禁止令	履行期限
生产、销售有毒、有害食品罪	9	1			1	2	1	8	1			5	5
污染环境罪	14	1			2	10		2	9	1			13
销售假冒注册商标的商品罪	2			1				2	1				1
总计	161	8	1	3	64	54	5	65	70	1	5	16	93

① 该罪名已被取消,《刑法修正案(十一)》将其改为危害国家重点保护植物罪。
② 该罪名已被取消,《刑法修正案(十一)》将其改为危害珍贵、濒危野生动物罪。
③ 该罪名已被取消,《刑法修正案(十一)》将其改为危害珍贵、濒危野生动物罪。
④ 该罪名已被取消,《刑法修正案(十一)》将其改为生产、销售、提供假药罪。

在段某非法捕捞水产品罪一审刑事判决书[1]中,法院认为鉴定费是公益诉讼起诉人为提起本案诉讼所支出的必要合理的费用,已由国家财政专户支付,故附带民事公益诉讼起诉人要求赔偿鉴定费用的诉讼请求不予支持。

在张某甲、丁某等生产、销售伪劣产品罪一审附带民事判决书[2]中,法院认为涉案白酒均为能够上架销售的正品白酒,没有相关证据证实四被告人所灌装白酒属于《食品安全法》第 148 条所规定的“生产不符合安全标准的食品或者经营明知是不符合安全标准的食品”,要求支付伪劣白酒销售金额 10 倍的惩罚性赔偿金的诉请没有法律依据,不予支持。

在胡某、胡某民非法采矿罪一审刑事判决书[3]中,法院认为,根据《最高人民法院、最高人民检察院关于办理非法采矿、破坏性采矿刑事案件适用法律若干问题的解释》第 12 条的规定,对非法采矿、破坏性采矿犯罪的违法所得及其收益,应当依法追缴或者责令退赔。故二被告人非法采矿所获违法所得依法应当

〔1〕(2018)鄂 0322 刑初 92 号。
〔2〕(2019)鄂 0921 刑初 53 号。
〔3〕(2019)鄂 0703 刑初 176 号。

予以追缴，附带民事公益诉讼起诉人的该项诉讼请求应在刑事部分一并处理，继而驳回该请求。

广东省

表 4-3-10　广东省刑事附带民事公益诉讼一审判决结案案件的裁判形式

单位：件

罪名	案件数量	内容不明	撤回诉请	驳回诉请	修复	赔偿损失	惩罚性赔偿	赔礼道歉	鉴定等费用	附加代履行	附加修复标准	禁止令	履行期限
放火罪	1					1							1
非法捕捞水产品罪	8				4	4		6	2				7
非法采矿罪	4				1	4			2				3
非法猎捕、杀害珍贵、濒危野生动物罪①	1					1		1					1
非法收购、运输、出售珍贵、濒危野生动物、珍贵、濒危野生动物制品罪②	3					3		3					3
非法狩猎罪	4					3		4					4
非法占用农用地罪	6				1	6			4				3
交通肇事罪	1					1							1
滥伐林木罪	4				1	3							2
生产、销售不符合安全标准的食品罪	17						13	17		1		7	17

续表

罪名	案件数量	内容不明	撤回诉请	驳回诉请	修复	赔偿损失	惩罚性赔偿	赔礼道歉	鉴定等费用	附加代履行	附加修复标准	禁止令	履行期限
生产、销售假药罪③	10				2		4	10				3	10
生产、销售有毒、有害食品罪	13						10	13				1	13
失火罪	10				1	9							1
污染环境罪	22			1	3	20		6	13				21
销售假冒注册商标的商品罪	1					1	1	1					1
总计	105			1	13	56	28	61	21	1		11	88

① 该罪名已被取消,《刑法修正案(十一)》将其改为危害珍贵、濒危野生动物罪。
② 该罪名已被取消,《刑法修正案(十一)》将其改为危害珍贵、濒危野生动物罪。
③ 该罪名已被取消,《刑法修正案(十一)》将其改为生产、销售、提供假药罪。

在黄某、曾某污染环境罪一审刑事判决书[1]中,法院经过审理对涉案被告的责任进行了划分,驳回公益诉讼起诉人要求被告承担连带责任的诉讼请求。

贵州省

表 4-3-11 贵州省刑事附带民事公益诉讼一审判决结案案件的裁判形式

单位:件

罪名	案件数量	内容不明	撤回诉请	驳回诉请	修复	赔偿损失	惩罚性赔偿	赔礼道歉	鉴定等费用	附加代履行	附加修复标准	禁止令	履行期限
盗伐林木罪	3				3						2		3
非法捕捞水产品罪	11				7	4		7	2	3			10

〔1〕(2019)粤5203刑初38号。

续表

罪名	案件数量	内容不明	撤回诉请	驳回诉请	修复	赔偿损失	惩罚性赔偿	赔礼道歉	鉴定等费用	附加代履行	附加修复标准	禁止令	履行期限
非法采伐、毁坏国家重点保护植物罪①	1					1							1
非法采矿罪	2				1	1							2
非法行医罪	1							1					1
非法猎捕、杀害珍贵、濒危野生动物罪②	1					1		1					1
非法狩猎罪	3					3		1	1				3
非法占用农用地罪	19				11	8			1	7	5		11
滥伐林木罪	19	1			18					10	12		17
生产、销售不符合安全标准的食品罪	3							3	1			2	3
生产、销售假药罪③	4							4				1	4
生产、销售有毒、有害食品罪	15						5	15				10	15
失火罪	11	1			10						3		7
销售假冒注册商标的商品罪	1							1					1
总计	93	2			50	18	5	32	5	20	22	13	78

① 该罪名已被取消，《刑法修正案（十一）》将其改为危害国家重点保护植物罪。

② 该罪名已被取消，《刑法修正案（十一）》将其改为危害珍贵、濒危野生动物罪。

③ 该罪名已被取消，《刑法修正案（十一）》将其改为生产、销售、提供假药罪。

云南省

表 4-3-12 云南省刑事附带民事公益诉讼一审判决结案案件的裁判形式

单位：件

罪名	案件数量	内容不明	撤回诉请	驳回诉请	修复	赔偿损失	惩罚性赔偿	赔礼道歉	鉴定等费用	附加代履行	附加修复标准	禁止令	履行期限
盗伐林木罪	9				7	4					5		6
放火罪	1				1								1
非法捕捞水产品罪	1				1			1					
非法采矿罪	2			1		2			1				2
非法猎捕、杀害珍贵、濒危野生动物罪①	4					4		1					2
非法收购、运输、出售珍贵、濒危野生动物、珍贵、濒危野生动物制品罪②	1					1							
非法占用农用地罪	15	1			7	8			4	3	1		11
滥伐林木罪	1					1							
生产、销售不符合安全标准的食品罪	2							2				2	2
失火罪	1					1							1
污染环境罪	1					1							1
总计	38	1		1	16	22		4	5	3	6	2	26

① 该罪名已被取消，《刑法修正案（十一）》将其改为危害珍贵、濒危野生动物罪。
② 该罪名已被取消，《刑法修正案（十一）》将其改为危害珍贵、濒危野生动物罪。

在赵某1、王某1非法采矿罪一审刑事判决书[1]中，法院认为勘测技术服务费36,000元属于侦办刑事犯罪案件的必要支出，不应当纳入民事赔偿范围，予以驳回。

陕西省

表 4-3-13　陕西省刑事附带民事公益诉讼一审判决结案案件的裁判形式

单位：件

罪名	案件数量	内容不明	撤回诉请	驳回诉请	修复	赔偿损失	惩罚性赔偿	赔礼道歉	鉴定等费用	附加代履行	附加修复标准	禁止令	履行期限
盗伐林木罪	7				1	6					1		5
非法捕捞水产品罪	14	5			7	2		4					7
非法采伐、毁坏国家重点保护植物罪①	3				1	2		3					3
非法采矿罪	1					1							1
非法猎捕、杀害珍贵、濒危野生动物罪②	15					15		11		1			4
非法狩猎罪	30	1				28		21	1	1			19
非法占用农用地罪	11	4			5	3					1		3
故意毁坏财物罪	2					2							2
滥伐林木罪	17	6			5	5		2		3	4		6
生产、销售不符合安全标准的食品罪	15					9	5	15				5	14

[1] (2018)云0421刑初75号。

续表

罪名	案件数量	内容不明	撤回诉请	驳回诉请	修复	赔偿损失	惩罚性赔偿	赔礼道歉	鉴定等费用	附加代履行	附加修复标准	禁止令	履行期限
生产、销售假药罪③	5	1				3	1	4				2	1
生产、销售伪劣产品罪	2						1	2				1	2
生产、销售有毒、有害食品罪	18					9	9	18		2		8	17
失火罪	5					3		2		1			5
污染环境罪	2	1				1		1	1				2
销售假冒注册商标的商品罪	2							2	2				
寻衅滋事罪	1							1					1
总计	150	18			19	89	16	86	4	8	6	16	92

① 该罪名已被取消,《刑法修正案(十一)》将其改为危害国家重点保护植物罪。
② 该罪名已被取消,《刑法修正案(十一)》将其改为危害珍贵、濒危野生动物罪。
③ 该罪名已被取消,《刑法修正案(十一)》将其改为生产、销售、提供假药罪。

甘肃省

表 4-3-14 甘肃省刑事附带民事公益诉讼一审判决结案案件的裁判形式

单位:件

罪名	案件数量	内容不明	撤回诉请	驳回诉请	修复	赔偿损失	惩罚性赔偿	赔礼道歉	鉴定等费用	附加代履行	附加修复标准	禁止令	履行期限
盗伐林木罪	12				11	1		2	2		5		10
非法采伐、毁坏国家重点保护植物罪①	2				2			2					2

续表

罪名	案件数量	内容不明	撤回诉请	驳回诉请	修复	赔偿损失	惩罚性赔偿	赔礼道歉	鉴定等费用	附加代履行	附加修复标准	禁止令	履行期限
非法采矿罪	10	1			6	5		2					8
非法猎捕、杀害珍贵、濒危野生动物罪②	9					8		6	5				5
非法狩猎罪	10			1		8		7	6				7
非法占用农用地罪	6				6				1				2
滥伐林木罪	4				3	1					1		1
生产、销售不符合安全标准的食品罪	2						2	2					2
生产、销售假药罪③	3			2				3				1	2
生产、销售伪劣产品罪	1						1	1					1
生产、销售有毒、有害食品罪	1						1	1					1
失火罪	12				12						1		5
污染环境罪	2					2		1	1				2
总计	74	1		3	40	25	4	27	15		7	1	48

① 该罪名已被取消,《刑法修正案(十一)》将其改为危害国家重点保护植物罪。

② 该罪名已被取消,《刑法修正案(十一)》将其改为危害珍贵、濒危野生动物罪。

③ 该罪名已被取消,《刑法修正案(十一)》将其改为生产、销售、提供假药罪。

在李某瑰生产、销售假药罪一审刑事判决书[1]以及暨附带民事公益诉讼被告人黑永文生产、销售假药罪一审刑事判决书[2]中，法院认为，被告人向他人销售的假药，流通去向不明，公益诉讼起诉人诉请召回的假药，事实不清，证据不足，因而驳回。

在王某 1、安某 1 妨害公务、非法狩猎一审刑事判决书[3]中，法院认为甘肃省静宁县人民法院已经于 2018 年 10 月 18 日作出的[4]刑事判决中对 682 只蟾蜍死亡造成的损失 68，200 元及鉴定费 4000 元给予判决处理，公益诉讼起诉人再次请求属重复诉讼；同时，13，999 只蟾蜍被公安机关查获后安全放生，没有造成死亡后果，对生态资源没有造成实际损害，请求赔偿的理由不能成立；而请求被告人在有关媒体上公开赔礼道歉，亦无法律规定，因而驳回诉讼请求。

河北省

表 4-3-15　河北省刑事附带民事公益诉讼一审判决结案案件的裁判形式

单位：件

罪名	案件数量	内容不明	撤回诉请	驳回诉请	修复	赔偿损失	惩罚性赔偿	赔礼道歉	鉴定等费用	附加代履行	附加修复标准	禁止令	履行期限
盗伐林木罪	1				1								
盗掘古文化遗址罪	1					1							
非法捕捞水产品罪	2					2			1				1
非法采矿罪	8				3	6			2	1		1	5
非法经营罪	1						1	1					

〔1〕（2018）甘 0421 刑初 219 号。
〔2〕（2019）甘 0421 刑初 155 号。
〔3〕（2018）甘 1102 刑初 396 号。
〔4〕（2018）甘 0826 刑初 197 号。

续表

罪名	案件数量	内容不明	撤回诉请	驳回诉请	修复	赔偿损失	惩罚性赔偿	赔礼道歉	鉴定等费用	附加代履行	附加修复标准	禁止令	履行期限
非法猎捕、杀害珍贵、濒危野生动物罪[①]	1					1		1					1
非法收购、运输、出售珍贵、濒危野生动物、珍贵、濒危野生动物制品罪[②]	1					1		1					
非法狩猎罪	1					1		1	1				1
非法占用农用地罪	10				8	2			4	2			6
滥伐林木罪	3				1	2							
生产、销售不符合安全标准的食品罪	4				1	2	1	2				3	1
生产、销售假药罪[③]	16			1		4	8	14	1			7	7
生产、销售有毒、有害食品罪	3						3	3		1			1
失火罪	6				3	3				2			5
污染环境罪	36			1	3	34		6	11	2		1	22
总计	94			2	20	59	13	29	20	8		12	50

① 该罪名已被取消，《刑法修正案（十一）》将其改为危害珍贵、濒危野生动物罪。

② 该罪名已被取消，《刑法修正案（十一）》将其改为危害珍贵、濒危野生动物罪。

③ 该罪名已被取消，《刑法修正案（十一）》将其改为生产、销售、提供假药罪。

在吴某均、孔某均污染环境一审刑事判决书[1]中，法院认为，检测费是河北中旭检验检测技术有限公司受邢台市环境保护局临城分局委托，对闲置养猪场进行场地环境调查检测而产生的费用，司法鉴定费是河北省环境污染损害司法鉴定中心受邢台市环境保护局临城分局委托，对废水样品中总铬和总锌的浓度进行鉴定产生的费用，该两项费用是邢台市环境保护局临城分局执法过程中产生的费用，不属于公益诉讼赔偿范围，驳回公益诉讼起诉人要求被告承担相关费用的诉请。

在赵某环、杨某恒生产、销售假药一审刑事判决书[2]中，法院认为，庭审活动已通过网络进行直播，故当庭要求被告人向广大受众赔礼道歉亦可达到预期效果，不必判令其在其他媒体另行赔礼道歉，驳回公益诉讼起诉人要求于媒体赔礼道歉的诉请。

山西省

表 4-3-16　山西省刑事附带民事公益诉讼一审判决结案案件的裁判形式

单位：件

罪名	案件数量	内容不明	撤回诉请	驳回诉请	修复	赔偿损失	惩罚性赔偿	赔礼道歉	鉴定等费用	附加代履行	附加修复标准	禁止令	履行期限
盗伐林木罪	3				1	2		1					
盗窃罪	1					1							
非法采矿罪	11			1	3	11			3				6
非法经营罪	1							1					1
非法狩猎罪	1					1							
非法占用农用地罪	14		1		7	6			1				5
故意毁坏财物罪	1					1							1

[1] (2018)冀 0522 刑初 121 号。
[2] (2019)冀 0636 刑初 92 号。

续表

罪名	案件数量	内容不明	撤回诉请	驳回诉请	修复	赔偿损失	惩罚性赔偿	赔礼道歉	鉴定等费用	附加代履行	附加修复标准	禁止令	履行期限
滥伐林木罪	1				1								
生产、销售不符合安全标准的食品罪	30			4	8		1	30	4			18	15
生产、销售假药罪①	19	1			1		2	16	1			5	9
生产、销售伪劣产品罪	1				1		1	1					1
生产、销售有毒、有害食品罪	3							3					2
失火罪	13				9	5				1	2		3
污染环境罪	4	1			1	3							2
总计	103	2	1	5	32	30	4	52	9	1	2	23	45

① 该罪名已被取消，《刑法修正案（十一）》将其改为生产、销售、提供假药罪。

在王某某生产、销售不符合安全标准的食品罪一审刑事判决书[1]、马某某生产、销售不符合安全标准的食品罪一审刑事判决书[2]和吴某某生产、销售不符合安全标准的食品罪一审刑事判决书[3]中，法院认为对判处惩罚性赔偿金的要求，因本案中生产销售的金额证据不足，未予认定，故对该要求暂不予支持，待证据充分后可另行起诉，继而驳回。

在王某瑜一审刑事判决书[4]中，法院认为，由于没有证据能证明公诉机关指控的 2872 方以外的 3668.24 方是由被告人开采，因此该勘测核算报告不能作为

〔1〕（2019）晋 1081 刑初 65 号。
〔2〕（2019）晋 1081 刑初 66 号。
〔3〕（2019）晋 1081 刑初 67 号。
〔4〕（2019）晋 0405 刑初 5 号。

定案的依据，不予采信，故公益诉讼起诉人该部分诉讼请求不予支持。

辽宁省

表 4-3-17 辽宁省刑事附带民事公益诉讼一审判决结案案件的裁判形式

单位：件

罪名	案件数量	内容不明	撤回诉请	驳回诉请	修复	赔偿损失	惩罚性赔偿	赔礼道歉	鉴定等费用	附加代履行	附加修复标准	禁止令	履行期限
盗伐林木罪	12				4	8			7		2		3
妨害动植物防疫、检疫罪	1							1					1
非法狩猎罪	2					2		1					1
非法占用农用地罪	8		1		7				1	3			7
交通肇事罪	1					1							1
滥伐林木罪	12				9	3			3	3	5		5
生产、销售不符合安全标准的食品罪	1						1					1	
生产、销售假药罪①	6				1			5				3	3
生产、销售有毒、有害食品罪	23				2		1	22				11	19
失火罪	1				1					1			
污染环境罪	15				10	2		3					8
总计	82		1		34	16	2	32	11	7	7	15	48

① 该罪名已被取消，《刑法修正案（十一）》将其改为生产、销售、提供假药罪。

黑龙江省

表 4-3-18 黑龙江省刑事附带民事公益诉讼一审判决结案案件的裁判形式

单位：件

罪名	案件数量	内容不明	撤回诉请	驳回诉请	修复	赔偿损失	惩罚性赔偿	赔礼道歉	鉴定等费用	附加代履行	附加修复标准	禁止令	履行期限
盗伐林木罪	6				1	5		1			1		4
非法捕捞水产品罪	7					5		7	1				5
非法采矿罪	1					1			1				
非法猎捕、杀害珍贵、濒危野生动物罪①	3					3							1
非法狩猎罪	5					5		3					3
非法占用农用地罪	10				5	5			4	2			8
滥伐林木罪	3					3		1	1				1
生产、销售假药罪②	6			1			3	5					2
污染环境罪	1					1		1					1
总计	42			1	6	28	3	18	7	2	1		25

① 该罪名已被取消，《刑法修正案（十一）》将其改为危害珍贵、濒危野生动物罪。
② 该罪名已被取消，《刑法修正案（十一）》将其改为生产、销售、提供假药罪。

在李某华生产、销售假药罪一审刑事判决书[1]中，法院认定被告李某华将假药销售给张某1，而张某1明知该批药品没有任何正规手续仍予以购买并销售，

〔1〕（2019）黑0206刑初39号。

且张某 1 已经被公诉机关提起刑事诉讼，其民事权利未受侵害，因此不支持被告支付销售金额 165，093.00 元（1 倍赔偿金）的诉讼请求。

浙江省

表 4-3-19 浙江省刑事附带民事公益诉讼一审判决结案案件的裁判形式

单位：件

罪名	案件数量	内容不明	撤回诉请	驳回诉请	修复	赔偿损失	惩罚性赔偿	赔礼道歉	鉴定等费用	附加代履行	附加修复标准	禁止令	履行期限
盗伐林木罪	10				3	7					1		4
非法捕捞水产品罪	52				8	41		7	18			2	45
非法采矿罪	9					9			2				4
非法猎捕、杀害珍贵、濒危野生动物罪①	10		1			9		4					8
非法收购、运输、出售珍贵、濒危野生动物、珍贵、濒危野生动物制品罪②	1		1			1							
非法狩猎罪	20					20		2	1				10
非法占用农用地罪	9				1	8			7		1		3
滥伐林木罪	28				7	22		2	8	1	1	1	16
生产、销售不符合安全标准的食品罪	23		2			3	18	14				12	15

续表

罪名	案件数量	内容不明	撤回诉请	驳回诉请	修复	赔偿损失	惩罚性赔偿	赔礼道歉	鉴定等费用	附加代履行	附加修复标准	禁止令	履行期限
生产、销售假药罪③	15	1		3			2	13	3			5	13
生产、销售有毒、有害食品罪	34						26	22	4			17	24
失火罪	3					3							2
污染环境罪	15					15		1	12			2	10
销售假冒注册商标的商品罪	1		1									1	
寻衅滋事罪	1					1			1				1
总计	231	1	5	3	19	139	46	65	56	1	3	40	155

① 该罪名已被取消，《刑法修正案（十一）》将其改为危害珍贵、濒危野生动物罪。
② 该罪名已被取消，《刑法修正案（十一）》将其改为危害珍贵、濒危野生动物罪。
③ 该罪名已被取消，《刑法修正案（十一）》将其改为生产、销售、提供假药罪。

在许某燕、孙某东、义乌市人民检察院生产、销售假药罪一审刑事判决书，[1]李某潞、陈某、义乌市人民检察院生产、销售假药罪一审刑事判决书[2]和邓某平、义乌市人民检察院生产、销售假药罪一审刑事判决书[3]中，法院认为，公益诉讼起诉人提出的召回已销售假药的请求，并未提供证据证明已销售假药的目前处所，故不予支持。

〔1〕（2019）浙0782刑初621号。
〔2〕（2018）浙0782刑初2488号。
〔3〕（2019）浙0782刑初702号。

江西省

表 4-3-20　江西省刑事附带民事公益诉讼一审判决结案案件的裁判形式

单位：件

罪名	案件数量	内容不明	撤回诉请	驳回诉请	修复	赔偿损失	惩罚性赔偿	赔礼道歉	鉴定等费用	附加代履行	附加修复标准	禁止令	履行期限
盗伐林木罪	5				3	2				1	3		1
非法捕捞水产品罪	8	1			6	2		4	1				2
非法采伐、毁坏国家重点保护植物罪[1]	13				9	5				2	3		5
非法采矿罪	6				2	6							
非法经营罪	1							1					1
非法猎捕、杀害珍贵、濒危野生动物罪[2]	4					4		3					1
非法生产制毒物品罪	2				1	1				1			2
非法收购、运输、出售珍贵、濒危野生动物、珍贵、濒危野生动物制品罪[3]	3					2		1					1
非法狩猎罪	3					3		1	1				2

续表

罪名	案件数量	内容不明	撤回诉请	驳回诉请	修复	赔偿损失	惩罚性赔偿	赔礼道歉	鉴定等费用	附加代履行	附加修复标准	禁止令	履行期限
非法占用农用地罪	26			1	13	22	1	1	3	2			8
滥伐林木罪	15				11	7	1			1	2		3
生产、销售不符合安全标准的食品罪	2				1	1	1	2				1	1
生产、销售假药罪④	2				1		2	1					1
生产、销售伪劣产品罪	1						1						
生产、销售有毒、有害食品罪	11				2	2	9	9				3	8
失火罪	9	1	1		6	4				1	2		5
污染环境罪	12				5	10		1	5	3			10
总计	123	2	1	1	60	71	15	24	10	11	10	4	51

① 该罪名已被取消，《刑法修正案（十一）》将其改为危害国家重点保护植物罪。
② 该罪名已被取消，《刑法修正案（十一）》将其改为危害珍贵、濒危野生动物罪。
③ 该罪名已被取消，《刑法修正案（十一）》将其改为危害珍贵、濒危野生动物罪。
④ 该罪名已被取消，《刑法修正案（十一）》将其改为生产、销售、提供假药罪。

在黄民生非法占用农用地罪一审刑事判决书[1]中，法院对要求被告承担本案评估费用的诉讼请求予以驳回因为公益诉讼起诉人没有提供所花费评估费用相关合法有效的证据。

〔1〕（2018）赣0724刑初53号。

河南省

表 4-3-21　河南省刑事附带民事公益诉讼一审判决结案案件的裁判形式

单位：件

罪名	案件数量	内容不明	撤回诉请	驳回诉请	修复	赔偿损失	惩罚性赔偿	赔礼道歉	鉴定等费用	附加代履行	附加修复标准	禁止令	履行期限
盗伐林木罪	1					1							1
非法采矿罪	7				1	7							6
非法猎捕、杀害珍贵、濒危野生动物罪[1]	5					5		2					3
非法收购、运输、出售珍贵、濒危野生动物、珍贵、濒危野生动物制品罪[2]	5					4		4					3
非法狩猎罪	13				1	11		10					7
非法占用农用地罪	15	1			9	5		1	3	2	1		9
故意毁坏财物罪	1					1							1
交通肇事罪	1					1							1
滥伐林木罪	33		2		18	13		1		2	11	1	18
生产、销售不符合安全标准的食品罪	9					1	6	9				5	7

续表

罪名	案件数量	内容不明	撤回诉请	驳回诉请	修复	赔偿损失	惩罚性赔偿	赔礼道歉	鉴定等费用	附加代履行	附加修复标准	禁止令	履行期限
生产、销售假药罪③	3				1		2	3				2	1
生产、销售有毒、有害食品罪	8						8	7				7	8
污染环境罪	16	2			3	7		5	2				9
以危险方法危害公共安全罪	1				1								1
总计	118	3	2		34	56	16	42	5	4	12	15	75

① 该罪名已被取消，《刑法修正案（十一）》将其改为危害珍贵、濒危野生动物罪。
② 该罪名已被取消，《刑法修正案（十一）》将其改为危害珍贵、濒危野生动物罪。
③ 该罪名已被取消，《刑法修正案（十一）》将其改为生产、销售、提供假药罪。

湖南省

表 4-3-22　湖南省刑事附带民事公益诉讼一审判决结案案件的裁判形式

单位：件

罪名	案件数量	内容不明	撤回诉请	驳回诉请	修复	赔偿损失	惩罚性赔偿	赔礼道歉	鉴定等费用	附加代履行	附加修复标准	禁止令	履行期限
盗伐林木罪	1					1							
非法捕捞水产品罪	74				40	37		49	16				43
非法采伐、毁坏国家重点保护植物罪①	1				1	1		1					
非法采矿罪	3			1		3		2	3				3

续表

罪名	案件数量	内容不明	撤回诉请	驳回诉请	修复	赔偿损失	惩罚性赔偿	赔礼道歉	鉴定等费用	附加代履行	附加修复标准	禁止令	履行期限
非法猎捕、杀害珍贵、濒危野生动物罪[2]	5				2	5		5	4				3
非法收购、运输、出售珍贵、濒危野生动物、珍贵、濒危野生动物制品罪[3]	1				1	1		1	1				
非法狩猎罪	9			1	1	7		8	7				5
非法占用农用地罪	22				16	6		9	3		1	1	13
非法制造、买卖、储存危险物质罪	1				1			1					1
非法种植毒品原植物罪	1							1					1
滥伐林木罪	11	1			8	2		2			3		4
生产、销售不符合安全标准的食品罪	2					1		2					2
生产、销售假药罪[4]	9				8			9				1	8
生产、销售有毒、有害食品罪	22			4	9		7	22				10	7
失火罪	8				6	2					1		6

续表

罪名	案件数量	内容不明	撤回诉请	驳回诉请	修复	赔偿损失	惩罚性赔偿	赔礼道歉	鉴定等费用	附加代履行	附加修复标准	禁止令	履行期限
污染环境罪	5				3	3		2				1	4
组织、领导传销活动罪	1						1	1					
总计	176	1		6	96	69	8	115	34		5	13	100

① 该罪名已被取消,《刑法修正案(十一)》将其改为危害国家重点保护植物罪。
② 该罪名已被取消,《刑法修正案(十一)》将其改为危害珍贵、濒危野生动物罪。
③ 该罪名已被取消,《刑法修正案(十一)》将其改为危害珍贵、濒危野生动物罪。
④ 该罪名已被取消,《刑法修正案(十一)》将其改为生产、销售、提供假药罪。

在被告人陈某琰等十一人犯非法采矿罪、污染环境罪、帮助毁灭证据罪一审刑事判决书[1]中,法院认为部分环境污染损失费用因公益诉讼的起诉人未能提供相应的证据予以证实,法院不予认定,予以驳回。

在李某友非法狩猎一审刑事判决书[2]中,法院对部分损失认定数额金额进行调整,驳回该部分诉请。

在附带民事公益诉讼被告王农福生产、销售有毒、有害食品一审刑事判决书,[3]附带民事公益诉讼被告杜多生产、销售有毒、有害食品一审刑事判决书,[4]附带民事公益诉讼被告丁飞合、附带民事公益诉讼被告被告人谢如良生产、销售有毒、有害食品一审刑事判决书[5]和附带民事公益诉讼被告曾和平一审刑事判决书[6]中,法院驳回了采取措施追回已销售的保健食品并销毁的诉讼请求,但未说明原因。

---

〔1〕(2018)湘0224刑初48号。
〔2〕(2018)湘0722刑初260号。
〔3〕(2018)湘0103刑初519号。
〔4〕(2018)湘0103刑初523号。
〔5〕(2018)湘0103刑初534号。
〔6〕(2018)湘0103刑初668号。

海南省

表 4-3-23 海南省刑事附带民事公益诉讼一审判决结案案件的裁判形式

单位：件

罪名	案件数量	内容不明	撤回诉请	驳回诉请	修复	赔偿损失	惩罚性赔偿	赔礼道歉	鉴定等费用	附加代履行	附加修复标准	禁止令	履行期限
故意毁坏财物罪	2				1	2							
滥伐林木罪	2			1	1								1
总计	4			1	2	2							1

在符某形滥伐林木罪一审刑事判决书[1]中，法院认为，附带民事公益诉讼起诉人未能提供充分证据证实被告人符某形滥伐林木行为对其他生态环境造成破坏，故对赔偿生物多样性保护费等费用的诉请不予支持。后该案[2]由法院改判为指令被告进行修复。

四川省

表 4-3-24 四川省刑事附带民事公益诉讼一审判决结案案件的裁判形式

单位：件

罪名	案件数量	内容不明	撤回诉请	驳回诉请	修复	赔偿损失	惩罚性赔偿	赔礼道歉	鉴定等费用	附加代履行	附加修复标准	禁止令	履行期限
盗伐林木罪	51				37	34			1		8		34
盗窃罪	3					1		2					2
放火罪	3				2	2			2				2
非法捕捞水产品罪	81	1			58	25		17	10			1	58

〔1〕（2019）琼 9025 刑初 15 号。
〔2〕（2019）琼 9025 刑初 67 号。

续表

罪名	案件数量	内容不明	撤回诉请	驳回诉请	修复	赔偿损失	惩罚性赔偿	赔礼道歉	鉴定等费用	附加代履行	附加修复标准	禁止令	履行期限
非法采伐、毁坏国家重点保护植物罪[1]	24				14	9		3	5		2		13
非法采矿罪	10				3	8		2	4				9
非法猎捕、杀害珍贵、濒危野生动物罪[2]	5					5		4					4
非法收购、出售国家重点保护植物罪[3]	2				1	1							2
非法收购、运输、出售珍贵、濒危野生动物、珍贵、濒危野生动物制品罪[4]	1					1		1					1
非法狩猎罪	22				1	15	2	12	5				18
非法占用农用地罪	22		1		11	13			2				10
滥伐林木罪	81				54	30		10	4		4		54
生产、销售不符合安全标准的食品罪	3				1		1	3				2	3
生产、销售假药罪[5]	14				2		3	14				4	12

续表

罪名	案件数量	内容不明	撤回诉请	驳回诉请	修复	赔偿损失	惩罚性赔偿	赔礼道歉	鉴定等费用	附加代履行	附加修复标准	禁止令	履行期限
生产、销售有毒、有害食品罪	27	1			2	3	19	25	4			18	20
失火罪	29				17	18		1	10		1		21
投放危险物质罪	1					1		1					1
污染环境罪	2					2			2				2
总计	382	3	1		203	168	25	95	49		15	25	266

① 该罪名已被取消,《刑法修正案(十一)》将其改为危害国家重点保护植物罪。
② 该罪名已被取消,《刑法修正案(十一)》将其改为危害珍贵、濒危野生动物罪。
③ 该罪名已被取消,《刑法修正案(十一)》将其改为危害国家重点保护植物罪。
④ 该罪名已被取消,《刑法修正案(十一)》将其改为危害珍贵、濒危野生动物罪。
⑤ 该罪名已被取消,《刑法修正案(十一)》将其改为生产、销售、提供假药罪。

青海省

表 4-3-25 青海省刑事附带民事公益诉讼一审判决结案案件的裁判形式

单位:件

罪名	案件数量	内容不明	撤回诉请	驳回诉请	修复	赔偿损失	惩罚性赔偿	赔礼道歉	鉴定等费用	附加代履行	附加修复标准	禁止令	履行期限
盗掘古墓葬罪	1				1	1		1					1
非法采矿罪	3				2	3							2
非法猎捕、杀害珍贵、濒危野生动物罪[①]	4					4		4	1				1

续表

罪名	案件数量	内容不明	撤回诉请	驳回诉请	修复	赔偿损失	惩罚性赔偿	赔礼道歉	鉴定等费用	附加代履行	附加修复标准	禁止令	履行期限
非法收购、运输、出售珍贵、濒危野生动物、珍贵、濒危野生动物制品罪②	2					1		1					1
非法狩猎罪	1					1							
非法占用农用地罪	5				4	2		4	3				4
生产、销售不符合安全标准的食品罪	1							1					1
生产、销售假药罪③	4	1			3			3					1
生产、销售有毒、有害食品罪	1					1		1					1
失火罪	2	1				1							1
总计	24	2			10	14		15	4				13

① 该罪名已被取消,《刑法修正案(十一)》将其改为危害珍贵、濒危野生动物罪。

② 该罪名已被取消,《刑法修正案(十一)》将其改为危害珍贵、濒危野生动物罪。

③ 该罪名已被取消,《刑法修正案(十一)》将其改为生产、销售、提供假药罪。

广西壮族自治区

表 4-3-26 广西壮族自治区刑事附带民事公益诉讼一审判决结案案件的裁判形式

单位：件

罪名	案件数量	内容不明	撤回诉请	驳回诉请	修复	赔偿损失	惩罚性赔偿	赔礼道歉	鉴定等费用	附加代履行	附加修复标准	禁止令	履行期限
盗伐林木罪	1				1	1		1					1
非法捕捞水产品罪	9				2	8							1
非法采伐、毁坏国家重点保护植物罪[1]	1					1		1		1			1
非法采矿罪	5				1	5		4	3				3
非法猎捕、杀害珍贵、濒危野生动物罪[2]	1					1							
非法收购、运输、出售珍贵、濒危野生动物、珍贵、濒危野生动物制品罪[3]	1							1	1				
非法狩猎罪	1				1	1		1					
非法占用农用地罪	11			1	6	9		3	4	1			2
滥伐林木罪	3	1				2							1
生产、销售不符合安全标准的食品罪	3						3	3					2
生产、销售假药罪[4]	3				2		3	3					3

续表

罪名	案件数量	内容不明	撤回诉请	驳回诉请	修复	赔偿损失	惩罚性赔偿	赔礼道歉	鉴定等费用	附加代履行	附加修复标准	禁止令	履行期限
生产、销售有毒、有害食品罪	1						1	1					1
污染环境罪	4					4		2	1	1			2
总计	44	1		1	13	32	7	20	9	3			17

① 该罪名已被取消,《刑法修正案(十一)》将其改为危害国家重点保护植物罪。
② 该罪名已被取消,《刑法修正案(十一)》将其改为危害珍贵、濒危野生动物罪。
③ 该罪名已被取消,《刑法修正案(十一)》将其改为危害珍贵、濒危野生动物罪。
④ 该罪名已被取消,《刑法修正案(十一)》将其改为生产、销售、提供假药罪。

在荣某好非法占用农用地罪一审刑事判决书[1]中,法院认为,附带民事公益诉讼起诉人提起的通过公开媒体向社会公众赔礼道歉的诉讼请求,因不涉及损害名誉权,所以不予支持。

西藏自治区

表 4-3-27　西藏自治区刑事附带民事公益诉讼一审判决结案案件的裁判形式

单位:件

罪名	案件数量	内容不明	撤回诉请	驳回诉请	修复	赔偿损失	惩罚性赔偿	赔礼道歉	鉴定等费用	附加代履行	附加修复标准	禁止令	履行期限
盗伐林木罪	2				2	1		2			2		1
非法猎捕、杀害珍贵、濒危野生动物罪①	1					1							1
生产、销售有毒、有害食品罪	1							1					1
总计	4				2	2		3			2		3

① 该罪名已被取消,《刑法修正案(十一)》将其改为危害珍贵、濒危野生动物罪。

〔1〕(2019)桂1425刑初3号。

宁夏回族自治区

表 4-3-28　宁夏回族自治区刑事附带民事公益诉讼一审判决结案案件的裁判形式

单位：件

罪名	案件数量	内容不明	撤回诉请	驳回诉请	修复	赔偿损失	惩罚性赔偿	赔礼道歉	鉴定等费用	附加代履行	附加修复标准	禁止令	履行期限
非法行医罪	2							2					2
非法狩猎罪	1					1		1					1
非法占用农用地罪	1				1				1				1
滥伐林木罪	3				3				3				2
失火罪	7				6	1			3				3
总计	14				10	2		3	7				9

新疆维吾尔自治区

表 4-3-29　新疆维吾尔自治区刑事附带民事公益诉讼一审判决结案案件的裁判形式

单位：件

罪名	案件数量	内容不明	撤回诉请	驳回诉请	修复	赔偿损失	惩罚性赔偿	赔礼道歉	鉴定等费用	附加代履行	附加修复标准	禁止令	履行期限
非法猎捕、杀害珍贵、濒危野生动物罪[1]	3	1				2							1
非法狩猎罪	1					1							
非法占用农用地罪	5				2	3		1	3	1	1		2
滥伐林木罪	1				1					1	1		1

续表

罪名	案件数量	内容不明	撤回诉请	驳回诉请	修复	赔偿损失	惩罚性赔偿	赔礼道歉	鉴定等费用	附加代履行	附加修复标准	禁止令	履行期限
生产、销售不符合安全标准的食品罪	6							6				5	2
生产、销售假药罪②	1							1					1
生产、销售有毒、有害食品罪	1					1		1					1
污染环境罪	1					1			1				
总计	19	1			3	8		9	4	2	2	5	8

① 该罪名已被取消,《刑法修正案(十一)》将其改为危害珍贵、濒危野生动物罪。
② 该罪名已被取消,《刑法修正案(十一)》将其改为生产、销售、提供假药罪。

天津市

表 4-3-30 天津市刑事附带民事公益诉讼一审判决结案案件的裁判形式

单位:件

罪名	案件数量	内容不明	撤回诉请	驳回诉请	修复	赔偿损失	惩罚性赔偿	赔礼道歉	鉴定等费用	附加代履行	附加修复标准	禁止令	履行期限
非法狩猎罪	1					1							
生产、销售假药罪①	1				1			1				1	1
污染环境罪	3					3						1	
总计	5				1	4		1				2	1

① 该罪名已被取消,《刑法修正案(十一)》将其改为生产、销售、提供假药罪。

上海市

表 4-3-31 上海市刑事附带民事公益诉讼一审判决结案案件的裁判形式

单位：件

罪名	案件数量	内容不明	撤回诉请	驳回诉请	修复	赔偿损失	惩罚性赔偿	赔礼道歉	鉴定等费用	附加代履行	附加修复标准	禁止令	履行期限
故意毁坏财物罪	1					1							1
生产、销售假药罪①	1							1					1
总计	2					1		1					2

① 该罪名已被取消，《刑法修正案（十一）》将其改为生产、销售、提供假药罪。

重庆市

表 4-3-32 重庆市刑事附带民事公益诉讼一审判决结案案件的裁判形式

单位：件

罪名	案件数量	内容不明	撤回诉请	驳回诉请	修复	赔偿损失	惩罚性赔偿	赔礼道歉	鉴定等费用	附加代履行	附加修复标准	禁止令	履行期限
盗伐林木罪	1					1			1				1
非法捕捞水产品罪	19				16	3		2	14	3			14
非法猎捕、杀害珍贵、濒危野生动物罪①	1					1		1	1				1
非法占用农用地罪	1				1					1			1
滥伐林木罪	2				1	1						1	
生产、销售假药罪②	13				13		2	13				6	13

续表

罪名	案件数量	内容不明	撤回诉请	驳回诉请	修复	赔偿损失	惩罚性赔偿	赔礼道歉	鉴定等费用	附加代履行	附加修复标准	禁止令	履行期限
生产、销售有毒、有害食品罪	2						1	2				1	2
失火罪	2				2			2					2
污染环境罪	2					2		2	1				2
总计	43				33	8	3	22	17	4		8	36

① 该罪名已被取消，《刑法修正案（十一）》将其改为危害珍贵、濒危野生动物罪。
② 该罪名已被取消，《刑法修正案（十一）》将其改为生产、销售、提供假药罪。

（三）一审案件调解结案的裁判形式

调解结案中的责任承担方式与判决结案类型相同，其核心在于刑事附带民事公益诉讼起诉人与被告是否得就民事公益诉讼部分的民事责任内容达成调解，因而刑事附带民事诉讼调解书并不能完整反映大量存在的刑事部分判决结案、民事公益诉讼部分调解结案的情形。在本节的讨论中，调解结案指的是就民事公益诉讼部分调解结案，包括全案调解结案和刑事部分判决结案。

全国各省（自治区、直辖市）中，除北京、海南、上海、新疆、天津、西藏、重庆无一审调解结案外，全国一审案件调解结案总计 371 件，其中不能查明民事公益诉讼部分判决内容的有 90 件，占比为 24.26%；撤回诉讼请求的有 0 件；法院驳回诉请的有 0 件；判决修复的有 78 件，占比为 21.02%；判决赔偿的有 178 件，占比为 47.98%；判决惩罚性赔偿的有 27 件，占比为 7.28%；判决赔礼道歉的有 61 件，占比为 16.44%；判决赔偿鉴定费、公告费、设计费、处置费等相关诉讼或代履行费用的有 44 件，占比为 11.86%；附加代履行内容的有 2 件，占比为 0.54%；附加修复标准的有 1 件，占比为 0.27%；包含禁止令的有 26 件，占比为 7.01%；包含履行期限的有 57 件，占比为 15.36%。

表 4-3-33 至表 4-3-56 是以各省（自治区、直辖市）为考察对象进行的具体统计和分析。

内蒙古自治区

表 4-3-33 内蒙古自治区刑事附带民事公益诉讼一审调解结案案件的裁判形式

单位：件

罪名	案件数量	内容不明	修复	赔偿损失	惩罚性赔偿	赔礼道歉	鉴定等费用	附加代履行	附加修复标准	禁止令	履行期限
非法猎捕、杀害珍贵、濒危野生动物罪①	2	1		1							1
非法狩猎罪	2			2							
非法占用农用地罪	6	1	2	3							1
污染环境罪	1			1							
总计	11	2	2	7							2

① 该罪名已被取消，《刑法修正案（十一）》将其改为危害珍贵、濒危野生动物罪。

吉林省

表 4-3-34 吉林省刑事附带民事公益诉讼一审调解结案案件的裁判形式

单位：件

罪名	案件数量	内容不明	修复	赔偿损失	惩罚性赔偿	赔礼道歉	鉴定等费用	附加代履行	附加修复标准	禁止令	履行期限
非法占用农用地罪	1		1				1				
总计	1		1				1				

江苏省

表 4-3-35　江苏省刑事附带民事公益诉讼一审调解结案案件的裁判形式

单位：件

罪名	案件数量	内容不明	修复	赔偿损失	惩罚性赔偿	赔礼道歉	鉴定等费用	附加代履行	附加修复标准	禁止令	履行期限
盗伐林木罪	1			1		1					1
非法捕捞水产品罪	1			1							
非法采矿罪	3	1		2		1				1	
非法占用农用地罪	1		1								
生产、销售不符合安全标准的食品罪	3	2			1						
生产、销售假药罪①	8	3	2		3	3					
生产、销售有毒、有害食品罪	4	1			3	2					
污染环境罪	18	5	1	12		3	3			3	
总计	39	12	4	16	7	10	3			4	1

① 该罪名已被取消，《刑法修正案（十一）》将其改为生产、销售、提供假药罪。

安徽省

表 4-3-36　安徽省刑事附带民事公益诉讼一审调解结案案件的裁判形式

单位：件

罪名	案件数量	内容不明	修复	赔偿损失	惩罚性赔偿	赔礼道歉	鉴定等费用	附加代履行	附加修复标准	禁止令	履行期限
盗伐林木罪	2		2								
非法捕捞水产品罪	8	2		5		1	4				1
非法采矿罪	3			3			1				
非法收购、运输、出售珍贵、濒危野生动物、珍贵、濒危野生动物制品罪①	2			2							2
非法狩猎罪	3			2		2					1
非法占用农用地罪	1		1								
滥伐林木罪	12	3	8	5			2				2
生产、销售不符合安全标准的食品罪	5	2		1	1	3				3	1
生产、销售假药罪②	1	1								1	
生产、销售有毒、有害食品罪	3			1	2	3					
污染环境罪	14	2	4	8		5	5				
销售假冒注册商标的商品罪	2	2									
总计	56	12	15	27	3	14	12			4	7

① 该罪名已被取消，《刑法修正案（十一）》将其改为危害珍贵、濒危野生动物罪。

② 该罪名已被取消，《刑法修正案（十一）》将其改为生产、销售、提供假药罪。

福建省

表 4-3-37　福建省刑事附带民事公益诉讼一审调解结案案件的裁判形式

单位：件

罪名	案件数量	内容不明	修复	赔偿损失	惩罚性赔偿	赔礼道歉	鉴定等费用	附加代履行	附加修复标准	禁止令	履行期限
非法占用农用地罪	3	1	2	1							
滥伐林木罪	1			1							
生产、销售不符合安全标准的食品罪	1	1									
污染环境罪	2	1		1							
销售假冒注册商标的商品罪	1			1							
总计	8	3	2	4							

山东省

表 4-3-38　山东省刑事附带民事公益诉讼一审调解结案案件的裁判形式

单位：件

罪名	案件数量	内容不明	修复	赔偿损失	惩罚性赔偿	赔礼道歉	鉴定等费用	附加代履行	附加修复标准	禁止令	履行期限
非法捕捞水产品罪	3	1	1	1			2				
非法采矿罪	1	1									

续表

罪名	案件数量	内容不明	修复	赔偿损失	惩罚性赔偿	赔礼道歉	鉴定等费用	附加代履行	附加修复标准	禁止令	履行期限
生产、销售不符合安全标准的食品罪	3	1			2						
生产、销售假药罪①	2	2									
生产、销售有毒、有害食品罪	1				1	1				1	
污染环境罪	5		1	4			1			1	
总计	15	5	2	5	3	1	3			2	

① 该罪名已被取消，《刑法修正案（十一）》将其改为生产、销售、提供假药罪。

湖北省

表 4-3-39　湖北省刑事附带民事公益诉讼一审调解结案案件的裁判形式

单位：件

罪名	案件数量	内容不明	修复	赔偿损失	惩罚性赔偿	赔礼道歉	鉴定等费用	附加代履行	附加修复标准	禁止令	履行期限
盗伐林木罪	2	1	1								1
非法捕捞水产品罪	9	3	4	2							1
非法采矿罪	4			4			2	1			

续表

罪名	案件数量	内容不明	修复	赔偿损失	惩罚性赔偿	赔礼道歉	鉴定等费用	附加代履行	附加修复标准	禁止令	履行期限
故意毁坏财物罪	1			1							
污染环境罪	1			1			1				
总计	17	4	5	8			3	1			2

广东省

表 4-3-40　广东省刑事附带民事公益诉讼一审调解结案案件的裁判形式

单位：件

罪名	案件数量	内容不明	修复	赔偿损失	惩罚性赔偿	赔礼道歉	鉴定等费用	附加代履行	附加修复标准	禁止令	履行期限
盗伐林木罪	1			1			1				
非法占用农用地罪	1			1			1				
生产、销售假药罪①	2		1	1		1					
生产、销售有毒、有害食品罪	1				1	1					
污染环境罪	3	1		2		1	2				1
总计	8	1	1	5	1	3	4				1

① 该罪名已被取消，《刑法修正案（十一）》将其改为生产、销售、提供假药罪。

贵州省

表 4-3-41　贵州省刑事附带民事公益诉讼一审调解结案案件的裁判形式

单位：件

罪名	案件数量	内容不明	修复	赔偿损失	惩罚性赔偿	赔礼道歉	鉴定等费用	附加代履行	附加修复标准	禁止令	履行期限
非法捕捞水产品罪	1	1							1		
非法采矿罪	1			1							
滥伐林木罪	1		1	1							
生产、销售伪劣产品罪	2				2	2				2	
总计	5	1	1	2	2	2			1	2	

云南省

表 4-3-42　云南省刑事附带民事公益诉讼一审调解结案案件的裁判形式

单位：件

罪名	案件数量	内容不明	修复	赔偿损失	惩罚性赔偿	赔礼道歉	鉴定等费用	附加代履行	附加修复标准	禁止令	履行期限
盗伐林木罪	2			2							2
非法猎捕、杀害珍贵、濒危野生动物罪①	3			3							3
非法狩猎罪	1			1							
非法占用农用地罪	14	2		12			5	1			9

续表

罪名	案件数量	内容不明	修复	赔偿损失	惩罚性赔偿	赔礼道歉	鉴定等费用	附加代履行	附加修复标准	禁止令	履行期限
故意毁坏财物罪	1			1							
滥伐林木罪	7	6		1							
生产、销售不符合安全标准的食品罪	1					1					
失火罪	3		1	3							1
总计	32	8	1	23		1	5	1			15

① 该罪名已被取消,《刑法修正案(十一)》将其改为危害珍贵、濒危野生动物罪。

陕西省

表 4-3-43 陕西省刑事附带民事公益诉讼一审调解结案案件的裁判形式

单位:件

罪名	案件数量	内容不明	修复	赔偿损失	惩罚性赔偿	赔礼道歉	鉴定等费用	附加代履行	附加修复标准	禁止令	履行期限
盗伐林木罪	1			1							
盗窃罪	3	1	1	2							
非法捕捞水产品罪	1		1								
非法采矿罪	1	1									
非法占用农用地罪	1			1							
故意毁坏财物罪	1			1							

续表

罪名	案件数量	内容不明	修复	赔偿损失	惩罚性赔偿	赔礼道歉	鉴定等费用	附加代履行	附加修复标准	禁止令	履行期限
生产、销售假药罪①	1					1				1	
失火罪	1		1	1							1
销售假冒注册商标的商品罪	2			1	1	2					1
总计	12	2	3	7	1	3				1	2

① 该罪名已被取消,《刑法修正案(十一)》将其改为生产、销售、提供假药罪。

甘肃省

表 4-3-44　甘肃省刑事附带民事公益诉讼一审调解结案案件的裁判形式

单位:件

罪名	案件数量	内容不明	修复	赔偿损失	惩罚性赔偿	赔礼道歉	鉴定等费用	附加代履行	附加修复标准	禁止令	履行期限
非法猎捕、杀害珍贵、濒危野生动物罪	1			1			1				
滥伐林木罪	1			1							
总计	2			2			1				

河北省

表 4-3-45　河北省刑事附带民事公益诉讼一审调解结案案件的裁判形式

单位：件

罪名	案件数量	内容不明	修复	赔偿损失	惩罚性赔偿	赔礼道歉	鉴定等费用	附加代履行	附加修复标准	禁止令	履行期限
非法收购、运输、出售珍贵、濒危野生动物、珍贵、濒危野生动物制品、罪①	2	2									
非法占用农用地罪	1	1									
生产、销售不符合安全标准的食品罪	1				1	1					1
污染环境罪	2		1	1							
销售假冒注册商标的商品罪	1	1									
总计	7	4	1	1	1	1					1

① 该罪名已被取消，《刑法修正案（十一）》将其改为危害珍贵、濒危野生动物罪。

山西省

表 4-3-46 山西省刑事附带民事公益诉讼一审调解结案案件的裁判形式

单位：件

罪名	案件数量	内容不明	修复	赔偿损失	惩罚性赔偿	赔礼道歉	鉴定等费用	附加代履行	附加修复标准	禁止令	履行期限
非法占用农用地罪	2	1	1								
污染环境罪	1			1			1				
总计	3	1	1	1			1				

辽宁省

表 4-3-47 辽宁省刑事附带民事公益诉讼一审调解结案案件的裁判形式

单位：件

罪名	案件数量	内容不明	修复	赔偿损失	惩罚性赔偿	赔礼道歉	鉴定等费用	附加代履行	附加修复标准	禁止令	履行期限
非法狩猎罪	2	2									
污染环境罪	1			1							
总计	3	2		1							

黑龙江省

表 4-3-48 黑龙江省刑事附带民事公益诉讼一审调解结案案件的裁判形式

单位：件

罪名	案件数量	内容不明	修复	赔偿损失	惩罚性赔偿	赔礼道歉	鉴定等费用	附加代履行	附加修复标准	禁止令	履行期限
非法狩猎罪	1			1							
总计	1			1							

浙江省

表 4-3-49　浙江省刑事附带民事公益诉讼一审调解结案案件的裁判形式

单位：件

罪名	案件数量	内容不明	修复	赔偿损失	惩罚性赔偿	赔礼道歉	鉴定等费用	附加代履行	附加修复标准	禁止令	履行期限
非法捕捞水产品罪	6	1		5							
非法采矿罪	1	1									
非法狩猎罪	1	1									
滥伐林木罪	1	1									
生产、销售假药罪①	3				1	3					1
生产、销售伪劣产品罪	1	1									
生产、销售有毒、有害食品罪	7	5		1	1	2				5	
污染环境罪	3	2		1			1			1	
销售假冒注册商标的商品罪	3	2		1		1					1
总计	26	14		8	2	6	1			6	2

① 该罪名已被取消，《刑法修正案（十一）》将其改为生产、销售、提供假药罪。

江西省

表 4-3-50 江西省刑事附带民事公益诉讼一审调解结案案件的裁判形式

单位：件

罪名	案件数量	内容不明	修复	赔偿损失	惩罚性赔偿	赔礼道歉	鉴定等费用	附加代履行	附加修复标准	禁止令	履行期限
非法采伐、毁坏国家重点保护植物罪①	7		5	3			1				1
非法采矿罪	3		2	1							1
非法猎捕、杀害珍贵、濒危野生动物罪②	1			1							
非法狩猎罪	1			1		1					
非法占用农用地罪	1		1								
滥伐林木罪	3		3	1							2
生产、销售有毒、有害食品罪	1				1	1					1
污染环境罪	4		3	3							
销售的商品罪	2	1	1			1					1
总计	23	1	15	10	1	3	1				6

① 该罪名已被取消，《刑法修正案（十一）》将其改为危害国家重点保护植物罪。
② 该罪名已被取消，《刑法修正案（十一）》将其改为危害珍贵、濒危野生动物罪。

河南省

表 4-3-51　河南省刑事附带民事公益诉讼一审调解结案案件的裁判形式

单位：件

罪名	案件数量	内容不明	修复	赔偿损失	惩罚性赔偿	赔礼道歉	鉴定等费用	附加代履行	附加修复标准	禁止令	履行期限
盗窃罪	1			1							
非法狩猎罪	4	2		2							
非法占用农用地罪	2			2							
生产、销售不符合安全标准的食品罪	7	2		4	1	4				5	1
生产、销售伪劣产品罪	1			1		1					1
生产、销售有毒、有害食品罪	1	1								1	
污染环境罪	2	1		1							
总计	18	6		11	1	5				6	2

在张某兵盗窃罪一审刑事判决书[1]中，被告人雇用车辆在夜间盗挖白潭沟和没底沟河堤土 2000 方，卖给村民用于填坑，得赃款 60，000 元，法院认定构成盗窃罪，经调解，被告同意赔偿修复治理费用。

---

〔1〕（2019）豫 1024 刑初 85 号。

湖南省

表 4-3-52 湖南省刑事附带民事公益诉讼一审调解结案案件的裁判形式

单位：件

罪名	案件数量	内容不明	修复	赔偿损失	惩罚性赔偿	赔礼道歉	鉴定等费用	附加代履行	附加修复标准	禁止令	履行期限
非法占用农用地罪	1	1									
滥伐林木罪	1		1								1
总计	2	1	1								1

四川省

表 4-3-53 四川省刑事附带民事公益诉讼一审调解结案案件的裁判形式

单位：件

罪名	案件数量	内容不明	修复	赔偿损失	惩罚性赔偿	赔礼道歉	鉴定等费用	附加代履行	附加修复标准	禁止令	履行期限
盗伐林木罪	2		1	1							1
非法捕捞水产品罪	9	1	7	1							5
非法采伐、毁坏国家重点保护植物罪①	2	1	1								
非法采矿罪	1			1							

续表

罪名	案件数量	内容不明	修复	赔偿损失	惩罚性赔偿	赔礼道歉	鉴定等费用	附加代履行	附加修复标准	禁止令	履行期限
非法猎捕、杀害珍贵、濒危野生动物罪②	1			1		1					
非法占用农用地罪	2		1	1			1				
故意毁坏财物罪	1			1			1				
滥伐林木罪	4	2		2							
污染环境罪	1			1			1				1
总计	22	4	10	8			3				7

① 该罪名已被取消，《刑法修正案（十一）》将其改为危害国家重点保护植物罪。
② 该罪名已被取消，《刑法修正案（十一）》将其改为危害珍贵、濒危野生动物罪。

青海省

表 4-3-54　青海省刑事附带民事公益诉讼一审调解结案案件的裁判形式

单位：件

罪名	案件数量	内容不明	修复	赔偿损失	惩罚性赔偿	赔礼道歉	鉴定等费用	附加代履行	附加修复标准	禁止令	履行期限
非法捕捞水产品罪	9			9		9					

续表

罪名	案件数量	内容不明	修复	赔偿损失	惩罚性赔偿	赔礼道歉	鉴定等费用	附加代履行	附加修复标准	禁止令	履行期限
非法采矿罪	1			1							
非法持有、私藏枪支、弹药罪	1	1									
非法猎捕、杀害珍贵、濒危野生动物罪①	1			1							
非法占用农用地罪	3		2	1		1					1
生产、销售假药罪②	3				2	1					
生产、销售有毒、有害食品罪	1				1						
失火罪	11		7	4							6
总计	30	1	9	16	3	11					7

① 该罪名已被取消,《刑法修正案(十一)》将其改为危害珍贵、濒危野生动物罪。

② 该罪名已被取消,《刑法修正案(十一)》将其改为生产、销售、提供假药罪。

广西壮族自治区

表 4-3-55　广西壮族自治区刑事附带民事公益诉讼一审调解结案案件的裁判形式

单位：件

罪名	案件数量	内容不明	修复	赔偿损失	惩罚性赔偿	赔礼道歉	鉴定等费用	附加代履行	附加修复标准	禁止令	履行期限
非法占用农用地罪	5		5	3			1				1
生产、销售假药罪①	2		1		2					1	
污染环境罪	2		1	2							
总计	9		7	5	2		1			1	1

① 该罪名已被取消，《刑法修正案（十一）》将其改为生产、销售、提供假药罪。

宁夏回族自治区

表 4-3-56　宁夏回族自治区刑事附带民事公益诉讼一审调解结案案件的裁判形式

单位：件

罪名	案件数量	内容不明	修复	赔偿损失	惩罚性赔偿	赔礼道歉	鉴定等费用	附加代履行	附加修复标准	禁止令	履行期限
非法采矿罪	2	1	1								
非法狩猎罪	1			1							
非法占用农用地罪	4			4			1				
滥伐林木罪	9	5	1	3			4				
失火罪	3		3								
总计	19	6	5	8			5				

（四）一审案件和解结案的裁判形式

和解结案之核心在于刑事附带民事公益诉讼起诉人与被告是否得就民事公益诉讼部分的民事责任内容达成和解，责任承担方式与判决结案、调解结案类型相同。

与调解结案相类似，大量案件存在刑事部分判决结案、民事公益诉讼部分和解结案的情形。在本节的讨论中，和解结案指的是就民事公益诉讼部分和解结案，包括全案和解和刑事部分判决结案的情形。需要指出的是，由于部分案件的刑事部分得以和解结案，刑事部分将有法院宣告无罪，因而罪名的确定依据诉讼机关所诉罪名为依据。

全国各省（自治区、直辖市）中，除北京、甘肃、广东、海南、河北、河南、黑龙江、湖北、吉林、江西、辽宁、上海、天津、新疆、浙江、重庆无一审和解结案外，全国一审案件和解结案总计 43 件，其中不能查明民事公益诉讼部分判决内容的有 9 件，占比为 20.93%；撤回诉讼请求的有 0 件；法院驳回诉请的有 0 件；判决修复的有 10 件，占比为 23.26%；判决赔偿的有 20 件，占比为 46.51%；判决惩罚性赔偿的有 4 件，占比为 9.30%；判决赔礼道歉的有 8 件，占比为 18.60%；判决赔偿鉴定费、公告费、设计费、处置费等相关诉讼或代履行费用的有 3 件，占比为 6.98%；附加代履行内容的有 0 件；附加修复标准的有 0 件；包含禁止令的有 3 件，占比为 6.98%；包含履行期限的有 6 件，占比为 13.95%。

表 4-3-57 是以各省（自治区、直辖市）为考察对象进行的具体统计和分析。

表 4-3-57　全国刑事附带民事公益诉讼一审和解结案案件的裁判形式

单位：件

地区及罪名		案件数量	内容不明	修复	赔偿损失	惩罚性赔偿	赔礼道歉	鉴定等费用	禁止令	履行期限
安徽	非法占用农用地罪	1	1							
	滥伐林木罪	1	1							
	生产、销售不符合安全标准的食品罪	1					1	1	1	
	生产、销售有毒、有害食品罪	3				3	3		1	
	总计	6	2			3	4	1	2	

续表

地区及罪名		案件数量	内容不明	修复	赔偿损失	惩罚性赔偿	赔礼道歉	鉴定等费用	禁止令	履行期限
福建	失火罪	1	1							
	总计	1	1							
贵州	非法捕捞水产品罪	3		3						
	非法占用农用地罪	1		1						
	滥伐林木罪	1		1						
	总计	5		5						
湖南	非法捕捞水产品罪	10	2		8					
	总计	10	2		8					
江苏	非法捕捞水产品罪	2		2			2			2
	非法猎捕、杀害珍贵、濒危野生动物罪①	1			1			1		
	污染环境罪	1			1					
	总计	4		2	2		2	1		2
内蒙古	非法猎捕、杀害珍贵、濒危野生动物罪②	1			1					
	非法占用农用地罪	2			2					2
	总计	3			3					2
宁夏	非法采矿罪	1	1							
	非法占用农用地罪	1			1					
	总计	2	1		1					
青海	失火罪	1		1						
	总计	1		1						
山东	非法狩猎罪	1	1							
	失火罪	1			1					
	污染环境罪	1	1							
	总计	3	2		1					

续表

地区及罪名		案件数量	内容不明	修复	赔偿损失	惩罚性赔偿	赔礼道歉	鉴定等费用	禁止令	履行期限
山西	生产、销售不符合安全标准的食品罪	1			1					
	总计	1			1					
陕西	生产、销售假药罪③	1				1	1		1	1
	总计	1				1	1		1	1
四川	盗伐林木罪	1		1						1
	非法采矿罪	1		1	1			1		
	非法狩猎罪	1			1					
	生产、销售有毒、有害食品罪	1	1							
	污染环境罪	1			1					
	总计	5	1	2	3			1		1
西藏	非法猎捕、杀害珍贵、濒危野生动物罪④	1			1		1			
	总计	1			1		1			

① 该罪名已被取消,《刑法修正案(十一)》将其改为危害珍贵、濒危野生动物罪。
② 该罪名已被取消,《刑法修正案(十一)》将其改为危害珍贵、濒危野生动物罪。
③ 该罪名已被取消,《刑法修正案(十一)》将其改为生产、销售、提供假药罪。
④ 该罪名已被取消,《刑法修正案(十一)》将其改为危害珍贵、濒危野生动物罪。

(五)一审案件裁定结案的裁判形式

针对刑事附带民事公益诉讼裁定结案的案件,由于并未进行实体审查,而是通过裁定的方式进行形式审查,因而裁判形式的分析有赖于裁定的类型,包括驳回起诉、不予受理、中止审理、终止审理和准许撤诉这几种类型。一审裁定案件数量有 46 件,驳回起诉、中止审理、终止审理各有 1 件,不予受理有 4 件,准许撤诉有 39 件。

一审案件判决、调解与裁定数量之分析已在前章分析,在此不再赘述。由于在判决中附带民事公益诉讼起诉人撤回民事公益部分起诉并不会阻碍刑事公诉部分，除非公诉人亦撤回刑事诉讼，否则刑事判决仍能推进。因此，有必要在除去撤回民事公益诉讼起诉的案件后，将一审案件与裁定数量进行比较，这样更容易显现形式审查后作出裁定的比例（见表 4-3-58）。

表 4-3-58　全国刑事附带民事公益诉讼一审裁定类型

单位：件

地区	案件数量	裁定数量	驳回起诉	不予受理	中止审理	终止审理	准许撤诉
安徽	246	1					1
北京	3						
福建	31						
甘肃	80	4		4			
广东	113						
广西	53						
贵州	105	1					1
海南	4						
河北	102	1					1
河南	137						
黑龙江	43						
湖北	178	1				1	
湖南	190	1					1
吉林	58	1			1		
江苏	246	1					1
江西	147	1					1
辽宁	85						
内蒙古	46						
宁夏	35						
青海	55						
山东	129						
山西	110	3					3
陕西	164	1					1
上海	2						

续表

地区	案件数量	裁定数量	驳回起诉	不予受理	中止审理	终止审理	准许撤诉
四川	416	6					6
天津	5						
西藏	5						
新疆	41	22	1				21
云南	71						
浙江	258	1					1
重庆	44	1					1

二、刑事附带民事公益诉讼二审的裁判形式分析

二审案件的数量、占比以及判决与裁定结案的数量、占比已于前章分析，在此不再赘述。二审案件裁判形式之分析的关键点在于裁定类型与二审案件中刑事附带民事公益诉讼部分的改判。

（一）二审案件裁定结案的裁判形式

刑事附带民事公益诉讼二审裁定主要表现为驳回上诉、裁定改判、发回重审和准许撤回上诉。全国二审裁定案件数量有 238 件，其中驳回上诉有 153 件，占比 64.29%；裁定改判有 2 件，占比 0.84%；发回重审有 34 件，占比 14.29%；准许撤回上诉有 49 件，占比 20.59%。表 4-3-59 将展现各地区二审案件数量、裁定数量与各种裁定类型的数量关系。

表 4-3-59　全国刑事附带民事公益诉讼二审裁定类型

单位：件

地区	案件数量	裁定数量	驳回上诉	改判	发回重审	准许撤回上诉
安徽	40	28	22	2	2	2
北京	1	1	1			
福建	2	1	1			
甘肃	3	2	2			
广东	10	9	4		2	3
广西	5	5	3		1	1

续表

地区	案件数量	裁定数量	驳回上诉	改判	发回重审	准许撤回上诉
贵州	4	4	3		1	
海南	2	2			2	
河北	10	8	5			3
河南	9	9	7		1	1
黑龙江	4	4	2		1	1
湖北	13	12	7			5
湖南	24	22	13		1	8
吉林	13	12	5		7	
江苏	29	27	15		1	11
江西	8	8	7			1
辽宁	11	9	6		1	2
内蒙古	7	7	6		1	
宁夏	4	3	2			1
青海	4	3			2	1
山东	8	6	4		2	
山西	17	13	10		2	1
陕西	7	5	2			3
四川	18	13	8		2	3
西藏	1					
新疆	7	6	2		4	
云南	8	5	4		1	
浙江	16	13	11			2
重庆	1	1	1			

（二）二审民事部分改判案件裁判形式

在池州市江南华宇矿业有限公司非法占用农用地二审刑事判决书[1]中，上诉人池州市贵池区人民检察院上诉称：（1）一审法院未采信池州市江南华宇矿业

〔1〕（2018）皖17刑终71号。

有限公司周冲石灰石复绿工程设计方案存在错误，原判认定的复绿费用不足以恢复被破坏的林地植被。(2)一审法院驳回起诉人停止侵害的诉讼请求不当，属于适用法律错误。法院认为，池州市蓝野园林景观工程有限公司并不具有关于林地破坏损失方面的鉴定资质，且该公司出具的设计方案并非鉴定意见，故原判对该设计方案未予采信，并无不当。对生态环境修复费用难以确定或者确定具体数额所需鉴定费用明显过高的，人民法院可以结合污染环境、破坏生态的范围和程度等因素，并参考负有环境保护监管职责部门的意见，合理确定，故原判在附带民事诉讼起诉人未进行重新鉴定的情况下，参照《财政部、国家林业局关于调整森林植被恢复费用征收标准引导节约集约利用林地的通知》以及安徽省财政厅、安徽省林业厅的征收标准，确定森林植被恢复费用 422，828.7808 元，并无不当。根据《若干问题的解释》第 18 条的规定，人民法院认为，人民检察院提出的诉讼请求不足以保护社会公共利益，可以向其释明变更或者增加停止侵害、恢复原状等诉讼请求，故对原审附带民事公益起诉人提出的停止侵害的诉讼请求，可予以支持。

在王茂君与安桂成、安进荣等妨害公务罪二审刑事判决书[1]中，上诉人附带民事公益诉讼起诉人甘肃省陇西县人民检察院提出，主张由 4 名被告人在有关媒体上公开赔礼道歉。法院认为，根据《环境民事公益诉讼司法解释》第 18 条之规定，对污染环境、破坏生态，已经损害社会公共利益或者具有损害社会公共利益重大风险的行为，原告可以请求被告承担停止侵害、排除妨碍、消除危险、恢复原状、赔偿损失、赔礼道歉等民事责任。各被告人非法猎捕蟾蜍，依法应当追究其刑事责任。被告人的犯罪行为对生态环境、野生保护动物造成了侵害，损害社会公共利益，赔礼道歉是承担侵权责任的形式之一，法律依据明确，该上诉理由成立。

在赵某、陈某娜销售有毒、有害食品案二审刑事附带民事判决书[2]中，吉林市龙潭区人民检察院对民事部分上诉称：依据相关法律规定，检察机关以公益诉

---

〔1〕（2019）甘 95 刑终 12 号。
〔2〕（2018）吉 02 刑终 299 号。

讼人的身份提起公益诉讼，不存在主体不适格的问题，故原审以附带民事公益诉讼人不是被侵权人，主体不适格的理由驳回，要求被告人支付价款10倍的赔偿金9300元的诉讼请求，该判决属于适用法律错误，应予纠正。二审法院认为，被告销售含有有毒有害成分的保健品，危害不特定消费者的生命健康权，检察机关依据国家法律规定以公益诉讼人的身份提起附带民事公益诉讼，要求被告人依法承担民事侵权责任，其主体身份适格，故本院对其上诉请求予以支持。

在马某民生产、销售不符合安全标准的食品罪二审刑事判决书[1]及孔某娜生产、销售不符合安全标准的食品罪二审刑事判决书[2]中，上诉人侯马市人民检察院以原审被告人在侦查阶段和审查起诉阶段供述了销售额，且在原审庭审中对销售金额也没有提出异议，原审被告在原审庭审中否认了该供述，但否定的理由不充分，符合民事诉讼证据的自认规则，原审被告人以应承担惩罚性赔偿金的民事责任为由，提起上诉。二审法院认为，根据《最高人民法院关于适用〈中华人民共和国刑事诉讼法〉的解释》[3]第163条之规定，"人民法院审理附带民事诉讼案件，除刑法、刑事诉讼法以及刑事司法解释已有规定的以外，适用民事法律的有关规定"。《最高人民法院关于民事诉讼证据的若干规定》第3条第1款规定，"在诉讼过程中，一方当事人陈述的于己不利的事实，或者对于己不利的事实明确表示承认的，另一方当事人无需举证"。据此，庭审中对上诉人陈述销售金额的事实，亦予以确认，本院依法予以认定。依照《食品安全法》第148条第2款的规定，原审被告人应承担支付赔偿金。上诉人侯马市人民检察院所提上诉理由成立，法院予以采纳。

在李某虎非法采矿罪二审刑事附带民事判决书[4]中，上诉人原审被告李双虎上诉及其辩护人辩护意见认为：(1)原审判决认定李某虎非法采矿造成国家矿产资源损失所依据的鉴定意见不客观；(2)李某虎缴纳的税款应当从造成的损失中扣除；(3)政府向李某虎发放了标示卡，致使损失扩大，应在量刑时予以考虑；

---

〔1〕(2019)晋10刑终302号。
〔2〕(2019)晋10刑终318号。
〔3〕该司法解释于2021年1月26日已被修改。
〔4〕(2018)陕02刑终70号。

(4)判决既赔偿损失又赔偿修复费用不当。法院对其上诉意见不予支持,但关于税费是否应当从损失中扣减的问题,法院认为原审被告李双虎向国家缴纳的税费是依据其所交易矿产品的价值来确定的,税费包含在认定的损失之中,在认定赔偿损失数额时应予以扣除,上诉人及其辩护人的该意见成立,予以采纳(见表4-3-60)。

表 4-3-60 全国刑事附带民事公益诉讼二审民事公益诉讼部分改判案件

地区	案号	罪名	二审民事公益诉讼改判内容	民事部分上诉人
安徽	(2018)皖17刑终71号	非法占用农用地罪	增加停止对林地的侵害	原审附带民事公益诉讼起诉人
甘肃	(2019)甘95刑终12号	非法狩猎罪	增加市级媒体赔礼道歉	原审附带民事公益诉讼起诉人
吉林	(2018)吉02刑终299号	生产、销售有毒、有害食品罪	增加10倍的赔偿金9300元	原审附带民事公益诉讼人
山西	(2019)晋10刑终302号	生产、销售不符合安全标准的食品罪	增加惩罚性赔偿金3万元	原审附带民事公益诉讼起诉人
山西	(2019)晋10刑终318号	生产、销售不符合安全标准的食品罪	增加惩罚性赔偿金2万元	原审附带民事公益诉讼起诉人
陕西	(2018)陕02刑终70号	非法采矿罪	变更赔偿数额,扣减税款	原审被告

三、重点罪名裁判形式分析

重点罪名比较的意义在于对各项罪名的判决方式进行分析,聚焦于不同地区对相似案件采取的修复责任(以补种植物或投放水生动物的方式恢复原土地或水体生态的方式恢复原状,或以清除污染物拆除相关构筑物、召回有关产品或公告产品危害的方式消除危险)、赔偿损失(以赔偿货币的方式填补损失)、惩罚性赔偿(适用于食品药品安全领域)、赔礼道歉等民事责任的适用比重。按照能够明确民事责任的刑事附带民事公益诉讼一审案件进行统计,案件数量高于100件的选取为重点罪名,分别为非法捕捞水产品罪400件;非法占用农用地罪331件;滥伐林木罪309件;生产、销售有毒、有害食品罪297件;污染环境罪

295件；生产、销售不符合安全标准的食品罪235件；生产、销售假药罪[1]219件；非法狩猎罪174件；盗伐林木罪155件；失火罪145件；非法采矿罪139件。表4-3-61罪名的排序依据罪名全称升序排列。

1. 盗伐林木罪

盗伐林木罪刑事附带民事公益诉讼中的民事责任承担方式主要为赔偿和修复。相应罪名在甘肃、辽宁、四川、云南、浙江较为多发，四川极多，在甘肃，要求承担修复责任占据绝大多数，四川和云南主要为修复与赔偿并重，辽宁和浙江主要为赔偿责任（见表4-3-61）。

表4-3-61　全国盗伐林木罪刑事附带民事公益诉讼主要民事责任统计

地区	案件数量/件	修复/件	适用率/%	赔偿/件	适用率/%	惩罚性赔偿金/件	适用率/%	赔礼道歉/件	适用率/%
安徽	7	2	28.6	5	71.4				
福建	1	1	100.0	1	100.0				
甘肃	12	11	91.7	1	8.3			2	16.7
广东	1			1	100.0				
广西	1	1	100.0	1	100.0			1	100.0
贵州	3	3	100.0						
河北	1	1	100.0						
河南	1			1	100.0				
黑龙江	6	1	16.7	5	83.3			1	16.7
湖北	4	3	75.0	1	25.0			1	25.0
湖南	1			1	100.0				
吉林	5	1	20.0	4	80.0				
江苏	3	1	33.3	2	66.7			1	33.3
江西	5	3	60.0	2	40.0				
辽宁	12	4	33.3	8	66.7				
内蒙古	1			1	100.0				

[1] 该罪名已被取消，《刑法修正案（十一）》将其改为生产、销售、提供假药罪。

续表

地区	案件数量 / 件	修复 / 件	适用率 /%	赔偿 / 件	适用率 /%	惩罚性赔偿金 / 件	适用率 /%	赔礼道歉 / 件	适用率 /%
山东	2	2	100.0						
山西	3	1	33.3	2	66.7			1	33.3
陕西	8	1	12.5	7	87.5				
四川	54	39	72.2	35	64.8				
西藏	2	2	100.0	1	50.0			2	100.0
云南	11	7	63.6	6	54.5				
浙江	10	3	30.0	7	70.0				
重庆	1			1	100.0				
总计	155	87	56.1	93	60.0			9	5.8

2. 非法捕捞水产品罪

非法捕捞水产品罪刑事附带民事公益诉讼中的民事责任承担方式主要为赔偿和修复，约 1/3 案件要求被告赔礼道歉。相应罪名在安徽、贵州、湖北、湖南、江苏、陕西、四川、浙江和重庆较为多发，四川极多，贵州、湖北、陕西、四川、重庆以修复责任为主，安徽、江苏、浙江以赔偿为主，湖南则以修复、赔偿与赔礼道歉并重（见表 4-3-62）。

表 4-3-62 全国非法捕捞水产品罪刑事附带民事公益诉讼主要民事责任统计

地区	案件数量 / 件	修复 / 件	适用率 /%	赔偿 / 件	适用率 /%	惩罚性赔偿金 / 件	适用率 /%	赔礼道歉 / 件	适用率 /%
安徽	27	3	11.1	23	85.2			4	14.8
广东	8	4	50.0	4	50.0			6	75.0
广西	9	2	22.2	8	88.9				
贵州	14	10	71.4	4	28.6			7	50.0
河北	2			2	100.0				
黑龙江	7			5	71.4			7	100.0
湖北	40	33	82.5	8	20.0			4	10.0
湖南	82	40	48.8	45	54.9			49	59.8

续表

地区	案件数量/件	修复/件	适用率/%	赔偿/件	适用率/%	惩罚性赔偿金/件	适用率/%	赔礼道歉/件	适用率/%
江苏	15	5	33.3	10	66.7			2	13.3
江西	7	6	85.7	2	28.6			4	57.1
内蒙古	1			1	100.0				
青海	9			9	100.0			9	100.0
山东	4	3	75.0	1	25.0				
陕西	10	8	80.0	2	20.0			4	40.0
四川	88	65	73.9	26	29.5			17	19.3
云南	1	1	100.0					1	100.0
浙江	57	8	14.0	46	80.7			7	12.3
重庆	19	16	84.2	3	15.8			2	10.5
总计	400	204	51.0	199	49.8			123	30.8

3. 非法采矿罪

非法采矿罪刑事附带民事公益诉讼中的民事责任以赔偿为绝对主要的承担方式。相应罪名在安徽、湖北、山东、山西、四川较为多发，除湖北以赔偿责任为绝对主要责任外，其余省份均以修复为主要承担方式（见表 4-3-63）。

表 4-3-63　全国非法采矿罪刑事附带民事公益诉讼主要民事责任统计

地区	案件数量/件	修复/件	适用率/%	赔偿/件	适用率/%	惩罚性赔偿金/件	适用率/%	赔礼道歉/件	适用率/%
安徽	16	1	6.3	15	93.8			1	6.3
福建	1			1	100.0				
甘肃	9	6	66.7	5	55.6			2	22.2
广东	4	1	25.0	4	100.0				
广西	5	1	20.0	5	100.0			4	80.0
贵州	3	1	33.3	2	66.7				
河北	8	3	37.5	6	75.0				
河南	7	1	14.3	7	100.0				

续表

地区	案件数量/件	修复/件	适用率/%	赔偿/件	适用率/%	惩罚性赔偿金/件	适用率/%	赔礼道歉/件	适用率/%
黑龙江	1			1	100.0				
湖北	13	2	15.4	9	69.2			3	23.1
湖南	3			3	100.0			2	66.7
吉林	1			1	100.0				
江苏	6			6	100.0			2	33.3
江西	9	4	44.4	7	77.8				
内蒙古	1			1	100.0			1	100.0
宁夏	1	1	100.0						
青海	4	2	50.0	4	100.0				
山东	13	10	76.9	3	23.1				
山西	11	3	27.3	11	100.0				
陕西	1			1	100.0				
四川	12	4	33.3	10	83.3			2	16.7
云南	2			2	100.0				
浙江	9			9	100.0				
总计	139	39	28.1	113	81.3			17	12.2

4. 非法狩猎罪

非法狩猎罪刑事附带民事公益诉讼中的民事责任以赔偿为绝对主要的承担方式，大部分要求被告赔礼道歉。相应罪名在安徽、甘肃、河南、湖北、陕西、四川、浙江较为多发，陕西与四川极多，均以赔偿责任为主，除浙江对赔礼道歉适用较少外，大部分地区均要求赔礼道歉（见表 4-3-64）。

表 4-3-64 全国非法狩猎罪刑事附带民事公益诉讼主要民事责任统计

地区	案件数量/件	修复/件	适用率/%	赔偿/件	适用率/%	惩罚性赔偿金/件	适用率/%	赔礼道歉/件	适用率/%
安徽	12			11	91.7			7	58.3
北京	1							1	100.0

续表

地区	案件数量 / 件	修复 / 件	适用率 /%	赔偿 / 件	适用率 /%	惩罚性赔偿金 / 件	适用率 /%	赔礼道歉 / 件	适用率 /%
甘肃	10			8	80.0			7	70.0
广东	4			3	75.0			4	100.0
广西	1	1	100.0	1	100.0			1	100.0
贵州	3			3	100.0			1	33.3
河北	1			1	100.0			1	100.0
河南	15	1	6.7	13	86.7			10	66.7
黑龙江	6			6	100.0			3	50.0
湖北	17			16	94.1			10	58.8
湖南	9	1	11.1	7	77.7			8	88.8
吉林	2			2	100.0			2	100.0
江苏	1			1	100.0			1	100.0
江西	4			4	100.0			2	50.0
辽宁	2			2	100.0			1	50.0
内蒙古	5			5	100.0			1	20.0
宁夏	2			2	100.0			1	50.0
青海	1			1	100.0				
山东	2			1	50.0	1	50.0		
山西	1			1	100.0				
陕西	29			28	96.6			21	72.4
四川	23	1	4.3	16	69.6	2	8.7	12	52.2
天津	1			1	100.0				
新疆	1			1	100.0				
云南	1			1	100.0				
浙江	20			20	100.0			2	10.0
总计	174	4	2.3	154	88.5	3	1.7	96	55.2

5. 非法占用农用地罪

非法占用农用地罪刑事附带民事公益诉讼中的民事责任承担方式主要为赔

偿和修复。相应罪名在贵州、湖北、湖南、江西、内蒙古、四川、云南较为多发，贵州、湖北、湖南以修复责任为主，江西、内蒙古、四川、云南以赔偿责任为主（见表4-3-65）。

表 4-3-65 全国非法占用农用地罪刑事附带民事公益诉讼主要民事责任统计

地区	案件数量 / 件	修复 / 件	适用率 /%	赔偿 / 件	适用率 /%	惩罚性赔偿金 / 件	适用率 /%	赔礼道歉 / 件	适用率 /%
安徽	12	9	75.0	5	41.7				
福建	5	3	60.0	3	60.0				
甘肃	6	6	100.0						
广东	7	1	14.3	7	100.0				
广西	16	11	68.8	12	75.0			3	18.8
贵州	20	12	60.0	8	40.0				
河北	10	8	80.0	2	20.0				
河南	16	9	56.3	7	43.8			1	6.3
黑龙江	10	5	50.0	5	50.0				
湖北	25	19	76.0	9	36.0			4	16.0
湖南	22	16	72.7	6	27.3			9	40.9
吉林	18	17	94.4	2	11.1	1	5.6		
江苏	1	1	100.0						
江西	27	14	51.9	22	81.5	1	3.7	1	3.7
辽宁	7	7	100.0						
内蒙古	20	6	30.0	14	70.0				
宁夏	6	1	16.7	5	83.3				
青海	8	6	75.0	3	37.5			5	62.5
山东	10	9	90.0	1	10.0				
山西	14	8	57.1	6	42.9				
陕西	8	5	62.5	4	50.0				
四川	23	12	52.2	14	60.9				
新疆	5	2	40.0	3	60.0			1	20.0
云南	27	8	29.6	21	77.8				

续表

地区	案件数量/件	修复/件	适用率/%	赔偿/件	适用率/%	惩罚性赔偿金/件	适用率/%	赔礼道歉/件	适用率/%
浙江	9	1	11.1	8	88.9				
重庆	1	1	100.0						
总计	331	196	59.2	166	50.2	2	0.6	24	7.3

6. 滥伐林木罪

滥伐林木罪刑事附带民事公益诉讼中的民事责任承担方式主要为赔偿和修复。相应罪名在安徽、贵州、河南、四川、浙江较为多发，四川极多，除浙江以赔偿责任为主外，其他地区均以修复责任为主（见表4-3-66）。

表4-3-66　全国滥伐林木罪刑事附带民事公益诉讼主要民事责任统计

地区	案件数量/件	修复/件	适用率/%	赔偿/件	适用率/%	惩罚性赔偿金/件	适用率/%	赔礼道歉/件	适用率/%
安徽	36	26	72.2	24	66.7				
福建	2	1	50.0	2	100.0				
甘肃	5	3	60.0	2	40.0				
广东	4	1	25.0	3	75.0				
广西	2			2	100.0				
贵州	20	20	100.0	1	5.0				
海南	2	1	50.0						
河北	3	1	33.3	2	66.7				
河南	31	18	58.1	13	41.9			1	3.2
黑龙江	3			3	100.0			1	33.3
湖北	8	8	100.0						
湖南	11	9	81.8	2	18.2			2	18.2
吉林	4	4	100.0						
江苏	9	7	77.8	2	22.2				
江西	18	14	77.8	8	44.4	1	5.6		

续表

地区	案件数量 / 件	修复 / 件	适用率 /%	赔偿 / 件	适用率 /%	惩罚性赔偿金 / 件	适用率 /%	赔礼道歉 / 件	适用率 /%
辽宁	12	9	75.0	3	25.0				
宁夏	7	4	57.1	3	42.9				
山东	4	3	75.0	2	50.0				
山西	1	1	100.0						
陕西	11	5	45.5	5	45.5			2	18.2
四川	83	54	65.1	32	38.6			10	12.0
新疆	1	1	100.0						
云南	2			2	100.0				
浙江	28	7	25.0	22	78.6			2	7.1
重庆	2	1	50.0	1	50.0				
总计	309	198	64.1	134	43.4	1	0.3	18	5.8

7. 生产、销售不符合安全标准的食品罪

生产、销售不符合安全标准的食品罪刑事附带民事公益诉讼中的民事责任承担方式基本都要求赔礼道歉，损害填补上主要为惩罚性赔偿。相应罪名在江苏、山西、浙江较为多发，江苏极多，江苏大量适用惩罚性赔偿并要求赔礼道歉，山西主要要求赔礼道歉，浙江主要要求承担惩罚性赔偿责任，要求赔礼道歉的也为多数（见表 4–3–67）。

表 4–3–67　全国生产、销售不符合安全标准的食品罪刑事附带民事公益诉讼主要民事责任统计

地区	案件数量 / 件	修复 / 件	适用率 /%	赔偿 / 件	适用率 /%	惩罚性赔偿金 / 件	适用率 /%	赔礼道歉 / 件	适用率 /%
安徽	14			3	21.4	2	14.3	14	100.0
甘肃	2					2	100.0	2	100.0
广东	17					13	76.5	17	100.0
广西	3					3	100.0	3	100.0
贵州	3							3	100.0

续表

地区	案件数量 / 件	修复 / 件	适用率 /%	赔偿 / 件	适用率 /%	惩罚性赔偿金 / 件	适用率 /%	赔礼道歉 / 件	适用率 /%
河北	5	1	20.0	2	40.0	2	40.0	3	60.0
河南	14			5	35.7	7	50.0	13	92.9
湖北	15					3	20.0	15	100.0
湖南	2			1	50.0			2	100.0
吉林	2					1	50.0	2	100.0
江苏	70	11	15.7	1	1.4	50	71.4	69	98.6
江西	2	1	50.0	1	50.0	1	50.0	2	100.0
辽宁	1					1	100.0		
青海	1							1	100.0
山东	6					5	83.3	4	66.7
山西	31	8	25.8	1	3.2	1	3.2	30	96.8
陕西	15			9	60.0	5	33.3	15	100.0
四川	3	1	33.3			1	33.3	3	100.0
新疆	6							6	100.0
云南	3							3	100.0
浙江	21			3	14.3	18	85.7	12	57.1
总计	235	22	9.4	26	11.1	114	48.5	218	92.8

8. 生产、销售假药罪

生产、销售假药罪[1]刑事附带民事公益诉讼中的民事责任承担方式基本都要求赔礼道歉，惩罚性赔偿和公告、召回占次要地位。相应罪名在河北、江苏、山西、浙江较为多发，江苏相对更为多发，绝大多数要求赔礼道歉，除山西和浙江较少适用惩罚性赔偿外，河北和江苏惩罚性赔偿责任则为主要责任（见表4-3-68）。

---

〔1〕 该罪名已被取消，《刑法修正案（十一）》将其改为生产、销售、提供假药罪。

表 4-3-68 全国生产、销售假药罪[①]刑事附带民事公益诉讼主要民事责任统计

地区	案件数量 / 件	修复 / 件	适用率 /%	赔偿 / 件	适用率 /%	惩罚性赔偿金 / 件	适用率 /%	赔礼道歉 / 件	适用率 /%
安徽	14					1	7.1	14	100.0
福建	3	1	33.3			1	33.3	3	100.0
甘肃	3							3	100.0
广东	12	3	25.0	1	8.3	4	33.3	11	91.7
广西	5	3	60.0			5	100.0	3	60.0
贵州	4							4	100.0
河北	16			4	25.0	8	50.0	14	87.5
河南	3	1	33.3			2	66.7	3	100.0
黑龙江	6					3	50.0	5	83.3
湖北	8	1	12.5			1	12.5	8	100.0
湖南	9	8	88.8					9	100.0
吉林	9			2	22.2	1	11.1	8	88.9
江苏	29	4	13.8			19	65.5	26	89.7
江西	2	1	50.0			2	100.0	1	50.0
辽宁	6	1	16.7					5	83.3
内蒙古	1							1	100.0
青海	6	3	50.0			2	33.3	4	66.7
山东	12	2	16.7			11	91.7	11	91.7
山西	18	1	5.6			2	11.1	16	88.9
陕西	6			3	50.0	2	33.3	6	100.0
上海	1							1	100.0
四川	14	2	14.3			3	21.4	14	100.0
天津	1	1	100.0					1	100.0
新疆	1							1	100.0
浙江	17					3	17.6	16	94.1
重庆	13	13	100.0			2	15.4	13	100.0
总计	219	45	20.5	10	4.6	72	32.9	201	91.8

① 该罪名已被取消,《刑法修正案(十一)》将其改为生产、销售、提供假药罪。

9. 生产、销售有毒、有害食品罪

生产、销售有毒、有害食品罪刑事附带民事公益诉讼中的民事责任承担方式基本都要求赔礼道歉，过半案件要求承担惩罚性赔偿责任。相应罪名在江苏、四川、浙江较为多发，江苏极为多发，以惩罚性赔偿责任和赔礼道歉责任并重（见表4-3-69）。

表 4-3-69　全国生产、销售有毒、有害食品罪刑事附带民事公益诉讼主要民事责任统计

地区	案件数量 / 件	修复 / 件	适用率 /%	赔偿 / 件	适用率 /%	惩罚性赔偿金 / 件	适用率 /%	赔礼道歉 / 件	适用率 /%
安徽	24			4	16.7	7	29.2	24	100.0
甘肃	1					1	100.0	1	100.0
广东	14					11	78.6	14	100.0
广西	1					1	100.0	1	100.0
贵州	15					5	33.3	15	100.0
河北	3					3	100.0	3	100.0
河南	8					8	100.0	7	87.5
湖北	8	1	12.5	2	25.0	1	12.5	8	100.0
湖南	21	9	42.9			7	33.3	21	100.0
吉林	5			1	20.0	1	20.0	5	100.0
江苏	53	5	9.4	6	11.3	37	69.8	49	92.5
江西	12	2	16.7	2	16.7	10	83.3	10	83.3
辽宁	23	2	8.7			1	4.3	22	95.7
青海	2			1	50.0	1	50.0	1	50.0
山东	20	2	10.0			18	90.0	18	90.0
山西	3							3	100.0
陕西	18			9	50.0	9	50.0	18	100.0
四川	26	2	7.7	3	11.5	19	73.1	25	96.2
西藏	1							1	100.0
新疆	1			1	100.0			1	100.0
浙江	36			1	2.8	27	75.0	24	66.7
重庆	2					1	50.0	2	100.0
总计	297	23	7.7	30	10.1	168	56.6	273	91.9

10. 失火罪

失火罪刑事附带民事公益诉讼中的民事责任承担方式主要为修复责任、赔偿损失为次要地位。相应罪名在四川较为多发，以修复责任和赔偿责任并重（见表4-3-70）。

表4-3-70　全国失火罪刑事附带民事公益诉讼主要民事责任统计

地区	案件数量/件	修复/件	适用率/%	赔偿/件	适用率/%	惩罚性赔偿金/件	适用率/%	赔礼道歉/件	适用率/%
安徽	1			1	100.0				
福建	1	1	100.0	1	100.0				
甘肃	12	12	100.0						
广东	10	1	10.0	9	90.0				
贵州	10	10	100.0						
河北	6	3	50.0	3	50.0				
湖南	8	6	75.0	2	25.0				
吉林	1	1	100.0	1	100.0				
江苏	1	1	100.0						
江西	7	6	85.7	4	57.1				
辽宁	1	1	100.0						
内蒙古	2	2	100.0					2	100.0
宁夏	10	9	90.0	1	10.0				
青海	13	8	61.5	5	38.5				
山东	5	3	60.0	3	60.0				
山西	13	9	69.2	5	38.5				
陕西	6	1	16.7	4	66.7			2	33.3
四川	29	17	58.6	18	62.1			1	3.4
云南	4	1	25.0	4	100.0				
浙江	3			3	100.0				
重庆	2	2	100.0					2	100.0
总计	145	94	64.8	64	44.1			7	4.8

11. 污染环境罪

污染环境罪刑事附带民事公益诉讼中的民事责任承担方式绝大部分为修复赔偿损失，少部分要求修复和赔礼道歉。相应罪名在安徽、河北、江苏、山东较为多发，除山东以修复责任和赔偿责任并重外，其他地区均以赔偿责任为主要责任（见表 4-3-71）。

表 4-3-71　全国污染环境罪刑事附带民事公益诉讼主要民事责任统计

地区	案件数量 / 件	修复 / 件	适用率 /%	赔偿 / 件	适用率 /%	惩罚性赔偿金 / 件	适用率 /%	赔礼道歉 / 件	适用率 /%
安徽	40	4	10.0	34	85.0			11	27.5
北京	2			2	100.0				
福建	6			6	100.0			1	16.7
甘肃	2			2	100.0			1	50.0
广东	24	3	12.5	22	91.7			7	29.2
广西	6	1	16.7	6	100.0			2	33.3
河北	38	4	10.5	35	92.1			6	15.8
河南	15	3	20.0	8	53.3			5	33.3
黑龙江	1			1	100.0			1	100.0
湖北	14	2	14.3	11	78.6			2	14.3
湖南	5	3	60.0	3	60.0			2	40.0
吉林	4			4	100.0				
江苏	37	7	18.9	32	86.5			10	27.0
江西	16	8	50.0	13	81.3			1	6.3
辽宁	16	10	62.5	3	18.8			3	18.8
内蒙古	2			2	100.0				
山东	35	20	57.1	17	48.6				
山西	4	1	25.0	4	100.0				
陕西	1			1	100.0			1	100.0
四川	4			4	100.0				
天津	3			3	100.0				

续表

地区	案件数量 / 件	修复 / 件	适用率 /%	赔偿 / 件	适用率 /%	惩罚性赔偿金 / 件	适用率 /%	赔礼道歉 / 件	适用率 /%
新疆	1			1	100.0				
云南	1			1	100.0				
浙江	16			16	100.0			1	6.3
重庆	2			2	100.0			2	100.0
总计	295	66	22.4	233	79.0			56	19.0

后　记

2017 年 8 月，上海市人民检察院与华东政法大学共同成立了全国首家公益诉讼研究中心。近年来，依托该中心展开公益诉讼的相关研究，并在宪法学与行政法学硕士研究生的培养中增加了公益诉讼案例的研讨，本书就是研讨的成果之一。本书即是源于 2017 级、2018 级华东政法大学宪法学与行政法学硕士研究生在硕士二年级的“案例法”课程中行政公益诉讼案例的研讨，并以 2018 级硕士研究生以及 2019 级、2020 级博士研究生为主进行的写作。具体作者写作分工：聂政负责第一章第一节，王越凡负责第一章第二节，严美琪负责第一章第三节，葛君负责第二章第一节，代婷婷负责第二章第二节，张骥负责第二章第三节第一部分，宋瑞负责第二章第三节第二、三部分，程娟负责第三章第一节，黄璐负责第三章第二节，孙嘉伟负责第三章第三节第一、二部分，丁磊负责第三章第三节第三、四部分，相如诗负责第四章第一节，宗冬艳负责第四章第二节，盛嘉炜负责第四章第三节。

其中，张骥是行政法学方向博士研究生、宋瑞是宪法学方向博士研究生、孙嘉伟是法政治方向博士研究生、丁磊是公共管理（行政管理方向）博士研究生，其余作者都是宪法学与行政法学专业的硕士研究生。练育强和林仪明、崔胜东负责本书的构思以及序言、后记、各章节衔接的写作，其中，林仪明是上海市人民检察院第八检察部副主任、法学博士，崔胜东是华东政法大学 2020 级博士研究生、上海铁路运输法院审监庭（研究室）副庭长。

在此，衷心感谢公益诉讼研究中心的主任李翔教授以及其他老师给予的支持帮助。同时，由于平时的公益诉讼研讨活动紧扣司法实践，能从上海市检察机关第一手的实践资料中展开理论层面的分析和讨论，离不开上海检察系统领导的关心和支持。在此，对上海市人民检察院许祥云副检察长、上海市人民检察院第二分院陈春兰副检察长、上海市人民检察院第八检察部屠春含主任、上海市人民检察院第二分院法律政策研究室杨志国主任、上海市人民检察院第三分院第八检察部张守慧主任以及虹口、杨浦、宝山、普陀、嘉定、青浦、静安、奉贤、浦东等区院领导表示衷心的感谢！

本书得以顺利出版，得到了华东政法大学“依法行政与公正司法的中国进路研究”创新团队的支持，在此，衷心感谢创新团队的首席专家叶青教授。衷心感谢法律出版社编辑总监张雪纯博士、法律应用出版分社冯雨春分社长及解锟编辑的辛勤付出。

此外，本书在编写过程中，陈苏雄、林天祺、王越凡、聂政、严美琪、张猛等同学作出了许多贡献，一并表示感谢。

本书还有许多不尽如人意之处，还望各位方家不吝赐教。

2021 年 1 月

于华政园

图书在版编目（CIP）数据

中国公益诉讼案例发展报告 / 练育强主编 . -- 北京：法律出版社，2021
ISBN 978-7-5197-5477-8

Ⅰ . ①中… Ⅱ . ①练… Ⅲ . ①诉讼法—案例—研究报告—中国 Ⅳ . ① D925.05

中国版本图书馆 CIP 数据核字（2021）第 053739 号

中国公益诉讼案例发展报告
ZHONGGUO GONGYI SUSONG ANLI FAZHAN BAOGAO

练育强 主编
林仪明　崔胜东 副主编

责任编辑 冯雨春　李　军
装帧设计 李　瞻

出版发行 法律出版社
编辑统筹 法律应用出版分社
责任校对 王晓萍　王语童
责任印制 吕亚莉
经　　销 新华书店

开本 710 毫米 ×1000 毫米　1/16
印张 35.5　　**字数** 503 千
版本 2021 年 7 月第 1 版
印次 2021 年 7 月第 1 次印刷
印刷 永清县金鑫印刷有限公司

地址：北京市丰台区莲花池西里 7 号（100073）
网址：www.lawpress.com.cn
投稿邮箱：info@lawpress.com.cn
举报盗版邮箱：jbwq@lawpress.com.cn

销售电话：010-83938349
客服电话：010-83938350
咨询电话：010-63939796

书号：ISBN 978-7-5197-5477-8　　**定价**：168.00 元

凡购买本社图书，如有印装错误，我社负责退换。电话：010-83938349